NEM CÉU NEM INFERNO

PAULO HENRIQUE DE FIGUEIREDO
LUCAS SAMPAIO

NEM CEU NEM INFERNO

AS LEIS DA ALMA
SEGUNDO O
ESPIRITISMO

feal
Fundação Espírita André Luiz

São Paulo, 2020

© 2019, Paulo Henrique de Figueiredo e Lucas Sampaio
Os autores cederam os direitos autorais desta obra em benefício dos trabalhos assistenciais da Fundação Espírita André Luiz (FEAL).

Fundação Espírita André Luiz (Feal)
Rua Duarte de Azevedo, 728 – Santana
02036-022 – São Paulo – SP
(11) 4964-4700 – editorial@feal.com.br

A reprodução parcial ou total desta obra, por qualquer meio ou processo eletrônico, digital, somente será permitida com a autorização por escrito da editora. (Lei nº 9.610, de 19.02.1998.)

As opiniões, hipóteses e conclusões ou recomendações expressas neste material são de responsabilidade dos autores e não necessariamente refletem a visão da FEAL.

Impresso no Brasil
Presita en Brazilo.

Diretoria editorial: José Antônio Lombardo e Carlos Carneiro
Gerente editorial: Karen Pereira
Pesquisa: CDOR, Conde Fouá Anderaos e Cristina Sarraf
Preparação: Tulio Kawata
Revisão: Augusto Iriarte
Capa e projeto gráfico: Matheus Rocha e Leonardo Lopes
Diagramação: Johannes Christian Bergmann
Imagem de capa: Pasquale Giacobelli

Dados Internacionais de Catalogação na Publicação (CIP)
Angelica Ilacqua CRB-8/7057

F475n
    Figueiredo, Paulo Henrique de
        Nem céu nem inferno : as leis da alma segundo o Espiritismo / Paulo Henrique de Figueiredo e Lucas Sampaio. – São Paulo (SP): Fundação Espírita André Luiz, 2020.
        528 p.

    Bibliografia
    ISBN 978-65-990460-1-8

    1. Espiritismo 2. Espiritismo - História 3. Kardec, Allan, 1804-1869 - Obras - Direitos autorais I. Título II. Sampaio, Lucas

20-3522   CDD 133.909

Índices para catálogo sistemático:
1. Espiritismo - História 133.09

Os atos equivocados foram vencidos, esmagados
pela incansável verdade, que tudo aplaca pelo peso
invencível do tempo.
Um espírito

Inda que a terra inteira os haja de esconder, os
atos vis terão no fim de aparecer.
Shakespeare (1564-1616)

SUMÁRIO

Agradecimentos 11
Apresentação 13

Primeira parte – A história da recuperação do legado

Em Paris 25

1. CONTATO COM O ESPIRITISMO 37
    O Telma e Carlos Bernardo Loureiro 41
    Mesmer 42
    Revolução Espírita 43
    A Moral Autônoma 48

2. ANTECEDENTES DA PESQUISA 53
    O Legado de Allan Kardec 53
    A adulteração é uma questão jurídica 55
    A Gênese original e o acervo de Canuto Abreu 57
    Autonomia 58
    O desvio 62
    A luta dos pioneiros fiéis 66
    Obras póstumas 68
    O desvio no Brasil 69

3. A INVESTIGAÇÃO 77

 A busca pelo Kardec definitivo 80
 O Céu e o Inferno 81
 Uma só tiragem para três edições 92
 As edições derradeiras das obras de Kardec 96

4. A HISTÓRIA DO GOLPE 101

 Os últimos e trabalhosos meses de Allan Kardec 102
 A luta final de Rivail e Gabi na defesa da doutrina 109
 A transição entre a fase de direção coletiva 111
 Da perpetuidade do Espiritismo 113
 A importância da organização do movimento espírita . . . 117
 A força do Espiritismo está em sua unidade 125
  Unidade de princípios 125
  Unidade da organização 126
  Organização da fase de elaboração 126
  Organização da fase de direção coletiva 127
  Unidade do método 128
 Instruções e artigos iniciais para a organização do Espiritismo 131
  Inimigos invisíveis à espreita 138
 A inovadora hierarquia invertida para o movimento espírita 140
 A autonomia na teoria e também na prática espírita 142
 As estratégias de Kardec para a nova fase do Espiritismo . . 147
 O golpe de 1869 no legado de Allan Kardec 163
 A subversão do plano de Kardec pela Sociedade Anônima 165
 A adulteração das obras de Allan Kardec 183
 Retorno ao Brasil 192

Segunda parte – As leis da alma segundo o Espiritismo

1. O LEGADO DEFINITIVO DE ALLAN KARDEC 201

O Espiritismo e os espíritos 206
As bases primordiais do Espiritismo 209
A vida de um casal dedicado à educação pela liberdade . . . 215

A união em torno da Sociedade Espírita de Bordeaux.......... 228
O assédio dos inimigos invisíveis e seu terrível plano 237
A nova viagem de Kardec a Bordeaux, em 1862............. 244
A queda e a reencarnação como castigo divino.............. 247
Uma reconfortante conversa íntima com o Espírito da Verdade
    e Sócrates.. 250
A médium Collignon, de *Os Quatro Evangelhos*, na verdade
    era fiel a Kardec...................................... 252
O decisivo ano de 1865 para o Espiritismo 258
A Sociedade de Paris está por toda parte................... 267
O forte e preocupante abalo na saúde de Allan Kardec 269
A vigilância, apoio, avisos e amparo dos bons espíritos......... 273
As controvérsias do jornal *L'Avenir*...................... 278
Em setembro de 1865, o lançamento de *O Céu e o Inferno*......... 283
Kardec retorna para colocar os pingos nos is 290
A reação dos dissidentes diante da arrebatadora chegada
    de *O Céu e o Inferno*................................ 299

2. A VERDADEIRA TEORIA MORAL ESPÍRITA 309

A teoria moral espírita enquanto estudo psicológico........... 314
O espírito é sempre o árbitro de seu próprio destino........... 318
O processo evolutivo intelecto-moral deve ser consciente
    e voluntário.. 325
A ressignificação dos termos no contexto da teoria espírita 330
Glossário... 331

3. A ADULTERAÇÃO DO LEGADO E
SEU RESTABELECIMENTO....................... 343

Principais modificações feitas na adulteração – um estudo........ 349
O Prefácio da obra (retirado): a universalidade e a ordenação
    do ensino dos espíritos superiores....................... 350
Parte inicial do Capítulo VIII de *O Céu e o Inferno*: a fundamentação
    científica das leis da alma em fatos por meio dos fatos observados .. 355
Os 25 Itens do Capítulo VIII de *O Céu e o Inferno*:
    princípios fundamentais da teoria moral espírita 360

Estudo da adulteração do Capítulo VIII de *O Céu e o Inferno*:
leis da justiça divina........................... 370
Relação comentada dos itens adulterados 372
Os itens falsos manipulados e acrescentados 383

CONCLUSÃO: O PORVIR 399

REFERÊNCIAS BIBLIOGRÁFICAS.................. 405

Apêndices

APÊNDICE 1. O Prefácio e o Capítulo VIII da edição
original de *O Céu e o Inferno* 413

Apresentação................................ 415
O Céu e o Inferno, primeira edição original: Prefácio 417
O Céu e o Inferno, primeira edição original: Capítulo VIII 423

APÊNDICE 2. Manuscritos do programa da
constituição do Espiritismo 435

Apresentação................................ 437

APÊNDICE 3. Estatutos da Sociedade Anônima da Caixa Geral
e Central do Espiritismo 467

Apresentação................................ 469

APÊNDICE 4. Artigo Jurídico – Breve exame dos manuscritos do
projeto de organização do Espiritismo elaborado por Allan Kardec
em confronto com o estatuto da Sociedade Anônima criada para
administrar as obras de Allan Kardec após a sua morte. Júlio Nogueira 489

APÊNDICE 5. As obras da Codificação espírita foram alteradas após a
morte de Kardec? Júlio Nogueira 507

Relação de imagens e documentos utilizados na obra 517

AGRADECIMENTOS

As leis da alma, segundo o Espiritismo, revelam que a meta do espírito está em estabelecer relações de empatia que constituem nossa família espiritual. Na espiritualidade esclarecida, toda diversidade relaciona-se por cooperação e confiança mútua, por meio da solidariedade. É a harmonia universal. Desse modo, ninguém que concorre para o progresso das ideias age sozinho.

Todo conhecimento é uma construção coletiva iniciada por aqueles que, antes de nós, ensinaram em seus trabalhos aquilo que descobriram. Sem eles, nossas ideias não chegariam aonde chegaram. Entre eles, estão espíritos que, com projetos acima de nossa compreensão, permitem que ponhamos alguns tijolos na grande obra do infinito.

Também para construir esta obra, recebemos grande apoio dos espíritos, além da colaboração de pessoas que, mesmo sem conhecer o projeto no todo ou em detalhes, contribuíram de forma desinteressada e decisiva para o seu resultado.

Para a confirmação de dados da pesquisa e obtenção de informações complementares em Paris, tivemos o auxílio de Karine Rutpaulis.

Na comparação das edições para análise dos itens adulterados de *O Céu e o Inferno ou a justiça divina segundo o Espiritismo*, tivemos a contribuição de Cristina Sarraf e Conde Fouá Anderaos.

Uma criteriosa tradução da edição original foi feita dos Estados Unidos por Emanuel Dutra, permitindo estudos seguros sobre as partes adulteradas na obra.

Recebemos de Simoni Privato e Charles Kempf digitalizações de valiosos documentos obtidos em Paris, como o estatuto da Sociedade Anônima da caixa central e geral do Espiritismo e manuscritos de Kardec que hoje fazem parte do acervo do Centro de Documentação e Obras Raras da Fundação Espírita André Luiz (CDOR/FEAL).

Pelo CDOR/FEAL tivemos acesso a diversos manuscritos do acervo de Canuto Abreu. Todos esses documentos históricos aos poucos foram abrindo nossos horizontes para a compreensão dos fatos pesquisados. À equipe do CDOR, o nosso agradecimento.

Agradecemos o empenho de toda a equipe da Fundação Espírita André Luiz (FEAL), desde o apoio de sua diretoria, divulgação das equipes de TV, rádio, redes sociais, o trabalho da publicidade, arte, divulgação, e tantos outros dedicados colaboradores.

Contamos também com o competente trabalho do amigo Júlio Nogueira, que fez a análise jurídica dos fatos descobertos durante a pesquisa, e com o auxílio de Fátima Sampaio na revisão do texto. A todos que, direta ou indiretamente, concorreram para a elaboração deste trabalho, nossos sinceros agradecimentos.

Enfim, de nossas famílias tivemos um apoio incondicional, muitas vezes abrindo mão de nossa presença pela causa maior do Espiritismo. A elas dedicamos esta obra. De minha parte, Paulo Henrique, o agradecimento especial para minha esposa, Viviane, e minhas filhas, Juliana e Carolina. E de minha parte, Lucas, o agradecimento especial para minha esposa, Fernanda, e meu filho, Vítor.

Os autores
Agosto de 2020

APRESENTAÇÃO

Desde os últimos anos, o Espiritismo vem passando por uma grande revisão de sua história, por meio de diversas iniciativas independentes, em diversas localidades. Uma sequência de descobertas inéditas de fontes primárias, tais como documentos, cartas manuscritas originais do professor Hippolyte Rivail, que adotou como pseudônimo a alcunha Allan Kardec, rascunhos, pensamentos, artigos inéditos, entre outros. As surpreendentes descobertas dessas pesquisas deverão, inevitavelmente, promover ampla recuperação do verdadeiro legado de Allan Kardec. Mas antes disso é preciso conhecer o infame desvio que a doutrina espírita sofreu, e que adulterou sua proposta moral revolucionária.

A notícia é gravíssima, comprovada por documentos originais, registrados no cartório de Paris na época, que agora podem ser devidamente examinados! Eles atestam que o Espiritismo sofreu um terrível golpe iniciado por alguns poucos indivíduos próximos à Sociedade Parisiense de Estudos Espíritas. Como vamos demonstrar, meses após a morte de Rivail, a Sociedade Anônima, que deveria ter sido criada para dar continuidade ao desenvolvimento do Espiritismo, foi estabelecida na forma de uma empresa com fins lucrativos, cujos administradores atribuíram a si mesmos plenos poderes para fazer da *Revista Espírita*, da livraria e das obras de Kardec o que bem entendessem. Também estabeleceram salários, lucros e dividendos mensais. Somente no primeiro ano, receberiam mais que o dobro do capital investido. A Sociedade Parisiense foi por eles afastada das atividades oficiais do Espiritismo, ficando completamente isolada e sem função.

Amélie Boudet, esposa de Rivail, em idade avançada, e sem o apoio constante que tinha de seu marido, ficou à sombra desse golpe, enganada, vitimada e deixada à margem, perdendo definitivamente o controle sobre os bens e estruturas inicialmente a ela confiados.

De posse do contrato, somente dois administradores geriram efetivamente a Sociedade: Desliens e Bittard. Poucos meses depois, o primeiro renunciou, dando lugar a Leymarie. Em seguida, foi a vez de Bittard abandonar o barco. Por fim, o médium e alfaiate Leymarie passou a ser o único responsável legal pela Sociedade, com plenos poderes para agir conforme seus interesses pessoais.

Com todo esse poder em suas mãos, esses poucos indivíduos cederam aos interesses dos inimigos declarados do Espiritismo. Havia alguns anos que se desenhavam tramas lideradas pelo advogado André Pezzani e seu amigo doutor Jean-Baptiste Roustaing, que, envolvidos pelo orgulho e pelos inimigos invisíveis, falsamente acreditavam ser os messias da filosofia e da moral espírita, devendo tomar o lugar de Kardec. Infelizmente, os administradores da Sociedade abriram espaço para essa mistificação, uma imitação dos dogmas das religiões ancestrais, baseadas nas ideias de queda, culpa e castigo divino. No decorrer dos anos, transformaram a *Revista Espírita* num instrumento para fazer esquecer a teoria original do Espiritismo, que é fundamentada na autonomia intelecto-moral.

Influenciados pelos planos de guerra dos inimigos invisíveis, Roustaing e Pezzani atacavam o trabalho de Allan Kardec em três frentes: teoria, organização e método. Quanto à teoria, nada de novo, apenas defendiam a versão dogmática da metafísica das religiões ancestrais, como se Deus fosse um soberano ditador, impondo sua vontade por meio de castigos e recompensas. A vida no mundo seria destinada apenas ao sofrimento como pena imposta aos que caíssem no erro, renovando vida após vida, com maiores dores, para quem errasse novamente. Mas a doutrina espírita é propriamente uma revolução na metafísica e na moral. Afirma que iniciamos simples e ignorantes, evoluindo pelo próprio esforço, de forma consciente e voluntária. Não há castigo nem recompensa, pois Deus rege o mundo moral por meio de leis naturais. O sofrimento moral é inerente à imperfeição, enquanto a felicidade é o sentimento natural de quem age pelo dever. A autonomia abrirá os caminhos de uma humanidade renovada. Por outro lado, para dominar alguns, os inimigos invisíveis lutavam contra a organização proposta pelo Espiritismo de uma direção coletiva, proposta por Kardec para o futuro do movimento espírita. Por isso, os inimigos defendiam a autocracia, afirmando que surgiria um messias com supremos poderes para controlar toda a humanidade. Desejavam transformar o Espiritismo numa igreja mundial, com um papa comandando-a. Um devaneio! Por fim, quanto ao método, rejeitavam a universalidade do ensino dos espíritos superiores, que Kardec aplicou em toda a sua pesquisa. Ou seja, fazendo uso dessa metodologia, quando chegava a hora de oferecer um conceito novo para os espíritas, as mensagens, por diversos médiuns em localidades diferentes e independentes, tinham o mesmo fundo, o mesmo ensinamento. Desse modo, há, além da uniformidade, uma evolução contínua das ideias. Os inimigos, por sua vez, acreditavam em messias predestinados e revelações por um único médium. Não tinham como agir de forma universal, pois suas ideias eram pessoais e equivocadas. Agir num só grupo, dominado por eles, era a única maneira de burlar a universalidade do ensino. A universalidade, liderada pelos espíritos superiores, denuncia a equivocada procedência das falsas ideias, das teorias absurdas, advindas de opiniões pessoais retrógradas ou tradições dogmáticas viciadas.

Mas a estratégia desesperada desses refratários das ideias progressistas do Espiritismo era mesmo impedir sua divulgação, não deixar que as novas ideias de autonomia e liberdade fossem compreendidas pela humanidade. Pois essa revolução seria o fim de seus privilégios e poder. Desejavam impedir que a boa nova se espalhasse pelas massas. E então algo ainda mais terrível ocorreu nas sombras: as obras conclusivas do legado de Allan Kardec, *O Céu e o Inferno* e também *A Gênese*, foram adulteradas. Trechos de grande importância foram retirados. Ideias que não pertencem aos princípios fundamentais da doutrina espírita foram acrescentadas. Textos lúcidos e esclarecedores de Kardec, escritos segundo os ensinamentos dos espíritos superiores, foram embaralhados e dilacerados até que o sentido original de suas mensagens consoladoras se perdesse. Por mais de um século, essas adulterações ficaram desconhecidas, apesar das denúncias do desvio feitas pelos fiéis colaboradores, pioneiros da causa, como Amélie Boudet, Berthe Fropo, Léon Denis, Gabriel Delanne e seus pais, Camille Flammarion, o casal Rosen, Henri Sausse, entre tantos outros. Suas vozes foram abafadas no passado, mas seu alerta ecoou até nós. É hora de restabelecer a verdade. Recuperar as ideias originais. Pois é tempo de o Espiritismo participar da revolução moral que transformará a humanidade, pela força da liberdade, da responsabilidade pessoal, da fraternidade e da solidariedade nascidas da base inabalável do dever e da caridade. Num dos trechos adulterados, suprimidos certamente pela profundidade consoladora de suas palavras, Kardec afirmou:

> Por esse outro princípio: Não há fé inquebrantável senão aquela que pode olhar a razão face a face em todas as épocas da humanidade. Ele destrói o império da fé cega que aniquila a razão, a obediência passiva que embrutece; emancipa a inteligência do homem e ergue sua moral. (KARDEC, [1868] 2018, p. 406)

Essa é a bandeira original do Espiritismo: campeão absoluto da liberdade de pensamento e de consciência. O progresso da humanidade deve conceder a todos os indivíduos as condições necessárias para compreender a sua própria crença, pelo esforço pessoal de sua razão, destruindo assim "o império da fé cega". Por outro lado, as ideias progressistas, baseadas na humanização, dando oportunidades para todos, destruirão também "a obediência passiva que embrutece", que por milênios fez das massas máquinas de crer e de servir passivamente a uns poucos privilegiados.

O Espiritismo, segundo Kardec, não cria essa revolução moral, mas participa dela, pois os tempos de mudança estão chegados. As ideias heterônomas do velho mundo vão ceder o lugar a princípios transformadores da autonomia intelecto-moral, que coloca cada um como protagonista de sua própria evolução, pelas escolhas livres de suas provas, vida após vida. Nem todos estão preparados para enfrentar e promover essa revolução, mas todos serão seduzidos pelas motivadoras perspectivas de um futuro melhor, de paz:

> Dizer que a humanidade está madura para a regeneração não significa que todos os indivíduos estejam no mesmo degrau, mas muitos têm, por intuição, o germe das ideias novas que as circunstâncias farão desabrochar. Então, eles se mostrarão mais avançados do que se possa supor e seguirão com empenho a iniciativa da maioria. (*Ibidem*, p. 407)

No entanto, nesse trecho suprimido da edição adulterada de *A Gênese*, Kardec afirma que, todavia, alguns se tornarão inimigos refratários ao Espiritismo, por reconhecerem nele as sementes das ideias reformadoras e progressivas que são as consequências de sua teoria. Todo esse desvio, ocorrido desde a morte de Rivail, pode ser incluído nessa "guerra obstinada" e nesse "ódio implacável" para encobrir a verdade que liberta:

> Há, entretanto, os que são essencialmente refratários a essas ideias, mesmo entre os mais inteligentes, e que certamente não as aceitarão, pelo menos nesta existência; em alguns casos, de boa-fé, por convicção; outros por interesse. São aqueles cujos interesses materiais estão ligados à atual conjuntura e que não estão adiantados o suficiente para deles abrir mão, pois o bem geral importa menos que seu bem pessoal – ficam apreensivos ao menor movimento reformador. A verdade é para eles uma questão secundária, ou, melhor dizendo, a verdade para certas pessoas está inteiramente naquilo que não lhes causa nenhum transtorno. Todas as ideias progressivas são, de seu ponto de vista, ideias subversivas, e por isso dedicam a elas um ódio implacável e lhes fazem uma guerra obstinada. São inteligentes o suficiente para ver no Espiritismo um auxiliar das ideias progressistas e dos elementos da transformação que temem e, por não se sentirem à sua altura, eles se esforçam por destruí-lo. Caso o julgassem sem valor e sem importância, não se preocupariam com ele. Nós já o dissemos em outro lugar: "Quanto mais uma ideia é grandiosa, mais encontra adversários, e pode-se medir sua importância pela violência dos ataques dos quais seja objeto. (*Ibidem*, p. 407)

Muitos se perguntam por que os espíritos responsáveis pela doutrina espírita permitiram que tão grande desvio ocorresse logo após a elaboração do Espiritismo. A resposta passa por outros momentos históricos, relatados por Kardec em outro trecho adulterado:

> Sócrates também fora condenado como ímpio, a beber cicuta, por ter querido secar essa fonte, colocando a verdade no lugar do erro. Naquele tempo ainda não estava em voga queimar vivos os heréticos. E cinco séculos mais tarde, Cristo foi condenado a uma morte infamante, como ímpio, por ter, como Sócrates, querido substituir a letra pelo espírito e porque sua doutrina, toda espiritual, faria ruir a supremacia dos escribas, dos fariseus e dos doutos da lei. (*Idem*, p. 260)

É a partir de agora que essa guerra dos inimigos invisíveis, unidos aos refratários, chegará ao fim, pelo restabelecimento da história real do Espiritismo e de sua revolucionária moral autônoma. Um trabalho gigante, que pede a participação voluntária e consciente dos espíritas esclarecidos que abraçarem essa causa fundamental.

A verdade vai surgindo aos poucos, desde os primeiros tempos, ampliando sua mensagem conforme se amplia a razão em cada época. O Espiritismo é de vanguarda, nascido em tempos do progressivo conhecimento científico, baseado na ideia de progresso, própria de nosso tempo. Por isso, faz compreender a profundidade de nossa natureza humana: somos espíritos dotados de faculdades – razão, vontade e imaginação. O desenvolvimento pelos próprios esforços fará surgir delas: a inteligência, senso moral, livre arbítrio, criatividade. São valores que dão à alma uma felicidade progressiva, constante, absolutamente motivadora. A felicidade é um sentimento íntimo, natural, conquistado, nada tendo a ver com as coisas e questões do mundo material. Essa é a verdade que liberta!

A revolução moral da humanidade, da qual o Espiritismo participa com sua ideia, não ocorrerá por imposição social, não se dará pelo poder do Estado, nem pela organização das estruturas sociais como meio de submeter as massas a uma nova realidade. Não será esse o caminho. Segundo Kardec, a transformação ocorre pelo surgimento de novos indivíduos, conscientes de seu valor e poder para dominar a si mesmos. Novos homens e mulheres, naturalmente, farão surgir um novo mundo, uma humanidade regenerada por novas bases sociais. Desse modo, continua o professor Rivail, em outro segmento adulterado de *A Gênese*:

> Consequente consigo próprio, não se impõe. Diz o que é, o que quer, o que dá, e atende àquele que lhe vem livremente, voluntariamente. Quer ser aceito pela razão, e não pela força. Respeita todas as crenças sinceras e só combate a incredulidade, o egoísmo, o orgulho e a hipocrisia, que são as chagas da sociedade e os obstáculos mais sérios do progresso moral. (*Ibidem*, p. 406)

Por fim, demonstrando sua grandeza de alma e convicção de que este mundo será certamente feliz, pois esse destino está previsto pelas leis naturais que regem a evolução das almas e das humanidades no universo, nem mesmo os inimigos da liberdade são por ele condenados. Conclui Kardec em mais um trecho suprimido:

> Mas ele não condena ninguém, nem mesmo seus inimigos, porque está convencido de que o caminho do bem está aberto aos mais imperfeitos, e que cedo ou tarde por ele entrarão. (*Ibidem*, p. 406)

A adulteração de *A Gênese* foi denunciada pelos pioneiros fiéis, depois os documentos comprobatórios do delito foram apresentados pela pesquisadora Simoni Privato, em *O Legado de Allan Kardec*. O mundo recuperou a mensagem original de Kardec, em diversas línguas, substituindo a infame edição adulterada pelos textos originais do autor, inclusive nos países de língua francesa. Os trechos adulterados dessa obra estão sendo estudados por inúmeros grupos, demonstrando o imenso valor que tinha ficado escondido por décadas.

Como vamos demonstrar nesta obra, e convidamos o leitor para essa viagem, uma pesquisa realizada em Paris revelou novos documentos, basilares para demonstrar, sem qualquer sombra de dúvida, que também a obra *O Céu e o Inferno* fora adulterada, com ainda mais graves consequências, pois estão no texto original da obra, escrito e publicado por Kardec, suas mais profundas palavras sobre a autonomia da alma, suas responsabilidades, e os meios de superar suas imperfeições, trilhando o caminho do bem, por sua iniciativa, escolhas e empenho. Assim, suas virtudes e habilidades adquiridas têm como consequência natural a felicidade progressiva e definitiva.

Além disso, os planos de organização do movimento espírita, idealizados por Allan Kardec, e preparados por ele para a continuação de suas obras, nos moldes de seu impecável trabalho pioneiro, foram guardados longe do exame dos espíritas, pelos responsáveis pelo desvio. Esses documentos também foram recuperados e revelam a ideia de formar uma direção coletiva do Espiritismo, atendendo às orientações dos espíritos superiores para a continuação de seus ensinamentos, para o progresso da doutrina espírita.

Esses planos foram organizados com o espírito da ideia consoladora do Espiritismo, em que haveria a participação de todos os interessados em estudar e fazer valer a autonomia como base de suas relações sociais e de seu próprio desenvolvimento, com vistas à paz e à felicidade da humanidade. Sem privilégios, sem interesses pessoais, sem supremacia de quem quer que seja. Esses valores poderão ser agora recuperados, as ideias conhecidas, e uma reflexão fará compreender os novos caminhos que devem ser trilhados para o restabelecimento da doutrina espírita.

Fazendo uso de diversos recursos tecnológicos, como videoconferências e edição compartilhada de textos em tempo real, esta obra também foi escrita de forma colaborativa pelos autores, contando com a participação desinteressada de outros dedicados espíritas nas pesquisas, cada um em sua localidade. Desse modo, fosse em São Paulo, Salvador, Paris, Califórnia, Carolina do Norte, todos interagiram como se estivessem numa só sala.

Na primeira parte, narramos em primeira pessoa uma história de descobertas que culminaram na investigação realizada em Paris, em setembro de 2019, onde, em visitas realizadas aos Arquivos Nacionais, à Biblioteca Nacional da França e à livraria Éditions Leymarie, localizamos os registros que comprovaram a adulteração de *O Céu e o Inferno*. Diversos manuscritos fotografados nessa oportunidade, somando-se aos acervos confiados ao Centro de Documentação e Obras Raras da Fundação Espírita André Luiz (CDOR-FEAL), permitiram recompor os fatos do período de 1868 a 1869, revelados em seguida, como o golpe praticado contra Amélie Boudet e o Espiritismo na constituição da Sociedade Anônima da caixa geral e central do Espiritismo e na adulteração das obras de Allan Kardec.

Na segunda parte, o leitor encontrará a história do período de 1861 a 1862, quando, com as viagens espíritas, surgiram adversários do Espiritismo como Pezzani e Roustaing e suas doutrinas dogmáticas, e o decisivo período de 1865 a 1866, quando ocorreu o lançamento de *O Céu e o Inferno* e a frustrada tentativa de golpe por meio do médium d'Ambel e seu jornal *L'Avenir*, após a grave doença que quase levou Rivail à desencarnação. Esses e outros tantos fatos são fundamentais para se compreender o golpe com as adulterações que viriam a ocorrer mais tarde.

Enfim, são muitas novidades e valores a serem conhecidos nessa recuperação. Tudo está documentado, os depoimentos dos envolvidos estão reproduzidos. Relatos de próprio punho escritos por Rivail embasam o desenrolar das histórias. Tudo precisa ser compreendido pelo livre exame. Diversas análises explicam a estrutura da organização coletiva do Espiritismo projetada por Kardec e, por fim, os textos originais de *O Céu e o Inferno* são apresentados por um estudo detalhado com o objetivo de recuperar as ideias autênticas, livres das infames adulterações.

Os autores
Junho de 2020

I

primeira parte

A história da recuperação do legado

—— • ——

première partie

EM PARIS

PRÓLOGO

em Paris

No dia 17 de setembro de 2019, dirigi-me para a livraria da Éditions Leymarie, na rua Saint-Jacques, 42. Ela fica na esquina em frente ao Collège de France, junto a uma lateral do *campus* da tradicional e secular Universidade Sorbonne. Está no térreo do prédio de seis andares, no estilo Haussmann, típico da cidade, bege, com teto alto, as varandas gradeadas; todas essas baixas construções da cidade são quase idênticas. Do outro lado da rua, Le Bistro du Perigord, clássico pequeno restaurante francês, tradicional culinária, crepe, filé *au poivre*, *escargots*, ou um simples café com creme e torta de maçã. Na parede, fotos antigas e recentes de frequentadores famosos atendidos pela família.

A livraria Éditions Leymarie é um lugar necessário para a pesquisa histórica do Espiritismo, e esse era o propósito de minha visita, mas, apesar do que muitos pensam, a loja da rua Saint-Jacques nunca foi de Allan Kardec.

Rivail fundou a Sociedade Parisiense de Estudos Espíritas em 1858, e a sede principal, desde 1860 até seu último dia, foi na rua e passagem Sainte-Anne, 59. Um prédio de alguns andares na entrada de uma galeria. Desde essa época, seus livros e revistas podiam ser comprados nos livreiros, com seus editores ou diretamente com o autor em seu escritório. Mas nessa primeira sede nunca houve uma livraria. Em 1869, o contrato de aluguel iria vencer, e Kardec decidiu encerrar a Sociedade nessa sede e dar continuidade ao projeto do Espiritismo num grande terreno de sua propriedade, onde também passaria a morar, na Villa de Ségur. Para não misturar as coisas, estava sendo organizada uma livraria especializada na venda de obras espíritas, sem fins lucrativos, por um grupo de espíritas, localizada na rua de Lille, 7. Todavia, Rivail morreu no dia 31 de março de 1869, exatamente durante as mudanças, não participando da inauguração.

Uma semana depois do enterro, em 9 de abril, os associados reiniciaram oficialmente as atividades da Sociedade Parisiense, provisoriamente na agora Livraria Espírita, na rua de Lille.

Desde o final de 1871, com a renúncia do senhor Desliens, seu amigo pessoal, também médium e frequentador de seu grupo espírita, Pierre-Gaëtan Leymarie, aos 44 anos de idade, assumiu como acionista, secretário-gerente da *Revista Espírita* e membro administrador da Sociedade Anônima, da caixa geral e central do Espiritismo. Leymarie iria se revelar o centro de controvérsias, um dos principais protagonistas dos desvios e adulterações do legado de Allan Kardec, fatos graves que vamos narrar mais à frente. Mas a motivação primária de Leymarie era fugir da difícil condição financeira que enfrentava com a falência de sua alfaiataria, buscando sustentar a si mesmo e sua família em seu novo trabalho.

Uma infame tragédia. Leymarie tomou decisões que desagradaram a viúva de Rivail, Amélie Boudet, quando ela nada podia fazer. Amélie ficou descontente com a mudança da livraria da rua de Lille, 7, para a rua Neuve des Petits Champs, 5, o que aumentou o aluguel em 4.600 francos, como narra sua amiga Berthe Fropo: "A decisão de ali se dar festas a espantou, estava longe da simplicidade do Mestre nessa ordem de coisas". (FROPO, [1884] 2018, p. 25)

Além de fazer desse novo local sua moradia, Leymarie ali se uniu a outras sociedades divergentes da proposta original do Espiritismo, como a teosofia de Blavatsky, e passou a publicar na *Revista Espírita* (RE) artigos conflitantes com os conceitos de Kardec. Em sua administração, ocorreram diversos desmandos e desvios.

Por sua vez, a livraria própria de Leymarie, na rua Saint-Jacques, tem sua triste história à parte. Desde 1893, quando a Sociedade Anônima perdeu uma ação de alta soma, todos os seus bens, reservas, além de empréstimos foram empenhados e tanto ela quanto a livraria entraram em liquidação (GOIDANICH, 2018, p. 417-9). Leymarie adquiriu os direitos das obras e iniciou seu próprio empreendimento editorial, abrindo, em outro endereço, a livraria e edições Leymarie, com o nome de Librairie des Sciences Psychiques, ficando em definitivo na rua Saint-Jacques, em 1896. Ou seja, passou a ganhar dinheiro e divulgar não só obras espíritas, como também esotéricas, de magia, e outras correlatas. Leymarie levou para lá os documentos manuscritos guardados por Allan Kardec no armário de nogueira, com cristais bisotados e puxadores de bronze, onde permaneceram até o pesquisador Canuto Abreu trazer um lote para o Brasil, em 1950, iniciando a recuperação da verdadeira história do Espiritismo com base em fatos, como pretendia Kardec. Infelizmente, esses documentos nunca puderam ser consultados pelos pioneiros do Espiritismo, como Berthe Fropo, Léon Denis e Gabriel Delanne.

A quase totalidade desses manuscritos já está em São Paulo. Estão sendo preparados para serem acessados publicamente, num portal organizado por uma universidade, a partir do trabalho do CDOR-FEAL. Estando eu agora em Paris, seria possível encontrar algum documento remanescente?

Na antiga fachada de madeira pintada de vermelho, leio o letreiro "Éditions LEYMARIE", acima da entrada toda de vidraças e caixilhos, dividida em duas vitrines laterais expondo fileiras de livros desbotados e curvados pelo sol, e com a porta ao meio, encimada pelos dizeres: "Sciences psychiques, Astrologie". Uma carta de tarô de cada lado, a "V – O Papa" e a "XIV – A Temperança", significando sabedoria e equilíbrio.

Fiquei completamente impactado, diria até indignado, com uma placa que se vê logo que se chega, ao lado da porta de entrada, com uma foto de Kardec associada ao anúncio de trabalhos ocultos, vidência e mapa astral realizados nessa livraria. Ou seja, o pesquisador que ofereceu ao mundo o Espiritismo como ciência filosófica destinada a qualificar a vida após a morte como estudo psicológico da humanidade, estava servindo como garoto-propaganda de exploração mística!

Abri a porta de madeira e vidro e logo deparei com uma estreita sala, forrada de obras antigas e muito pó, em meio a um forte cheiro de incenso. Vi vários livros editados com a gravura de Leymarie ao lado da de Allan Kardec. Um grande quadro a óleo mostra o fundador da doutrina espírita em seu escritório na Sociedade Parisiense, e, na parede oposta, um busto de bronze na prateleira. Na mesa do vendedor, uma placa anuncia os serviços do vidente Philippe Leymarie e os preços de seu atendimento. Ao lado, um pote largo com uma diversidade de incensos e rechôs para escolher. Baralhos e manuais de tarô. Um quadro com uma foto de Leymarie. Espalhados por ali, podem-se ver pirâmides, estátua de Shiva, bola de cristal.

Fachada da livraria Éditions Leymarie.

Ao fundo da primeira sala, próximo a uma porta dupla amarela, com uma placa avisando tratar-se de um ambiente privado, encontrei um simpático espírita brasileiro, radicado na cidade, que me perguntou:

– Você marcou previamente com o proprietário?
– Não, vim sem avisar, pois estou fazendo pesquisas aqui em Paris – respondi.
– Pois teve muita sorte! É uma raridade encontrar esta livraria aberta. Nas últimas semanas, foi o primeiro dia em que ele apareceu.

Vinha chegando da entrada dos fundos o herdeiro daquele que comprou a livraria que fora de Paul Leymarie, filho do fundador. Phillipe Chigot[1], que gosta de se apresentar como Philippe Leymarie mesmo sem ter qualquer parentesco; cabelos grisalhos e curtos, magro, usando óculos de armação escura, inquieto e cheirando a cigarro, se apresentou e perguntou meus propósitos. Expliquei que estava pesquisando sobre Allan Kardec, conhecia os fatos relativos aos manuscritos. Depois de algumas explicações, ele me disse:

– Encontrei documentos novos recentemente na biblioteca de meu pai. Cadernos, recibos da Sociedade Parisiense, cartas, rascunhos e outros documentos manuscritos de Allan Kardec. Estou negociando sua venda com diversas pessoas. Posso trazer amanhã para você ver.
No dia seguinte, cheguei com antecedência e, no horário combinado, ele chegou trazendo os documentos numa pasta que abriu em sua mesa, começando a separar e mostrar aquelas relíquias, enquanto eu acompanhava atento.
– Vejamos aqui, fotografias originais de Kardec e sua esposa, páginas soltas de suas obras com correções à pena, rascunhos de seus artigos, bilhetes e cartas, preces, evocações e mensagens. São centenas deles.
Ele foi colocando esse material em minhas mãos, e, quando requisitei um exame mais minucioso, respondeu:
– Pode fotografar o que quiser.

Impressionei-me com a conservação da maioria dos documentos, considerando que ficaram ali por um século e meio. Toda a escrita é por pena e tinta,

---

1. Pierre-Gaëtan Leymarie morreu em 1901, quando sua esposa, Marina Augustine Duclos, o sucedeu. Após a morte de Marina, em 1904, assume seu filho Paul Leymarie. Paul se casou já idoso com a gerente da livraria, Marie Eugenie Jaunard. Ele ficou viúvo, arrumou um sócio, mas o empreendimento acabou insolvente e foi interditado pela justiça. Em 1957, a livraria foi comprada por Michael Chigot, que passou a adotar o nome Michael Leymarie, apresentando-se como vidente e tarólogo. Seu filho, Philippe, assumiu a partir de 2015.

e alguns rascunhos tinham complementos verticais às margens, linhas grifadas, alguns parágrafos riscados. Indescritível o sentimento ao segurar aqueles papéis que foram manuseados, grafados e cuidadosamente guardados pelo mestre que dedicou a sua vida a estudar os ensinamentos dos bons espíritos. As fotos são emocionantes pela quantidade de detalhes. Algumas cartas são de 1846, muitos anos antes de Rivail conhecer os fenômenos espíritas, e das décadas seguintes. Entre os diversos artigos inéditos, um interessante estudo sobre o princípio vital, sem data, que não me lembro de ter lido nas obras publicadas. Diversos bilhetes, listas, cartas recebidas. Kardec demonstra ser um cuidadoso pesquisador em seus arquivos; por exemplo, colava os recortes de jornais e revistas numa folha, anotava os dados à margem, escrevia comentários, registrava a qualidade e o destino da publicação. Toda essa dedicação exigiu um tempo enorme, certamente. Aos poucos, é possível se acostumar com sua letra, que se torna inconfundível.

Minha atenção foi atraída por um simples caderno feito de algumas folhas dobradas e costuradas, que somavam vinte páginas. Na capa, Kardec escreveu sobre um traço leve: "Voyage en 1862" (Manuscritos CDOR Lucas 010_01-21). Não se trata do livro com título semelhante que ele escreveu publicado naquele ano, descrevendo discursos proferidos em sua visita às cidades do interior da França. Esse caderno manuscrito, único e especial, foi feito por ele exclusivamente para uma orientação pessoal ao seu trabalho, composto de comunicações e diálogos com os espíritos superiores que organizaram o Espiritismo, como conselhos do Espírito da Verdade e de Sócrates, por exemplo. Kardec selecionou as mensagens e as copiou nesse caderno para fácil acesso e consulta. Destaca-se, em sua leitura, o diálogo franco e informal, uma conversa produtiva, como a de bons amigos.

Grandiosa surpresa. Esse documento contém importantes e inéditas revelações. Algumas delas alteram o cenário da história do Espiritismo e dos desvios que sofreu. Esse e alguns outros que apresentaremos pela primeira vez nesta obra estavam entre os documentos guardados por Allan Kardec para o futuro, e só agora vão trazer luz a fatos passados até então cobertos por uma nuvem de dúvidas.

Allan Kardec pergunta sobre as diversas localidades que pretendia visitar, as pessoas com as quais poderia estar, o que poderia esperar dos resultados de suas ações.

– Espírito da Verdade, tenho muitos lugares a visitar, poderia dispensar a ida à Saboia²? – perguntou Kardec.
– Sei dos itinerários para as suas visitas no mesmo mês. Porém, pense bem, pois sua viagem para a Saboia será muito útil.
– Qual será o resultado geral da viagem?
– Tanto para a sua satisfação pessoal quanto para a fé que você propaga, haverá um completo sucesso.
– Será útil, antes de partir, fazer uma excursão para a cidade de Cempuis, para a casa do senhor Prévost?
– Vá visitar esse velho e bom senhor. Você terá feito tão bem ao Espiritismo quanto durante quinze dias de viagem.

Essa previsão dos espíritos iria se confirmar plenamente. Gabriel Prévost (1793-1875), tendo origem numa família próspera de cultivadores de Picardia, estabeleceu em vários distritos de Paris diversas lojas. Sua vida se transformou quando perdeu quatro de seus filhos e sua esposa durante o parto. Tomou o fato não como tragédia, mas como desafio. Passou a se dedicar aos mais desvalidos. Em sua cidade natal, Cempuis, departamento de Oise, desde 1858, dedicou sua fortuna a um asilo, recebendo idosos carentes e órfãos, depois orfanato agrícola. Mesmo assim, foi perseguido ao fazer o bem! Disse Kardec:

> O Sr. Prévost tem, portanto, um grande erro aos olhos de certas pessoas: é de ser Espírita, de professar a doutrina do demônio. Seu discurso, no entanto, não é o de um ateu, muito longe disso, nem mesmo de um deísta, é o de um cristão. (KARDEC, [RE] 1863, out., p. 9)

A vocação pedagógica da instituição de Prévost tornou-se um berço da educação pela liberdade, revelando educadores revolucionários como Ferdinand Buisson, Paul Robin e Célestin Freinet.

Seguem, no caderno de 1862, diversas observações sobre toda a preparação das viagens e avaliações posteriores sobre os acontecimentos.

---

2. Saboia, ou Savoia, é uma região dos Alpes, na França, próxima ao lago de Genebra, Suíça.

Quando Allan Kardec perguntou sobre sua viagem a Bordeaux, os espíritos alertaram que haveria uma "agradável e calorosa acolhida da parte dos espíritos que o conhecem, e da parte daqueles que não o conhecem". E como nem tudo seria perfeito, "os poucos perturbadores que se encontram entre eles não merecem ser contados; é uma leve sombra no quadro sempre crescente da fé espírita que a tua presença entre eles só pode vivificar".

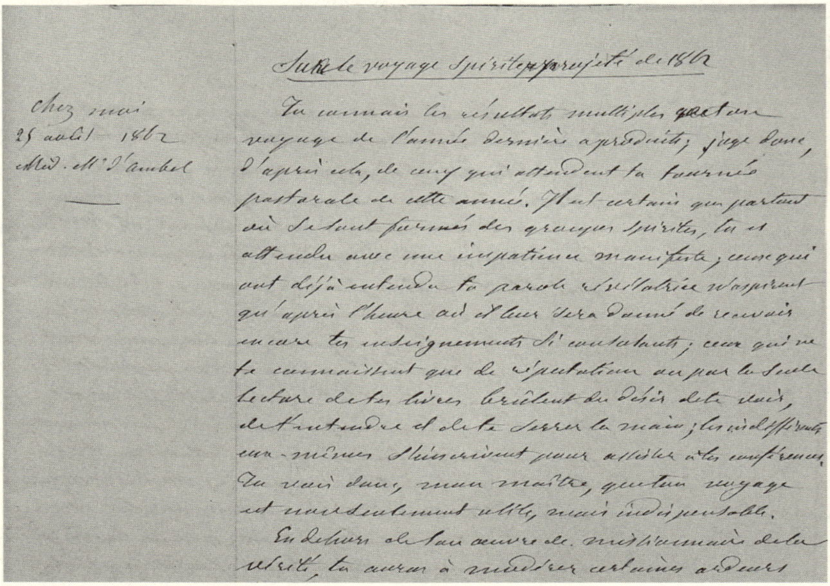

Caderno Voyage en 1862

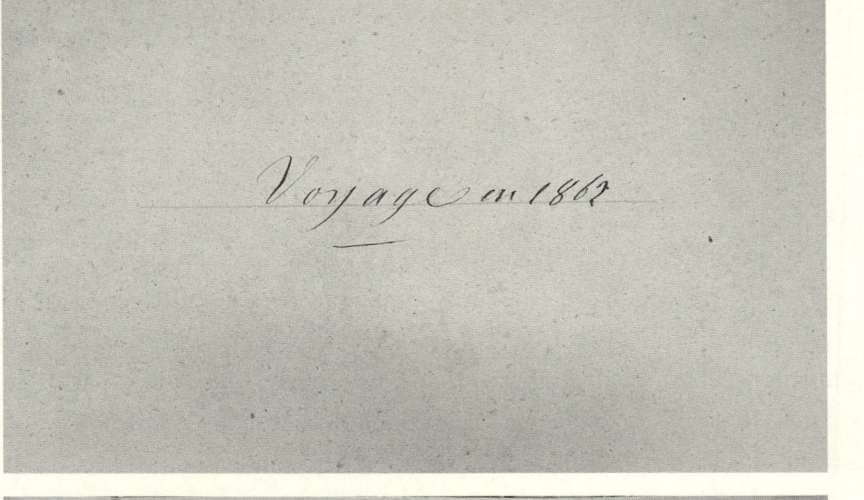

Capa e primeira página do caderno *Voyage en 1862* (detalhe).

Desde agosto daquele ano, Allan Kardec vinha sendo alertado, pelo Espírito da Verdade, que muitos amigos o cumprimentavam pela frente enquanto o arrasavam pelas costas, como "cães raivosos que acariciam o dono para depois mostrar os dentes quando ele não está presente. Todavia, todo o bem conquistado será a melhor resposta aos seus detratores". Esses avisos foram se tornando mais explícitos ao se aproximar a viagem para Bordeaux. Essas informações são surpreendentes, pois virá dessa cidade a maior das traições que Kardec vai sofrer, quando, em 1866, o advogado Jean-Baptiste Roustaing vai publicar o livro *Os Quatro Evangelhos*, considerando-se um messias escolhido pela espiritualidade para dar ao mundo a moral espírita, transformando-a em religião. A partir daí, Roustaing será um instrumento dos inimigos invisíveis, tentando rivalizar de forma fanática, absolutamente desprestigiado pelo movimento espírita dos tempos de Kardec e com alguns parcos seguidores, mas posteriormente tornando-se a causa inicial de um indigno desvio no movimento espírita.

No dia 16 de setembro de 1862, quando já estava em Lyon, Kardec conversou com os espíritos novamente e, quanto às suas próximas paradas, com destino a Bordeaux, travou o seguinte diálogo:

– Poderia me dizer algo sobre a continuação da viagem?
– Sua viagem será para você a fonte de uma grande satisfação que te fará facilmente esquecer as poucas decepções que poderá encontrar. Bordeaux, sobretudo, te oferecerá certas dificuldades, pois você terá que combater a tenacidade das ideias preconcebidas e o orgulho das rivalidades ciumentas. Não se incomode, você terá sucesso e depois de sua partida se reconhecerá que você passou por lá, porque reconciliará os campos divididos. Há também aí o dedo de Deus; é preciso que se possa dizer: o Espiritismo operou um novo milagre. Ele reaproximou os homens que acreditávamos ser irreconciliáveis. A fé profunda de Sabò é a alavanca sobre a qual você deve se apoiar.

O senhor Sabò era o líder de um grupo espírita organizado por uma família simples e dedicada ao Espiritismo. Esse grupo, porém, estava recebendo uma oposição de Roustaing, que, fechado em seu pequeno círculo pessoal, adotava interpretações dogmáticas que divergiam da teoria espírita da moral autônoma assediado por espíritos, Roustaing, por espíritos que o estavam envolvendo num forte processo obsessivo, como relatou Sophie Rosen Dufaure, quando os fatos tornaram-se conhecidos dos espíritas em 1883. (UNION SPIRITE FRANÇAISE, 1883, p. 32, nota)

Até hoje, nada sabíamos quanto à opinião dos espíritos superiores sobre Roustaing. Nem mesmo se Kardec tinha noção nessa época, 1862, do desvio que iria ocorrer ou se teria sido pego de surpresa. Isso pelo fato de que Allan Kardec foi sempre muito discreto e jamais tornava públicos de forma personalista, os problemas e traições que sofria. Quando tocava no assunto em seus artigos, sempre apresentava noções gerais e impessoais. Certamente, os graves descaminhos que ocorreriam nos anos finais mostraram a ele a necessidade de deixar para a posteridade os documentos indispensáveis para restabelecer a verdade definitiva e profundamente.

Fiquei atônito ao ler a continuação do diálogo, quando Kardec perguntou aos bons espíritos:

– Que influência pode ter o Sr. Roustaing?

E eles responderam:

– Se você o vir, um simples golpe de vista o fará julgar o homem, e o que se deve esperar dele. Ele tem tanta confiança nas suas luzes que pensa que todos devem se curvar a ele. Vá se você estiver disposto a fazê-lo.
– A opinião de Roustaing tem algum crédito?
– Não, em geral ele passa por um entusiasta, exaltado, querendo se impor.

Manuscrito Voyage en 1862, p. 16

Não é pouca coisa o que eu estava lendo nesse trecho do pequeno caderno de vinte páginas. Talvez seja o mais forte fato histórico da recuperação do Espiritismo que está ocorrendo nos recentes anos, esclarecendo de forma inequívoca quem foram os judas e os pioneiros de sua história. Allan Kardec foi alertado, numa conversa íntima e privada, do que iria enfrentar em virtude da personalidade soberba e exaltada de Roustaing, presa fácil para os propósitos dos inimigos invisíveis que conseguem ler as imperfeições das almas e projetar as teias adequadas para envolvê-las, dominá-las e se servir delas para tais infames propósitos.

Todavia, por incrível que pareça, esse ainda não seria o maior dos achados que eu iria encontrar em Paris. Por isso, caro leitor, preciso lhe contar o que aconteceu antes desse setembro de 2019, de clima agradável, na Cidade-Luz.

PRIMEIRA PARTE – A HISTÓRIA DA RECUPERAÇÃO DO LEGADO

1. CONTATO COM O ESPIRITISMO

Permita-me que eu me apresente. Meu nome é Lucas Sampaio, sou advogado, casado, tenho um filho pequeno, moramos em Salvador (BA). Nasci em Santo Antônio de Jesus, cidade do interior baiano, numa época marcada pela religiosidade das beatas e ao mesmo tempo pela cultura liberal de seu forte comércio. Essa movimentada cidade é considerada a capital do Recôncavo Baiano, realiza uma animada festa de São João, tem a feira mais barata do estado, onde se pode comprar uma das mais apetitosas farinhas de mandioca da região do Copioba, junto a Nazaré das Farinhas, Maragogipe e São Felipe. A farinha é a base da alimentação do nordestino, desde os tempos coloniais; com ela se faz bolo, tapioca, mistura-se com várias comidas. Jorge Amado gostava de bolo de puba ou carimã, fofo e branco como neve, feito com o aipim ou mandioca-mansa – tudo na Bahia tem mais de um nome... Sua esposa, Zélia Gattai, explica:

> A puba é feita de aipim podre. – O aipim tem que ficar bem podre para então a gente fazer a massa que depois vira farinha. – Tu faz assim: pega o aipim, descasca, mete ele dentro de um tacho cheio d'água. Vai trocando a água todos os dias até tu sentir que ele está fedendo e ficando mole. Depois tu espreme bem a massa, bota no sol pra secar, passa na peneira e aí ela vira farinha, que está pronta para fazer o bolo. Muito fácil. (GATTAI, 2019, p. 89).

Durante minha inquieta adolescência, vivi um contraste quanto à questão da espiritualidade, um conflito entre fé e razão que me seguiu, entremeado no cotidiano. De um lado, o ateísmo de meu pai, descrente pelos equívocos da religião, mas crente na liberdade, e, do outro, o catolicismo de minha mãe, já mais preocupada com a espiritualidade do que com atos de culto exterior. Questionador, quando comecei a fazer-lhes perguntas, as respostas que deles recebi não me satisfaziam, pois pareciam insuficientes para explicar a realidade. Meu pai negava a metafísica, as questões da vida após a morte, o impalpável que não se pode conhecer pelos sentidos físicos. Rejeitava-a por associá-la às narrativas religiosas, nas quais ele via uma histórica forma de exploração humana. Já de minha mãe, as respostas eram do senso comum, aquilo que é de hábito se contar a toda gente, refletindo dogmas e comportamentos repletos da ideia de pecado e culpa.

Sabemos que é comum as crianças serem criadas pela promessa de recompensas, "vai ganhar um doce se fizer isto", ou de castigos, "ficará sem brincar se fizer aquilo". De vez em quando, dizem para colocar medo: "Papai do Céu está vendo tudo!" ou "você acha que Deus gosta do que você está fazendo?". A recorrência dessas afirmativas vai criando a imagem de um Deus pessoa, com emoções humanas, como raiva, tristeza, alegria. Dessa forma, ele vigia, julga, culpa, castiga uns e perdoa e recompensa outros.

Enfim, por questões culturais, o dogma estava presente em minha educação: além de um Deus julgador e vingativo, obviamente ouvia por toda parte sobre o Céu e o Inferno. Este último seria um lugar de sofrimento físico real para os pecadores, por meio de um corpo fisiológico reconstruído após o fim do mundo, enquanto aquele primeiro, ao contrário, seria um recanto de delícias, prazeres e descanso almejado pelos zelosos cumpridores dos preceitos religiosos.

Atualmente, as histórias de Céu e Inferno beiram o folclórico. Mas as consequências dos preconceitos que impedem oportunidades, a indiferença quanto à miséria, como se fosse um fenômeno natural, essas mazelas teimam enraizadas na nossa cultura. Na cidade de Salvador, incomodava-me a acomodação e a passividade quase geral da população no sentido de conquistar mudanças. A questão social, contraste entre progresso e pobreza extrema, preocupação desde os tempos de Kardec, ainda não foi resolvida.

Em Salvador, encontramos o exemplo do convívio das religiões. Vários terreiros são tombados, como Gantois, da Mãe Menininha. A primeira casa de oração da Bahia foi a Basílica de Nossa Senhora da Conceição da Praia, onde estão ruínas da fundação por Tomé de Sousa, primeiro governador-geral do Brasil. Em novembro de 1865, na *Revista Espírita*, Allan Kardec noticiou um artigo sobre Espiritismo no *Diário da Bahia*. Católicos, muçulmanos, candomblecistas, umbandistas ou espíritas, todos convivem com razoável tolerância.

Aos vinte anos, cursando Direito na Universidade Federal da Bahia, ganhei de uma amiga um livro de Brian Weiss (WEISS, 1999) que tratava de terapia de vidas passadas e do avançado pensamento que advinha de entidades espirituais que se manifestavam por intermédio dos pacientes. Não é espírita, mas me apresentou a reencarnação como hipótese racional. A sua lógica impactou-me, fazia sentido, era um interessante caminho. Nesse mesmo ano 2000, viajei para um intercâmbio na Europa. No avião, iniciei a leitura de *O Livro dos Espíritos*, de Allan Kardec. Fui para a França, bem perto de Lyon, onde nasceu Kardec. Talvez haja algum sentido em tudo isso, mas nunca sabemos todas as conexões que a vida nos reserva.

De volta para casa, essa Bahia de todas as crenças, amigos me levaram a um centro espírita, que tinha um ambiente bastante parecido com o das igrejas. As palestras nos grandes salões equivalem às missas, o passe que todos tomam ao final lembra uma espécie de ritual purificador. Os novos frequentadores que chegam seja do catolicismo seja do protestantismo, e que são a quase totalidade, estão acostumados com essas práticas. E as repetem por hábito. A grande maioria segue passivamente essa rotina de frequência semanal ao culto, vivendo a proposta espírita como se fosse apenas uma nova denominação religiosa. Há até quem leia este meu questionamento e pense consigo mesmo: "Ué? E não é exatamente isso que deveria ser o Espiritismo?". Não, não foi isso que li em Kardec.

Ocorreu que, durante alguns meses, ouvi dos expositores conceitos semelhantes aos que eu tinha ouvido nas religiões. Contaram-me sobre um umbral, destino dos que agiram mal, e sobre as desejadas colônias espirituais, destino agradável para os bons. Mas essa era a exata descrição do Inferno e do Céu, locais escolhidos para nossa vida após a morte por um Deus que determina sofrimentos, como se fossem uma continuidade desta vida corpórea, com as mesmas sensações de dor, frio, fome e medo. Parecia tudo igual, uma continuidade das hipóteses dogmáticas das religiões, a mesma solução que nada explica. Qual é a lógica dessa realidade?

Chamaram-me a atenção as ideias de carma, causa e efeito e ação e reação que constantemente ouvia nas tribunas, aulas e mesmo nos livros espíritas. Repetiam que a causa do sofrimento nesta vida geralmente está nas faltas cometidas em vidas passadas. Cada falta produz um sofrimento, como um castigo divino. A postura adequada seria a de aceitar essa imposição para merecer algo melhor. Diziam-me também que o mal que fizesse a alguma pessoa geraria a obrigação de reencarnar com ela.

Durante algum tempo, mesmo com o peso que caía sobre meus ombros, aceitei a ideia de causa e efeito, do ato que desencadeia a penalidade, pois, como estudante de Direito, além de ver *a priori* o reflexo da justiça pela aplicação de leis presentes na consciência, deveria ser mais eficaz socialmente que o sistema católico do pecado perdoado por uma autoridade e que faz girar o ciclo vicioso do erro e da impunidade.

Todavia, sem perceber que se tratava de conceitos semelhantes, causava-me desconforto a palavra "carma", que eu associava ao fatalismo divino das religiões orientais. Em verdade, essa era a mesma ideia de fundo adotada pela Igreja cristã, porém, quando o clero decidiu pelo dogma da vida única, criou o dogma do pecado original, o que em verdade apenas reproduzia o mecanismo lógico da aceitação passiva dos sofrimentos. Colocar sobre os ombros do povo a culpa por sua própria miséria, foi instrumento de dominação da Igreja. Nos povos do Oriente, a pobreza extrema e demais adversidades eram explicadas pelos sacerdotes como sendo dívidas das vidas passadas. Sempre o mesmo mecanismo para subjugar a maioria dos simples e ignorantes por uma elite de poderosos e orgulhosos, favorecida por privilégios, o que explica em grande parte as mazelas sociais de hoje.

Enfim, aos poucos senti a dissonância entre as ideias racionais, liberais, organizadas que li em Allan Kardec e o que via, lia e ouvia no ambiente místico daquela instituição, sobretudo as estranhas explicações do *post mortem* e da questão moral. Era preciso avançar. Minha insatisfação com as explicações obtidas me conduziriam a outras paragens, onde eu poderia realizar o estudo mais profundo e metódico da doutrina espírita. Algo me dizia que ainda havia muito a descobrir. Acompanhe-me, caro leitor.

O TELMA E CARLOS BERNARDO LOUREIRO

Percorri diversos centros espíritas de Salvador, em busca de afinidade com minhas ideias, até chegar ao Teatro Espírita Leopoldo Machado (Telma)[3], onde estudo e trabalho desde 2002. Trata-se de um espaçoso centro espírita situado sobre as areias tranquilas da praia da Boa Viagem, em Salvador. Toda a natureza está lá. Das largas janelas do salão, avistam-se a praia, os banhistas, as pedras e toda a beleza da baía de Todos os Santos. A história do Brasil passa por ela. *Kirimurê*, mar interior dos tupinambás, a baía, tão grande quanto a cidade do Rio de Janeiro, deu o nome à capitania. Por ela, os navios levaram açúcar para Portugal e trouxeram a maior parte dos escravos da África. Jorge Amado, lá na rua Alagoinhas, no bairro do Rio Vermelho de 1944, cantou os mistérios da cidade em *Bahia de Todos-os-Santos*: "A Bahia te espera para sua festa mais quotidiana. Teus olhos se encharcarão de pitoresco, mas se entristecerão também ante a miséria que sobra nestas ruas coloniais onde começam a subir, magros e feios, os arranha-céus modernos" (AMADO, 2012, p. 15). Não há dúvida, a Bahia e os baianos, seus edifícios e sofrimentos, de ontem e de hoje, representam muito do Brasil e dos brasileiros.

No Telma, tive contato com um Espiritismo livre de dogmas e de misticismo por meio do pensamento crítico do fundador do centro, meu querido e saudoso professor Carlos Bernardo Loureiro (1942-2006). Ali, todas as atividades remetem o frequentador aos textos de Kardec e dos grandes pesquisadores do Espiritismo, o que demanda constantes estudos doutrinários. Bernardo, como o chamávamos, era um espírita polivalente e um pesquisador nato, autor de dezenas de livros. Em 1988, no Grupo Ambroise Paré, chegou a obter a materialização de um espírito. (LOUREIRO, 1994)

Bernardo não aceitava a ideia de um Deus controlador dos atos humanos, que pune e perdoa. Pois, se o espírito possui um mecanismo próprio de responsabilidade moral, não faz sentido imaginar a intervenção divina. Uma inteligência suprema, dizia ele, tinha que ser muito superior ao senso comum. Bernardo também era grande crítico das ideias que descreviam uma versão material do umbral e colônias espirituais, pois elas são inexistentes em Kardec. Na verdade, é o espírito que, em razão de seu estado psicológico e por meio da

---

3. Disponível em: <http://www.telma.org.br>.

força imagética de seu pensamento (ideoplastia), cria, consciente ou inconscientemente, a ambiência fluídica que o circunda, podendo iludir-se, individual ou coletivamente, sobre aquela realidade, caso não possua esclarecimento. Segundo ele, Kardec falava apenas de erraticidade.

MESMER

Para entender a constituição do mundo espiritual, eu também havia sido encorajado por Bernardo a conhecer o Magnetismo Animal e o Espiritismo a partir de seus pioneiros e do contexto cultural no qual surgiram. Ele havia sido um dos primeiros espíritas brasileiros a escrever uma obra dedicada exclusivamente a esse tema (LOUREIRO, 1997). Em 2015, ao pesquisar sobre Franz Anton Mesmer para uma palestra, descobri o trabalho de Paulo Henrique de Figueiredo (FIGUEIREDO, 2017). Compreendi que Mesmer criou a ciência do Magnetismo Animal, medicina que faz uso dos passes para despertar a vontade do paciente, pois dele mesmo nasce a cura. Também propôs a existência do fluido cósmico e descobriu os fenômenos do sonambulismo provocado, que abriram caminho para o surgimento do Espiritismo. Kardec, por sua vez, estudou a ciência de Mesmer por 35 anos, após o que, observando os fenômenos espíritas, veio a ensinar que não é possível compreender o Espiritismo sem conhecer o Magnetismo Animal.

Nessa época, minha compreensão sobre o Espiritismo amadureceu. O pensamento dogmático e escravizador da culpa, da punição e do medo foi sendo questionado diante da ideia muito mais promissora da liberdade, com interessantes reflexões surgindo naturalmente em meio às minhas palestras. "Na dúvida, escolha sempre a liberdade", dizia eu. As concepções de um passado desconhecido esmagando, inapelável, a vida presente não mais faziam sentido diante das possibilidades de uma vida de oportunidades, desafios, de modo que a busca da *moral autônoma* já surgia como um caminho sem volta. Afinal, a teoria de Allan Kardec, como foco fundamental de suas obras, de *O Livro dos Espíritos* até *A Gênese*, gira em torno do livre-pensamento, liberdade de consciência, independência moral, emancipação intelectual.

REVOLUÇÃO ESPÍRITA

Foi quando acontecimentos recentes se abriram como um clarão em meio às nuvens espessas que encobriam a verdade. Uma tese propondo a compreensão da doutrina espírita como sendo fundamentada na *moral autônoma*, que é uma visão do ser humano oposta à que foi estabelecida no mundo desde o início da civilização, a *moral heterônoma*. Essa proposição foi apresentada em 2016, na obra *Revolução Espírita: a teoria esquecida de Allan Kardec*, que explica:

> Os governantes das primeiras civilizações, com o objetivo de governar os povos pela subjugação, disseram ter o poder sobre as forças divinas, apresentando as religiões como infalíveis e imutáveis. Submetendo aos seres simples e ignorantes que vivenciavam suas primeiras vidas humanas as ordens imperativas, impondo, afirma Kardec, "o princípio da fé cega e da obediência passiva". A heteronomia moral, imposta à humanidade desde então, funciona pelos castigos e recompensas, competição e obediência às leis externas. Também o pensamento materialista, vendo o ser humano como animal que pensa e imagina a inexistência do livre arbítrio. Deste modo, os indivíduos seriam submetidos irresistivelmente ao condicionamento de seus hábitos. Seres moldáveis, inertes, máquinas de servir. (FIGUEIREDO, 2016, p. 16)

Foi Allan Kardec quem definiu o Espiritismo como uma revolução inédita na humanidade, continua Paulo Henrique: "O que o Espiritismo prevê é um movimento inédito na história da humanidade, apenas comparável às conquistas da inteligência e da tecnologia da era científica, que foi apenas a primeira fase. Agora prepara-se a etapa da grandiosa e definitiva evolução moral". E cita:

> Se a descoberta das leis puramente materiais produziu no mundo revoluções materiais, a do elemento espiritual nele prepara uma revolução moral, porque muda totalmente o curso das ideias e das crenças mais enraizadas; ele mostra o caminho sob um novo aspecto; mata a superstição e o fanatismo; engrandece o pensamento, e o homem, em lugar de se arrastar na matéria, de circunscrever sua vida entre o nascimento e a morte, se eleva até o infinito. (KARDEC, [RE] 1864, nov., p. 212 *apud* FIGUEIREDO, 2016, p. 21)

Nesse mesmo ano, descobri no YouTube os vídeos de um curso de Paulo Henrique de Figueiredo em que este revelava as descobertas contidas nessa obra quanto à psicologia espiritualista e ao Espiritualismo Racional, respectivamente disciplina científica e escola filosófica da primeira metade do século 19 que, assim como o Mesmerismo, fundamentavam e favoreciam o surgimento e o desenvolvimento do Espiritismo, fornecendo ferramentas essenciais à sua melhor compreensão. Um novo mundo de informações ampliava a minha compreensão do que foram Kardec e o Espiritismo.

Aquela palestra de Paulo Henrique que assisti na internet iniciou com um diálogo intrigante que impactou o público. Começou com a seguinte pergunta:

> – O clima na França, quando Allan Kardec publicou a primeira edição de *O Livro dos Espíritos*, foi favorável para o surgimento do Espiritismo ou não?
> – Não! Isto é claro. De um lado a negação pela ciência materialista, de outro o combate beato do clero católico. Parece-me que poucos aderiram e o clima foi adverso! – Esse foi um dos comentários do público.

Quase todos levantaram o braço quando questionados se concordavam com essa opinião, ou seja, ela correspondia à visão da quase totalidade dos presentes.

> – Essa resposta é a que ouço em todos os centros espíritas espalhados pelo Brasil – respondeu Paulo Henrique, explicando em seguida: – Ela é fruto de uma forma equivocada de ler a história, o anacronismo, que consiste em utilizar os conceitos e condições culturais de uma época para analisar os fatos de outra. Kardec viveu na França do século 19, um cenário cultural muito diferente do nosso tempo.

Então, o palestrante apresentou na projeção ao fundo do palco uma surpreendente afirmativa de Allan Kardec:

> Foi nessas circunstâncias, extremamente favoráveis, que chegou o Espiritismo; mais cedo, teria se chocado contra o materialismo todo-poderoso; num tempo mais recuado, teria sido abafado pelo fanatismo cego. Apresenta-se no momento em que o fanatismo, morto pela incredulidade que ele mesmo provocou, não lhe pode opor mais barreira séria, e onde está fati-

gado pelo vazio deixado pelo materialismo; num momento em que a reação espiritualista, provocada pelos próprios excessos do materialismo, se apoderou de todos os espíritos, onde se está à procura das grandes soluções que interessam ao futuro da Humanidade. (KARDEC, [RE] 1863, out., p. 2)

É fundamental compreender as referências históricas citadas por Kardec, que escrevia para um público contemporâneo, ciente do que ele estava falando, que é o que torna esse parágrafo tão sintético. O "fanatismo cego" representa o domínio da Igreja sobre a universidade durante séculos desde a Idade Média. Os estudos eram viciados pelos dogmas. Em seguida, Kardec diz que, se o Espiritismo chegasse mais cedo, haveria o choque "contra o materialismo todo-poderoso". Trata-se do pensamento radical de negação da metafísica que se estabeleceu com a Revolução Francesa de 1789, com a ascensão da escola materialista dos denominados ideólogos. Estes propunham uma moral do interesse ou do egoísmo, fazer o bem somente se houver algo em troca que traga vantagem. Explica Kardec, em seu artigo: "a incredulidade era moda, era de bom tom ostentar a negação de tudo, mesmo de Deus. A vida presente, eis o positivo; fora disso tudo é quimera e incerteza; vivamos, pois, o melhor possível, e depois advenha o que advier". (KARDEC, [RE] 1863, out., p. 1)

Esse estado de incredulidade absoluta, determinando pelas coisas materiais as bases das instituições humanas, deixou uma base movediça, sem apoio, fácil de desmoronar diante da tempestade, pois "as leis repressivas mascaravam os vícios, mas não tornavam os homens melhores" (*Idem*), comenta Kardec. A dúvida tomou os pensadores e formadores de opinião; antes de Colombo também não se acreditava em nada depois do oceano. E se houvesse sobrevivência após a morte do corpo? Temos uma alma? Kardec afirma que "uma vaga inquietação se apoderou dos mais fanfarrões em presença da morte" (*Idem*). Surgiu, então, uma reação espiritualista muito forte na sociedade francesa, que chegou a se tornar a doutrina oficial do país entre 1830 e 1850, o espiritualismo racional:

> Todas as coisas extremas têm sua reação, quando não estão na verdade; só a verdade é imutável. As ideias materialistas tinham chegado ao seu apogeu; então, percebeu-se que elas não davam o que delas se esperava; e deixavam o vazio no coração; que abriam um abismo insondável, do qual se recuava com pavor, como diante de um precipício; daí uma aspiração para o desconhe-

cido, e, consequentemente, uma reação inevitável para as ideias espiritualistas, como única saída possível. É essa reação que se manifesta há alguns anos (*Idem*, p. 1-2)

A incredulidade foi substituída pela fé, mas não a fé cega dos séculos anteriores, e sim a fé raciocinada, correspondendo ao pensamento científico da época. Surgiu a psicologia espiritualista, iniciada por Maine de Biran, depois continuada por seus admiradores, Royer-Collard, Victor Cousin, Jouffroy, Paul Janet, e tantos outros. O lema adotado era "O ser humano é uma alma encarnada". Ou seja, a partir do nascimento, manifestam-se as forças do organismo para sua preservação e desenvolvimento: instintos, emoções básicas (tristeza, alegria, medo, raiva e nojo), movidas pelas forças do prazer e da dor. Depois, aos poucos, vão se manifestando as faculdades da alma: razão, vontade e imaginação. Pela razão, conquista-se inteligência e conhecimento. Pela vontade, as escolhas determinam a responsabilidade moral. A imaginação permite criar, tornar-se único, contribuir para a evolução do coletivo.

Não seria por castigo e recompensa que as crianças e jovens deveriam ser educados, pois esses instrumentos incitam apenas a vida animal do indivíduo; a educação deles deveria dar-se pelo despertar das faculdades da alma, pelo esforço e consciência pessoal de cada um! Uma nova cultura, escola, convívio familiar e social, portanto uma nova França, estruturada em novas bases, pela regeneração da humanidade. Não só a justiça, que impõe que não façamos aos outros o que não desejamos para nós mesmos, mas também a caridade, quando fazemos voluntariamente o que desejamos para nós aos que menos possuem ou compreendem, é o que ensinava Victor Cousin, nas ciências filosóficas, disciplinas do Espiritualismo Racional implantado naquele século na universidade, nas escolas normais de formação dos professores e também nos liceus e escolas para crianças. Referindo-se a essa reação espiritualista, Kardec explica: "Se todos esses sistemas não chegaram à verdade completa, é incontestável que vários dela se aproximaram ou a roçaram, e que a discussão que dela foi a consequência preparou o caminho dispondo os espíritos a essa espécie de estudo". (KARDEC, [RE] 1863, out., p. 2)

Entre os sistemas que essas novas ideias exigiam, surgiu a hipótese da reencarnação como meio de progresso continuado para que a alma conquistasse novos patamares de suas faculdades intelecto-morais. Assim pensavam, por exemplo, Charles Fourier, Jean Reynaud, o brasileiro Gonçalves de Magalhães e muitos outros. Comenta Kardec:

> Este princípio, discutido hoje abertamente por homens de um grande valor, sem serem por isso Espíritas, tem uma tendência manifesta a se introduzir na filosofia moderna; uma vez de posse dessa chave, ele verá abrirem-se diante dela horizontes novos e as dificuldades, as mais difíceis, se aplainarem como por encanto; ora, ela não pode deixar de chegar aí; a isso será conduzida pela força das coisas, porque a pluralidade das existências não é um sistema, mas uma lei da Natureza, que ressalta da evidência dos fatos. (KARDEC, [RE] 1863, out., p. 3)

Foi nessa condição extremamente favorável que chegou o Espiritismo, pois, segundo Allan Kardec, "foi, [...] nesse momento, que veio resolver esses problemas, não por hipóteses, mas por provas efetivas, dando ao espiritualismo o caráter positivo[4] único que convém à nossa época. Nele se acha o que se procura, e o que não se encontrou em outra parte: eis por que é aceito facilmente". (Idem, out., p. 2)

Ainda segundo o palestrante, a história do Espiritismo, principalmente a narrada nos livros sobre ele escritos no século 20, está carregada de defeitos metodológicos que a desviaram da realidade. Grande parte dos autores transferiu ao passado suas próprias convicções e ideias (anacronismo), distorceram os fatos e concluíram por suas próprias teorias, sem citar fontes primárias (intencionalidade). Enfim, agiram sem método, sem observar a diversidade e riqueza da vida real. Com a avalanche de documentos novos que estão surgindo nos últimos anos, uma revisão histórica do Espiritismo é necessária, urgente e inevitável.

---

4. Quando Allan Kardec fazia uso do adjetivo "positivo" em seu tempo, não estava se referindo ao sistema filosófico do Positivismo, materialista e contra o espiritualismo, criado por Auguste Comte. A expressão "caráter positivo" significa caráter científico, no sentido de um conhecimento formado a partir dos métodos de observação e experimentação dos fatos.

A MORAL AUTÔNOMA

Na obra *Revolução Espírita*, estava também a notável investigação de Paulo Henrique sobre a autonomia moral, que entendi como a mais importante bandeira que poderíamos levantar neste momento em que a maior parte do movimento espírita conduz-se equivocadamente por diversas concepções dogmáticas advindas da tradição religiosa, exatamente aquele contraste que vivenciei ao conhecer o movimento espírita e compará-lo a Kardec. A moral espírita representa a libertação do ser, a mais ampla compreensão de si mesmo. Não são regras externas, preceitos, submissão às autoridades, quaisquer que sejam, ou uma submissão à tirania dos sentidos, da forma, da necessidade, como ensinam o materialismo e as religiões tradicionais, com as distorções criadas pelas ilusões de homens orgulhosos e dominadores. Cegos pela ambição, conduzindo as massas cegas pela fé. Esse é o mundo velho, que luta sem sucesso para manter seus escombros.

Por sua vez, a autonomia, como diz sua própria etimologia[5], significa que todas as normas e recursos necessários para o desenvolvimento do ser estão dentro dele mesmo como potencialidades a serem despertadas, sendo no terreno da liberdade que iremos construir o mundo novo. Mas nada disso era novidade. Já era ensinado na sapataria da praça pelo velho Sócrates, abrindo caminho a Jesus, o paladino dos simples, libertador dos desvalidos, grande voz do consolador. Resgatada por Rousseau e Kant a autonomia moral, vem agora o Espiritismo levá-la às suas últimas e mais luminosas consequências, propondo que a felicidade é uma escolha voluntária, pessoal e definitiva somente conquistada gradualmente através das vidas sucessivas pelo mérito daqueles que lutaram consigo mesmos, sob a bandeira da solidariedade.

As ideias de autonomia já permeavam meu entendimento quando descobri um antigo e excelente artigo escrito por Carlos Bernardo Loureiro (1996), examinando Sócrates, para quem a autarquia é o domínio do homem sobre si mesmo. Segundo Bernardo, "Sócrates imaginava edificar um Sistema Moral absolutamente independente de doutrinas religiosas que pudesse conduzir os homens (sem idolatria) à convivência pacífica, corolário do progresso ético e

---

5. Do grego αὐτονομία, -ας: αὐτός, *autós*, próprio, si mesmo, e νόμος, *nómos*, lei, norma, regra.

intelectual". Ou seja, "neste particular, guardadas pálidas proporções, o pensamento filosófico de Sócrates se identifica, eletiva e espiritualmente, com o de Jesus". Uma interessante descoberta: o caminho moral que une Sócrates, Jesus e Kardec, pela moral da liberdade. E continua Bernardo:

> Considera-se livre o homem que representa a antítese daquele que vive escravo dos seus próprios apetites. Fundamentalmente, portanto, a autonomia moral no sentido socrático significa a independência do Homem em relação à parte animal da sua natureza. Esta autonomia não está em contradição com a existência de uma lei cósmica em que este fenômeno moral do domínio do Homem sobre si mesmo se enquadre. (LOUREIRO, 1996)

Outros pensadores espíritas, em livros que lera, também denunciavam os equívocos dos dogmas, apontando para a liberdade como caminho mais lúcido, todavia sem desvendar com precisão os mecanismos da autonomia e da responsabilidade moral. Afinal, se tais normas existem, deve-se buscar compreendê-las com o máximo possível de clareza.

Diante de tão relevantes descobertas e indagações, convidamos Paulo Henrique em 2017 para participar em nossa instituição do VIII Fórum do Livre-Pensar Espírita[6], da discussão sobre o tema "Caminhos Éticos do Espiritismo", além de outros eventos, estreitando laços de amizade e colaboração.

Ainda construindo meu entendimento, as provocações e figuras dessas palestras criavam num primeiro momento um vazio naquele meu esforço para substituir as ideias de culpa e o castigo na compreensão do processo evolutivo do espírito. Em meus raciocínios, me questionava: "Como poderia o espírito se conscientizar, senão com as punições? Será que sem os sofrimentos como consequência direta dos atos ruins não estaríamos também produzindo a impunidade?". Pois essa era justamente a ideia da heteronomia que ainda resistia em me abandonar. Todavia, havia uma teoria mais lógica, mais condizente com a bondade infinita de Deus. Outro caminho, por meio de uma lei mais universal e inteligente, que respeitasse as individualidades. Percebi que era preciso pri-

---

6. Nesse evento, levamos à nossa instituição representantes de diversas correntes do Espiritismo para expor dialeticamente suas diferentes visões sobre o tema da Ética espírita.

meiramente reestudar em Kardec, de forma coordenada, as críticas que ele fazia à moral heterônoma, as diversas questões e proposições relevantes, como a ideia de reencarnação como necessidade nas mais diversas condições, a lei de escolha das provas, o caso específico dos espíritos simples e ignorantes e dos espíritos endurecidos, bem como as causas naturais diversas do sofrimento, que, segundo o Codificador, residem no simples fato da imperfeição do espírito.

Pois a teoria esquecida de Allan Kardec se revela por uma grandiosa revolução moral pela qual a humanidade passará depois de conquistar os benefícios do domínio da razão pelas ciências e pela tecnologia. O próximo passo evolutivo vai trazer paz, eliminando os medos, privações, misérias e ingratidões causados pelo orgulho e egoísmo, verdadeiras chagas do gênero humano.

Mas é preciso esforço e dedicação para compreender esse novo paradigma da moralidade. Por milhares de anos, o erro profundo do pensamento heterônomo foi imposto como dogma pelas religiões tradicionais e também pelo moderno conceito materialista. A heteronomia consiste em aceitar as regras impostas, sem fazer uso da razão para compreendê-las, buscando a lógica para aceitá-las ou rejeitá-las. A obediência passiva faz do ser um autômato servil. Os indivíduos são compelidos a uma competição em busca de êxito e destaque, sendo o insucesso sinal de fraqueza e subalternidade. Em virtude da ignorância da verdadeira natureza das atribuições da vida, a ignorância humana enxerga no êxito material uma poção para sua embriaguez e no insucesso um motivo para o desespero. Ser conduzido pelos outros dá uma falsa tranquilidade, pois ao mesmo tempo que as coisas se resolvem sem precisar de escolhas e dúvidas, ocorre o fato de que o indivíduo vira um joguete, objeto de manipulação; esse é um instrumento de dominação das massas.

Aos poucos, Paulo Henrique passou a compartilhar os passos de sua pesquisa. Ele me relatou a conversa que teve com espíritos familiares, no trabalho mediúnico que realiza, contando inclusive com médiuns inconscientes, há mais de vinte anos. Em ocasião recente, durante a preparação desta obra, eles lhe explicaram: na moral autônoma proposta pelo verdadeiro Espiritismo, compreendemos que as situações críticas da vida servem para despertar os valores verdadeiros da alma. Não há na relação com Deus nem castigo, nem recompensa, nem há a necessidade do perdão, pois as vivências são provas para a conquista de habilidades, virtudes, competências. Ou, para o que criou para si mesmo as imperfeições, são oportunidades de despertar, arrepender-se, conscientizar-se de que a causa de seu sofrimento moral está em si mesmo. Ou seja, o enfrentamento lúcido de suas próprias deficiências. Quem se arrepende, identifica seu próprio orgulho ou egoísmo. Quando se enfrenta uma vicissitude, também é possível aprender com as deficiências ou virtudes dos outros; é a força do exemplo.

Quem verdadeiramente se arrepende, reconhece suas imperfeições sem se punir ou se consumir por isso. A busca pela humildade está em não fazer pelos outros, não decidir pelos outros, mas encontrar suas próprias soluções pelo esforço. Descobrir seus limites, necessidades, capacidades. O exemplo dado pelos espíritos de um fato corriqueiro pode servir para clarear essa questão.

Uma família se reúne para a refeição, a mãe coloca a travessa na mesa, todos se servem. Experimentando a primeira garfada, o filho logo diz:

– Essa comida está salgada, não dá para comer, acho que você estragou tudo!
A mãe experimenta também, repete e afirma:
– Não está não, filho, está temperada adequadamente.
Os outros vão chegando à mesma conclusão.

O que vemos nessa cena? Diante da adversidade da comida insossa, o rapaz, sem maturidade moral, acusa o outro, culpa, cobra uma solução. Há outra reação mais equilibrada que teria adotado se tivesse mais ampla compreensão. A mãe, que fez a comida, percebeu que se tratava de uma questão de paladar, enquanto o filho observou apenas a forma, o fato imediato como percebido por seus próprios sentidos. O filho, se não respondesse com imediatismo, mas investigasse o fato de forma mais adequada, ouvindo as opiniões dos outros com atenção, poderia ter dito:

– Sou mais sensível ao sabor salgado, preciso lidar melhor com meu paladar. Poderíamos combinar de preparar a comida com menos sal, o que ficaria adequado para mim, e aquele que preferir colocaria mais.

Esse exemplo é representativo da maioria dos conflitos vivenciados no cotidiano. Essa atitude sugerida no final, mais lúcida, seria a de enfrentamento dos próprios limites ou deficiências. Também a de perceber, sem juízo de valor, nas sensações fisiológicas uma diversidade estabelecida pelas particularidades de cada indivíduo, dependendo dos referenciais de sua criação, dos hábitos – o que é bom para um pode ser ruim para outro. Não se trata de uma questão moral, que distingue o que é o bem e o mal. São coisas diferentes. A atitude de acolher, amar, o ato do dever, não seria a de comer algo salgado e dizer que está bom. É dizer que está salgado, investigar o motivo e buscar uma solução de equilíbrio. Não é uma atitude passiva ou de aceitação, mas um esforço racional que necessita das faculdades da alma: razão, vontade e imaginação! Ou seja, a união da escolha livre, inteligência e senso moral. Essa é a própria finalidade da vida, objetivo da evolução espiritual do ser humano. Quem aprende sobre si mesmo aos poucos valoriza a diversidade de escolhas, os inúmeros caminhos escolhidos pelas almas, descobrindo em cada uma seu valor singular; a humanidade universal é como um quebra-cabeça, cada individualidade que se conscientiza por seu próprio esforço é um projeto de si mesma, tornando-se imprescindível, como cada uma das peças também o é. Essa será a fonte inicial e inesgotável da solidariedade simples e humilde daqueles que herdarão a Terra, na construção do mundo novo, pela regeneração da humanidade.

Podemos definir, concluíram os espíritos familiares, a revolução moral espírita como sendo *a tolerância de aprender sobre si mesmo*. E explicaram o valoroso significado dessa definição: a lei natural que rege o esforço do espírito humano em busca de aprender com a vida é a lei da escolha das provas. As dificuldades enfrentadas na vida material não são, verdadeiramente, nem boas nem más; quando se deseja aprender com elas, são apenas úteis e necessárias. Todos os desafios, tribulações, são incidentes passageiros, escolhidos para o despertar das virtudes, superação das imperfeições, quando o indivíduo se dá conta do verdadeiro sentido da vida. Quando se afasta da falsa ideia, do grande erro do maniqueísmo entre êxito e insucesso, a encarnação torna-se oportunidade de aprendizado. Essa é a verdadeira meta da vida humana.

PRIMEIRA PARTE – A HISTÓRIA DA RECUPERAÇÃO DO LEGADO

2. ANTECEDENTES DA PESQUISA

Pois bem, se todas essas ideias já ampliavam minha maneira de compreender o pensamento de Allan Kardec, não imaginava que em tão pouco tempo ocorreria uma sucessão de fatos culminando com uma verdadeira aventura em busca de provas, depoimentos e irrecusáveis afirmativas no sentido de recuperar a verdadeira história e a proposta original do Espiritismo. É para contar sobre essa experiência que convido o leitor a me acompanhar nessa jornada.

O LEGADO DE ALLAN KARDEC

Uma noite, recebi uma mensagem de Paulo Henrique me informando sobre uma grave denúncia feita poucas semanas antes pela diplomata e pesquisadora espírita Simoni Privato Goidanich. Ele estava estudando o original em espanhol de *El Legado de Allan Kardec*, lançado pela Confederação Espírita Argentina em 3 de outubro de 2017, num exemplar a ele enviado pela autora. Disse-me que era pesquisa seríssima, de fundamental importância. Em um vídeo no YouTube, com imagens de sua pesquisa realizada em Paris, ela afirmava, com base em provas documentais obtidas nos Arquivos Nacionais da França e na Biblioteca Nacional da França, que a quinta edição francesa de *A Gênese, os milagres e as predições segundo o Espiritismo*, a mais difundida entre os espíritas, não era a originalmente escrita e lançada por Allan Kardec em 1868, mas uma outra, "revista, corrigida e aumentada", com depósito legal de dezembro de 1872, mais de três anos após a morte do Codificador. Ou seja, tratava-se de um texto adulterado, com centenas de modificações do texto original!

Essa obra, que já nasceu clássica, deve ser lida por todo espírita que deseje compreender em que consiste a verdadeira mensagem de Allan Kardec. Porque conta em detalhes a história do desvio praticado por inimigos externos e internos do Espiritismo, sobretudo os sucessores de Kardec, que viram nas obras e na estrutura deixada por ele um meio de obter proveitos pessoais. Mas conta também a história dos espíritas fiéis que lutaram pela preservação do legado kardequiano. Além da necessidade de restauração de *A Gênese* original, como afirma Simoni Privato:

> Como o texto da quinta edição, publicado mais de três anos depois do falecimento de Allan Kardec, não é fiel ao conteúdo que foi depositado legalmente e publicado pelo autor, é necessário também ter presente que o direito internacional, o direito francês e o ordenamento jurídico brasileiro protegem o direito moral à integridade da obra. [...] Concebido nas mais altas esferas da espiritualidade e materializado no plano terrestre por um missionário fiel de Jesus, o conteúdo escrito, depositado legalmente e publicado por Allan Kardec em *La Genèse, les miracles et les prédictions selon le spiritisme*, encoberto pelas imperfeições humanas, deve voltar a sair à luz para estar ao alcance de todos os interessados e cumprir com sua finalidade de elevar intelectualmente e moralmente a humanidade. (GOIDANICH, 2018, p. 430, 438)

Por fim, Simoni conclui, lucidamente, que "já é tempo de que todos os que professam o Espiritismo se unam, ao redor dos ensinamentos que Allan Kardec escreveu com a mais elevada assistência espiritual, clareza, precisão e rigor metodológico, aliados à excelência de seu conhecimento". (*Ibidem*)

A reação do meio espírita pelo mundo foi imediata e coerente em sua quase totalidade. A Confederação Argentina, no mesmo dia do lançamento da obra de Simoni, apresentou a versão em espanhol do texto original de *A Gênese*. Em seguida, informada dos acontecimentos, a União Espírita Francesa e Francófona (USFF), numa rápida reunião, pois estava diante de fatos inequívocos, determinou a suspensão da edição adulterada, substituindo-a pela correta. O mesmo ocorreu em diversos outros países e federações, sucessivamente. No Brasil, ainda ocorria um estranho silêncio.

Paulo Henrique me relatou a fundamental importância de se divulgar a obra de Simoni e suas graves descobertas amplamente no Brasil. Acompanhei atentamente os programas de TV (programa *Livre Pensamento*, na TV Mundo Maior), rádio (programa *Revolução Espírita – Pensar e Viver com Liberdade*), artigos publicados nas redes sociais, nos quais Paulo Henrique e seus companheiros de comunicação anunciavam a obra de Simoni Privato denunciando a adulteração de *A Gênese*. Dezenas de milhares de espíritas acompanhavam atentamente o desenrolar dos fatos. Entre eles, o presidente da Fundação Espírita André Luiz, que prontamente pediu e promoveu a publicação da versão original de *A Gênese*[7].

A ADULTERAÇÃO É UMA QUESTÃO JURÍDICA

Quem também se mostrou admirado e satisfeito com o resgate histórico e a denúncia promovida por Simoni foi meu amigo, colega de trabalho e atual presidente do Telma, Júlio Nogueira[8]. No escritório de advocacia onde trabalhamos, esses temas foram o centro de nossos debates, inclusive por ele ser especialista em Direito Autoral. Júlio sempre foi defensor da liberdade e crítico dos equívocos do movimento espírita e, após acompanhar todo esse movimento, estava igualmente ansioso para estudar o conteúdo original de *A Gênese*.

Conversamos e, em sua análise jurídica, Júlio explicou a importância fundamental dos documentos oficiais de registro das obras para determinar sua legitimidade. Assim, uma obra com novo conteúdo, mas sem depósito legal

---

7. Em 2008, muito antes do anúncio público da adulteração de *A Gênese*, a partir da iniciativa do Centro Espírita Léon Denis (CELD), foi publicada uma tradução da primeira edição de *A Gênese*, por Albertina Escudeiro Sêco. Anteriormente, em 1998, Carlos de Brito Imbassahy já havia publicado uma versão digital dessa primeira edição, desconfiado de que as alterações da quinta edição não seriam legítimas. Em homenagem a ele, a FEAL, ao receber a doação dos direitos, publicou essa versão de Imbassahy, revista por uma equipe de tradutores, anotada e apresentada por Paulo Henrique de Figueiredo.

8. Júlio Nogueira é advogado, graduado em Direito pela Universidade Federal da Bahia. Membro da Associação Brasileira de Propriedade Intelectual (ABPI) e da Ligue Internationale du Droit de la Concurrence (LIDC).

ou com depósito posterior à morte do autor, é considerada apócrifa e juridicamente inválida[9]. É certo que a ditadura de Napoleão III fazia um controle político e cultural, mas o depósito legal cumpria a importante função jurídica de garantir a propriedade e a integridade do conteúdo das obras, mesmo após a morte do autor. Também os livros depositados preservavam o acervo cultural da França. Esses últimos benefícios dos depósitos tornaram-se universais e mantidos até hoje.

O ato dos adulteradores foi de grande prejuízo doutrinário. Afora isso, tem também consequências penais. Para os envolvidos com esse tipo penal, diante desses registros nulos, estavam previstas na Lei de 14 de outubro de 1814 e no Código Penal de 1810:

> Art. 427. A penalidade contra o contrafator ou contra o introdutor será uma multa de pelo menos cem francos e no máximo dois mil francos; e contra o adquirente, uma multa de pelo menos 25 francos e no máximo quinhentos francos. O confisco da edição falsificada será pronunciado contra o falsificador e o distribuidor e o adquirente. As placas, moldes ou matrizes de itens falsificados também serão confiscados.

Após realizarmos um curso sobre a adulteração de *A Gênese*, em 2018, e sabendo de sua especialidade, Paulo Henrique convidou Júlio para escrever um dos artigos de apresentação da edição restaurada que seria em breve lançada pela FEAL, ao lado de Simoni Privato: "O direito moral e a garantia de integridade da obra", afirmando, com base na doutrina jurídica e em orientação da Unesco[10], que:

> as prerrogativas do direito moral, de respeito e de paternidade subsistem mesmo depois da morte do autor, a fim de garantir a preservação da obra contra tentativas de alteração, de má utilização ou de supressão no nome do autor.

---

9. Para um entendimento mais aprofundado sobre essas questões, leia o Apêndice 5: "As obras da codificação espírita foram alteradas após a morte de Kardec?"

10. CHAVES, Antônio. O Direito Moral após a Morte do Autor. *Revista Forense*. Rio de Janeiro, v. 298, n. 83, p. 428-429, 1987.

Assim, o exame dos registros oficiais (pedido de impressão e depósito legal) é essencial para solucionar atuais e futuras questões envolvendo a autenticidade da obra de Kardec. No caso do delito de contrafação[11] perpetrado em *A Gênese* na sua quinta edição, está posto a todos que têm olhos de ver e pode, inclusive, gerar a qualquer tempo a proibição de sua circulação pelo Poder Judiciário. É um dever dos espíritas verdadeiros restabelecer a obra original, abolindo a versão adulterada, para que as próximas gerações conheçam o Espiritismo como ele foi originalmente proposto.

A GÊNESE ORIGINAL E O ACERVO DE CANUTO ABREU

Quando foi anunciado o lançamento de *A Gênese* original, esse marco na recuperação da verdadeira doutrina espírita como proposta por Kardec, Júlio, sua esposa e eu tomamos o avião para participar do evento em São Paulo. Conhecemos pessoalmente Simoni Privato, que veio de Montevidéu para prestigiar o lançamento, e outros dedicados espíritas de vários estados do Brasil. Eram representantes de grupos e entidades espíritas; escritores e palestrantes como a filha de Herculano Pires, Heloísa; Wilson Garcia; a família de Canuto Abreu e tantos outros. Da tribuna, com transmissão ao vivo pela TV Mundo Maior e pela Rádio Boa Nova, ouvimos os expositores analisarem os trechos adulterados da obra e a importância da retomada do pensamento original de Kardec.

Não é exagero dizer que foi um dia histórico para o Espiritismo aquele 26 de maio de 2018, no Centro Espírita Nosso Lar Casas André Luiz. Naquele mesmo evento, no salão lotado, foi anunciada a abertura do famoso acervo de cartas e outros documentos inéditos de Allan Kardec, que em 1950 tinham sido trazidos ao Brasil por Silvino Canuto Abreu (1892-1980), o maior historiador do Espiritismo. Sua família, que estava presente, cedeu a guarda para conservação e divulgação do material. Seu neto Lian Duarte havia guardado

---

11. Contrafação é o termo jurídico para falsificação ou adulteração desde a época de Kardec para uma expropriação fraudulenta e culposa do direito dos autores pela aquisição ou impressão não autorizada de sua obra. (ROUSSET, 1856)

esse rico tesouro por décadas ao lado de sua cama, para sua segurança e preservação, e agora parte desse material já estava ali exposto em nossa frente, com o compromisso da divulgação de todos os documentos!

Para isso, também foi anunciada ali a criação do Centro de Documentação e Obras Raras, departamento da FEAL destinado a organizar todo esse material com profissionais dedicados à preservação, digitalização, transcrição e tradução do acervo, para que todo o legado de Allan Kardec tenha acesso público num portal dedicado a essa finalidade. São cerca de 1.500 páginas de Kardec mais quatro mil páginas da pesquisa de Canuto, além de sua vasta biblioteca.

Nos fatos que se seguiram, soubemos que um colecionador brasileiro comprara um grande lote de cartas e documentos que estavam guardados por Allan Kardec, mas que não tinham sido trazidos por Canuto Abreu. Tinham ficado espalhados pela livraria de Leymarie, quando ela faliu. Havia também um terceiro lote entregue por Paul Leymarie ao fundador da Maison des Spirites, em Paris. Esse legado está sendo progressivamente disponibilizado numa só fonte de pesquisa, acessível em todo o mundo. A Universidade Federal de Juiz de Fora está encarregada do portal Projeto Allan Kardec[12], com ferramentas equivalentes a portais como de Charles Darwin, Isaac Newton e outros grandes nomes da história da ciência, elevando Kardec ao patamar que sua importância para a humanidade exige.

E, ao final da jornada, tivemos a honra de ser convidados para trabalhar no CDOR como voluntários no projeto Cartas de Kardec, quando também pudemos manusear, emocionados, algumas das cartas originais com a letra corrida de Kardec, protegidas em plásticos especiais, e conhecemos mais sobre o início das atividades do departamento.

AUTONOMIA

Depois dessa data, não pararam de chegar notícias que ampliaram a recuperação da teoria original de Allan Kardec. Com a exploração do material do acervo, pouco a pouco os milhares de documentos foram revelando o passado de uma forma extraordinária, graças à recuperação do trabalho de Canuto Abreu, que

---

12. Disponível em https://projetokardec.ufjf.br/.

dedicou décadas de sua vida à transcrição, tradução dos manuscritos, além de minuciosa pesquisa histórica, colecionando obras raras encontradas em diversas partes do mundo. Mas não é possível hoje entender essa recuperação sem saber quem ele era e como se deu sua busca, história finalmente contada no recente livro *Autonomia: a história jamais contada do Espiritismo*, de Paulo Henrique de Figueiredo.

Jovem advogado, farmacêutico, depois médico, profundo estudioso do Espiritismo e das religiões, como também das ciências e filosofia, Silvino Canuto Abreu saiu de sua terra natal, Taubaté, para a capital do Rio de Janeiro e, interessado no assunto, passou a frequentar a Federação Espírita Brasileira (FEB). No entanto, ele ficou muito receoso com o que viu naquele lugar. O que estudava nas obras de Kardec, uma proposta liberal, científica, inovadora, estava sendo desviado para um simulacro das estruturas religiosas dogmáticas:

> Canuto Abreu desejava pôr a limpo essas profundas diferenças entre o Espiritismo proposto por Kardec no século 19 e esse novo movimento espírita que se afastava dele debaixo de seus olhos, no início do século 20. Desde 1915 se correspondeu com os pioneiros franceses e, como vimos, esteve entre eles durante dois anos desde 1921. Depois estudou e escreveu um completo e minucioso relato histórico com milhares de páginas. (FIGUEIREDO, 2019, p. 74)

Parte essencial desse relato refere-se ao período em que esteve com Paul Leymarie, filho de Pierre-Gaëtan Leymarie (1827-1901), seu sucessor na administração da livraria que visitei na rua Saint-Jacques em Paris. Foi lá que, cem anos atrás, Canuto teve acesso a um armário de nogueira, estilo império, com suas duas portas com cristais bisotados, apliques e puxadores de bronze. Esse móvel fora comprado para o escritório do diretor Hyppolite Rivail em seu grandioso Instituto de Ensino, desde 1830. Depois ganhou lugar especial em sua sala na Sociedade Parisiense de Estudos Espíritas, lugar onde o Espiritismo nasceu e foi elaborado por mais de dez anos. Sabendo dos desvios e percalços, avisado mesmo pelos espíritos superiores, Kardec selecionou e guardou cartas pessoais, correspondência espírita, rascunhos de obras, atas, mensagens, mais de dois mil documentos fundamentais para resgatar a história do Espiritismo por fatos inequívocos, e não por boatos, palpites e lendas.

Esse estudo ocorreu na saleta dos fundos da livraria, mesmo lugar onde encontrei e fotografei os documentos remanescentes. Por dois anos, desde 1920, Canuto examinou atentamente cada página, anotou trechos, comparou, emocionou-se com as descrições da vida privada de Rivail, Amélie e a filha de coração que criaram, que veio a morrer ainda menina, abrindo a mente desse casal tão especial para os mistérios da vida futura. Pôde ler os ensinamentos cuidadosamente elaborados por Kardec para orientar aqueles que viram na doutrina espírita o alento consolador que é a sua natureza basilar. Limpou as lágrimas ao acompanhar as preces rogando forças, oportunidades, saúde, para a tarefa hercúlea de elaborar as obras, revistas e milhares de sessões espíritas, viagens e demais afazeres entre repousos noturnos de poucas horas. Também estudou atentamente os avisos da luta contra o desvio que inevitavelmente se instaurou. Kardec afirmava que uma grande mudança certamente enfrentaria uma oposição de igual tamanho. Talvez o professor não tenha imaginado o esses inimigos visíveis e invisíveis iriam quão longe nesse infame combate. Sua obra foi adulterada, a Sociedade foi tomada pelos judas do Espiritismo, a *Revista Espírita* passou a oferecer artigos contrários às ideias originais, o movimento espírita tomou um rumo oposto ao simples e eficaz planejamento inicial: pequenos grupos, estudando a teoria proposta em seus livros, dialogando com os espíritos, ampliando o entendimento e acompanhando os avanços do conhecimento humano. Tudo de forma solidária, descentralizada, deixando aos bons espíritos o controle universal de seu ensino. Essa estrutura acabou em 31 de março de 1869, quando o coração de Rivail parou, justamente quando preparava o conteúdo do armário de nogueira para ser transportado à nova sede da Sociedade.

Canuto, então, escreve uma longa crônica, uma minuciosa história do Espiritismo, denunciando os desvios que transformaram a ciência filosófica de consequências morais proposta por Kardec, em grande parte, numa estrutura religiosa, hierárquica, apinhada de hábitos ritualísticos, conceitos divergentes e até opostos à doutrina espírita, num movimento espírita esmagado pelos falsos profetas que o assaltaram continuamente desde o fim do século 19. Voltou depois de 1950 à França e recuperou grande parte dos documentos inéditos, apesar de que o histórico armário tenha sido roubado pelos invasores nazistas para saciar o interesse da cúpula do Reich alemão pelo oculto. Todavia, seguindo os desígnios de um bem maior, o precioso acervo foi ocultado e preservado, chegando às mãos do preparado pesquisador brasileiro. Canuto relatou tudo ao seu caro e jovem amigo Chico Xavier, que ficou atônito e recomendou apresentar ao público todos esses terríveis fatos. Numa consulta aos espíritos, receberam a recomendação de aguardar. O tempo certo dessa revelação seria um retorno às origens, colocaria o Espiritismo de volta à condição de cristianismo redivivo, afirmou Emmanuel na mensagem que escreveu a eles.

De fato, com todas essas pesquisas, os documentos inéditos que surgiram e as traduções em andamento, podemos afirmar que uma revisão da biografia de Kardec, da história e do cenário cultural daquele período modifica completamente o entendimento sobre o Espiritismo. Allan Kardec estava otimista com a revolução que a moral da liberdade iria promover na humanidade:

> Como explicar tão grande entusiasmo pelo futuro de nosso planeta? É porque os Espíritos, Kardec e os espíritas conscientes sabiam que a moral do Espiritismo tem a força para criar um novo edifício social. O velho mundo se sustenta na moral heterônoma, moral do orgulho de alguns e da submissão da multidão, mediada por castigos e recompensas, pela competição, o mais forte dominando os pequenos, privilégios de um lado e absoluta miséria de outro. A revolução moral espírita vem demonstrar por fatos e estabelecer, como direito fundamental de todos os indivíduos, a liberdade! Lei universal da moral autônoma, pois a mais fundamental determinação divina é o livre-arbítrio. [...] Os Espíritos superiores não competem entre si, e atuam na harmonia universal de forma voluntária, consciente e participativa. [...] A proposta moral espírita está em pesquisar, compreender e adaptar à nossa realidade esse comportamento social dos bons Espíritos. Fazer chegar às massas a autonomia moral e intelectual. Substituir o automatismo condicionado, que faz do ser uma máquina, pelo agir pensado, escolhido e consciente. Esse será o destino inevitável de nossa humanidade, pois estamos numa transição entre o mundo velho e a nova era. Ninguém pode barrar essa evolução, pois os tempos estão chegados, anunciados pelo Espiritismo! (FIGUEIREDO, 2019, p. 26)

Segundo Kardec, o progresso da humanidade se daria de duas formas, uma gradual e imperceptível, na qual os costumes, leis e hábitos vão se trasformando. Mas há outra, rápida e revolucionária: "Trata-se de um cataclismo moral que devora em alguns instantes as instituições do passado, sucedido por nova ordem que se estabelece aos poucos, à medida que a calma se restabelece e se torna definitiva" (KARDEC [1868] 2018, p. 399). Ocorre uma mudança de paradigma entre as ideias das gerações que se vão e as das novas que chegam, "parecerá que um mundo novo saiu das ruínas do velho" (*Ibidem*). O professor Rivail interpretava o Espiritismo como tendo surgido nos tempos de uma revolução moral que transformará a humanidade como já estava ocorrendo com as mudanças materiais advindas da ciência. São os homens novos ou regenerados superando a heteronomia milenarmente vigente pela autonomia de vanguarda.

Segundo os conceitos vigentes até o século 19, para a igreja, o novo mundo viria pela destruição do velho por Deus, salvando após isso os escolhidos e relegando os demais ao inferno. Para o materialista, o novo mundo seria a hegemonia do mais forte e sábio, dominando inconteste as massas servis. O Espiritismo vinha revolucionar o conceito de regeneração e mundo novo, caracterizando-o pela revolução moral, onde o indivíduo abandona a fé cega e a submissão passiva pela fé racional e pela caridade desinteressada, agindo de forma consciente, intencional e livre de castigos e recompensas em nome do dever, que é a expressão prática das leis presentes em sua consciência. Por isso, há a ressignificação fortíssima: no lugar de "fora da igreja não há salvação", "fora da caridade não há salvação".

O DESVIO

Ocorre que as revoluções não costumam acontecer sem ferir interesses. Desde 1863, os espíritos superiores já haviam avisado Allan Kardec dos obstáculos que seriam enfrentados pela causa espírita, conforme mensagem do espírito Erasto:

> A luta vos espera [...] Não serão martirizados corporalmente, como nos primeiros tempos da Igreja, nem se levantarão fogueiras homicidas, como na Idade Média, mas os torturarão moralmente. Serão montadas armadilhas, emboscadas ainda mais perigosas quando nelas forem utilizadas mãos amigas. Agirão na sombra. Receberão golpes sem saber de onde estão vindo, e serão atingidos em pleno peito pelas flechas envenenadas da calúnia. Nada

faltará às suas dores; suscitarão deserções em suas fileiras, e pretensos espíritas, perdidos pelo orgulho e pela vaidade, vão se apresentar como independentes exclamando: "Somos nós que estamos no caminho reto!", a fim de que vossos adversários natos possam dizer: "Vejam como se dizem unidos!". Tentarão semear o joio entre os grupos, provocando a formação de grupos dissidentes. Arrastarão seus médiuns para fazê-los entrar no mau caminho ou desviá-los de frequentarem os grupos sérios; alguns serão intimidados, outros serão dominados, todas as fraquezas serão exploradas. Depois, não esqueçam que alguns enxergaram no Espiritismo um papel a desempenhar, e um papel principal, que sentem hoje mais de uma desilusão em suas ambições. Vão prometer de um lado o que não podem encontrar do outro. Depois, enfim, com o dinheiro, tão poderoso em seu século atrasado, não poderão encontrar comparsas para representar comédias indignas, com o objetivo de lançar o descrédito e o ridículo sobre a doutrina? (KARDEC, [RE] 1863, dez., p. 15)

E de fato ocorreu uma fraude que não foi súbita, mas progressivamente estabelecida por décadas, desde a morte de Allan Kardec. Não foram inimigos externos que a conduziram, mas, infelizmente, mãos amigas. Nessa história, vão surgir personagens com atuação bem clara e definida nessa trama ocorrida tanto na França quanto no Brasil. De um lado, os judas, que praticaram a desorientação da causa espírita; do outro, os pioneiros fiéis.

Entre os judas, na França, estavam participantes do movimento espírita como o advogado Jean-Baptiste Roustaing, seu fiel discípulo e escudeiro, Jean Guérin, e administradores da Sociedade Anônima, como Leymarie. Havia muitos anos, eu já lia a vasta bibliografia sobre os equívocos de Roustaing, a figura que, ainda nos tempos de Allan Kardec, serviu aos propósitos dos inimigos invisíveis. Por meio de um processo obsessivo, aproveitaram-se de seu temperamento orgulhoso para atiçar sua vaidade e fazê-lo crer cegamente que ele seria um novo messias, um enviado, o escolhido pela espiritualidade para fazer o Espiritismo entrar numa suposta "fase teológica", tornando-se uma religião formal, com seus templos, sacerdotes, dogmas e hierarquias.

As mensagens prescritas pelos inimigos invisíveis a Roustaing foram ditadas a somente uma médium, contrariando assim o processo fundamental do Espiritismo, que é o controle universal do ensino dos espíritos, em que os espíritos superiores dão um mesmo ensinamento por diversos médiuns, em diversos lugares diferentes, quando consideram o momento adequado para fazê-lo. Essas psicografias compuseram a obra *Os Quatro Evangelhos*, publicada por ele e que propõe uma moral completamente oposta à do Espiritismo, usurpando indevidamente seu nome. Um texto longo em demasia, chegando a ser prolixo e repetitivo, o que torna a leitura cansativa, tentando convencer o leitor pelo cansaço e trazendo espalhados em suas páginas os antigos e superados dogmas das religiões ancestrais. Lá se encontrarão as ideias de castigo de um Deus implacável e vingativo, a submissão passiva das almas, a mistura indevida de sofrimento físico e sofrimento moral como se fossem penalidades impostas por uma divindade cruel e sádica, a queda dos espíritos de uma condição melhor para pior pela culpa, a carne humana como sendo portadora da ignorância e concupiscência; Jesus não teria sido nem Deus nem homem, vivendo uma vida de simulação por não ter corpo material, um ser que nunca poderia encarnar e, para estar entre nós, teria executado uma vida falsa, sem dor, sem fome, sem vida, num corpo etéreo:

> A falsa teoria ditada pelos inimigos invisíveis a Roustaing mistura aos termos calcados da obra de Kardec aqueles dogmas conservadores sobre a degradação da alma próprios dessas antigas doutrinas, com a intenção implícita de anular o Espiritismo como alavanca das ideias progressistas. Ou seja, um pensamento filiado à tradição religiosa dogmática da Igreja, um pensamento retrógrado, heterônomo. (FIGUEIREDO, 2019, p. 73)

Roustaing, comandando um pequeno grupo espírita em Bordeaux, começou a se afastar de Kardec. Inicialmente, chamava-o de mestre, mas aos poucos foi se deixando levar pelo orgulho, confiante nos espíritos que se comunicavam com ele por meio de alguns médiuns, afirmando que ele seria o grande messias, escolhido pela espiritualidade para dar ao mundo a moral espírita. Ele, e não Kardec, que, segundo a avaliação de Roustaing, não soube ser humilde e aceitar essa sucessão!

Depois da morte de Kardec, em 1869, veio o pior. Sua esposa, Amélie, então com 73 anos, transferiu a responsabilidade pela continuidade das obras para os administradores designados, como explica Simoni Privato:

> Passados os primeiros meses, nos quais teve que tomar providências urgentes, Amélie Boudet chegou à conclusão de que ela, sozinha, não poderia encarregar-se desse trabalho. Tomou a decisão de delegá-lo a uma instituição. Além disso, apesar de que, juridicamente, era a única herdeira de Allan Kardec, considerava que as obras espíritas escritas por ele não eram uma propriedade particular, mas sim do espiritismo. (GOIDANICH, 2018, p. 131-132)

Na verdade, Amélie estava apenas cumprindo os planos de seu marido, que na constituição transitória do Espiritismo desejava que suas obras pertencessem ao Espiritismo. Toda a estrutura da constituição transitória do Espiritismo, proposta por Kardec na *Revista Espírita*, propunha, se necessário, uma sociedade comercial anônima, com rigorosa contabilidade, sem benefício pessoal dos membros, com determinação expressa dos fundos para o Espiritismo. Os fundadores da Livraria Espírita deveriam renunciar a toda especulação financeira pessoal.

Mas os administradores não seguiram essas recomendações fundamentais. Com a constituição da Sociedade Anônima, liberaram-na completamente[13] e começaram a receber não só um salário, mas também juros e participação nos lucros, atitude reprovada pelos espíritas sérios. Posteriormente, quando assumiu a administração, Leymarie passou a ceder aos interesses escusos de Guérin em controlar a Sociedade Anônima e a *Revista Espírita*, após este ter recebido uma polpuda herança de Roustaing para divulgar sua obra no meio espírita. Leymarie também participou de uma fraude relacionada a falsas fotografias de espíritos. Foi condenado e preso justamente. Essa aventura jogou no descrédito o nome dos espíritas na França, manchando o trabalho irrepreensível do casal Rivail.

A *Revista Espírita* passou a publicar ideias antiespíritas, como de Roustaing e da teosofia de Blavatsky. Desde 1880, aqueles que fizessem palestras passaram a receber por isso, entre eles Leymarie, com o dinheiro da bolsa farta de Guérin. O objetivo era induzi-los a divulgar o roustainguismo. Claro que palestrantes lúcidos, como Léon Denis, recusaram.

Quando Amélie, morreu, Leymarie e seus auxiliares correram para tomar posse de todos os valores, considerando que se tratava de bens da Sociedade. Nessa ânsia, queimaram os arquivos preciosos de Allan Kardec, milhares de documentos e cartas, numa fogueira da ignorância. Por fim, Guérin tornou-se sócio, foi fazendo

---
13. Conforme expressão utilizada na *Revista Espírita* de agosto de 1869.

aportes, até se tornar proprietário tanto da Sociedade quanto dos direitos da *Revista Espírita*. Fez delas, então, escravas de seus propósitos, publicando artigos e até livretos que difamavam Allan Kardec, em defesa dos devaneios de Roustaing:

> a estrutura da Sociedade, com o direito às obras e à *Revista Espírita*, na calada da noite e longe do olhar dos fiéis pioneiros, foi vendida a Guérin 72% das ações da Sociedade em troca de uma casa com jardim valendo 108 mil francos, o que lhe permitiu oficialmente usar a *Revue Spirite* para vergonhosamente atacar Kardec e seus verdadeiros continuadores, além de divulgar a deturpação de Roustaing e *Os quatro Evangelhos* em suas páginas. (*Ibidem*, p. 95)

A LUTA DOS PIONEIROS FIÉIS

Ocorre que, do outro lado, entre os pioneiros, estavam a própria esposa de Kardec, Amélie Boudet, e uma médium amiga da família, sempre presente, companhia fiel do casal, Berthe Fropo, além de jovens espíritas como Léon Denis, Gabriel Delanne, Camile Flammarion, o casal Rosen, Henri Sausse, e centenas de colaboradores que as mais recentes pesquisas começaram a resgatar e colocar no lugar de destaque que merecem. Foram eles que, desde a primeira hora, tomaram a defesa da causa e a continuaram bravamente após a morte de Kardec.

Passaram-se doze anos desde a volta de Allan Kardec para o mundo espiritual. Por mais natural que fosse, sua morte certamente abalou todos os espíritas acostumados com o mestre ao leme, apontando caminhos e desviando das pedras. Ainda sobreveio o ano terrível, como descreveu Victor Hugo em 1872 evocando Paris sitiada e as barricadas da Comuna. Pois, em janeiro de 1881, um grupo de amigos da família e médiuns reúnem-se em Villa de Ségur, Paris, na casa da viúva Amélie Boudet, e recebem mensagens de Rivail, que afirma:

> A doutrina, por assim dizer, ficou adormecida desde minha partida. Era impossível que fosse de outra forma, já que meu desaparecimento súbito não me deu tempo para realizar os projetos que havia feito e que permitiria a uma *coletividade homogênea* continuar o trabalho que havia sido iniciado. Então, as desgraças que surgiram em nossa querida pátria obrigaram cada

um a trabalhar materialmente para melhorar a própria situação e a de nosso querido país. Pois deve-se admitir que a maior parte dos espíritas, sendo os primeiros apóstolos, sem fortuna, têm o dever de prover as necessidades diárias de suas famílias. (FROPO, [1884] 2018, p. 40)

Infelizmente, porém, os fatos se agravaram, e a Sociedade Anônima para a Continuação das Obras de Allan Kardec e a *Revista Espírita: Jornal de Estudos Psicológicos*, por responsabilidade de seus administradores, não permaneceram no caminho traçado pelo mestre, publicando textos que se desviavam da doutrina, provocando dissidências e semeando o joio no movimento espírita. Rivail continua:

> Não te disse, Amélie, querida companheira de meus trabalhos, que era para o futuro que tinhas que olhar, por ti, por mim, pelo Espiritismo? Cabe a ti, portanto, retificar aquilo que, no momento, tem sido manchado de erros. [...] cabe a ti distinguir os espíritos abnegados e devotados à nossa causa desde há muito, que, chamados a continuar a fazer frutificar o que eu semeei, devem, tão logo o momento de agir lhes seja indicado, formar uma *sociedade nova* chamada a elaborar a continuação das minhas obras. [...] Assim, por ora, basta a ti uma coisa, que consiste em preparar-te para mudar as disposições existentes em favor desta velha sociedade, encaminhando-as àquela que irá se formar e para a qual é tua missão velar. (*Ibidem*, p. 36)

Surge uma nova instituição em 1883, a União Espírita Francesa. Na véspera do Natal, mais de quatrocentos espíritas uniram-se a Amélie Boudet, sua querida amiga e médium Berthe Fropo, Gabriel Delanne, Léon Denis e tantos outros. Uma comissão central de ao menos trinta membros nomeados pela assembleia geral assumiu as recomendações de Allan Kardec na "Constituição transitória do Espiritismo". Um novo jornal, *Le Spiritisme* [*O Espiritismo*], resume em seu título tudo o que lhe importa divulgar!

Henri Sausse, um dos primeiros biógrafos de Allan Kardec, colaborador de *Le Spiritisme* e participante ativo da União Espírita Francesa, no inverno de 1883-1884, reunido com diversas testemunhas, ouviu de um lionês, que dizia ser amigo pessoal de Leymarie, que este havia feito modificações em

La Genèse. Surpreendido com tal notícia, comparou frase a frase com a edição original e constatou as modificações. A esse respeito, comenta Simoni Privato:

> Henri Sausse não podia calar-se diante de um fato tão grave. Com sua reconhecida coragem e sua fidelidade doutrinária, publicou, em dezembro de 1884, no periódico *Le Spiritisme*, um artigo que constitui um marco na história do Espiritismo, denominado "Uma infâmia": "Contra minha vontade, me deixo levar pela indignação que minha alma transborda. [...] *A Gênese* sofreu importantes mutilações". (GOIDANICH, 2018, p. 317, 319-320)

Dando nome aos bois, os administradores da Sociedade Anônima da caixa geral e central do Espiritismo, para a qual Amélie Boudet, esposa de Rivail, havia doado todos os direitos sobre as obras de seu marido, foram os responsáveis pela quinta edição adulterada. Os primeiros atuantes foram Armand Desliens e Édouard Mathieu-Bittard. Depois, com a saída dos primeiros, deu continuidade o secretário-gerente Pierre-Gaëtan Leymarie em conjunto com Bittard. Como vimos anteriormente, Leymarie passou a usar a *Revista Espírita* para lançar artigos contra os membros da União Espírita Francesa, mas também para tentar desesperadamente ocultar a infâmia da adulteração de *A Gênese*, que já havia se tornado um grande escândalo entre os espíritas.

OBRAS PÓSTUMAS

Prosseguindo nesse propósito, em 1890, Leymarie organiza e lança o livro *Obras Póstumas*, contendo trabalhos de Kardec que não tinham sido publicados em vida, mas contendo também uma comunicação datada de 22 de fevereiro de 1868 pela qual o espírito comunicante lhe teria dado "conselhos muito sábios sobre modificações a serem feitas no livro *A Gênese*". De acordo com o primeiro parágrafo da mensagem[14], Kardec deveria logo iniciar uma revisão da obra.

---

14. Essa mensagem publicada em *Obras Póstumas* já havia sido publicada com outras adulterações na *Revista Espírita* de 15 de março de 1887.

Ocorre que, tendo sido descoberto por Charles Kempf[15], presidente da Federação Espírita Francesa, o manuscrito original dessa comunicação, vemos que se trata de mais uma adulteração promovida por Leymarie, com grande quantidade de modificações no texto. Na comunicação original, não consta o nome do espírito comunicante nem o referido primeiro parágrafo. Em verdade, o que se vê são sugestões para alteração de forma, e jamais de conteúdo: "Minha opinião é que não há absolutamente nada para tirar como doutrina; tudo é útil e satisfatório em todos os aspectos", diz o espírito.

Essa adulteração é irrefutável, era a prova definitiva de que Leymarie estava escondendo a adulteração de *A Gênese*, como o crime que se pratica para ocultar outro crime. Pena que esse documento original não tenha sido conhecido nos tempos em que os pioneiros estavam lutando indignados contra os desmandos de Leymarie. As provas estavam, hoje sabemos, em sua posse! No armário que ele conservava em sua livraria pessoal, debaixo de sete chaves, longe do exame de quem quer que seja, ciente de que seria desmascarado.

O DESVIO NO BRASIL

Como a maioria dos espíritas que se interessam por estudar a história do movimento espírita brasileiro, recorri aos livros mais considerados sobre o assunto, entre eles o de Zêus Wantuil e Francisco Thiesen, editado pela FEB, *Allan Kardec: o educador e o codificador*. Também os resumos que narram a história, como o Escorço Histórico da Federação Espírita Brasileira. Consultei igualmente os diversos artigos publicados nas décadas da *Revista Reformador*. São, em geral, as fontes utilizadas por aqueles que pesquisam para escrever artigos, preparar aulas e palestras, em centros espíritas, com o objetivo de descrever os aspectos históricos do Espiritismo.

Esses livros e artigos repetem os mesmos argumentos e descrições com ausência de fontes de que o progresso do movimento espírita teria ocorrido no

---

15. A descoberta de Charles Kempf, quando escaneou centenas de documentos na livraria Éditions Leymarie, em Paris, está relatada na obra *Autonomia - a história jamais contada do Espiritismo*, p. 562 e seguintes, onde se faz também uma análise detalhada da mensagem adulterada em *Obras Póstumas*.

Brasil por uma hegemonia, desde o início, da orientação teológica proposta pela obra *Os Quatro Evangelhos*. Qualificam falsamente os primeiros grupos, Grupo Confúcio e Sociedade de Estudos Espíritas Deus, Cristo e Caridade, como sendo agrupamentos religiosos, evangélicos, dogmáticos, nos moldes dos pensamentos roustainguistas, estendendo-se essa orientação até os dias atuais. Vejamos o que consta do *Esboço Histórico da FEB*, publicado por sua diretoria em 1924:

> Depois do Grupo Confúcio [...] foi a Sociedade de Estudos Espíritas Deus Cristo e Caridade, [...] a primeira que nesta Capital se fundou com um programa acentuadamente evangélico, [...]. Até o ano de 1879, foi o programa fielmente cumprido [...]. Não tardou, porém, que alguns destes, separando-se do espírito de humildade, indispensável a todo aspirante a discípulo de Jesus, pretendessem converter a agremiação em $ociedade Acadêmica, com a mesma denominação final, daí se originando uma cisão. (FEB, 1924, p. 16-18)

É do original a troca do "s" pelo cifrão, para insinuar interesse financeiro. Nomes como os de Bittencourt Sampaio e Antônio Luiz Sayão são referidos como pioneiros fundadores do movimento espírita como se fossem hegemônicos em suas posturas de inspiração igrejeira, ocorrendo uma dissidência de opositores mal orientados, alguns poucos aventureiros, que se reuniram em torno de uma cisão, que se denominou Sociedade Acadêmica Deus, Cristo e Caridade.

Foi lendo o livro *Autonomia* que compreendi que essa história estava completamente falseada, representando os interesses, que poderíamos definir como fanáticos, dos dirigentes da FEB, interessados em fundamentar não a história verdadeira, mas uma que justificasse e qualificasse algo injustificável e inqualificável, a junção de água e óleo, que seria entre o pensamento dogmático de Roustaing e a doutrina espírita original e libertária organizada por Allan Kardec, a partir dos ensinamentos dos espíritos superiores.

Essa recuperação foi toda fundamentada em fontes primárias, documentos de época, registros em jornais e cartas, todos anotados nas referências bibliográficas, mas também em reproduções digitais acessíveis ao leitor.

O estatuto de fundação do Grupo Confúcio, fundado em 1873, apresenta sua finalidade no primeiro artigo: "estudo dos fenômenos relativos às manifestações espíritas, bem como o de suas aplicações às ciências morais, físicas, históricas e psicológicas [...] é absolutamente proibido tratar-se na sociedade de questões políticas, religiosas e de economia social", exatamente como propunha Kardec. Um de seus presidentes, Antonio da Silva Netto, proferiu uma palestra na qual afirma: "Creio bem que os espíritas esclarecidos trabalharão para o Espiritismo não se transformar em seita religiosa, para não se fundar igreja, que viria embaraçar a solidariedade humana, apelidada em frase mística nos Evangelhos – por cidade de Deus na Terra". (FIGUEIREDO, 2019, p. 599)

Os estatutos da Sociedade de Estudos Espíritas Deus, Cristo e Caridade, fundada em 23 de março de 1876, afirmam em seu primeiro artigo:

> A sociedade tem por fim o estudo do espiritismo. Como ciência de observação ela estudará todos os fenômenos relativos às manifestações dos Espíritos com o mundo corpóreo e suas aplicações às diferentes ciências. Como filosofia, **tratará do estudo das manifestações aplicadas às ciências morais e psicológicas e consequências sociais que delas se deduzem**. São proibidas as questões sobre política, religião e economia social.

Além de serem proibidas as questões religiosas, os fenômenos nesses centros eram estudados de acordo com as ciências morais, que comportam as ciências filosóficas propostas pelo Espiritualismo Racional e pela psicologia espiritualista experimental, como apresentadas na obra de Paul Janet, adotada no Brasil pelas escolas do Segundo Império. Essa foi a proposta original de Allan Kardec, não uma doutrina teológica, mas uma ciência filosófica com consequências morais, ou seja, esse movimento espírita fundador era absolutamente fiel aos conceitos fundamentais dos pioneiros. Não há em lugar algum dos estatutos referência qualquer ao roustainguismo.

Esses grupos e os demais não conseguiam uma aprovação oficial do Império para abrir uma sede e realizar atividades públicas. Havia uma religião oficial, a católica, e nenhuma outra poderia ser exercida. Por outro lado, o primeiro grupo que tentou se oficializar recebeu parecer negativo da comissão imperial, alegando-se que se tratava de uma sociedade secreta, o que era proibido.

Os principais centros da capital (Confúcio, S. E. S. Deus, Cristo e Caridade, Congregação Anjo Ismael e Grupo Caridade), portanto, se reuniram em torno da ideia de formar uma sociedade científica, pois dom Pedro II era um entusiasta do pensamento moderno e incentivava todo tipo de estudo ou pesquisa. Foi uma iniciativa unânime no movimento espírita, aprovada por todas as diretorias previamente, recebendo o apoio de centenas de adeptos, como descrito em *Autonomia*:

> Para termos ideia da representatividade dessa sociedade, os cinco diretores, nessa assembleia primeira, foram eleitos por meio do preenchimento de cédulas por 695 espíritas presentes! Um número absolutamente expressivo para a época, demonstrando a urgência e a unanimidade quanto à legitimidade dessa iniciativa. Foram eleitos o doutor Francisco de Siqueira Dias, Carlos Joaquim de Lima e Cirne, Francisco Carlos de Mendonça Furtado de Menezes, doutor Antônio Pinheiro Guedes, Salustiano José Monteiro de Barros e os auxiliares da diretoria, João Paulo Temporal, professor Angeli Torteroli, entre outros. (*Ibidem*, p. 104)

Foram surgindo sociedades espíritas às dezenas, unidas pela Sociedade Acadêmica, depois pelo Centro da União Espírita, representantes no Brasil da Sociedade de Paris, responsáveis pela publicação das obras de Kardec (*Ibidem*, p. 596). Foram esses líderes, pioneiros fiéis à causa de Allan Kardec, que tiveram a iniciativa de publicar o *Reformador*, em 21 de janeiro de 1883; eram eles: Augusto Elias da Silva, Antônio Pinheiro Guedes e Angeli Torteroli, fazendo uso da prensa da Sociedade Acadêmica.

Os roustainguistas no Brasil foram um pequeno grupo, em torno da liderança de Bittencourt Sampaio, Luiz Sayão e Frederico da Silva Junior. Formaram uma dissidência da Sociedade Acadêmica, contando pouco mais de uma dezena de participantes, sendo que uma das mais destacadas divergências foi a intenção de alterar passagens de *A Gênese*, em processo de publicação em português pela Sociedade Acadêmica, que, no entanto, repeliu veementemente, além de anotar no Prefácio da tradução a determinação de defender Kardec e "conservar as obras com o cunho que ele lhes imprimiu", denunciando a tentativa de adulteração:

> Conquanto alguns condiscípulos mostrassem desejo de que modificações fossem feitas em certos pontos deste volume, de acordo com as ideias manifestadas na obra *Os Quatro Evangelhos*, e outras que os membros da So-

> ciedade também conhecem, publicamos a presente tradução da *Gênese*, sem a mínima alteração, e mesmo sem anotações; não concordamos que fosse aumentada ou alterada, posto que já tivessem sido obtidas revelações ou se façam novas descobertas, mostrando que em alguns pontos a obra esteja incompleta ou que alguns dos assuntos nela tratados, não o foram sob o seu verdadeiro ponto de vista. (*Ibidem*, p. 597)

Esse pequeno grupo reuniu-se no escritório de advocacia de Sayão, participando de sessões mediúnicas místicas, cheias de rituais; no primeiro dia, espíritos dizendo ser Kardec e São Mateus, enquanto o médium via na mesa "'uma cruz de madeira preta [...] uma lança, um cálice, um sudário, um caniço, uma esponja e uma porção de pregos espalhados pela mesa: um livro grosso com páginas douradas', Ele cai em espasmo e choro" (*Ibidem*, p. 607). Os espíritos recomendaram o estudo de *Os Quatro Evangelhos*, de Roustaing, mandaram se afastar dos outros espíritas, adotaram o nome dos evangelistas, de Maria e, por fim, do próprio Jesus. Acreditavam que o Espiritismo deveria ser uma religião, pois "viam Jesus como ser inalcançável, infalível, nunca tendo reencarnado, numa pureza inacessível. Viam a vida no mundo como mergulho no barro apodrecido, terra de castigo e sofrimento incontornáveis, fruto do pecado, da queda". Esses espíritos também disseram que esse grupo fora o escolhido por Deus para liderar o movimento espírita brasileiro. Ou seja, todos os indícios de uma obsessão coletiva.

Aqueles poucos, seduzidos pelos ensinamentos retrógrados e dogmáticos dos espíritos que se comunicavam em suas sessões privadas, acreditaram que seriam os messias, os escolhidos pela espiritualidade para ensinar a moral nova. Foram enganados de uma forma absolutamente igual à que ocorrera na França com Roustaing. Esses dois grupos vivenciaram uma obsessão coletiva, foram isolados, enaltecidos pelo orgulho de serem os escolhidos, induzidos a se achar superiores, missionários, servindo, porém, ao interesse desses espíritos contrários à causa de Kardec e dos espíritos verdadeiramente superiores:

> A força dessa iniciativa não estava em apresentar nada de novo, mas fazer os espíritas, em sua quase totalidade advindos da Igreja Católica, acostumados com os rituais, permanecerem na fé cega. Apesar de participarem do movimento espírita, continuariam a aceitar as ideias de queda, castigo, degeneração da alma, da moral heterônoma, afastando-se da real Doutrina

Espírita, que, em verdade, oferece uma mudança de mentalidade para a moral autônoma. (*Ibidem*, p. 607)

O que ocorre em seguida é fundamental para se compreender a história do movimento espírita brasileiro:

> Essa iniciativa não teve o resultado esperado. Não ocorreu uma adesão do movimento espírita, nem a essa iniciativa, nem à obra de Roustaing. Todavia, como vimos, os espíritas que se interessavam pelo Espiritismo, em sua quase totalidade, eram católicos. O desvio e a cisão causados por esse reduzido grupo que, depois de 1900, passou a fazer uso do *Reformador* para divulgar suas ideias, além de dominar a então pequena Federação Espírita Brasileira (FEB), fez com que a verdadeira mensagem libertadora do Espiritismo proposto por Allan Kardec ficasse praticamente desconhecida. (*Ibidem*, p. 606-607)

A Federação Espírita Brasileira, até 1900, era apenas uma reunião às sextas-feiras, numa das salas do Centro da União. O grupo da União era amplo e organizado, contava com dois prédios e um palacete atendendo a centenas de centros espíritas. Apenas a FEB, aquela reunião semanal, foi dominada desde o início do século 20 por esse grupo roustainguista. Esclarece Paulo Henrique:

> No século 20, tendo dominado a FEB e o *Reformador*, os diretores roustainguistas fizeram uso dessa estrutura para contar a história do movimento espírita a partir de seu ponto de vista. Demonizando os opositores, escolheram fatos, coroando deturpadores como se fossem heróis. Marc Ferro, entre outros historiadores, relata o conceito de uma história silenciada. Uma narrativa histórica pode ser adulterada por diversos interesses, sejam ideológicos ou políticos, de tal modo que só uma face da realidade seja conhecida. Dominando o registro dos fatos, tendo sobre seu controle a publicação de livros, apostilas e manuais, controlando congressos, a versão messiânica, salvacionista, heterônoma, do desvio roustainguista cobriu com o véu do dogmatismo místico os verdadeiros conceitos doutrinários espíritas e silenciou Kardec. (*Idem*, p. 107)

Durante o século 20, a FEB recebeu grandes aportes financeiros de espíritas interessados na divulgação das obras de Allan Kardec. E isso foi feito. Mas os dirigentes dessa instituição também deram continuidade a seus planos de implantar a moral heterônoma, as ideias de carma, reencarnação como castigo, queda da alma e demais propostas dos inimigos invisíveis, no movimento espírita, o que infelizmente ocorreu.

PRIMEIRA PARTE – A HISTÓRIA DA RECUPERAÇÃO DO LEGADO

3. A INVESTIGAÇÃO

No início de junho de 2019, recebi um telefonema de Paulo Henrique tratando de uma importante missão. Ele assim explica o que ocorreu anteriormente:

> Lucas, estava conversando com os participantes de nosso trabalho mediúnico na noite de ontem, na parte inicial de estudos. O assunto era a questão do objetivo da reencarnação para o espírito humano. Na *Revista Espírita* de 1863, examinamos que Allan Kardec contesta como sendo falso um sistema segundo o qual "os Espíritos não teriam sido criados para serem encarnados, reencarnando apenas quando cometem faltas". Comentamos que esse sistema era o adotado por Roustaing, que acreditava que a encarnação seria um castigo, e que reencarnar seria somente para quem nessa primeira vida, fruto da queda, cometesse mais faltas, de tal modo que o mal seria uma dívida que deveria ser paga nas vidas seguintes. A vida no mundo seria somente um castigo para os faltosos, o espírito que nunca errasse, também nunca reencarnaria.
>
> Allan Kardec afirma nesse artigo de sua revista que a encarnação é, em verdade, "uma *necessidade* para o Espírito que, para cumprir sua missão providencial, trabalha em seu próprio adiantamento pela atividade e inteligência". Ou seja, não há exceção, a reencarnação é uma lei natural que rege a todos igualmente.
>
> Por fim, ele compara a vida humana com o aprendizado escolar, que se divide em diversas classes, compreendendo um ensino progressivo. E então Kardec pergunta: "São essas classes uma punição?". E responde: "Não: são

uma necessidade, uma condição indispensável para seu adiantamento. Mas se por sua preguiça é obrigado a repeti-las, será isso a punição, passar naturalmente por elas é um mérito". Ou seja, considerar a reencarnação como sendo um castigo ou punição é uma ilusão do espírito que repete as provas em virtude de seu pouco esforço. E, por fim, ele conclui afirmando: "O que é falso é admitir em princípio a encarnação como um castigo".

Esse estudo de Allan Kardec deixa clara a posição teórica do Espiritismo com relação à moral, demonstrando que ela supera os dogmas heterônomos de castigo e recompensa, representados pelas ideias de pecado e carma, pela ideia de responsabilidade pessoal na conquista das faculdades, virtudes e habilidades por sua livre escolha e mérito, ampliando assim, passo a passo, sua felicidade.

Em seguida, quando conversamos com os espíritos sobre o estudo prévio, comentei com todos que alguns leitores estavam perguntando por que é possível encontrar em obras de Kardec, como *O Céu e o Inferno*, trechos que parecem contraditórios em relação à moral autônoma. Parecem mesmo ideias opostas ao próprio pensamento por ele defendido. Um dos leitores citou o item nove (Capítulo VII, da Primeira Parte), do "Código penal da vida futura", que afirma: "Toda falta cometida, todo mal realizado é uma dívida contraída que deverá ser paga; se não for em uma existência, será na seguinte ou seguintes". Esse trecho parece desmentir o que lemos antes. Pois trata as dificuldades da vida como castigo divino e não como oportunidade de conquistar virtudes e superar imperfeições.

Um espírito, por meio de uma médium inconsciente, me ofereceu um exercício de pesquisa para ser feito no dia seguinte. Não explicou nada, apenas deu a seguinte instrução, para que eu chegasse às minhas próprias conclusões: "Pegue um exemplar de *Le Ciel et L'Enfer ou La Justice divine selon le Spiritisme*, ou seja, *O Céu e o Inferno*, em sua primeira edição, em francês. Examine a página 134, procurando pela expressão *libre arbitre* (livre-arbítrio). Estude o contexto e depois procure o trecho na quarta edição dessa obra".

Realmente, era uma instrução detalhada e específica. Como era tarde, encerramos a reunião e deixei para conferir a sugestão no dia seguinte. Pela manhã, acessei a versão eletrônica da primeira edição do livro, publicada em 1865, que está disponível no Google Books, abri na página indicada e li o seguinte trecho, onde constava a expressão, como o espírito tinha avisado:

> Pendant les premières périodes de leur existence, les Esprits sont assujettis à l'incarnation matérielle qui est nécessaire à leur dévelopement, jusqu'à ce qu'ils soient parvenus à un certain degré. Le nombre des incarnations est indéterminé et subordonné à la rapidité du progrès; le

progrès est en raison du travail et de la bonne volonté de l'Esprit qui agit en toute circonstance en vertu de son **libre-arbitre**.

O que significa, em português: "Durante os primeiros períodos de sua existência, os Espíritos estão sujeitos à encarnação material necessária para seu desenvolvimento, até que tenham atingido um grau determinado. O número de encarnações é indeterminado e sujeito à velocidade de seu progresso; por sua vez, o progresso é devido ao trabalho e à boa vontade do Espírito, que age em todas as circunstâncias em virtude de seu livre-arbítrio".

Logo no primeiro exame, verifiquei que se trata da mesma ideia daquele artigo, que qualifica a reencarnação como necessidade e não como castigo. Além de definir o processo evolutivo intelecto-moral subordinado à vontade, dedicação e livre escolha de cada espírito, ou seja de forma autônoma! E não regido por meio de castigo e recompensa, como afirmam os falsos dogmas religiosos.

Em seguida, acessei a quarta edição, de 1869, como recomendado. A página não era a mesma, estava na 148. No mesmo instante, fiquei absolutamente surpreso, parecia inacreditável, mas o trecho indicado pelo espírito estava completamente suprimido! O parágrafo iniciava com a continuação do texto, mas aquele trecho não estava lá. Conferi que não havia sido transferido para nenhuma outra parte do livro, simplesmente havia sumido.

Depois de meditar um pouco sobre o que ocorrera, me lembrei do item nove, Capítulo VII da Primeira Parte, "Código penal da vida futura", que afirma que toda falta cometida é uma dívida contraída que deverá ser paga nas reencarnações seguintes. Simplesmente esse item não existe na edição primeira de Allan Kardec! No mesmo instante liguei para a Simoni Privato, que havia feito as descobertas quanto à adulteração de *A Gênese*. Contei a ela todos esses fatos, absolutamente surpreso pela gravidade desses indícios. Concluí que seria necessário retomar a pesquisa que ela fizera anos antes. Tornava-se imprescindível examinar agora todas as obras de Kardec. Encontrar nos arquivos em Paris cada uma das autorizações de impressão e depósitos legais de todas as edições, de todas as obras. Diante da impossibilidade do retorno dela naquele momento à Cidade-Luz, disse-lhe então que você, Lucas seria uma pessoa de confiança adequada para essa tarefa, por conhecer bem o francês, ter morado na França, pelo fato de sua profissão de advogado lhe conceber experiência em pesquisa e exame de documentos. Também por estudar profundamente o Espiritismo e todas as recentes descobertas, sendo voluntário do Centro de Documentação e Obras Raras da FEAL (CDOR), colaborando com a transcrição e tradução dos manuscritos originais de Allan Kardec. Perguntei a Simoni se ela poderia orientá-lo, por sua grande experiência nessa mesma estrutura de pesquisa, caso ele concordasse em assumir essa missão, e ela ficou à disposição.

Depois de tudo pensado e esclarecido, foi que dei o inusitado telefonema comentado acima para Lucas, mesmo sabendo que não é a coisa mais comum do mundo pedir a alguém uma missão de pesquisa de grande responsabilidade, que exigiria o esforço de viajar a Paris, deixando família e trabalho por ao menos dez dias! Todavia, a receptividade, rápida compreensão e pronta disposição para estudar o pedido, com o qual Lucas me atendeu, deixou-me com a certeza que estava fazendo a coisa certa.

A BUSCA PELO KARDEC DEFINITIVO

A tarefa era clara: bastaria, a princípio, seguir os passos da pesquisa apresentada por Simoni Privato na admirável obra *O Legado de Allan Kardec*, visitando os órgãos públicos onde pudessem ser encontradas informações sobre as outras obras de Kardec.

Tomado de surpresa, ainda sem responder à proposta, pesquisei sobre o assunto e compreendi a importância da tarefa que as circunstâncias estavam exigindo. Todos que estudam Kardec, diante das evidências definitivas quanto à adulteração de *A Gênese*, perguntam-se sobre a situação de todos os outros livros. O quanto podemos confiar em que os textos fundamentais da doutrina espírita sejam fiéis ao pensamento do autor? Seu legado precisa ser definitivamente restabelecido pela exatidão dos registros, datas, documentos, depoimentos, cartas manuscritas, todos os indicativos factuais, fontes primárias da época do ocorrido, que esclareçam a questão. A tarefa era ampla e complexa. Um desafio! É a busca pelo Kardec definitivo.

Aceitei a incumbência de ir a Paris. Durante dois meses, deixei tudo em ordem, reuni documentos, planejei com Paulo Henrique, conversei com Simoni Privato, que me transmitiu as melhores orientações e vibrações e depois, com meus próprios recursos, parti em viagem.

Não foi um voo direto; uma conexão me levou à República de Cabo Verde. Durante a espera no aeroporto do arquipélago recheado de vulcões, me distraí com as coloridas e típicas vestes africanas das crianças. Umas doze horas no total, por volta das cinco da tarde estava no trem da Rede Expressa Regional (RER) com destino ao apartamento alugado. O prédio era daqueles tradicionais que haviam surgido no centro de Paris na época de Kardec, semelhante àquele em que ele viveu com Amélie na rua dos Mártires. Guardei minhas coisas e passei num mercado naquela mesma rua de Clichy; abastecido e preparado, restava esperar, ansioso, o dia seguinte, primeiro de trabalho.

Dia 9 de setembro de 2019. Tomei a linha 13 do metrô até a última estação e me dirigi ao novo prédio dos Arquivos Nacionais em Pierrefitte-sur-Seine, ao norte de Paris. Edifício em estilo contemporâneo inaugurado em 2013. Após validar minha inscrição e receber uma carteirinha de leitor, reservei uma mesa no guichê da bibliotecária. Passei a definir os documentos, cinco por dia, para que fossem procurados e entregues para meu exame.

Os documentos, como na pesquisa de Simoni, seriam os livros de depósito legal (*depôt légal*) e das declarações das casas de impressão (*déclaration d'imprimerie*), feitas pelos tipógrafos. Os primeiros são enormes tomos, pesados e empoeirados, alguns com um século e meio de existência. Como são registrados seis depósitos legais em cada página, e cada livro tem quatrocentas, totalizam 2.400 depósitos legais de obras não periódicas lançadas em Paris para serem examinados um a um! Como se trata de livros antigos, o leitor recebe suportes acolchoados para apoiá-los e não forçar a estrutura de sua lombada.

Essa é a primeira fase da pesquisa. Já os livros das declarações de impressor estão em rolos de microfilme e são visualizados no andar de cima, de onde se tem uma interessante vista da sala de leitura. Você mesmo retira os microfilmes do armário e os coloca num moderno equipamento canadense, próprio para bibliotecas, onde um projetor permite ver o documento na superfície branca em sua frente. Basta apertar um botão e a página seguinte aparece.

O CÉU E O INFERNO

Em contato com Paulo Henrique, fizemos um planejamento inicial do trabalho. Pelo celular e pelo *notebook*, ficamos em contato constante, trocando documentos, analisando os achados, avaliando os passos dados, programando os seguintes, nos dez dias em Paris. Diante do volume de material e da limitação de tempo, deveríamos concentrar a pesquisa sobre o período de 1865 a 1869, abrangendo as principais obras da Codificação e, inicialmente, *Le Ciel et L'Enfer ou La Justice Divine selon le Spiritisme* (*O Céu e o Inferno ou A justiça divina segundo o Espiritismo*).

Nesse livro, Kardec trata, em suas palavras, "do exame comparado das doutrinas sobre a passagem da vida corporal à vida espiritual, sobre as penalidades e recompensas futuras, sobre os anjos e demônios, sobre as penas etc., seguido de numerosos exemplos acerca da situação real da alma durante e depois da morte". Mas, diferindo dos dogmas religiosos sobre o tema, que foram determinados em concílios, a doutrina espírita não é uma teoria preconcebida, e sua autoridade emana das observações. Foram milhares de entrevistas com espíritos nas mais diversas posições da escala evolutiva. Cada um deles oferece seu ponto de vista, pelo que passou e o estado no qual se encontra. Foram muitos depoimentos, em diversos grupos espalhados pelo mundo. Os princípios gerais, as leis, foram deduzidos da concordância das observações. Na primeira parte, as afirmações dogmáticas são esclarecidas à luz do Espiritismo. Depois, o autor se dedica às penas futuras examinadas pelos fatos, as leis naturais que regem a evolução do espírito, no mundo físico e no espiritual. Enfim, não é um código fantasioso, mas a lei quanto ao futuro da alma, segundo o Espiritismo, deduzida das observações. Na segunda parte, uma seleção de depoimentos, exemplos das diversas situações de felicidade ou infelicidade na vida futura, entre as infinidades dentre os que poderiam ser referidos.

A primeira edição dessa obra foi anunciada por Allan Kardec em 1865; seria a penúltima, antes de *A Gênese*. Na sua capa, está indicado o *bureau* da *Revista Espírita*, na rua e passagem Sainte-Anne, e os editores costumeiros, Ledoyen, Dentu, Fréd. Henri. A última, que foi utilizada para as traduções nas mais diversas línguas, inclusive o português, foi a quarta edição. Examinando-a, a data indicada é 1869, último ano de trabalho de Kardec, mas a indicação do editor é La Librairie Spirite, o novo endereço da rua de Lille, 7.

Com mais atenção, todavia, constata-se que não há nessa quarta edição a indicação habitual: "revista, corrigida e aumentada". Em seguida, o Prefácio escrito por Kardec em 1865 foi retirado. Uma das principais questões a serem resolvidas é em qual das edições após a primeira de 1865 teriam ocorrido as modificações do texto, pois, além do Prefácio, foram centenas de supressões e acréscimos. Quando essa revisão foi feita? Em qual ano? Em qual das edições? Poderia ter sido na segunda, terceira ou quarta. Nas buscas prévias que fizemos da segunda e terceira, não conseguimos encontrar exemplares nas bibliotecas. O esclarecimento necessariamente deveria vir dos documentos de registro.

Comecei a examinar cada página daquele antigo volume de registros. Foi como voltar no tempo, pois surgiam registros de clássicos de Victor Hugo, Dumas e Balzac. Alguns recebiam uma grande letra azul: "C", que eram os censurados pela ditadura. E não eram poucos. Principalmente aqueles sobre política e questões sociais. Aqui e ali surgiam depósitos de Flammarion, Lachâtre e de outros autores espíritas e espiritualistas como Cousin, Paul Janet e Alexandre Boniface. Todos os dias, nesse garimpo, ao encontrar os registros de obras de Kardec, eu fazia as fotografias. Ao final do trabalho, minhas mãos estavam pretas de tanta poeira. Consultei ao todo 45 dos grandes livros de registros, entre os físicos e os microfilmados, num total de 18 mil páginas.

Como minha primeira meta era buscar os registros da quarta edição de *O Céu e o Inferno*, entrei na sequência dos livros de depósito legal do ano de 1869. No primeiro deles, que chegava à data de desencarnação de Kardec (31 de março), nada encontrei. Decidi avançar. Era tanta coisa a ler, com meticulosa atenção, que decidi trabalhar sem a obrigação de ter sucesso em encontrar todos os documentos. Vi que o importante seria calma, desprendimento e concentração. Depois de seis horas, estava consultando o terceiro livro, número 124. Eles são numerados sequencialmente desde o número 1, de 1810, quando Napoleão instaurou a censura.

Foi nesse livro, restando pouco mais de uma hora de trabalho desse primeiro dia, que encontrei o *depósito legal n. 5.819, da quarta edição de O Céu e o Inferno, registrado em 19/7/1869, à página 117 do documento F/18(III)/124.*

Trata-se de uma folha impressa com o título "DÉPÔT LÉGAL (Ouvrages non périodiques)" e nessa página 117 foi preenchido: 1869. Abaixo, as seis faixas de quadrinhos onde o funcionário completa à pena os itens de cada livro entregue para depósito na Biblioteca Nacional. Observe que na parte lateral direita da página, formando uma ponta retorcida de papel, há um recibo individual de cada obra (*récépissé*) normalmente entregue ao requisitante. Esse exemplar, entregue ao governo antes de o livro ser distribuído, representa a edição, seja para consulta, ou para qualquer questão judicial envolvida. Não é somente um depósito, mas também uma prova material da impressão e conteúdo da obra.

Depósito legal da quarta edição de *O Céu e o Inferno*.

A gráfica Rouge Frères, Dunon et Fresné entregou no dia 19 de julho de 1869 os exemplares de dois livros impressos para a Livraria Espírita, sendo que no segundo registro encontramos o depósito legal n. 5.819, *Le Ciel et L'Enfer ou La Justice Divine selon le Spiritisme*, quarta edição. Também um volume, tamanho 18, com quinhentas páginas.

Um outro depósito da mesma obra só é necessário quando o editor fez qualquer alteração do texto original elaborado e depositado pelo autor em sua primeira edição. Isso significa que essa edição contém alterações do livro. Afirma o Decreto de 19 e 21 de julho de 1793, artigo 6:

> Art. 6. Qualquer cidadão que for publicar uma obra, seja de literatura ou de gravura, de qualquer tipo que seja, será obrigado a depositar dois exemplares na Biblioteca Nacional ou no gabinete dos selos da República, onde ele receberá um recibo assinado: na sua falta ele não será autorizado a processar os contrafatores.

Em relação a *O Céu e o Inferno*, estávamos diante de um fato semelhante ao encontrado por Simoni Privato nos documentos relativos à quinta edição do livro *A Gênese*, cuja adulteração se configura juridicamente em virtude de ter sido depositada em data posterior à morte do autor, Rivail. O depósito da quarta edição de *O Céu e o Inferno* tem a data de 19 de julho de 1869, três meses e vinte dias depois da morte do autor (31 de março de 1869). Vale o mesmo para as duas obras, quanto ao direito moral à integridade delas, como explica Simoni: "Desde a primeira metade do século XIX, os direitos morais do autor são reconhecidos na França" e pelas convenções sobre o tema em todo o mundo. E então ela cita:

> Com efeito, ninguém pode modificar a obra sem autorização do autor. Qualquer alteração, substituição, edição ou remodelação em seu conteúdo torna-a diferente do originalmente pensado, e, com isso, a mutila, ferindo-lhe a integridade. (GOIDANICH, 2018, p. 177)

E, *post mortem*, extingue-se a possibilidade de modificar qualquer obra. Essa é a diretriz primordial quanto à legitimidade das edições de qualquer livro, sua publicação quando ainda em vida atestada pelo depósito judicial. Só por ele há o reconhecimento legal de sua autenticidade. Na França, desde 1814, as leis eram extremamente rigorosas quanto às normas de declaração, depósito, autorização para impressão e à responsabilidade do autor e do impressor. Uma impressão sem autorização, depósito ou qualquer desrespeito às normas estava sujeita a recolhimento, destruição dos exemplares, pesadas multas e retirada do *brevet* ou licença do impressor. (PAILLIET, 1824, p. XXXIII)

Faltava ainda encontrar o documento anterior ao depósito, quando a gráfica manifesta a intenção de imprimir os exemplares, o registro dessa declaração. Mas esse documento estava microfilmado, precisava buscá-lo na outra sala de leitura da instituição. Restando poucos minutos para o encerramento do expediente nos Arquivos Nacionais, subi rapidamente as escadas para consultar os microfilmes desse mesmo período. Ainda um pouco desajeitado para inserir a bobina e usar o equipamento de projeção, fui direto ao rolo de número 128 e no último instante, quando o funcionário já informava da necessidade de rebobiná-lo e devolvê-lo, encontrei, finalmente, a *declaração de impressor n. 8.584 com pedido de autorização do tipógrafo Rouge registrado em 9/7/1869 para imprimir 2.000 exemplares da mesma quarta edição de* O Céu e o Inferno, *conforme a página 294 do documento F/18(II)/128*, mais de três meses após a desencarnação de Allan Kardec!

A página do livro de declarações de impressor traz em cima: "MINISTÈRE DE L'INTÉRIEUR". Nessa mesma folha, a gráfica Rouge registrou, no mesmo dia 9 de julho de 1869, dois livros de Allan Kardec, *Le Livre des Médiums*, em sua 11ª edição, dois mil exemplares; e na linha de baixo, *Le Ciel et L'Enfer*, por Allan Kardec, em sua quarta edição, com a mesma tiragem, dez dias antes de o exemplar ser entregue para depósito.

Rapidamente fotografei os registros e, em posse daquelas provas tão relevantes, voltei ao apartamento para analisá-las. Enviei-as para Paulo Henrique, que nesse período estava nos Estados Unidos, com nove horas de diferença, e conversamos sobre o fato. Procuramos o anúncio dessa obra na *Revista Espírita* de 1869 e encontramos algo estranho no mês de julho. Foi feita uma declaração pública, pelos representantes da Livraria Espírita, da venda de uma obra que não estava sequer impressa[16], pois o título anunciava "À venda em 1º de

---

16. A Lei de 21 de outubro de 1814 proibia a publicação da obra antes do depósito, conforme seu artigo 16: "A falta da declaração antes da impressão e a falta de depósito antes da publicação constatadas como dito no art. 15 serão punidos cada um com multa de 1.000 francos pela primeira vez e de 2.000 francos pela segunda".

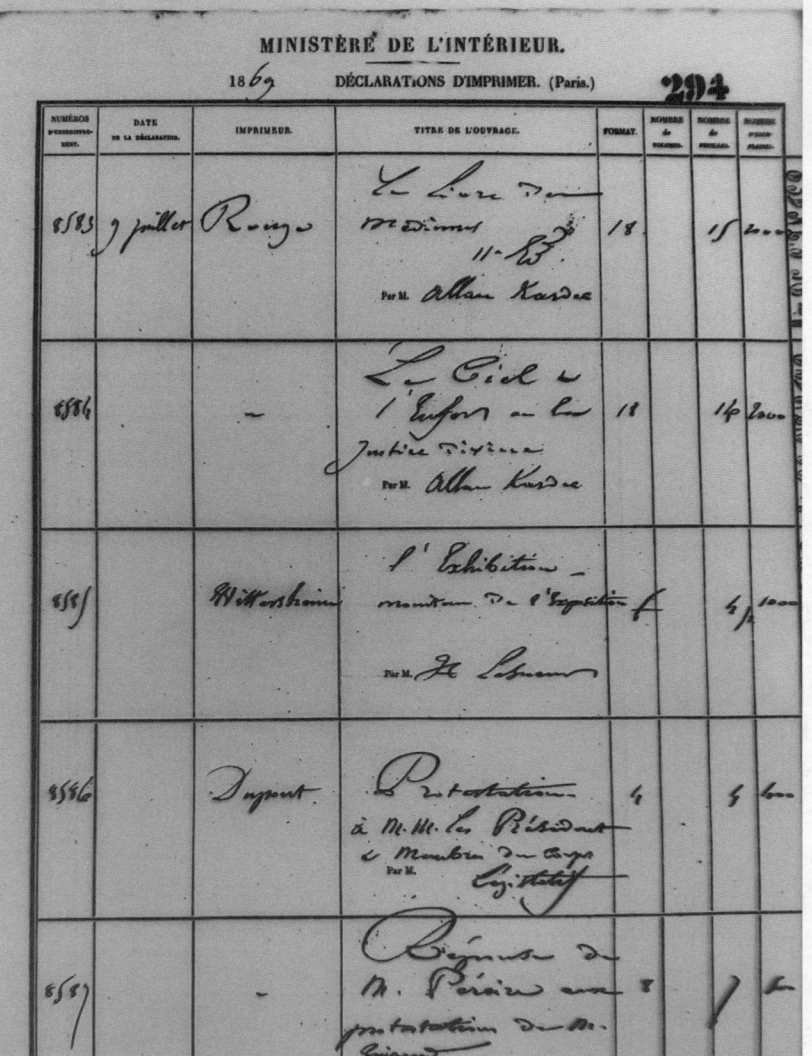

Declaração de impressor da quarta edição de *O Céu e o Inferno*.

junho de 1869", tratando da edição que ficou pronta somente em 19 do mês seguinte. E o aviso ainda explica:

> Quarta edição de *O Céu e o Inferno ou a justiça divina segundo o Espiritismo*, contendo numerosos exemplos sobre a situação dos Espíritos no mundo espiritual e na Terra; 1 vol. in-12, preço: 3 fr. 50. Observação – A parte doutrinária desta nova edição, inteiramente revista e corrigida por Allan Kardec, passou por modificações significativas. Alguns capítulos em particular foram inteiramente reformulados e consideravelmente aumentados. (SOCIEDADE ANÔNIMA, [RE] 1869, jul., p. 224)

Não havia mais dúvida; a edição completamente modificada em sua parte doutrinária, sofrendo consideráveis acréscimos e supressões, não foi publicada pelo autor em vida, sendo legalmente uma adulteração, como também ocorreria com *A Gênese*! Estávamos diante de uma trama mais ampla, com enraizamento mais profundo na Sociedade após a morte de Allan Kardec, no sentido de desviar seus propósitos e adulterar suas ideias. As ousadias, desmandos, achincalhes, registrados pelos pioneiros fiéis, como Berthe Fropo, Gabriel Delanne e Henri Sausse, essa podridão das estruturas denunciadas fazia parte de uma conspiração que teve passos anteriores, já estava acontecendo ainda antes. Escrevemos isso, amigo leitor, pois estamos grafando estas linhas meses depois desse dia, em 2020, com a pesquisa completa, outras fraudes encontradas, quando muitas provas significativas confirmaram esse fato, como você poderá ver na sequência deste livro.

Naquele dia 9 de setembro de 2019, porém, já estávamos consternados ao vislumbrar o ocorrido. Uma profusão de sentimentos, um misto de responsabilidade, satisfação, alívio e indignação. São provas documentais irrecusáveis de uma grande fraude perpetrada contra Allan Kardec, o Espiritismo e os espíritas! Uma infame impostura tramada nas sombras, ao fechar de olhos do professor Rivail, desrespeitando o luto de Amélie e seus ainda pesarosos amigos.

Com essas provas e mesmo sem saber das que ainda chegariam, antevimos a importância da imprescindível tarefa de estudar cuidadosamente cada uma das modificações da edição original de *O Céu e o Inferno*. Recuperar o pensamento de Kardec quanto às leis da alma, pois as alterações desvirtuaram a tal ponto a teoria originária que a versão adulterada propõe o oposto do que ele propunha. E isso fizemos, pois, diante do que parece um grave entrave, sempre há um desafio a enfrentar! Esse estudo das ideias originais, exatamente como concebidas na obra pelo autor, permitiu-nos descobrir o verdadeiro significado de diversos conceitos presentes no trabalho do Codificador e dos espíritos, com inúmeras repercussões positivas, sobretudo quanto à teoria moral espírita da liberdade, da autonomia, em benefício de todos que procuram praticá-la, nesta aurora do mundo novo!

Vamos parar um pouco esta narrativa, para tratar de algo de suma importância nesta investigação, que teve início na denúncia da adulteração de *A Gênese*. Estou me referindo ao que você deve estar se perguntando: "Qual é a segurança que vou depositar ao ler as obras de Kardec? Será que foi ele mesmo quem escreveu? Posso confiar? Não se pode ficar num clima de insegurança!". Concordo plenamente. E, para tranquilizá-lo, vamos antecipar desde já a conclusão final deste livro. Vamos mesmo repeti-la em outros momentos. Veja só: somente as duas obras finais, *O Céu e o Inferno* e *A Gênese*, foram adulteradas, e o conteúdo correto e original deve ser o de suas primeiras edições. Todas as outras obras, *O Livro dos Espíritos*, *O que é o Espiritismo*, *O Livro dos Médiuns* e *O Evangelho segundo o Espiritismo*, todas essas estão absolutamente intactas, em suas edições originais em francês. Todas as seis obras foram examinadas linha a linha. Todas as edições foram conferidas em seus documentos de impressão e depósito, edição por edição. Não há falha alguma nesses registros. Podemos ficar seguros dessa informação, estudando sem receio todas as obras de Allan Kardec, recorrendo, obviamente, às edições originais das últimas duas obras. Estamos publicando este livro somente quando a informação do legado definitivo de Allan Kardec tornou-se uma constatação segura para seus leitores!

Agora era preciso voltar à pesquisa. Nessa conversa, eu e Paulo Henrique traçamos as diretrizes do dia seguinte em Paris. Concluímos que, para descartar completamente a possibilidade de modificações anteriores feitas por Kardec, ainda era preciso buscar os registros das outras edições de *O Céu e o Inferno*. Kardec pretendia publicar a primeira edição da obra em agosto, como ele informou na *Revista Espírita* de julho de 1865:

> No prelo, para ser publicado em 1º de agosto: [...] *O CÉU E O INFERNO, ou A justiça divina segundo o Espiritismo*, por Allan Kardec. Um volume grande in-12. Preço: 3,50 francos; pelo correio, 4 francos.

Pois no dia seguinte voltei aos Arquivos Nacionais, busquei os microfilmes daquele período e logo encontrei os documentos dessa primeira edição: a declaração de impressor n. 5.482[17], de 29/5/1865, com o pedido do tipógrafo para imprimir 3 mil exemplares, além do depósito legal n. 6573[18], de 21/8/1865.

Houve um atraso maior que o habitual e que só permitiu ao impressor realizar o depósito legal quase três meses depois da declaração. Por isso, quando a obra já estava depositada, Kardec finalmente publica na *Revista Espírita* de setembro de 1865 a maior parte do Prefácio (aquele que foi suprimido na quarta edição), acompanhado dos capítulos da obra.

O CÉU E O INFERNO, OU A JUSTIÇA DIVINA SEGUNDO O ESPIRITISMO

Conteúdo: Exame comparado das doutrinas sobre a passagem da vida corporal à vida espiritual, as penas e recompensas futuras, os anjos e os demônios, as penas eternas etc., seguido de numerosos exemplos sobre a situação real da alma durante e após a morte.

Por ALLAN KARDEC

Como não nos cabe fazer nem o elogio nem a crítica desta obra, limitamo-nos a dar a conhecer o seu objetivo, reproduzindo um resumo do Prefácio. [...] Eis os títulos dos capítulos:

PRIMEIRA PARTE. Doutrina. I O porvir e o nada. – II Da apreensão da morte. – III O Céu. – IV O Inferno. – V Quadro comparativo do Inferno pagão e do Inferno cristão. – VI O Purgatório. – VII Da doutrina das penas eternas. – VIII Das penas futuras, segundo o Espiritismo. – IX Os anjos. – X Os demônios. – XI Intervenção dos demônios nas manifestações modernas. – XII Da proibição de evocar os mortos.

SEGUNDA PARTE. Exemplos. I A passagem. – II Espíritos felizes. – III Espíritos em condição média. – IV Espíritos sofredores. – V Suicidas. – VI Criminosos arrependidos. – VII Espíritos endurecidos. – VIII Expiações terrestres.

---

17. Declaração de impressor n. 5482, de 25/5/1865, documento F/18(II)/109, p. 201.
18. Depósito legal n. 6573, de 21/8/1865, documento F/18(III)/108, p. 317.

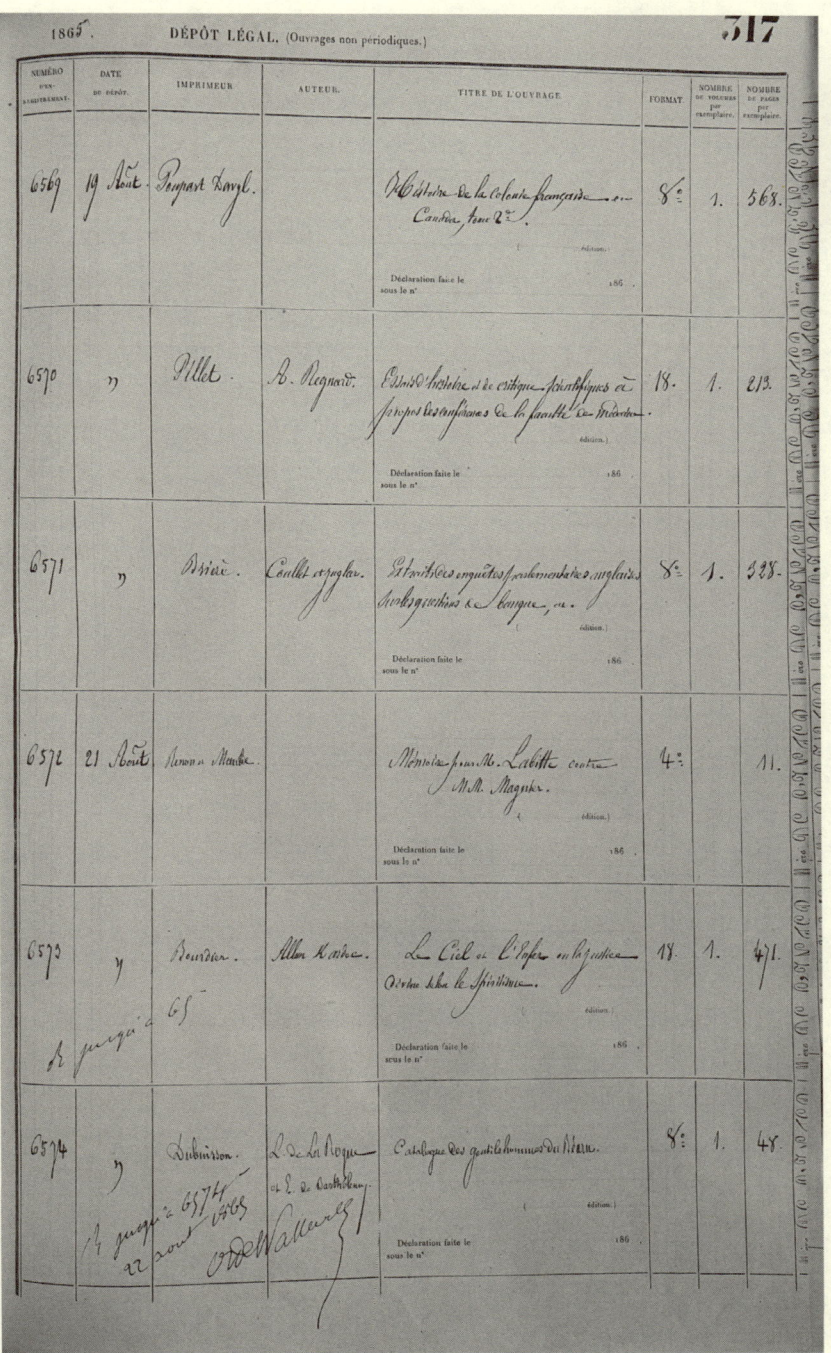

Depósito legal da primeira edição de *O Céu e o Inferno*.

Declaração de impressor da primeira edição de *O Céu e o Inferno*.

UMA SÓ TIRAGEM PARA TRÊS EDIÇÕES

Encontrados os documentos das edições conhecidas (primeira e quarta) de *O Céu e o Inferno*, agora era necessário encontrar eventuais documentos da segunda e terceira edições. Essa foi a busca mais demorada de todas. Foi preciso, durante alguns dias, consultar atentamente, linha a linha, todos os livros e bobinas do período de quatro anos, tendo essa obra como principal objeto da busca, por vezes retornando para reler os registros em razão da difícil caligrafia dos diversos funcionários públicos que anotavam os pedidos e depósitos e, sobretudo, para garantir a certeza das informações. Eu estava procurando uma declaração específica para cada uma dessas duas edições, e nada encontrei[19]!

Foi somente depois, com dados esclarecedores da pesquisa, que compreendi essa aparente ausência. Em verdade, foi feito somente um pedido de impressão para três edições: primeira, segunda e terceira. Explico. A resposta é simples. Era usual na época as gráficas protocolarem junto ao Ministério do Interior um pedido de impressão de uma nova obra com a quantidade necessária para mais de uma edição. Dessa forma, havia menos burocracia, e melhor produtividade da gráfica, em virtude da maior quantidade de exemplares. Isso ocorreu, por exemplo, com o livro *A Gênese*, com o pedido de impressão em 7 de outubro de 1867 de três mil exemplares da mesma matriz, sendo mil para cada uma das edições primeira, segunda e terceira. O mesmo fato ocorreu com a impressão de *O Céu e o Inferno*; a gráfica também fez o registro de apenas uma tiragem de três mil exemplares, destinados a três edições idênticas de mil livros. Por fim, como seriam exatamente iguais, apenas o depósito legal da primeira edição foi necessário pelas regras da legislação vigente.

Restava consultar pessoalmente o acervo da Biblioteca Nacional da França (BnF), pois esse órgão era o responsável legal para receber, guardar e conservar exemplares de qualquer obra lançada naquele país.

Resolvi ir pessoalmente à BnF, onde eu poderia ter contato com os exemplares existentes e conferir as informações sobre a obra *O Céu e o Inferno*. Trata-se de um enorme e confortável prédio situado no 13º *arrondissement* de Paris, à margem do rio Sena. Quando abriram um concurso mundial para criar o novo prédio, dentre centenas de profissionais, ganhou o jovem arquiteto Dominique Perrault, 36 anos, por uma ideia poética e simbólica. A biblioteca possui grandes corredores e salas de leitura que formam um grande retângulo em cujas das pontas erguem-se quatro torres brilhantes de vidro e aço, as quais, vistas de longe, exibem o formato de livros abertos. Toda essa monumental estrutura converge, no vazio central do retângulo, para um jardim que nos faz lembrar que a natureza deve estar no centro de nossos olhares.

---

19. Esta mesma pesquisa foi refeita minuciosamente por Karine Rutpaulis nos Arquivos Nacionais em Pierrefitte-sur-Seine durante o mês de janeiro de 2020, com a confirmação dos dados e do resultado anteriormente obtidos. Karine também esteve em outras pesquisas desta obra.

Fiz a inscrição, recebi a carteira de usuário, solicitei ajuda especializada dos funcionários em dois setores e me informaram, com base no Catálogo Geral[20], que os exemplares ali existentes de *O Céu e o Inferno* até o ano de 1869 eram apenas os da primeira e quarta edições, como já era esperado.

O exemplar da quarta edição de *O Céu e o Inferno*, por sua vez autorizado somente em julho de 1869, estava disponível para consulta na Biblioteca Nacional. Era a edição que, por ter sido depositada após a morte do autor, em configurando uma adulteração, somente está ali por seu valor histórico – para que a farsa não seja esquecida, pois, como seus atos de registro são juridicamente nulos, a distribuição da obra não poderia ter ocorrido.

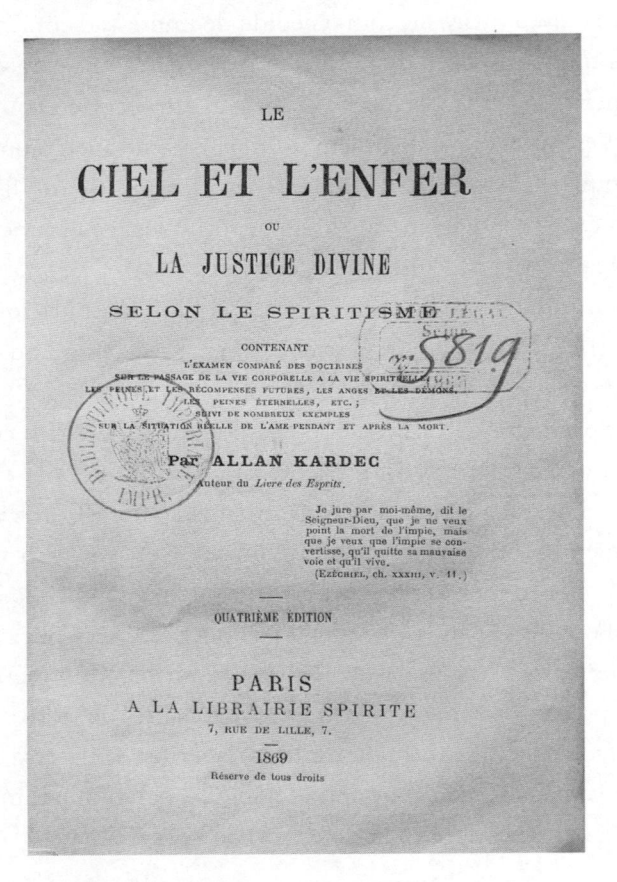

Foto do exemplar da quarta edição de *O Céu e o Inferno* depositado na Biblioteca Nacional da França.

---

20. Disponível em: <https://catalogue.bnf.fr/>.

Já quanto à primeira edição legítima, o exemplar da BnF estava presente, mas indisponível para consulta pública em razão de seu mau estado de conservação. Porém, conversei com o responsável pelo setor e, apresentando as razões e documentos de minha pesquisa, obtive o consentimento para acessá-lo.

Foi emocionante ter em mãos o exemplar, que estava guardado em envelope protetor com uma etiqueta contendo a expressão "Ne pas communiquer", impedindo sua entrega aos usuários em circunstâncias normais. Ao retirá-lo do envelope, vi que o livro estava dividido ao meio, por conta do desgaste. Examinei a obra com carinho especial e cuidado, sob o olhar atento do funcionário da biblioteca. Diante das duas edições, a original e a adulterada, comparei-as e pude confirmar a enorme quantidade de diferenças, especialmente no Capítulo VIII original, que foi o mais maltratado pelos adulteradores.

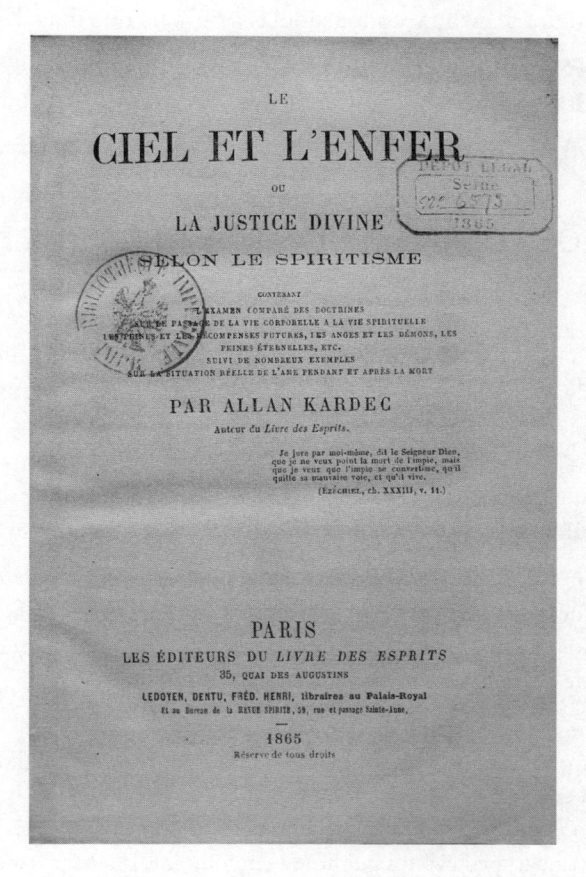

Foto do exemplar da primeira edição de O Céu e o Inferno depositado na Biblioteca Nacional da França.

Ao final, aproveitei para solicitar sua digitalização, que, a partir de então, foi disponibilizada[21] em alta resolução no *site* da biblioteca digital Gallica, da BnF, em 21 de outubro de 2019, para acesso e comparação por qualquer interessado.

Todo conteúdo novo, e isso era muitíssimo rigoroso na França, precisa ser depositado na Biblioteca Nacional. Quanto a *O Céu e o Inferno*, existem apenas dois depósitos: o da primeira, por ser obra nova, e o da quarta, por ter sido modificada. Não há mistério nem mais nada a alegar. É um fato em definitivo e inapelável: a quarta edição é a única que alterou o texto de Kardec (ela foi "inteiramente revista e corrigida", segundo seus próprios sucessores)[22] e, em sendo publicada após a sua morte, trata-se de uma adulteração, uma obra apócrifa que sequer poderia circular.

Constata-se, enfim, os seguintes fatos: de *O Céu e o Inferno*, portanto, existe a edição verdadeira, legítima, com as ideias originais de Allan Kardec, lançada pela primeira vez em 1865. E uma outra, ilegítima, amplamente divulgada, com ideias falsas, supressões, adulterações, invertendo os conceitos morais quanto à justiça divina, de 1869[23].

AS EDIÇÕES DERRADEIRAS DAS OBRAS DE KARDEC

Uma das metas de nossas pesquisas era rever os documentos de impressão e depósitos legais de todas as obras de Allan Kardec para termos segurança quanto a

---

21. Primeira e quarta edições, respectivamente, disponíveis em: <https://gallica.bnf.fr/ark:/12148/bpt6k9943260> e <https://gallica.bnf.fr/ark:/12148/bpt6k994327c>.

22. Foram os próprios sucessores de Kardec que anunciaram na *Revista Espírita* de julho de 1869 que nessa quarta edição (posterior a Kardec) a obra estava "inteiramente revista e corrigida", com "importantes modificações", sendo que "alguns capítulos foram inteiramente refundidos e consideravelmente aumentados".

23. Os fatos apresentados permitem afirmar o seguinte: — A primeira edição de *O Céu e o Inferno* foi lançada em 1865, pelos livreiros Ledoyen, Dentu e Fréd. Henri. — A segunda e terceira edições, de 1868, se foram distribuídas, faziam parte da tiragem inicial de 1865, quando o editor responsável decidiu pedir a impressão de três edições antecipadamente. — A quarta edição foi publicada em julho de 1869, após a morte de Rivail, pelos administradores da Sociedade Anônima, tendo como editora a Livraria Espírita, e seu conteúdo é adulterado.

quais edições foram as últimas em vida do autor. Isso é importante para saber qual delas é a correta para se fazer as traduções em outras línguas que não o francês.

Finalmente, com base nos documentos obtidos e nas obras encontradas física e eletronicamente, podemos entregar ao leitor os números das edições definitivas das obras principais de Kardec:

- *O Livro dos Espíritos.*

Sobre **O Livro dos Espíritos**, a última edição que possui registros com Kardec em vida é a 16ª edição[24]. Todavia, Allan Kardec fez mudanças somente até a oitava edição[25]. Depois disso, apenas foram feitas reimpressões.

Depósitos legais e declarações de impressão da 16ª edição de *O Livro dos Espíritos*.

- *O que é o Espiritismo, introdução ao conhecimento do mundo invisível*

Sobre a obra **O que é o Espiritismo**, encontramos a declaração da *imprimerie*[26] e o depósito legal[27] da oitava edição nos meses de julho e setembro de 1868, e, seguindo a mesma lógica, podemos afirmar que essa é a edição definitiva.

---

24. Curiosamente, trata-se de dois pedidos de impressão (declarações de impressor n. 864, de 1º/2/1869, e n. 1354, de 24/2/1869, documento F/18(II)/126, p. 194 e 304) e dois depósitos legais (depósitos legais n. 755, de 2/2/1869, e n. 1914, de 19/3/1869, documento F/18(III)/122, p. 119 e 309) com referência expressa ao número da edição e que foram anotados nos meses de fevereiro e março de 1869. Aparentemente, como no primeiro depósito constou que o formato do livro era in-12, o depósito teve que ser retificado para que constasse o formato in-18.

25. Conforme pesquisa de Emanuel Dutra informada no *site* da Editora Luchnos. Disponível em: <https://luchnos.com/pt/2019/12/20/qual-o-texto-definitivo-de-o--livro-dos-espiritos-de-allan-kardec/>. Acesso em: 5 fev. 2020.

26. Declaração de impressor n. 6096, de 15/7/1868, documento F/18(II)/123, p. 255.

27. Depósito legal n. 7650, de 29/9/1868, documento F/18(III)/120, p. 396.

Depósito legal e declaração de impressão da 8ª edição de *O que é o Espiritismo*.

- *O Livro dos Médiuns ou guia dos médiuns e dos evocadores*

Sobre **O Livro dos Médiuns**, a última edição anterior à desencarnação de Kardec é a décima, pois também encontramos dela o pedido de impressão[28] e o depósito legal[29] realizados nos meses de junho e julho de 1867.

Depósito legal e declaração de impressão da 10ª edição de *O Livro dos Médiuns*.

- *O Evangelho segundo o Espiritismo*

Sobre **O Evangelho segundo o Espiritismo**, a última edição que Kardec lançou em vida foi a quarta, com declaração de impressor[30] em dezembro de 1867 e depósito legal[31] no mês seguinte, janeiro de 1868, mas com conteúdo idêntico ao da terceira edição.

---

28. Declaração de impressor n. 5336, de 5/6/1867, documento F/18(II)/118, p. 285.
29. Depósito legal n. 5642, de 24/7/1867, documento F/18(III)/116, p. 124.
30. Declaração de impressor n. 10180, de 2/12/1867, documento F/18(II)/120, p. 291.
31. Depósito legal n. 338, de 17/1/1868, documento F/18(III)/118, p. 31.

Depósito legal e declaração de impressão da 4ª edição de
O Evangelho segundo o Espiritismo.

- *O Céu e o Inferno ou a justiça divina segundo o Espiritismo*

Sobre **O Céu e o Inferno**, como vimos, a única tiragem solicitada em vida pelo professor Rivail foi a primeira, com três mil exemplares, com declaração de impressor[32] em maio de 1865 e depósito legal em agosto de 1865[33].

- *A Gênese, os milagres e as predições segundo o Espiritismo*

Sobre **A Gênese**, como explicado por Simoni Privato e também confirmado em nossa pesquisa, temos como definitiva a quarta edição, mera reimpressão das primeiras três, conforme *declaration d'imprimerie*[34] de fevereiro de 1869. Vale esclarecer que o depósito legal só é exigível quando a obra passa a ter um conteúdo novo, como ocorreu depois com a quinta edição, adulterada, que apareceu três anos depois.

Declaração de impressão da 4ª edição de *A Gênese*.

---

32. Declaração de impressor n. 5482, de 29/5/1865, documento F/18(II)/109, p. 201.
33. Depósito legal n. 6573, de 21/8/1865, documento F/18(III)/108, p. 317.
34. Declaração de impressor n. 979, de 4/2/1869, documento F/18(II)/126, p. 209.

PRIMEIRA PARTE – A HISTÓRIA DA RECUPERAÇÃO DO LEGADO

4. A HISTÓRIA DO GOLPE

Durante mais de um século, os estudiosos e pesquisadores do Espiritismo conviveram com a notícia da denúncia feita pelos mais importantes continuadores da obra de Allan Kardec quanto à adulteração de *A Gênese*. As pesquisas historiográficas demonstraram que se tratava de um fato comprovado documentalmente. Agora o quadro se amplia, as explicações chegam aos detalhes, com novas buscas em Paris e o exame de fontes primárias, entre elas milhares de manuscritos originais reveladores. Não só *A Gênese* foi adulterada, como também *O Céu e o Inferno*: as derradeiras obras, nas quais Kardec estabeleceu as bases da teoria moral espírita, propondo a autonomia intelecto-moral como meio para despertar da regeneração da humanidade. Além disso, uma instituição fundamental para a elaboração da doutrina espírita, a *Revista Espírita*, foi desviada de seus propósitos; até mesmo artigos contrários às ideias originais foram publicados. O legado de Allan Kardec foi inescrupulosamente explorado financeiramente, por interesses pessoais de seus administradores e, enfim, a Sociedade Parisiense se extinguiu.

Não há mais dúvida quanto ao fato das adulterações das duas obras de Kardec. Podemos assim afirmar, pois juridicamente os documentos oficiais confirmam esse fato[35]. Legalmente, as obras alteradas e com depósito posterior à

---

35. Vide o Apêndice 5, contendo a análise jurídica sobre os fatos envolvendo as adulterações.

morte de Rivail não são de sua autoria[36]. Isso considerando tanto a legislação da época como também a atual. Em segunda instância, esse panorama se amplia pelas informações históricas, que demonstram um desvio organizado por encarnados, administradores que tomaram a Sociedade Parisiense no pós-Kardec. Por fim, um minucioso estudo comparativo demonstra que a adulteração das obras visava jogar uma cortina de fumaça sobre as inovações conceituais da revolucionária teoria moral espírita. Pois a autonomia leva à bancarrota a heteronomia moral, usada desde as primeiras civilizações para manter as massas submissas. Simboliza um embate transitório entre o velho e o novo mundo.

Nesta obra, analisamos com profundidade esses três aspectos probatórios da adulteração: jurídico, histórico e doutrinário.

As novas investigações renovam e ampliam o entendimento sobre o período pesquisado inicialmente por Simoni Privato sobre a adulteração de *A Gênese* em 1868. Surgiram significativos fatos novos. Como se Allan Kardec, por meio de seus escritos pessoais, guardados cuidadosamente em seu escritório, viesse pessoalmente nos esclarecer. Os manuscritos falam tudo o que Rivail, discreto e comedido em seu tempo, manteve em silêncio. Os bastidores, a sua luta, o apoio irrestrito dos espíritos superiores. E também o inevitável combate que toda grande obra sofreu neste mundo.

OS ÚLTIMOS E TRABALHOSOS MESES DE ALLAN KARDEC

Somente agora, quando os manuscritos ficaram disponíveis, como também o acesso às fontes primárias digitalizadas dos cartórios, bibliotecas, arquivos, foi possível compreender e descrever os acontecimentos e detalhes da vida, tra-

---

36. O depósito legal de uma obra é a garantia legal da originalidade de seu conteúdo e do direito moral do autor. O exemplar depositado serve como referência para comparar o conteúdo com outros exemplares, atestando sua autenticidade, e também como prova oficial em questões judiciais. O outro documento oficial, pedido de impressão, confirma a data e requisição de uma determinada edição, mas nada informa sobre seu conteúdo. Portanto, não é suficiente para justificar um conteúdo alterado. Havendo depósito judicial de uma determinada edição com novo conteúdo após a morte do autor, o conteúdo legítimo é sempre o da edição imediatamente anterior a sua morte.

balho, relações sociais, e até mesmo dos bastidores do Espiritismo. Até então, a biografia superficial de Allan Kardec apresentava um homem de gabinete, mergulhado nos textos e livros que escrevia durante a década final de sua vida. Nada mais afastado da realidade! Nada foi fácil em sua missão de oferecer à humanidade a libertadora doutrina dos Espíritos. Um fato particular, porém, vai exigir desta e das próximas gerações um imenso, trabalhoso e importante trabalho de recuperação e restabelecimento do Espiritismo. Esse fato é a constatação de um terrível golpe sofrido por seu legado após a morte de Rivail. Os primeiros estudos dos pesquisadores nos últimos anos mostraram apenas a ponta do *iceberg*.

A publicação dos livros e das revistas espíritas foi fundamental para a divulgação do Espiritismo para o público, e o professor Rivail conhecia os meandros da produção gráfica em seus detalhes, fosse no meio gráfico, editorial ou livreiro. Os dois tipos de documentos legais relativos à publicação de livros na época, a declaração do impressor e o depósito legal, tinham funções diferentes. Kardec conhecia muito bem todo esse processo e orientava os espíritas que estavam criando jornais, revistas e livros espíritas[37], por meio de modelos e instruções detalhadas. A declaração de impressão era entregue ao órgão competente do governo. O funcionário avisava quando o recibo seria entregue, dando autorização à impressão. Depois disso, a gráfica imprimia a obra. Precisava então depositar alguns exemplares da obra ou do periódico, para só depois entregar os exemplares aos editores.

Modelo de dec. de impressor

No final de 1867, o livro *A Gênese* estava pronto, e Kardec repetiu o que havia feito com *O Céu e o Inferno*: pediu ao Ministério do Interior autorização para uma tiragem única de três mil exemplares, que serviria para imprimir gradualmente as três primeiras edições. No entanto, o sucesso foi tão grande que em janeiro foi anunciada a primeira edição, que se esgotou rapidamente, e em fevereiro, na *Revista Espírita*, já aparecia a segunda edição.

Além desses dois livros, Kardec precisava pôr em dia as edições do restante de seu legado. Notoriamente vivia uma fase decisiva de sua jornada. Neste começo de 1868, publicou as últimas edições em vida de suas obras, como a quarta edição de *O Evangelho segundo o Espiritismo*, depositado em 17 de ja-

---

37. Documento CDOR Canuto 1868-MM-DD-AKD-02 – Modelo de declaração de impressor grafado por Kardec.

neiro daquele ano, e *Caracteres da Revelação Espírita*, anunciado em fevereiro. Também ocorreria, algum tempo depois, a impressão da oitava edição de *O que é o Espiritismo*, última obra com novo conteúdo publicada em vida por Rivail, com depósito legal em 29 de setembro de 1868, mas sem comunicado na *Revista Espírita*, pois o professor em geral preferia anunciar as obras novas ou com modificações significativas.

O interesse dos leitores por *A Gênese* foi muito grande, surpreendente – os espíritos, em comunicações privadas, já haviam indicado a Kardec que essa seria a tendência. Numa carta ao vice-cônsul da França no México, o professor Rivail avisou sobre o momento movimentado que vivia: "O sucesso dessa obra ultrapassa todas as previsões. A primeira edição se esgotou em 18 dias e a segunda está a ponto de se esgotar. Estamos neste momento na tiragem da terceira".

O livro *A Gênese* estava arrebatando o público e esclarecendo os espíritas de forma marcante, como podemos constatar nas cartas e notícias que Kardec publicou naqueles meses após o lançamento, nas páginas da *Revista Espírita*. As ancestrais linhas do Gênesis, textos que tanto intrigaram os povos durante milênios, estavam finalmente esclarecidos pela Ciência, em seus complementares aspectos, humano e espiritual. Kardec distribuiu em março a terceira edição, os derradeiros mil exemplares da primeira tiragem da obra.

Enfim, aqueles últimos meses de vida do professor Rivail foram marcados por muitas tarefas, tempo curto e uma condição crítica de sua saúde, como veremos a seguir. Além disso, duas grandes, principais e urgentes preocupações tomavam o tempo de Kardec nesse período final entre 1868 e 1869: a estruturação conclusiva de suas obras, e a passagem do Espiritismo de sua fase de fundação, quando precisava agir sozinho, para a de direção coletiva. Esses trabalhos exigiriam muito tempo para pensar e também escrever as regulamentações do Espiritismo futuro. Ele sabia intuitivamente que tinha pouco tempo para concluir sua missão.

Algumas cartas manuscritas demonstram que, em fevereiro, Kardec estava interessado em acrescentar trechos em *A Gênese*, pois era de seu costume, depois de um tempo do lançamento, revisar suas obras. Para isso, pediu conselhos aos espíritos para organizar esse trabalho. Alguns amigos espirituais deram orientações para uma revisão de *A Gênese*, com a expressa indicação para não alterar em nada as questões doutrinárias. Sugeriam, além disso, que ele trabalhasse sem pressa e sem dedicar muito tempo.

No diálogo com o espírito amigo, por meio de um médium, Kardec perguntou:

– Na reimpressão que nós iremos fazer, gostaria de acrescentar algumas coisas, sem, contudo, aumentar o volume. Você entende que haja partes que poderíamos retirar sem inconvenientes?
– **Minha opinião é que não há absolutamente nada de doutrina a ser retirado; tudo aí é útil e satisfatório sob todos os aspectos**; mas eu creio também que você poderia, sem inconvenientes, condensar ainda mais algumas ideias que não têm necessidade de desenvolvimento para serem entendidas, pois já foram esboçadas em outros lugares; no seu trabalho de remodelação, você poderá facilmente conseguir isso. – Respondeu o espírito, com a clara recomendação de que não se deveria retirar nada, apenas melhorar ou acrescentar[38]. E, então, continua, detalhando sua recomendação:
– **É necessário deixar intactas todas as teorias que aparecem pela primeira vez aos olhos do público**; não retirar nada das ideias, repito, mas somente podar aqui e ali, desenvolvimentos que não acrescentam nada à clareza. Você será mais conciso, sem dúvida, mas igualmente compreensível, além de ganhar espaço que poderá usar para acrescentar elementos novos e urgentes. Kardec acreditava que a terceira e quarta edições demorariam mais a esgotar, mas estava preocupado em não ter tempo disponível para terminar logo essa incumbência, pois não poderia haver lacunas entre as edições que deixassem os leitores sem exemplares disponíveis para sua aquisição, por isso perguntou ao espírito:
– A venda tão rápida até agora provavelmente se acalmará, é o efeito do primeiro momento. Eu acredito, então, que a terceira e a quarta edições demorarão mais para esgotar. Entretanto, como é necessário um certo tempo para a revisão e a reimpressão, é importante não ser pego desprevenido. Poderia me dizer, então, quanto tempo aproximadamente eu terei para agir?

---

38. Esse diálogo, comunicação espiritual publicada por Leymarie em *Obras Póstumas* sem estes trechos e com dados adulterados, é uma das mais evidentes provas da adulteração de *A Gênese*, pois essa supressão evidentemente denuncia o conluio ou participação nesse infame ato. Esta comunicação foi publicada com adulterações primeiramente na *Revista Espírita* de 15 de março de 1887, depois em *Obras Póstumas*, de 1890. Veja mais detalhes sobre esse caso em *Autonomia: a história jamais contada do Espiritismo*.

E o espírito respondeu, reafirmando a importância dos fundamentais conceitos doutrinários novos que a obra trazia:

– Você deve esperar um esgotamento rápido. Quando lhe dissemos que esse livro seria um sucesso entre os seus sucessos, queríamos dizer tanto sucesso filosófico quanto material. Como você pode ver, tínhamos razão em nossas previsões. Esteja sempre pronto, será mais rápido do que você pensa.

Mas havia outras prioridades em sua agenda além dessa, como explicam os espíritos, concluindo:

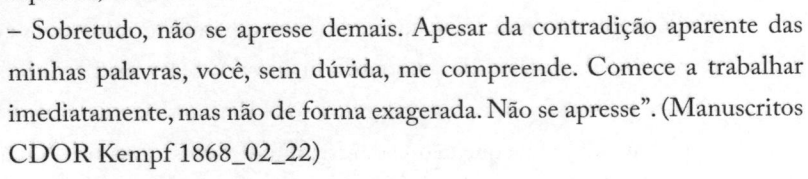

– Sobretudo, não se apresse demais. Apesar da contradição aparente das minhas palavras, você, sem dúvida, me compreende. Comece a trabalhar imediatamente, mas não de forma exagerada. Não se apresse". (Manuscritos CDOR Kempf 1868_02_22)

Conselhos sobre *A Gênese*

Em algumas outras mensagens esporádicas, Kardec toca no assunto da revisão de suas obras, entre julho e setembro de 1868. No dia 25 de setembro[39], envia uma carta a um intermediário[40] interessado na tradução de suas obras pelo senhor Bidder para o alemão. Anteriormente, *O Livro dos Espíritos* já tinha sido traduzido por Constantin Delhez, um belga que vivia como professor de francês em Viena. Kardec comenta em sua carta, que, curiosamente, escreveu em terceira pessoa, como se fosse seu secretário[41]:

> – A obra mais importante a ser traduzida, e aquela que faria, agora, o maior sucesso na Alemanha, é a *Gênese*. É também aquela pela qual ele deseja que se comece, e para tal ele dá de bom grado a permissão ao Senhor Bidder, sob a condição de entrega de 50 exemplares.

---

39. Manuscrito CDOR Canuto 1868_09_25_AKD_01.

40. No corpo da carta, Kardec não menciona o nome do destinatário.

41. Sabemos que o autor da carta é Allan Kardec pela identificação de sua letra. Nesse período, isso ocorre algumas vezes entre seus manuscritos: redigir a carta como se fosse um secretário e não ele próprio. Talvez o motivo fosse não se alongar nas respostas em virtude dos sofrimentos pelos quais passava. Essa carta assim se inicia: "Como o Senhor Allan Kardec não está em Paris neste momento, eu precisei enviar a ele a sua carta, o que o impediu de responder imediatamente, como o Senhor havia desejado. Ademais, como ele passa por muito sofrimento, não pode lhe responder, razão pela qual ele me encarrega de substituí-lo".

Em seguida, informa que estava trabalhando nas provas da revisão da obra, mas que o trabalho ainda estava pela metade, e a de *O Céu e o Inferno* também aguardava:

> – Essa obra está, neste momento, na reimpressão com correções e acréscimos importantes. É sobre essa nova edição que ele deseja que a tradução seja feita. Consequentemente, ele lhe enviará as folhas à medida que forem impressas; já existe cerca de metade delas. *O Céu e o Inferno* vai igualmente ser reimpresso com correções. Não está inteiramente pronto como o *Evangelho*; mas, repito, é útil, no interesse da causa, começar pela *Gênese*, da qual eu posso lhe enviar as primeiras folhas em poucos dias.

Sobre tradução de *A Gênese* para o alemão

Todavia, essa tradução da obra para o alemão por Bidder nunca ocorreu. No mês seguinte, no dia 13 de outubro de 1868[42], Kardec escreveu ao seu amigo Michel Bonnamy, juiz de instrução em Villeneuve-sur-Lot. Quando da publicação de sua obra *A Razão do Espiritismo*, o professor ajudou no processo de revisão e impressão que ocorreu em Paris. Agora o juiz preparava a publicação de seu novo livro, *Memórias de um espírita*, tendo enviado o manuscrito para sua apreciação. Desta vez, porém, Kardec não tinha tempo algum para ajudá-lo, não estava nem mesmo dando conta das suas. Precisava estabelecer as prioridades:

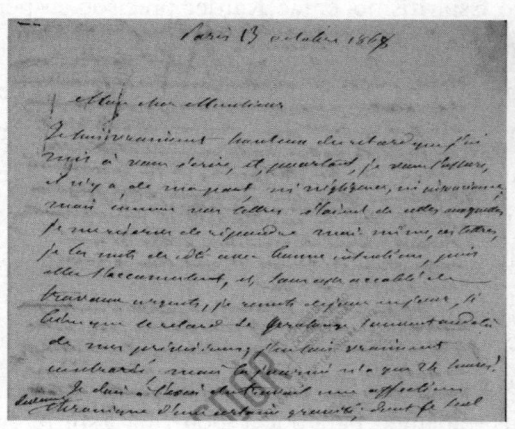

Carta de Kardec para Bonnamy.

---

42. Documento CDOR Canuto n. 1868_10_13_AKD_01.

– Estou bastante envergonhado pelo atraso que tive em lhe escrever e, porém, eu lhe asseguro, não há de minha parte nem negligência nem desconsideração. Mas como suas cartas estavam entre as que eu me reservo a responder pessoalmente, separadas com boa intenção, e como elas se acumulam sem cessar pela sobrecarga de trabalhos urgentes, eu postergo a cada dia a resposta quando o atraso frequentemente se estende além de minhas previsões. Estou realmente contrariado com isso, mas o dia só tem 24 horas!

Em seguida, coloca o amigo a par de sofrimentos que estava enfrentando e a consequente exígua jornada de trabalho:

– Devo ao excesso de trabalho uma doença de uma certa gravidade que se tornou crônica e cujo único remédio seria um repouso que não posso fazer. Além disso, passei um péssimo verão, o que me atrasou em muitas coisas, pois fui forçado a não trabalhar 18 a 20 horas por dia, como eu fazia anteriormente. Segundo os conselhos reiterados dos Espíritos, eu **precisei, até nova ordem, suspender todo trabalho além do estritamente necessário**, que, por si só, já é considerável, sob pena de acidentes graves que poderiam me surpreender e comprometer o que me resta a fazer para terminar minha tarefa.

Era necessário priorizar as tarefas absolutamente necessárias para a continuidade da elaboração do Espiritismo, então Kardec precisou suspender todo trabalho além do estritamente necessário. Outras questões ainda mais importantes atraíam a sua atenção. Uma delas era a publicação de suas obras sob o seu controle, para produzir edições populares, mais acessíveis ao grande público. E a constituição futura do Espiritismo, prevendo seu afastamento, sem perder os importantes valores de seus métodos de trabalho. Entre seus afazeres, havia ainda a revista mensal, correspondência, análise de mensagens, arquivos e muito mais. Kardec sabia que sua fase solitária chegara ao fim e precisava dedicar-se integralmente ao trabalho de reestruturação do Espiritismo.

Todo o tempo e dedicação do fundador estavam concentrados em estruturar a continuidade de seus trabalhos, para que a Doutrina Espírita mantivesse sua condição progressiva, pelos ensinamentos dos espíritos. Envolvido nesse projeto da sucessão do Espiritismo para uma estrutura coletiva, Allan Kardec, para não deixar falha quanto à disponibilidade de sua obra *A Gênese*, pede à editora Lacroix mais uma tiragem, pois a primeira, com suas três primeiras edições, havia se esgotado. Pediram agora dois mil exemplares para essa quarta edição[43]. Em sendo nova tiragem, foi necessária uma nova declaração de impressão ao Ministério do Interior, datada de 4 de fevereiro de 1869. Não houve depósito, pois o conteúdo era idêntico ao da primeira edição.

Por fim, ainda conforme o costume da época, Kardec pediu autorização para imprimir mais dois mil exemplares de O Livro dos Espíritos, tendo a 16ª edição sido a última que lançou em vida. Ao final desse mesmo mês de março de 1869, quando se encerrava o contrato de locação do imóvel da passagem Sainte-Anne, Kardec já se preparava para inaugurar em novo endereço, na rua de Lille, 7, a Livraria Espírita, uma instituição sem fins lucrativos que serviria para a simples venda dos livros do Espiritismo.

A LUTA FINAL DE RIVAIL E GABI NA DEFESA DA DOUTRINA

Há um fato histórico muito pouco conhecido da historiografia espírita, que foi o violento abalo na saúde de Rivail ocorrido no dia 31 de janeiro de 1865, com graves e permanentes consequências não só em seu cotidiano, como também no ritmo de seu trabalho. A causa foi a fadiga, excesso de trabalho. Um abalo de graves proporções, que, usando termos de sua época, Kardec afirmou tratar-se de um "reumatismo do coração e pulmões". Poderíamos cogitar um ataque cardíaco. Numa carta enviada à madame Bourdin Grandpré, que pesquisava as curas espirituais em Genebra, em busca de ajuda para a melhora de sua saúde, ele mesmo o descreveu:

> Desde a grande doença que sofri em 1865, causada pelo reumatismo em meu coração e nos pulmões, o lado esquerdo de meu peito permaneceu inchado, e assim que ando, experimento dor e sufocamento que me forçam

---

43. Considerando a tiragem de dois mil exemplares requerida em 4 de fevereiro, como o costume das edições era de mil exemplares, é provável que Kardec estivesse prevendo a necessidade de requerer duas delas, com o mesmo conteúdo da primeira. Em vida, porém, distribuiu apenas até a quarta.

Carta de Kardec à Madame Bourdin Granpré

a parar. Desse modo, toda a máquina está emperrada, exceto a cabeça, que está sempre livre, o que é fundamental para mim, pois é a minha ferramenta de trabalho. (Manuscrito CDOR Canuto n. 1865_04_06_AKD_01)

Rivail poderia ter morrido naquele dia. Os médicos e os espíritos amigos determinaram absoluto repouso. As atividades da Sociedade foram suspensas, até mesmo dificuldades financeiras o casal Rivail passou. Vale lembrar que Amélie também enfrentava desde décadas sequelas de um acidente que sofreu na juventude. Talvez estivessem enfrentando o mais difícil embate de suas vidas.

Quanto ao desenvolvimento do Espiritismo, esse momento crítico coincidiu com o surgimento de uma oposição aos planos revolucionários da moral autônoma do Espiritismo, por indivíduos que se infiltraram no movimento espírita – inicialmente, os advogados Roustaing e Pezzani, amigos pessoais, por um devaneio provocado por inimigos invisíveis, que os envolveram num processo obsessivo. Passaram a combater a missão de Allan Kardec, dizendo-se, eles mesmos, os messias que deveriam substituir o mestre em sua tarefa! Eles se tornariam somente seitas, desvios sem importância, perdidos em suas próprias falsas ideias mergulhadas na heteronomia do velho mundo. Mas o plano era ainda pior. Pessoas próximas a Kardec, participantes da Sociedade Parisiense, como D'Ambel, o vice-presidente, e médiums que o acompanhavam de longa data, como Desliens e Leymarie, seriam tocados pela ambição, pelo orgulho, pela secreta vontade de ter destaque, fama. Esses se perderam, abriram espaço para Roustaing, acabaram por trair a causa, colocando muitos espíritas da época em dúvida.

Esses traidores da causa maior, possivelmente inconscientes quanto à extensão do estrago para o qual estavam servindo, foram como marionetes dos inimigos invisíveis, que sabiam muito claramente seu vil objetivo, que era atrasar a revolução moral proporcionada pelo Espiritismo diante do despertar do mundo novo.

Dez meses antes de sua desencarnação, a doença continuava a incomodar Kardec, produzindo recaídas. O espírito do doutor Vignal, numa mensagem de 23 de maio de 1868, orientou o professor, recomendando repouso:

> Quando está no estado de excitação nervosa que precede a crise nevrálgica, você precisa de uma absoluta calma e paz de espírito. Infelizmente, esses últimos dias e ontem, especialmente, você estava agitado, preocupado, can-

sado, sem tempo para descansar um pouco. É isso que explica a violência da crise que você teve que suportar. (Manuscrito CDOR Kempf 1868_05_23)

Comunicação do espírito Dr. Vignal

Ao mesmo tempo que o casal Rivail cuidava da saúde, ele preparava a fase conclusiva do Espiritismo. Enquanto o caminho final de sua missão se ampliava e tomava contornos sólidos, também se desenhavam os caminhos ignóbeis do desvio, que culminariam com a derrocada de grande parte do movimento espírita após a morte do fundador.

Amélie, apesar dos amigos próximos e fundamentais pioneiros que a socorreram, como Berthe Fropo, a família Delanne, o importante jovem Léon Denis, o médium cientista Flammarion, o casal educador Rosen e tantos outros; apesar dos amigos, repito, os inimigos se uniram para dar um verdadeiro golpe nos planos futuros de Kardec, aproveitando-se da simplicidade de sua septuagenária esposa quanto às coisas do mundo. Uma extraordinária senhora lapidada em sua alma para o verdadeiro, o bom e o belo. Arte, benemerência e educação, trabalho incessante e sobriedade nos costumes da vida eram as preocupações diárias de Amélie.

Cercaram-na tubarões, mestres leoninos dos manejos financeiros e administrativos. Sondaram a doce Gabi como um falso canto da sereia, dizendo que iriam promover as obras de seu marido para as massas. Seus contratos fraudulentos tinham um só objetivo, terrível propósito: tomar de suas mãos a herança bendita do Espiritismo.

A TRANSIÇÃO PARA A FASE DE DIREÇÃO COLETIVA

O professor Rivail estava cuidando do dia a dia do movimento espírita com outros olhos. A base conceitual que formaria o ABC da doutrina estava formada, a visão psicológica da moral humana, fundada no ato do dever, revolucionava o entendimento comum para melhor, trazendo ideias de liberdade, valorização do ser, solidariedade, caridade desinteressada. Costuma-se pensar em moral como o ditar de regras, a obediência passiva, o aceitar sem pensar. Os espíritos superiores estavam apontando outro caminho para libertar as massas. Agir por compreensão. Escolher pelo bem comum. Fugir da armadilha das recompensas e castigos, que só existem para o condicionamento dos animais. Fase importante para a formação das almas. Mas, desde sua simplicidade ignorante, a alma humana precisa, voluntariamente, conduzir-se pela escolha de seus próprios passos, dominando pouco a pouco sua vontade esclarecida pela inteligência e iluminada pela intuição. Em seu íntimo, Rivail já via o cume da montanha conceitual que escalava. Como enxergava mais longe que todos à sua volta, pois se apoiava nos ombros de gigantes da espiritualidade, além de compreender claramente a fase final que sua missão vivenciava, já tomava conta dos preparativos da fase seguinte do Espiritismo.

Hippolyte Rivail era um homem raro, com qualidades únicas. Completamente desprendido de interesses materiais, tinha sua mente na esfera da sabedoria e os pés no chão. Sua alma estava absolutamente apropriada para a tarefa a se cumprir. O Espiritismo, no período inicial de sua fundação, precisava necessariamente ser conduzido por um só. Era a **fase de elaboração**. Todavia, sua continuidade precisava tornar-se coletiva; deveria haver uma transição entre a dedicação missionária de um só para o trabalho em grupo. Mas essa **fase de direção coletiva** não seria fácil, nem sem embates, pois, no estágio evolutivo de nosso mundo, ainda há na espreita de qualquer atividade a ambição humana. Não se pode negligenciar essa questão. Não foi à toa que Jesus se cercou de pessoas simples, e nunca amontoou bens à sua volta. Há um significado profundo nesse fato. Como o doce das flores atrai insetos, o acúmulo de valores concentra o interesse derivado da vaidade e do apego próprio das almas imperfeitas.

O Espiritismo, como revivescência esclarecida do Cristianismo legítimo e original de Jesus, tende a passar por escolhos e enfrentamentos semelhantes. As dificuldades que marcaram a biografia de Kardec de forma alguma representam falhas ou negligências dos amigos espirituais que cuidavam do nascimento do Espiritismo. Essa obra tem seu lado humano, dependente das coisas deste mundo, e os espíritos não podem interferir diretamente, pois essa tarefa é demasiadamente humana. Jesus precisaria ser levado à cruz? Não necessariamente! Foi o desenrolar dos interesses envolvidos, o pensar coletivo das massas. No caso de Kardec, a causa era grande, gigantesca, movimentava a união de espíritos de grande sabedoria, mas entre os homens era uma semente frágil, protegida, mas fragilizada, que não seria jamais esmagada, mas enfrentaria um terreno duro e pedregoso, que poderia, como ocorreu, adiar seus frutos. Toda grande transformação enfrenta enormes resistências.

Como vamos ver, havia planos cuidadosamente elaborados por Allan Kardec, inspirado pelo Espírito da Verdade entre outros, para estabelecer a doutrina em trilhos produtivos e duradouros. Planos fundamentados em escolhas protegidas pela coletividade, de modo que os indivíduos debatessem entre si sem que o poder de um só interferisse na decisão. A atividade colegiada foi a proposta encontrada por Rivail para estruturar o Espiritismo em sua nova fase. Essa condição só é possível quando se deixa de lado as questões de personalidade. As imperfeições individuais se atenuam pela soma dos valores dentro de uma coletividade coesa.

DA PERPETUIDADE DO ESPIRITISMO

Antes do Espiritismo, existiram muitos reformadores do pensamento humano, especialmente quanto ao futuro da humanidade e da vida após a morte. Suas teorias, muitas delas tendo origem mediúnica, foram estabelecidas em livros sagrados. Possuem fragmentos da verdade misturados a concepções pessoais. Assim, como é natural da condição humana, não são algo completo e perfeito. Com a morte desses líderes, suas doutrinas permanecem estáticas, pois não há como dar continuidade à sua elaboração. Elas se mantêm, assim, temporárias e circunscritas aos cenários de suas elaborações iniciais. As frases escritas pelo fundador ou profeta são então repetidas, surgem sacerdotes para isso. Assim uma seita ou religião se organiza. O Espiritismo, segundo Kardec, tem uma origem completamente diferente:

> Se o Espiritismo fosse uma simples teoria, uma escola filosófica repousando sobre uma opinião pessoal, nada lhe garantiria a estabilidade, porque poderia satisfazer hoje e não mais satisfazer amanhã; num tempo dado, poderia não estar mais em harmonia com os costumes e o desenvolvimento intelectual, e então cairia como todas as coisas superadas que permanecem atrás do movimento; enfim, poderia ser substituído por qualquer coisa melhor. Assim ocorre com todas as concepções humanas, com todas as legislações, com todas as doutrinas puramente especulativas. (KARDEC, [RE] 1865, fev., p. 4)

Em verdade, considera Rivail, o Espiritismo é uma ciência de observação dos fenômenos espíritas, tendo uma metodologia apropriada para seu objeto.

A comunicação com os espíritos está na natureza, como também o movimento dos astros, a gravidade e outros fenômenos naturais. As descobertas revolucionárias da ciência transformam a humanidade em seus hábitos, e a doutrina Espírita, enquanto conhecimento científico, tem também essa finalidade, uma revolução primeiramente nas ideias e depois na ordem das coisas:

> O progresso da ciência tem levado ao da indústria, e o progresso da indústria mudou a maneira de viver, os hábitos, em uma palavra, todas as condições de ser da Humanidade. O conhecimento das relações do mundo visível e do mundo invisível tem consequências ainda mais diretas e mais imediatamente práticas [...]. Pela certeza que o Espiritismo dá do futuro, muda a maneira de ver e influi sobre a moralidade. Abafando o egoísmo, modificará profundamente as relações sociais de indivíduo a indivíduo, e de povo a povo. (*Ibidem*, p. 26)

Enquanto ciência de observação, o método de elaboração da doutrina espírita se dá por meio de um diálogo entre os espíritos superiores liderados pelo Espírito da Verdade, que transmitem seus ensinamentos para centenas de grupos de pesquisa, por diversos médiuns, em locais diferentes. Os espíritos ensinam à medida que o entendimento dos pesquisadores espíritas avança, pois os conceitos da doutrina são mediados pela compreensão humana. Por outro lado, como todo conhecimento científico, essas ideias podem ser confirmadas pelos fatos, quando se dialoga com a diversidade de espíritos, em suas diversas escalas e condições. Dessa forma, há na doutrina um caráter progressivo; conforme o avanço do conhecimento humano, os novos conceitos podem surgir, e a doutrina ao mesmo tempo se atualiza e se perpetua.

Mas toda ideia nova, em sendo um conhecimento científico – uma teoria baseada em fatos que podem ser constatados a qualquer tempo e em todos os lugares –, precisa enfrentar as resistências naturais ao revolucionar o pensamento tradicional. Ao final, acaba sendo aceita por todos, por sua coerência com as leis da natureza, e porque toda negação é impotente diante das evidências. Já as diversas seitas e religiões são exclusivistas, formam grupos isolados entre si, mutuamente excludentes quanto ao objetivo da salvação. Desse modo, o Espiritismo difere dos sistemas religiosos, pois sua base é inabalável, porquanto se assenta sobre os fatos.

Todavia, para que mantenha sua unidade e se perpetue, a doutrina espírita não pode perder sua base conceitual, as particularidades de sua organização e o método pelo qual os fatos espíritas lhe confirmam; essa condição é fundamental para manter a veracidade e integridade de sua ideia:

> O Espiritismo não se afastará da verdade, e nada terá a temer das opiniões contraditórias, enquanto sua teoria científica e sua doutrina moral forem uma dedução dos fatos escrupulosamente e conscientemente observados, sem preconceitos nem sistemas preconcebidos. [...] O Espiritismo está longe de ter dito a sua última palavra, quanto às suas consequências, mas é inabalável em sua base, porque esta base se assenta sobre os fatos. (*Ibidem*, p. 27)

O professor Rivail, em virtude de seu amplo conhecimento científico, filosófico e ético, tendo em sua reconhecida carreira conduzido pesquisas, elaborado obras amplamente aceitas no campo da educação, tinha também qualidade humanas necessárias para atuar como fundador do Espiritismo. Entre elas, um pleno desprendimento moral, dedicação integral, bom senso, desapego de personalidade, desinteresse quanto ao prestígio ou aprovações humanas. Além de ser bom e justo nas relações humanas. Ou seja, reunia todas as qualidades e condições necessárias para sua missão. E, por fim, Rivail conseguiu estabelecer as bases da nova doutrina com sucesso, em seu legado, representado pela coleção da *Revista Espírita* desde 1858 até sua morte, além do conjunto de suas obras, os arquivos e manuscritos que constituem suas obras póstumas, no que restou.

No período final de sua vida, porém, estava diante de seu conclusivo e não menos importante desafio: estabelecer um projeto, minuciosamente regulamentado, para, levando em conta as fraquezas da natureza humana de nosso tempo, perpetuar a organização do Espiritismo numa nova fase, a da **direção coletiva**, num período de grave importância, quando a doutrina espírita precisava ser divulgada e estudada para que a humanidade a conhecesse. Além disso, necessitava afastar qualquer prejuízo dos ataques inimigos daqueles que se opunham, a maior parte deles preocupados com a perda de seus privilégios, ideias e vontades próprias. Era imprescindível impedir os cismas.

Não seria possível garantir que todos os interessados a participar do movimento espírita tivessem as mesmas qualidades e condições do fundador. Seria impraticável. O primeiro passo seria estabelecer como condição indispensável uma declaração explícita de cada integrante de que conhece e aceita os conceitos fundamentais da doutrina espírita estabelecida nas obras de Kardec, para manter a unidade de princípios. Depois, organizar um comitê com autoridade compartilhada em grupo, de modo que os defeitos e equívocos de uns deveriam ser superados pelos valores de outros, fazendo valer as vantagens das decisões tomadas em grupo, pela sua maioria. Além disso, como um grupo grande teria dificuldade em resolver questões diárias, um grupo menor diretivo seria controlado por outro maior, com representantes dos mais diversos grupos espíritas, reunidos em assembleia.

Por fim, enquanto ciência de observação, toda a atividade do movimento espírita deveria dar continuidade às comunicações amplas e variadas com os espíritos, pois essa é a condição estrutural de sua teoria científica, enquanto observação dos fatos que a constituem. A manutenção do diálogo com os espíritos superiores não só manteria a sua integridade como permitiria o seu desenvolvimento progressivo, como requer todo conhecimento científico. Era necessária a diversidade de grupos, com todos adotando a mesma doutrina, integrando médiuns capacitados e cientes da necessidade de abrir mão de sua personalidade para servir modestamente. Só assim seria possível manter uma rede disponível para a universalidade do ensino dos bons espíritos.

Todavia, os grupos não poderiam permanecer desligados entre si, nem contar mais com a presença diretiva apenas do fundador, como ocorrera na **fase da elaboração**. Por isso, Kardec pretendia que a organização do comitê central, que correspondia à nova fase de direção coletiva, fosse reproduzida em cada um dos centros componentes do movimento espírita. Cada país teria seu comitê central, com as particularidades propostas pelo plano diretor elaborado por Rivail, tendo também suas assembleias regionais e nacionais que comandariam o comitê, em plena harmonia entre elas. Como se fossem observatórios, grupos de pesquisa científica, organizados em semelhança a academias científicas, afirmou Kardec, para o desenvolvimento e hegemonia da ciência espírita e sua teoria basilar.

Esse era, em suas linhas básicas, o arremate final, a conclusão do legado de Allan Kardec, para a conservação e perpetuidade da doutrina espírita, até que fosse compreendida pela humanidade como teoria baseada em leis naturais da psicologia humana.

Contudo, a expectativa não correspondeu à realidade. Apesar da vontade e dedicação de Rivail, não foi assim que a história do Espiritismo transcorreu após seu retorno à espiritualidade. Como vamos demonstrar, seus sonhos não se realizaram e seus planos permaneceram em grande parte longe do conhecimento do movimento espírita que o sucedeu. Os manuscritos de seu projeto de regulamentação do movimento espírita nunca vieram a público. A fase da direção coletiva até hoje não foi realizada. Pelo contrário. Exatamente o que Rivail temia, o cisma que se deveria evitar para não prejudicar a doutrina espírita tem se realizado amplamente no movimento espírita desde a sua morte.

A IMPORTÂNCIA DA ORGANIZAÇÃO DO MOVIMENTO ESPÍRITA

Allan Kardec sabia do pouco tempo que lhe restava para concluir as metas do Espiritismo. A necessidade de uma organização do movimento espírita recebeu dele uma ampla divulgação desde suas viagens a partir de 1861. Na reunião geral dos espíritas da cidade de Bordeaux, que desejavam formar uma grande sociedade unindo a todos, Rivail discursou no encontro:

> – Direi o que já disse o ano passado em Lyon; os mesmos motivos me levam a vos desviar, com todas as minhas forças, do projeto de formar uma Sociedade única, abarcando todos os Espíritas da cidade, o que seria simplesmente impraticável pelo número crescente de adeptos. [...] O sistema da multiplicação dos grupos tem ainda por resultado pôr fim às rivalidades de supremacia e de presidência. (KARDEC [RE] 1861, nov., p. 17)

Até então, os centros estavam um tanto dispersos; o Espiritismo era algo novo, em processo de divulgação, novos espíritas chegavam em profusão, mas, pelas características próprias da doutrina, talvez únicas quanto à elaboração de seu conteúdo, necessitavam de uma orientação de Kardec. O caráter coletivo de suas atividades não deveria dar lugar a qualquer ideia de supremacia de pessoas ou de grupos, sob o risco de desvios, contendas ou cismas:

> – É uma coisa grave conferir a qualquer um a direção suprema da Doutrina; antes de fazê-lo, precisaria estar bem seguro dele sob todos os aspectos, porque, com ideias errôneas, poderia arrastar a Sociedade para um triste abismo e talvez, a sua ruína. (*Ibidem*)

Implantar um sistema de multiplicidade de pequenos grupos, no lugar de uma só grande sociedade, era importante para pôr fim às rivalidades de supremacia ou de presidência, além de desvios e divisões. Uma direção suprema da doutrina, com características individuais, permitiria adotar falsos conceitos, baseados em opiniões e vontades pessoais, com terríveis consequências: "porque, com ideias errôneas, poderia arrastar a Sociedade para um triste abismo e talvez, a sua ruína". As condições adequadas dos espíritas e dos grupos são fundamentais para se obter sessões produtivas quanto à doutrina espírita e também para obter o apoio dos bons espíritos, que são os condutores do Espiritismo.

Apesar de a doutrina espírita destinar-se a toda a humanidade, devendo ser amplamente divulgada, os participantes do movimento espírita, considera Kardec, deveriam respeitar qualidades fundamentais para participar das pesquisas mediúnicas nos grupos espíritas. Kardec trata dessa qualificação:

> – O verdadeiro espírita se reconhece pelas suas qualidades; ora, a primeira da qual deve dar a prova é a abnegação da personalidade, pois, por seus atos é que se o reconhece, mais do que pelas suas palavras. O que é preciso para uma tal direção, é um verdadeiro Espírita, e o verdadeiro Espírita não é movido nem pela ambição, nem pelo amor-próprio. (KARDEC, [RE] 1861, nov., p. 17)

Além do recolhimento, seriedade, essa qualidade do verdadeiro espírita também é importante para manter um clima adequado para atrair o interesse dos Espíritos superiores para suas reuniões, e não de espíritos frívolos ou mistificadores:

> – Qualquer que seja a natureza da reunião, quer seja numerosa ou não, as condições que deve preencher para atingir o objetivo são as mesmas; é nisso que é necessário levar todos a seus cuidados, e aqueles que o preencherem serão fortes, porque, necessariamente, terão o apoio dos bons Espíritos. (*Ibidem*, p. 17-18)

Assim, o estudo dedicado das obras que fundam o Espiritismo, além da *Revista Espírita*, é imprescindível para o espírita participante dos grupos, e isso leva tempo e exige dedicação. Quem não observa essa exigência fica predisposto a ser envolvido pelos maus espíritos, desorganizando ou desviando o grupo de seus propósitos, como explica Kardec:

> – Um erro bastante frequente, nos novos adeptos, é o de se crer tornarem-se mestres depois de alguns meses de estudo. O Espiritismo é uma ciência imensa, como sabeis, e cuja experiência não pode se adquirir senão com o tempo, nisso como em todas as coisas. Há nessa pretensão, de não ter mais necessidade de conselhos de outrem e de se crer acima de todos, uma prova de insuficiência, uma vez que falta a um dos primeiros preceitos da Doutrina: a modéstia e a humildade. Quando os Espíritos maus encontram semelhantes disposições num indivíduo, não deixam de superexcitá-los e entretê-los, persuadindo-os de que só eles possuem a verdade. É um dos escolhos que se podem encontrar. (*Ibidem*, p. 18)

Quando essa necessária modéstia não é observada, os maus espíritos encontram meios de excitar a soberba, levando-os a acreditar que possuem a verdade. Esse é um dos obstáculos para a formação de sociedades coesas, sendo meta contornar as rivalidades entre os indivíduos.

Mas também há um outro problema quando pode haver rivalidade entre os grupos, quando estes escolhem caminhos divergentes, provocando cismas entre eles. Por isso, a maneira conveniente para promover a convergência está em adotar os fundamentos previstos por Kardec para todas as sociedades espíritas: **unidade de princípios, da organização e dos métodos da ciência espírita**. Desse modo, Kardec chega ao preceito fundamental da perpetuidade do Espiritismo:

"– Os grupos são tantas pequenas Sociedades que caminharão, necessariamente, no mesmo caminho se **adotarem todas a mesma bandeira, e as bases da ciência consagradas pela experiência**". (*Ibidem, idem*)

Em sua conclusão do discurso, Kardec afirma que o trabalho progressivo da elaboração da doutrina espírita deveria contar com uma organização onde a representatividade dos pequenos grupos deveria formar assembleias representativas, evitando qualquer forma de poder centralizado, fosse nos grupos, fosse nas localidades. Uma estrutura que permitisse a universalidade, essa era a meta almejada por Kardec para o movimento espírita:

> – Aliás, nada impede que um grupo central seja formado de delegados diversos de grupos particulares que se encontrariam assim como um ponto de união e um correspondente direto com a Sociedade de Paris. Depois, todos os anos, uma assembleia geral poderia reunir todos os adeptos e se tornar assim uma verdadeira festa do Espiritismo. (*Ibidem*)

As bases da organização do movimento espírita, para corresponderem à orientação dos bons espíritos, estavam lançadas. Mas Kardec promete trabalhar mais no tema, oferecendo posteriormente um conjunto de orientações claras e objetivas:

> – De resto, sobre esses diversos pontos, prepararei uma instrução detalhada que terei a honra de vos transmitir ulteriormente, seja sobre a organização, seja sobre a ordem dos trabalhos. Aqueles que a seguirem se manterão, naturalmente, na unidade de princípios. (*Ibidem*)

O professor Rivail mantinha outra questão apenas insinuada em seu discurso aos espíritas de Bordeaux, mas que era de grande importância: o risco de um cisma causado pelo assédio dos inimigos invisíveis. Podemos comparar a saúde do movimento espírita com a de uma pessoa. Os vírus estão presentes nos ambientes, todos estão sujeitos às doenças. No entanto, a imunidade, sistema de defesa do organismo, está preparada para afastar os prejuízos. Com um movimento espírita fortalecido pela unidade de princípios, organização e método, apesar de os espíritos maus estarem à volta, não conseguem concretizar seus planos de ataque.

Kardec acompanhava todos os movimentos. Nos bastidores, ele era informado pelos espíritos superiores dos passos e planos dos inimigos invisíveis, como também dos espíritas que abriam brechas para os assédios. Caso não fossem levados à frente, esses previstos incidentes não tomariam proporções perigosas para a unidade dos espíritas. Privadamente, em sua residência, Kardec foi alertado pelo espírito Erasto, em agosto de 1862:

> Além de sua obra como missionário da verdade, você terá que moderar certos ardores impacientes; você terá que reprimir mais de uma pequena ambição que se ilude sobre seu valor e seus méritos, e se julga chamada a um papel mais elevado do que aquele que desempenha. (Manuscrito CDOR Lucas 010_02)

O Espírito da Verdade, responsável por liderar os espíritos na elaboração da doutrina espírita, foi bem claro quanto aos cuidados que Rivail deveria ter em sua missão, preparando os espíritas do movimento para também se manterem alertas, conforme tivessem sucesso na divulgação da autonomia, base do novo mundo, contra os privilégios e falsas ideias da heteronomia do velho mundo, em novembro de 1862:

> Mas os combatentes que os interesses levantados por seu sucesso vão despertar contra você, não estão longe de fazer ouvir seu grito de guerra, e você deve vestir a couraça para resistir a esses inimigos de todas as ideias emancipadoras. (Manuscrito CDOR Lucas n. 010_17)

Porém, exatamente em Bordeaux, enquanto Kardec participava do encontro dos espíritas, afastado dali, o advogado Jean-Baptiste Roustaing tramava contra o Espiritismo. Também sobre ele Kardec foi esclarecido e alertado pelos espíritos que conduziam o Espiritismo, quando questionados sobre a influência e o crédito que Roustaing deveria merecer, os bons espíritos responderam: "– Em geral ele passa por um entusiasta, exaltado, querendo se impor. Ele tem tanta confiança nas suas luzes que pensa que todos devem se curvar a ele".

Kardec nunca tornou públicos esses alertas pessoais dados pelos espíritos para ajudar em sua caminhada com informações que ele precisava para pisar em terreno firme. Mas sempre transformava essas notícias em ensinamentos gerais, que servem para todos. Ao final de seu discurso em Bordeaux, ele leu uma mensagem de Erasto, uma epístola aos espíritas.

Era preciso evitar com todos os esforços desvios e cismas entre os grupos, os quais provocariam um grande atraso para o desenvolvimento do Espiritismo. Na reunião para a formação da sociedade de Bordeaux, quando Kardec traçou os caminhos para a organização do movimento espírita, ele leu pessoalmente a mensagem do espírito Erasto, que falou em nome dos iniciadores do Espiritismo na França, sob a liderança do Espírito da Verdade:

> Sim, meus caros discípulos, aproveito com zelo desta ocasião, que nós mesmos preparamos, para vos mostrar o quanto seria funesto para o desenvolvimento do Espiritismo, e que escândalo causaria entre vossos irmãos de outros países, a novidade de uma cisão no centro que nos encantamos, até esta hora, de citar, pelo seu Espírito de fraternidade, a todos os outros grupos formados ou em vias de formação. (KARDEC, [RE] 1861, nov., p. 19)

Enquanto aquela reunião ocorria em Bordeaux, em torno da liderança da família simples do senhor Sabò e diversos outros pioneiros da cidade, já se semeava a divisão pelos inimigos invisíveis que manipulavam a soberba, induzindo falsas ideias contrárias aos princípios da doutrina espírita no advogado Jean-Baptiste Roustaing. Vamos conhecer em detalhes a história desse desvio na segunda parte deste livro. Ele não só faltou a essa reunião como tentou dissuadir Allan Kardec de participar dela, afirmando caluniosamente que esse grupo de espíritas da sua cidade seria pernicioso ao Espiritismo. Falsas acusações que os bons espíritos já haviam desmentido para Kardec em reuniões privadas. Erasto e os espíritos superiores alertavam em sua primeira epístola:

> Não ignoro, e não deveis ignorar não mais, que se empregará de tudo para semear a divisão entre vós; que se procurará armar-vos emboscadas; que se semeará, sobre o vosso caminho, armadilhas de toda sorte; que vos oporão uns aos outros, a fim de fomentar uma divisão e levar a uma ruptura sob todos os aspectos lamentáveis. (*Ibidem*)

E, depois de dizer que a lei de amor e de caridade será a solução contra esse movimento de divisão, denunciou os inimigos invisíveis que eram os verdadeiros mentores desse infame ataque:

> tereis de lutar não só contra os orgulhosos, os egoístas, os materialistas e todos esses infortunados que estão imbuídos do espírito do século; mas ainda, e sobretudo, contra a turba dos Espíritos enganadores que, encontrando no vosso meio uma rara reunião de médiuns, porque sois melhor aquinhoados sob esse aspecto, virão logo vos atacar: uns com dissertações sabiamente combinadas onde, à custa de algumas piedosas tiradas, insinuarão a heresia ou algum princípio dissolvente; os outros com comunicações abertamente

hostis aos ensinamentos dados pelos verdadeiros missionários do Espírito de Verdade. (*Ibidem*)

Erasto mediu as palavras, mas demonstrou toda a gravidade e a necessidade de alerta e união para lutar contra esse terrível desvio que se anunciava. Seria mesmo necessário denunciar os causadores dos cismas:

> Ah! Crede-me, não temais nunca então em desmascarar os patifes que, novos Tartufos, se introduzirão entre vós sob a máscara da religião; sede igualmente sem piedade para com os lobos devoradores que se escondem sob peles de ovelhas. (*Ibidem*)

Aqui estava surgindo, sob o alerta dos espíritos iniciadores do Espiritismo, o desvio da moral autônoma, proposta por Jesus e retomada pela doutrina espírita em seus estudos psicológicos. Era preciso unir esforços com todas as forças para manter a unidade dos princípios espíritas fundamentais, entre eles a caridade desinteressada, a liberdade de pensamento e consciência, a compreensão da lei da escolha das provas, as diferenças entre sofrimento físico e moral, o entendimento de que Deus não premia nem castiga, a reencarnação como meio educativo do espírito, entre tantos outros. Os inimigos invisíveis desejavam impor falsos ensinamentos, como as ideias de queda, carma, sofrimento físico como castigo divino. Como fugir dessa armadilha? Os espíritos liderados pelo Espírito da Verdade concordam com Kardec, pela unidade de princípios, organização e método da ciência espírita, de tal forma, afirma Erasto, que a busca de uma meta comum é basilar:

> De resto, em todas as coisas, é preciso saber se submeter à lei comum: não compete a ninguém subtrair-se dela, e de querer impor sua opinião e seu sentimento, quando estes não são aceitos pelos outros membros de uma mesma família Espírita. (*Ibidem*)

E então faz uma recomendação, que valia para todo o movimento espírita que então se organizava quanto ao trabalho em grupo, pelo abandono das ideias e vontades pessoais em favor dos ensinamentos universais dos bons espíritos. Pois acima de tudo estava a contribuição inerente à razão de ser dos Espíritos à melhoria moral e à regeneração da humanidade:

[...] vos convido com instância a vos modelar sobre os usos e os regulamentos da Sociedade de Estudos Espíritas de Paris, onde ninguém, qualquer que seja sua classe, sua idade, os serviços prestados ou a autoridade adquirida, pode substituir sua iniciativa pessoal à da Sociedade da qual faz parte [...], é incontestável que os adeptos de um mesmo grupo devem ter um justo respeito pela sabedoria e pela experiência adquiridas: a experiência não é o quinhão nem do mais velho nem do mais sábio, mas bem daquele que se ocupou por maior tempo e com o maior fruto para todos da nossa consoladora filosofia; quanto à sabedoria, cabe a vós examinar aquele ou aqueles que, entre vós, melhor seguem e praticam os seus preceitos e as leis. No entanto, meus amigos, antes de seguir as vossas inspirações, tendes, não o esqueçais, vossos conselheiros e vossos protetores etéreos para consultar, e estes jamais vos faltarão quando os solicitardes com fervor e com um objetivo de interesse geral. [...] Devo vos fazer ouvir uma voz tanto mais severa, meus bem-amados, quanto o Espírito de Verdade, mestre de nós todos, espera mais de vós. Lembrai-vos de que fazeis parte da vanguarda Espírita, e que a vanguarda, como o estado-maior, deve a todos o exemplo de uma submissão absoluta à disciplina estabelecida". (*Ibidem*).

A liderança da Sociedade de Paris, no entanto, continua explicando Erasto em nome do Espírito da Verdade, era moral, relacionada às questões científicas da organização do Espiritismo, respeitando a organização inspirada pelos espíritos superiores para a necessária unidade da doutrina:

Compreendestes, e todos os vossos irmãos compreenderão como vós, quais vantagens, que progressos, que propaganda resultarão da adoção de um programa uniforme para os trabalhos e os estudos da Doutrina que nós vos revelamos. Está bem entendido, contudo, que cada grupo conservará a sua originalidade e sua iniciativa particular; mas, fora de seus trabalhos particulares, terá de se ocupar de diversas questões de interesse geral, submetidas a seu exame pela Sociedade central, e para resolver diversas dificuldades, cuja solução, até este dia, não pôde ser obtida dos Espíritos. (*Idem*, p. 20)

A FORÇA DO ESPIRITISMO ESTÁ EM SUA UNIDADE

Como vimos, um dos motivos principais da organização do Espiritismo estava no perigo dos desvios e falseamentos da doutrina espírita por adeptos infiéis, que estavam servindo aos inimigos invisíveis. Não seria possível combatê-los diretamente, mas a melhor reação estaria em fortalecer o movimento espírita para que pudesse ter em suas forças de união e fidelidade aos princípios da doutrina o meio de resistência. De tal forma que, existindo divergências, eles estariam fora do Espiritismo, em forma de seita alheia.

Foi desde 1861, como vimos, que Allan Kardec concebeu e recebeu a orientação dos espíritos fundadores do Espiritismo, liderados pelo Espírito da Verdade, quanto às metas da organização para a perpetuação do Espiritismo: unidade de princípios, da organização e do método da ciência espírita.

Unidade de princípios

Apesar de tratar de temas presentes de forma fragmentada nas religiões, como Deus, imortalidade e vida futura, reencarnação, o Espiritismo coordena e completa uma unidade própria de princípios que funda sua doutrina. Enquanto as religiões ancestrais foram estabelecidas em dogmas, quando se imaginava uma realidade estática e permanente, com a Terra imóvel no centro do universo, na modernidade surgiram os fundamentos da evolução do simples ao complexo dos cosmos, mundos, espécies e da humanidade. A teoria espírita surgiu nesse tempo. As religiões consideram uma alma criada perfeita, que sofre queda pelo erro, e reencarna para sofrer e voltar à submissão ao Deus por castigos e recompensas. Já a teoria psicológica espírita demonstra, em sua base, uma alma que evolui de simples e ignorante, adquirindo por seus esforços as faculdades e seus potenciais: razão (inteligência), vontade (livre-arbítrio), imaginação (criatividade). As dificuldades da vida são oportunidades evolutivas e não castigos. Assim, enquanto as religiões ancestrais e o materialismo consideram uma teoria moral heterônoma, o Espiritismo funda a unidade de princípios na teoria moral autônoma. Para Kardec, essa uniformidade do entendimento é primordial para o movimento espírita, tanto que, no estatuto da Sociedade Parisiense, a sua não observância insistente é motivo para exclusão:

Querendo manter no seu seio **a unidade de princípios e o espírito de recíproca tolerância**, a Sociedade poderá resolver a exclusão de qualquer de seus sócios que se constitua causa de perturbação, ou se lhe tome abertamente hostil, mediante escritos comprometedores para a Doutrina, opiniões subversivas, ou por um modo de proceder que ela não possa aprovar" (KARDEC, 1861, Cap. XXX [Regulamento da Sociedade Parisiense, art. 27°]).

Unidade da organização

A organização do Espiritismo visa ordenar as atividades dos espíritas professos, reunidos num sistema de multiplicação dos pequenos grupos, organizados de tal forma que o comando da elaboração da Doutrina Espírita tenha uma direção coletiva, onde os congressos comandam as assembleias e estas comandem os comitês ou sociedades espíritas. As diretorias, por sua vez, assumem apenas funções administrativas, enquanto os estudos dos temas e as comunicações dos espíritos são as fontes de fatos a serem estudados. Esse foi o projeto de Kardec visando uma unidade de ação dos grupos e sociedades espíritas, que depende fundamentalmente da unidade de princípios: "a uniformidade será a consequência natural da unidade de base que os grupos adotarão". (KARDEC, [RE] 1861, dez., p. 238 [item 7]) A organização ocorreu em duas fases distintas, a de elaboração (1857-1868), tendo como referência os estatutos da Sociedade Parisiense, que centralizava o desenvolvimento da doutrina espírita numa rede de duas vidas com mais de mil centros de pesquisa; e a fase da direção coletiva, que tem como base a constituição definitiva do movimento espírita, mas que ficou até hoje inédita nos manuscritos que agora foram revelados.

Organização da fase de elaboração

A Sociedade Parisiense foi criada para estudar os fenômenos relativos às manifestações espíritas e suas aplicações nas mais diversas ciências. Eram admitidas somente pessoas que simpatizavam com os seus princípios e com o objetivo de seus trabalhos, já iniciadas nos princípios fundamentais ou com firme desejo de se instruírem. Não o era quem trouxesse qualquer elemento de perturbação às reuniões, por hostilidade, oposição sistemática, ou provocando discussões inúteis. Cabia promover o espírito de benevolência entre os participantes, silêncio e recolhimento durante as sessões. Durante a fase de elaboração do Espiritismo, a administração foi centralizada na figura do presidente, Allan Kardec, indefinidamente reelegível, como os demais membros (art. 10º). Cabia a ele a direção geral, a alta superintendência da administração e a conservação dos arquivos. Todavia, aos seis diretores da sociedade, somavam-se outros cinco sócios para formar a comissão dedicada a examinar previamente as questões administrativas, fiscalização das contas, despesas etc. Os trabalhos, estudos e ordens do dia eram examinados pela comissão, mas resolvidos, em última instância, pelo presidente. Todas as decisões eram tomadas pela maioria, os empates, decididos pelo presidente. As sessões eram particulares, não públicas, mas havia ouvintes convidados. As perguntas aos espíritos eram feitas por intermédio do presidente, que as selecionava. As comunicações obtidas durante as sessões pertenciam à sociedade e não aos médiuns. As manifestações recebidas de outras sociedades eram escolhidas e copiadas para os arquivos.

Organização da fase de direção coletiva

Nesse segundo período, o Espiritismo deveria seguir um novo padrão para inspirar a organização das sociedades espíritas com semelhança a laboratórios de pesquisa tendo como objeto a comunicação dos espíritos, com a finalidade de estudar os temas que seriam objetos de novos ensinamentos dos Espíritos superiores responsáveis pela doutrina. Esse padrão seria o do Comitê Central, que era uma evolução da organização da Sociedade Parisiense enquanto órgão central do Espiritismo. Órgãos equivalentes seriam estabelecidos em cada país e cidade, sendo sua estrutura reproduzida em todas as pequenas sociedades espíritas. Os motivos principais dessa nova organização são os seguintes, segundo Allan Kardec:

> Se até hoje a direção geral do Espiritismo esteve concentrada nas mãos daquele que é seu fundador; o desenvolvimento diário do Espiritismo cria novas necessidades e novos encargos, o que é materialmente impossível a um único homem atender; existe necessidade de estabelecer um centro de

ação regularmente constituído para tudo que se refere aos interesses da doutrina; Também existe uma necessidade não menos importante de liderar as ações diante de todas as eventualidades; é importante impor uma barreira às ambições pessoais para as quais não se deve deixar nenhuma porta aberta; as divergências existentes na maneira de interpretar certas partes da doutrina tornam indispensável o estabelecimento de um programa que resuma de forma clara, precisa e inequívoca os princípios desenvolvidos nas obras fundamentais, de forma que possa impedir qualquer incerteza; o programa livre e voluntariamente aceito será um elo que unirá todos os espíritas que professam as mesmas crenças e o vínculo de reconhecimento entre eles. (Manuscrito CDOR Lucas 085_01, *Quanto à instituição do Comitê Central*)

Unidade do método

Na primeira fase, de *elaboração*, a direção geral do Espiritismo permaneceu necessariamente concentrada nas mãos do fundador. Allan Kardec elaborou a doutrina espírita por um método que determinou os princípios fundamentais que a representam. Para fazer prevalecer os ensinamentos dos espíritos, o fundador os fez prevalecer sobre suas próprias opiniões pessoais. Por seus valores pessoais, não agiu com ambições pessoais, liderando com bom senso diante dos interesses e afastando as divergências por meio de um programa claro, preciso e inequívoco de princípios desenvolvidos em suas obras fundamentais. Fez uso da *Revista Espírita* como centro de mão dupla com um grande número de sociedades, comunicando-se com os Espíritos por meio de muitos médiuns, independentes entre si, de muitos lugares diferentes. Considerando toda manifestação dos homens e Espíritos como opiniões pessoais, comparou, analisou, estudou as correlações, analogias e diferenças, identificando os ensinamentos que integrariam os conceitos fundamentais. Estabeleceu, assim, os dois critérios: coletividade concordante do ensino dos Espíritos superiores e o exame da lógica, estabelecendo a força e a perpetuidade da doutrina espírita.

Para a segunda fase, da *direção coletiva*, Allan Kardec organizou uma regulamentação do movimento espírita, por meio do Comitê Central, responsável pela direção geral do Espiritismo, respeitando a teoria e o método próprios do Espiritismo para a sua continuidade. Era importante impor barreiras às ambições pessoais, não deixando a elas porta alguma aberta, unindo a todos por um só programa de objetivos proposto e respeitado por Allan Kardec em sua missão e extensível aos verdadeiros espíritas que se organizassem em grupos e pequenas sociedades, tendo em vista manter a unidade de princípios e de ação:

A. Caráter progressivo da doutrina espírita: centro de ação e desenvolvimento progressivo da doutrina espírita, enquanto ciência de observação, por meio da universalidade do ensino e do exame comprobatório da razão, rejeitando o que estiver em contradição com o bom senso, lógica rigorosa e com os dados científicos já adquiridos, estando em desacordo com os princípios fundamentais da doutrina. Em resumo, dois critérios constituem a força e a segurança da perpetuidade da doutrina espírita: coletividade concordante da opinião dos espíritos submetida ao critério da lógica dos homens.

B. Dois critérios – coletividade concordante dos Espíritos e a lógica da análise: todas as manifestações dos espíritos são consideradas de caráter individual, sem cunho de autenticidade, tidas como opiniões pessoais até que sejam comprovadas pela ciência espírita. Assim, sempre cabendo à iniciativa dos Espíritos superiores, pelo ensinamento coletivo e concordante, a elaboração da doutrina não é formada pela opinião pessoal de nenhum deles. Para isso é preciso se valer de grande número de médiuns, estranhos uns aos outros, em várias localidades. Não há autenticidade da concordância quando se considera isoladamente um só médium interrogando Espíritos ou diversos médiuns de um só centro.

C. Papel dos homens e dos Espíritos na elaboração dos conceitos: atualmente, quando o método da universalidade do ensino dos espíritos não mais existe, e a doutrina espírita interrompeu sua progressividade desde a morte de Rivail, há uma confusão no entendimento de como novos conceitos poderiam ser adicionados à doutrina. Uma regra imprescindível resolve a questão: não cabe aos homens determinar quando e como isso ocorre, nem a determinação da legitimidade do ensino, pois cabe aos espíritos superiores responsáveis pelo Espiritismo, tendo à frente o Espírito da Verdade, tanto a **iniciativa** quanto a **espontaneidade** dessa elaboração:

> Não obstante a parte que cabe à atividade humana na elaboração dessa doutrina, a iniciativa pertence aos Espíritos, mas ela não é formada pela opinião pessoal de nenhum deles. A doutrina é, e só poderia ser, o resultado

do ensinamento coletivo e concordante dos Espíritos. Somente com essa condição ela pode se dizer a doutrina dos Espíritos. De outro modo, seria apenas a doutrina de um Espírito, e só teria o valor de uma opinião pessoal. (KARDEC, 1868, p. 38)

Desse modo, o método científico da ciência atual não se adéqua ao objeto do Espiritismo, porquanto destina-se a regular o conhecimento por meio de publicação de artigos elaborados, examinados e validados pelos acadêmicos entre si, ou seja, pela iniciativa dos homens. Já a doutrina espírita deve ter seus temas debatidos pelos homens, usando o critério do exame racional das comunicações e de sua vinculação com a teoria aceita, mas a universalidade da manifestação dos espíritos superiores é o critério base para sairmos das opiniões individuais, sejam dos Espíritos, sejam dos homens, para a definição de princípios doutrinários:

> Generalidade e concordância no ensino – esse é o caráter essencial da doutrina espírita, a condição mesmo de sua existência, de onde resulta que todo princípio que não tenha recebido a consagração do controle de generalidade não pode ser considerado como parte integrante dessa mesma doutrina, mas como uma simples opinião isolada, cuja responsabilidade o Espiritismo não pode assumir. (*Ibidem*, p. 38)

Somente com a recuperação da universalidade do ensino, rigorosamente mantida durante a *fase de elaboração* pelo fundador, além do critério da lógica, será possível retomar e completar futuramente a doutrina espírita. Só então será possível afastar seguramente as ideias falsas e contraditórias. Até então, o corpo doutrinário do Espiritismo se mantém no legado de Allan Kardec.

D. Afastar o prejuízo de personalismos pela coletividade: qualificação dos membros, organização e método do comitê com a finalidade de cumprir coletivamente a parte que cabe à atividade humana quanto à universalização do ensino coletivo e concordante dos espíritos superiores. Desse modo, é fundamental estabelecer escolhas e decisões coletivas quanto à manutenção, elaboração e divulgação da doutrina, por meio da verificação mútua e do bom senso pela sanção da maioria, para afastar ambições, vontades e opiniões pessoais, ideias preconcebidas e prejuízos de seitas.

E. Todos precisam concorrer para um só sistema: união dos espíritas por meio de um programa de princípios livre e voluntariamente aceito, baseado nas obras fundamentais de Allan Kardec, amplamente divulgadas e estudadas, criando um laço de solidariedade cooperativa, unidos familiarmente os espíritas com um objetivo moral e humanitário.

F. Metodologia de pesquisa do Espiritismo: para agrupar as manifestações e fatos dispersos, verificando sua correlação, é preciso reunir os documentos diversos, as instruções dadas pelos espíritos, a fim de, pela coletividade, compará-los, analisá-los e estudar suas analogias e diferenças, por todos os pontos de vista e especialidades do conhecimento.

G. A *Revista Espírita* é um instrumento da concordância: uso da *Revista Espírita* para manter uma dupla corrente de ideias: da extremidade para o centro, e deste para a periferia, mantendo a diversidade de fontes e isolando os sistemas divergentes. É o instrumento para a elaboração da doutrina, sondando a opinião dos homens e dos espíritos sobre certos princípios, antes que os confirmados sejam admitidos como partes constituintes da doutrina.

Os representantes das sociedades se reuniriam em assembleias regulares, para dar continuidade à elaboração dos conceitos, respeitando o caráter progressivo do Espiritismo. Para isso, seria imprescindível que todos os espíritas participantes do movimento adotassem a mesma unidade teórica e também o mesmo método científico, a universalidade do ensino, que apresentamos a seguir.

INSTRUÇÕES E ARTIGOS INICIAIS PARA A ORGANIZAÇÃO DO ESPIRITISMO

Quando voltou da reunião dos espíritas de Bordeaux, Kardec cumpriu a promessa que fizera ao final de seu discurso: "prepararei uma instrução detalhada que terei a honra de vos transmitir ulteriormente, seja sobre a organização, seja sobre a ordem dos trabalhos. Aqueles que a seguirem se manterão, naturalmente, na unidade de princípios". Esses textos publicados entre 1858 e 1868, muito importantes para que os espíritas compreendam a forma originalmente pensada para o movimento espírita, foram os seguintes:

- **Regulamento da Sociedade Parisiense (reproduzido no capítulo XXX de *O Livro dos Médiuns*):** primeiro trabalho de organização proposto por Kardec. Os grupos espíritas, na fase inicial do Espiritismo, tinham como objetivo o estudo, a participação na elaboração e a aplicação da teoria espírita enquanto revolução moral da humanidade[44]. Em *O Livro dos Médiuns*, Kardec orienta:

> As pequenas reuniões apenas precisam de um regulamento disciplinar, muito simples, para a boa ordem das sessões. As Sociedades regularmente constituídas exigem organização mais completa. A melhor será a que tenha menos complicada a entrosagem. Umas e outras poderão haurir o que lhes for aplicável, ou o que julgarem útil, no regulamento da *Sociedade Parisiense de Estudos Espíritas*, que adiante inserimos. (KARDEC, 1861, p. 432)

Na *fase de elaboração*, esse era o modelo. A sociedade trata do estudo de fenômenos pela ciência espírita, mas, como seu objeto principal é a moral ensinada pelos bons espíritos, é preciso criar as condições mais favoráveis para atrair a simpatia deles, obtendo boas comunicações.

No capítulo XXIX, estão reunidas as orientações, que, entre os pontos, requerem: perfeita comunhão de vistas e sentimentos, cordialidade recíproca, o único desejo de se instruírem e melhorarem pelos ensinamentos dos bons espíritos. Também a prevenção contra desarmonias, obsessões, falta de unidade quanto aos princípios, reconhecimento pela lógica e afastamento das más comunicações.

- **Projeto de Regulamento para uso dos Grupos e Pequenas Sociedades Espíritas:** em sua obra *Viagem Espírita em 1862*, Allan Kardec oferece *instruções particulares aos grupos em resposta a algumas das questões propostas*. Na questão X, ele trata *sobre a formação dos grupos e sociedades espíritas*. Apresenta a condição de formar um grupo de pessoas sérias, organizado por um regulamento que seria lei para os membros e novos aderentes, para o qual ele oferece um modelo. Além dos grupos de pes-

---

44. "O Espiritismo conduz inevitavelmente a essa reforma. Assim, pela força das coisas, realizar-se-á a revolução moral que deve transformar a Humanidade e mudar a face do mundo, e isto simplesmente pelo conhecimento de uma nova lei da Natureza que dá um outro curso às ideias, uma significação a esta vida, um objetivo às aspirações do futuro, e faz encarar as coisas de outro ponto de vista". (KARDEC, [RE] 1864, nov., p. 4 [*Alocução do Sr. Allan Kardec aos Espíritas de Bruxelas e Antuérpia, em 1864*])

quisa, surgiam no meio espírita os *grupos de ensino*, para o estudo das obras de Kardec. Os centros espíritas atuais em sua quase totalidade tornaram-se *grupos de ensino*, não há mais a rede de pesquisa que permitia a universalidade do ensino.

O projeto de Regulamento, apresentado no final do capítulo, tem como objetivo manter a unidade de princípios e de ação dos grupos e pequenas sociedades espíritas visando o estudo da ciência espírita, principalmente quanto à sua aplicação moral e ao conhecimento do mundo invisível. Em princípio, uma declaração de adesão da sociedade aos princípios fundamentais da doutrina espírita. Também os membros, para serem admitidos, deveriam dar provas de conhecimento e simpatia para com o Espiritismo. Previa reuniões especiais para a instrução de pessoas principiantes no Espiritismo. E uma recomendação fundamental para os médiuns:

> A Sociedade convida os médiuns que quiserem prestar-lhe o seu concurso a não se melindrarem com as observações e críticas a que suas comunicações possam ensejar. Ela prefere passar sem aqueles que acreditam na infalibilidade e na identidade absoluta dos Espíritos que por eles se manifestam.

- **Reunião Geral dos Espíritas Bordeleses (discurso do sr. Allan Kardec, *Revista Espírita*, novembro de 1861):** nesse discurso, Kardec traça os caminhos para a organização do movimento espírita, com vistas à sua futura direção coletiva. Para isso, era preciso estabelecer a diferença entre os verdadeiros espíritas e os que fazem do Espiritismo apenas uma máscara, e que o combatem. O melhor antídoto seria a sua organização, como descrevemos no item acima: "A importância da organização do movimento espírita".

Em seguida ao discurso, Kardec leu a **Primeira Epístola de Erasto**, que representa a palavra dos espíritos que elaboraram os ensinamentos da doutrina espírita, sob a liderança do Espírito da Verdade, afirmando:

> Compreendestes, e todos os vossos irmãos compreenderão como vós, quais vantagens, que progressos, que propaganda resultarão da adoção de um programa uniforme para os trabalhos e os estudos da Doutrina que nós vos revelamos.

- **Artigo "Organização do Espiritismo" (*Revista Espírita*, dezembro de 1861):** a questão principal deste longo artigo de Allan Kardec para a organização do movimento espírita é a formação de muitos pequenos grupos em vez de grandes sociedades a qual ele denominou *sistema de multiplicação dos grupos*: "vinte grupos, de quinze a vinte pessoas, obterão mais e farão mais para a propaganda do que uma Sociedade única de quatrocentos membros". Rivail vai apresentar diversos argumentos a favor dessa diretriz para cada uma das cidades, e conclui:

> Tudo milita, pois, em favor do sistema que propomos; quando um pequeno grupo fundado em qualquer parte se torne muito numeroso, que faça como as abelhas: que enxames saídos da colmeia-mãe vão fundar novas colmeias que, a seu turno, formarão outras colmeias. Serão tantos centros de ação irradiando em seu círculo respectivo e mais poderosos para a propaganda do que uma Sociedade única.

O movimento espírita depende de uma uniformidade na doutrina, consequência natural da adoção da base de princípios da filosofia da ciência espírita, para a homogeneidade de pensamentos que torna a reunião séria e estável: "A primeira condição a impor, se não se quer estar, a cada instante, distraído por objeções ou por perguntas ociosas, é, pois, o estudo preliminar".

Essa simpatia comum não ocorre quando existem ideias divergentes e pessoas que fazem uma oposição surda, quando não aberta. Kardec explica:

> Longe de nós dizer com isso que é preciso abafar a discussão, uma vez que, ao contrário, recomendamos o exame escrupuloso de todas as comunicações e todos os fenômenos; está, pois, bem entendido que cada um pode, e deve, emitir sua opinião; mas há pessoas que discutem para impor a sua e não para se esclarecer. **É contra o espírito de oposição sistemática que nos levantamos; contra as ideias preconcebidas que não cedem mesmo diante da evidência.** Tais pessoas são, incontestavelmente, uma causa de perturbação que é preciso evitar.

Isso não significa que a meta é aquela absurda de formar os grupos com participantes perfeitos:

Tendo o Espiritismo por objetivo a melhoria dos homens, não vem procurar aqueles que são perfeitos, mas aqueles que se esforçam por se tornar a pôr em prática o ensinamento dos Espíritos. **O verdadeiro Espírita não é aquele que chegou ao objetivo, mas aquele que quer seriamente atingi-lo**. Quaisquer que sejam, pois, seus antecedentes, é bom Espírita desde que reconheça suas imperfeições, e que é sincero e perseverante em seu desejo de se emendar. O Espiritismo é para ele uma verdadeira regeneração, porque rompe com seu passado; indulgente para com os outros, como gostaria que fossem para consigo.

Futuramente haveria a organização das assembleias, verdadeiras festas do Espiritismo. Mas não haveria filiação entre os grupos, pois não deve haver supremacia material de nenhuma sociedade; o ponto de apoio sólido deve ser os princípios da doutrina e não uma instituição humana, explica Allan Kardec, que busca em suas instruções organizar grupos regulares e frutíferos:

> Como se vê, nossas instruções se dirigem exclusivamente aos grupos formados de elementos sérios e homogêneos; àqueles que querem seguir a senda do Espiritismo moral tendo em vista o progresso de cada um, objetivo essencial e único da Doutrina; àqueles, enfim, que querem nos aceitar por guia e levar em conta os conselhos de nossa experiência.

Por fim, Kardec explica o papel da Sociedade Parisiense, nesta fase de elaboração da doutrina espírita, como organizadora dos princípios, centralizando a rede de comunicações recebidas nos mais diversos lugares. Mas ela não tinha uma supremacia material, não comandava os grupos, nem fazia filiações:

> Como Sociedade iniciadora e central, poderia estabelecer, com os outros grupos ou Sociedades, relações puramente científicas, mas aí se limita o seu papel; não exerce nenhum controle sobre essas Sociedades, que não dependem dela de maneira alguma, e ficam inteiramente livres para se constituírem como o entenderem.

As sociedades eram como observatórios do mundo espiritual por meio de suas reuniões mediúnicas, por isso adotavam as recomendações de uma organização científica, em assembleias à semelhança das academias, mas mantendo entre si um foco em suas relações: "limitam-se às relações morais, científicas e de mútua benevolência, sem nenhuma sujeição; transmitirão, reciprocamente, o resultado de suas observações, seja pelas publicações, seja pela correspondência". Com a particularidade de que, em sendo seu tema a moral, os espíritas devem se relacionar e aplicar em suas vidas a moral autônoma. Há, nos planos de Kardec, algo inédito e especial do Espiritismo, pois as sociedades não devem possuir entre elas nenhuma que se sobressaia querendo assumir um papel de supremacia material ou relação de filiação, pois todas estão lado a lado na elaboração e divulgação do Espiritismo.

Essa organização era provisória, pois "Tal é, no estado atual das coisas, a única organização possível do Espiritismo; mais tarde as circunstâncias poderão modificá-la". Essa seria a posterior *fase da direção coletiva*, como veremos a seguir.

- **Artigo "Publicidade das comunicações espíritas" (*Revista Espírita*, janeiro de 1861):** Kardec inicia afirmando que a questão da publicidade a dar às comunicações espíritas é o complemento da organização geral apresentada no trabalho anterior, de 1861. Os espíritos vinham oferecendo elevados ensinamentos e desenvolvimento de ideias tanto em Paris quanto no mundo, como Kardec vinha publicando em sua Revista. Outras iniciativas precisavam ocorrer para ampliar as pesquisas da doutrina espírita:

> Dando essas comunicações, os Espíritos têm em vista a instrução geral, a propagação dos princípios da Doutrina, e este objetivo não seria atingido se, como dissemos, permanecessem escondidos nas pastas de papelão daqueles que as obtêm. E, pois, útil difundi-las pela via da publicidade; disso resultará uma outra vantagem muito importante, a de provar a concordância do ensinamento espontâneo dado pelos Espíritos, sobre todos os pontos fundamentais, e de neutralizar a influência dos sistemas errôneos provando o seu isolamento.

Atualmente os três critérios necessários para que essa publicidade contribuísse para a unidade do Espiritismo se perderam nas gerações seguintes: "coerência com os princípios da doutrina, observância da universalidade do ensino dos espíritos superiores, não fazer benefício pessoal das publicações".

Infelizmente, nos últimos tempos, a exploração econômica das publicações em proveito pessoal dos médiuns e autores é um dos maiores prejuízos e uma das maiores causas de desvios e deturpações no movimento espírita.

- **Artigo "Controle do ensinamento espírita"** (*Revista Espírita*, **janeiro de 1861**)**:** Kardec volta a afirmar neste artigo que a organização dos grupos que estava propondo tinha como objetivo facilitar as relações mútuas, tendo como base a unidade de princípios da doutrina. Mas era preciso ter em vista que entre os espíritos existem também aqueles que oferecem em suas mensagens ideias pessoais, que podem ser falsas. Alguns fazem uso de nomes reconhecidos para serem aceitos. E espíritos orgulhosos podem criar sistemas divergentes em conflito com os princípios verdadeiros do Espiritismo. Por isso, o melhor critério é a:

> conformidade do ensino pelos diferentes Espíritos, e transmitidos por médiuns completamente estranhos uns aos outros. Quando o mesmo princípio for proclamado ou condenado pela maioria, será necessário render-se à evidência. Se é um meio de se chegar à verdade, seguramente, é pela concordância tanto quanto pela racionalidade das comunicações, ajudadas pelos meios que temos para constatar a superioridade ou a inferioridade dos Espíritos; cessando a opinião de ser individual, por tornar-se coletiva, adquire um grau de mais autenticidade, uma vez que não pode ser considerada como o resultado de uma influência pessoal ou local.

Vamos aqui pontuar que esse método do Espiritismo da universalidade é a maior garantia de autenticidade de sua doutrina. Kardec foi absolutamente rigoroso na aplicação dessa diretriz, durante toda a sua missão. Por isso era uma meta fundamental de Kardec garantir que o método da universalidade estivesse garantido na organização da fase seguinte, a da *direção coletiva*.

Todavia, infelizmente, a desorganização ampla e intencional ocasionada por um pequeno grupo após a morte de Rivail encerrou todos os benefícios esperados dessa primorosa organização proposta para o movimento espírita, sendo causa primeira da desmobilização das atividades e relações científicas entre os grupos. Enfim, o aprimoramento da doutrina espírita teve um fim súbito com o final da missão de Kardec. Desde o século 19, a doutrina espírita ficou congelada nas obras de Kardec, incluindo seus livros e os números da *Revista Espí-*

rita por ele publicados. Por isso, contra os planos do fundador, ela permaneceu historicamente datada, perdendo, por enquanto, a sua essência progressiva, na medida da evolução da cultura humana, por meio de novos ensinamentos dos espíritos superiores, que se viram sem os meios adequados para a sua atuação.

Isso se deu principalmente pela não implantação da fase da direção coletiva, que vamos conhecer a seguir, e da qual o professor Rivail pretendia participar como apenas um dos membros, revelando seu desprendimento e mesmo plena confiança no sucesso de seus planos de organização coletiva, representados pela *Constituição transitória do Espiritismo*, publicamente apresentada, e a *Constituição definitiva*, presente nos manuscritos da regulamentação minuciosa que o professor Rivail estava preparando quando foi surpreendido pela sua volta à espiritualidade, e que permaneceu até hoje inédita, portanto desconhecida dos espíritas. Como vamos demonstrar, esse percurso idealmente planejado foi drasticamente interrompido por dois episódios sucessivos: a morte do fundador e o posterior golpe dado em seu legado.

Inimigos invisíveis à espreita

Allan Kardec se dedicou de uma forma incomum, investindo todo o seu tempo, recursos e energia, às custas até mesmo de sua saúde, à elaboração do Espiritismo. Preparava, por fim, a fase coletiva. Todavia, esses planos não se tornaram realidade, inicialmente em virtude de um golpe tramado pelos inimigos encarnados e desencarnados infiltrados no meio espírita, que trataram de desviar, infelizmente com sucesso, o movimento espírita de seus trilhos previstos pelo fundador e pelos bons espíritos.

Em paralelo a esse esforço de Kardec e dos espíritos superiores, como Erasto havia antecipado, os inimigos invisíveis conduziam adeptos inseguros, movidos pela ambição ou por ideias e vontades próprias, na intenção de levar divisões e dissensões ao movimento espírita, ainda um pouco disperso, da época. Por volta de 1862, quando Kardec empreendeu as viagens pela França e tomou conhecimento do desvio que estava surgindo em Bordeaux e Lyon, cidades onde se concentravam muitos bons médiuns, começavam a agir o advogado Jean-Baptiste Roustaing, ao lado de seu colega, também advogado, André Pezzani, que se tornariam peças-chaves da adulteração da doutrina espírita.

Isso vai culminar com o desvio provocado por eles, que lutavam exatamente contra as três bases do Espiritismo: unidade de princípios, organização coletiva e o método da universalização:

- Eram contra a autonomia intelecto-moral, pregando os falsos conceitos da heteronomia: queda, pecado, carma, culpa, castigo, salvação externa, divisão entre salvos e condenados, sofrimento moral e físico como castigos divinos, destruição do mundo por Deus para criar outro.
- Eram opositores da liderança coletiva e da segunda fase do Espiritismo, pois acreditavam e pregavam que haveria um segundo líder, substituindo Kardec, uma divina indicação que seria o próprio Roustaing! Em sua obra, inspirada pelos inimigos invisíveis, o mundo seria concentrado numa só igreja com um só líder supremo. Exatamente o oposto do que estava previsto pelo Espiritismo.
- Eram explícita e fortemente contra a universalidade do ensino dos espíritos, escrevendo e pregando contra o método basilar da doutrina espírita. Para justificar o livro *Os quatro evangelhos*, Roustaing, fascinado e dominado pelos falsos profetas, afirmava o oposto do que escreveu Kardec, pois dizia que a revelação da revelação teria chegado para ele, indivíduo superior, preparado e predestinado; em seus devaneios, acreditava que era o grande messias da moral. Todavia, apenas repetia os dogmas do velho mundo, criados para dominar as massas, mantendo-as ignorantes e submissas.

Tendo recebido plena aceitação dos espíritos e dos espíritas conscientes de seu tempo, no fim de 1868 e início de 1869, depois de anunciar as bases da nova fase de que ele pretendia participar, trabalhando para a sua instauração, num esforço enorme, Kardec redigiu os manuscritos do que seria a regulamentação do movimento espírita, a partir do modelo do Comitê Central, que deveria ser reproduzido para as demais sociedades espíritas do mundo. Um planejamento, apesar de minucioso e de grandiosas proporções, era simples, de fácil compreensão, como comentou o espírito São Luís:

> Se alguma vez houve uma ideia lançada num momento favorável, certamente foi essa constituição que, antes mesmo de aparecer, já era aprovada por alguns. Os que esperam tudo da liderança acolheram o projeto com entusiasmo; os membros ativos, os que serão líderes em seus centros, já

Comunicação do espírito
São Luís

haviam pressentido e analisado em seu foro íntimo. O futuro vai nos provar que esse projeto não é o produto do entusiasmo de um momento, e, com a ação material unindo-se à adesão moral, ele lhe fornecerá os meios de transformar o projeto em fato consumado. (Manuscrito CDOR Kempf n. Leymarie 1868-12-15)

O modelo de organização pela liderança coletiva foi uma grande inovação criada por Kardec sob inspiração dos bons espíritos, certamente uma antecipação do que será o novo mundo, quando as lideranças corrompidas pelo egoísmo e orgulho do velho mundo, eivadas de ideias e vontades pessoais, serão superadas.

A INOVADORA HIERARQUIA INVERTIDA PARA O MOVIMENTO ESPÍRITA

Desde 1857, o professor Rivail progressivamente foi compreendendo a singularidade da ciência espírita, que estava fundando, em virtude da especialidade de seu objeto. A alma humana, indiretamente, vinha sendo estudada na universidade desde o início do século pela psicologia espiritualista, que identificava o ser humano como uma "alma encarnada". Foi exatamente esse avanço do conhecimento humano que permitiu o início do diálogo estabelecido cientificamente entre os dois mundos, sendo que, até então, a humanidade lidava com os espíritos de forma mística, oracular ou profética.

O momento estava chegado, pois o amadurecimento da humanidade permitia não só a organização dos ensinamentos, e Kardec foi designado para isso. Não se trata de uma simples transmissão do ensino dos espíritos para os homens, mas um processo que envolve a compreensão do tema que será abordado pelo princípio da doutrina que vai se estabelecer e as suas diversas possibilidades de solução. Só então, quando os espíritos responsáveis pelo Espiritismo consideram o momento adequado, tomam a iniciativa, de forma espontânea, em diversos locais, por meio de um grande número de médiuns, de dar o mesmo ensinamento, mesmo que de diferentes formas. Essas manifestações espontâneas precisam ser analisadas, conferidas quanto à sua concordância em afirmar ou negar veracidade de determinado conceito, pelo exame da lógica, bom senso, e coerência com a teoria já estabelecida. Entre 1858 e

1868, toda essa atividade foi realizada somente na Sociedade Parisiense, sob a presidência de Allan Kardec, que tudo coordenou, publicando os estudos na *Revista Espírita*, e os resultados em suas obras fundamentais.

Agora que a base teórica estava instituída, esse procedimento deveria ser assegurado de forma coletiva, pois o fundador preocupava-se, sob a orientação dos espíritos, com a continuidade, ou mesmo a perpetuidade da ciência espírita.

Esse planejamento compreendia a parte teórica e a prática. A teoria reside nos princípios fundamentais do Espiritismo, baseados na psicologia espiritualista e na autonomia intelecto-moral. Todos os participantes das sociedades espíritas do mundo inteiro deveriam aderir formalmente a esses princípios, mantendo assim a coesão e o entendimento entre os membros. Por outro lado, essa adesão formal a um programa claramente estabelecido a fim de não deixar dúvidas também afastaria divergências, ideias e vontades próprias que seriam causas das dissensões e cismas. A parte prática compreendia a organização e o método.

A organização do Espiritismo, por sua vez, daria continuidade ao método da ciência espírita, agora em grupos coesos e unidos em rede, por uma direção coletiva. Como o Espiritismo é uma ciência singular, nunca antes pensada, precisava de um estatuto especialmente regulamentado, diferindo de tudo o que havia quanto às organizações sociais tradicionais. Tanto as comissões científicas quanto as empresas e entidades públicas são organizadas de forma a centralizar de alguma maneira o poder de decisão. As comunidades científicas são hierarquicamente constituídas de maneira a dar o poder de decisão aos mais experientes e reconhecidos por sua produção acadêmica. Nas empresas, são os diretores e presidentes que decidissem, assim como ocorre nos cargos públicos de direção. Todavia, como a fonte do conhecimento da doutrina espírita advinha dos espíritos superiores, não cabia aos homens escolher o princípio espírita entre as hipóteses, mas sim reconhecer entre elas a que correspondia ao ensinamento espontâneo, quando os espíritos decidem transmiti-lo pela universalidade de seu ensino. Essa é a metodologia da ciência espírita, condição imprescindível para a sua legitimidade. Uma verdadeira revolução em relação às organizações até então conhecidas no mundo.

Por isso, Kardec, para a fase da direção coletiva, organizou uma hierarquia invertida, por assim dizer. Ou seja, a autoridade maior (no que tange à moral, à teoria e aos meios do Espiritismo) estaria num congresso reunindo representantes de todas as sociedades estabelecidas com base no mesmo estatuto de um Comitê Central. Esse congresso soberano comandava a assembleia composta pelos membros ativos e os conselheiros, que por sua vez comandava a sociedade central. Os membros do Comitê assumiam as diversas atividades que antes eram exercidas por Kardec, cada um numa especialidade, tendo um presidente com funções somente administrativas, escolhido por sorteio, num rodízio anual entre os membros. Todavia, esses membros apresentavam os relatórios de suas atividades, sendo as decisões tomadas sempre de forma coletiva. Quanto aos princípios doutrinários que forem surgindo ou se aperfeiçoando, sua admissão respeita toda essa cadeia decisória da direção coletiva, ou, como afirma Kardec em seu plano: "Os congressos serão, assim, uma investigação perpétua sobre os fatos e as teorias espíritas para confirmá-las ou contradizê-las". (Manuscrito CDOR Lucas 140_01)

Participar do Espiritismo enquanto movimento espírita organizado em sociedades aderentes não seria uma simples filiação, pois dependeria de uma profissão de fé, uma participação consciente e voluntária por concordar, aceitar a teoria precisamente proposta pelos Espíritos que elaboraram os ensinamentos da doutrina espírita, por tê-la estudado integralmente. No entanto, uma condição essencial para que esse planejamento fosse eficaz, segundo Kardec, era a declaração formal de cada indivíduo que desejasse participar de qualquer sociedade demonstrando tanto seu conhecimento quanto sua concordância com os princípios da doutrina espírita. Somente essa condição daria estabilidade e afastaria os cismas. Não seria possível cada um acreditar em teorias diferentes daquela presente nas obras fundamentais.

Depois dos artigos prévios da organização publicados entre 1861 e 1862, foi na *Revista Espírita* de dezembro de 1868 que Kardec lançou as bases da nova fase, pela constituição transitória do Espiritismo, plano para o futuro, pois, segundo ele, "ao trabalhar na parte teórica da obra, dela não negligenciamos o lado prático". (KARDEC, [RE] 1868, dez., p. 13)

A AUTONOMIA NA TEORIA E TAMBÉM NA PRÁTICA ESPÍRITA

Para que Kardec e os espíritas da fase inicial do Espiritismo compreendessem e validassem os ensinamentos dos Espíritos superiores, estes sugeriram um método, o da universalidade do ensino dos espíritos, que foi inspirado na lei universal e no modo de vida dos bons espíritos no mundo espiritual. Kardec explicou como esse método se estabeleceu naturalmente:

> Era necessário agrupar os fatos dispersos para verificar sua correlação, reunir os documentos diversos, as instruções dadas pelos Espíritos nos diferentes pontos e sobre todos os assuntos, a fim de compará-los, analisá-los, **estudar suas analogias e diferenças**. Às comunicações, sendo dadas por Espíritos de todas as ordens, mais ou menos esclarecidos, era necessário **avaliar os graus de confiança** que a razão permitia conceder-lhes, distinguir as ideias sistemáticas, individuais e isoladas daquelas que receberam a sanção do ensinamento universal dos Espíritos, as utopias das ideias práticas; separar as que eram notoriamente desmentidas pelos dados da Ciência positiva e da lógica; e fazer uso também dos erros, das informações trazidas pelos Espíritos, mesmo os da mais baixa categoria, para tomar conhecimento do estado do mundo invisível, e formar um todo homogêneo. (KARDEC, 1868, p. 67)

Veja que ele fala em "avaliar os graus de confiança" das comunicações, e também distinguir entre as "ideias sistemáticas, individuais e isoladas" dos verdadeiros ensinamentos, pois estes "receberam a sanção do ensinamento universal dos Espíritos". Além dessa sanção, havia um segundo critério: "separar as que eram notoriamente desmentidas pelos dados da Ciência positiva e da lógica". Dois critérios para a evidência da verdade, acima das opiniões pessoais – a universalidade dos espíritos e a lógica humana.

Nesse primeiro período preparatório, a unidade de princípios precisou de um centro que reunisse as instruções, considerando as centenas de centros isolados nas mais distantes localidades, depurando as comunicações e levando a todos a opinião da maioria.

Agora, no período final de sua missão, o desafio de Kardec estava em organizar o meio espírita com a finalidade de garantir essa unidade da primeira *fase de elaboração* na seguinte, que é a fase da *direção coletiva*. Essa segunda fase seria definitiva, tendo a missão de reproduzir nos indivíduos participantes as mesmas qualidades, exigências e obrigações assumidas pelo fundador quando era toda sua a responsabilidade de elaborar e aperfeiçoar a doutrina espírita. As inspirações de Kardec eram claras: a própria teoria autônoma que fundamenta o Espiritismo, e o método da universalização proposta e exercida pelos espíritos.

Mas, em verdade, o desafio de Kardec era mesmo o da humanidade! Ele se debruçou sobre uma doutrina de vanguarda, que surgia, enquanto revolução moral, na mesma época na qual se iniciava o processo de regeneração da humanidade. As instituições sociais, até então, estavam baseadas nos princípios do velho mundo, ou seja, na heteronomia.

Quando a sociedade surgiu, a maioria dos indivíduos no mundo eram simples e ignorantes, recém saídos da fase animal. Durante o período primitivo da humanidade, anterior, todos respondiam em seus atos aos instintos, como ocorre com as espécies animais. Na natureza, quando o instinto é que manda, o resultado final do ecossistema é harmônico. Segundo o Espiritismo, isso ocorre em virtude da unidade de princípios das leis que determinam os instintos das mais variadas espécies, como explica Kardec em *A Gênese*:

> Ao se observar os efeitos do instinto, distingue-se, em primeiro lugar, uma uniformidade, uma segurança de resultados que não existem mais, na medida em que o instinto é trocado pela inteligência livre. Além disso, reconhecemos uma profunda sabedoria na adequação tão perfeita e constante das faculdades instintivas, às necessidades de cada espécie. Essa uniformidade não poderia existir sem a unidade de pensamento e, por consequência, com a multiplicidade das causas ativas [...] Essa uniformidade no resultado das faculdades instintivas é um fato característico que implica, forçosamente, na unidade da causa [...] Um efeito geral, uniforme e constante, deve ter uma causa geral, uniforme e constante; um efeito que revele sabedoria e previdência deve ter uma causa sábia e previdente". (*Idem*, p. 104)

Mas a finalidade do ser humano está na sua evolução como Espírito, que, à medida que desenvolve sua inteligência e aprende a dominar sua vontade fazendo escolhas livres, racionais e conscientes, evolui moral e intelectualmente, tendo em vista a perfeição relativa que pode atingir.

O *velho mundo* é uma fase de transição entre o primitivo e o *mundo novo* e feliz. Nesse período, a natureza condicionante, advinda da condição instintiva das massas, que mal saíam da animalidade, foi utilizada pelos dirigentes, estes sim Espíritos mais inteligentes, que já tinham se desenvolvido em inúmeras vidas em outros mundos. Esse grupo de espíritos, a maioria em expiação na Terra, era como estrangeiros chegando aqui para participar da humanidade. Estabeleceram, então, a estrutura hierárquica dos governos e das estruturas religiosas, assim como dos meios de produção. Tomando o Egito Antigo como exemplo, a autoridade máxima, religiosa e social, era o faraó, e ele comandava a partir de sua vontade pessoal. Era também o chefe supremo da religião, e todos seguiam suas orientações. Os sacerdotes, os comandantes, os dirigentes, cada um em sua área, eram seus subordinados, mas por sua vez comandavam os subordinados. No final da hierarquia, estava o povo, que, de forma submissa, deveria trabalhar e obedecer.

Essa organização inspirada na heteronomia pressupunha que os indivíduos da base, o povo em geral, atuassem da mesma forma que os animais são subordinados ao comando dos instintos, mas agora seguindo as ordens da hierarquia social estabelecida.

No decorrer dos milênios, esse modelo foi determinando as estruturas sociais, mesmo com o progresso material da humanidade. A autoridade máxima concentrava-se num só indivíduo, desde os faraós, depois os reis, imperadores, e, por fim, os presidentes. Também essas estruturas definiram a organização hierárquica e centralizadora das religiões, das empresas e até mesmo das universidades.

Mais recentemente, porém, vem surgindo a ideia da autonomia e da cooperação por todos os lados na sociedade atual. Porém, as instituições, organizações e métodos, quase num todo, ainda seguem o padrão determinado pelo pensamento heterônomo, no qual os indivíduos se comportam segundo uma vontade externa a eles.

Como as estruturas do velho mundo são baseadas no princípio do exercício da vontade do líder, quando este é consciente, pode agir com vistas ao que é melhor para todos. Mas, quando o líder que o substituir for egoísta e orgulhoso, vai agir em função dos interesses pessoais, ou do grupo que representa, em prejuízo do interesse geral. Já existiram faraós, reis e presidentes bons, conscientes, liberais. Mas a estrutura na qual eles se inserem não impede que os sucessores façam uso do poder para agir de forma contrária. Ou seja, o velho mundo está fundado numa profunda ilusão.

Os Espíritos que trouxeram a Kardec os ensinamentos espíritas conhecem os mundos felizes, pois puderam estudá-los ou mesmo participar dessas sociedades plenas, justas, em paz. E sabem que esse será o destino da Terra.

Todavia, isso não vai ocorrer de forma impositiva por Deus ou pelas mãos dos bons espíritos. O princípio mesmo da autonomia, que é a lei natural do mundo moral que rege os espíritos, determina que o mundo feliz será o resultado do trabalho consciente, voluntário, criativo de todos os seus habitantes. Levando em conta a capacidade, entendimento e qualidades de cada um, numa estrutura cooperativa, e harmônica pela unidade dos princípios adotados.

A moral espírita autônoma tem uma harmonia de princípios tanto com sua ciência irmã, o Magnetismo Animal, proposto por Franz Anton Mesmer, quanto com a medicina que segue os mesmos conceitos, que é a Homeopatia, criada por Hahnemann. Não por acaso, esses dois Espíritos fazem parte daqueles que estabeleceram a doutrina espírita. Elas se fundamentam não no combate do mal ou da doença, mas no fortalecimento do próprio indivíduo e de seu organismo, para que as suas forças naturais restabeleçam progressivamente a saúde original. Na moral espírita, o indivíduo vai encontrar forças para enfrentar os desafios da vida em si mesmo, com o uso da razão e da inspiração de sua consciência para escolher a melhor maneira de agir em cada situação, em vez de seguir passivamente as regras criadas pelos outros, como proposto na heteronomia do velho mundo.

Pensando nisso tudo, Kardec, no decorrer dos anos, percebeu que a perpetuidade do Espiritismo dependia do conhecimento desses princípios morais formando uma unidade, como também de uma prática coletiva inspirada na caridade desinteressada, que se instrumenta por meio da solidariedade, respeito mútuo e cooperação. A prática do meio espírita precisava ser organizada a partir dessa mesma estrutura de pensamento.

A própria forma de agir dos espíritos superiores, conduzindo o Espiritismo pela universalidade de seu ensino, seria uma inspiração de como é possível colocar em prática numa atividade coletiva os princípios da autonomia intelecto-moral. Os bons espíritos alcançaram essa qualidade porque já realizaram o progresso, lutando e triunfando no decorrer de muitas vidas. Por isso, tendo bem lhes tornado hábito, agem assim com naturalidade, sem esforço. Durante a fase de elaboração da doutrina, os espíritos superiores, avaliando coletivamente o momento adequado para transmitir determinado princípio, iam aos mais diversos grupos espíritas, por inúmeros médiuns, transmitindo mensagens próprias, mas com o mesmo ensinamento de fundo, sem a necessidade de assiná-las com seu nome, normalmente grafando ao final: um espírito. Kardec, em recebendo essas comunicações espontâneas, coordenava as ideias, aproveitava a redação de uma ou de outra, e redigia os princípios e respostas coletivas, como podemos conferir na quase totalidade das questões de *O Livro dos Espíritos*. Esse método representa um trabalho de cooperação com o mais completo desinteresse pessoal, demonstrando a mais importante característica da virtude, que se torna comum nos planetas onde a evolução moral da humanidade já ocorreu:

> Como ainda estais longe da perfeição, tais exemplos vos espantam pelo contraste com o que tendes à vista e tanto mais os admirais, quanto mais raros são. Ficai sabendo, porém, que, nos mundos mais adiantados do que o vosso, constitui a regra o que entre vós representa a exceção. Em todos os pontos desses mundos, o sentimento do bem é espontâneo, porque somente bons Espíritos os habitam. Lá, uma só intenção maligna seria monstruosa exceção. Eis por que neles os homens são ditosos. O mesmo se dará na Terra, quando a Humanidade se houver transformado, quando compreender e praticar a caridade na sua verdadeira acepção. (KARDEC, 1857, p. 412)

Esse exemplo dos espíritos, tanto na conduta pessoal quanto na organização coletiva de seus trabalhos, não poderia ser reproduzido integralmente no estágio evolutivo em que os habitantes da Terra se encontram, mas pode ser imitado de forma consciente, utilizado como referência, no esforço de conquistar essa condição futura com o passar de gerações, num trabalho progressivo.

AS ESTRATÉGIAS DE KARDEC PARA A NOVA FASE DO ESPIRITISMO

Allan Kardec chegara ao ponto culminante de sua missão. A teoria espírita explica que devemos unir a teoria à prática, ou seja, o bem e a caridade desinteressada. Esse é o cerne do Espiritismo. O bem é a unidade da lei de Deus, a caridade desinteressada está no agir pelo dever: conduzir-se pelo bem de todos, de forma espontânea, voluntária e raciocinada; de forma desinteressada, ou seja, desprendida de recompensas ou castigos; independente de interesses pessoais, de acordo com as leis morais presentes na consciência. Da mesma forma, a missão do Espiritismo estava em esclarecer a humanidade quanto a essa teoria, mas também em estabelecer a prática do meio espírita necessariamente baseada nesses princípios!

Kardec não foi ingênuo de imaginar uma organização considerando candidatos selecionados como eleitos, seres perfeitos em suas qualidades e entendimento. Essa é a finalidade, mas não corresponde à condição atual da humanidade. O primordial deve ser a intenção, o interesse, o objetivo do espírita atuante, que aceita e pretende aplicar em sua vida os princípios da teoria espírita. Pois, segundo ele: "Se o Espiritismo não pode escapar às fraquezas humanas, com as quais é preciso contar, ele pode paralisar-lhes as consequências, e é o essencial". (KARDEC, [RE] 1868, dez., p. 16)

Mas também seria preciso pensar na estrutura decisória e no poder que dela emana. Como tornar as necessárias decisões quanto à execução, elaboração e aperfeiçoamento do Espiritismo de forma coletiva, para afastar o perigo das ideias e vontades pessoais, sendo que isso estava presente nas estruturas heterônomas vigentes no mundo? Depois de muitos anos de estudo, ouvindo as inspirações dos bons espíritos, Kardec estabeleceu um primeiro modelo, um ensaio, para que os espíritas dessem o primeiro passo. O projeto propunha uma direção coletiva, com as seguintes inovações, em torno da criação de um comitê central, que assumiria as atividades coordenadas pelos membros ativos, dando continuidade às tarefas do fundador até então exercidas pessoalmente por ele. Entre os trabalhos, estão a pesquisa, recebimento de comunicações das demais sociedades espíritas da França e do mundo, coordenação dos temas, estudo dos princípios, além das atividades mediúnicas da sociedade espírita produzindo mensagens, diálogos e evocações dos espíritos. As principais estratégias propostas por Kardec são:

1. Integração entre Comitê Central, Sociedade Espírita Central, demais grupos e assembleias gerais:

> **Atividades do Comitê Central** – "As atribuições do Comitê Central são: [...] A direção da Sociedade Espírita, conhecida como comitê. (Manuscrito CDOR Lucas n. 110_01) [...] uma dessas sessões [do Comitê] é dedicada ao exame das questões administrativas, [...] Outra sessão é dedicada ao exame e à discussão dos pontos de doutrina. Ela ocorre sábado às 2 horas. (Manuscrito CDOR Lucas n. 090_01). Os membros da Sociedade [Espírita] Central, os espíritas professos dos departamentos e de fora de Paris, podem assisti-la a título de ouvintes".

Atividades da Sociedade Espírita Central – "As sessões da sociedade acontecem todas as sextas-feiras às 8 horas da noite. Elas são particulares ou gerais, mas nunca públicas. [...] A sociedade reserva para sessões particulares todas as questões relativas aos assuntos administrativos, bem como os assuntos de estudo que exigem maior tranquilidade e concentração, ou que julgue aconselhável aprofundar antes de produzi-los diante de outras pessoas. As sessões gerais dedicadas aos trabalhos de estudo". (Manuscrito CDOR Lucas n. 190_01)

Atividades dos grupos associados – "Nossas instruções se dirigem exclusivamente aos grupos formados de elementos sérios e homogêneos; [...] que querem nos aceitar por guia e levar em conta os conselhos de nossas experiências [...] uma assembleia geral anual poderia reunir os Espíritas dos diversos grupos numa festa de família, que seria, ao mesmo tempo, a festa do Espiritismo". (KARDEC, [RE] 1861, p. 242)

Relações entre a Sociedade de Paris e os diversos grupos – "Como Sociedade iniciadora e central, poderia estabelecer, com os outros grupos ou Sociedades, relações puramente científicas, mas aí se limita o seu papel; não exerce nenhum controle sobre essas Sociedades [...] limitam-se às relações morais, científicas e de mútua benevolência, sem nenhuma sujeição; transmitirão, reciprocamente, o resultado de suas observações, seja pelas publicações, seja pela correspondência". (KARDEC, [RE] 1861, dez., p. 10)

Atividades das assembleias gerais – "As assembleias gerais tendo controle dos atos do Comitê, e decidindo todas as questões relativas aos princípios, ninguém pode impor suas vontades ou opiniões pessoais". (Manuscrito CDOR Lucas n. 10_01)

Comentário: Allan Kardec atuava, no período de elaboração do Espiritismo, em duas frentes de trabalho, a direção da Sociedade Parisiense de Estudos Espíritas, onde cuidava da comunicação com os espíritos e do desenvolvimento dos princípios da doutrina, a administração e organização, com as atividades de correspondência, publicações, arquivos, visitas, viagens, instruções, entre outras. Para organizar essas atividades até então pessoais na fase seguinte, da direção coletiva, Kardec planejou duas entidades: o Comitê Central, com funções próprias, e também outras vinculadas à Sociedade Espírita Central, ambas com membros e conselheiros organizados em grupos de trabalho regulamentados para manter a unidade das atividades e progressividade dos estudos, comunicações e fundamentação da doutrina espírita.

No entanto, para aplicar o método da universalidade do ensino dos bons espíritos, a assembleia é que será a responsável por, além de comandar o Comitê Central, dar continuidade à doutrina espírita, sendo composta por delegados das Sociedades Espíritas da França e do mundo, formadas por espíritas professos e organizadas segundo o projeto: "O controle dos atos da administração estará nos congressos, [...] Se, pois, os congressos são um freio para a comissão, esta haure uma nova força em sua aprovação. Assim é que esse chefe coletivo depende em definitivo da opinião geral, e não pode, sem perigo para si mesmo, se afastar do caminho reto".

Assim, enquanto o Comitê Central organiza e dá continuidade às atividades do Espiritismo, a Sociedade Espírita Central cumpre as atividades mediúnicas de pesquisa, em conjunto com as demais Sociedades do mundo, em função do método da universalidade do ensino dos espíritos superiores. Por sua vez, as assembleias gerais comandam a unidade e progresso tanto da teoria quanto da prática da ciência espírita.

2. Definição clara dos princípios doutrinários para manter a unidade e impedir cismas:

Projeto concernente ao Espiritismo. Aos bons espíritos - meu projeto

Para evitar falsas interpretações no futuro, as aplicações errôneas, em uma palavra, as dissidências, é necessário que todos os princípios sejam elucidados de maneira a não deixar nenhum equívoco, para, na medida do possível, não dar lugar à controvérsia. É preciso que os trabalhos complementares sejam realizados com o mesmo espírito e visando concorrer para um objetivo único. (Manuscrito CDOR Kempf AAAA-MM-DD)

Não faltarão intrigantes, supostamente espíritas, que quererão se elevar por orgulho, ambição ou cupidez; outros que exibirão pretensas revelações com a ajuda das quais procurarão colocar-se em relevo, e fascinar as imaginações muito crédulas. É preciso prever também que, sob falsas aparências, os indivíduos poderiam tentar se apoderar do governo com o pensamento determinado de soçobrar o navio em o fazendo desviar-se de sua rota. (KARDEC, [RE] 1868, dez., p. 18)

Comentário: a condição indispensável para a unidade futura do Espiritismo é a determinação dos princípios da doutrina com precisão e clareza, em toda a sua abrangência, não permitindo qualquer interpretação contraditória ou admissão de falsas ideias não estabelecidas. O meio espírita deve formar uma unidade, e, quando ela estiver estabelecida sem dúvidas, quem não concordar com seus princípios ou parte deles poderia formar suas próprias seitas, mas jamais alterar a doutrina por sua vontade: "Poderia, portanto, se formar à parte da doutrina seitas que não lhe adotarão os princípios, ou todos os princípios, mas não na doutrina pela interpretação do texto, como muitas se formaram a partir dos significados das próprias palavras do Evangelho. Esse é um primeiro ponto de uma capital importância". Contra esses possíveis cismas deve-se levar em conta outros pontos: não sair das ideias práticas para não embarcar em quimeras; e o caráter essencialmente progressivo da doutrina, que deveria ser garantido pelo plano de organização proposto por Kardec, assim ela jamais será ultrapassada, garantindo sua perpetuidade[45].

3. Espíritas professos:

> "O essencial é que elas estejam de acordo sobre os princípios fundamentais; ora, essa será uma condição absoluta de sua admissão, como da de todos os participantes da direção". (KARDEC, [RE] 1868, dez., p. 21) "Os membros do Comitê só podem ser escolhidos dentre os espíritas-professos". (Manuscrito CDOR Lucas n. 100_01) "O programa livre e voluntariamente aceito será um elo que unirá todos os espíritas que professam as mesmas crenças e o vínculo de reconhecimento entre eles". (Manuscrito CDOR Lucas n. 085_01) "Essas atribuições serão distribuídas entre os diferentes membros do comitê, de acordo com a especialidade de cada um, que, se necessário, serão assistidos por um número adequado de membros auxiliares, ou de simples empregados que se tornarem, por condição expressa, espíritas professos". (Manuscrito CDOR Lucas n. 115_01) "Os auxiliares são membros da sociedade central ou quaisquer outros espíritas professos que prestam voluntariamente seu concurso ao comitê para pesquisas, produções ou trabalhos de todos os tipos, análise e resenhas de obras". (Manuscritos CDOR Lucas n. 175_01)

---

45. Não encontramos entre os manuscritos um programa de princípios elaborado por Kardec. Consta de *Obras Póstumas* que Allan Kardec teria começado a escrever o trabalho *Princípios fundamentais da doutrina espírita, reconhecidos como verdades inconcussas*, que poderia constituir o programa planejado.

Comentário: de forma imprescindível, todo membro participante caracteriza-se por previamente declarar-se conhecedor da teoria espírita, fundamentada na autonomia intelecto-moral, e também compromissado em agir, promover e desenvolver suas ideais com base nos princípios fundamentais. Essa adesão deveria ser espontânea, garantindo a livre vontade. Sendo aceito pelo comitê, passaria a ser um espírita professo. Ou seja, devendo se comprometer a respeitar os estatutos, agindo por cooperação, demonstrando absoluto respeito aos princípios e tolerância em relação à diversidade entre espíritas professos e grupos, com total desinteresse moral, pois assim o programa de unidade da doutrina espírita, "livre e voluntariamente aceito será um elo que unirá todos os espíritas que professam as mesmas crenças e o vínculo de reconhecimento entre eles" (ver Apêndice 2).

Esse compromisso formal não significa que na formação dos grupos se exige a perfeição dos participantes, mas sim o compromisso de mudar sua disposição moral para a proposta da caridade desinteressada espírita, desprendendo-se da falsa ideia de castigos e recompensas divinas. Segundo Kardec:

> Tendo o Espiritismo por objetivo a melhoria dos homens, não vem procurar aqueles que são perfeitos, mas aqueles que se esforçam por se tornar a pôr em prática o ensinamento dos Espíritos. O verdadeiro Espírita não é aquele que chegou ao objetivo, mas aquele que quer seriamente atingi-lo. (KARDEC, [RE] 1861, dez., p. 6)

4. Declaração de compromisso dos membros do comitê:

> Os membros do Comitê só podem ser escolhidos dentre os espíritas-professos; e devem, além disso, antes de serem definitivamente eleitos, fazer diante da comissão e da assembleia, a seguinte declaração, que será inscrita na ata – Eu prometo diante de Deus: Cumprir em todos os aspectos as disposições dos estatutos constitutivos da família espírita universal; Garantir a execução dos referidos estatutos, e de lembrar ao Comitê caso se afastem deles. Assumir em todas as circunstâncias a defesa dos interesses da Doutrina, e de contribuir com todas as minhas forças para a sua prosperidade. Concorrer para corrigir e reprimir dos abusos que possam ser prejudiciais à Doutrina. Esforçar-me para adaptar minha conduta aos preceitos da moral

espírita, a fim de difundi-la tanto pelo exemplo quanto pelas palavras. (Manuscrito CDOR Lucas n. 100_01)

Comentário: todos os membros do comitê deveriam, além de se comprometer com a unidade de princípios da doutrina espírita, pois seriam escolhidos entre os espíritas professos, se engajar na justa execução dos estatutos e zelar pelos interesses da doutrina. Além disso, deveriam se empenhar pessoalmente em relação ao dever da moral espírita.

5. Hierarquia por maioria:

> A direção superior dos assuntos relativos ao Espiritismo é transferida para uma assembleias permanente nomeada Comitê Central, que atuará dentro dos limites dos poderes que lhe são atribuídos pelos presentes estatutos.
> As assembleias gerais tendo controle dos atos do Comitê, e decidindo todas as questões relativas aos princípios, ninguém pode impor suas vontades ou opiniões pessoais.
> Os congressos serão assembleias gerais periódicas constituídas com o objetivo de discutir os interesses gerais do Espiritismo e de manter os laços de fraternidade entre os adeptos. Eles serão compostos dos delegados das diferentes sociedades particulares da França e do exterior, reunindo as condições estabelecidas nos artigos e os espíritas juramentados que tenham anunciado a intenção de fazer parte deles. [...] O comitê central é nela representado por ao menos três de seus membros. (Manuscrito CDOR Lucas n. 145_01)
> Os congressos serão, assim, uma investigação perpétua sobre os fatos e as teorias espíritas para confirmá-las ou contradizê-las. (Manuscrito CDOR Lucas n. 140_01) [...] os Congressos têm o direito de revisão e crítica sobre os atos do comitê central, que podem ser interpelados sobre qualquer parte de sua gestão." (Manuscrito CDOR Lucas n. 150_01)

Comentário: comparativamente à estrutura hierárquica centralizada no poder do líder, como nas empresas, que comanda um grupo de dirigentes, que por sua vez comanda a massa de trabalhadores, o meio espírita seria organizado por uma hierarquia de forma invertida: quem comanda é um congresso de representantes das entidades aderentes ao projeto de constituição, que também se organizariam nos mesmos moldes dos estatutos do comitê central. Os congressos e assembleias comandam atos de um grupo organizador central do Espiritismo denominado comitê. As assembleias gerais, desse modo, controlando os atos do comitê, "decidindo todas as questões relativas aos princípios, ninguém pode impor suas vontades ou opiniões pessoais". (Manuscrito CDOR Lucas n. 100_01)

6. Funções remuneradas: igualdade de participação de pobres e ricos:

> Vocês apontam como um dos obstáculos a impossibilidade da participação integral dos homens que precisam trabalhar para viver. Ora, o que eu gostaria de fazer era dispensá-los dessa necessidade, de modo a aproveitar das ideias dos pobres, como das dos ricos, e não constituir uma aristocracia da fortuna. Essa liberação será possível se a associação tiver recursos suficientes e com a ajuda da moradia gratuita que eles encontrarão na sede da sociedade". (Manuscrito CDOR Kempf n. AAAA-MM-DD)
> Funções remuneradas – Os membros ativos do comitê central com funções laborais assíduas e que exigem todo o seu tempo receberão um salário proporcional aos recursos da caixa geral do Espiritismo, mas sem poder exceder um valor máximo. Os conselheiros regulares não receberão salário, mas somente terão direito a uma taxa de participação, cujo valor será determinado pelo comitê. Somente os conselheiros titulares fixarão o salário dos membros ativos, em particular a sessão, sem a assistência e fora da presença deles. Todo o comitê fixa os salários dos diversos funcionários, os subsídios para serviços excepcionais e despesas de várias naturezas". (Manuscrito CDOR Lucas n. 175_01)

Comentário: Allan Kardec nunca fez uso dos recursos advindos do Espiritismo para suas necessidades pessoais; pelo contrário, investiu seus próprios recursos em sua missão. Quando organizou o projeto para o futuro do Espiritismo, avisou: "Pessoalmente, e bem que parte ativa da comissão, não seremos de nenhuma carga ao orçamento, nem por proveitos, nem por indenizações de viagens, nem por uma causa qualquer", pois "nosso tempo, nossa vida, todas as nossas forças físicas e intelectuais pertencem à Doutrina". (KARDEC, [RE] 1868, dez., p. 24)

Mas com a necessidade de tornar a direção coletiva, quando o trabalho de elaboração estava terminado com relação às questões fundamentais, determinados membros do Comitê Central precisariam participar em tempo integral; dessa forma, afirmou Kardec na *Constituição transitória*:

É preciso, pois, que sejam retribuídos, assim como o pessoal administrativo; com isto a Doutrina ganhará em força, em estabilidade, em pontualidade, ao mesmo tempo que esse será um meio de prestar serviço a pessoas que deles podem ter necessidade". *(Ibidem)*.

Essa declaração causou estranheza em alguns espíritas da época ao mesmo tempo que justificou a remuneração dos administradores da *Sociedade Anônima* após a morte de Rivail. O que não se sabia, e a isto só agora temos acesso, era o surpreendente motivo que levou Kardec a recomendar essa medida apenas para quem necessitasse, expresso nos manuscritos inéditos: igualdade de condições para a participação tanto de ricos quanto de pobres! Essa diferença, ainda mais desigual no século 19, não deveria impedir os mais pobres de participar do Comitê com suas ideias, talento e habilidades. Kardec pretendia impedir uma aristocracia da fortuna, pois sem essa medida apenas os espíritas mais ricos poderiam colaborar.

7. Garantia do desinteresse material:

> [Em relação à participação em igual número entre membros e conselheiros no Comitê] O objetivo desta distribuição está em envolver, em todas as deliberações, integrantes que estejam materialmente desinteressados diante das questões e cuja opinião totalmente independente sirva de contrapeso à de outros membros que se deixem influenciar por considerações pessoais. (Manuscrito CDOR Lucas n. 100_01)

Comentário: na fase de elaboração, Kardec atuou com o mais absoluto desinteresse material, sacrificando sua vida ao Espiritismo. Também exigia expressamente um total desprendimento das questões financeiras para todos os médiuns participantes do meio espírita. Esse conceito precisava continuar presente na fase da direção coletiva. Em seu projeto, Kardec pensou em algumas ações para garantir essa condição primordial. Apesar do fundador ter sacrificado sua saúde, seus bens e sua condição social em favor da sua missão, ponderou que não poderia exigir isso dos membros ativos do comitê central, que passaria a cumprir as suas responsabilidades de forma coletiva. Por isso, previu que, na medida das possibilidades da renda decorrente do capital disponível para o Espiritismo, uma ajuda de custo seria disponibilizada para quem precisasse e desejasse receber, considerando uma dedicação exclusiva à causa do comitê central. Mas, para que as decisões de cunho financeiro não fossem influenciadas pelos interesses dos membros, decidindo assim em causa própria, planejou que o comitê central seria composto por dois grupos diversos, em igual número: doze membros ativos e doze conselheiros titulares. Todos teriam igualmente direito a voto nos assuntos administrativos e outros do comitê, mas os conselheiros não receberiam salário. Por sua vez, seriam somente os conselheiros sem interesse material que decidiriam os salários, sem a presença dos membros ativos. Todavia, os participantes que pudessem se sustentar particularmente não teriam provento algum; tal seria a participação de Kardec no comitê: membro ativo, porém sem qualquer remuneração.

8. Cargos exercidos com abstração de personalidade:

> É importante impor uma barreira às ambições pessoais para as quais não se deve deixar nenhuma porta aberta [...] "O presidente é nomeado pelo período de um ano, e pode estar entre os integrantes ativos ou entre os conselheiros titulares. A autoridade do presidente é estritamente administrativa; [...] não pode tomar decisão alguma sem a participação do comitê". (Manuscrito CDOR Lucas n. 105_01), "o Comitê é formado por vinte e quatro membros que participam das deliberações". (Manuscrito CDOR Lucas n. 95_01)

Comentário: sendo que todas as decisões devem ser tomadas em grupo, depois de debate e exposição de ideias de todos, os membros devem assumir a coordenação das atividades de cada área de interesse, apresentando os relatórios, questões e necessidades nas reuniões para a apreciação coletiva, e depois se responsabilizando pela execução por eles mesmos ou pelos auxiliares. O presidente, no projeto de Kardec para o comitê, seria nomeado por um ano, podendo ser entre os membros ativos ou mesmo entre os conselheiros, tendo autoridade estritamente administrativa, não podendo tomar decisão alguma sem a participação do comitê, supervisionado pela assembleia.

9. Aperfeiçoamento contínuo do programa:

> Os Congressos anuais ordinários tomam o nome de congressos orgânicos quando seu objetivo especial é a revisão dos estatutos constitutivos e do for-

mulário da profissão de fé. Essa revisão ocorre em momentos determinados, a fim de manter a constituição e o programa de crenças constantemente no nível do progresso das ideias e das necessidades dos tempos. [...] Para não ser privado da luz de ninguém, a iniciativa de propostas pertence a todos os espíritas juramentados, mesmo que não devam fazer parte do congresso. (Manuscrito CDOR Lucas n. 155_01)

Comentário: durante muitos anos, Allan Kardec elaborou o projeto, desde as primeiras ideias, aperfeiçoando-o em suas viagens, perguntando aos espíritos nas sessões espíritas, assim como recebendo orientações espirituais de outros grupos. Enfim, reunindo todas as orientações e necessidades, fez o anúncio em seu artigo "Constituição Transitória", e deixou preparada, em manuscritos, a constituição definitiva. Todavia, o Espiritismo surgiu na época do conhecimento científico e do progresso, e Kardec sabia que, com a execução prática do projeto e com os avanços da humanidade, os estatutos poderiam ser revistos pela direção coletiva do Espiritismo. Para isso, previu a instauração de congressos especiais, chamados orgânicos, reunindo delegados do mundo inteiro para essa tarefa.

10. Progresso permanente da doutrina espírita:

As atribuições do Comitê Central são: [...] O cuidado dos interesses da doutrina e da divulgação; a preservação de sua unidade pela concentração dos princípios reconhecidos, a promoção de suas consequências. [...] O estudo de novos princípios suscetíveis de entrar para o corpo da doutrina. (Manuscrito CDOR Lucas n. 110_01)

Comentário: até meados do século 18, o espiritualismo tinha sido influenciado pelo pensamento de origem mística da religião e elaborado filosoficamente a partir de pensadores como Sócrates, Rousseau, Kant, Leibniz e tantos outros. Somente no início do século 19, com Maine de Biran, teve início a abordagem científica do ser humano enquanto alma encarnada. Os discípulos deste organizaram na Universidade as ciências filosóficas, na escola francesa do espiritualismo racional. Rivail, ao fundar o Espiritismo, o qualificou como ciência filosófica e complemento dos estudos psicológicos desse espiritualismo científico. Dessa forma, a organização e o método do Espiritismo deveriam seguir as diretrizes do pensamento científico, nunca se imobilizando, mas sempre progredindo em seus princípios. Para isso, o Espiritismo deveria se servir da organização pela direção coletiva, manter a ampla e diversa rede de grupos mediúnicos e o método da universalidade do ensino dos espíritos. Somente com essa organização seria possível o estudo de novos princípios suscetíveis de entrar para o corpo da doutrina, como afirmou Kardec. Infelizmente, como vamos constatar pelos fatos que se sucederam após a morte de Rivail, essas condições primordiais foram extintas, e os princípios da doutrina espírita foram mobilizados nas condições em que estavam ao final da *fase de elaboração*, nas obras de Allan Kardec. Esse se tornou o único legado do Espiritismo, até que as condições necessárias para o progresso permanente se restabeleçam no futuro.

11. Fundamentos financeiros para o Comitê Central:

Interpretando o modelo financeiro para o estabelecimento do Comitê Central, com fins à perpetuidade do Espiritismo, podemos abstrair que Allan Kardec estava se aproximando do que hoje são os princípios de uma Fundação. Ou seja, todos os bens aportados, as doações do movimento espírita e o excedente dos produtos seriam convertidos em patrimônio. Qualquer tipo de despesa seria assumida em virtude da renda do capital disponível, para que jamais o patrimônio pudesse ser dilapidado. É comum, hoje em dia, quando um milionário deixa sua fortuna para uma Fundação, determinar que somente a renda pode ser utilizada para atividades, investimentos e despesas, com o objetivo de perpetuar a entidade. Kardec planejou esse mesmo conceito para o Espiritismo:

> A sorte de uma administração como esta não pode estar subordinada às probabilidades de um negócio comercial; ela deve ser, desde o seu início, senão tão florescente, ao menos tão estável que o será daqui um século. Quanto mais a sua base for sólida, menos ela estará exposta aos golpes da intriga. (KARDEC, [RE] 1868, dez., p. 24)
> **11.1. Autossustentabilidade** – A experiência demonstra que se devem considerar como essencialmente aleatórios os recursos que não repousem senão sobre o produto de cotizações [...] Assentar despesas permanentes e regulares sobre recursos eventuais, seria uma falta de previdência [...] A

sorte de uma administração como esta não pode estar subordinada às probabilidades de um negócio comercial [...] a mais vulgar prudência quer que se lhe capitalizem, de maneira inalienável, os recursos à medida que eles chegam, a fim de constituir uma renda perpétua, ao abrigo de todas as eventualidades. A administração regulando suas despesas sobre sua renda, a sua existência não pode, em nenhum caso, ser comprometida". (*Ibidem*)

Comentário: Kardec considerou que, para arrecadar fundos para manter a estrutura de organização do Espiritismo, não deveria contar somente com doações ou mesmo transformar o Comitê num negócio comercial. Essas condições trariam instabilidade diante das despesas regulares. O professor Rivail tinha grande experiência em administração e contabilidade, e pensou nas particularidades da questão financeira. Em seu projeto, o Comitê deveria investir os recursos e doações apenas como capital, nunca gastando-os para pagar as despesas. Criou um projeto de casas de aluguel para constituir uma renda perpétua. O objetivo era tornar o Espiritismo financeiramente autossustentável.

11.2. Diferença entre capital e renda – Devendo a propriedade Villa Ségur desde agora ser a sede da administração central [...] a sociedade usufruirá da receita produzida pelas edificações que poderão ser feitas sobre a referida propriedade. [...] Os recursos provenientes de doações de terceiros serão, no menor prazo possível, convertidos em valores mais seguros e principalmente em imóveis. Até serem usados, serão depositados no Banco da França. (Manuscrito CDOR Lucas n. 165_01)

[A partir de um *capital*] constituir uma *renda inalienável* destinada: 1º à manutenção do estabelecimento; 2º a assegurar uma existência independente àquele que me sucederá e àqueles que o ajudarão em sua missão; 3º a subvencionar as necessidades correntes do Espiritismo sem correr à sorte de produtos eventuais. (KARDEC, [RE] 1868, dez., p. 15)

Comentário: no projeto de constituição definitiva presente nos manuscritos, Kardec definiu o conceito de que as doações não seriam destinadas a custear despesas, mas deveriam ser incorporadas no capital do Comitê para se tornar fonte de renda.

11.3. Custo e despesas proporcionais e limitados ao nível de renda disponível – A administração regulando suas despesas sobre sua renda, a sua existência não pode, em nenhum caso, ser comprometida. [...] Os emolumentos fixos dos vários funcionários serão proporcionais aos recursos de renda (*Idem*, p 24).

Comentário: qualquer despesa do projeto só poderia ser assumida quando o nível de renda disponível comportasse seu valor. Ou seja, dar os passos do tamanho das pernas para garantir estabilidade. Isso também seria um motivo para que o Comitê fosse iniciado com 6 integrantes (3 membros e 3 consultores), ampliando o seu quadro na medida do possível, garantindo a adequação das despesas, até atingir o número limite planejado de 24 participantes (12 membros ativo e 12 conselheiros).

11.4. Transparência das contas e respeito às leis – Serão mantidas contas muito regulares, a fim de estabelecer a situação todos os anos e ser capaz de justificá-la a quem possa interessar". (Manuscrito CDOR Lucas n. 170_01)

Comentário: em toda a sua trajetória, Kardec sempre prestou contas de forma clara e minuciosa de todos os valores e atividades envolvidas na organização do Espiritismo durante sua fase de elaboração. Dessa forma, no projeto da fase de direção coletiva, as contas, diretrizes, atividades deveriam ser registradas nas atas, relatórios dos membros, prestações de contas, acessíveis tanto para as assembleias e congressos como também para a sociedade em geral. As atividades do Comitê deveriam ser comandadas e fiscalizadas pelas assembleias, seguindo o projeto de direção coletiva, protegendo assim a organização de qualquer interesse, ideia ou vontade pessoal.

12. Revista oficial do Espiritismo:

A Revista terá o título de *Revista Espírita Jornal oficial do Espiritismo*, publicada sob a direção e sob os cuidados do Comitê Central. Ela será redigida segundo o espírito da doutrina. Ela permitirá artigos de estrangeiros, mas que devem ser previamente aceitos pelo Comitê. Ela trará relatos dos fatos que interessam à doutrina do ponto de vista do estudo. Ela será publicada no dia 1º de cada mês, no mesmo formato que o anterior, e não se transformará em jornal de folha. Ela relaciona as decisões do comitê que seriam úteis dar conhecimento ao público. (Manuscrito CDOR Kempf n. 10_01)

Comentário: foi prevista a continuidade da *Revista Espírita* na fase da direção coletiva, passando a ser uma das atribuições do Comitê de 24 membros a sua direção. O nome passaria a ter o título complementar de *Jornal oficial do Espiritismo*, visto que estava prevista a continuidade das pesquisas, por meio da Sociedade Espírita e demais grupos associados. Também havia o objeto de estabelecer, a partir do ensino dos espíritos superiores, novos princípios suscetíveis de entrar para o corpo da doutrina.

13. Obras básicas a preços populares:

> A publicação das obras fundamentais da doutrina, nas condições mais avançadas para a sua popularização, em francês e nas línguas estrangeiras. (Manuscrito CDOR Lucas n. 115_01)
> Sendo garantida uma renda suficiente para as despesas fixas correntes, será retirado dos fundos disponíveis o valor necessário para as publicações feitas para o sucesso do comitê, em particular as obras fundamentais da doutrina em edições populares e em idiomas estrangeiros. Como os recursos utilizados nessas publicações são apenas adiantamentos que retornarão com a venda, eles serão, à medida que retornarem, alocados como os demais, para aumentar a renda. (Manuscrito CDOR Lucas n. 165_01)

Comentário: em seu artigo publicado na *Revista Espírita*, "Constituição Transitória", Kardec comentou que pessoas lamentavam que as obras fundamentais tinham preços elevados, e que, se fossem feitas edições populares com preços baixos, teriam maior difusão. E afirmou: "Nós somos completamente desta opinião". No entanto, as condições nas quais eram editadas não permitiam isso. Seria preciso "uma nova combinação que se liga ao plano geral da organização", exigindo capitais que não tinha e tempo para realizar.

Nos planos manuscritos, Kardec previu que o momento certo seria quando a renda proveniente do capital do Comitê, destinada para as despesas, fosse suficiente para publicar as obras fundamentais pelo Comitê, em edições populares e também em outros idiomas. Uma parte do capital seria empregada, mas, com as vendas das edições, esse valor seria restituído ao fundo de capital.

Nesse momento da administração, quando o Comitê estivesse capitalizado o suficiente para esse fim, segundo Kardec propôs na Constituição Transitória, para dar uma existência legal, além do "direito de adquirir, de receber e de possuir, ela será constituída, se isto for julgado necessário, por ato autêntico, sob forma de sociedade comercial anônima". Além disso, esse ato deveria ser organizado, se fosse julgado necessário, de forma a atender a "todas as estipulações necessárias para que jamais possa se afastar de seu objetivo, e que os fundos não possam ser desviados de sua destinação", pois Kardec sabia que sempre deveria se estar atento aos funestos interesses pessoais, maior escolho das organizações coletivas.

14. Conclusão:

> As bases do Espiritismo sem dúvida estão postas, mas é preciso que sejam completadas por vários trabalhos que não podem ser obra de um homem só. Para evitar falsas interpretações no futuro, as aplicações errôneas, em uma palavra, as dissidências, é necessário que todos os princípios sejam elucidados de maneira a não deixar nenhum equívoco, para, na medida do possível, não dar lugar à controvérsia. É preciso que os trabalhos complementares sejam realizados com o mesmo espírito e visando concorrer para um objetivo único. Suponhamos, portanto, para realizar esta obra, um encontro de homens capazes, laboriosos e animados pelo zelo de uma fé viva, trabalhando em comum, cada um em sua especialidade. Submetendo seus trabalhos à sanção de todos e discutindo-os em comum, eles sem dúvida chegariam à coroação e ao edifício que se ergue. A autoridade dos princípios aumentaria pela autoridade do número, da seriedade de seu caráter e da consideração com a qual eles saberiam conciliar. [...]
>
> Uma das consequências desse projeto seria dar ao Espiritismo uma liderança permanente pela perpetuidade da obra, assentada sobre bases sólidas, independentes das questões de pessoas e de assegurar também a unidade futura da doutrina; de unir, por consequência, sob uma mesma bandeira e em uma sociedade espírita universal, por uma profissão comum de fé, os adeptos do mundo inteiro, entre os quais se estabelecerão, pela força das coisas, os laços de uma mútua fraternidade. (Manuscritos CDOR Kempf n. AAAA-MM-DD)

Comentário: esse programa representa a materialização de uma prática baseada nos princípios da autonomia intelecto-moral segundo o Espiritismo. Independentemente de sua forma, que, como vimos, podia e deveria ser aprimorada com o tempo, o essencial estava na participação efetiva de todos os membros admitidos como espíritas professos, segundo suas instâncias de participação coletiva, em todas as decisões referentes ao Espiritismo. Mas não por um simples exercício de sua vontade, e sim por meio do debate, do uso do bom senso e da lógica, contando também com a inspiração, conselhos e mensagens dos espíritos. Além disso, esse programa seria preventivo, de forma a precaver e afastar os prejuízos das ideias e vontades pessoais.

O GOLPE DE 1869 NO LEGADO DE ALLAN KARDEC

Todavia, o professor Rivail faleceu em 31 de março de 1869, exatamente um dia antes de dar início ao cumprimento dos planos de organização do Espiritismo! Em razão disso, ele não pôde executar o projeto da direção coletiva, no qual participaria apenas como um dos membros, mas sem receber valor algum por isso.

O vice-presidente, Levent, durante os discursos que fez, plenamente consciente da fase de transição na qual o Espiritismo se inseriu, da direção coletiva, comunicou a todos os espíritas que havia um minucioso planejamento, para o qual o professor Rivail dedicou todo o seu esforço, regulamentando o que vinha anunciando nos últimos anos, e que ele deveria anunciar na primeira reunião após a mudança, mas que, infelizmente, não pôde presidir:

> É seu grande desejo, que também partilhareis, esperamos, o de nos aproximarmos cada vez mais **do plano de organização concebido pelo Sr. Allan Kardec, e que ele vos deveria propor este ano, no momento de renovação da diretoria.** (SOCIEDADE ANÔNIMA, [RE] 1869, maio, p. 15)

A execução desse plano seria a difícil tarefa dos continuadores da obra. Levent afirma:

> Oh! Sim, há alegria, há grande festa no Alto, e essa festa, essa alegria, só se iguala à tristeza e ao luto causados por sua partida entre nós, pobres

exilados, cujo tempo ainda não chegou! Sim, o mestre havia realizado a sua missão! **Cabe a nós continuar a sua obra, com o auxílio dos documentos que ele nos deixou, e daqueles, ainda mais preciosos, que o futuro nos reserva**. A tarefa será fácil, ficai certos, se cada um de nós ousar afirmar-se corajosamente; se cada um de nós tiver compreendido que a luz que recebeu deve ser propagada e comunicada aos seus irmãos; **se cada um de nós, enfim, tiver a memória do coração para o nosso lamentado presidente e souber compreender o plano de organização que levou o último selo de sua obra**. (SOCIEDADE ANÔNIMA, [RE] 1869, maio, p. 6)

Vale destacar que o senhor Levent, então vice-presidente da Sociedade de Paris, que acompanhava de perto as atividades de Kardec em seus últimos dias, chamou de última obra a levar o selo de Kardec exatamente o plano de organização do Espiritismo. E, para orientar essa continuação do trabalho, referiu-se ao auxílio dos documentos que ele deixou, como a *Constituição Transitória*, mas também aos que faziam parte dos manuscritos inéditos, "*ainda mais preciosos, que o futuro nos reserva*". Infelizmente, porém, apesar de esses documentos permanecerem na posse daqueles que viriam a assumir a estrutura do Espiritismo, até hoje nunca tinham vindo a público, o que impediu os espíritas de conhecer os planos minuciosamente elaborados pelo fundador, como vimos acima.

Após a morte de Rivail, todos os associados de Kardec se uniram em torno da execução da vontade do fundador, para colocar em prática seus planos de organização do Espiritismo. Em meio a esses momentos transitórios, porém, grande parte das incumbências práticas ficaram, com grandes dificuldades, nas mãos de Amélie, septuagenária e sem os conhecimentos técnicos e práticos de administração, finanças e contabilidade de Rivail. Alertada pelo seu marido quanto aos ataques dos desvios, inicialmente ela pretendia centralizar a coordenação do trabalho, para que não ocorressem desmandos e decisões equivocadas. No entanto, com o passar do tempo, percebeu que era um volume gigantesco de providências e atividades, das quais não daria conta sozinha. Procurou auxílio no meio espírita, mas não obteve ajuda. A rede estava se desfazendo. Entre as providências que Amélie considerou prioritárias, estava a publicação das obras do Espiritismo em produção própria, para que pudessem ser vendidas por preços módicos. Essa foi talvez a principal meta escolhida por Amélie para a continuidade da obra.

Cercada, porém, de adeptos marcados por ideias e interesses pessoais, conduzidos pelos inimigos invisíveis, Amélie infelizmente sofreu um terrível golpe. Desastrosamente, a fundação da Sociedade Anônima, em 3 de julho de 1869, acabou com as metas do Espiritismo, consolidando exatamente os planos infames dos inimigos da doutrina.

Na data da fundação da Sociedade Anônima ocorreu uma absoluta concentração de poder nas mãos de apenas três administradores, que passaram a ser legalmente os donos do legado espírita, com o direito de gerir o patrimônio, as obras, a *Revista* e a própria condução do movimento espírita de forma autoritária, autocrática e, o que foi o pior, em completa oposição aos princípios libertadores da moral espírita. Além disso, também se valeram de meios escusos e ilegais para completar já tão grande desvio: adulteraram as obras de Allan Kardec – *O Céu e o inferno* e *A Gênese* –, retirando os princípios da autonomia moral e enxertando falsos conceitos dos dogmas do velho mundo. Para que esse terrível golpe desse certo, os falsos espíritas viraram as costas para os espíritas verdadeiros que protestavam contra essas medidas equivocadas, separaram a Sociedade Anônima em seu poder da Sociedade Parisiense, e mantiveram em segredo, o quanto puderam, as atitudes ilegais da adulteração.

Os administradores, que inicialmente eram três (Desliens, Bittard e Tailleur), depois se reduziram a dois (Desliens e Bittard), e, por fim, um só sócio (Leymarie) passou a comandar toda a estrutura do legado deixado por Kardec! Leymarie, como um coveiro do Espiritismo, concretizou o desvio do conteúdo da *Revista Espírita* com artigos contrários à doutrina espírita, e consumou a adulteração das obras. Nesse tempo, o movimento espírita estava disperso em função do ano terrível, o cerco de Paris.

A SUBVERSÃO DO PLANO DE KARDEC PELA SOCIEDADE ANÔNIMA

Os participantes do movimento espírita da França e do estrangeiro estavam ansiosos pela organização do Espiritismo segundo o projeto deixado por Kardec. Um exemplo foi a carta do senhor Guilbert, presidente da Sociedade Espírita de Rouen, em maio de 1869:

para realizar em tempo oportuno, bem entendido, os projetos que ele indicou na Revista de dezembro último, e que poderíamos, de alguma sorte, considerar como seu testamento; para criar a Caixa geral do Espiritismo, tendes a necessidade do concurso moral e material de todos. Todos devem, pois, na medida de suas forças, trazer sua pedra ao edifício. (SOCIEDADE ANÔNIMA, [RE] 1869, maio, p. 19)

Ou seja, demonstrava a disposição de mobilizar os espíritas para contribuir para o Fundo Geral, a fim de que houvesse o capital necessário para organizar os estatutos e fundar o Comitê Central.

Foi em agosto que a *Revista Espírita* anunciou a constituição da *Sociedade Anônima com partes de proveito e de capital variável da caixa geral e central do Espiritismo*. O pequeno grupo que atuou em torno de Amélie tomou a seguinte decisão:

> Após madura e séria deliberação, foi decidido que era mais urgente formar uma base de associação comercial, como o único meio legal possível para se conseguir fundar qualquer coisa durável. Em consequência, ela estabeleceu, com o concurso de seis outros espíritas, uma sociedade anônima de capital variável, com duração de 99 anos, em conformidade com as previsões do Sr. Allan Kardec, que há pouco se exprimia a respeito.

Em nossa pesquisa, tivemos acesso aos documentos originais da instituição da Sociedade Anônima; são cópias do caderno elaborado com as exigências legais, organizado por um notário de Paris. Esses documentos primordiais da história do Espiritismo foram digitalizados pela pesquisadora Simoni Privato em Paris[46] quando da elaboração de sua obra *O Legado de Allan Kardec*, tendo sido por ela gentilmente cedidos. Esse contrato teve somente pequenos trechos publicados na *Revista Espírita*, permeado por textos explicativos afirmando a ideia de que tais trechos seriam a correta aplicação dos planos, ao menos partes deles, elaborados por Kardec. Nada mais distante da realidade! Estudando as leis francesas referentes à instituição de empresas, e os comentários de juristas especializados sobre o assunto na época, constatamos que o contrato da Sociedade Anônima, praticamente em sua totalidade, trata-se apenas da aplicação das

---

46. Documentos MC/ET/XCV/686, Arquivos Nacionais da França.

recomendações e exigências da lei francesa de 24 de julho de 1867, ou seja, então bastante recente.

Essa lei, sobre a regulamentação das sociedades por ações, surgiu em virtude da recente participação da França na revolução industrial, quando as costumeiras sociedades familiares passaram ter a necessidade de maiores capitais investidos, como explica um comentarista jurídico da época: "Na sociedade anônima, não existe sequer a responsabilidade pessoal dos diretores. O capital social é a única garantia dos compromissos assumidos". (RIVIÈRE, 1868, p. 21)

Ou seja, a legislação das sociedades anônimas, destinada ao estabelecimento de empresas comerciais, visava basicamente garantir o lucro dos investidores, deixando aos administradores contratados o poder amplo de agir como achassem melhor quanto à gestão, produção, comercialização e demais questões relacionadas aos seus serviços ou produtos. A preocupação dos investidores, representados pela assembleia e pela comissão de fiscalização, era a de verificar as contas, exigindo tanto a lisura quanto a maximização dos lucros e dividendos; isto indo bem, nada mais importava.

Nesse estudo dos estatutos constitutivos da Sociedade Anônima, foi possível constatar que nada, verdadeiramente nada do projeto de Kardec foi levado em conta quanto à sua minuciosa preocupação com a estruturação de uma sociedade relacionada à produção de conhecimento científico, nos moldes de uma academia. O objetivo era o de estruturar uma organização por direção coletiva, deixando às assembleias dos delegados das sociedades filiadas de Paris e do mundo, o poder de, exercendo a universalidade do ensino dos Espíritos, dar continuidade ao aperfeiçoamento da doutrina espírita. Disso se valeria a *Revista Espírita* e demais meios do Espiritismo. Ocorreu exatamente o inverso! Uma centralização nas mãos dos três administradores, assalariados, com plenos poderes, transformando tanto a Revista quanto os livros de Kardec em simples produtos gerenciados diretamente por eles, sem qualquer supervisão ou ascendência da coletividade dos espíritas. Foram tão graves, prejudiciais e alarmantes as consequências desse contrato, que vamos, em benefício do entendimento do leitor, analisar uma a uma as diretrizes fundamentais do projeto de Kardec frente ao ocorrido no golpe de julho de 1869, para que se tenha a extensão terrível dessa herança para o movimento espírita, e dos desvios ocorridos no Espiritismo após essa data.

Entre os prejuízos decorrentes da ampla liberdade dada aos administradores da Sociedade Anônima, podemos enumerar a falência do projeto futuro do

Espiritismo, em seus três aspectos: teoria, organização e método. O projeto de Kardec previa uma direção coletiva, com uma inédita e surpreendente inversão da hierarquia de sua estrutura, com a assembleia de representantes do movimento espírita comandando o Comitê Central. Vejamos o que ocorreu com a Sociedade Anônima. Vejamos os problemas, equívocos e desvios causados pela não observação das *Estratégias de Kardec para a nova fase do Espiritismo*:

1. Integração entre Comitê Central, Sociedade Espírita Central, demais grupos e assembleias gerais

Kardec elaborou uma ampla atribuição de atividades, divididas entre instâncias e funções, desde a execução no Comitê Central por um grupo de 24 participantes (metade membros e metade conselheiros), à continuidade das atividades doutrinárias e mediúnicas da *Sociedade Central*, nos moldes da *Sociedade Parisiense*. Por fim, uma assembleia geral, com delegados das sociedades francesas e estrangeiras, comandaria o Comitê Central.

O que ocorreu com a Sociedade Anônima? Veja o artigo de sua fundação:

> **Artigo 10.** A Sociedade é administrada por um comitê de, no mínimo, três membros, nomeados pela assembleia geral dos sócios, escolhidos dentre eles e cada um ocupando um cargo remunerado. Esse número pode ser aumentado conforme necessário, e o aumento planejado de capital pela admissão de membros não pode ser ampliado para mais de doze. (Manuscrito CDOR Privato n. 05_10)

Ou seja, para executar esse artigo, a ata acabou por instituir o número mínimo de três membros administradores, Desliens, Bittard e Tailleur, que, com a demissão de Desliens em junho de 1871, passou a dois (Bittard e Leymarie). Com a demissão de Bittard, por fim, a Sociedade passou a ser administrada por apenas uma pessoa!

A assembleia da Sociedade Anônima, em relação ao projeto de Kardec, teve de semelhante somente o nome. Pois não era constituída por representantes de todo o movimento espírita, mas, nos moldes das empresas, era somente uma assembleia dos sete sócios proprietários. Em nada estava relacionada com a Doutrina, nem comandava os administradores. Somente se preocupava com a fiscalização financeira, contábil e estatutária. Toda a preocupação com a doutrina espírita foi abolida.

2. Definição clara dos princípios doutrinários para manter a unidade e impedir cismas

A principal estratégia para a perpetuidade do Espiritismo, segundo Kardec, estava na unidade de princípios, admitida entre todos os espíritas participantes. Ela partiria dos princípios fundamentais presentes nas obras fundamentais.

Porém, no contrato da Sociedade Anônima, tanto a *Revista Espírita* quanto as obras de Kardec foram consideradas como aportes de Amélie, tratadas como *bens de capital*, "com o direito de publicação", para sua livre gestão pelos administradores. Desse modo, respaldados pela liberalidade e imprecisão de sua organização, Desliens e, mais tarde, Leymarie viram-se no direito, enquanto sócios, proprietários e administradores, de publicar o que desejassem na *Revista Espírita*, mantendo tanto a Sociedade Parisiense, colocada à parte de seus interesses como as sociedades todas da França e do mundo, alijadas da elaboração de seu conteúdo. Fizeram o que desejaram, publicando, por exemplo, artigos sobre outras doutrinas, como Teosofia, tratando de carma, queda e outros desvios doutrinários.

Por fim, como depois, em 1883, foi denunciado, e atualmente provado, as obras foram adulteradas, em nada respeitando a lei, modificando deliberadamente os textos originais de Kardec, como estamos tratando nesta obra.

3. Espíritas professos

Em nada o contrato da Sociedade Anônima, por incrível que pareça, menciona a qualificação de espírita para os sócios! Quanto mais que, antes de sua admissão, se tornassem professos da teoria espírita apresentada nas obras fundamentais, como planejou Kardec.

Quem participava da Sociedade, e foram inicialmente sete sócios, ou era qualificado pelo aporte, caso de Amélie e do pintor Monvoisin, ou fizera aportes financeiros, como os demais. Ou seja, sua participação legal se devia ao direito legal como proprietários, só e somente. Nada relacionado com sua qualificação enquanto espíritas. Nos moldes de uma empresa, e não de uma sociedade de estudos.

Inclusive, um dos sócios investidores, que foi eleito administrador da Sociedade, era um funcionário de editora, chamado inicialmente por Kardec para gerenciar as atividades da *Livraria Espírita*; em lugar nenhum há indícios que fosse espírita, nem jamais participou de qualquer reunião da Sociedade Parisiense ou de artigos da *Revista Espírita*. Apenas é mencionado como gerente da livraria, e responsável por recolher valores.

4. Declaração de compromisso dos membros do comitê

Para Kardec, os membros, consultores e até mesmo os auxiliares e trabalhadores da causa espírita deveriam ser escolhidos entre os espíritas professos. Como a Sociedade Anônima em nada se predispôs a tratar da Doutrina Espírita de forma regulamentada, qualquer compromisso com seus princípios, fosse de forma teórica, ou mesmo prática, pelas observâncias de suas consequências morais, permaneceu fora de questão.

Para agravar esta questão, seguindo as permissividades do contrato da Sociedade Anônima, o discípulo dileto de Jean-Baptiste Roustaing, Jean Guérin, inimigo da causa espírita, viria a tornar-se mais tarde o dono majoritário da Sociedade em troca de um terreno com uma casa. Feito isso, tomou posse de seus bens, fazendo uso da *Revista Espírita* para atacar as ideias de Kardec e promover as de seu mestre, Roustaing, baseado na obra *Os Quatro Evangelhos*, ditada pelos inimigos invisíveis. Tudo aceito e engendrado pelos plenos poderes do único administrador então empossado, Leymarie!

5. Hierarquia por maioria

Depois da unidade de princípios, o coração da organização do Espiritismo elaborada por Allan Kardec foi a direção coletiva estabelecida por meio de uma hierarquia invertida, inédita, na qual, a assembleia comandaria o Comitê, cujos membros participariam de uma gestão impessoal e participativa, ou seja, jamais alguém decidiria sozinho. Kardec imaginou que somente assim que seria possível conceder ao grupo a responsabilidade fundamental de gerir, pelo congresso, sob as vistas de todas as sociedades espíritas, tendo como origem os ensinamentos dos espíritos superiores, "uma investigação perpétua sobre os fatos e as teorias espíritas para confirmá-las ou contradizê-las".

No entanto, a organização da Sociedade Anônima foi amplamente contrária a esse objetivo de Kardec. Ela foi concebida com as diretrizes de uma empresa comercial, unicamente, e, desse modo, seguia a estrutura hierárquica centralizada no poder dos líderes. O artigo seguinte é o único trecho que define as funções e o poder dos administradores. Ou seja, uma gestão abrangente, indefinida e absoluta sobre os bens e atividades da Sociedade, inclusive se concentrando nos poderes econômicos e jurídicos, completamente alheia ao Espiritismo e sua doutrina:

Artigo 13. O comitê de administração possui os mais amplos poderes para administrar e gerir os bens e negócios da sociedade; inclusive transigir, firmar compromisso, desistir e renunciar a garantias, com ou sem pagamento". (Manuscrito CDOR Privato n. 05_10)

6. Funções remuneradas: igualdade de participação de pobres e ricos

Como vimos neste item das diretrizes de Kardec, o objetivo de disponibilizar uma remuneração para os membros que tivessem dedicação integral em seu trabalho no Comitê era o de não constituir uma aristocracia da fortuna. A remuneração e a previsão de moradia gratuita na sede da avenida de Ségur seriam destinadas à participação ativa dos mais pobres, pois os mais ricos poderiam colaborar às expensas de recursos próprios.

Na contramão desse princípio, o que a Sociedade Anônima fez, em seu contrato, foi propriamente uma aristocracia do capital, pois cada sócio que aportou em espécie disponibilizou a quantia de dois mil francos, e visava um retorno entre lucros e dividendos e participações de mais de quatro mil francos em apenas um ano, mais do que dobrando o valor investido. Por fim, a participação societária de Guérin em 1883 (GOIDANICH, 2018, p. 241) veio pelo aporte de 108 mil francos! Ou seja, não só a hegemonia do poder econômico invadiu a Sociedade, como ela foi vendida, junto com seus bens, por essa fortuna. Para concluir essas absurdas transações, em setembro de 1883, Guérin emprestou 30 mil francos para a Sociedade Anônima, tendo como garantia os imóveis da avenida de Ségur, que, no projeto do Espiritismo elaborado por Kardec, seriam destinados à organização do Espiritismo e fonte de capital para a manutenção do Espiritismo.

Controlando por seus investimentos as palestras pagas por ele, o conteúdo da Revista, a publicação de obras acessórias, as salas de sociedades espíritas, Guérin dominou os meios do Espiritismo, infiltrando por anos as ideias de seu mentor, Roustaing, trocando as ideias psicológicas, autônomas e liberais do Espiritismo segundo Kardec pelos dogmas, obscurantismos e falsas ideias ditadas pelos inimigos invisíveis na obra *Os Quatro Evangelhos*.

7. Garantia do desinteresse material

No projeto de Allan Kardec para a perpetuidade do Espiritismo, o Comitê seria composto de membros ativos, entre os quais aqueles que fossem pobres receberiam um salário e também moradia, para que pudessem participar em igualdade de condições com os mais ricos. Já os conselheiros, que representariam metade do Comitê, não seriam assalariados. Toda despesa deveria ser paga somente com as rendas, nunca com o capital, como garantia de regularidade.

Quando foi criada a Sociedade Anônima, porém, nos moldes de uma empresa, o objetivo seria explorar economicamente seus bens, que eram a livraria, as obras de Kardec e a *Revista Espírita*. Os sócios receberiam parte dos lucros, como juros do capital investido. E os administradores, além do salário, independente de sua condição financeira, teriam um acréscimo de 10% sobre os lucros anuais para cada um deles! Ou seja, estava previsto um valor máximo de quatro mil francos, fora os juros, que representavam o dobro do aporte em apenas um ano.

> **Artigo 27.** Dos lucros líquidos anuais são deduzidos: 1º. Um vigésimo para o fundo de reserva que será estabelecido abaixo; 2º. Três por cento do fundo social a serem pagos como juros sobre cada parte, sem exceção; 3º. Dez por cento para cada um dos administradores assalariados, sem esses dez por cento combinado com o salário fixo alocado pelo artigo 13, não podendo superar a quatro mil francos, o máximo que o salário de cada administrador assalariado deve atingir. 4º. E o excedente disponível no lucro líquido, após essas várias retiradas realizadas, vai ao fundo de reserva.

De onde vieram esses valores todos? Diferente do projeto de Kardec, que diferenciava capital e renda, a Sociedade Anônima acumulava num *Fundo de Reserva* (Manuscritos CDOR Privato n. 05_15 e 05_16) o restante dos lucros, todas as doações feitas pelos espíritas (que no projeto de Kardec seriam destinadas ao patrimônio). Esse fundo, previsto no contrato, poderia ser usado para pagar despesas. Assim, as doações feitas pelos espíritas e sociedades com a finalidade de ajudar a dar continuidade à causa do Espiritismo foram usadas para pagar despesas, salários e juros dos administradores, numa completa inversão do pensamento de Kardec quanto ao desinteresse material. Considerando que o capital social era de 40 mil francos, o excedente de 4 mil francos já poderia ser utilizado para despesas gerais e pagamentos de juros aos sócios:

> **Artigo 29.** [...] Quando o fundo de reserva atingir o valor de um décimo do fundo social, a dedução do excedente do lucro líquido destinada para a criação desse fundo pode deixar de ser feita e ser aplicada, por acordo

expresso, **seja para o pagamento dos três por cento de juros** em caso de insuficiência de recursos de um ano, seja para o aumento de capital, **seja para pagar despesas extraordinárias e imprevistas,** ou para outras a serem feitas no interesse do Espiritismo. (*Ibidem*, grifos nossos)

Em completa oposição a essa medida, vamos lembrar o que Kardec considerava basilar – que as doações e bens deveriam ser destinados ao capital do Espiritismo, despesas somente proporcionais à renda, nunca em proveito pessoal:

> Declaramos, pois, formalmente que nenhuma parte dos recursos que disporá a comissão será desviada em nosso proveito. [...] As despesas obrigatórias estando quitadas, [...] sem que jamais possa disso fazer seu proveito pessoal, nem uma fonte de especulação de nenhum de seus membros. (KARDEC, [RE] 1868, dez., p. 24-25)

Os próprios administradores registraram a insatisfação dos espíritas que não se calaram em relação aos objetivos comerciais e também à remuneração por meio de salário, juros e lucros aos sócios e especialmente aos administradores, que tinham ganhos especiais:

> recebemos certo número permeadas de observações críticas, não quanto ao objetivo, mas sobre o modo e a forma da Sociedade. Para alguns, as expressões empregadas nos estatutos são demasiado comerciais. Para outros, o montante das partes parece um tanto elevado, e a porção dos benefícios atribuídos ao fundo de reserva muito considerável". (SOCIEDADE ANÔNIMA, [RE] 1869, set., p. 363)

8. Cargos exercidos com abstração de personalidade

Todo o trabalho de planejamento de Kardec para a nova fase do Espiritismo foi cuidadoso em prevenir as ideias e vontades pessoais, para tornar a direção coletiva: "é importante impor uma barreira às ambições pessoais para as quais não se deve deixar nenhuma porta aberta". Como exemplo, o presidente seria por um ano, membro ou conselheiro, com autoridade estritamente administrativa.

O contrato da Sociedade Anônima, porém, deu todo o poder para três administradores, sem qualquer compromisso firmado com a unidade da doutrina espírita, podendo publicar as obras que desejassem, redigir a *Revista Espírita* ao seu gosto, sem qualquer vínculo com as pesquisas e comunicações recebidas na Sociedade de Paris. Esta nem sequer foi mencionada no estatuto!

Com o passar dos anos, pioneiros fiéis a Kardec, como Berthe Fropo, Gabriel Delanne, Léon Denis, Henri Sausse, o casal Rosen, a própria Amélie e tantos outros, criticaram indignados os desmandos que ocorriam na Sociedade Anônima, tanto nas questões doutrinárias como nas financeiras e administrativas. Infelizmente, porém, os desmandos, mesmo que absurdos, estavam respaldados pela permissividade do contrato, que não se destinava a uma sociedade cultural, mas sim a uma empresa comercial.

9. Aperfeiçoamento contínuo do programa

A Sociedade Anônima foi criada, segundo os próprios administradores, "sobre as bases ordinárias das sociedades comerciais", sendo que possui um "objetivo eminentemente filantrópico e moralizador". Essa contradição eles admitiram. Em verdade, em nenhum ponto do contrato a Sociedade criada por eles atende ou se compromete com as questões de moral, caridade ou filantropia. Todavia, perante o público, fizeram promessas futuras:

> Aliás, por força de um artigo especial relativo às modificações a serem feitas nos estatutos, a Sociedade estará sempre habilitada a marchar com os acontecimentos, a modificar-se e a transformar-se, se as circunstâncias lho permitirem ou se o interesse do Espiritismo nisso vir uma necessidade. (SOCIEDADE ANÔNIMA, [RE] 1869b, ago., p. 337)

Nada disso se cumpriu. A Sociedade foi administrada por Desliens e Bittard por pouco tempo; em 1871 foi assumida por Leymarie, que em seguida ficou sozinho como administrador. As modificações do estatuto foram sempre comerciais. O discípulo de Roustaing, Guérin, comprou ações, doou para amigos, como a esposa de Leymarie. Por fim, quando falida, a Sociedade foi comprada por Leymarie, com todos os bens (*Revista Espírita*, livros de Kardec e livraria), quem a transformou em empresa própria. Jamais as assembleias, que eram constituídas pelos próprios sócios, registraram em ata qualquer preocupação com o Espiritismo, apenas trataram de participações, aportes, lucros e posse dos bens.

10. Progresso permanente da doutrina espírita

O projeto de Kardec visava dar continuidade ao trabalho que fazia em suas pesquisas do Espiritismo, elaboração dos princípios a partir do ensinamento dos espíritos superiores, além de toda a organização complementar. De tarefa do fundador, passaria a ser tarefa dos 24 participantes do Comitê (membros e conselheiros), dos integrantes da Sociedade Espírita Central, que contaria com uma diretoria semelhante à da Sociedade Parisiense de Estudos Espíritas, dos ouvintes e dos delegados representantes das Sociedades da França e do mundo, que constituiriam a Assembleia Geral, que comandaria o Comitê. Ou seja, seria uma direção coletiva, atuando por uma grande rede de centros, permitindo a atuação dos espíritos superiores por meio da universalidade de seus ensinos, de forma permanente.

A criação da Sociedade Anônima, por um contrato estritamente empresarial, rompeu com todos esses laços, acabando com qualquer possibilidade de progresso da doutrina espírita.

A Sociedade foi constituída de forma autocrática, a partir das ideias e vontades dos administradores. O contrato rompeu absolutamente com a *Sociedade Parisiense*, que perdeu sua união com os meios do Espiritismo, Revista e livros, que se tornaram posse da Sociedade Anônima. Por fim, a assembleia prevista no estatuto compreendia apenas os sócios investidores, donos das partes de proveito. Nunca os espíritas, ansiosos de participar dos planos propostos por Kardec em seu artigo "Constituição Transitória do Espiritismo", puderam concretizar esse sonho. Jamais foi criada uma assembleia geral para atender o desejo de Kardec de estabelecer uma direção coletiva. Somente essa coletividade poderia se tornar uma garantia contra os desvios, que, aliás, ocorreram! Vejamos:

> A causa mais comum de divisão entre cointeressados é o conflito dos interesses, e a possibilidade para um de suplantar o outro em seu proveito. Essa causa não tem nenhuma razão de ser desde o instante que o prejuízo de um não pode aproveitar aos outros, que são solidários e não podem senão perder em lugar de ganhar com a desunião. [...] Admitamos que entre eles se encontre um falso irmão, um traidor, ganho pelos inimigos da causa, que poderia ele, uma vez que não tem senão sua voz nas decisões? Suponhamos que, por impossível, a comissão inteira entre num mau caminho: os congressos estarão lá para colocá-la em ordem.

A assembleia comandando o Comitê, segundo Kardec, no caso limite de divisão, só ela poderia evitar os prejuízos dos descaminhos da comissão. O professor Rivail considerava impossível que 24 espíritas professos, sendo 12 membros e 12 conselheiros totalmente desinteressados, tomassem o mau caminho. Mesmo assim, previu a direção coletiva da assembleia como última instância. Mas nada disso se concretizou. Contra a sua vontade, a formação de uma comissão administrativa autocrática, que se iniciou com três integrantes e acabou por se constituir de um só líder, Leymarie, levou à completa falência toda a organização do Espiritismo. Podendo agir sem qualquer vigilância ou comando do movimento espírita, o resultado foi o que constatamos nesta obra: o descaminho, a adulteração das obras, as estruturas de poder pessoal, uma completa ruína.

Mas, com o passar das gerações, e a atuação dos bons espíritos que foram os responsáveis pelo Espiritismo, o estudo da história e da verdadeira doutrina, um restabelecimento será possível, trazendo de volta a doutrina espírita para seus trilhos originais. Essa recuperação futura, porém, deverá compreender, certamente, tanto a teoria quanto a prática, representadas pela unidade de princípios, organização pela direção coletiva e pelo método da universalidade do ensino dos espíritos superiores.

11. Fundamentos financeiros para o comitê central

Como vimos, Kardec planejou instituir o Comitê Central nos moldes de uma fundação, considerando tanto os bens quanto as doações e rendas obtidas pelo projeto destinadas a formar um patrimônio. Ele pretendia doar o seu terreno da avenida de Ségur, e já havia feito um empréstimo pessoal para fazer casas de aluguel, tudo em torno de dar um futuro sustentável ao Espiritismo. Tomou o cuidado de elaborar uma prática segundo a qual as despesas só poderiam ser assumidas considerando o limite disponível de renda do projeto. Por isso afirmou que "A sorte de uma administração como esta não pode estar subordinada às probabilidades de um negócio comercial", que dependeria de lucros para sobreviver.

Kardec chegou a calcular o quanto de renda seria necessário para sustentar o projeto do Comitê Central: deveria ter um patrimônio suficiente para oferecer uma renda mínima de 25.000 a 30.000 francos, inicialmente.

> Suponhamos, pois, que, por um caminho qualquer, a comissão central seja, num tempo dado, posta em condições de funcionar, o que supõe uma renda fixa de 25 a 30.000 francos, em se restringindo pelo início, os recursos de todas as naturezas dos quais disporá, em capitais e produtos eventuais, constituirão a Caixa geral do Espiritismo, que será o objeto de uma contabilidade rigorosa. As despesas obrigatórias estando reguladas, o excedente da renda aumentará o fundo comum; é proporcionalmente aos recursos desse fundo que a comissão proverá às diversas despesas úteis ao desenvolvimento da Doutrina, sem que jamais possa disso fazer seu proveito pessoal, nem uma fonte de especulação de nenhum de seus membros. (KARDEC, 1868, dez. p. 25)

Veja que, se a renda excedesse as despesas obrigatórias, todo excedente deveria ampliar o patrimônio, e nunca ser vertido em proveito pessoal.

Em seguida, Kardec trata da necessidade de publicação das obras do Espiritismo. E foi nesse sentido, pela necessidade de comprar papel, pagar gráfica, vender às livrarias e ao público, que ele considerou, se fosse necessária, a constituição de um estatuto acessório de uma Sociedade Anônima:

> Para dar a essa instituição uma existência legal, ao abrigo de toda contestação, dar-lhe, além disso, o direito de adquirir, de receber e de possuir, ela será constituída, se isto for julgado necessário, por ato autêntico, sob forma de sociedade comercial anônima. (*Ibidem*)

Mas teve o cuidado de adicionar uma condição: "com todas as estipulações necessárias para que jamais possa se afastar de seu objetivo, e que os fundos não possam ser desviados de sua destinação".

Todavia, com o contrato criado em julho de 1869, os administradores transformaram o que seria uma organização acessória em principal! Em lugar dos moldes de uma Fundação, a Sociedade Anônima que foi criada não foi prevista para sobreviver de renda, a partir de um patrimônio, mas somente para explorar os lucros da livraria, das obras de Kardec e da *Revista Espírita*. O fundo social inicial, em termos de valores em espécie disponível, era de apenas 10.000 francos! Somente as remunerações previstas para os administradores no primeiro ano foram de mais de 4.000 para cada um, fora todas as outras despesas regulares. Nada foi planejado considerando a renda disponível; os lucros e juros foram estipulados já na constituição da sociedade. Enfim, o que Kardec afirmou que não poderia ocorrer se tornou lei, pois a "sorte de uma administração como esta" ficou absolutamente "subordinada às probabilidades de um negócio comercial", nas palavras de Rivail. Tanto que, em 1877, numa das atas da Sociedade, declara-se que o fundo social foi acrescido somente de 2.000 francos (provavelmente referentes à entrada de Leymarie como sócio); desse modo, nenhuma das doações feitas pelos espíritas foi integralizada no capital, somente destinada às despesas e remunerações. O final trágico dessa história foi a falência da Sociedade e a extinção da organização do Espiritismo. Além da adulteração da teoria e do abandono do método.

12. Revista oficial do Espiritismo

Durante a primeira fase do Espiritismo, a *Revista Espírita* foi conduzida pelo fundador, que se serviu dela para conhecer a opinião coletiva tanto dos homens, por seus artigos, como dos espíritos, pela publicação de comunicações, diálogos, ensinamentos e evocações. Servia como meio de comunicação dos centros com a Sociedade Parisiense, e vice-versa. Fazia parte do legado. Dessa forma, explica Kardec:

> A Revista foi, até hoje, e não podia ser senão uma obra pessoal, tendo em vista que ela faz parte de nossas obras doutrinárias, tudo em servindo de anais ao Espiritismo. É lá que todos os princípios novos são elaborados e colocados em estudo. Era, pois, necessário que ela conservasse o seu caráter individual para a fundação da unidade. (*Idem*, p. 22)

Na segunda fase do Espiritismo, porém, a Revista, que se tornaria *Jornal Oficial do Espiritismo*, deveria ser dirigida "segundo o espírito da doutrina" pelo Comitê, com a direção coletiva de seus 24 membros, sob o comando das assembleias gerais. Como conselheiro, Rivail pretendia continuar como colaborador:

> a Revista se tornará, como todas nossas outras obras feitas e a fazer, a propriedade coletiva da comissão, que dela tomará a direção, para a maior utilidade do Espiritismo, sem que renunciemos, por isto, a lhe dar a nossa colaboração. (*Ibidem*)

Com a fundação da Sociedade Anônima, porém, a *Revista Espírita de estudos psicológicos*, criada por Allan Kardec, tornou-se um bem, e a única menção à sua gestão no contrato é a seguinte:

> **Artigo 13.** O comitê de administração possui os mais amplos poderes para administrar e gerir os bens e negócios da sociedade; inclusive transigir, firmar compromisso, desistir e renunciar a garantias, com ou sem pagamento [...] Pode delegar seus poderes a um de seus membros, que atuará como seu representante e sob sua responsabilidade.

Ou seja, nada da proposta de ser dirigida de forma coletiva segundo o espírito da doutrina. Sem previsão no estatuto, na prática a gestão foi delegada a um só dos sócios proprietários, que assumiu como secretário-gerente da *Revista Espírita*. Esse cargo autocrático foi exercido por Desliens entre 1869 e 1871, sendo transferido nesse ano para Leymarie, que o exerceu até sua morte, em 1901, deixando-a como herança familiar para sua esposa e depois seu filho.

Toda a característica de laboratório da doutrina se encerrou com a morte de Rivail. O contrato da Sociedade Anônima não previu qualquer relação com a Sociedade Parisiense de Estudos Espíritas, ocorrendo um rompimento. Jamais os planos de organização de um Comitê Central unido a uma Sociedade Espírita Central foram realizadas. A mediunidade nunca foi prevista entre as atividades da Sociedade Anônima.

Mesmo assim, diante da estranheza dos grupos espíritas que até então se correspondiam com a Sociedade Parisiense, a resposta dos administradores na *Revista Espírita* foi uma absurda declaração de supremacia mundial enquanto representação do Espiritismo, mesmo sem cumprir nenhuma das diretrizes propostas por Kardec para a sua adequada organização. Afirmaram os administradores:

> A Sociedade Anônima do Espiritismo é uma organização essencialmente distinta. Enquanto a Sociedade Parisiense de Estudos Espíritas é puramente local, ou, pelo menos, se restringe a algumas correspondências limitadas à província e ao estrangeiro, a Sociedade Anônima do Espiritismo vem a ser, através da Revista Espírita, um órgão de centralização quase universal. (SOCIEDADE ANÔNIMA, [RE] 1869b, nov., p. 447)

Além disso, apesar de se tratar inicialmente apenas de uma empresa destinada a publicar as obras de Kardec, tendo como razão social: *Sociedade Anônima por partes de proveito e de capital variável*, passou a ser designada na *Revista Espírita* como: *Sociedade Anônima do Espiritismo*, com pretensões da mais ampla representatividade e de comando do Espiritismo no mundo, sem vínculo com a Sociedade Parisiense, sem prestar contas aos grupos espíritas da França e do Mundo, dirigida por três administradores, assim designados apenas por terem aportado um valor em espécie, com amplos poderes delegados a si próprios!

13. Obras básicas a preços populares

O professor Rivail era partidário da publicação de edições populares a baixos preços das obras fundamentais da doutrina, para serem mais amplamente difundidas. No entanto, durante a primeira fase de elaboração da doutrina, isso não foi possível. As obras eram publicadas por editoras comerciais; Kardec tinha apenas direitos autorais e não a renda comercial, nem a possibilidade de determinar o preço de venda:

> Estamos completamente de acordo, mas as condições em que são editadas não permitem que seja de outro modo, no estado atual das coisas. [...] Apenas de nossa parte ela exigiria capitais que não possuímos, bem como cuidados materiais que os nossos trabalhos, que reclamam todas as nossas meditações, não nos permitem dar. Assim, a parte comercial propriamente dita foi negligenciada, ou melhor, sacrificada ao estabelecimento da parte doutrinária. O que importava, antes de tudo, era que as obras fossem feitas e assentadas as bases da Doutrina.

De acordo com o projeto de organização do Espiritismo, quando a renda fosse suficiente, a publicação por seus próprios recursos e meios permitiria praticar preços baixos:

> **Artigo 5.** [...] Sendo garantida uma renda suficiente para as despesas fixas correntes, será retirado dos fundos disponíveis o valor necessário para as publicações feitas para o sucesso do comitê, em particular as obras fundamentais da doutrina em edições populares e em idiomas estrangeiros. (Manuscrito CDOR Lucas n. 165_01)

Segundo a médium, amiga do casal Rivail e dama de companhia de Amélie após a morte de seu marido, Berthe Fropo, a motivação para aceitar assinar perante um notário de Paris o contrato de constituição da Sociedade Anônima, texto jurídico complexo para um entendimento leigo, foi exatamente a oportunidade de publicações populares, cumprindo a vontade de Kardec quanto à propagação de suas obras:

> Esta propagação não pode ser eficaz, a menos que os livros do mestre sejam baratos, foi o desejo de sua viúva, ela se impôs, apesar de sua adiantada idade, as mais difíceis privações, de modo a deixar uma fortuna real para o Espiritismo, aceitando comprometer sua saúde, já tão delicada, e ser tratada como uma avarenta para alcançar o objetivo que ela propôs a si mesma: o de divulgar a instrução moral e intelectual entre os seguidores pobres do Espiritismo, para ver crescer a obra de seu marido. (FROPO, [1884] 2018, p. 24).

Fropo relata em seu livro, *Muita Luz*, de 1884, que denuncia os desvios e desmandos da *Sociedade Anônima* e seu administrador, Leymarie, que viu, das mãos de Rivail, antes de sua morte, uma nota na qual o custo dos seus livros era de apenas 80 centavos, enquanto o preço de venda, de 3 francos. E ela então proclamou: "Parece-me que agora é a hora de baixar o preço dos livros".

Nunca o projeto de popularização das obras foi posto em prática. Os preços dos livros principais foram mantidos em 3 francos e 50 centavos, mesmo com os custos se tornando mais baixos pelo fato de a Sociedade Anônima ser, desde sua fundação, a própria editora das obras, sem intermediários. Ao contrário do proposto por Kardec, a venda das obras pela Sociedade Anônima tornou-se a única fonte de lucros e juros, tanto para as despesas quanto para as remunerações. Uma sociedade amplamente vulnerável às ambições e necessidades financeiras pessoais de seus administradores.

A infeliz consequência de todos esses desmandos foi a adulteração das obras de Kardec, desde 1869, como vimos ocorrer com *O Céu e o Inferno* e *A Gênese*, a publicação de obras contrárias ao Espiritismo, como *A Queda segundo o Espiritismo*, a tomada da Revista pelas ideias roustainguistas por Guérin, que se tornou proprietário. Também a separação entre a Sociedade Anônima e a Parisiense de estudos, que colocou um fim na doutrina, pelo alijamento dos Espíritos superiores de todo o processo. Essa medida descabida, e a não participação dos grupos espíritas encerraram o método da universalidade do ensino.

Podemos concluir que, logo após a morte de Rivail, a unidade da doutrina foi rompida em virtude das adulterações. Como também a organização proposta por Kardec nunca foi estabelecida. E o método foi abandonado. Desse modo, as gerações seguintes ficaram prejudicadas tanto pelas ideias teológicas e da heteronomia dogmática de Roustaing como também pela estrutura empresarial da Sociedade Anônima, e pelas pretensões quase clericais de seus administradores.

Somente os pioneiros fiéis, lutando pela proposta original, criando a *União Espírita*, a revista *Le Spiritisme*, amplamente coletiva e filantrópica, denunciando a adulteração de *A Gênese*, e fincando resistência às pretensões dos adulteradores, deixaram-nos pistas da necessária revisão da história e do restabelecimento da teoria e do projeto de Kardec. Nas palavras de Berthe Fropo, contra as investidas dos roustainguistas, como Guérin e Leymarie:

> não queremos deixar o espiritismo entrar na fase teológica. Para quê? Para estabelecê-lo sob a forma de religião? Será que nossa querida doutrina não é mais forte com seu simples título de filosofia? Ela penetra através da lógica e da verdade nas almas ávidas para conhecer aquilo que está além desse mundo tão prosaico. Ela consola os corações alquebrados pelo sofrimento. Dá a esperança de se chegar, através do progresso, à suprema felicidade, à imortalidade de nosso espírito, e enfim, ao conhecimento de um Deus, bondade suprema, justiça eterna, que ela nos ensina a amar, adorar e a bendizer. De que mais precisamos? Será que esses senhores desejam pontificar? (*Idem*, p. 56)

Todo esse desvio teve graves consequências quanto à organização do movimento espírita, pois os três pilares do Espiritismo ficaram abalados: unidade de princípios, organização e métodos da ciência espírita. O movimento espírita caiu em todas as armadilhas que Kardec desejava combater preventivamente: a divergência de entendimento teórico entre os espíritas mantendo dogmas heterônomos em lugar da autonomia moral proposta originalmente; a exaltação de personalidade e os prejuízos das ideias e vontades pessoais; o desvio de finalidade dos meios da ciência espírita (como as revistas, livros, palestras, sociedades, comunicações espirituais e o exercício da mediunidade), tornando-os fonte de renda de oportunistas, em benefício próprio, e não para tornar-se capital controlado pela direção coletiva, para a continuidade do Espiritismo.

A ADULTERAÇÃO DAS OBRAS DE ALLAN KARDEC

Durante a fase de elaboração do Espiritismo, mais precisamente desde janeiro de 1858, quando Allan Kardec iniciou a publicação da *Revista Espírita*, toda a parte de edição de suas obras estava ao encargo de editores profissionais, primeiro Dentu, depois aquele que se tornaria membro da Sociedade Parisiense e amigo de Rivail, Didier. Naquela época, o mercado livreiro estava bem consolidado. A maioria das livrarias também atuava como editoras, tendo faturamento suficiente para anunciar seus lançamentos; tinha também listas de subscritores, que acompanhavam o catálogo, podendo inclusive comprar antecipadamente seu exemplar, o que ajudava o editor com seus custos de produção.

Eram grandes as dificuldades para uma publicação pelo próprio autor. Não bastava custear uma gráfica, papel, local para estoque. Ainda mais difícil era a divulgação e distribuição dos exemplares. Esse mercado era dos livreiros, que, por serem também editores, pouco se interessavam em promover lançamentos de terceiros. Como explica Kardec, que tinha grande experiência no ramo:

> As livrarias, em geral, se ocupam com pouca boa vontade com obras que não editam; de um outro lado, não gostam de obstruir seus correspondentes com publicações sem importância para elas, e de um consumo incerto, amiúde feitas em más condições de venda pela forma ou pelo preço, e que, além do inconveniente de desagradar os correspondentes, teriam o de lhes ocasionar as despesas de retorno. São considerações que a maioria dos autores, estranhos ao mister da livraria, não compreendem, sem falar daqueles que, achando suas obras excelentes, se admiram de que todo editor não se apresse em delas se encarregar; aqueles mesmos que fazem imprimir às suas custas, devem bem pensar que, algumas vantagens que façam ao livreiro, a obra atingirá os interessados se não os houver, em termo de negócio, em condições comerciais. (KARDEC, [RE] 1862, jan., p. 10)

Em virtude da complexidade, altos custos de produção e publicidade, nunca Kardec publicou suas obras como edição do autor, transferindo os direitos de publicação para os editores:

> Direi primeiro que minhas obras, não sendo minha propriedade exclusiva, sou obrigado a comprá-las de meu editor e pagá-las como uma livraria, com exceção da *Revista*; que o benefício se acha singularmente diminuído pelos sem valores e as distribuições gratuitas feitas no interesse da Doutrina, a pessoas que, sem isso, seriam obrigadas a passar sem elas. (KARDEC, [RE] 1868, dez., p. 13-14)

O que cabia a Kardec como autor era uma parte menor, os direitos autorais, os quais ele destinava à própria constituição do Espiritismo:

> Eu o digo com alegria, foi com o meu próprio trabalho, com o fruto de minhas vigílias que provi, em maior parte pelo menos, as necessidades materiais da instalação da Doutrina. Assim trouxe uma grande cota-parte à caixa do Espiritismo; aqueles que ajudam a propagação das obras não poderão, pois, dizer que trabalham para me enriquecer, uma vez que o produto de todo livro vendido, de toda assinatura da Revista, aproveita à Doutrina e não a um indivíduo. (*Idem*, p. 14)

Antes do processo complexo que estava por vir, para a publicação própria das obras espíritas, Rivail, em fevereiro de 1869, pediu a seus editores as últimas edições que precisavam de reposição de seus estoques: *A Gênese* (quarta edição) e *O Livro dos Espíritos* (16ª edição).

Em seguida, para o novo passo de viabilização de edições próprias, a solução seria encarar a grande dificuldade de organizar todo o processo em prol do Espiritismo: criar a estrutura de livraria, editora, divulgação e estoque, além dos recursos financeiros para tão grande empreendimento. Nada disso estava ao alcance do fundador na fase de elaboração. Kardec, agindo então sozinho, tinha muitas tarefas e pouco capital.

No final de 1868, Rivail dedicava-se a concluir sua obra. Como vimos, estava em seus planos organizar a publicação própria na segunda fase, da direção coletiva. Para isso, diversas providências deveriam ser tomadas:

- Recursos materiais: constituição de um patrimônio que rendesse o suficiente para os investimentos necessários.

- A criação de uma livraria e um catálogo para a venda e divulgação das obras do Espiritismo.
- A criação de uma sociedade comercial com direito legal de publicação de obras.

O professor Rivail pensou com muita clareza e responsabilidade em relação a todas essas providências, pois precisava ter muitos cuidados para ter sucesso na mudança de sua atuação exclusiva como fundador para a criação de uma organização por direção coletiva. Primeiro publicou na *Revista* de dezembro de 1869 a "Constituição Transitória". Depois iniciou seus planos para concretizar os passos acima para poder publicar obras próprias.

Para criar o capital necessário, organizou seu grande terreno na avenida de Ségur para se tornar, além da sede do Espiritismo, uma fonte de renda regular e segura. Fez então um empréstimo para dar início ao projeto de capitalização por meio do aluguel de casas[47]:

> Desde os primeiros anos do Espiritismo, Allan Kardec havia comprado, como produto das suas obras pedagógicas, 2.666 metros quadrados de terreno na avenida Ségur, atrás dos Inválidos. Tendo essa compra esgotado os seus recursos, ele contraiu com o Crédit Foncier um empréstimo de 50.000 francos para fazer construir nesse terreno seis pequenas casas, com jardim. (SAUSSE, 2012)

A segunda providência foi a criação de uma livraria espírita, como primeiro passo para o plano de publicações. A sede do Comitê Central, da Sociedade Espírita Central e de atividades acessórias seria estabelecida na avenida de Ségur, onde todas as atividades doutrinárias, científicas e mediúnicas ficariam concentradas. Para as questões comerciais, seria destinado outro local[48]. Então, Kardec tomou

Comunicação do espírito Didier

---

47. O projeto de Kardec para as casas na Villa de Ségur também compreendia o objetivo de estabelecer um asilo, além de oferecer moradia gratuita para os membros ativos do Comitê Central que fossem pobres e fossem trabalhar em tempo integral.

48. Esta decisão contava com uma recomendação do Espírito Didier, que havia sido seu livreiro. Numa comunicação de 21 de novembro de 1868, ele afirma que para Kardec melhor seria *"não ser ostensivamente livreiro, não porque lhe acusariam de fazer comércio, mas em razão de sua posição de chefe da doutrina"*. (Manuscritos CDOR Kempf n. 1868_11_21)

providências para organizar uma livraria em outro endereço, na rua de Lille, número 7. Essa livraria, criada por alguns espíritas, teve a participação de um funcionário de editora, Édouard Matthieu-Bittard, que saiu do emprego para tornar-se gerente da livraria, que seria inaugurada no dia 1º de abril de 1869. Não se tratava de uma empresa comercial; a renda seria revertida para a caixa do Espiritismo. Foram organizadas as estruturas próprias, como prateleiras, estoques, entre outros:

> A *Livraria Espírita* não é um empreendimento comercial; ela foi criada por uma sociedade de espíritas tendo em vista os interesses da Doutrina, e que renunciam, pelo contrato que os liga, a toda especulação pessoal.
> Ela é administrada por um gerente, simples mandatário, e todos os lucros constatados pelos balanços anuais, serão colocados por ele na Caixa Geral do Espiritismo. (SOCIEDADE ANÔNIMA, [RE] 1869, abril, p. 1)

Faltava dar o último passo. Publicar a regulamentação da constituição definitiva do Espiritismo, e organizar a fundação do Comitê Central quando a renda da propriedade da avenida de Ségur atingisse o nível de renda necessário. Depois disso, a livraria poderia se constituir também em editora capitalizada suficientemente para dar conta de todas as obras fundamentais, da *Revista Espírita* e das outras publicações que viriam. Havia também o plano de fazer edições populares. Infelizmente, porém, com a morte repentina de Rivail, em março de 1869, nenhum desses planos se concretizou com a participação do fundador.

A morte ocorreu numa data crucial. Aquele 31 de março coincidia com o último dia de existência legal da Sociedade Parisiense de Estudos Espíritas. A partir de então, teria início o planejamento e a organização da Comissão Central, que deveria ficar responsável pela realização da fase de direção coletiva da doutrina. Mas nada foi posto em prática pelos sucessores, apenas foi estabelecida, informalmente, uma comissão central responsável pela transição.

Poucos dias depois, com as atividades se acumulando, as correspondências do mundo todo chegando normalmente, as próximas reuniões aguardando providências, além dos compromissos legais, os participantes da comissão, não vendo outra saída, decidiram fundar novamente a Sociedade de Paris no dia 9 de abril, reunião de sexta-feira:

Em presença das dificuldades suscitadas pela morte do Sr. Allan Kardec, e para não deixar suspensos os sérios interesses que tem sempre sabido salvaguardar com tanto de prudência quanto de sabedoria, a Sociedade de Paris deveu advertir, no mais breve prazo, a se constituir de uma maneira regular e estável tanto para as diligências a fazer junto da autoridade, quanto para tranquilizar os espíritos temerosos sobre as consequências do acontecimento inesperado, que feriu tão subitamente a grande família espírita inteira. (SOCIEDADE ANÔNIMA, [RE] 1869, maio, p. 13)

Mas essa providência era apenas provisória. Todos sabiam, e o vice-presidente da comissão, Sr. Levent, foi porta-voz, de que, para que a obra fosse continuada, não bastava retomar as reuniões: era necessário cumprir o projeto da fase de direção coletiva. Afirmou, então, em seu discurso:

Esperamos que um tão nobre exemplo não seja perdido; que tantos trabalhos não permaneçam estéreis e que a obra do mestre seja continuada; em uma palavra, que ele não tenha semeado sobre um solo ingrato. Vossa comissão é de opinião que, para obter este resultado tão desejado, duas coisas importantes são indispensáveis: 1º a união mais completa entre todos os societários; 2º o respeito ao programa novo que nosso lamentado presidente, em sua solicitude esclarecida e sua lúcida previdência, havia preparado, já há alguns meses, e que foi publicada na Revista de dezembro último. (*Idem*, p. 14)

A maioria dos participantes dessa nova comissão faziam parte daquela cujo presidente era Rivail, mas que foi substituído por Levent, como era o desejo do fundador[49]: além deste, participavam Malet, Canaguier, Ravan, Desliens, Delanne e Tailleur.

Foi quando, em seu importante discurso endereçado a todos os espíritas do mundo, por meio da *Revista Espírita*, Levent fez uma crucial revelação, que compromissou todos os envolvidos:

---

49. Rivail pretendia ser o presidente honorário da Sociedade Espírita Central e também o primeiro componente do Comitê Central, como conselheiro.

É seu grande desejo, que também partilhareis, esperamos, o de nos aproximarmos cada vez mais do **plano de organização** concebido pelo Sr. Allan Kardec, e que **ele vos deveria propor este ano, no momento de renovação da diretoria**. (SOCIEDADE ANÔNIMA, [RE] 1869, maio, p. 15)

Trata-se exatamente do **plano de organização**, enquanto regulamentação minuciosa, que estava na condição de manuscritos. Em seguida, no primeiro discurso do presidente eleito da nova Sociedade de Paris, Malet reforça as responsabilidades dos espíritas diante dessa grandiosa tarefa:

> É animada desses pensamentos, que vossa Comissão deve prosseguir a obra do mestre [...] – Sigamos escrupulosamente o plano da vasta e sábia organização deixada pelo mestre, expressão última de seu gênio e na qual ele compara tão felizmente as sociedades espíritas aos observatórios dos quais todos os estudos devem estar ligados entre si e religados ao grupo central de Paris, mas tudo em deixando a cada uma livre direção de suas observações particulares.

Depois de uma semana, na reunião seguinte, na sexta-feira, dia 16 de abril, Amélie Boudet, esposa de Rivail, fazendo uso do poder e das atribuições que lhe cabiam enquanto representante da obra do Espiritismo, preocupada com os planos futuros de seu marido, sendo então a proprietária legal da *Revista* e das obras, decidiu: Doar no fim de cada ano, o excedente dos benefícios "seja da venda dos livros espíritas e das assinaturas da Revista, seja das operações da livraria espírita". Porém com a condição de que tudo fosse gerido por ela pessoalmente: "prever as impressões de obras, as publicações novas, regular à sua conveniência os proveitos de seus empregados, o aluguel, as despesas futuras, em uma palavra, todas as despesas gerais". Quanto à *Revista*, pretendia sancionar pessoalmente, com o auxílio da comissão de redação.

Esses foram os primeiros passos das ações planejadas para dar prosseguimento ao projeto. Amélie, num primeiro momento, pensou em liderar a transição entre as fases do Espiritismo.

Todavia, três meses se passaram, e a complexidade das tarefas e o pouco auxílio que recebeu determinaram a necessidade de restringir o que era possível realizar primeiramente, contando com o futuro para a realização integral do plano. A primeira coisa a fazer seria publicar as obras de Kardec em edições próprias, a preços populares, cumprindo, como vimos, o desejo de Amélie, de modo a torná-las acessíveis aos seguidores pobres do Espiritismo:

Amélie buscou o aconselhamento dos espíritas mais próximos para uma tomada de decisão, e, assim, "Foi decidido que era mais urgente formar uma base de associação comercial, como o único meio legal possível para se conseguir fundar qualquer coisa durável". (SOCIEDADE ANÔNIMA, [RE] 1869, ago., p. 326) Segundo eles, seria o único meio para editar obras próprias:

> as condições da livraria ordinária tornavam impossível a vulgarização do Espiritismo [...] para tirar as obras dos editores, para reuni-las numa única mão e chegar a fazer, num futuro mais ou menos distante, edições populares, seriam necessários, antes de tudo, capitais que uma pessoa isolada não poderia fornecer e uma organização que fizesse obras fundamentais, não mais uma propriedade particular, mas propriedade do Espiritismo em geral. (SOCIEDADE ANÔNIMA, [RE] 1869, nov., p. 447).

Foi quando ocorreu, no dia 3 de julho de 1869, o ato de fundação da *Sociedade Anônima da Caixa Geral e Central do Espiritismo*, por sete sócios proprietários. Em seguida, no dia 22, Amélie, diante do notário Philéas Vassal (1828-1916), transferiu seus bens, Revista, obras de Kardec e livraria, para o fundo social.

A Sociedade foi criada com o objetivo de tornar conhecido o Espiritismo, "principalmente, pela publicação de um jornal espírita e de todas as obras que tratam do espiritismo". (Manuscritos CDOR Privato n. 05_02 e 05_03) Nesse ato, enfim, a livraria tornou-se também editora.

Considerando tudo o que analisamos acima referente à estrutura empresarial e o poder autocrático dos administradores, certamente Amélie não percebeu a extensão dos complexos papéis que assinou, contendo recentes determinações legais e de gestão de empresas comerciais francesas. O contrato da Sociedade previa na revisão dos estatutos somente as obrigações societárias; jamais foi feita uma ampliação a fim de completar o plano de Kardec.

Mesmo diante dos protestos dos espíritas verdadeiros, das tentativas de intervenção de Amélie, nada mais seria possível. Ela perdeu em sua totalidade o poder sobre os meios do Espiritismo para os administradores. Diante das preocupações em torno de remunerações, lucros e juros, da avidez por doações, tão estranhas para Amélie, que viveu na austeridade e privação de recursos com seu marido, ela confessava à sua amiga Berthe Fropo, falando da *Revista Espírita*:

> Dir-se-ia que foi redigido por clérigos; todas essas exigências são abomináveis e degradam a doutrina, jamais meu marido pediu nada a ninguém; aquilo que ele fez, o fez com seus próprios recursos. (FROPO, [1884] 2018, p. 50)

Toda a armadilha estava preparada para a publicação das obras adulteradas de Allan Kardec. Tornando-se editora, não haveria a supervisão do editor. Com a separação da Sociedade Anônima, nenhum dos espíritas acompanharia a publicação. Nem mesmo Amélie estava na comissão administrativa! Fazendo uso de seu poder absoluto, os administradores publicaram logo sete novas edições num só mês, o infame mês de julho de 1869: *O Livro dos Médiuns* (11ª edição)[50], *Resumo da lei dos fenômenos espíritas* (quarta edição)[51], *O Espiritismo em sua mais simples expressão* (nona edição)[52], *Caracteres da Revelação Espírita* (segunda edição)[53] e o *Catálogo Racional de obras para se fundar uma biblioteca espírita* (segunda edição)[54].

---

50. Declaração de impressor n. 8583, de 09/07/1869, documento F/18(II)/128, p. 294.

51. Declaração de impressor n. 8487, de 07/07/1869, documento F/18(II)/129, p. 282.

52. Declaração de impressor n. 8488, de 07/07/1869, documento F/18(II)/129, p. 282.

53. Esta nova edição de *Caracteres da Revelação Espírita* foi anunciada na *Revista Espírita* de julho de 1869, juntamente com a quarta edição de *O Céu e o Inferno* e a 11ª edição de *O Livro dos Médiuns*. Seu exemplar presente na Biblioteca Nacional da França traz na capa o nome da Livraria Espírita como editora conforme consulta presencial feita por Karine Rutpaulis. Disponível em: <https://catalogue.bnf.fr/ark:/12148/cb300109095>. Acesso em 20/01/2020.

54. A primeira edição do Catálogo Racional teve declaração de impressor e depósito legal posteriores à desencarnação de Rivail, conforme os documentos F/18(II)/127, p. 122, de 09/04/1869, e F/18(III)/123, p. 5, de 10/04/1869, razão pela qual também são considerados pelo direito autoral como uma contrafação. Encontramos em Paris, entre os manuscritos, quatro rascunhos deste catálogo com a letra de Kardec, contendo títulos de autores do Espiritualismo Racional, como Jouffroy e Guizot, que não constaram nas edições publicadas do catálogo, o que, além da contrafação, representa indício de adulteração..

Além dessas, a versão adulterada de *O Céu e o Inferno* (quarta edição)[55].

Há, por fim, uma consideração a fazer quanto à adulteração da última obra fundamental, que foi *A Gênese*. Segundo as pesquisas de Simoni Privato em *O Legado de Allan Kardec*, consideramos que a adulteração da obra *A Gênese* ocorreu em 1872, quando Leymarie, administrador na época, depositou a quinta edição não original. Essa é a obra de referência sobre o assunto, cuja leitura recomendamos. Recentemente, foi descoberto um exemplar de *A Gênese* indicando em sua capa interna como sendo uma quinta edição do ano de 1869. Estava na universidade suíça de Neuchâtel, proveniente da biblioteca da faculdade de teologia, que fechou suas portas em 2015 por falta de alunos.

Não havia, em 1869, depois da quarta edição registrada por Kardec em fevereiro, nenhum outro documento oficial que pudesse ser atribuído a esse exemplar[56]. Em sendo conteúdo novo, além do pedido de impressão pela gráfica, deveria haver um depósito legal, que não ocorreu, conforme pudemos constatar[57]. Apenas o depósito legal em vida seria capaz de garantir a autenticidade do conteúdo da obra, conforme legislação da época. Sem o depósito legal, esse exemplar é considerado juridicamente uma contrafação. A esse respeito, convidamos o leitor à leitura da análise jurídica acerca das adulterações das obras de Kardec, no Apêndice 5, de autoria de Júlio Nogueira.

Dessa forma, esse exemplar não tem nenhuma informação a ser buscada, a não ser suas próprias páginas. E o que elas nos dizem? Na capa, há a indicação do nome e local: "Paris, *Librairie Spirite et des Sciences Psychologiques*", localizada na "rue de Lille, 7", sendo, assim, a editora responsável por esse exemplar. Como a Livraria Espírita se tornou editora e fez suas publicações primeiras em julho de 1869, somente depois dessa data o registro de publicação poderia conter esses dados.

---

55. Declaração de impressor n. 8584, de 09/07/1869, documento F/18(II)/128, p. 294 e Depósito legal n. 5819, de 19/07/1869, documento F/18(III)/124, p. 117.

56. Anúncios promocionais da editora "Livraria Espírita" publicados numa obra direcionada ao mercado livreiro, *Bibliografia da França*, nas edições de 04/12/1869 e 01/04/1872, registram que *A Gênese* era comercializada em sua quarta edição em todo esse período. Fonte: *Bibliographie de France*, anos 1869 e 1872.

57. Nos Arquivos Nacionais da França, constatamos pessoalmente que não há qualquer falha de numeração e sequenciamento nas páginas e livros de registros das declarações de impressor e depósitos legais do período desta pesquisa.

Há também, na úlitma página impressa desse exemplar de *A Gênese*, a indicação de que o bureau da *Revista Espírita* era na rue de Lille, 7. Isso só ocorreu quando de sua instituição nesse local pelos estatutos da Sociedade Anônima, em julho de 1869. Até o último dia de vida de Rivail, esse bureau permaneceu na rua e passagem Sainte-Anne, 59. Como exemplo, o último depósito feito por Kardec de suas obras ocorreu no dia 19 de março (12 dias antes do falecimento do professor), de *O Livro dos Espíritos*, 16ª edição[58], constando em sua página de rosto: "au bureau de la REVUE SPIRITE, 59, rue et passage Sainte-Anne, 1869". Essa foi a derradeira edição publicada em vida por Rivail de seu legado.

Assim, a mais provável hipótese, respeitando todo o conjunto de indícios e o contexto histórico, é a de que esse exemplar dessa quinta edição da Librairie Spirite tenha sido impresso a pedido dos administradores da Sociedade Anônima.

O fato é que esse exemplar não representa uma edição legalizada, e Leymarie, em 1872, fez um depósito legal da quinta edição, com esse novo conteúdo, sem inserir o ano na capa, configurando, assim, uma adulteração.

Portanto, em relação às obras conclusivas do Espiritismo, são autênticos os conteúdos depositados por Kardec em vida em suas primeiras edições, respectivamente, a obra depositada em agosto de 1865 e no caso de *O Céu e o Inferno*, e, *no caso de A Gênese*, a depositada em janeiro de 1868. Esses exemplares históricos encontram-se atualmente na Biblioteca Nacional da França.

RETORNO AO BRASIL

Retornando ao Brasil, passei a integrar uma incrível equipe de laboriosos colegas espíritas, trabalhando em documentos compartilhados a partir de diferentes cidades e países. Muito trabalho a fazer! A primeira tarefa seria examinar linha a linha, palavra a palavra, comparando os textos das duas edições de *O Céu e o Inferno*, a primeira legítima de Allan Kardec, e a edição adulterada. Registramos cada trecho acrescentado, todos os suprimidos, as mudanças de

---

58. O editor dessa 16ª edição de *O Livro dos Espíritos*, depositado em 19 de março de 1869, foi *Didier et Cie, libraires-éditeurs*. Constando como livreiros Ledoyen, Dentu, Frèd, Henri; "chez tous les libraires des départements"; Kardec também disponibilizava exemplares no bureau da *Revista Espírita*, como indicado.

ordem, palavras alteradas, absolutamente tudo. Depois, uma equipe em especial dedicou-se à análise de toda a obra original, além dos novos manuscritos encontrados, inclusive o caderno da viagem em 1862, ao qual já nos referimos.

Foi quando descobrimos, perplexos, que o formidável Capítulo VIII original, sobre as penas futuras segundo o Espiritismo, foi o mais maltratado, com alterações profundas. Na prática, essa adulteração inverte a teoria moral proposta por Kardec originalmente, implantando conceitos dogmáticos das religiões ancestrais. Quanto mais estudávamos, mais percebíamos a responsabilidade no resgate das ideias originais. Mas uma análise dessas deve ser minuciosa, ampla e conclusiva, e uma equipe dedicou-se a esse trabalho. Enquanto esses grupos avançavam para suas metas no Brasil, dedicados companheiros de ideal em Paris repetiram os passos da pesquisa dos documentos tanto nos Arquivos Nacionais quanto na Biblioteca Nacional, para confirmar todos os achados, e ainda obtiveram documentos complementares.

Por fim, em consulta ao CDOR, também obtivemos documentos originais inéditos que nos revelavam, pelas declarações do próprio Kardec em suas cartas, e nas mensagens e diálogos com os Espíritos superiores, que ele foi antecipadamente informado de cada passo que estava sendo dado pelos inimigos invisíveis e pelos encarnados em sua oposição contra o Espiritismo.

Todo esse trabalho permitiu a formação de um completo dossiê sobre a adulteração de *O Céu e o Inferno*. O resultado dele será apresentado na segunda parte deste livro.

Tanto quanto as provas jurídicas até aqui obtidas, o estudo dedicado e minucioso do conteúdo comparativo da edição original com a adulterada tem enorme valor. Pois será esse passo que permitirá, de um lado, recuperar o pensamento original de Kardec e dos Espíritos superiores, que é a autonomia moral, demonstrando, em toda sua profundidade e clareza, a responsabilidade individual de cada ser para a conquista da felicidade por seu próprio mérito. E, de outro lado, demonstrar, nas ideias implantadas pelos adulteradores na quarta edição de *O Céu e o Inferno*, o pensamento retrógrado dos opositores do Espiritismo, como se fossem verdadeiras impressões digitais de suas intenções.

Esses acréscimos perniciosos são como cavalos de Troia, dentro dos quais a infâmia carregava os dogmas da queda, pecado e carma. Coisas que jamais Kardec afirmaria, pois a razão de ser do Espiritismo está mesmo em virar a página desse mundo velho dos privilégios, submissões, fé cega e obediência passiva.

Com a emoção dessa primeira fase de trabalho cumprido, envolvidos nas inspirações de todos aqueles que lutaram para honrar Allan Kardec e os Espíritos superiores, convidamos os leitores à seguinte declaração:

Não! Devemos proclamar, todos os espíritas verdadeiros: Não! Deus não castiga, pois é perfeitamente bom. Deus não se impõe, pois espera que conquistemos a felicidade pelo nosso mérito. Deus não perdoa, pois sabe, de sua eternidade, que todos venceremos a nós mesmos. Não! Ele não destruirá o mundo, pois seremos nós mesmos que destruiremos o egoísmo, o orgulho, carcomidas pragas que ficarão no passado. Não! Deus não quer dar sua graça de bandeja, pois em seus planos eternos e imutáveis, estabelecidos em leis naturais, o mundo feliz surge naturalmente, com a certa evolução moral da humanidade.

E, por fim, dizemos sem titubear: Sim! Vamos restabelecer as ideias dos espíritos superiores e benevolentes que ofereceram seus princípios fundamentais, leis do universo, leis da alma, leis da liberdade, da paz, da harmonia, do bem supremo! Toda grandiosa obra que vem superar paradigmas equivocados mantidos pela resistência da inércia, como demonstra a física, precisa de um enorme esforço inicial para colocar a massa em movimento. Essa foi a hora exata na qual surgiu o Espiritismo. Ele vem para dar força ao movimento regenerador no qual a humanidade entra em sua atual fase evolutiva. Essa inércia, então, é esperada e natural. E será vencida.

Mas hoje, esclarecidos pela autonomia, não vamos repetir palavras austeras do passado, atualmente superadas. Não! Não diremos mais ai daqueles que erram: ai daqueles que servem ao mal, ai daqueles que se fazem de obstáculo. Diremos, sim, venham todos vocês, sejam ingênuos, sejam equivocados, sejam os usados por suas imperfeições. Venham, caros irmãos! Venham participar deste gigantesco banquete celeste. A exigência para a sua entrada é o seu singelo mas sincero arrependimento e a lucidez do reconhecimento de sua própria responsabilidade. Está em suas mãos tomar assento nessa divina mesa. Não precisa tornar-se santo de uma hora para outra. Basta mudar sua disposição moral. Coloque mãos à obra, faça as suas escolhas, enfrente os desafios decididos por você mesmo, de cabeça erguida. Não importa quantas vezes caia de joelhos, levante e ande. Tome a via de retorno ao bem. Porque, sabemos agora, não sobrará uma só ovelha perdida. O coro será unânime, nascido da compreensão adequada das leis da alma.

Vamos todos nós, espíritas sinceros, fazer da infâmia um bom proveito. *O Céu e o Inferno* permaneceu desconhecido e deturpado por 150 anos! E o que é isso diante da eternidade? Nada, absolutamente nada, um segundo seria dizer muito, aos olhos da espiritualidade. A resistência já está vencida. Qualquer empurrão terá frutos no encaminhar para o mundo novo. Avante! Coragem e determinação. Os atos equivocados foram vencidos, esmagados pela incansável verdade, que tudo aplaca pelo peso invencível do tempo. Vamos em frente!

II

segunda parte

As leis da alma segundo o Espiritismo

deuxième partie

As distâncias têm pouca importância, às vezes nenhuma, por causa da tecnologia. Seja na pesquisa ou na escrita do livro, trabalhamos juntos, Lucas Sampaio e eu, Paulo Henrique de Figueiredo, fosse em Paris, Salvador, São Paulo ou Estados Unidos, por meio de videochamada e edição compartilhada de texto. Examinando em tempo real documentos e fatos. São novos tempos.

Depois de planejarmos os doze dias de pesquisa de Lucas em Paris, em busca do legado definitivo de Allan Kardec, não imaginava que a principal questão estaria resolvida exatamente no primeiro dia, 9 de setembro de 2019. Quando dele recebi em meu computador os documentos e nos conectamos em vídeo, a notícia foi impactante. Como ocorrera com *A Gênese*, em investigação amplamente documentada por Simoni Privato, também a obra *O Céu e o Inferno* foi adulterada. Tendo, dessa vez, ocorrido apenas três meses após a morte do autor.

Quando saiu a notícia de que *A Gênese* original precisava ser restabelecida, formamos uma equipe de tradução, outra de revisão do texto quanto às questões doutrinárias, elaboramos uma pesquisa em fontes primárias, inclusive nas cartas manuscritas de Allan Kardec, para restaurar a verdadeira história do Espiritismo.

Diante dos fatos novos, os grupos retomaram seus trabalhos, agora sobre a nova obra, com o desafio de verificar minuciosamente o texto original de 1865 de *O Céu e o Inferno*, publicado por Kardec, e identificar as supressões, alterações de ordem, mudança de pontuação, troca de palavras, acréscimos que configuram a adulteração na edição *post mortem* de 1869 desse livro. Linha a linha, palavra a palavra. Enquanto Lucas continuava as buscas na França, já estava em plena atividade a recuperação das ideias originais da obra.

Com o passar das semanas, estávamos diante de amplo conjunto de documentos, registros e manuscritos, suficientemente abrangentes para afirmar a existência de uma conspiração para desvirtuar o projeto de Allan Kardec, adulterar suas obras, falsear os conceitos fundamentais da doutrina espírita, concentrando os esforços no que há de mais importante, que é a teoria que define as consequências morais do Espiritismo. Sem dúvida, a notícia é de acentuada gravidade.

SEGUNDA PARTE – AS LEIS DA ALMA SEGUNDO O ESPIRITISMO

1. O LEGADO DEFINITIVO DE ALLAN KARDEC

Quanto à legitimidade do legado de Allan Kardec, evidenciamos a integridade das quatro primeiras obras (*O Livro dos Espíritos*, *O que é o Espiritismo*, *O Livro dos médiuns* e *O Evangelho segundo o Espiritismo*). Conferimos os originais, e atestamos que nelas não ocorreram adulterações. Os textos estão conforme o autor os escreveu. Podemos estudá-los com tranquilidade. Quanto às duas últimas (*A Gênese* e *O Céu e o Inferno*), devemos fazer uso somente das edições originais.

Existem mudanças em algumas edições feitas em vida pelo próprio autor, portanto as últimas edições, conforme os documentos encontrados nos Arquivos Nacionais de Paris, são:

- 16ª de *O Livro dos Espíritos* (com mesmo conteúdo desde a 9ª).
- 8ª de *O que é o Espiritismo*.
- 10ª de *O Livro dos Médiuns*.
- 4ª de *O Evangelho segundo o Espiritismo* (com o mesmo conteúdo da 3ª).
- 1ª de *O Céu e o Inferno* (deve substituir a 4ª edição, adulterada).
- 1ª de *A Gênese* (deve substituir a 5ª edição, adulterada).

Por fim, *Obras póstumas*, livro lançado em Paris em janeiro de 1890, por Leymarie, depois de ter sido denunciado pelos pioneiros como responsável por desastres cometidos quanto ao Legado de Kardec, deve ficar sob suspeita. Inclusive, a mensagem nessa obra, de título "A Gênese", de 22 de fevereiro de 1868, foi alterada por Leymarie em diversos pontos, com a finalidade de servir como defesa de seus atos indefensáveis. Isso pode ser verificado examinando o manuscrito original dessa mensagem, pela pena de Allan Kardec, amplamente analisado na seção "A comunicação dos Espíritos em *Obras póstumas* sobre *A Gênese*", do livro *Autonomia: a história jamais contada do Espiritismo*, p. 562 e seguintes.

Da mesma forma, seja por ter sido depositado após a morte de Kardec, seja em virtude das diferenças entre os manuscritos originais encontrados na livraria Éditions Leymarie, indicando que não foi publicado como redigido en vida pelo autor, deve ser considerado como obra adulterada o *Catálogo racional de obras para se fundar uma biblioteca espírita*.

Esse é o inventário conclusivo sobre o verdadeiro legado de Allan Kardec, que merece todo o cuidado das editoras, entidades e de todos os espíritas para um pleno restabelecimento. Vamos voltar agora ao que foi feito ao livro *O Céu e o Inferno*, e suas consequências.

Depois de todo o trabalho feito, o que estava claro diante de nossos olhos era um prejuízo para a Doutrina e para os espíritas ainda maior e mais devastador do que ocorreria com *A Gênese* anos depois. Pois, como a adulteração de *O Céu e o Inferno* foi feita pouco tempo depois da morte de Kardec, todas as traduções em outros idiomas foram baseadas na versão adulterada. E o Capítulo VIII da versão legítima de Kardec, com o título "As penas futuras segundo o Espiritismo", alterado para Capítulo VII na versão adulterada, foi completamente desfigurado, com significativos acréscimos e retirada de itens essenciais para a fundamentação das ideias de Allan Kardec.

Para dar uma ideia ao leitor da importância desse capítulo, pegue o Novo Testamento, onde o sermão do monte pronunciado por Jesus é seu texto principal, e todo o resto o completa: podemos dizer que, quanto à teoria moral, o Capítulo VIII da primeira edição de *O Céu e o Inferno* tem para as obras de Allan Kardec importância equivalente ao sermão do monte em relação aos Evangelhos; e, na adulteração da obra, ele foi amplamente desfigurado, infiltrando-se os mais retrógrados conceitos do velho mundo, causando confusão e desentendimento nas gerações de espíritas desde um século e meio.

Os adulteradores não foram nada discretos, pois inverteram completamente a proposta moral, escrita de forma lúcida, didática e conclusiva pelo autor. A moral da liberdade, baseada na mais completa responsabilidade pessoal pela conquista da felicidade determinada a cada espírito pelas leis naturais que regem o mundo moral, foi a teoria presente na obra original. Já a adulteração de 1869 retira essa ideia, distorce o texto, implanta falsos itens, dando aos leitores a base dogmática de um deus vingativo, agindo por meio de castigos físicos e morais, exigindo submissão. Foram implantadas as falsas ideias de carma, que acabaram por se tornar uma referência para o meio espírita daquele final de século e principalmente dos seguintes. Uma fraude de extensas proporções, exigindo agora um esforço amplo e dedicado para restabelecer a verdadeira teoria de Allan Kardec, pois toda crise também é uma oportunidade.

Em junho de 2019, quando liguei para o Lucas propondo sua viagem, comentei com ele as indicações de espíritas que estavam estudando a moral autônoma na obra de Allan Kardec e, repetidamente, citavam trechos do "Código penal da vida futura", como o item 9: "toda falta [...] é uma dívida contraída que deverá ser paga, se o não for em uma existência, será na seguinte ou seguintes", ou então o item 10: "o espírito sofre, quer no mundo corporal, quer no espiritual, a consequência das suas imperfeições", todas essas ideias que remetem à relação entre o sofrimento físico como sendo um castigo divino em resposta à desobediência e à maldade do homem, representadas pelos dogmas do pecado e do carma.

Esses trechos, porém, não foram escritos por Allan Kardec em sua obra original! Foram acrescidos na edição adulterada, como outras passagens que fazem menção a essa falsa ideia; inclusive o próprio título dessa parte, "Código penal da vida futura", não foi grafado pelo autor. Esse título, aliás, está em completa contradição com o texto original. Logo na primeira frase, Allan Kardec afirma: "Estando a sorte das almas nas mãos de Deus, *ninguém neste mundo pode, por sua própria autoridade, decretar o código penal divino*". Jamais, portanto, ele usaria esse título! E, na última frase do capítulo, Kardec define o que representa a lista de conceitos definidos antes: "Tal é *a lei da justiça divina*". Há uma grande distância entre *código penal*, que significa o conjunto de leis sistemáticas, usadas para punir e evitar os delitos criminais cometidos na sociedade, e as *leis naturais da justiça estabelecidas por Deus*, tanto para o mundo físico quanto para o mundo espiritual. As leis naturais mostram o que é conveniente ao espírito conforme sua consciência e lhe confere felicidade, e, de outro lado, o que é contrário, tendo como consequência natural o sofrimento moral.

A adulteração de *O Céu e o Inferno* retirou trechos originais que propunham a moral autônoma, baseada na liberdade e no dever, acrescentando falsas ideias dogmáticas por meio de palavras, frases e até itens inteiros que não foram escritos por Allan Kardec, corrompendo o texto para lhe dar o sentido da moral heterônoma, própria do mundo velho.

A moral heterônoma, oposta à teoria espírita, representa o fanatismo e a incredulidade. Para o materialista, não há consequências futuras, pois ele imagina que após a morte nada existe, nem tampouco Deus. Portanto, segundo o ponto de vista materialista, só a justiça dos homens teria valor. Os sofrimentos terrenos seriam consequências naturais das imperfeições da matéria, podendo ser utilizados como castigo em virtude da lei humana, pela prisão, tortura, privação do prazer e das necessidades orgânicas ou até mesmo pela morte. Para as religiões ancestrais, é terrível o medo do castigo após a morte. Todavia, esse temor é representado pelas figuras irracionais de Inferno, demônios, fogo eterno. Os sofrimentos físicos durante a vida também seriam castigos divinos em virtude da queda. Allan Kardec demonstra a contradição desse pensamento: "Como a dor do parto pode ser um castigo, já que é uma consequência do organismo, e que está provado fisiologicamente que é necessária?"; a dor é um fenômeno natural, de origem fisiológica, necessária para a sobrevivência do ser e da sua espécie, continua Kardec: "Como uma coisa que é conforme às leis da natureza pode ser uma punição? É o que os teólogos nem podem ainda explicar e o que não poderão fazer enquanto não saírem do ponto de vista onde se situaram". (KARDEC, 2018, p. 263) Por outro lado, os dogmas das igrejas aliviam a responsabilidade do culpado, oferecendo o perdão divino por meio de seus sacramentos, supostamente isentando o arrependido dos castigos.

Estudamos cuidadosamente o texto original de *O Céu e o Inferno*, em sua primeira edição legítima. Perguntamos, então: qual seria o pensamento de Allan Kardec quanto a essa questão principal das penas futuras em sua obra *O Céu e o Inferno*, em verdadeira versão? A resposta está exatamente em trechos retirados do livro na adulteração! No item 4, ele inicia por afirmar, em passagem presente somente na primeira edição: "*A punição é sempre a consequência natural da falta*". Consequência natural é uma regularidade comprovada pelos fatos. Para o Espiritismo, tanto o mundo físico quanto o espiritual são regidos por leis naturais, de origem divina, sendo eternas, equitativas, imutáveis, e, em seu aspecto moral, justas e boas. Ou seja, o que devemos entender por pena (também por castigo ou punição) não se trata de uma deliberação divina, caso a caso, determinando uma condenação representada por um *ato* de sofrimento infligido, mas de uma *condição* natural de infelicidade determinada por uma lei universal.

O sofrimento moral, que é uma condição inerente à imperfeição do espírito, criada por sua livre escolha, é uma sensação determinada pela lei natural.

Esse sofrimento da alma vai durar enquanto o espírito não realizar um aperfeiçoamento sério, efetivo, voluntário, consciente, superando a imperfeição e desenvolvendo uma virtude equivalente, ou seja, um retorno sincero ao bem. Kardec apresenta essa conclusão num artigo de março de 1869 da *Revista Espírita*:

> Com o ser espiritual independente, preexistente e sobrevivente ao corpo, a responsabilidade é absoluta. [...] O Espiritismo a demonstra como uma realidade patente, efetiva, sem restrição, como uma consequência natural da espiritualidade do ser. [...] Provar que o homem é responsável por todos os seus atos é provar a sua liberdade de ação, e provar a sua liberdade é revelar a sua dignidade. A perspectiva da responsabilidade fora da lei humana é o mais poderoso elemento moralizador: é o objetivo ao qual conduz o Espiritismo pela força das coisas.

O espírito é responsável por seus atos, também por sua condição de felicidade ou infelicidade. E, estando infeliz pelo sofrimento moral inerente à imperfeição que adquiriu por suas escolhas, somente ele pode reverter essa situação, por seu esforço em mudar. Não há no universo espiritual aparato algum penal: não há julgamento, Inferno, sofrimentos físicos, reclusão. No segundo item (Capítulo 8), retirado pelo adulterador, Kardec define isso bem, pois os espíritos "trazem em si os elementos de sua felicidade ou de sua infelicidade futura e os meios de adquirir uma e de evitar a outra trabalhando em seu próprio adiantamento". Os fenômenos morais são psicológicos, condições íntimas de cada espírito humano. Portanto, está equivocado o raciocínio dos dogmas do pecado e do carma, que coloca em Deus a responsabilidade de castigar ou dar recompensa, por meio de castigos físicos infligidos, em virtude dos atos de cada um. A superação da condição infeliz só ocorre de forma consciente, sincera e voluntária, pelo aperfeiçoamento conquistado pelo esforço. Deus aguarda quanto tempo for necessário para que o espírito faça esse sincero retorno ao bem, pois, não importa qual caminho escolhamos, todos nós estamos destinados à felicidade; nosso único destino está em nos tornarmos bons espíritos, sempre em evolução.

Não há castigo, recompensa nem perdão divino como afirmam os dogmas. A condição de felicidade e infelicidade não está relacionada com qualquer destino físico, como Céu e Inferno, imposto por um temível tribunal. Nenhuma pena é eterna, apenas parece assim ao espírito que sofre moralmente. E essa ilusão já começa a se extinguir com o arrependimento.

O abominável desvio sofrido pelo legado de Allan Kardec compreende, enfim: as adulterações de obras de Allan Kardec; publicação, pela Livraria Espírita, de artigos, livros e folhetos completamente divergentes da doutrina espírita; desvios da *Revista Espírita*, inclusive difamando a memória dos pioneiros; a venda da Sociedade para o discípulo de Roustaing; abuso financeiro. Esses e outros fatos nos colocam diante de uma conspiração, unindo inimigos invisíveis e encarnados, para desviar o Espiritismo de seu propósito primordial.

Há quem questione por que os espíritos permitiram que tudo isso acontecesse. Perguntam se eles não avisaram antes, não preveniram. Todavia, em verdade, Allan Kardec sabia de tudo antecipadamente, cada passo da trama daqueles que estavam lutando contra o Espiritismo. E foi exatamente em virtude disso que ele agiu calmamente, tomando as providências necessárias, prevenindo os espíritas por meio de seus artigos, publicando as mensagens, e guardando os documentos que um dia viriam a público, para reconstruir cada passo da história, denunciando os traidores e revelando o papel dos pioneiros fiéis. Kardec sabia de tudo, mas nada vinha a público, apenas instruções de caráter geral. As orientações espirituais pessoais serviam para direcionar o seu trabalho, contornar os obstáculos, desarmar as armadilhas, afastar os perigos. Tudo em nome da realização das metas da doutrina espírita.

O ESPIRITISMO E OS ESPÍRITOS

O Espiritismo não é um movimento conduzido e dependente dos homens, mas é dirigido pelos espíritos superiores de nosso planeta, que agem no momento considerado por eles o mais apropriado. Kardec afirmou que, se ele falhasse em sua missão, outro estaria preparado para cumpri-la. Como somos imperfeitos enquanto humanidade, as mudanças enfrentam naturalmente resistências, combates, reveses, e, quanto maior a transformação esperada, tanto maior será a oposição enfrentada. Explica Allan Kardec na *Revista Espírita* de outubro de 1865:

Não foram os homens que fizeram o Espiritismo o que ele é, nem que farão o que será mais tarde; foram os Espíritos por seus ensinos: os homens não fizeram senão colocar em obra e coordenar os materiais que lhes são fornecidos. Esse ensino não está ainda completo, e não se deve considerar o que deram até este dia senão como os primeiros degraus da ciência [...]. Mas os Espíritos regulam seus ensinos à sua vontade, e não depende de ninguém fazê-los ir mais depressa ou mais suavemente se não quiserem; eles não seguem mais os impacientes que não se coloquem a reboque dos retardatários.

A revolução que o Espiritismo representa tem sua origem e se desenvolve no mundo espiritual. Essa é a sua essência. Dizemos doutrina *dos espíritos*, livro *dos espíritos*. Os ensinamentos que o constituem são proferidos pelos espíritos superiores e elaborados pelos homens. É de lá que os conceitos nos chegam, na medida progressiva da avaliação que eles fazem do momento adequado.

Mas o mundo espiritual é um ambiente dinâmico e polivalente, porque, além dos bons espíritos interessados no progresso da humanidade, também buscam suas ambições os espíritos retrógrados, motivados em manter privilégios, embriagados pelo ilusório poder de suas vaidades e ganâncias. Essas duas fontes de influência interagem com o mundo físico, não só por meio dos médiuns, mas também de grupos de interesse com que cada uma delas tem afinidade. Ou seja, os indivíduos progressistas, que se interessam pela solidariedade, desprendidos da exaltação da personalidade, que se propõem a abrir mão de qualquer exclusivismo, mando ou preponderância, prontos para aderir à responsabilidade, dever pessoal, desejo de ser útil – estes se unem em torno da evolução moral, e oferecem espaço para os espíritos interessados na revolução moral a se concretizar. Mas também existem indivíduos no mundo que se apegam ao poder, à vaidade, ao interesse pessoal, a um chamado torpe do dinheiro – estes oferecem meios de manobra aos espíritos inferiores, retrógrados e manipuladores da espiritualidade.

Allan Kardec, que tinha uma missão, carregando uma bagagem espiritual de milhares de anos dedicados à causa da liberdade, estava determinado em seu propósito. Por isso serviu, ao lado de Amélie, como alicerce para a construção da verdade representada pelo Espiritismo. Foi um ponto de apoio para os bons espíritos, e um foco de convergência para os progressistas, liberais, libertadores.

Todavia, como no mundo cada um faz o que deseja em virtude do livre arbítrio, alguns espíritas, mesmo que inicialmente convencidos e interessados em participar da causa, possuem fraquezas, instabilidades, pontos vulneráveis, que os espíritos retrógrados conseguem identificar e utilizar para retardar o progresso do Espiritismo. Os espíritos superiores, com seu olhar abrangente, conseguem prever esses movimentos, sem contar com a compreensão que possuem do comportamento humano, encarnado e desencarnado. Por isso, para consolidar o caminho certo do Espiritismo, para cumprir seu objetivo, vão informando os espíritas por meio de suas comunicações. Allan Kardec estava sempre muito bem informado, inclusive das questões particulares, dos movimentos de cada indivíduo. Mas também publicava em sua revista as mensagens de interesse geral, para prevenir e dar instruções ao movimento espírita em geral. O espírito Erasto, que fora companheiro de Paulo de Tarso, explicou esse assédio dos maus espíritos:

> todas as ambições e todas as cobiças dos homens são exploradas jeitosamente pelos Espíritos perversos. [...] Qual é o resultado de todas essas promessas falaciosas? As decepções, os dissabores, o ridículo, por vezes a ruína, justa punição do orgulho presunçoso que se crê chamado a fazer melhor que todo o mundo, desdenhando os conselhos e desprezando os verdadeiros princípios do Espiritismo. (KARDEC, [RE] 1863, dez., p. 17)

Os espíritos superiores não devem impedir que essas traições e desvios aconteçam. Afinal, eles estão unidos no mesmo propósito no mundo espiritual, mas o desenvolvimento da doutrina espírita depende da iniciativa e da dedicação, fundamentadas no livre-arbítrio da humanidade. Eles podem orientar e guiar aqueles que se somam voluntariamente à tarefa, mas respeitam sempre a livre escolha. Aqui no mundo, é comum uma visão mais estreita da realidade, mas os espíritos mais sábios conseguem ver o todo do trajeto, percebem mais à frente, e o que nos parece um caos para eles terá solução plena e completa. Não há como eles relatarem toda essa amplitude que lhes dá a mais completa certeza do sucesso, apenas podem nos incentivar com suas previsões, como afirmou Erasto:

> Só a verdade pode desafiar o tempo e triunfar de todas as utopias. Espíritas sinceros, não vos assusteis, pois, desse caos momentâneo; não está longe o tempo em que a verdade, desembaraçada dos véus com os quais se

quer cobri-la, deles sairá mais radiosa do que nunca, e onde a sua claridade, inundando o mundo, fará reentrar na sombra seus obscuros detratores um instante postos em evidência por sua própria confusão. (*Ibidem*)

A evolução e perfeita conclusão dos objetivos da revolução espírita não dependem dos homens, pois estão nos desígnios da lei natural. Os caminhos e descaminhos ocorridos em seu estabelecimento entre nós serve ao estabelecimento da história, ressaltando os verdadeiros pioneiros e denunciando os traidores.

AS BASES PRIMORDIAIS DO ESPIRITISMO

No regulamento da Sociedade Parisiense de Estudos Espíritas, o artigo primeiro define que ela tem por objeto: "O estudo de todos os fenômenos relativos às manifestações espíritas e suas aplicações às *ciências morais, físicas, históricas* e *psicológicas*. São proibidas nela as questões políticas, de controvérsia religiosa e de economia social".

Mas que ciências são essas? É um equívoco interpretar o significado de ciências morais empiricamente, apenas pelo significado das palavras, algo como "estudo da ética, das regras de comportamento". Essa resposta estaria completamente errada! É preciso buscar o significado próprio do lugar e época nos quais Kardec escreveu esses termos.

Desde 1832, na Universidade Sorbonne, Paris, a escola do espiritualismo racional se estabeleceu como filosofia oficial, estruturando as ciências humanas, que na França chamam de ciências morais. Morais porque o objeto de seu estudo são os fatos derivados da ação humana; ciências como história, direito, filosofia, letras, entre outras. Diferindo das ciências naturais, que se dedicam aos fenômenos da natureza.

Entre as ciências morais, havia o grupo das ciências filosóficas, com a proposta de compreender o ser humano, por meio das seguintes disciplinas, divididas em duas classes: psicológicas (psicologia, lógica, moral, estética) e metafísicas (teodiceia, psicologia racional, cosmologia racional).

O objetivo das ciências morais estava em compreender as leis naturais que regem a alma humana por meio de uma *psicologia experimental*, para recriar a sociedade sobre novas bases. Mas essa psicologia não se destinava a uma finalidade terapêutica, como ocorre hoje, e sim buscava compreender as leis naturais que regem o ser humano em sua capacidade de progresso intelecto-moral e, consequentemente, a realização de uma sociedade livre, igualitária e fraterna. Alcançar, enfim, o sonho iluminista de conquistar no campo da alma humana o sucesso teórico já obtido quanto às leis da matéria.

Cada uma dessas ciências tinha sua metodologia científica estabelecida na ciência da Lógica. Para a psicologia experimental, cujo objeto era o espírito humano, não seria possível uma observação direta, pois se trata de algo imaterial. Mas era possível estudar a ação da alma quando ligada ao corpo físico, seu instrumento. Dessa forma, os psicólogos do século 19 definiram que o fenômeno básico da fisiologia era a *sensação*, enquanto o da psicologia era a *percepção*. O corpo sente e a alma percebe. No corpo existem os instintos, dor, prazer, e as sensações dos sentidos. E na alma existem as faculdades: razão, vontade, imaginação. Quando o indivíduo é condicionado por meio de estímulos da dor e do prazer, portanto, os hábitos criados são condicionados. Quando é o próprio indivíduo que raciocina e escolhe como deseja agir, ele estabelece os hábitos adquiridos. Dessa forma, a verdadeira moral é a que tem como fundamento o ato do dever: escolha livre, consciente, intencional. O ato humano ou psicológico é o escolhido, pensado. O ato da vida animal é o condicionado por dor e prazer.

As ciências filosóficas, portanto, tinham como finalidade estabelecer uma nova moral para a humanidade, mas agora científica, superando as ancestrais, que eram dogmáticas, baseadas em falsos conceitos. Desse modo, o Espiritualismo Racional adotava a teoria de que a moral se estabelecia pela livre escolha, enquanto a Igreja e os materialistas defendiam que a moral se estabelecia por meio de castigos e recompensas.

No caso das ciências históricas, no século 19, o objeto de estudo eram os atos humanos nas diversas localidades e no decorrer dos tempos desde o início da vida humana na Terra. Mas qual é o método de estudo dessa ciência? É ouvir os depoimentos daqueles que viveram os fatos escolhidos para o estudo. Mas há um problema. Os depoimentos podem variar segundo diversos fatores. Vamos dizer que o estudo é sobre o convívio de uma pequena cidade com o vulcão ao seu lado. O historiador vai à cidade e começa a recolher os depoimentos. Mas uma pessoa instruída vai dar informações mais técnicas sobre o vulcão. Um fazendeiro vai falar do solo, do clima, das implicações na lavoura.

Um religioso fanático vai dizer que Deus espreita para castigá-los, caso o povo não o tema. Os idosos podem contar sobre erupções do passado. E haverá também os mentirosos, inventando coisas ridículas. Qual é o critério para estabelecer o mais verdadeiro? Recolher dos depoimentos o que estiver em comum, mapeando o núcleo mais forte das opiniões anotadas. Desprezar o que foge da razão. Também deixar de lado o que não tem mais ampla confirmação. Depois, com o esboço inicial, é possível investigar, buscar detalhes e elaborar um ensaio histórico.

Allan Kardec assim estabeleceu o objeto de estudo do Espiritismo no regulamento da Sociedade: "O estudo de todos os fenômenos relativos às manifestações espíritas e suas aplicações às ciências morais, físicas, históricas e psicológicas".

Dessa forma, não se trata de um estudo direto de seu objeto, pois seria estudar o espírito em si, que está fora dos meios diretos de nossa observação. A ciência espírita se desenvolve por meio das comunicações dos espíritos. Mas aqui estamos diante do mesmo problema inicial das ciências históricas. Pois as comunicações são semelhantes aos depoimentos dos homens.

Allan Kardec era um homem de ciência, e essa era a referência estrutural de seu pensamento. Portanto, ele devia estabelecer um método de observação para fundar essa nova ciência psicológica. Todavia, diferindo da psicologia experimental que já existia na universidade, ele se dedicou a criar outra ciência filosófica, pois foi assim que definiu o Espiritismo, uma ciência filosófica de consequências morais, a exemplo de todas as outras ciências filosóficas, como vimos anteriormente. Também o Espiritismo seria um desenvolvimento da psicologia, por isso a *Revista Espírita* chamava-se *Jornal de Estudos Psicológicos*.

O professor Rivail passou a estruturar sua nova ciência. O princípio primeiro seria o seguinte: toda comunicação espiritual como também as ideias humanas sobre os temas tratados serão consideradas como simples opiniões. Exatamente como se procedia na história. Desse modo, seria possível, estudando comparativamente milhares de mensagens sobre um mesmo tema, estabelecer um núcleo forte entre as respostas. Também dispensando as irracionais, absurdas, ou ideias isoladas. Explica Kardec:

> cada Espírito e cada homem, dispondo somente de uma limitada soma de conhecimentos, individualmente não estavam aptos a tratar *ex professo* das

inúmeras questões inerentes ao Espiritismo. A isso se deve também que a doutrina, em cumprimento dos desígnios do Criador, não poderia ser a obra de um só Espírito nem de um só médium; só poderia sair da coletividade, dos trabalhos verificados uns pelos outros. (KARDEC, 2018, Cap. I, item 54, p. 70)

Esse método de pesquisa é fundamental, mas não é só. A estrutura de entendimento da teoria espírita, o corpo lógico que organiza todos os conhecimentos pesquisados não estava ao alcance dos homens, mas cabia aos espíritos superiores encarregados da doutrina espírita, pois o alcance de visão deles é superior ao nosso:

> Os Espíritos que presidem o grande movimento regenerador agem então com mais sabedoria e previdência do que o fariam os homens, porque a visão daqueles engloba a marcha geral dos acontecimentos, enquanto nós outros somente vemos o círculo limitado de nosso horizonte. (*OCI* original, Prefácio)

Allan Kardec aprendeu com esses bons espíritos a metodologia estabelecida por eles para garantir a autenticidade do ensino que estavam dando aos homens. O ensino seria progressivo; dariam-se os princípios básicos, depois viriam outros, por ordem de complexidade, para formar toda a teoria. Tudo isso seria organizado por eles, não pelos homens:

> A sabedoria dos Espíritos, [...] também se evidencia na ordem e na gradação lógica das revelações complementares sucessivas. Não é preciso que ninguém constranja a vontade deles quanto a isso, pois eles não regulam seus ensinamentos de acordo com a impaciência dos homens. (*Ibidem*)

Como eles controlariam esse processo de trabalho? Quando os espíritos encarregados do Espiritismo determinam que é a hora certa de trazer aos homens um novo conceito, pois avaliam que eles estão maduros para o compreender, então esses espíritos superiores se manifestam em diversos grupos, em diversos lugares, por médiuns diferentes. Ditam as mensagens com suas palavras e figuras, cada um ao seu jeito, mas o conceito oferecido em todas elas é o mesmo.

Esse método, a universalidade do ensino dos espíritos, em todos esses aspectos, é o maior e mais importante fator de sucesso do Espiritismo em Kardec. Há mesmo outra vantagem fundamental inerente a esse método proposto pelos espíritos é o fato de que os sistemas pessoais, sejam criados por homens ou por espíritos, de forma isolada, permanecem, por definição, como opiniões pessoais:

> Generalidade e concordância no ensino – esse é o caráter essencial da doutrina espírita, a condição mesmo de sua existência, de onde resulta que todo princípio que não tenha recebido a consagração do controle de generalidade não pode ser considerado como parte integrante dessa mesma doutrina, mas como uma simples opinião isolada, cuja responsabilidade o Espiritismo não pode assumir. (KARDEC, 2018, Introdução, p. 38)

Foi esse critério que permitiu ao Espiritismo caminhar com uma marcha triunfante, progressiva e sólida desde *O Livro dos Espíritos* até *A Gênese*. Algumas seitas dissidentes surgiram no caminho, mas, como se formavam em torno de um pequeno grupo, alguns ou um só médium, suas ideias não estavam submetidas ao critério da universalidade, e se desmanchavam por si sós, sendo esquecidas com o tempo.

Mas alguns outros fatores precisavam ser observados para que a universalidade tivesse sucesso. Vamos a eles.

Nenhum espírita ou médium deve receber qualquer remuneração pessoal, em nenhuma hipótese. Essa atividade deve ser exercida de forma completamente desprendida. Isso porque a organização da doutrina espírita depende dos encarnados, e não é possível dar um atestado de moral elevada para ninguém. As atividades espíritas não podem ficar sujeitas às ambições e desejos dos indivíduos seria a sua ruína. O grupo central, estabelecido por Kardec, servia como modelo e exemplo:

> A Sociedade Espírita de Paris, a primeira que foi fundada e oficialmente reconhecida, o centro do movimento espírita, [...] terá também seus anais para a instrução daqueles para os quais preparamos os caminhos, e para a confusão de seus caluniadores. Desde que a Sociedade existe, jamais um ouvinte pagou um centavo; que não é imposta nenhuma obrigação pecuniária

sob qualquer forma e a qualquer título que seja, nem como assinatura da *Revista Espírita*, nem como compra de livros; que nenhum de nossos médiuns é retribuído, todos, sem exceção, dão seu concurso por puro devotamento pela causa; que os membros titulares e associados só participam das despesas materiais, mas que os membros correspondentes e honorários não suportam mesmo nenhuma carga, limitando-se a Sociedade a subvencionar suas despesas correntes, restritas tanto quanto possível, e não amontoando capital; que o Espiritismo é uma coisa toda moral, que não pode, não mais que as coisas santas, ser objeto de uma exploração que sempre repudiamos verbalmente e por escrito. (KARDEC, [RE] 1863, jul., p. 5)

Veja só a lista claramente estabelecida da conduta dos grupos espíritas: os ouvintes não pagam nada e nenhuma obrigação é imposta a eles (como compra de livros, assinaturas, ou outras). Nunca um médium pode receber retribuição, agindo de forma devotada. Os membros titulares e associados colaboram com as despesas, e a Sociedade não amontoa capital, apenas paga as despesas correntes.

O grupo espírita não é uma entidade religiosa, mas dedica-se às consequências morais de sua doutrina, com base na teoria moral autônoma, completamente independente de dogmas, pois se fundamenta na psicologia espiritualista racional. Foi exatamente o que Kardec propôs para o estabelecimento do movimento espírita. Também não se envolve com questões político-partidárias, mas sim com as ideias libertárias, emancipadoras, progressistas, humanitárias:

> O Espiritismo, [...] não é, pois, assim como alguns o pretendem, sempre porque não o conhecem, uma religião nova, uma seita que se forma às expensas de suas irmãs mais velhas: é uma doutrina puramente moral que não se ocupa, de nenhum modo, dos dogmas e deixa a cada um inteira liberdade de suas crenças, uma vez que não se impõe a ninguém; e a prova disso é que tem adeptos em todas, entre os mais fervorosos católicos, como entre os protestantes, entre os judeus e os muçulmanos. O Espiritismo repousa sobre a possibilidade de se comunicar com o mundo invisível, quer dizer, com as almas; ora, como os judeus, os protestantes, os muçulmanos têm alma como nós, disso resulta que podem se comunicar com elas tão bem quanto conosco, e que, por conseguinte, podem ser Espíritas como nós. Não é mais uma seita política, como não é uma seita religiosa; é [...] uma doutrina mo-

ral, e a moral está em todas as religiões e em todos os partidos. (KARDEC, [RE] 1861, jun., p. 8-9)

Essa era uma época em que a cidade de Paris vivia o contraste entre a novidade do consumo entre os que podiam pagar e a miséria entre os desempregados que passavam fome e frio nas ruas. Foi quando surgiu a questão social: progresso industrial de um lado e empobrecimento das massas do outro. O Espiritismo precisava da liderança de pessoas íntegras entre os encarnados, pessoas conscientes das questões humanas, conhecedoras da educação pela liberdade, desprendidas das distrações sociais, dispostas a fazer sacrifícios e abrir mão das questões de personalidade. E essas necessidades foram preenchidas plenamente, e até de forma extrema, pelo casal Denizard Rivail e Amélie Boudet. Dois professores, ligados às ciências e às artes, com grande experiência na educação, com formação espiritualista, unidos e completamente desprendidos das coisas materiais. Prontos a dar sua vida pela causa. E foi exatamente isso o que ambos fizeram até o último dia de suas vidas.

A VIDA DE UM CASAL DEDICADA À EDUCAÇÃO PELA LIBERDADE

O professor Rivail não tinha a menor intenção de ficar conhecido quando publicou a primeira edição de *O Livro dos Espíritos* em 1857. Tinha uma carreira bem-sucedida como diretor de escola e escritor reconhecido na área da educação. Trabalhou com muito esforço para ampliar na França a proposta libertadora de Pestalozzi. O objetivo era revolucionar os métodos para a formação de crianças e jovens. Até então, jesuítas e materialistas viam as crianças como animais a serem domesticados, até mesmo com o uso de violência, imposição de um medo constante, além da competição para valorizar e fazer sobressair os melhores.

Em 1805, Pestalozzi criou em Yverdon, Suíça, uma instituição educativa que atraía estudantes de diversos países. Um internato tanto para os que podiam pagar quanto para os mais pobres, sendo gratuito para estes.

Nessa época, a Igreja controlava as escolas, mas sua preocupação era somente com o catecismo. Os mais privilegiados aprendiam apenas decorando, repetindo as lições, copiando sem parar as matérias, numa disciplina militar. As massas populares eram tratadas como gado e a Revolução Francesa aumentou o medo dos mais privilegiados, apegados aos seus bens. Indivíduos eram escolhidos como professores sem ter a menor capacitação; poderiam ser ex-soldados, sapateiros, taberneiros. Frederick Eby, pesquisador da história da educação, relatou que o pastor Stouber, nos tempos de Pestalozzi, visitou a escola de uma aldeia. Foi encaminhado para uma miserável cabana, caindo aos pedaços. Ao abrir a porta, deparou-se com um amontoado de crianças, desocupadas, irrequietas, fazendo uma grande barulheira. Foi difícil o pastor compreender a resposta quando perguntou sobre o mestre, mas uma delas apontou para um velho decaído afundado numa cama no canto da sala.

– Sois vós o mestre-escola, meu bom amigo?
– Sim, senhor – respondeu o velho, esfregando o rosto.
– E o que ensinais às crianças?
– Nada, senhor.
– Então, por que o fizeram professor? – questionou Stouber.
– Ora, senhor, durante muitos anos tomei conta dos porcos da aldeia, e quando fiquei muito velho e fraco para continuar, mandaram-me para cá tomar conta das crianças. (EBY, 1976, p. 382)

Pestalozzi estava muito à frente de seu tempo e revolucionou a educação infantil. Enquanto as escolas tradicionais adotavam métodos de adestramento, como se a criança fosse um animal a ser domesticado, ele a compreendia como uma alma que fazia do corpo seu instrumento. A educação deveria estabelecer um desenvolvimento harmônico das faculdades, em seus aspectos intelectual, moral e construtivo. O processo educativo está baseado nos esforços da própria criança, que desperta suas faculdades (razão, vontade, imaginação) e aprende a fazer uso delas, de forma autônoma e integral. Para Pestalozzi:

> Somente quando é mantida a harmonia entre as várias capacidades é que elas estão em conformidade com a natureza humana. Por outro lado, só o que afeta o homem como uma unidade indissolúvel é educativo no sentido adequado da palavra. Ele deve alcançar sua mão e seu coração, bem como sua cabeça, pois nenhuma abordagem parcial será satisfatória. [...] A educa-

ção que valoriza o termo necessariamente busca a perfeição dos poderes do homem em sua plenitude. (EBY, 1976, p. 638)

O objetivo principal estava na vida moral, servindo-se da razão e do físico-motor para dar-lhe base. A criança deve ser estimulada para descobrir suas capacidades e desenvolvê-las, ter domínio do descobrir, fazer e agir[59]. E o mais essencial está na graduação de sua evolução,[60] que é o meio próprio da natureza. Pestalozzi propõe:

> Tente fazer, a cada ato, etapas graduadas do conhecimento, nas quais cada nova ideia é apenas um pequeno acréscimo dificilmente perceptível ao que já é conhecido... Tudo o que a criança precisa aprender deve ser proporcional à sua força, ficando mais complicado e difícil no mesmo grau em que seus poderes de atenção, de julgamento e de pensamento aumentam.

Enquanto se espalhava a fama de Pestalozzi, na França, Maine de Biran estava preparando o que décadas depois (1830-1850) Kardec chamaria de reação espiritualista, dando as condições perfeitas para o surgimento do Espiritismo. Biran criou a psicologia experimental espiritualista, baseada no desenvolvimento da moral como escolha consciente, iluminada pela razão, a partir da lei natural presente na consciência. Como Pestalozzi, percebeu em Rousseau uma base teórica apropriada:

> A prática de recitar puramente mecânica é reprovável porque ensina a ler, escrever, traduzir e recitar com palavras insignificantes e vazias de sentido, sem nenhuma relação com a realidade na qual vive o estudante, cria nele uma automação mental e uma falta de espírito crítico totalmente nefastos. (GOMEZ, 1982, p. 497)

---

59. Aprender a *fazer* se refere às habilidades motoras. Saber *agir* é mobilizar conhecimentos, atitudes, fazer escolhas.

60. A graduação evolutiva do conhecimento, aqui proposta por Pestalozzi, será o método fundamental para a elaboração da doutrina espírita, procedimento adotado tanto por Allan Kardec em suas pesquisas como pelos espíritos para o ensinamento dos princípios básicos do Espiritismo. Rivail o compreendia desde sua formação com Pestalozzi, em Yverdon.

Em Bergerac, a educação pública também estava em estado deplorável. Nomeado subprefeito, Maine conseguiu apoio financeiro em sua cidade, nomeou como diretor o senhor Orange, professor de matemática. Qual método didático estaria em sintonia com suas ideias psicológicas? Não teve dúvida alguma, escreveu cartas a Pestalozzi e amigos comuns pedindo que este lhe enviasse um discípulo para estruturar a prática escolar de seu estabelecimento de ensino. O resultado o entusiasmou:

> Faz apenas alguns meses que o senhor Barraud (discípulo de Pestalozzi) iniciou suas aulas e crianças de seis a dezesseis anos já aprenderam, não apenas os princípios da leitura e cálculo intuitivo, mas também adquiriram hábitos preciosos de atenção, ordem e precisão no uso dos sinais e das ideias que lhes são inerentes. Conseguimos julgar esses progressos extraordinários em um exame público realizado nos últimos dias e no qual foi visto com surpresa como algumas crianças resolveram problemas de memória tão complicados que especialistas em cálculo precisariam da ajuda da caneta... (*Ibidem*, p. 53)

Maine e Pestalozzi passaram a trocar correspondência e desenvolveram forte amizade. Depois do sucesso, Maine planejou criar uma escola normal, para formar professores apropriados para fornecer uma educação primária adequada aos pequenos franceses, entre os quais reinava uma profunda ignorância por falta de oportunidade. Mas não foi possível concluir seu projeto.

Alguns anos depois, o jovem Hippolyte Rivail veria a cidade onde foi criado por sua mãe, Jeanne-Louise, e sua avó, Charlotte – viviam num vilarejo, Saint-Denis-lès-Bourg, ao lado de Bourg-en-Bresse, invadida e saqueada pelos austríacos. Seu avô foi guilhotinado e seu pai dado por desaparecido quando o filho tinha apenas três anos. Rivail foi criado por mulheres corajosas, de iniciativa e fibra, num ambiente rural, uma mansão de três andares. A cidade era rica em cultura. Falamos bastante sobre essa fase na obra *Revolução Espírita: a teoria esquecida de Allan Kardec*, para a qual remetemos o leitor interessado. Quando ocorreu a invasão, sua mãe Louise o levou para o castelo de Pestalozzi, vendendo propriedades para pagar todos os anos do internato.

Lá, Rivail aprendeu a aprender, desenvolveu a capacidade crítica de descobrir as leis da natureza, discernir entre as hipóteses as válidas e as inválidas, e, dentre as válidas, a mais adequada. Reconheceu na natureza uma força organizadora maior, regendo o universo por uma harmonia onipresente. Estava resoluto, levar essa educação libertadora para a sua pátria seria a razão de ser de sua vida. Conhecemos a trajetória. Sua mãe e tio o acompanharam para Paris, lá passaram a viver num apartamento. Rivail tornou-se diretor. Surgiu a oportunidade de alugar um grande instituto, antigo hotel e monastério dos jesuítas. Só o salão comportava quinhentas pessoas. Tinha jardins, passeios, refeitórios, cozinha e lavanderia, administração, dormitórios, inclusive a moradia da família. Um lar para crianças e jovens, inclusive estrangeiros. Organizou uma instituição de referência, adotando os métodos de Pestalozzi. Estava, assim, realizando na França o sonho de dois amigos, Maine de Biran e Pestalozzi!

Em 1832, a mãe de Rivail escreveu uma carta para os pais de Amélie-Gabrielle Boudet, conforme os costumes da época, para lhes dizer sobre o interesse do filho em pedi-la em casamento. Em 13 de agosto de 1831, o professor escreveu a Amélie:

> Minha mãe acabou de receber a resposta do Senhor vosso pai, à solicitação feita por mim, através dela. Apresso-me em aproveitar dessa permissão, que ele me concedeu, para vos exprimir diretamente toda a alegria que esse consentimento me proporcionou e quanto feliz eu seria que a vossa determinação pessoal corresponda à minha expectativa [...]. Sem dúvida, não vos será uma surpresa não encontrar nesta carta o estilo muitas vezes empregado para tais ocasiões. Confesso-vos não ter nenhuma experiência nisso, e de não ter disposição para fazer demonstrações enfáticas, cuja realidade repousa, muitas vezes, num sentimento demasiadamente fugaz. Prefiro a essas vãs maneiras de demonstração, a expressão de uma estima recíproca, a única capaz de assegurar uma felicidade duradoura, ao abrigo do tempo e das vicissitudes, e ouso acreditar que vós compartilhais desse meu sentimento e que os nossos pais verão com maior satisfação uma união fundada nessas bases. Eu gostaria de assegurar-vos, senhorita, que vós encontrareis em minha mãe e em meu tio parentes que se afeiçoarão a vós como a uma filha e que aguardam igualmente ansiosos que seus votos se concretizem, com sua chegada entre eles. (Manuscrito CDOR Kempf n. 1931_08_13)

A resposta positiva do pai dela culminou com o casamento em fevereiro de 1832. Ela era professora de letras e artes e escritora; tinha 36 anos e ele, 27. Não era comum uma mulher de uma família rica dedicar-se aos estudos e ao trabalho. Ela enfrentou os preconceitos e remou contra a maré. Rivail a convidou para ser governanta, orientando o trabalho das pajens e demais funcionários. Os desejos daquela carta de 1832 se realizaram. Estavam sempre juntos, ela o chamava de querido amigo, nas trocas de cartas contavam todos os seus afazeres e pensamentos um ao outro, mas ela dizia que as notícias nunca substituiriam a alegria de sua companhia.

Depois de uma poeirenta viagem a Lyon, Rivail escreveu para Amélie do hotel L'Ecu de France, quando ela estava na propriedade rural dos pais em Château-du-Loir, Sarthe. Ele descreve o que se passou no vagão do trem:

> Na maior parte do caminho, tive o prazer de ter a companhia de uma criança de um ano no carro que, por seus gritos e cheiros, nos ofereceu uma pequena repetição da tarefa e me fez desfrutar antecipadamente dos encantos da paternidade. (Manuscrito CDOR Kempf n. 1834_08_20)

E termina a carta expressando sua afeição: "beijando você com todo o carinho do marido mais amado, que ama sua amada e querida esposa tanto quanto um marido terno e amoroso pode fazer, que assim seja. HLDRival. Transmita meu afeto e respeito aos seus pais".

Não sabemos se foi uma filha natural,[61] adotada ou criada por eles, mas em 23 de agosto de 1841, quando viajou novamente para Lyon, agora em razão do funeral de sua tia Reine Matthevot, depois de tratar de diversos assuntos, pediu a Amélie que abraçasse a sua pequena Louise, agradecendo à cartinha que ela tinha enviado para o pai. (Manuscrito CDOR Kempf n. 1841_08_23)

Rivail e Amélie foram pais extremamente dedicados. Combinavam juntos a educação da menina, sempre despertando os valores dela, incentivando suas primeiras conquistas, admirando seu progresso. Numa carta de 15 de agosto de 1842, Rivail diz a Amélie estar feliz por ela ter prolongado sua estadia em Château-du-Loir, pela satisfação de estar com seus pais e poder lhes prestar cuidados na idade deles. Quanto a Louise, comentou: "Compreendi com pra-

---

61. A informação sobre a filha de Rivail e Amélie foi o resultado da pesquisa apresentada no artigo "Louise, filha adotiva de Kardec e Amélie", 2018, de Charles Kempf, atualmente presidente da Fédération Spirite Française (FSF).

zer que Louise trabalha bem na leitura e escrita, progredindo bastante, fiquei muito satisfeito com sua pequena carta e espero que ela possa ler sozinha a que lhe enviei!". (Manuscrito CDOR Kempf n. 1842_08_15) Em seguida, trata com Amélie do ensino de cálculo. Explica longamente as instruções para o aprendizado em aritmética de Louise, afinal, ele chegou a escrever livros didáticos sobre o tema amplamente aplicados na França para o ensino primário. Na ausência da máquina de cálculos, a menina brincaria com fichas – disse Rivail –, umas valendo 100, outras 10 e 1. Com elas, iria compor os números, menores inicialmente e progredindo depois. O número 241, escreveria com duas fichas de 100, quatro de 10 e uma de 1, formando uma fileira. Unindo os símbolos com seus significados naturalmente. Depois disso, ela aprenderia que, após montar o número 19 com uma ficha de valor 10 e nove de valor 1, ao acrescentar uma ficha de valor 1, serão dez delas, e então poderá trocar por uma de valor 10, formando 20.

Certo dia, Rivail escreveu à esposa que algumas dependências tinham sido desinfetadas, e ele precisou dormir na cama de Louise. Sempre trocavam amabilidades e lembranças pelas cartas, o que nos leva a presumir união e cuidado com os quais a cercavam quando estavam em família.

Todavia, as cartas revelam que a menina tinha uma saúde frágil. Rivail consultava uma sonâmbula famosa de Paris pedindo diagnóstico e tratamento. Numa carta de 29 de setembro de 1845, ele escreveu para Amélie: "Como você me dizia que se não me escrevesse seria porque Louise continuaria melhorando, então espero que a melhora tenha se confirmado: concebo que isso tudo deve lhe causar tormento e fadiga, porquanto você precisava muito de repouso". (Manuscrito CDOR Kempf n. 1845_09_29) Afinal, também a sua esposa precisava de constantes cuidados, pois um acidente quando jovem deixara sequelas, com diversos sintomas recorrentes.

Cartas de Rivail para Amélie

Em 1845, a menina deveria ter seus 11 ou 12 anos. Amélie estava em Paris, já não havia mais o Instituto Rivail da rua de Sevres, mas eles cuidavam de um pensionato para meninas na rua Mauconseil. Rivail estava viajando, quando sua esposa recebeu uma carta de Château-du-Loir, de seu querido pai, em avançada idade, 77 anos: "Eu lamento, minha querida Amélie, o evento infeliz que você anuncia na sua última carta; com o que você tinha escrito para nós e o que Mme. Gendron havia nos dito, eu esperava todos os dias receber essa má notícia". (Manuscrito CDOR Kempf n. 1845_XX_XX) Ninguém desejava essa notícia, mas o pai não pôde fugir de comentar a dolorosa morte da amada Louise, centro da atenção e cuidados de toda a família. Ele continua, e podemos imaginar toda a emoção do senhor Boudet, lamentando-se sobre a querida neta: "É muito triste e muito lamentável deixar a vida quando estamos apenas começando a aproveitá-la, enquanto outros que tiveram uma longa carreira poderiam terminá-la sem se arrepender tanto". (*Idem*) Talvez ele estivesse pensando em si mesmo, próspero tabelião, com uma família feliz, vivendo confortavelmente. Ou em Rivail, realizado em seu projeto de educação, tendo estruturado um respeitável Instituto, uma carreira brilhante nas ciências, escritor respeitado. Compreendia muito bem os caminhos que uma nação deveria seguir para formar gerações futuras regeneradas, em busca da fraternidade. E então o senhor Boudet lembra sua filha: "como você me diz, não é da natureza do homem ser perfeitamente feliz, devemos nos contentar com a porção que nos é distribuída". (*Idem*) Pensamento realista, pois neste mundo, mais ainda naquela época, enfrentar desgostos e adversidades é para todos. Por fim, o velho pai faz referência ao marido de Amélie: "Percebo o quanto isso deve ter afetado o sr. Rivail, desejo que ele se recupere". (*Idem*)

Amélie e Rivail formaram um casal de lutadores pelos valores da educação na França, unindo-se para superar os preconceitos do velho mundo, em busca da esperança dos novos tempos. Isso no dia a dia, cuidando em tempo integral de jovens e crianças, a mais ampla responsabilidade. Depois lhes surgiu a tarefa de cuidar especialmente da pequena Louise.

Da mais ampla tarefa – a educação de seu povo –, para a mais importante – a formação de uma criança. Todavia, eles muito sabiam sobre o despertar dos valores da alma, mas possuíam o senso comum sobre a vida após a morte, uma vida única e um destino eterno.

Por que morria uma criança inocente, ainda despertando seus valores, imersa nas alegrias das descobertas, a felicidade inocente das primeiras conquistas? Os abraços do pai amoroso quando lhe mandou uma cartinha, contando as coisinhas do sítio, as galinhas do quintal, enquanto Amélie a incentivava, acompanhando por cima de seus ombros. Centenas de lembranças não saem da memória de quem vive a maior dor possível na Terra, que é a de enterrar um filho. O que parece romper com a ordem natural das coisas, da vida, da natureza.

Podemos imaginar que Rivail, sim, se recuperou. Tratava-se de um homem determinado, confiante, esperançoso. Mas não deve ter sido fácil retomar a rotina, e encarar os dias sem a presença da pequena Louise, que tinha o mesmo nome de sua querida mãe. O casal trabalhou com o pensionato até 1850, quando a Igreja conseguiu retomar parte de seu poder sobre o ensino. Rivail passou a dedicar-se ao trabalho de contador e administrador de empreendimentos. Assumiu alguns deles, mas, por uma ironia do destino, se estabeleceu como contador da filial parisiense da editora e livraria católica J. B. Pélagaud et Cie., editor dos jesuítas e ultramontanos, cuidando também secretamente do jornal católico *L'Univers*. Foi quando, em 1854, ouviu falar das mesas girantes, dos médiuns, das comunicações dos espíritos. Iniciando a história que todos os espíritas conhecem.

Adotando o pseudônimo Allan Kardec, o professor Rivail publicou a primeira edição de *O Livro dos Espíritos*, com apenas 501 questões divididas em três partes, em 18 de abril de 1857. Fez todo o trabalho com o sacrifício de seus momentos de descanso, com o apoio de Amélie, pois estava em seu escritório durante o horário comercial de segunda a sexta. A obra foi um sucesso, esgotando-se rapidamente. Mas Rivail ainda mantinha a sua rotina. Os dois tinham hábitos simples, apesar da explosão de consumo pela qual passavam Paris e o mundo.

Rivail, no entanto, percebeu que estava diante de uma oportunidade grandiosa para a humanidade. O resultado das explicações dos espíritos superiores sobre os mais diversos ramos do conhecimento, mas principalmente demonstrando um mundo espiritual diverso dos dogmas e fantasias criadas pelos homens durante milênios, suposições contraditórias, histórias fantásticas e impossíveis de acreditar quando se faz uso da razão. E aquele era um novo tempo, quando o pensamento científico demonstrava seu valor dia após dia. Os espíritos demonstraram que a vida espiritual é regida por leis, da mesma forma que o mundo físico. Há o perispírito, com sensações e percepções próprias do espírito. Ainda havia muito a pesquisar.

O professor Rivail percebeu que poderia fazer uso dos instrumentos e métodos das ciências filosóficas, que conhecia com grande profundidade. Anteviu transformar em estudos psicológicos os diálogos com os espíritos. Os depoimentos, simples opiniões, mas elevados às centenas e aos milhares por meio de inúmeros médiuns, permitiram completar a obra, conhecendo uma mais ampla teoria do mundo moral. Por seus cálculos, se trabalhasse em tempo integral, levaria três anos para realizar a tarefa. Mas como, se tinha trabalho fixo?

Conversou com Amélie, demonstrou que uma nova fase estava surgindo como oportunidade em suas vidas. Depois de trabalhar para a educação dos jovens, se dedicaram à pequena Louise. Agora, estavam amplamente consolados pela fé racional na reencarnação como instrumento de evolução do espírito. Toda vida tem sentido, tem finalidade, tem importância. Cada personalidade humana tem sua missão, seus desafios. As escolhas das provas garantem tanto a liberdade mais ampla como uma responsabilidade pessoal absoluta. No lugar do falso ensinamento do materialismo, que tenta aplacar a consciência pelo nada, havia a mais perfeita bondade divina, que dá infinitas oportunidades para todos os seres conquistarem suas qualidades e superarem suas imperfeições, tendo como resultado a felicidade proporcional ao mérito, ao esforço e dedicação de cada um.

A pequena Louise nada perdeu do amor, dedicação e ensinamentos de seus pais, Rivail e Amélie, por deixar este mundo. Todos os valores são conquistas de seu espírito, em sua caminhada. Também a vivência traumática de sua morte serviu para a conscientização e despertar de toda a família. Não só a morte não existe, mas cada minuto da vida é importante e útil. Agora, o casal poderia servir à causa da educação da humanidade, contribuindo para uma revolução moral mais ampla que a revolução científica que o mundo estava elaborando.

Rivail elaborou um completo plano de trabalho, com todos os orçamentos calculados detalhadamente. Uma sala de pesquisa, para muitos médiuns, pesquisadores e a audiência. Uma revista para comunicação com os demais grupos, a correspondência. Pensaram juntos nos pormenores. Amélie precisaria voltar a trabalhar. Renunciariam à vida social, nada de passeios e visitas. Não haveria recurso para secretários ou qualquer funcionário, os dois precisariam dividir todo o trabalho. Um investidor se propôs a custear os três anos iniciais, mas pediu para manter sua ajuda em sigilo. O apartamento da rua Sainte-Anne, 59, pareceu adequado. Os móveis guardados de seu antigo escritório no Instituto Rivail foram aproveitados. Mas nada foi fácil dali em diante.

Em poucos meses, o investidor deixou de enviar sua ajuda mensal sem explicações. As coisas apertaram, mas tudo deu certo. O trabalho tomou grandes proporções; Kardec dormia três a cinco horas por dia. Amélie dividia as tarefas, passava a limpo os rascunhos de cartas, recebia visitas, participava ativamente da elaboração da doutrina espírita. Depois de três anos, cumprindo sua previsão, chegava ao público a segunda edição de *O Livro dos Espíritos*, agora com 1.019 questões divididas em quatro partes, em 18 de março de 1860. O trabalho estava só começando: "*O Livro dos Espíritos* contém as bases fundamentais do Espiritismo; é a pedra angular do edifício. Todos os princípios da doutrina estão ali expostos, até os que devem constituir seu coroamento". (*O Céu e o Inferno*, Prefácio da edição original)

O professor Rivail não se contentava em dirigir as sessões, escrever a *Revista Espírita* mensalmente, fazer viagens, orientar as centenas de grupos que estavam se formando pelo mundo, estabelecendo com ele correspondência, enviando mensagens, debatendo as questões propostas pelo periódico. Não, ele também dedicava grande parte de seu tempo para atender todos aqueles que sofriam e viam no Espiritismo uma luz em seu caminho. Anotamos na obra *Autonomia*, onde apresentamos muitos exemplos tirados de seus manuscritos, que Kardec:

> auxiliou centenas de pessoas todos os meses, em volume crescente, espalhando as sementes da esperança. Será no exame do acervo de suas cartas inéditas que poderemos conhecer esse aspecto fundamental de sua biografia. Foi nelas que ele relatou aos mais próximos suas próprias dores e sofrimentos, sem nunca se queixar publicamente. Abriu mão do tempo reservado à sua vida pessoal para dar conselhos, esclarecer as dúvidas, evocar Espíritos a pedido de familiares, fazer diagnósticos. Além de pessoalmente ter retirado jovens das ruas, visitado familiares de presos, indo ao encontro do sofrimento antes mesmo que os indivíduos precisassem se humilhar pedindo socorro. Enfim, ele deu o exemplo da verdadeira caridade. A liderança de tão grande importância necessariamente deveria cair em mãos preparadas, e isso se comprova pelos fatos.

Cada pedido de auxílio merecia uma resposta especial, apropriando a doutrina ao seu caso. Para alguns, alertava para a necessidade de refazer o caminho. A um senhor que se achava o pior dos seres, imperdoável diante de Deus, Rivail diminuiu sua preocupação, mostrou a complacência divina, que renova sempre as oportunidades, escreveu muitas páginas e prometeu continuar conversando com ele quando fosse à sua cidade. Numa carta que enviou no dia 17 de julho de 1860, num dos exemplos do livro *Autonomia* (p. 456-7), respondeu a uma senhora interessada na *doutrina dos espíritos*. Ela não estava enfrentando problemas; no lugar disso, buscava a oportunidade de ser útil, aproveitando o tempo de sua vida. Allan Kardec diz a ela:

É para mim grande satisfação quando vejo o bem que a doutrina espírita produz e as consolações que ela realiza. E tal satisfação, devo dizer, me é largamente concedida face ao número de pessoas em que a Doutrina efetua verdadeira revolução moral, reconduzindo umas ao bom caminho e desviando outras de atos de desespero. Se a senhora soubesse de tudo quanto diariamente testemunho, de todos os fatos íntimos que minha correspondência me revela, de tantas confidências que muita gente me honra fazendo-me, a senhora compreenderia ainda melhor quanto devo ficar, não orgulhoso, mas feliz, como a senhora o disse bem, por ser o instrumento de bons Espíritos.

A senhora havia pedido a Kardec que, com franqueza, a repreendesse se fosse preciso. E Kardec respondeu a esse apelo afirmando:

Em verdade, procuro o motivo e, confesso-lhe, não encontro nenhum. Vencer sem perigo é triunfar sem glória. A calma lhe voltou ao coração, a satisfação que experimenta quando consola um aflito, são testemunhos que lhe não podem deixar dúvidas sobre o bom caminho que encontrou. Continue, pois, a fazer felizes os desgraçados material e moralmente, e todos os que a senhora tiver assistido a abençoarão quando chegarem ao mundo dos Espíritos. Não se importe com os ingratos. Difunda a luz, difundindo o Espiritismo. Continue a meditar a doutrina espírita, aprofundando o estudo de todas as partes que a compõem, lendo muitas vezes os pontos capitais, a fim de bem se esclarecer a respeito. E cada vez descobrirá, relendo, algo de novo e haurirá outros temas dignos de reflexões. Mas faça-o com calma, friamente, sem entusiasmos, guardando-se bem da excitação que, em vez de esclarecer, cega.

Reserva, por fim, um último conselho:

Dizendo-lhe que medite bastante no Espiritismo, não intento que faça dele sua exclusiva ocupação. Ele não deve absorvê-la de tal modo que leve a negligenciar as coisas essenciais da vida terrestre. Deus não quer isso, nos colocou aqui na Terra para vivermos e cumprirmos certos deveres, quer apenas que as coisas sejam consideradas pelo que valem para esses fins. A inferioridade do Espírito está na razão direta da importância que ele ligue às coisas que constituem a superioridade do mundo material, gastando a maior parte do tempo em futilidades que lhe alimentam a vaidade, mas certamente não o superelevam.

As antigas dificuldades de saúde de Amélie se agravavam, o trabalho exaustivo de Kardec acumulava desgastes em seu corpo físico – chegou a se ver paralisado por um mês sem poder ao menos falar. As cartas chegaram a ser de 6 mil a 8 mil por ano, chegando religiosamente ao seu endereço:

> Eis do que, as pessoas que querem bem nos endereçar documentos, devem se persuadir; o tempo material nos falta frequentemente para lhes responder tão prontamente e tão longamente como, sem dúvida, conviria fazê-lo, mas como responder com detalhes a milhares de cartas por ano, quando se está obrigado a fazer tudo por si mesmo, e que não se tem secretário para ajudar? Seguramente, a jornada não bastará para tudo o que temos a fazer, se nós não lhe consagrarmos uma parte de nossas noites. (KARDEC, [RE] 1860, set., p. 19)

Mais de mil centros participavam do desenvolvimento da doutrina espírita. Depois de *O Livro dos Espíritos*, vieram todos os outros:

> Era preciso dar-lhes os desenvolvimentos, deduzir-lhes todas as consequências e todas as aplicações, à medida que elas se desdobravam pelo ensino complementar dos Espíritos e por novas observações. Foi o que fizemos no *Livro dos médiuns* e no *Evangelho segundo o Espiritismo* a partir de pontos de vista particulares; é o que fazemos nesta obra, a partir de um outro ponto de vista, e é o que faremos sucessivamente nas que nos restam publicar e que virão a seu tempo. (KARDEC, *O Céu e o Inferno*, Prefácio da edição original)

Passaram mais de dez anos dedicados à edificação do Espiritismo. Em abril de 1869, o contrato do apartamento iria vencer. Os planos estavam feitos. A nova sede da rua de Lille. A casa nova da Villa Ségur. A Sociedade reestruturada para ser gerida de forma colegiada, controlada por uma grande assembleia. Rivail pretendia ocupar posição discreta, auxiliar. Participaria da organização das amplas estruturas do Espiritismo. Finalmente, voltaria a conviver com sua esposa, retomando os dias em que escreveu a Amélie "com todo o carinho do marido mais amado, que ama sua amada e querida esposa tanto quanto um marido terno e amoroso pode fazer". Mas não eram esses os planos do destino, pois caiu fulminado por um aneurisma, depois de passar a noite em claro preparando a mudança. O ambiente em natural desordem, a porta entreaberta da sala de sessões, a pequena sala de visitas. A senhora Kardec estava sentada num canapé, acompanhada da cara amiga Berthe Fropo. Do outro lado, o senhor Delanne, pai de Gabriel, de frente para os dois colchões que sustentavam o corpo deitado, com seu robe, olhar de quem parecia repousar. Silêncio tranquilo, dever cumprido.

Uma cena triste, mas serena, carregada de verdadeira compreensão. Amélie, certamente envolta em saudades, um aperto no coração, afinal tinha 74 anos de idade e 38 anos de casamento. Mas a certeza da continuidade, e a presença invisível, a revestiam da mais plena paz.

A UNIÃO EM TORNO DA SOCIEDADE ESPÍRITA DE BORDEAUX

Já falamos sobre os desvios causados no movimento espírita em virtude da soberba e exaltada personalidade do advogado Jean-Baptiste Roustaing (1805-1879). Os espíritos familiares alertaram Allan Kardec sobre o perigo de sua influência, quando ele perguntou:

– A opinião de Roustaing tem algum crédito?
– Não, em geral ele passa por um entusiasta, exaltado, querendo se impor.

Isso ocorreu em 1862, quando Kardec se preparava para sua passagem pela cidade de Bordeaux. Essa era a cidade do advogado e representante da ordem dos advogados da corte imperial daquela cidade.

Em 1860, o também advogado e amigo de Roustaing, Jacques André Pezzani (1818-1877), um pesquisador do espiritualismo e das religiões, o havia iniciado nos estudos teológicos e também espíritas, recomendando diversas leituras. Ele mesmo conta em sua obra:

> O sr. Philaléthès (A. Pezzani) devia lembrar-se de que, em 1860, iniciara no Espiritismo o seu colega Roustaing; de que este com ele penetrou na babel da ortodoxia cristã e estudou a história das suas heresias; que lhe mostrou o que era Docetismo, levando-o a percorrer-lhe a trajetória com o auxílio das obras de Santo Inácio, de S. Polycarpo, de S. Irinéa, de Eusébio (História Eclesiástica), de Teodoreto, de Clemente de Alexandria, de Beaussobre (História do Maniqueísmo), de Bergier, de Feller, de Fluquet, de Matter. (ROUSTAING, 1996, tomo I, p. 104)

Nessa época, Pezzani e Roustaing admiravam e exaltavam Allan Kardec, entusiasmados com sua obra e pesquisa. O advogado de Bordeaux iniciou a leitura dos livros e escreveu-lhe uma primeira carta em março pedindo conselhos. Kardec respondeu e publicou a missiva de resposta na *Revista Espírita* de junho:

> Meu caro e muito honrado chefe espírita, [...] desde o começo de abril, graças ao conhecimento que me proporcionastes do excelente senhor Sabò e de sua família patriarcal, todos bons e verdadeiros espíritas, pude trabalhar, e trabalhei constantemente, cada dia [...]. O Sr. Sabò vos enviou exatamente o produto de nossos trabalhos obtidos a título de ensinamento, por evocações ou por manifestações espontâneas dos Espíritos superiores. Sentimos tanto de alegria e de surpresa quanto de confusão e humildade, quando recebemos esses ensinos tão preciosos e verdadeiramente sublimes, de tantos Espíritos elevados que vieram nos visitar, ou nos enviaram mensageiros para falarem em seu nome.

Um contato natural, quando o Espiritismo se expandia; as sociedades se formavam em ligação com a Sociedade de Paris e seu jornal, as prevenções sociais diminuíam à medida que a doutrina toda moral do Espiritismo ficava conhecida.

Sabò foi o primeiro espírita de Bordeaux a declarar-se como tal nessa cidade muito apreciada por Kardec, pelo grande interesse na doutrina espírita, notadamente dos operários, e pelo número de médiuns notáveis que de lá enviavam importantes mensagens.

A maioria dos espíritas da cidade convergia para formar uma unidade em torno da doutrina espírita, com um ou outro perturbador fugindo à regra. No dia 7 de agosto de 1861, os pensamentos pareceram convergir para a mesma ideia, pois Kardec recebeu uma carta de Sabò com importantes notícias:

> A vossa *Revista* anuncia que a Sociedade Espírita de Paris entra em férias de 15 de agosto a 1º de outubro; podemos esperar que, nesse intervalo, honrareis os espíritas bordeleses com a vossa presença; com isso seríamos todos bem felizes. Os adeptos mais fervorosos da Doutrina, cujo número aumenta cada dia, desejam organizar uma Sociedade que dependa da de Paris para o controle dos trabalhos. Formulamos um regulamento sobre o modelo da Sociedade parisiense; nós vo-lo submeteremos. À parte da Sociedade principal, haverá, em diferentes pontos da cidade, grupos de dez a doze pessoas, principalmente para os operários, onde os membros da Sociedade irão de tempos em tempos na ordem de inscrição, para ali darem os conselhos necessários. Todos os nossos guias espirituais estão de acordo sobre esse ponto, que Bordeaux deve ter uma Sociedade de estudos, porque essa cidade será o centro da propagação do Espiritismo em todo o Sul. Nós vos aguardamos com confiança e alegria para o dia memorável da inauguração, e esperamos que estareis contente com o nosso zelo e a nossa maneira de trabalhar. Estamos prontos a nos submeter aos sábios conselhos de vossa experiência. Vinde, pois, nos ver no trabalho: pela obra se conhece o obreiro. Vosso muito devotado servidor, A. Sabò. (KARDEC, [RE] 1861, maio, p. 17)

Tudo estava correndo conforme as orientações recebidas dos espíritos superiores pela Sociedade Parisiense. Sabò estava participando de uma organização do movimento espírita de Bordeaux, com o cuidado de formar diversos grupos pequenos e familiares, auxiliados por uma unidade central, com um estatuto baseado no modelo da de Paris. As mensagens mais instrutivas seriam enviadas para a *Revista Espírita*, colaborando com a formação da universalidade do ensino dos espíritos, o mais importante instrumento da doutrina. A inauguração reuniria todas as centenas de espíritas, felizes com essa ampla união.

Estranhamente, porém, Roustaing escreve uma carta para Kardec em outubro de 1861, às vésperas da viagem, dissuadindo-o de ir ao encontro da reunião dos bordelenses, por uma série de motivos alarmantes; todavia, pede que ele aproveite a passagem para fazer uma visita exclusiva em sua casa de campo!

Em 12 de outubro, Kardec lhe dirige uma dura, porém esclarecedora resposta:

> Quanto ao objetivo especial de sua última carta, dir-lhe-ei, meu caro senhor, que os motivos que tem em grande conta para me dissuadir de ir a Bordeaux são precisamente os que me induziram a ir, se eu não estivesse decidido a isso e se, doutro lado, os Espíritos não me houvessem aconselhado e, mesmo, prescrito que fosse. Não vou lá alhures para ter uma recepção, mas para dar os conselhos que me foram pedidos e que me solicitam com insistência. Se a Sociedade Espírita Bordalesa ainda está na infância, é razão a mais para eu visitá-la, solicitado, pois a infância precisa de mais cuidados do que a idade madura. Se já fosse adulta e já andasse sem amarra, minha presença lá seria inútil, pois, que eu saiba, médicos não são consultados por pessoas que estão passando bem. Se há ferida e sou chamado, é preciso que eu a examine e nela ponha o dedo. Querendo dissuadir-me de ir sondá-la, sem dúvida o senhor pensa que ela pode cicatrizar-se sem mim. Eu creria nisso sem hesitação, se todos os que se dizem espíritas nela pusessem o dedo, fazendo-o com abnegação de sua personalidade e de seu amor-próprio, pois é por esse sacrifício que o verdadeiro espírita é reconhecido; sem isso, só o é de nome. Também se pode reconhecê-lo pelo seu zelo efetivo, por sua perseverança em lutar contra os obstáculos e dificuldades. (Manuscrito CDOR Canuto n. 1861_10_12-AKD_01)

Nesse trecho, Kardec demonstra agir como o educador diante da criança, auxiliando-a a descobrir seus potenciais, despertando sua razão e domínio da vontade, para que depois ela siga por suas próprias forças. É o pensamento da autonomia, proposta central do Espiritismo. Mas, se Roustaing aponta que há feridas nessa associação nascente, também é fundamental que Kardec, representado pelo médico experiente, examine o caso, para dar o diagnóstico por seu próprio exame, e não confiando de longe em apenas uma opinião. Kardec continua:

> O senhor diz que me chamará quando tudo aí estiver bem. Certamente, não tenho a presunção de crer-me indispensável, para fazer a barca andar, outros podem tão bem quanto eu pô-la a flutuar. Mas, visto como o senhor me honrou generosamente com o título de chefe, convenha que seria pregar triste peça ao general chamá-lo após a vitória. Diz ainda o senhor que eu

só teria decepções; supõe então que só encontro rosas em meu caminho? Se eu tivesse de recuar a cada espinho que se me deparasse, não teria nada melhor a fazer do que ficar em casa e aí viver tranquilo, deixando os outros se desembaraçarem como pudessem. Depois, quando toda tarefa estivesse feita, apresentar-me para receber as honrarias. Francamente, caro senhor, eu acreditava que tivesse de mim melhor opinião. Não, senhor, eu não vou a Bordeaux para me ostentar, e desejo que todos os meus confrades em Espiritismo me estimem suficientemente para me crer acima de tais puerilidades. (*Idem*)

Kardec revela aqui sua elegância, bom senso, trato acolhedor, pois procura levar Roustaing ao entendimento do absurdo de suas proposições, tenta trazê-lo à realidade. A resposta nos leva a imaginar Roustaing dizendo a Kardec: "não venha não, serão muitas decepções entre estes operários, pode deixar que eu cuido de tudo por aqui, venha quando tudo estiver em ordem…". Quando o professor Rivail fugiu das lutas e dificuldades? Quando teria preferido o remanso do lar ao trabalho no terreno empedrado que arava desde muitos anos, na luta para cumprir suas obrigações? Roustaing não conhecia Kardec ou teve a petulância de subestimar com quem estava lidando! Todavia, pôde contar com toda a elegância do mestre, que aproveitava toda adversidade como forma de aprendizado. A missão de auxiliar a Sociedade Espírita era de Kardec, e ele não a delegaria a ninguém. Prossegue na carta, dando sua resolução:

Parto hoje mesmo para Bordeaux, aceito o convite do senhor Sabò para me hospedar em casa dele, na rua Mazarin, n. 2. Se é lá que está o perigo, é preciso que eu o verifique com meus próprios olhos. Sei que essa família não vive na alta sociedade bordalesa; que sua vida é bastante modesta; mas eu não sou um príncipe e, como espírita, não tenho em vista uma recepção de príncipe que ficaria em contradição com os princípios que professo. (*Idem*)

Novamente Kardec demonstra paciência e elegância ao justificar os arroubos alarmantes de Roustaing. Seria Sabò um perigo? Caberia a Kardec ver isso de perto e tomar suas providências, com o auxílio dos bons espíritos. Sabemos, porém, que eles já haviam comentado da importância da viagem e desse grupo da rua Mazarin para o movimento espírita de Bordeaux. Mas não cabia fazer uso dos espíritos como autoridade, mas apenas fazer uso particular desses conselhos. Por outro lado, seria impossível oferecer boas instalações e recepções abastadas a Kardec! Ele e Amélie eram um exemplo de simplicidade e de costumes simples. Kardec trazia os desvalidos para sua casa, trazendo-os à sua mesa. Visitava os casebres, hospitais e prisões, levando consolação e esperança. Recebia camponeses em seu escritório, enquanto príncipes esperavam sua vez na fila. Evitava banquetes e recusava jantares. Por que não ficaria hospedado no lar simples de Sabò?

Continua Kardec: "Fique perfeitamente tranquilo a respeito de sua última carta confidencial, tirarei o que me aproveita, mas não falarei dela. Aparentarei não ter notícias do senhor desde muito tempo". (*Idem*) Ficaria mesmo estranho para quem leu na carta de Roustaing publicada na *Revista Espírita* a afirmação "excelente senhor Sabò e de sua família patriarcal, todos bons e verdadeiros espíritas" depois saber que são um grande perigo, que os espíritas da cidade só trariam decepções, e que a casa deles era precária demais para a hospedagem do mestre! Ele ficaria certamente em maus lençóis caso o que dizia secretamente viesse a público, mas Kardec era leal e correto, e as aparências seriam mantidas naquele grande encontro.

Por fim, Kardec encerra, escrevendo: "Creia, meu caro senhor, que será para mim uma bem grande satisfação ir à sua casa de campo e dar-lhe um aperto de mão, se me sobrar tempo, mas como ficarei poucos dias, não sei se terei ensejo de dar-me essa alegria". (*Idem*) Certamente o trabalho estava à frente e acima de qualquer prazer, nessa dedicada e dura missão do professor Rivail.

A viagem a Bordeaux foi um grande sucesso. Como em Lyon, por serem cidades industriais, muitos dos adeptos eram operários. Kardec visitou várias de suas reuniões e ficou feliz com seus resultados valorosos, livres da intrusão de espíritos zombadores. Nessas reuniões, os mais ricos se misturavam com os artesãos, deixando o título de fora. Também encontrou bons médiuns de todas as idades. Visitou também a senhora Collignon, para ver o quadro mediúnico de sua filha, Jeanne, que tinha 18 anos. Era também médium escrevente e musicista, tendo recebido um trecho de música de Mozart. Collignon será quem receberá as mensagens de *Os Quatro Evangelhos*, mas, agora sabemos pelos manuscritos, sempre se manterá fiel a Kardec e aos princípios da Doutrina, desconfiando do que recebia na presença de Roustaing.

A recepção na casa de Sabò iniciou com o pé direito, quando o seu filhinho de apenas 5 anos, que Kardec chamou de nosso jovem amigo Joseph Sabò, recitou um discurso reproduzido na *Revista*:

> Senhor Allan Kardec, permiti à mais jovem de vossas crianças espíritas vir, neste dia, para sempre gravado nos nossos corações, vos exprimir a alegria que causa a vossa chegada entre nós. Estou ainda na idade da infância; mas meu pai já me ensinou o que são os Espíritos que se nos manifestam, a docilidade com a qual devemos seguir seus conselhos, as penas e as recompensas que lhes são concedidas; e, em alguns anos, se Deus julgá-lo oportuno, quero também, sob vossos auspícios, tornar-me um digno e fervoroso apóstolo do Espiritismo, sempre submetido ao vosso saber e à vossa experiência. Conceder-me-eis, em recompensa destas poucas palavras ditadas pelo meu pequeno coração, um beijo que não ouso vos pedir? (KARDEC, [RE] 1861, nov, p. 7)

Impossível não lembrar das pequenas cartinhas da pequena filha Louise antes da fase espírita, que deixavam o professor Rivail tão alegre e entusiasmado com seu progresso. Que interessantes idas e vindas e significados que os pequenos gestos da vida carregam! Depois da tão sentida morte da menina, a certeza da vida progressiva do espírito, agora, numa viagem de ampliação do alcance do Espiritismo, Kardec retribui com um beijo esse desejo de divulgar a doutrina da liberdade por essa pequena e sorridente criança.

O discurso de Sabò na inauguração da Sociedade Espírita de Bordeaux trouxe os pontos fundamentais propostos por Kardec. União em torno dos mesmos princípios ensinados pelos espíritos, por um progresso gradual e seguro. Em seu discurso, Allan Kardec vai lembrar que o Espiritismo não é uma estrutura hierárquica baseada na autoridade de um chefe supremo, ele é uma ideia que não se estabelece por liturgia ou credo, mas por sua compreensão. Está fora de toda a questão dogmática. Por isso não pode ser combatido derrubando este ou aquele:

> [O Espiritismo] não repousa sobre a cabeça de nenhum homem que se possa abater; que não há nenhum foco único, que se possa extinguir; sua fonte está por toda parte, uma vez que por toda parte há médiuns que po-

dem se comunicar com os Espíritos; [...] enfim, o Espiritismo é uma ideia, e não há nenhuma barreira impenetrável pela ideia, nem bastante altas que ela não possa transpô-las. (KARDEC, [RE] 1861, nov., p. 14)

Mas Kardec já estava avisado pelos espíritos superiores de que alguns desvios estavam se insinuando na cidade, e fez um aviso geral, prevenindo os espíritas presentes: "Se os inimigos de fora nada podem contra o Espiritismo, não ocorre o mesmo com aqueles do interior; quero dizer daqueles que são mais espíritas de nome do que de fato, sem falar daqueles que não têm do Espiritismo senão a máscara". Por fim, deu os conselhos que lhe foram pedidos, sugerindo a formação de grupos pequenos, particulares com pessoas afins. Colocar fim pela multiplicidade dos grupos às rivalidades pela supremacia e pela presidência. Afirmou que a direção do Espiritismo na cidade deveria seguir a natureza do mérito pessoal, das qualidades conciliatórias, do devotamento, dos reais serviços. Um novato de poucos meses se impondo ou um pequeno grupo querendo controlar todos seriam causas de divisões.

Em contraste evidente com as prevenções imaginárias de Roustaing, a mensagem dos espíritas e bons espíritos de Bordeaux poderia ser resumida com a seguinte sentença de Erasto: "sede unidos, a união faz a força. Fazei, pois, todos os esforços para a isso chegar, a fim de que, em pouco tempo, todos os centros espíritas franceses, unidos entre si pelos laços da fraternidade, caminhem a passo de gigante no caminho traçado". (KARDEC, [RE] 1861, nov., p. 22)

Allan Kardec completa seu roteiro e volta a Paris. Prepara os materiais sobre a viagem para a publicação na *Revista Espírita*. Retoma as suas correspondências e, no dia 29 de outubro de 1861, escreve uma necessária resposta a Roustaing, depois de tudo que viu, ouviu e vivenciou, claramente o melhor possível, invertendo as previsões tenebrosas do advogado: "Assim que tive a honra de informar-lhe a respeito, fui a Bordeaux, e só tenho que me felicitar pela minha viagem. Encontrei lá excelentes elementos para o Espiritismo e espero que produzam frutos". Quanto à acolhida, contra a qual Roustaing tentou por todo custo preveni-lo:

> A acolhida que recebi ultrapassou de muito minha expectativa, e não duvido que o senhor me julgue bastante satisfeito; porque foi provavelmente para me preparar uma agradável surpresa que me apresentou as coisas com uma

cor um tanto sombria. Não faltou ao meu contentamento senão o prazer de ver o senhor; meu tempo foi de tal modo empregado que, malgrado o desejo que tive, me foi impossível ir à sua casa de campo, o que me deixou muito triste. Espero ser mais feliz no próximo ano. (Manuscrito CDOR Canuto n. 1861_10_29_AKD_01)

Que sabemos aqui? Kardec foi bem sutil e generoso ao demonstrar ter encontrado o contrário do cenário catastrófico apresentado por Roustaing. Obviamente, depois que este não foi ao encontro, não foi recebê-lo, não participou da inauguração da Sociedade Espírita, permanecendo isolado em sua propriedade rural até o mês seguinte, Kardec não iria mesmo visitá-lo para se hospedar e descansar; até porque não houve tempo de sobra. E quanto à família de Sabò? Vejamos o que escreveu o professor:

> A família Sabò é bem, como o senhor disse em uma de suas cartas, verdadeiramente patriarcal e bem digna de estima. Sinto-me feliz de ter tido o ensejo de observar isso por mim mesmo e posso certificar-lhe que ela se compõe de bons e verdadeiros espíritas, tal como Deus e os bons Espíritos querem, pois todos tomam a Doutrina a sério no verdadeiro sentido deste termo. Gosto de pensar, meu caro senhor, que mais tarde o senhor partilhará minha opinião a este respeito e recuará de suas prevenções. O próximo número da *Revue Spirite* lhe dará a reportagem de minha estada em Bordeaux. (*Idem*)

Restava a Roustaing aguardar a chegada da *Revista* do mês de novembro para saber o que aconteceu em sua própria cidade, escrito pelo caro mestre que se absteve de apertar sua mão. O que deveria fazer em seguida? Dois caminhos. Seguir a orientação de Kardec e recuar de seus prejulgamentos e pretensões, voltando ao bom caminho, ou persistir no orgulho e soberba, recusando participar da união dos espíritas, que coloca todos num mesmo nível, pois todos os espíritas são estudantes, não há entre nós professores de Espiritismo. Professores são somente os espíritos superiores que dão seus ensinamentos, no momento apropriado. Todavia, Allan Kardec seria alertado por eles, quando perguntou: "Que influência pode ter o sr. Roustaing?". E eles responderam: "Se você o vir, um simples golpe de vista o fará julgar o homem, e o que se deve esperar dele. Ele tem tanta confiança nas suas luzes que pensa que todos devem se curvar a ele. Vá se você estiver disposto a fazê-lo". (KARDEC, Caderno "Voyage en 1862")

O ASSÉDIO DOS INIMIGOS INVISÍVEIS E SEU TERRÍVEL PLANO

Quando voltou de sua casa de campo na quinta de Tribus, ao lado do castelo Château de Benauge, cidade de Arbis, Roustaing leu os artigos, discursos e mensagens sobre a viagem a Bordeaux publicados por Allan Kardec na *Revista Espírita*. Viu sobre a visita a Collignon, e no mês seguinte decidiu ver também o quadro mediúnico de sua filha. Ele mesmo narra:

> Em dezembro de 1861, foi-me sugerido ir à casa de Mme. Collignon, que eu não tinha a satisfação de conhecer e a quem devia ser apresentado, para apreciar um grande quadro (*un grand tableau*) mediunicamente desenhado (*dessiné*), representando um aspecto dos mundos que povoam o espaço. (ROUSTAING, 1996, tomo I, p. 64)

Numa segunda visita, quando se preparava para ir embora, Roustaing viu que a mão de Collignon se agitava, e escreveu uma mensagem dos espíritos que estavam ali, em sua companhia, dizendo que cabia aos espíritas "dispor os fundamentos do templo onde a verdade terá seus altares e donde espargirá sua luz", e recomendou:

> Metei mãos à obra, pois que os espíritos indecisos flutuam entre a dúvida que lhes é semeada nos corações e a fé de que precisam; seus olhos nada mais podem distinguir nas trevas de que os cercaram [...]. Mostrai-lhes a verdade naquilo que comumente se considera mentira [...]. Mostrai-lhes que os milagres [...]. Com esse objetivo nós, oh! bem-amados, vimos incitar-vos a que empreendais a explicação dos Evangelhos em espírito e verdade, explicação que preparará a unificação das crenças entre os homens e à qual podeis dar o nome de Revelação da Revelação [...]. Quando todos os materiais estiverem reunidos e for chegado o momento de se tornar conhecida, de publicar-se esta obra, destinada a congregar todos os dissidentes de boa-fé, ligando-os por um pensamento comum,

Cartas de Kardec para Roustaing

sereis prevenido. Dezembro de 1861, Mateus, Marcos, Lucas, João, assistidos pelos apóstolos. (ROUSTAING, 1996, tomo I, p. 65-6)

Nessa época, Kardec havia publicado *O Livro dos Espíritos* e *O Livro dos Médiuns*. Estavam em pleno debate na Sociedade de Paris, divulgados pela *Revista Espírita*, os temas sobre as questões morais, a vida de Jesus, os milagres, as predições, a justiça divina, um trabalho grandioso, progressivo, galgado etapa por etapa, de tal forma que um ensinamento novo chegasse quando os espíritas já estivessem prontos para compreendê-lo.

O que estavam dizendo esses espíritos, tomando o nome daqueles que participaram do cristianismo primitivo? Esqueça Kardec e essa rede de grupos espíritas, centenas deles na França e no mundo, eles estão demorando demais. Você é o messias para terminar a obra. Confie em nossa autoridade, e esqueça essas coisas de universalidade do ensino, multiplicidade de grupos, ensino gradual e tudo o mais.

Um espírita lúcido e bem instruído pela leitura de *O Livro dos Médiuns* notaria todos os quesitos para identificar uma fraude de falsos profetas tentando desviá-lo fazendo uso de suas imperfeições. No entanto, Roustaing certamente estava ressentido em virtude dos acontecimentos recentes e a recomendação de Kardec para "recuar de suas prevenções". Precisava fazer uma escolha, estava diante de dois caminhos opostos, e infelizmente escolheu acreditar no canto da sereia, achar-se diante de espíritos superiores, aceitar que seria um missionário com o dever de substituir Allan Kardec, servindo para a elaboração desse livro, por uma só médium, num círculo fechado e isolado, durante anos, até sua publicação em 1866.

Todavia, apesar desses arranjos que se iniciavam nas sombras do meio espírita, Allan Kardec não tinha motivos para se preocupar, ou agir em sobressaltos, pois era avisado de tudo previamente. Perguntado sobre o que seria a história do Espiritismo, ele esclareceu:

> Devendo o Espiritismo marcar nos fastos da Humanidade, será interessante, para as gerações futuras, saber por que meios ele se estabeleceu. Esta será, pois, a história das peripécias que terão assinalado os seus primeiros passos; as lutas que terá tido que sofrer; os entraves que se lhe terão suscitado; de sua marcha progressiva no mundo inteiro. O verdadeiro mérito é modesto e não procura se fazer valer; é preciso que a posteridade conheça o nome

dos primeiros pioneiros da obra, daqueles cujos devotamento e abnegação merecerão estarem inscritos nos seus anais; cidades que terão caminhado na primeira linha; daqueles que terão sofrido pela causa, a fim de que bendigam, e daqueles que terão feito sofrer, a fim de que orem para que sejam perdoados; em uma palavra, de seus amigos verdadeiros e de seus inimigos confessos ou ocultos. Não é preciso que a intriga e a ambição usurpem o lugar que não lhes pertença, nem um reconhecimento e honras que não lhes serão devidas. Se são Judas, é preciso que sejam desmascarados, uma parte, que não será a menos interessante, será a das revelações que, sucessivamente, anunciaram todas as fases dessa era nova e dos acontecimentos de toda natureza que a acompanharam. (KARDEC, [RE] 1862, out., p. 12)

Foi por esse motivo que Allan Kardec guardou essas mensagens de bastidores, as cartas trocadas, as atas, mensagens, todas reunidas em dossiês por tema, cadernos, pastas. Registros históricos como o de sua família, da pequena Louise, e de todas as peripécias que agora estamos contando.

Podemos ter convicção das ideias fixas presentes na mente de Roustaing quando temos em mãos mais um manuscrito de Allan Kardec, de próprio punho, datado de 11 de fevereiro de 1862, endereçado ao senhor Roustaing, em Bordeaux, meses depois de sua decisão de achar-se o novo messias do Espiritismo. Kardec ainda não sabia disso, mas ficou muito pesaroso ao receber nova carta retomando as animosidades e acusações a Sabò. Antes disso, relatou ao advogado o quanto seu trabalho era exaustivo:

Desde algum tempo me esforço para pôr em dia a minha correspondência sem o conseguir, porque, tendo um atraso considerável, cada dia traz novas obrigações e isso sem prejuízo dos trabalhos em curso que aumentam em vez de diminuírem e para os quais os dias não são bastante longos. É, asseguro--lhe, rude e pesada a minha tarefa, e não há colocação, por mais lucrativa que fosse, que eu quisesse aceitar a esse custo. Só um objetivo tão grande como o que persigo pode dar-me a força de resistir à fadiga que muita vez me acabrunha. Eu me propunha responder pormenorizadamente à sua última carta, mas devo renunciar a isso, por me faltar materialmente o tempo. Limito-me a algumas reflexões gerais. (Manuscrito CDOR Canuto 1862-02-11 - AKD_01)

Primeiramente, Kardec expõe o quanto sua tarefa é exigente e desgastante, depois revela seu desprendimento e total devotamento à causa maior, que é contribuir para a evolução moral da humanidade. Vejamos agora suas reflexões:

> Vi com extremo pesar, asseguro-lhe, meu caro senhor, a persistência de seus sentimentos de animosidade contra o senhor Sabò. Se o senhor tem motivos pessoais contra ele, permita-me não me envolver neles senão para lhe lembrar a caridade que deve animar todo verdadeiro espírita. Se houve agravos de um ou de outro lado, não me faço de juiz deles, só me consinto examinar uma coisa: o lado em que haja maior grandeza, abnegação e generosidade ao exemplo do Cristo, e me digo: deste lado houve ofensas e foram perdoadas caridosamente. (*Idem*)

Roustaing não precisava passar por isso, certamente. De um lado, Sabò estava participando de um grupo amplo, seguindo os conselhos da Sociedade de Paris, contribuindo para a multiplicidade de grupos, empreendendo atendimento aos mais simples com estudos e tratamentos de cura, agregando os operários, tudo o que se pede de um movimento espírita coerente. De outro, a consciência de Roustaing certamente o acusava por estar, nas sombras, tramando contra aquele a quem estava enviando uma carta para falar mal de Sabò, quando Kardec já o havia recomendado expressamente para "recuar de suas prevenções". Mas o advogado insistia. E, então, o professor continua:

> O senhor Sabò é um dos primeiros espíritas com os quais fiz relações em Bordeaux, e é um dos que mais contribuíram para propagar a doutrina espírita ali. Eu aprecio-lhe a modéstia, o zelo, a dedicação que não recua diante de nenhum trabalho, nenhuma fadiga, nenhum sacrifício, pagando com esforço pessoal o que não pode pagar do próprio bolso. Também os Espíritos que se comunicam conosco o colocam no número de seus auxiliares estimados, para a realização das grandes coisas que se preparam. (*Idem*)

Sabemos também que Kardec seria prevenido pelos espíritos de que Roustaing esperava que "todos devem se curvar a ele", desejando se impor, por ter "tanta confiança em suas luzes". Ou seja, estava fascinado. Nessa condição, tudo o que lhe chega é interpretado ao contrário da realidade. Quanto mais Kardec defendia o senhor Sabò, mais Roustaing depreciaria sua imagem, achando-se um salvador, mártir, escolhido. Não havia outro caminho, enfim, senão cortar aquela conversa, encerrar o assunto, pois Roustaing claramente não cederia, então Kardec escreveu, com tato e firmeza:

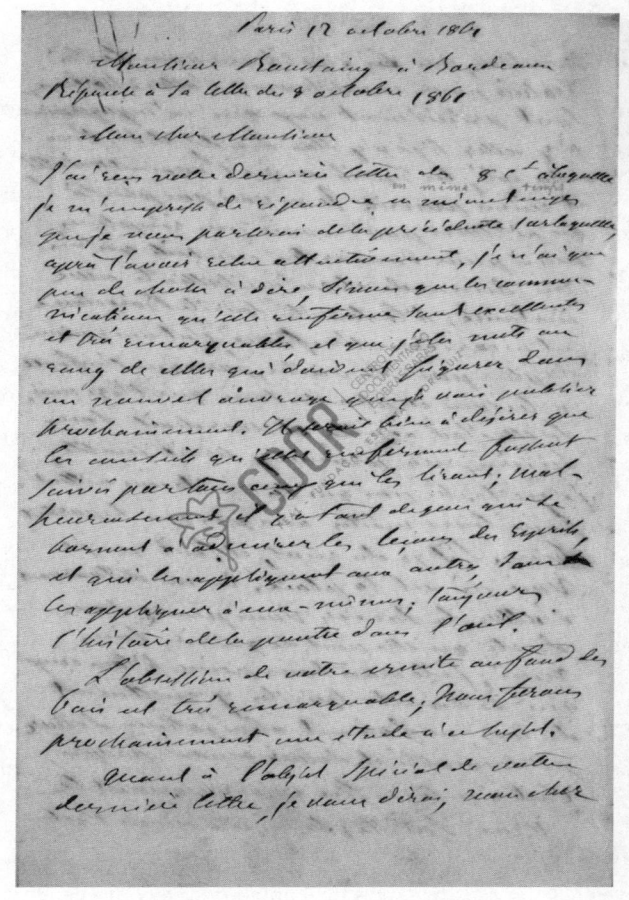

Carta de Kardec para Roustaing.

Embora o senhor me honre, meu caro amigo, a exemplo de muitos outros, com o título de chefe, e eu o estime bastante para crer que, na sua boca, isso não passe duma fórmula banal, sem mais valor do que a de: seu humilde servo, não tenho a pretensão de prescrever nada, não imponho a ninguém nem minhas opiniões nem minha vontade. Aceito a autoridade que me queiram conceder, porém não solicito nem reivindico nenhuma. Só o futuro decidirá o grau da que poderão adquirir meu nome e minhas obras. Permita-me pois não me prevalecer desse título de chefe para lhe fazer uma súplica. O senhor Sabò é um de meus amigos, ficarei imensamente obrigado ao senhor se me deixar o cuidado de julgar por mim mesmo se ele é digno de minha amizade. (*Idem*)

Palavras fortes, graves, de última providência. Retornando ao mesmo assunto de forma inconveniente, Roustaing estava extrapolando os limites da respeitabilidade. Palavras assim não são comuns de se encontrar nos registros de Allan Kardec; parece-nos o limite a que um francês do século 19 poderia chegar numa conversa cordial. Diz a Roustaing: não me chame de chefe, quando não me ouve. Então me conceda considerar-me seu humilde servo, aceitando a súplica de parar de difamar meu amigo Sabò!

Por fim, Allan Kardec termina a carta tentando trazer Roustaing à realidade, demonstrando a ele tudo o que o Espiritismo ainda precisava construir, no trabalho conjunto entre espíritas e espíritos, escrevendo:

> Existem por outro lado coisas bem graves, diante das quais as mesquinhas rivalidades da Terra se apagam com sombras. Revelações de extrema importância vêm hoje erguer uma ponta do véu nova e apresentar o porvir sob uma luz de alguma sorte nova. O caminho está desimpedido de certas obscuridades. O horizonte está de tal modo claro que posso agora caminhar com passo firme e seguro sem me deter em incidentes da estrada. Oh! Meu caro amigo, como tudo isso é grandioso! E como o homem se sente pequeno quando lhe é dado entrever as vias misteriosas pelas quais a Providência deve chegar a seus fins, porque é então que se compreende a inutilidade da resistência. Como posso eu dizer-lhe tudo o que sei atualmente! Mas ainda não chegou o tempo de revelar esses mistérios. Saiba apenas que tudo o que está dito se cumprirá para a maior glória de Deus e para a felicidade da humanidade. (*Idem*)

Mas que sinceras e comoventes palavras de Allan Kardec, transmitindo a Roustaing seus mais profundos sentimentos, diante do coroamento da doutrina espírita pelas obras que estavam por vir, e que já mostravam na *Revista*

Espírita alguns prenúncios. Seriam o *Evangelho segundo o Espiritismo*, *O Céu e o Inferno* e *A Gênese*. Um privilégio compartilhar os pensamentos tão belos desse caro mestre. Mas era preciso ter olhos para ver. E, imerso em sua fascinação, Roustaing enfrentava um dilema. Pisar em seu orgulho e soberba? Reconhecer que aqueles espíritos que se passavam por nomes veneráveis e dos quais havia alguns meses anotava as ideias seriam na verdade figuras das sombras, lobos em pele de cordeiros? Deixaria cair-lhes as máscaras, revelando seus sórdidos planos de deturpar a doutrina da liberdade com suas ideias carcomidas de castigo e opressão do mundo velho? Ou seguiria o outro caminho, a via da ilusão, da dor, do equívoco, que no final retornaria somente decepção, amargura e sofrimento moral? Infelizmente, já conhecemos a história, e, nessa nova encruzilhada da decisão, essa nova chance de recuar do erro não surtiu efeito. As palavras de Kardec apenas incitaram as imperfeições do advogado, que vislumbrou alucinado: "sou o messias... o escolhido da espiritualidade... vou trazer a luz do mundo sozinho... sou a concretização das profecias...".

Allan Kardec, num último apelo à razão, reproduziu uma recente comunicação espírita assinada pelo Espírito da Verdade, conclamando à simplicidade, união, trabalho coletivo, caridade; o abandono do orgulho, pensando nas recompensas da felicidade espiritual e não nos aplausos do mundo. Caso Kardec não passasse de um simples servo, será que a palavra do Consolador Prometido por Jesus teria efeito? Um dia certamente terá, não nesta vida; para Roustaing, todavia, Deus dá sem cessar novas oportunidades. Um dia virá o arrependimento sincero e o retorno vitorioso ao bem. Cada um a seu tempo.

Anos depois, essa mensagem seria publicada na nova obra, *O Evangelho segundo o Espiritismo*, em abril de 1864, no capítulo que trata da missão dos espíritas, que são "Os trabalhadores da última hora". Nele, Kardec pergunta:

– Se, entre os chamados para o Espiritismo, muitos se transviaram, quais os sinais pelos quais reconheceremos os que se acham no bom caminho?
– Reconhecê-los-eis pelos princípios da verdadeira caridade que eles ensinarão e praticarão. Reconhecê-los-eis pelo número de aflitos a que levem consolo; reconhecê-los-eis pelo seu amor ao próximo, pela sua abnegação, pelo seu desinteresse pessoal; reconhecê-los-eis, finalmente, pelo triunfo de seus princípios, porque Deus quer o triunfo de Sua lei; os que seguem Sua lei, esses são os escolhidos e Ele lhes dará a vitória; mas Ele destruirá aque-

les que falseiam o espírito dessa lei e fazem dela degrau para contentar sua vaidade e sua ambição. (KARDEC, [1864] 1996, p. 265)

O Espírito da Verdade afirma na mensagem *Obreiros do senhor*:

> Aproxima-se o tempo do cumprimento das coisas anunciadas para a transformação da humanidade. Bem-aventurados serão aqueles que tiverem trabalhado no campo do Senhor com desinteresse e sem outro móvel senão a caridade! As diárias do trabalho lhes serão pagas ao cêntuplo do que tiverem esperado. Bem-aventurados serão aqueles que disseram aos seus irmãos: Trabalhemos juntos e unamos nossos esforços a fim de que o mestre encontre a obra acabada em seu advento. Porque o mestre lhes dirá: – "Vinde a mim, vós que sois bons servos; vós que fizestes calar vossas rivalidades e discórdias para não deixar a obra em morar!". Mas, desventura para aqueles que, por suas discussões, tiverem retardado a hora da colheita, porque o temporal chegará e eles serão arrastados pelo turbilhão! [...] Deus está fazendo neste momento o cadastro de seus servos fiéis e marcando a dedo os que não têm senão a aparência da dedicação, a fim de que não usurpem o salário dos servos corajosos, porque é aos que não recuarem que ele vai confiar os postos mais difíceis na grande obra da regeneração pelo Espiritismo, e esta sentença será cumprida: no reino dos céus, os primeiros serão os últimos, e os últimos serão os primeiros. (*Idem*)

E Kardec completa ao final: "Esta comunicação recebe um grau particular de interesse de todas as que lhe servem de desenvolvimento. Mas, tal qual é, não é menos significativa. O senhor levará a bem, eu penso, de lha haver dado em estreia, pois ela me veio à mão há dois dias". (*Idem*) O recado estava dado, agora a responsabilidade pelos atos está fadada ao livre-arbítrio de cada um.

A NOVA VIAGEM DE KARDEC A BORDEAUX, EM 1862

Em setembro de 1862, as mesmas circunstâncias do ano anterior se repetem, mas bastante ampliadas. Os grupos novos surgindo em Lyon, e se unindo aos anteriores, formando uma rede de espíritas. Mas é preciso sempre estar vigilante, então Kardec avisa: "Não olvideis que a tática de vossos inimigos encarnados ou desencarnados é de vos dividir; provai-lhes que perdem seu tempo se tentam suscitar entre os grupos sentimentos de ciúme e de rivalidade, que seria uma apostasia da verdadeira Doutrina Espírita Cristã". Foram quinhentas assinaturas que acompanharam o convite! Também Sabò pediu que voltasse à sua cidade, em nome da Sociedade Espírita de Bordeaux. E para ele Kardec já fez um aviso premeditado, em nome da simplicidade que a divulgação da doutrina exige:

> Crede bem que me terei por mais honrado com uma franca e cordial acolhida na forma mais simples, do que de uma recepção cerimoniosa que não convém nem ao meu caráter, nem aos meus hábitos, nem aos meus princípios. Se a união não reinar entre eles, não será um banquete que a fará nascer, ao contrário; se ela existe, pode-se manifestar de outro modo do que por uma festa onde o amor-próprio pode encontrar sua conta, mas que não poderia tocar um verdadeiro Espírita, e por uma despesa inútil que seria melhor empregada para aliviar o infortúnio. Cotizai-vos, pois, em minha intenção, se o quiserdes, e permiti-me juntar-lhe meu óbolo; mas, em lugar de comer o dinheiro, que sirva para dar de comer àqueles a quem falte o necessário. Então isso será a festa do coração, e não a do estômago. Mais vale ser bendito pelos infelizes do que pelos cozinheiros. (KARDEC, [RE] 1862, set., p. 15)

Em Bordeaux, porém, já estava iniciada a elaboração do plano dos inimigos invisíveis. Mas eles eram invisíveis para os encarnados, pois os bons espíritos podiam vê-los, ler seus pensamentos, prever seus passos, medir seus planos. A partir daí, podiam prevenir Kardec e os verdadeiros espíritas para que pudessem rebater as armadilhas e dar continuidade ao trabalho de elaboração e divulgação da proposta da autonomia. Numa mensagem que anotou em seu caderno particular "Voyage en 1862", conservado em seus manuscritos, em 16 de setembro, quando já estava visitando Lyon, Kardec perguntou aos espíritos, por meio do médium sentado à sua frente, sobre Bordeaux: "Poderia me dizer algo sobre a continuação da viagem?".

> Sua viagem será para você a fonte de uma grande satisfação que te fará facilmente esquecer as poucas decepções que você poderá encontrar. *Bordeaux,*

sobretudo, te oferecerá certas dificuldades, pois você terá que combater a tenacidade das ideias preconcebidas, e o orgulho das rivalidades ciumentas. Não se incomode, você terá sucesso e depois de sua partida se reconhecerá que você passou por lá, porque você reconciliará os campos divididos. Há também aí o dedo de Deus; é preciso que se possa dizer: o Espiritismo operou um novo milagre. Ele reaproximou os homens que acreditávamos ser irreconciliáveis. A fé profunda de Sabò é a alavanca sobre a qual você deve se apoiar.

Os bons espíritos estavam constantemente chamando a atenção de todos os espíritas em relação ao assédio dos espíritos falsos profetas, conclamando a que todos ficassem atentos, pois, observando os movimentos dos dois mundos, estava clara a cruzada contra o Espiritismo no mundo espiritual: "pelos adversários natos de toda doutrina progressiva e emancipadora, juntando-se uma cruzada espiritual, dirigida por todos os espíritos pseudossábios, falsos grandes homens, falsos religiosos e falsos irmãos da erraticidade", unidos aos do mundo físico: "fazendo causa comum com os inimigos terrestres por meio dessa multidão de médiuns fanatizados por eles, e aos quais ditam tantas elucubrações mentirosas". Quem psicografou a mensagem foi o vice-presidente da Sociedade Parisiense, Alis D'Ambel (1816-1866), pelo espírito Erasto, discípulo de Paulo de Tarso.

Outro aviso importante do espírito foi: "Não julgueis jamais uma comunicação medianímica em razão do nome do qual está assinada, mas somente pelo seu valor intrínseco". Pois iriam surgir publicações de origem suspeita e "tende por certo que mais de uma foi elaborada nos campos inimigos do mundo visível ou do mundo invisível, tendo em vista lançar entre vós tochas de discórdia". (KARDEC, [RE] 1863, dez., p. 18)

E como agir com esses desviadores do caminho? A resposta é direta: "oremos por eles e não condenemos ninguém; porque devemos sempre ter presente à memória este magnífico ensino do Cristo: 'Que aquele que estiver sem pecado atire a primeira pedra!'". Não é possível fazer um movimento espírita somente de indivíduos ilibados, na perfeição de suas qualidades, insuspeitos e sem imperfeições a serem exploradas. Essa condição ainda não é a geral de nosso mundo:

> Não é que venha vos recomendar de não abrir vossas fileiras senão aos cordeiros sem mácula e às vitelas brancas; não, porque, mais do que todos os

outros, os pecadores têm o direito de encontrar entre vós um refúgio contra suas próprias imperfeições. Mas aqueles dos quais vos convido a desconfiar são esses hipócritas perigosos aos quais, à primeira vista, se está tentado a conceder toda confiança. [...] A esses hipócritas da encarnação reuni os hipócritas da erraticidade, e vereis, meus caros amigos, quanto tenho razão de vos aconselhar agir doravante com uma reserva extrema, e vos guardar de toda imprudência e de todo o entusiasmo irrefletido. Eu vos disse, estais num momento de crise, tornado mais difícil pela malevolência, mas do qual saireis mais fortes com a firmeza e a perseverança. (*Ibidem*)

Estava ocorrendo uma crise, um embate no movimento espírita, o conflito entre a verdade libertadora e a hipocrisia dos apegados ao velho mundo. Assim concluiu Erasto:

Esse conflito é inevitável, porque o homem está maculado de muito orgulho e de egoísmo para aceitar sem oposição uma verdade nova qualquer; digo mesmo que esse conflito é necessário, porque é o choque de ideias que estraga as ideias falsas e faz ressaltar a força daquelas que resistem. No meio dessa avalanche de mediocridade, de impossibilidades e de utopias irrealizáveis, a verdade esplêndida desabrochará em sua grandeza e sua majestade. (*Ibidem*)

A QUEDA E A REENCARNAÇÃO COMO CASTIGO DIVINO

Um dos mais graves desvios dos ensinamentos dos espíritos superiores presentes na doutrina espírita está na questão da queda do espírito. Segundo o Espiritismo, as reencarnações servem ao espírito simples e ignorante para que ele, ao enfrentar as dificuldades de cada vida, ainda submetido aos instintos, aos poucos vá despertando sua inteligência, buscando novas resoluções para os problemas que enfrenta. Quando adquire, depois de centenas de encarnações, tanto a inteligência quanto o livre-arbítrio, passa a fazer uso das adversidades da vida como meio de desenvolver suas qualidades morais, e superar suas imperfeições, caso as tenha desenvolvido. Faz isso escolhendo livremente as provas das vidas futuras. Esse é o processo evolutivo do espírito pela mais absoluta liberdade.

No entanto, os dogmas das religiões ancestrais criaram um deus opressor, controlador, com a necessidade de mostrar a sua força castigando suas criaturas para torná-las submissas, por meio da fé cega e da obediência passiva. Desse modo, os homens imaginaram que em sua origem o espírito está como foi criado, justo e bom. Mas, ao fazer uso da liberdade e errar, uma só vez, é expulso pela ira divina, e cai no mundo para pagar seus pecados. Caso erre de novo na primeira vida, será ainda mais castigado na segunda. Essa fantasia, inversão da verdadeira lei universal, foi ensinada, geração após geração, de forma cega, por milhares de anos.

Os espíritos enganadores que estavam ditando a falsa obra para Roustaing, em abril de 1862, implantaram essa ideia equivocada da queda do espírito, presente nas antigas religiões do velho mundo. Contudo, o verdadeiro ensinamento espírita é o da necessidade da reencarnação para todos os espíritos como meio de progresso.

Em junho de 1862, Allan Kardec vai publicar um artigo rebatendo essa tese da queda, explicando a proposta da autonomia moral, que é o ensinamento dos espíritos superiores: "Segundo um sistema, que tem alguma coisa de especial à primeira vista, os Espíritos não teriam sido criados para serem encarnados, e a encarnação não seria senão o resultado de suas faltas. [...] O bom senso repele tal pensamento". Então explica:

> A encarnação é, pois, uma necessidade para o Espírito que, para cumprir sua missão providencial, trabalha em seu próprio adiantamento pela atividade e a inteligência que lhe é preciso empregar para prover à sua vida e ao seu bem--estar; mas a encarnação se torna uma punição quando o Espírito, não tendo feito o que deve, é constrangido a recomeçar sua tarefa e multiplica suas existências corpóreas penosas pela sua própria falta. Um escolar não chega a colar seus graus senão depois de ter passado pela fieira de todas as classes; são essas classes uma punição? Não: são uma necessidade, uma condição indispensável de seu adiantamento; mas se, por sua preguiça, é obrigado a repeti-las, aí está a punição; poder passar algumas delas é um mérito. Portanto, o que é verdade é que a encarnação sobre a Terra é uma punição para muitos daqueles que a habitam, porque teriam podido evitá-la, ao passo que, talvez, a dobraram, triplicaram, centuplicaram por sua falta, retardando assim a sua entrada nos mundos melhores. O que é falso é admitir em princípio a encarnação como um castigo. (KARDEC, [RE] 1863, jun., p. 2)

Outra questão levantada por Kardec: "O Espírito sendo criado simples e ignorante com liberdade de fazer o bem ou o mal, não há queda moral para aquele que toma o mau caminho, uma vez que chega a fazer o mal que não fazia antes?". E a resposta é esta:

> Esta proposição não é mais sustentável do que a precedente. Não há queda senão na passagem de um estado relativamente bom a um estado pior; ora, o Espírito criado simples e ignorante está, em sua origem, num estado de nulidade moral e intelectual, como a criança que acaba de nascer; se não fez o mal, não fez, não mais, o bem; não é nem feliz nem infeliz; age sem consciência e sem responsabilidade; uma vez que nada tem, nada pode perder, e não pode, não mais, retrogradar; sua responsabilidade não começa senão do momento em que se desenvolve nele o livre-arbítrio; seu estado primitivo não é, pois, um estado de inocência inteligente e racional; por consequência, o mal que faz mais tarde infringindo as leis de Deus, abusando das faculdades que lhe foram dadas, não é um retorno do bem ao mal, mas a consequência do mau caminho em que se empenhou. (*Ibidem*)

Allan Kardec, sempre avisado antecipadamente pelos bons espíritos, escreveu ao médium Percheron, de Sens, na Borgonha, num de seus manuscritos inéditos:

> Como você, lamento ver que entre os espíritas há alguns que entendem tão pouco o objetivo e o alcance da doutrina; é que existem alguns que são mais espíritas só de nome do que de fato. Não ficamos mais surpresos quando encontramos alguém que os aceite aparentemente muito menos por convicção do que pela esperança de subir um degrau de suas ambições. Devemos também levar em conta as manobras surdas de uma classe de nossos adversários que, por meio de deserções reais ou simuladas, esperam lançar desordem nas fileiras dos seguidores. (Manuscrito CDOR Canuto n. 1866_01_06_AKD_01)

Carta de Kardec para Percheron

O professor Rivail precisava estar sempre atento, se desdobrando para reforçar o entendimento, ampliando e tornando mais claros os ensinamentos, à medida que os espíritos se aprofundavam nas ideias, ampliando as explicações da teoria espírita. Então continua:

É sem dúvida útil demonstrar os verdadeiros princípios da doutrina; mas nem sempre fiz isso e não faço o tempo todo? O que não é menos importante é advertir as ovelhas contra os lobos que invadem o redil. Se em alguns é uma perda de boa fé, um treinamento de fraqueza, um defeito de concepção, *em muitos, acredite, é um cálculo, um viés, um plano combinado de longa data, e dirigido por mãos ocultas; contra eles o raciocínio é impotente.* O Espiritismo, como todas as grandes ideias, não pode ser estabelecido sem lutas, e esta é uma das provas pelas quais deve passar, e da qual emergirá triunfante e com tanto mais glória quanto a luta seja mais difícil e as dificuldades maiores. (*Ibidem*)

É possível esclarecer quem estiver interessado em conquistar entendimento por estar em dúvida, mas, para quem tem uma segunda intenção por trás de seus propósitos, argumentos não mudam suas ideias, pois seu objetivo está em impedir que as novas e libertadoras ideias cheguem às massas. Por isso, Kardec precisava ficar atento, e era avisado pelos espíritos superiores das manobras dessas mãos ocultas.

Não era, porém, nada fácil preocupar-se com tantos detalhes, tantas tarefas, concentradas num tempo limitado. Enfim, Kardec conclui sua carta afirmando: "É para mim um aumento de cansaço e trabalho vigiar todas essas manobras e frustrá-las com prudência, mas tudo o que acontece me foi anunciado. Conhecendo o resultado, eu não me inquieto" (*Ibidem*).

UMA RECONFORTANTE CONVERSA ÍNTIMA COM O ESPÍRITO DA VERDADE E SÓCRATES

Kardec fez uma longa e cansativa viagem em 1862 aos centros espíritas de vinte cidades da França. Foram mais de seis semanas, cinquenta reuniões, percorrendo 606 léguas, quase 3 mil quilômetros! Todas as despesas de viagem foram tiradas de seus próprios recursos pessoais. Na volta encontrou correspondência suficiente para levar um mês respondendo, fora as cartas que continuaram chegando. E ele trabalhava sozinho para tudo, com a ajuda de sua esposa. Depois de todo o esforço que fez, estava de volta para Amélie, no apartamento deles em Paris. Foi no dia 3 de novembro. Estava com eles o vice-presidente da Sociedade, o médium Alis D'Ambel.

Kardec desejava saber como as coisas estavam no mundo espiritual, e quem veio lhe responder foi o Espírito da Verdade. Foi uma emocionante mensagem, que o professor copiou cuidadosamente em seu caderno pessoal "Voyage en 1862", que o Lucas fotografou na Livraria Leymarie. Ficou inédita até agora, e sua leitura reconfortante nos leva a imaginar o quanto ela foi importante quando lida diante do casal Rivail, já com tantos anos de luta:

> Eu venho a seu chamado, meu bem-amado discípulo. Você quer conhecer o estado geral da situação no mundo etéreo. Ela está tão boa quanto pode e se não fosse o ardor excessivo e tão frequentemente refratário de nossos discípulos, de seus discípulos, ficaríamos felizes em ter uma completa satisfação. Mas você os conhece melhor do que ninguém, você que guia nossas falanges da terra no caminho para o futuro, os homens permanecem homens, ou seja, imbuídos de todos os seus preconceitos, escravos de todos os seus vícios e paixões. Mas está próximo o tempo em que novos lutadores entrarão na arena com o braço forte para auxiliá-lo em sua obra emancipadora.
> Não preciso apontar as importantes mudanças na situação do Espiritismo que você mesmo pôde constatar. Não preciso lhe fazer entrever os caminhos pacíficos que logo sucederão aos caminhos fechados por sarças e espinhos. Seus pés ainda sangram em razão do caminho longo e difícil que você percorreu desde que se lançou, a meu chamado, para conquistar as sublimes verdades que os Espíritos tiveram a missão de lhe revelar, pois você mesmo pressente que terminou a luta para se impor aos homens de senso e razão. Mas os combatentes que os interesses levantados por seu sucesso vão despertar contra você, não estão longe de fazer ouvir seu grito de guerra, e você deve vestir a couraça para resistir a esses inimigos de todas as ideias emancipadoras. Retomaremos essa conversa. Vá aonde seu dever o chama. A Verdade.

Em seguida, foi a vez do espírito Sócrates lhe endereçar alguns pensamentos:

> As pessoas inquietam-se e agitam-se por toda parte. Pergunta-se de uma maneira muito mais séria se sua obra é a de um louco ou de um filósofo e se os sectários que o seguem são alucinados deslumbrados por miragens enganadoras ou crentes convencidos por provas incontestáveis.

Quando as mesas giravam, poderiam acusar não sei qual motor secreto, qual força ainda desconhecida, qual pilha elétrica escondida no móvel ou nas roupas do operador; mas onde encontrar um motor tão potente para fazer jorrar do cérebro dos médiuns uma doutrina tão bela, tão consoladora e ao mesmo tempo tão alto acima das antigas filosofias?

Então, eu repito, a parte sã e inteligente do mundo se preocupa muito com a doutrina à qual seu nome permanecerá ligado. Ainda não se ousa abertamente se lançar à carruagem espírita, mas sabem como se opor às soluções magníficas que ela anuncia para o gênero humano.

Os doutores, esses desdenhosos de todo progresso que surge fora das regras da escola, conseguiram criticar os fatos materiais, os fenômenos tangíveis, e se esconder atrás do músculo estalante, para negar o que não compreendiam, por ignorar o que escapava a seu bisturi. Mas o que eles podem opor ao raciocínio que se deduz desses fenômenos, e sobretudo dos fenômenos inteligentes da mediunidade?

Siga, portanto, seu caminho sobre o mar desconhecido. Você é o Cristóvão Colombo que anda com firmeza para a verdadeira Terra Prometida. Nos exércitos em marcha sempre houve e ainda haverá por muito tempo os retardatários. Que importa! O sucesso está garantido à obra grandiosa para a qual eu chamei meu velho amigo, meu caro discípulo de Atenas. Sócrates.

A maior força do Espiritismo está nos fenômenos inteligentes, na força da sua doutrina moral, que, desvencilhada dos entraves, chegará ao mundo somando-se ao coro das iniciativas libertárias. Sócrates é a voz de quatrocentos anos a.C., o Espírito da Verdade marcou o mundo há mais de dois mil anos. Allan Kardec deixou sua obra pronta há 150 anos. Por isso os espíritas estão entre os trabalhadores da última hora.

A MÉDIUM COLLIGNON, DE *OS QUATRO EVANGELHOS*, NA VERDADE ERA FIEL A KARDEC

Depois da visita que Kardec fez à casa da médium Émile Aimée Collignon (1820-1902) em Bordeaux, quando conheceu sua família, inclusive sua filha, eles mantiveram uma correspondência, pois, sempre que tinha dúvidas, ela consultava Allan Kardec, a quem prezava muito como responsável pela elaboração da doutrina espírita.

No dia 31 de dezembro de 1863, Kardec enviou uma carta-resposta à senhora de Collignon, um dos manuscritos inéditos preservados por Canuto Abreu. Começa assim:

> Cara senhora: Apresso-me a responder-lhe a amável carta para agradecer-lhe os bons pensamentos e votos que teve a bondade de enviar-me no interesse da doutrina espírita. Verá pelo próximo número da *Revue Spirite* que eles foram atendidos e que os bons Espíritos me vêm auxiliar da maneira mais evidente. Peço-lhe, pois, agradecer a eles e pedir-lhes que continuem a assistência como têm feito até hoje. (Manuscrito CDOR Canuto n. 1863_12_31)

Realmente, no número seguinte da *Revista*, de janeiro de 1863, Kardec faz um editorial agradecendo o aumento notável do número de assinantes, além das numerosas cartas de apoio, entre as quais, sabemos agora, estava a de Collignon. Não podendo responder a todas em particular, respondeu coletivamente:

> Nossos agradecimentos sinceros pelas coisas obsequiosas que muito querem nos dizer e os votos que fazem por nós e para o futuro do Espiritismo; nossa conduta passada lhes é a garantia de que não faliremos em nossa tarefa, por pesada que seja, e que nos encontraremos sempre no primeiro lugar na luta. Até este dia suas preces foram atendidas, por isso os convidamos a agradecerem os bons Espíritos que nos assistem e nos secundam da maneira mais evidente, afastando os obstáculos que poderiam entravar a nossa marcha, e nos mostrando, cada vez mais claramente, o objetivo que devemos alcançar. Por muito tempo quase estivemos a sós, mas eis que novos lutadores entram na liça de todos os lados, trabalhando com o ardor, a perseverança e a abnegação que dá a fé, para a defesa e a propagação de nossa santa Doutrina, sem desanimarem com os obstáculos, e sem temerem a perseguição; também a maioria viu a má vontade dobrar-se diante de sua firmeza. (KARDEC, [RE] 1864, jan., p. 2)

Carta de Kardec para Collignon

Collignon contou a Kardec que não acreditou nas ideias que estava psicografando para Roustaing, pedindo a ele sua abalizada opinião, e Kardec responde na carta, em seguida: "Quanto à *morte de Jesus*, a senhora está perfeitamente certa em não acreditar que seja autêntica essa história. Pois só há mais realidade nessa maneira de olhar a questão do que na teoria de Hunnius, que é obviamente falsa".

Allan Kardec concorda com Collignon de que é falsa a teoria que ela psicografou mecanicamente para Roustaing de que Jesus teria estado no mundo sem encarnar-se, fazendo uso de um corpo fluídico, fingindo comer, dormir, sofrer. Faz uma comparação depreciativa, dizendo que essa ideia só não é mais equivocada que a do teólogo luterano Aegidius Hunnius (1550-1603), que tratou do corpo de Jesus a partir da trindade; sua teoria é a da onipresença ou ubiquidade, defendida em sua obra *De persona Christi*. Nessa época medieval, pensava-se que havia o mundo físico e o mundo celeste, depois da Lua. Como Jesus, em sendo Deus, estaria habitando um corpo e no Céu ao mesmo tempo? Na teoria de Hunnius, a humanidade estava presente de forma universal no Logos, ou o verbo divino. Como Jesus era o Logos, em virtude da trindade, Deus estava presente no corpo de Cristo. Uma ideia completamente absurda! Essa complicada interpretação teológica, misturando diversas citações da Bíblia, parecia ser ainda pior, obviamente, do que a ideia de um corpo fluídico. Todavia, ambas são falsas.

Em seguida, Kardec explica à médium Collignon por que não seria possível dar uma explicação detalhada sobre esse tema:

> Não me seria possível entrar, neste momento e por meio de correspondência, na explicação completa dessa questão, que será ulteriormente tratada quando vier o seu tempo, com todos os desenvolvimentos que ela comporta. Eu a induzo a ter paciência, virtude que lhe deve ser fácil. Para este momento há coisas mais essenciais que devem preocupar os verdadeiros espíritas, é fazer compreender a parte moral do Espiritismo, pois não é a revelação de tal ou qual fato que tornará melhores os homens. Certas revelações prematuras teriam mesmo inconvenientes; é por isso que os Espíritos aguardam o momento oportuno antes de fazê-las. Fique segura duma coisa: quando eles não estão de acordo sobre certos pontos é que o momento de os esclarecer ainda não veio; veja, ao contrário, que há concordância para todas as verdades fundamentais cujo conhecimento é essencial. A questão que a preocupa não é desse número; como outras, ela virá ao seu tempo. (Manuscrito CDOR Canuto n. 1863_12_31)

Realmente, Kardec estava trabalhando no livro *O Evangelho segundo o Espiritismo*, depois iria se dedicar a *O Céu e o Inferno*, e somente em 1868 poderia se concentrar nos milagres e também na questão do corpo de Jesus em *A Gênese*. Os espíritos trabalham gradativamente para dar seus ensinamentos, de forma que os espíritas assimilem uma ideia básica primeiro, para depois estarem prontos para receber outra mais complexa.

Collignon estava atendendo ao trabalho de Roustaing, que acreditou nos falsos profetas que estavam lhe ditando as mensagens, justamente pela pretensão de saber tudo de uma vez só, sem assumir o fato de que são tempos novos, do pensamento científico, quando as ideias não mais devem ser aceitas cegamente, mas por entendimento. E todo entendimento deve ser progressivo, de forma gradativa, como estava procedendo Kardec.

Por fim, Allan Kardec trata de questões particulares, demonstrando existir uma proximidade das duas famílias, o casal Rivail e a família Collignon. Curiosamente, Amélie e Rivail estavam recolhendo os selos das correspondências para enviar à filha da médium:

> Terei prazer em aceder ao desejo da senhora sua filha para aumentar-lhe a coleção de selos postais. Confesso-lhe que desde a visita do sr. Méric, perdemos isso um pouco de vista; neste momento de passagem de um ano para outro, estamos tão ocupados, minha mulher e eu, que não poderemos fazer a triagem necessária; deixo pois a remessa para a primeira quinzena de janeiro, se a senhora quiser ter a gentileza de permitir-me, encantado de poder fazer algo que lhe seja agradável e à sua filha, a quem peço, também à senhora e ao sr. Collignon, que aceitem a expressão de minha sincera dedicação. P. S. Minha mulher, sensibilizada pela sua lembrança, comigo desejamos para a senhora tudo quanto a possa fazer feliz neste e noutro Mundo. (*Idem*)

Collignon não acreditava nas ideias dos espíritos que estavam ditando o livro para Roustaing. Segundo um discípulo desse advogado, René Caillié, que escreveu um resumo de sua obra (CAILLIÉ, 1884, p. 41-4), Roustaing começou a lidar com esses espíritos por meio de um primeiro médium, Jean, filho de Elisabeth e Zacharie, em seguida seria Collignon, que, agindo mecanicamente, não estava emitindo suas próprias ideias, "porque a ideia do Cristo agênere, encarnado somente como espírito e por via exclusiva de tangibilidade, lhe repugnava à razão. Entretanto, a sra. Collignon resistia, recusava-se, por assim dizer, em servir de instrumento aos espíritos que começava a ver como impostores". A médium era até mesmo hostil a essas ideias, resistindo em escrevê-las. Todavia, o médium consciente deve ser fiel ao que o espírito quer dizer, pois só depois, analisando-se o conteúdo, é que se poderá avaliar a qualidade da mensagem. Collignon agiu adequadamente, registrou a mensagem, depois estudou as ideias, percebeu que se tratava de ideias falsas e, por fim, comunicou-as a Allan Kardec, pedindo sua avaliação.

Dessa forma, Kardec sabia de tudo o que estava acontecendo em Bordeaux quanto à fascinação que Roustaing estava sofrendo nas mãos dos inimigos invisíveis, ao mesmo tempo que a obra *Os quatro Evangelhos* estava sendo elaborada, e a própria médium o mantinha informado.

Meses depois, em julho de 1864, Allan Kardec vai anunciar a brochura *A Educação Maternal*, instruções mediúnicas ditadas à senhora Collignon pelo espírito Étienne. Kardec comenta: "Estamos felizes em poder dar uma aprovação sem reserva a esse trabalho, tão recomendável pela forma quanto pelo fundo; estilo simples, claro, conciso". Ele analisou essa mensagem e descreveu seu estilo:

> Sem ênfase nem palavras de enchimento vazias de sentido, pensamentos profundos, de uma lógica irrepreensível, está bem ali a linguagem de um Espírito elevado, e não esse estilo verboso dos Espíritos que creem compensar o vazio das ideias pela abundância das palavras. Não temermos dar-lhe estes elogios, porque sabemos que a senhora Collignon não os tomará para ela, e que seu amor-próprio por isso não será de nenhum modo superexcitado, do mesmo modo que ela não se formalizaria com a crítica mais severa.

Por um lado, Kardec elogia as psicografias dessa brochura; por carta particular, agora sabemos, criticou as mensagens recebidas para Roustaing, e, realmente, a médium não tomou nem o elogio nem a crítica para si, pois a responsabilidade é de cada um dos espíritos! Em setembro de 1865, chega a vez de Kardec anunciar a segunda brochura de Collignon, *Entretiens familiers sur le Spiritisme* (*Conversas familiares sobre o Espiritismo*), afirmando: "inscrevemos com prazer entre os livros recomendados". Em sua obra, a médium vai oferecer esse trabalho carinhosamente ao senhor Allan Kardec, chamando-o de caro e honorável mestre:

> Em lhe oferecendo este resumo dos preceitos que foram por vós estabelecidos, não pretendo me prevalecer aos olhos de nossos irmãos da autoridade de vosso nome, mas lhe conceder, publicamente, o testemunho de meu profundo reconhecimento pela fé viva que fui buscar em todas as vossas obras que me serviram de base para este pequeno opúsculo. Receba, caro mestre, a garantia renovada de minha fraternal simpatia. Émilie Collignon. (COLLIGNON, 1865)

Quando o professor Rivail passou por uma grave crise de saúde, além de recorrer aos espíritos e médicos homeopatas de Paris, recorreu à confiança de Collignon para uma intermediação com um médico de Bordeaux, para consultá-lo ou, eventualmente, ter seus préstimos:

> Madame Collignon sem dúvida lhe informou, como a solicitei, sobre a carta na qual lhe expliquei os motivos que me impediram de usar seus bons préstimos na última doença que acabei de ter. Hoje pessoalmente venho agradecer novamente pela oferta tão benevolente que você me fez por sua carta e que me renovou mais tarde através de Madame Collignon. (Manuscrito CDOR Canuto n. 1865_04_06_AKD_01)

Não há como duvidar de duas coisas certas neste resgate da história. Primeiro: Collignon e o casal Rivail trocavam correspondência e lealdade, Kardec servia como referência para seus estudos e trabalhos, confiavam-se mutuamente, trabalhando juntos pela verdadeira doutrina. Segundo: a médium serviu constrangida, resistindo, agindo mecanicamente, discordando frontalmente das ideias ditadas para Roustaing por meio de espíritos que ela acabou por reconhecer que faziam uma farsa, denunciando para Kardec o teor de tudo o que estava acontecendo em Bordeaux.

O DECISIVO ANO DE 1865 PARA O ESPIRITISMO

Com as pesquisas na Biblioteca e nos Arquivos Nacionais da França, além dos documentos fotografados pelo Lucas na Livraria Leymarie e a tradução da edição original de *O Céu e o Inferno*, empreendemos uma profunda investigação nos manuscritos inéditos de Allan Kardec no acervo de Canuto Abreu e nos livros, jornais e revistas da época. Todo esse esforço para compreender as circunstâncias em que ocorreu a adulteração da obra de Allan Kardec apenas três meses após a sua morte. Encontramos pistas e as seguimos cuidadosamente. Como resultado, estamos diante de um cenário surpreendente ocorrido durante o ano de 1865, exatamente aquele no qual Kardec lançou a primeira edição de *O Céu e o Inferno*.

Nesse ano, Kardec enfrentou dois grandes desafios: uma grave crise em sua saúde e também um desvio entre membros da Sociedade Parisiense. Quando já estávamos de posse de todos os fatos, foi fácil perceber que Allan Kardec havia se referido a eles em diversos artigos e notícias da *Revista Espírita*. Unindo essas informações aos comentários de suas cartas manuscritas, conseguimos reconstruir a história que agora vamos narrar.

O lançamento da nova obra foi um marco revolucionário em relação às consequências morais do Espiritismo, e a reação dos inimigos ocultos foi muito forte. Como o livro *O Céu e o Inferno* foi adulterado em 1869, e esse fato só foi constatado e tornado público em 2020, as gerações de espíritas nesses 151 anos foram privadas de conhecer a teoria moral revolucionária apresentada por Allan Kardec em seu texto autêntico. Ao ler o Capítulo VIII original, é fácil perceber como a proposta moral autônoma, brilhantemente nele apresentada, teve um grande impacto na época. Principalmente para aqueles espíritas que estavam condicionados pela heteronomia das religiões ancestrais. Como também para as igrejas, os jesuítas, que estavam sempre de olho no desenvolvimento do Espiritismo para tentar aplacá-lo.

À medida em que a doutrina espírita tomava corpo, as resistências também cresciam, e se tornavam mais agressivas e desesperadas. E o lançamento dessa nova obra, com suas ideias libertárias, ressignificando os termos completamente, definindo um rumo certo para o entendimento das leis universais, qualificando a responsabilidade individual como proporcional ao entendimento e a felicidade como conquista do mérito, causou um gigantesco impacto.

O ano de 1865 foi peculiar, pois, logo no seu início, o professor Rivail, em virtude do trabalho exaustivo além do normal por ele exercido obstinadamente e pelos complexos trabalhos aos quais se dedicava, teve uma fortíssima crise que o obrigou a se recolher imediatamente à cama, interrompendo subitamente todos os seus afazeres.

O caso foi gravíssimo, poderia ter resultado numa tragédia. As atividades da Sociedade Parisiense precisaram ser interrompidas por um período além do tempo normal de suas férias. Os ares dos alpes suíços foram recomendados pelos espíritos para colaborar em sua recuperação. Os meses foram passando e Kardec se sacrificava para apenas responder algumas cartas, elaborar a *Revista Espírita*, além de concluir sua obra mais recente, justamente *O Céu e o Inferno*.

Apesar dessas dificuldades extremas em virtude da doença, o professor assistia a tudo o que ocorria por meio de um constante diálogo com os bons espíritos responsáveis pela condução do Espiritismo. Por meio deles, podia acompanhar o que estava acontecendo tanto no mundo espiritual, como também na Sociedade e em seu entorno. Claro, os espíritos superiores conseguem ler o nosso pensamento, conhecem nossos propósitos e intenções, sentimentos os mais profundos, os planos arquitetados, pois, para eles, somos como livros abertos!

Kardec foi informado, então, de que um movimento de divisão estava ocorrendo entre os adeptos, com a participação de pessoas muito próximas, pertencentes à própria Sociedade Parisiense de Estudos Espíritas, entre elas, o vice-presidente, senhor Alis D'Ambel, e o secretário, senhor Canu, além de alguns médiuns que, apesar de cumprirem suas obrigações, sentando à mesa e recebendo as suas mensagens, tinham em suas cabeças um turbilhão de ideias, revoltas nascidas do orgulho, vaidade e ambição; essas três terríveis imperfeições que tanto atrapalham a tentativa de se manter no caminho reto.

Basicamente, esses indivíduos viam os resultados amplos e crescentes do Espiritismo surgindo ali mesmo, na sala onde participavam das reuniões, debaixo de seus olhos, e alguns pensavam:

– Isso que ele faz eu também poderia estar fazendo.
– Todo esse edifício está sendo construído com os tijolos que eu moldo.
– O meu nome não aparece, mas bem que eu merecia toda a glória.
– Os aplausos deveriam ser meus.

Aqueles que assim pensavam, porém, não estavam considerando o gigantesco trabalho, dedicação, desgaste, enfrentamentos, leituras, escritas, diálogos, comparações, registros, atas, viagens, além dos recursos de inteligência e outros valores conquistados em milhares de vidas, e da dedicação ao estudo do ser humano em inúmeras reencarnações, testando seus valores e superando imperfeições. Uma missão como essa de Kardec não se estabelece de véspera. Resulta de milhares de anos de preparo por seu espírito. Mas alguns indivíduos que estavam ao seu lado, iludidos por suas imperfeições, nada viam além daquele senhor simples e agora enfermo, aparentemente frágil.

Aproveitando-se de sua ausência, um movimento de divisão começou a surgir, causando uma enfermidade na Sociedade. O vice-presidente e um dos médiuns mais presentes, costumeiramente servindo ao espírito Erasto, Alis D'Ambel, como vamos ver nas mensagens inéditas, achava que tinha forças e méritos para se igualar ao mestre e tinha a ambição de fazer uma escola própria de Espiritismo. Afinal, importantes mensagens saíam de sua pena e muitos espíritas o admiravam. Confuso, estava dividido entre essas ambições de seu eu íntimo e as inspirações dos bons espíritos que o assistiam. Mas, segundo a lei da liberdade, podiam aconselhar, sem jamais o dirigir. Partiu, então, para criar seu próprio jornal. Também tinha a intenção de viver disso, pois investiu suas economias, e fundou o *L'Avenir, moniteur du spiritisme* em 1864. A empreitada poderia dar certo, ajudar a impulsionar a doutrina espírita, mas ele precisaria vencer os apelos internos de suas imperfeições que o assombravam.

Como ele tinha o prestígio de ser o vice-presidente da Sociedade de Paris, logo atraiu médiuns, escritores, articulistas, e o jornal tomou corpo, ganhou assinantes e D'Ambel se entusiasmou. Também se aproximaram, porém, indivíduos muito inteligentes e hábeis ao escrever, mas tão gananciosos como ele. Entre esses, e principalmente, André Pezzani. Um erudito, com diversas obras publicadas nos mais diversos e profundos temas da religião, filosofia, esoterismo e também do Espiritismo, ciência para a qual ambicionava tornar-se a maior referência na França.

Pezzani era advogado da corte de Lyon, amigo pessoal de Roustaing, e o iniciou nesses temas do espiritualismo, da teologia e também do Espiritismo. Escrevia em todos os números do jornal de Lyon, *La Verité*, e passou a escrever em todos os números de *L'Avenir*, tornando-se seu principal articulista, com diversas sessões. D'Ambel e Pezzani estavam juntos para se apoiar um no outro; todavia, cada um em busca de suas próprias cobiças.

Certa vez, um espírita da Bélgica, que estudava as obras e revistas de Allan Kardec, questionou algumas ideias heterônomas apresentadas nas páginas do jornal *L'Avenir*. Era o senhor Fix, que defendia a ideia da evolução do espírito por seu esforço, conquistando sua inteligência e livre-arbítrio, considerando o mundo moral como fundado na lei natural da liberdade. Essa ideia tem nos dogmas a sua mais absoluta inversão, sendo assim incompatíveis. Pois, para a Igreja, a alma é criada perfeita, e, por causa do pecado original, cai no mundo para sofrer um castigo.

No número seguinte, o senhor Pezzani o rebateu frontalmente. Está errado, senhor Fix! Pois o Espiritismo – afirma o advogado em sua visão – determina algo parecido com o dogma do pecado original, pois o espírito que comete seus erros numa vida vai ter de pagá-los na seguinte, sofrendo neste mundo, que é uma casa de punição. Ele acreditava na ideia do carma.

Estávamos diante de dois pensamentos opostos. O senhor Fix defendendo a teoria moral proposta pelos bons espíritos, presente na doutrina espírita como elaborada por Allan Kardec. E André Pezzani defendendo a teoria heterônoma do carma, da queda, da expiação como sendo sofrimento físico, as mesmas ideias que Roustaing estava recebendo dos espíritos falsos profetas em Bordeaux! Claramente uma divisão de ideias estava tomando corpo.

D'Ambel, estranhamente, permanecia confuso, apoiava Pezzani, abria espaço para todo tipo de ideias, algumas produtivas, outras, porém, na contramão do verdadeiro Espiritismo. Outras cartas e artigos chegavam, questionando os temas ainda não resolvidos da doutrina espírita, e cada um apresentava sua hipótese, lutando para dizer que a sua era a verdadeira, como se aqueles indivíduos fossem resolver as mais complexas questões do mundo espiritual por suas próprias cabeças, deixando os ensinamentos dos espíritos superiores de lado.

Allan Kardec mantinha-se em seu caminho, trabalhando como podia, nas sobras de suas forças, preparando seus trabalhos. Com muito esforço e dedicação, publica, enfim, *O Céu e o Inferno*. Foi uma reviravolta nos dois mundos. Tanto os homens quanto os espíritos estavam agitados. No Prefácio da obra, Kardec apresenta a estrutura forte do Espiritismo, com *O Livro dos Espíritos* formando a sua base sólida, e as outras obras ampliando e dando profundidade aos temas que nele estavam esboçados. Isso ocorreu com *O Livro dos Médiuns* na parte prática; *O Evangelho segundo o Espiritismo* e *O Céu e o Inferno* na parte moral; e, alguns anos depois, estaria completo com *A Gênese*, na parte científica, psicológica. O edifício já apontava todo o seu alcance e esplendor. Também o autor demonstra nesse Prefácio de *O Céu e o Inferno* como o Espiritismo é uma teoria criada pelos espíritos superiores, ensinada para a humanidade segundo um plano progressivo. Para dar um novo conceito, eles aguardavam o amadurecimento das ideias, promovendo o movimento de enviar as mensagens, por diferentes médiuns, em diferentes grupos, por todo o mundo.

Esse método, a universalidade do ensino dos espíritos superiores, foi o grande e fundamental mecanismo proposto pelos espíritos e adotado por Kardec, unindo as centenas de centros numa só tarefa. Uma inovação fundamental no trato da mediunidade. Até então, a humanidade só conhecia a recepção das ideias por meio de um só médium, escolhido pelos espíritos, para transmitir uma revelação, conhecimentos novos, numa obra inovadora. Foi o que ocorreu com Moisés e diversos messias do passado. Todavia, esse mecanismo também estava aberto aos falsos profetas, que dominavam um médium, cercado de seguidores envolvidos num processo obsessivo, e transmitiam suas ideias retrógradas, próprias dos preconceitos do velho mundo.

Mas a universalidade do ensino dos espíritos superiores é a única garantia de se estabelecer uma comunicação segura entre os dois mundos. Pois os espíritos mal-intencionados, falsos profetas, só conseguem exercer sua ação contando com o isolamento em torno de um só grupo, um só médium, um só local. Onde podem formar seu feudo, seu castelo de falsidades. Jamais conseguiriam agir em meio à diversidade de centros, todos estudando, atentos aos bons espíritos que os assistem, fazendo uso da razão para analisar as mensagens que recebem, trocando as informações entre si, para garantir a unidade em meio à diversidade, que é a base da doutrina espírita.

Na parte inicial do Capítulo VIII de *O Céu e o Inferno*, Allan Kardec apresenta as diferenças entre a metafísica do velho mundo, que era dogmática, a metafísica elaborada pelos filósofos e pensadores e, por fim, a metafísica experimental do Espiritismo, quando as leis gerais da moral são deduzidas dos milhares de comunicações dos espíritos nas mais diversas fases evolutivas. Em seguida, apresenta sua moral da liberdade, moral da autonomia, lei universal do mundo espiritual.

Quando a obra chegou no meio espírita da época, ela caiu como uma bomba naqueles grupos diminutos que estavam tentando formar uma dissidência. Também os jesuítas ficaram sem saber como agir, como depois soube Kardec. Afinal, tratava-se de uma lógica irrepreensível, correta, arrebatadora, de gigantescas consequências quando chegasse às massas. Um caminho sem volta, a mais completa revolução moral da humanidade estava por vir, e eles nada poderiam fazer.

Porém, Roustaing, fascinado pelo processo obsessivo, dava prosseguimento aos seus planos em Bordeaux, recebendo sua obra fundamentada nos dogmas do passado. Seu amigo André Pezzani também tinha os seus. Escritor profícuo, redigiu e publicou o livro *Les Bardes Druidiques: synthèse philosophique au XIXe siècle* (*Os Bardos Druídicos: síntese filosófica no século XIX*). Nessa obra, mergulhado na ambição de se achar superior ao Espiritismo proposto por Allan Kardec, fez a ele dois fortes ataques. Primeiro, considerando que em sua escala a Terra é um planeta medíocre, para ele, *O Livro dos Espíritos* foi uma obra escrita por homens medíocres e espíritos medíocres. Segundo, que a universalidade dos espíritos seria falsa, não existiria. O único critério para a verdade, afirmou Pezzani, seria o uso da razão, e a fonte dos conhecimentos melhores não estaria nas comunicações medíocres dos espíritos, mas no trabalho dos grandes homens do passado, ou seja, o Espiritismo seria uma obra de erudição, de pesquisa filosófica, de uma síntese da filosofia dos homens encarnados. E essa tarefa seria sua e não de Kardec! Mas e a nova moral proposta pelo Espiritismo? De acordo com Pezzani, depois de sua síntese filosófica, um messias seria escolhido para, por meio de um médium, receber espíritos celestes, perfeitos, reunidos para o evento de uma nova revelação, depois de Moisés e Jesus. Seria, então, o advento da revelação da revelação. Um completo absurdo.

Pezzani estava envolvido numa ilusão e divagava equivocadamente. E quem seria esse novo messias? Não seria Kardec, que se dedicara a elaborar a base primeira, na fase medíocre. Nem ele mesmo, Pezzani, que estava elaborando a síntese filosófica dos últimos dezenove séculos. Para o autor de *Os Bardos Druídicos*, o messias era seu amigo, também advogado, Jean-Baptiste Roustaing! Ele traria as ideias de carma, queda, reencarnação como castigo, e todos os demais dogmas do velho mundo, a mais superada teoria heterônoma, o meio falido de manter o povo submisso pela fé cega e obediência passiva.

Quando o livro de Pezzani foi publicado, D'Ambel deu notícias em seu jornal *L'Avenir*. De pronto, o senhor Fix correu para defender as ideias de Allan Kardec, reafirmando a primazia da universalidade do ensino dos espíritos para a elaboração do Espiritismo. Pezzani rebateu num número seguinte, propondo um Espiritismo sem espíritos, baseado apenas na razão humana. Além de voltar a afirmar as ideias de castigo, queda, carma como sendo a mais pura verdade espírita, aos seus olhos.

A armadilha estava armada e cairiam nela todos aqueles movidos pela ambição, orgulho e demais imperfeições que deixam os indivíduos vulneráveis aos inimigos invisíveis.

Mas o caminho sólido da doutrina espírita estava definitivamente traçado. A versão moderna da autonomia moral proposta no passado por Sócrates e Jesus estava pronta para o mundo novo, secundando a regeneração da humanidade, com oportunidade para todos, a mais ampla educação intelectual e moral, e o despertar da moral da liberdade trazendo paz e felicidade para o futuro deste mundo.

No ano seguinte, 1866, Roustaing trai aquele que chamava de mestre, e publica, assumindo para si mesmo a autoria da obra, sem mencionar a médium na capa, *Os Quatro Evangelhos*. Três grandes volumes recheados de intermináveis repetições, cansativos, com o fim de misturar os carcomidos dogmas aos conceitos espíritas, numa emenda cheia de equívocos, contradições e absurdos.

Em abril de 1866, na *Revista Espírita*, Kardec publica um artigo denunciando a manobra que ocorrera no ano anterior: o Espiritismo sem espíritos. Uma seita tentou se formar tendo por bandeira:

> Os Espíritos que se comunicam não são senão Espíritos comuns que não aprenderam, até hoje, nenhuma verdade nova, e que provam a sua incapacidade não saindo das banalidades da moral. O critério que se pretende estabelecer sobre a concordância de seus ensinos é ilusório, em consequência de sua insuficiência. Cabe ao homem sondar os grandes mistérios da Natureza, e submeter o que dizem ao controle de sua própria razão. Suas comunicações não podendo nada nos ensinar, as proscrevemos de nossas reuniões. Discutiremos entre nós; procuraremos e nos decidiremos, em nossa sabedoria, são princípios que devem ser aceitos ou rejeitados, sem recorrer ao consentimento dos Espíritos. (KARDEC, [RE] 1866, abr., p. 6)

Mas aqueles que estudavam o verdadeiro ensino dos espíritos conseguiam perceber a profundidade e alcance da caridade desinteressada. Podiam bradar alto os incomodados, por seu orgulho e soberba, mas a mensagem dos espíritos superiores, segundo afirmou Kardec, "quanto à sua importância, ela se afirma por um fato material, patente, gigantesco, desconhecido nos fatos da história: é que apenas em sua aurora, ele revoluciona já o mundo e põe em emoção os poderes da Terra. Qual é o homem que teria tido este poder?". (*Ibidem*)

Não se podia imaginar que uma revolução moral grandiosa como o Espiritismo seguiria sem dificuldades; era natural que fosse combatido com todas as forças. E Kardec previu:

> Ele traz o elemento regenerador da Humanidade, e será a bússola das gerações futuras. Como todas as grandes ideias renovadoras, deverá lutar contra a oposição dos interesses que magoará e das ideias que derrubará. Suscitar-lhe-ão

todas as espécies de entraves; empregarão contra ele todas as armas, leais ou desleais, que acreditarão próprias para derrubá-lo. Seus primeiros passos serão semeados de sarças e de espinhos. Seus adeptos serão denegridos, achincalhados, alvos da traição, da calúnia, da perseguição; terão dissabores e decepções. Felizes daqueles cuja fé não terá sido abalada nesses dias nefastos; que terão sofrido e combatido pelo triunfo da verdade, porque serão recompensados por sua coragem e sua perseverança. (KARDEC, [RE] 1865, out., p. 14)

A obra de Pezzani caiu no esquecimento. *Os Quatro Evangelhos* de Roustaing encalharam, quase ninguém se interessou. A seita do Espiritismo sem espíritos morreu sem deixar rastros. Os espíritas, entusiasmados com a moral da liberdade, avançaram com Allan Kardec, até sua obra ficar completa, em 1869.

Em abril de 1866, D'Ambel, afastado da Sociedade por sua própria vergonha, viu seus planos afundarem. Os leitores, desgostosos dos caminhos escolhidos, foram debandando. O jornal faliu. E infelizmente, sem recursos e frustrado, D'Ambel tragicamente tirou a própria vida, o que comoveu sua família, seus amigos, e também Kardec, que lamentou o fato na *Revista Espírita*.

Todavia, ainda estavam presentes na Sociedade Parisienses alguns médiuns e sócios, como Desliens e Leymarie, participantes dos acontecimentos relacionados com Pezzani, Roustaing e a tentativa de transformar o movimento espírita numa seita fundada nos dogmas do carma, castigo divino e queda dos espíritos. Eles permaneciam, aos olhos dos homens, calados e dedicados aos seus postos. Mas eram seres humanos, com seus defeitos, dúvidas, temores. Também estavam sendo envolvidos pelos inimigos invisíveis para dar continuidade aos seus planos terríveis.

Agora fica mais claro o motivo da adulteração dessas duas obras. Quais foram os trechos retirados? Exatamente, em *O Céu e o Inferno*, o Prefácio, que trazia a estrutura da doutrina e a confirmação do método fundamental da universalidade do ensino dos espíritos superiores. Também a parte inicial do Capítulo VIII, que apresentava a metafísica experimental como sendo a apropriada para nos trazer as leis naturais que regem o mundo moral. Por fim, alteraram grosseiramente os itens desse capítulo, mascarando a responsabilidade individual, as vicissitudes da vida material como oportunidade, e colocando itens falsos sobre carma, culpa, castigo divino, adulterando assim amplamente a proposta original baseada no ensinamento dos espíritos superiores. Três anos depois, a mesma infâmia ocorreu com *A Gênese*, também alterada em centenas de pontos.

Depois dessa narrativa corrente, que foi um resumo dessa história, vamos retomar cada um dos passos, trazendo as mensagens particulares inéditas, as cartas manuscritas, os artigos dos jornais, enfim todas as datas, depoimentos, declarações, fontes primárias reais e legítimas que comprovam os fatos.

A SOCIEDADE DE PARIS ESTÁ POR TODA PARTE

Em outubro de 1865, quando já sabia dos movimentos para tentar dividir o movimento espírita e *O Céu e o Inferno* já estava lançado, Allan Kardec recebeu uma evocação de um padre que havia morrido recentemente e era, em vida, um adversário colérico do Espiritismo, o abade D., que afirmou, por meio do médium:

> Já se operam divisões entre vós. Eis, de um lado, os Puristas, que não admitem cada verdade senão depois de um exame atento, e a concordância de todos os dados; é o núcleo principal, mas não é o único; diversos ramos, depois de terem se infiltrado nos grandes ensinos do centro, separam-se da mãe comum para formar seitas particulares; outros, não inteiramente destacados do tronco, emitem opiniões subversivas. Cada chefe de oposição tem seus aliados; os campos não estão ainda desenhados, mas se formam, e logo eclodirá a cisão. Eu vo-lo digo, o Espiritismo, como as doutrinas filosóficas que o precederam, não poderá ter uma longa duração. (KARDEC, [RE] 1865, out., p. 7)

Perguntado sobre sua condição após a morte, o abade confessou reconhecer as verdades ensinadas no Espiritismo, desejando conhecê-lo mais e melhor. Mas, afirma Kardec ao abade D., o Espiritismo não pode ser comparado com os sistemas filosóficos criados pelos homens, como estavam pensando aqueles que queriam um *Espiritismo sem espíritos*:

> Na assimilação que estabeleceis entre o Espiritismo e outras doutrinas filosóficas há falta de exatidão. Não foram os homens que fizeram o Espiritismo o que ele é, nem que farão o que será mais tarde; foram os Espíritos por seus ensinos: os homens não fizeram senão colocar em obra e coordenar os materiais que lhe são fornecidos. Esse ensino não está ainda

completo, e não se deve considerar o que deram até este dia senão como os primeiros degraus da ciência [...]. Mas os Espíritos regulam seus ensinos à sua vontade, e não depende de ninguém fazê-los ir mais depressa ou mais suavemente se não quiserem; eles não seguem mais os impacientes que não se coloquem a reboque dos retardatários. (KARDEC, [RE] 1865, out., p. 11)

A universalidade do ensino dos espíritos, ao lado do exame da razão, determina que toda comunicação é só uma opinião, e somente o ensino geral, no momento determinado pelos espíritos que conduzem a Doutrina, pode representar um novo conceito:

> O Espiritismo não é mais a obra de um único Espírito como não é a de um único homem; é a obra dos Espíritos em geral. Segue-se que a opinião de um Espírito sobre um princípio qualquer não é considerada pelos Espíritos senão como uma opinião individual, que pode ser justa ou falsa, e não tem valor senão quando é sancionada pelo ensino da maioria, dado sobre os diversos pontos do globo. Foi esse ensino universal que fez o que ele é, e que fará o que será. Diante desse poderoso critério caem necessariamente todas as teorias particulares que sejam o produto de ideias sistemáticas, seja de um homem, seja de um Espírito isolado. Uma ideia falsa pode, sem dúvida, agrupar ao seu redor alguns partidários, mas não prevalecerá jamais contra aquela que é ensinada por toda a parte. (KARDEC, [RE] 1865, out., p. 11-2)

O critério da universalidade do ensino não só permite uma elaboração segura do Espiritismo como também a denúncia dos falsos ensinamentos dos espíritos ignorantes ou falsos profetas. É a partir dele que a segurança da comunicação entre os dois mundos se organiza, e os sistemas falsos caem por si mesmos, pois:

> Ao ensino divergente de um Espírito, dado por um médium, sempre se oporá o ensino uniforme de milhões de Espíritos, dado por milhões de médiuns. É a razão pela qual certas teorias excêntricas viveram apenas alguns dias, e não saíram do círculo onde nasceram. (KARDEC, [RE] 1865, out., p. 12)

Dessa forma, a teoria espírita tem origem no conhecimento dos bons espíritos, transmitidos para os encarnados de forma organizada, diferindo das outras ciências deste mundo. O critério da universalidade é, então, inerente ao Espiritismo, o antídoto para qualquer tentativa de divisão:

> O Espiritismo possui, pois, um elemento de estabilidade e de unidade que tira de sua natureza e de sua origem, e que não é o próprio de nenhuma das doutrinas filosóficas de concepção puramente humana; é o escudo contra o qual virão sempre se quebrar todas as tentativas feitas para derrubá-lo ou dividi-lo. Essas divisões não podem jamais ser senão parciais, circunscritas e momentâneas. Pode-se, pois, dizer que a Sociedade de Paris está por toda a parte onde se professem os mesmos princípios, desde o Oriente até o Ocidente, e que se ela morrer materialmente, a ideia sobreviverá. (*Ibidem*)

Ou seja, a doutrina espírita tem como razão de ser os seus princípios fundamentais, cujas consequências morais estão no sentido da autonomia intelecto-moral. E o alicerce de sua elaboração está na *universalidade do ensino dos bons espíritos*. A Sociedade de Paris morreu materialmente, porém, onde quer que se restabeleça fielmente tanto a teoria quanto a comunicação adequada com a espiritualidade que havia naquela entidade, a estabilidade e unidade do Espiritismo estarão presentes.

Dessa forma, e assim conduzido, baseado em fatos observados e princípios fundamentais coerentes, conclui Kardec: "O Espiritismo vem combater a incredulidade, que é o elemento dissolvente da sociedade, substituindo à fé cega, que se extingue, a fé raciocinada que vivifica. Ele traz o elemento regenerador da Humanidade, e será a bússola das gerações futuras". (KARDEC, [RE] 1865, p. 200-1)

O FORTE E PREOCUPANTE ABALO NA SAÚDE DE ALLAN KARDEC

No dia 31 de janeiro de 1865, Kardec ficou seriamente doente em consequência da fadiga e do sedentarismo provocados pelo excesso de trabalho. Numa carta manuscrita inédita ao senhor Malibran, em 10 de fevereiro, afirmava estar melhor, e acreditava que em convalescença, mas ainda se encontrava bastante fraco:

A violenta sacudida que sofri deixou-me um abalo que exige ainda grandes precauções e não quero recair de novo. Por ordem expressa do médico e dos Espíritos, devo abster-me, pelo menos durante um mês, de toda preocupação e de todo trabalho assíduo. Forçado a suspender meus próprios trabalhos, sob pena de novo acidente, estou impossibilitado de ocupar-me de assuntos estranhos, evidentemente. (Manuscrito CDOR Canuto n. 1865_02_10_AKD_01)

Carta de Kardec ao Sr. Malibran

Os bons espíritos estavam tudo observando, inclusive seu caro amigo Demeure, que havia partido pouco antes, e em 1º de fevereiro, no dia seguinte ao acidente, transmitiu as seguintes palavras por um médium, registradas na *Revista Espírita* daquele ano:

> Meu bom amigo, tende confiança em nós, e boa coragem; esta crise, embora fatigante e dolorosa, não será longa, e, com os comedimentos prescritos, podereis, segundo os vossos desejos, completar a obra da qual vossa existência foi o objetivo principal. Portanto, sou eu que estou sempre aí, junto de vós, com o Espírito da Verdade, que me permite tomar em seu nome a palavra, como o último de vossos amigos vindo entre os Espíritos! (KARDEC, [RE] 1865, mar., p. 12)

Todavia, em abril daquele ano, Kardec escreve ao médico recomendado a ele pela amiga e médium senhora Collignon, de Bordeaux, doutor Tinella. Ele procurou ajuda, mas a doença não permitia uma viagem para ser consultado, pelo que então recorreu a um amigo homeopata de Paris, e também à ajuda dos Espíritos. Kardec explica ao médico:

> Embora, graças a Deus, esteja fora de perigo, vou dar-lhe alguns detalhes sobre como me senti porque você gostaria de se interessar por isso. Foi reconhecido por unanimidade que a causa raiz foi o trabalho excessivo e a falta de exercício. Na verdade, trabalhei na maioria das vezes por dezoito horas, sem ser perturbado e sem interrupção, parando somente para rapidamente comer. Tenho uma predisposição natural ao reumatismo, que sofri muito por várias vezes e em várias partes do corpo. (Manuscrito CDOR Canuto n. 1865_04_06_AKD_01)

Carta de Kardec ao Dr Tinella

Kardec descreve os seus sintomas e aproveita para escrever sobre Amélie, que também tinha fadiga, e, além disso, perda de sensibilidade na mão, câimbras na perna direita, dificuldades digestivas. Uma entorse ocorreu em seu pé na juventude, rompendo ligamentos, dificultando movimentos e causando paralisias localizadas, depois dos anos. A medicina oficial era muito primitiva nessa época; os sintomas se agravavam com o passar do tempo por falta de um tratamento adequado, os sofrimentos físicos eram generalizados na população. Esse grave acidente sofrido pelo professor Rivail é um triste, mas importante episódio de sua biografia, agora revelado em seus detalhes pelas cartas manuscritas. Infelizmente, as consequências se arrastaram até o fim de sua vida.

Allan Kardec precisou abrir mão das atividades da Sociedade, que foram suspensas desde janeiro de 1865, pois não poderia dar conta de todas as tarefas. Também passou por dificuldades financeiras, pois ele jamais fez uso de qualquer provento espírita para sustentar-se. Era outro princípio fundamental da atividade espírita. Allan Kardec considerava imperativo não se fazer uso de qualquer valor obtido em nome da doutrina espírita para despesas pessoais:

> [...] jamais pedi nada a ninguém, que ninguém jamais nada deu para mim pessoalmente; que nenhuma coleta de qualquer moeda veio prover às minhas necessidades; em uma palavra, que eu não vivo às expensas de ninguém, uma vez que, sobre as somas que me foram voluntariamente confiadas no interesse do Espiritismo, nenhuma parcela dela foi desviada em meu proveito. (KARDEC, [RE] 1865, jun., p. 2)

As obras espíritas publicadas pelo professor Rivail não lhe pertenciam; precisava comprar exemplares do editor, como um livreiro. A *Revista Espírita*, ao seu encargo, tinha pouco retorno em virtude das distribuições gratuitas que fazia dos exemplares. A vida do casal Rivail era simples, antes e depois do Espiritismo. Não tinham filhos; os herdeiros indiretos, em sua maioria, eram mais ricos que eles:

> Sempre tivemos do que viver, muito modestamente, é verdade, mas o que teria sido pouco para certas pessoas nos bastava, graças aos nossos gostos e aos nossos hábitos de ordem e de economia. À nossa pequena renda veio acrescentar-se como suplemento o produto das obras que publiquei antes do Espiritismo, e o de um modesto emprego que tive que deixar quando os trabalhos da Doutrina absorveram todo o meu tempo. (KARDEC, [RE] 1865, jun., p. 3)

Rivail imaginava que permaneceria desconhecido depois de lançar *O Livro dos Espíritos* em 1857, mas teve que abrir mão de seus gostos caseiros em função da obra, que crescia imensamente:

> Sentia que não tinha tempo a perder, e não o perdi nem em visitas inúteis, nem em cerimônias ociosas; esta foi a obra de minha vida; a ela dei todo o meu tempo, sacrifiquei meu repouso, minha saúde, para que o futuro fosse escrito diante de mim com caracteres irrecusáveis. Eu o fiz de minha própria vontade, e minha mulher, que não é nem mais ambiciosa, nem mais interessada do que eu, entrou plenamente em meus objetivos e me secundou em minha tarefa laboriosa, como ela o faz ainda, por um trabalho frequentemente acima de suas forças, sacrificando sem lamento os prazeres e as distrações do mundo, aos quais sua posição de família a haviam habituado. (*Ibidem*)

Além do mais, Kardec precisava manter duas residências, o apartamento próprio do casal e a sede da Sociedade Parisiense, onde precisava pernoitar constantemente, em seu trabalho intensivo de dia e de noite, e as diversas despesas dessa dupla habitação.

Esse não é simplesmente um exemplo de abnegação; seria aproveitar pouco de seu exemplo. Em verdade, trata-se de uma diretriz basilar para o movimento espírita. Não se deve ter qualquer provento pessoal pela elaboração e divulgação da doutrina espírita, seja nas tarefas do centro espírita, das palestras, principalmente dos médiuns, das vendas dos livros mediúnicos. Não deve a atividade espírita tornar-se sustento da vida para quem quer que seja. Infelizmente, sempre surgirão aproveitadores, de olhos grandes sobre a fortuna que pretendem acumular associando-se ao movimento espírita. Todavia, cabe aos espíritas romper com essas iniciativas pessoais pela sua própria mobilização. Está claro que as casas dedicadas à divulgação da doutrina espírita precisam custear suas despesas, as gráficas, os profissionais envolvidos na elaboração das mais diversas mídias, pois essa é a profissão deles, vivem de seu trabalho. Mas seguir o exemplo de Allan Kardec é uma condição primeira e incontornável: ninguém, sob quaisquer circunstâncias, deve tirar proveito próprio, financeiro ou de qualquer ordem, no âmbito do Espiritismo.

A VIGILÂNCIA, APOIO, AVISOS E AMPARO DOS BONS ESPÍRITOS

Allan Kardec, não importa o quanto as coisas estivessem difíceis, estava constantemente em companhia dos espíritos familiares, como São Luís e o Espírito da Verdade, entre outros amigos espirituais, secundando e auxiliando a cada passo de sua jornada. Médiuns de grandes recursos estavam disponíveis para diálogos, mas ele também recebia comunicações de diversas localidades, com avisos, análises das situações, além do amparo necessário.

Naquele ano de 1865, em setembro, uma importante comunicação espiritual lhe chegou quando ele se encontrava na Suíça, se recuperando de sua doença, e por meio de seu manuscrito inédito podemos agora conhecer essa mensagem.

>Se você tem uma grande vontade em receber uma comunicação daqueles que geralmente o orientam em sua tarefa, nós mesmos sentimos a necessidade de instruí-lo em certos detalhes que só ocorrem silenciosamente durante seu retiro. Tenho ouvido falar sobre um movimento de divisão que claramente está ocorrendo entre os adeptos e fico feliz de poder falar em nome de todos nós para esclarecê-lo sobre a trama que está sendo urdida, aproveitando sua ausência, que afasta por algum tempo qualquer refutação de sua parte, para criar precedentes que sirvam de ponto de partida para uma clara demarcação.
>
>Alguns intrigantes, outros ambiciosos, formam um grupo unido de encarnados e desencarnados, e reúnem ao seu redor pessoas sinceras, mas cegas por uma hábil exploração de suas pequenas fraquezas que as pessoas gostam de elogiar!
>
>Ah! esses são habilidosos! Mas são apenas homens e estão longe de prever que sua própria aliança e seus planos ambiciosos servirão para derrubar num mesmo abismo todos os pequenos motins, todos os empreendimentos interesseiros e pessoais, todas as armadilhas, todos os obstáculos que impediriam o trabalho de ter sucesso sem lucro para si mesmos. Eles certamente terão um sucesso momentâneo que lhes dará todas as satisfações orgulhosas e egoístas que procuram com ganância! Mas que triunfo efêmero e, depois, que confusão!... Eles provocarão o advento do primeiro grande período de purificação, quando Deus escolherá especialmente seus amados trabalhadores!

Primeira divisão, primeira luta! Primeira purificação dos partidários da doutrina: separação dos espíritas de fato, que buscam sobretudo a verdade e permanecem desconhecidos ou ignorados pela multidão, dos espíritas de nome, que mostram sua crença aparente e trabalham secretamente para satisfação de suas ambições e paixões. Está aí o prelúdio esperado para a grande crise, mas os falsos irmãos e os hipócritas não serão todos afastados para sempre, longe disso!...

Essa tentação, ao falhar, só fará voltar para a sombra os mais impacientes e o menor número. Há outros que sua prudência poupará por mais algum tempo! A Sociedade está doente, gravemente doente, e não é uma única crise que será capaz de tirá-la da posição de perigo e colocá-la novamente de pé, ativa e vigorosa. É preciso que por todos os lados ela seja experimentada, atormentada, purificada. Há de punir e recompensar! Há de se devolver ao mérito o seu verdadeiro lugar, derrubar todas as obras da hipocrisia, cuja imensa rede cerca a verdade e pretende escondê-la completamente! Portanto, aqueles que nos emprestam apoio sincero e desinteressado devem redobrar sua energia e seu vigor passivos, para que sejam um centro de resistência e não um foco de atividade prematura. O reinado dos maus e dos enganadores passará, e o espiritismo, sempre de pé e em constante crescimento, finalmente verá brilhar o dia abençoado por Deus. Coragem, amigo, ainda restam algumas provas dolorosas para atravessar! Sua posição, seu desinteresse serão mais incriminados do que nunca! Mas o que mais o machucará é a traição de alguns, ainda que em pequeno número, daqueles que admiramos.

O padre Barricand apresentou um quadro da situação, do ponto de vista dele, mas ele fala com sinceridade. (Manuscritos CDOR Kempf n. 1865_09_04)

Diz o Espírito da Verdade: "O reinado dos maus e dos enganadores passará!". Sabemos agora que alguns adeptos, como D'Ambel, Canu e outros médiuns, estavam abrindo a guarda ao assédio dos inimigos invisíveis que tentavam solapar o edifício do Espiritismo em suas bases, ou seja, nas próprias fileiras dos espíritas participantes da Sociedade Parisiense, e Kardec estava acompanhando tudo isso em detalhes, com a ajuda dos espíritos. Por isso, sabendo de tudo antecipadamente, não precisava agir com sobressaltos, jamais foi pego de surpresa, trabalhava tranquilamente, recebendo a inspiração para desarmar as armadilhas na hora certa, por poucos gestos. Ou seja, enquanto os desviadores da meta cansavam-se em maquinações complicadas, agindo ressabiados, com medo, a mando de suas ambições pessoais, atormentados, estavam sendo constantemente vigiados pela espiritualidade superior, que lhes media todos os passos. Também acompanhava os espíritos falsos profetas que se serviam desses indivíduos como quem manipula marionetes.

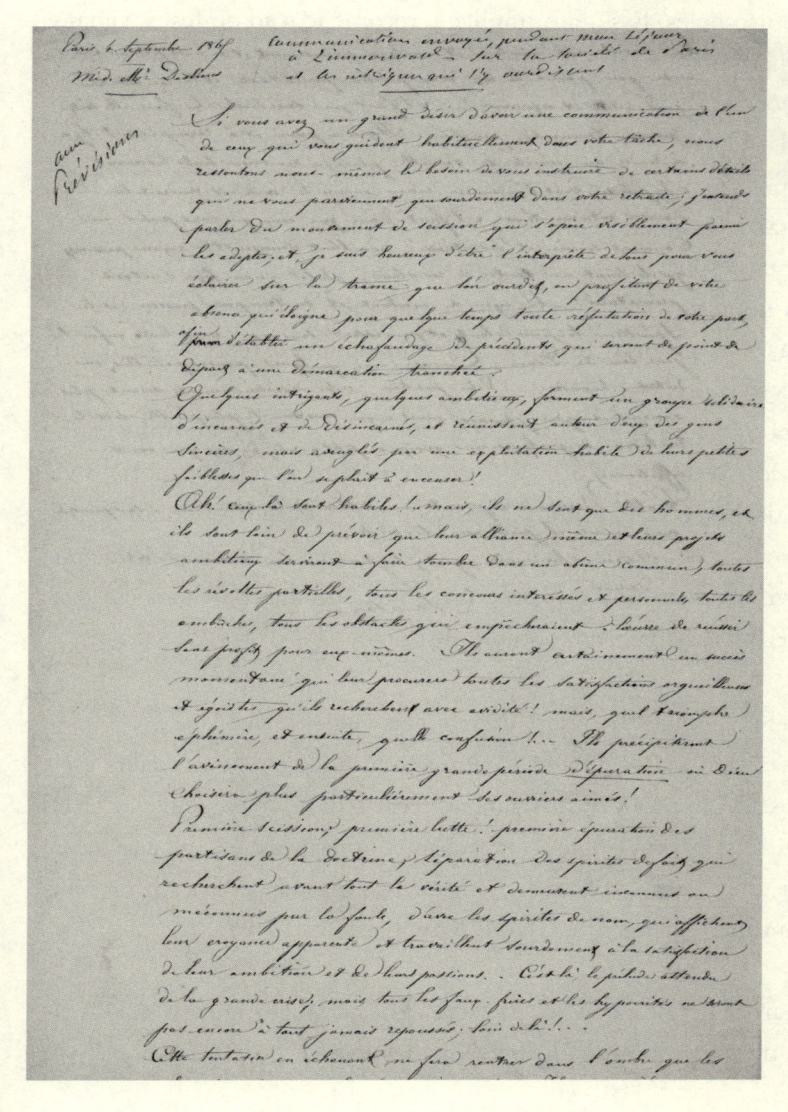

Comunicação do espírito Sanson

Os dissidentes formavam um grupo de encarnados e desencarnados interessados em desviar o Espiritismo para seus interesses pessoais, mas outros, explica o espírito Sanson na mensagem, eram "pessoas sinceras, mas cegas por uma hábil exploração de suas pequenas fraquezas". Em virtude das suas imperfeições, adeptos ingênuos foram utilizados para manobras das quais nem faziam ideia, e, se soubessem, fugiriam assustados caso vissem os maus espíritos que faziam uso deles. Esse fato implica a recomendação de Jesus, vigiai e orai, pois ninguém pode atirar a primeira pedra! Por isso são tão importantes as recomendações de Kardec quanto à universalidade, simplicidade dos médiuns, não idolatria, não tirar proventos, observância da universalidade: todos esses mecanismos são necessários para proteger os adeptos deles próprios. Pois, como diz o ditado: "se queres conhecer o vilão, põe-lhe uma vara na mão". A estrutura do meio espírita deve ser rigorosamente organizada para afastar as oportunidades de autoritarismo, ganho pessoal, idolatria, contendas, divisão e as demais mazelas próprias de uma humanidade ainda recém-nascida em relação à evolução moral.

Numa outra oportunidade, Allan Kardec fez uma sessão com um sonâmbulo muito lúcido, o senhor Morin, e perguntou sobre as relações entre o vice-presidente da Sociedade, senhor D'Ambel, e o secretário, senhor Canu. Ambos eram seus amigos e dedicados à Sociedade, mas os bons espíritos podiam ler no livro de suas almas os propósitos equivocados, baseados em suas imperfeições. Explica Morin, em outubro de 1865:

> Quanto ao senhor D'Ambel, eu vejo dois homens nele! Um que é o seu livre-arbítrio, seu eu próprio, e outro a influência de seus assistentes espirituais. [...] Já ele é mau, bastante mau, cheio de si, de orgulho e de ideias adquiridas. Seu círculo de acompanhantes (espirituais) é bom, mas seu eu vence. Ele o força a se esconder, sem porém o constranger a se separar completamente. (Manuscritos CDOR Kempf n. 1865_10_08)

E, então, Kardec pergunta: "Você poderia nos dizer quem, entre o sr. D'Ambel e sr. Canu, domina o outro?". E lhe vem a resposta:

> A causa raiz da última reviravolta do sr. D'Ambel é o sr. Canu, mas a mudança nele não se deve ao sr. D'Ambel; ou ele tinha os olhos abertos por

qualquer mão [...] Uma natureza esvoaçante, não firme e duvidosa de tudo e de todos os seus raciocínios; podem parecer os de um homem firme, não é. É uma natureza apaixonada por algo e depois retrocede. Ele apoiará uma teoria com a + b hoje e depois a refutará com a + b. Ele emprega meios desonestos que impedem um olho inexperiente de perceber sua duplicidade; mas é nosso hoje; ele foi o ponto de partida para a mudança do sr. D'Ambel com quem ele era muito mais íntimo do que é hoje. Não é dele que a ruína do espiritualismo virá; não é para ser temido; o mal que ele poderia fazer está feito. Mas eu teria mais medo, mais cuidado com o caráter falso e oculto do sr. D'Ambel. Por outro, não vejo claramente a teia de seus pensamentos. (*Ibidem*)

Em abril de 1864, D'Ambel partiu para seu empreendimento pessoal. O primeiro número saiu no dia 7 de julho. Kardec noticiou essa iniciativa:

> Em Paris, um recém-chegado se apresenta sob o título sem pretensão de *L'Avenir, Moniteur du Spiritisme*. A maioria de nossos leitores já o conhece, assim como seu redator-chefe, sr. D'Ambel, e puderam julgá-lo pelas suas primeiras armas; o melhor reclame é o de provar o que se pode fazer; em seguida é o grande júri da opinião que pronuncia o veredicto; ora, não duvidamos que não lhe seja favorável, a julgá-lo pela acolhida simpática que recebeu em seu aparecimento. A ele, pois, também as nossas simpatias pessoais, adquiridas de antemão por todas as publicações de natureza a servir validamente à causa do Espiritismo; porque não poderíamos conscienciosamente apoiar nem encorajar aquelas que, pela forma ou pelo fundo, voluntariamente ou por imprudência, lhes seriam antes nocivas do que úteis, prestando-lhe flanco aos ataques e às críticas fundadas de nossos inimigos. Em semelhante caso, a intenção não pode ser refutada pelo fato. (KARDEC, [RE] 1864, set., p. 17)

Veja bem, trata-se de uma apresentação elogiosa e ao mesmo tempo um alerta, pois, caso haja imprudência, as publicações poderiam abrir espaço para ataque e críticas. Mas o caminho escolhido pelo D'Ambel seria o do equívoco, cedendo aos desvios, e, em 1867, Kardec teve que qualificar essa trajetória indevida:

> *L'Avenir* foi feito o representante de ideias às quais não podíamos dar a nossa adesão. Não é uma razão para que essas ideias não tenham seu órgão, a fim de que cada um esteja de modo a apreciá-las, e que se possa julgar de seu valor pela simpatia que elas encontram na maioria dos Espíritas e sua concordância com o ensino da generalidade dos Espíritos. O Espiritismo não adotando senão os princípios consagrados pela universalidade do ensino, sancionado pela razão e pela lógica, sempre caminhou, e sempre caminhará com a maioria; é o que faz a sua força. Não há, pois, nada a temer das ideias divergentes; se elas são justas, prevalecerão, e serão adotadas; se são falsas, cairão. (KARDEC, [RE] 1867, jun., p. 21)

Como vamos constatar a seguir, o jornal *L'Avenir* serviu de palco para a proposta oposta à qual a Sociedade de Paris e centenas de centros estavam dedicados: servir aos propósitos dos espíritos superiores condutores da doutrina espírita. Inadvertidamente, seu editor abriu espaço para ambições pessoais, como as de André Pezzani, que se considerava superior aos espíritos que ofereceram as ideias presentes em *O Livro dos Espíritos*. Considerava todos medíocres. Para ele, o Espiritismo era um trabalho dos sábios encarnados, que deveriam estabelecer suas ideias próprias. E a ideia moral que ele considerava verdadeira era a da queda, do castigo divino, da culpa, do mundo como prisão, casa de correção, onde todos os encarnados seriam pecadores. Uma simples repetição dos dogmas do clero. Outros articulistas também fizeram uso do jornal, publicando suas ideias sobre tudo em relação ao que a doutrina espírita ainda não havia demonstrado seus princípios básicos, como o destino da alma dos animais, os milagres de Jesus, e outros temas que seriam resolvidos somente no momento adequado, indicado pelos espíritos, nas últimas obras de Kardec. Esse foi o desvio que ficaria conhecido como a seita do "Espiritismo sem espíritos" ou "Espiritismo independente".

AS CONTROVÉRSIAS DO JORNAL *L'AVENIR*

Em 16 de abril de 1865, D'Ambel publicou uma carta do senhor H. G. Fix em que este questionava as ideias propostas em número anterior, em que o articulista se propunha a fazer uma união entre as ideias dogmáticas do catolicismo e a doutrina espírita. Para Fix, isso era impossível, pois as duas doutrinas adotavam conceitos opostos:

> De fato, como conciliar a nossa bela doutrina de perfectibilidade com a crença na decadência original do homem? (que é tanto um anacronismo quanto uma blasfêmia).
> Como podemos conciliar nossa doutrina do livre-arbítrio, de responsabilidade pessoal, com a doutrina da graça que tende a fazer do homem o instrumento passivo de um tipo de viés divino, ou seja, o favor erguido como um artigo de fé? Explicando esses dogmas de forma racional, como *O Livro dos Espíritos* faz, serei respondido. Não quero fazer isso.
> Mas então, se a história de Adão, Eva e a Serpente é apenas uma alegoria, o que acontece com o dogma da Redenção[62]? Se o dogma da Redenção é verdade, a aventura de Adão e Eva também deve, pois esses dois fatos estão essencialmente ligados um ao outro. A negação do primeiro inevitavelmente implica a negação do segundo e Jesus não é mais o grande reparador, mas um Espírito superior em missão, como Moisés, e Muhammad (Maomé). (*L'AVENIR*, n. 45, p. 2, 11 maio 1865)

Então, o senhor Fix analisa as profundas diferenças entre as duas hipóteses, pois a Igreja adota uma metafísica dogmática, aceita como revelação divina indiscutível, enquanto o Espiritismo está fundamentado na lógica e nos fatos observados pelo estudo do mundo espiritual pelos depoimentos de seus próprios habitantes, os espíritos:

> Na minha opinião, a antítese entre esses dois termos está completa: quem diz "catolicismo", diz a fé cega, quem diz "Espiritismo" compreende que se trata da aplicação do livre exame. Agora, quem pode alegar conciliar esses dois termos opostos, exame livre e fé cega?
> Entre Roma e a Sociedade Moderna, o divórcio é irreparável. Roma acredita na eternidade do mal, o Espiritismo acredita no desenvolvimento progressivo do bem.

---

62. O dogma da redenção afirma que a morte e o sofrimento de Jesus serão a causa da salvação de toda a humanidade, conquistando a absolvição de todos os pecados daqueles que se abrigarem na Igreja, arrependidos.

Roma nos diz que o homem é um ser caído, condenado à ignorância, miséria, servidão aqui na Terra, e punição eterna após a morte. Nossa fé na perfectibilidade do espírito parece-lhe blasfêmia. Chama-se graça (o dogma), e o Espiritismo se chama Justiça e Caridade.

Por fim, encerra sua carta conclamando os espíritas para que fiquem atentos aos princípios da doutrina, para que o movimento não descambe para uma seita dogmática, o que seria oposto aos seus propósitos; escreve Fix: "Sejamos lógicos e, acima de tudo, firmes em nossas convicções. Portanto, não tenhamos medo de proclamá-los em voz alta: nossa consciência e nossa razão são as garantidoras de nossos princípios e ações". (*Ibidem*)

No número seguinte, veio, em resposta ao senhor Fix, o mais atuante articulista de D'Ambel, o escritor André Pezzani, que defendia uma moral oposta à de Kardec, ou seja, a heteronomia, hipótese de que a vida no mundo é um castigo divino, o pecado, e a reencarnação representa a pena pelos erros das vidas passadas, ou carma. Afirma Pezzani:

> O Espiritismo primeiro não nega o pecado original; ele explica isso racionalmente e o confirma, como falhas anteriores cometidas por cada homem terrestre e que lhe renderam sua estadia aqui embaixo. [...] os vícios ou falhas que trazem um indivíduo para o nosso pobre mundo. Casa de correção de nosso sistema solar, [...] enquanto Marte é uma casa de detenção. (*L'AVENIR*, n. 47, p. 3, 25 maio 1865)

As controvérsias tomavam as páginas desse periódico. Segundo os espíritos que secundavam Kardec, ambos, D'Ambel e Pezzani, estavam em busca de saciar os desejos de supremacia e soberba, imperfeições de suas almas. Mas os espíritas em geral, como o senhor Fix, estavam desgostosos dessas discussões vazias, e preferiam esperar o progresso das ideias elaboradas em torno da Sociedade Parisiense. O jornal perdia assinantes e o prestígio inicial se esvaía. Os ataques às ideias espíritas causavam repulsa. D'Ambel, por sua vez, publicou mensagens precipitadas, antes de serem tratadas na Sociedade, da qual era vice-presidente, inclusive uma, de Erasto, tratando da "queda e da condenação dos anjos rebeldes" (*L'AVENIR*, ano 3, n. 89, p. 1, 15 mar. 1866), que fazia parte de sua obra *Le Livre d'Éraste*, que passou a publicar dividido em partes, nos números de seu jornal.

No dia 10 de agosto de 1865, na Sociedade Parisiense de Estudos Espíritas, em sua reunião privada, Allan Kardec perguntou ao sonâmbulo Morin sobre esse assunto do jornal e das controvérsias de D'Ambel e Pezzani:

> Esse fracasso para o sr. D'Ambel deve ser uma grande decepção e para seus interesses se o jornal falhar. Ele cai do pedestal em que foi criado, seu desejo de fazer escola está arruinado. (Ele não vai à escola) Era isso que procurava em conjunto com Pezzani, de Lyon; eles fizeram uma causa comum juntos. Este famoso artigo, objeto de tantas críticas, concordou com Pezzani? (Manuscritos CDOR Kempf n. 1865_10_08)

E a resposta foi:

> Já existe desacordo entre eles. Como tudo o que é ditado pela atração de qualquer egoísmo, esses dois seres que deram as mãos para cavalgar, mas com a intenção mútua de chutar o traseiro um do outro, uma vez no objetivo, caiu no caminho; não que eles sejam abertamente; mas existem diferenças; um escreve algo que o outro não vê na mesma direção; um faria isso o outro aquilo; em suma, é uma associação inofensiva. D'Ambel provocou séria reprovação na sexta-feira, o que terá consequências desastrosas para sua prosperidade material. Sua circulação está diminuindo, o que é um mau sinal. Se ele fosse forte, teria enfrentado tudo e chegado ao seu posto; mas, vendo-se fraco e gradualmente abandonado, ele era covarde, estava com medo. (*Ibidem*)

Os espíritos avisaram Kardec que os espíritas estavam desgostosos com as controvérsias daqueles que tentavam impor suas próprias ideias, e por isso passaram a se afastar quando perceberam que o objetivo era criar divisão, além de desviar o Espiritismo para se tornar uma seita religiosa e dogmática, ou seja, desfigurá-lo completamente. Kardec então perguntou:

> No entanto, em uma das últimas edições de seu jornal, D'Ambel disse que recebeu muitas adesões de todos os lados e que era obrigado a aumentar seu programa; é verdade que essa abordagem foi malvista? (*Ibidem*)

E lhe responderam:

> Quando um jornal ou um teatro cai, quando um banqueiro se vê nas garras de uma ruína iminente, o primeiro multiplica os artigos; os assinantes entram na multidão, a sala está lotada, o banqueiro dá uma festa; é um anúncio como outro qualquer, mas pior que qualquer outro. Este homem é dotado de uma grande inteligência, poderia ter feito isso servir ao interesse geral; mas ele não queria; tentou subir nos ombros da multidão; mas ali o isolamento o deslumbra e ele cairá sob os pés daqueles a quem esmagou. Queria ser um líder de seita, mas se pudesse brilhar na segunda linha, na primeira, ele não poderia fazer nada; o orgulho o cega e o faz ir além da meta. (*Ibidem*)

Por fim, a orientação espiritual dada a Kardec explica a situação difícil enfrentada por D'Ambel, emaranhado nos problemas criados por ele próprio: "O bem às vezes quer agir sobre ele, mas o orgulho, a inveja e o ciúme, essa trilogia de paixões sempre prevalece" (*ibidem*).

É incrível, mas o próprio D'Ambel serviu como médium para uma comunicação de Erasto, anos antes de se desviar, em 1863, tratando exatamente do perigo de abrir guarda em virtude do orgulho e da ambição:

> Se muitos Espíritos imperfeitos se imiscuem na obra que perseguimos, tenho um muito grande desgosto de constatar que, entre nossas melhores ajudas da Terra, muitos se dobraram sob o peso de sua tarefa, e retomaram pouco a pouco o caminho de suas antigas fraquezas, de tal sorte que às grandes almas etéreas que os aconselhavam, são desde logo substituídas por Espíritos menos puros e menos perfeitos. (KARDEC, [RE] 1863, dez., p. 18)

O trabalho mediúnico exige uma atenção constante por parte de todos os médiuns. Isso porque, quando servem aos bons espíritos, as mensagens, curas, consolos, notícias, tudo o que vem do mundo espiritual como auxílio causa grande emoção, desejo de ser grato, profunda alegria. E a maioria dos indivíduos não sabem o que fazer para demonstrar seu reconhecimento. Essa é a hora de o médium estar consciente de que seu papel é só de intermediação, como se fosse um carteiro entregando a correspondência. Seria certo o carteiro que entrega um aviso de crédito achar-se merecedor de uma parte do dinheiro, por ter levado o documento ao beneficiário? E o porteiro do banco achar que deve ter comissão de cada um para o qual abriu a porta? O médium deve ficar feliz por ser intermediário do bem que os espíritos fazem, e basta. Mas para isso é preciso ter grande determinação e senso de realidade. Caso deixe o orgulho subir à cabeça, acabará por servir ao conflito e ao engano:

> Esse conflito é inevitável, porque o homem está maculado de muito orgulho e de egoísmo para aceitar sem oposição uma verdade nova qualquer; digo mesmo que esse conflito é necessário, porque é o choque de ideais que estraga as ideias falsas e faz ressaltar a força daquelas que resistem. No meio dessa avalanche de mediocridade, de impossibilidades e de utopias irrealizáveis, a verdade esplêndida desabrochará em sua grandeza e sua majestade. (*Ibidem*)

EM SETEMBRO DE 1865, O LANÇAMENTO DE *O CÉU E O INFERNO*

O Céu e o Inferno chegou na hora certa, pois mais cedo não haveria uma amplitude de entendimento para receber os conceitos inovadores que essa obra oferece. Mais tarde, suas ideias poderiam ser desviadas. Claro que os apressados que se esmeravam por tentar resolver os mistérios a partir de suas próprias ideias foram surpreendidos. Mas não foi Allan Kardec quem controlou esse tempo, foram os próprios espíritos superiores que conduzem o Espiritismo. Eles possuem um alcance de visão, uma compreensão da realidade, lendo as mentes, notando os movimentos gerais, que estão longe de nosso entendimento. Como ele afirma no Prefácio[63]:

> Os Espíritos que presidem o grande movimento regenerador agem então com mais sabedoria e previdência do que o fariam os homens, porque a visão daqueles engloba a marcha geral dos acontecimentos, enquanto nós outros somente vemos o círculo limitado de nosso horizonte. Tendo chegado os

---

63. Vale lembrar que todo o Prefácio de *O Céu e o Inferno* foi retirado na edição adulterada de 1869.

tempos da renovação, conforme os decretos divinos, era necessário que, em meio às ruínas do velho edifício, o homem entrevisse, para não esmorecer, as bases da nova ordem das coisas. Era preciso que o marinheiro pudesse distinguir a estrela polar que deve guiá-lo ao porto. (*OCI*, edição original)

Para os adeptos impacientes, mesmo que agindo por interesses escusos, a resposta é a mesma: a universalidade do ensino não se apresenta somente na comunicação dada ao mesmo tempo em muitos lugares. Esse é o aspecto mais evidente. Outro não menos importante está na gradação dos conceitos ensinados, a marcha e concatenação adequada. Os curiosos, quando estudam o Espiritismo, já querem as respostas mais complexas e até sem solução logo no início: como Deus cria os espíritos? Para onde vão as almas dos animais? Como saber quem era de outro planeta na vida passada? Quem eu fui na última encarnação? Será que fulano é a reencarnação de beltrano? Só curiosidades. Mas a tarefa dos espíritos superiores é complexa, pois eles precisam estabelecer os conceitos, para construir aos poucos a estrutura lógica de uma teoria completa. Entre eles, os mais evoluídos compreendessem muito bem as leis divinas. Mas é preciso agir de forma didática para criar um entendimento básico para a humanidade encarnada. Dessa forma, como fazia o professor Rivail em suas instituições de ensino, procedia do simples ao complexo, da base ao cume, fazendo com que os indivíduos compreendam bem as hipóteses antes de oferecer uma explicação adequada aos fatos.

Enquanto Kardec completava a obra, adeptos sem paciência tentavam resolver tudo por si mesmos, como crianças birrentas. Para esses, uma resposta:

> Não medem seus ensinos ao gosto da impaciência dos homens. Não nos basta dizer: "Gostaríamos de ter tal coisa" para que ela nos seja dada; e ainda menos nos convém dizer a Deus: "Julgamos que o momento chegou para nos dar tal coisa; nos julgamos mesmo bastante avançados para recebê-los"; porque isso seria dizer-lhe: "Sabemos melhor do que vós o que convém fazer". Aos impacientes, os Espíritos respondem: "Começai primeiro por bem saber, bem compreender, e sobretudo bem praticar o que sabeis, a fim de que Deus vos julgue dignos de ensinar-lhes mais; depois, quando o momento tiver chegado, saberemos agir e escolheremos nossos instrumentos". (*Ibidem*)

E quanto à tentativa de Pezzani e de D'Ambel, secundados por outros, de definir por si mesmos a relação entre Deus e suas criaturas? No início do Capítulo VIII, "As penas futuras segundo o Espiritismo", em sua primeira edição original, Kardec demonstra essa impossibilidade:

> Estando a sorte das almas nas mãos de Deus, ninguém neste mundo pode, por sua própria autoridade, decretar o código penal divino. Qualquer teoria não é mais que uma hipótese que só tem o valor de uma opinião pessoal e, por isso mesmo, pode ser mais ou menos engenhosa, racional, bizarra ou ridícula. Somente a sanção dos fatos pode lhe dar a autoridade e fazê-la passar ao estado de princípio.

A doutrina espírita não se estabelece por meio de opiniões, nem de encarnados, nem de desencarnados. Não é um sistema, mas leis deduzidas de fatos observados:

> A doutrina espírita, no que se refere às penas futuras, não é mais fundada sobre uma teoria preconcebida do que suas outras partes. Em tudo ela se apoia sobre observações, sendo isso o que lhe dá autoridade. Ninguém então imaginou que as almas, após a morte, devem se encontrar nesta ou naquela situação. São os próprios seres que deixaram a Terra que vêm hoje, com a permissão de Deus, e porque a humanidade entra numa nova fase, nos iniciar nos mistérios da vida futura, descrever sua posição feliz ou infeliz, suas impressões e sua transformação na morte do corpo. Em uma palavra, completar, sobre esse ponto, o ensino do Cristo. (*Ibidem*)

Isso não significa que Kardec seja o criador dessas leis da alma, ou seja, a única referência para o seu entendimento. O Espiritismo é uma ciência. Quando uma teoria da Física é estabelecida, sua autoridade está na possibilidade de qualquer físico, em qualquer lugar do mundo, poder confirmar a lei pela observação dos fatos. Esse é o princípio do pensamento científico. Depois que o cientista descobriu a lei natural, ela não lhe pertence, como não pertence a ninguém, está na natureza, é universal: **"a revelação não é privilégio de ninguém, que cada um pode ao mesmo tempo ver e observar e que ninguém é obrigado a crer pela fé de outrem"**.

O equívoco estaria em tentar estabelecer uma teoria sobre o mundo espiritual, mesmo que fosse uma só hipótese, a partir de um só espírito, feita a um só indivíduo, que seria facilmente enganado pela fascinação. Esse foi o caso de Roustaing, que os espíritos definiram assim no "Caderno Voyage en 1862: "em geral ele passa por um entusiasta, exaltado, querendo se impor". A universalidade do ensino é o instrumento da liberdade, pois, as mensagens chegando em diversos pontos, a ninguém se oferece exclusividade ou primazia. Depois do Espiritismo, neste mundo não há mais lugar para qualquer tipo de oráculo, a mediunidade sai da era pré-científica e entra para o campo do pensamento científico:

> Não se trata aqui da relação de apenas um Espírito que poderia ver as coisas somente de seu ponto de vista, por um único aspecto, ou ainda estar dominado pelos preconceitos terrestres, nem de uma revelação feita a um único indivíduo que poderia se deixar enganar pelas aparências, nem de uma visão extática que se presta às ilusões e é com frequência apenas o reflexo de uma imaginação exaltada, **mas de inúmeros intermediários disseminados sobre todos os pontos do globo, de tal sorte que a revelação não é privilégio de ninguém, que cada um pode ao mesmo tempo ver e observar e que ninguém é obrigado a crer pela fé de outrem**. (*Ibidem*)

As ideias de carma e pecado são pensamentos materiais, a partir da vivência comum dos homens, considerando o condicionamento dos hábitos por dor e prazer, nos moldes do que ocorre com os animais, que podem ser treinados. Por analogia, no início das civilizações, para tentar explicar as relações entre Deus e os homens, o primeiro pensamento foi o de levar a relação do condicionamento para o comportamento divino. Ou seja, todos os sofrimentos do mundo seriam castigos e todos os benefícios e prazeres seriam recompensas. Até mesmo um raio que caísse sobre uma casa era interpretado como sendo um ato deliberado de Deus para castigar seus moradores. E todo valor conquistado, o indivíduo interpretava como sendo um privilégio concedido a ele por Deus. A relação é equivalente àquela em que o dono dá um cutucão para repreender um animal, ou lhe dá um petisco para recompensá-lo. Nessa forma de pensar, a vida seria realmente um meio de Deus condicionar as criaturas. Mas essa não é a realidade das leis que regem a vida do espírito. Nesse mesmo Capítulo VIII de *O Céu e o Inferno*, Kardec vai apresentar um novo conceito. A evolução do espírito não é recompensada por prazer e dor, mas por sentimentos íntimos, que são estados alcançados e não atos e circunstâncias impostos.

Para animar um cachorro, ele precisa ser estimulado e recompensado pelos sentidos, por algo que ocorre fora dele e provoca as sensações em seu organismo. Você mostra o petisco, ele vê, o cérebro promove o desejo de comer, ele pula e come, tendo ao mesmo tempo uma sensação de prazer e de recompensa. Um estímulo material causa uma reação fisiológica. O condicionamento está entre as *leis da fisiologia*.

Já na lei que rege o espírito, a felicidade não é como a sensação fisiológica do prazer; é um estado conquistado por ter alcançado uma conquista intelecto-moral. Não se trata de atos, mas de sentimentos ou condições. A condição evolutiva é inerente à felicidade que ela proporciona. Por outro lado, a condição de imperfeição é inerente ao sofrimento moral, que vai durar até que o espírito supere a imperfeição por seu esforço. Trata-se de estados e sentimentos íntimos do espírito, em nada dependentes de algo que lhes seja exterior. Essas são as *leis da alma*, que regem o mundo moral. Assim Kardec se expressou, no item 2º, do Capítulo VIII:

> Sendo todos os espíritos perfectíveis, em virtude da lei do progresso, trazem em si os elementos de sua felicidade ou de sua infelicidade futura e os meios de adquirir uma e de evitar a outra trabalhando em seu próprio adiantamento.

Os elementos da sua felicidade ou da infelicidade estão no próprio espírito; depende do próprio espírito proporcionar-se um ou outro. Desse modo, a felicidade não é uma concessão ou graça divina, mas uma conquista do próprio ser. Também a infelicidade não é um castigo, mas uma condição criada quando o espírito desenvolve uma imperfeição, e termina quando ele próprio a desfaz. Desse modo, Allan Kardec vai iniciar o item 4º, com uma frase de importância crucial: "4º A punição é sempre a consequência natural da falta cometida". Sendo que a punição é o sofrimento moral, um estado do espírito imperfeito, e nunca um ato material. As vicissitudes do mundo material não são jamais castigos, mas sim oportunidades para o desenvolvimento do espírito. Este mundo, portanto, não é uma prisão, mas sim uma *escola de aplicação*.

Todas essas passagens citadas da obra *O Céu e o Inferno*, que são cruciais para a mensagem que Allan Kardec organizou dos ensinamentos dos espíritos superiores, têm uma coisa em comum: foram suprimidas quando a obra foi adulterada em sua quarta edição! Por outro lado, todos os trechos, que vão propor a ideia do carma foram acrescentados, são falsos⁶⁴!

Existe, no acervo de manuscritos de Allan Kardec resgatados por Canuto Abreu, o rascunho de uma carta de grande importância para a compreensão da teoria moral espírita. Foi escrita no dia de Natal, 25 de dezembro, de 1865, para Carlo Grillo, de Gênova, Itália (Kardec escreveu Charles Grillo, "à Gènes"). Ela contém um breve resumo da teoria moral apresentada em *O Céu e o Inferno*, mas com conceitos que seriam completados em *A Gênese*:

Carta de Kardec a Charles Grillo

O sr. Allan Kardec pretendia responder à carta que você lhe enviou. Mas, por ter ficado adoentado por algum tempo, além de muito ocupado, ficou impedido de fazê-lo, e temendo um longo adiamento, fui instruído a substituí-lo⁶⁵, e parabenizá-lo pela maneira pela qual você considera a doutrina. A facilidade com que você assimilou os princípios prova que, como muitas pessoas, você teve dela uma intuição.

Quanto às duas perguntas que a ele você propôs, elas exigiriam desenvolvimentos que vão além dos limites de uma carta. A questão do *pecado* será tratada posteriormente de forma abrangente em um livro a ser publicado⁶⁶. Enquanto isso, Kardec apenas diz o seguinte: O pecado *é uma violação consciente* das leis divinas, ou seja, em virtude do livre-arbítrio. É necessariamente relativo, porque o grau de culpa e, portanto, de responsabilidade, se deve ao desenvolvimento intelectual e moral, e da consciência de se ter cometido uma falha. Trata-se aqui do pecado em seu significado geral, e não no sentido restritivo de religiões e dogmas particulares.

Mas é óbvio que a alma, em sua origem, não desfruta da plenitude de seu livre-arbítrio. Inicialmente, possui somente as faculdades instintivas necessá-

---

64. Mais à frente neste livro, vamos destacar os trechos suprimidos e os acrescentados no Capítulo VIII para auxiliar aqueles que estudaram *O Céu e o Inferno* pelo texto adulterado a partir da quarta edição.

65. Apesar de a carta afirmar que foi redigida por um substituto, o manuscrito original do rascunho foi escrito de próprio punho por Allan Kardec. Possivelmente o professor Rivail, que estava impedido de trabalhar pelos médicos, para não revelar que estava respondendo cartas, preferiu dizer que estava sendo representado por um substituto. Todavia, a redação é toda sua.

66. O tema será abordado em *A Gênese*, 1868.

rias para a manutenção do corpo que ela anima. Durante esse longo período, que pode ser chamado de *embrionário*, ela experiencia a vida e aperfeiçoa sua inteligência. A princípio muito primitiva e limitada, se aprimora gradualmente. E o desenvolvimento do livre-arbítrio segue o da inteligência. Essa questão levanta outra de importância capital, a das relações entre animalidade e humanidade, mas sua solução seria prematura hoje.

Por favor aceite, senhor, minhas calorosas saudações. (Manuscrito CDOR Canuto n. 1865_12_25_AKD_04)

A responsabilidade pelos atos é sempre proporcional à compreensão consciente das leis divinas, o que depende do grau de inteligência e do livre-arbítrio. O espírito simples e ignorante, portanto, está na condição de nulidade intelecto--moral, age somente por faculdades instintivas, não tem ainda responsabilidade moral. À medida que a inteligência racional se desenvolve, a responsabilidade vai surgir e se ampliar proporcionalmente a essa evolução do espírito.

Por sua vez, essas ideias referentes à conquista progressiva do livre-arbítrio associada à evolução moral fazem parte dos trechos adulterados da obra *A Gênese* de Allan Kardec. Também em vários capítulos de *O Céu e o Inferno*, trechos que tratam da *necessidade da reencarnação* como meio de progresso do espírito, desde simples e ignorante, por seu próprio esforço, foram removidos na edição adulterada de 1869! Os mesmos princípios fundamentais do Espiritismo que contrariam os dogmas ancestrais foram removidos. Dessa forma, fica claro que o ocorrido após a morte de Allan Kardec foi um ato coordenado, com objetivos determinados quanto aos trechos adulterados nas suas obras conclusivas. A ação seguiu a determinação de retirar os fundamentos da moral autônoma, deixar outras partes da obra confusa e incompreensível, e, por fim, implantar as ideias de queda, reencarnação como castigo divino e carma.

Essas ideias equivocadas e dogmáticas estavam presentes entre os dissidentes, André Pezzani, Roustaing e seus discípulos. Alguns desses seguidores eram antigos sócios da Sociedade Parisiense, outros foram por eles trazidos, depois da morte de Rivail. Mas a estrutura para a infame adulteração estava previamente elaborada.

Vamos ver agora como Pezzani e Roustaing reagiram diante da publicação de *O Céu e o Inferno*, obra que contrariou todos os interesses deles e dos inimigos invisíveis que com eles compactuavam.

KARDEC RETORNA PARA COLOCAR OS PINGOS NOS IS

Diante da dissidência, Allan Kardec agia com a maior tranquilidade. Ele tinha um caminho traçado para a publicação das obras, cada uma a seu tempo. Numa correspondência endereçada ao médium Villon, que recebeu mensagens de Alfred de Musset, e também algumas que denunciavam os dissidentes, Kardec respondeu:

Cartas ao casal Villon

> Certamente, a dissidência é sempre lamentável, mas, além de ser impossível evitá-la, ela tem lá sua utilidade, pois, como dizem nossos guias espirituais, torna possível distinguir devoção sincera de devoção falsa ou interessada. Quantos deles já receberam como resultado apenas decepções e viram seu barco virar. Não querendo reconhecer que a culpa é deles, atacam o objeto: o Espiritismo não lhes deu o que esperavam? Então dizem que o Espiritismo é ruim. Mas se ele tivesse favorecido sua ambição ou orgulho, aí diriam tratar-se de uma coisa excelente.
>
> Se a dissidência leva a algumas deserções, elas apenas separam galhos mortos ou fracos do tronco, e quando a árvore está limpa de galhos parasitas, vive ainda melhor. Eles fazem parte das lutas que a doutrina deve sustentar para provar a sua força; quando esgotarem tudo o que tiverem contra ela sem nenhum sucesso, terão que reconhecer sua invulnerabilidade.
>
> Quanto a mim, nunca me preocupei, porque tudo isso é apenas a realização do que me foi anunciado há muito tempo e porque já conheço o resultado que é inevitável – pois nunca houve uma falha: os fatos sempre corresponderam aos avisos anteriormente dados por nossos guias para minha orientação. Só posso ter pena do destino dos cegos que não tomam o caminho certo, e peço a Deus que os ilumine e estenda a eles sua misericórdia. (Manuscrito CDOR Canuto n. 1866_02_02_AKD_01)

Em realidade, enquanto viveu, Allan Kardec não teve problemas com essa questão, teve apenas mais trabalho para contornar as más influências com ensinamentos e avisos na *Revista Espírita*.

Depois da doença, que se estendeu por muitos meses, desde primeiro de janeiro de 1865, Kardec viajou duas vezes, uma delas para a Suíça, na cidade de Zimmerwald. Voltou a Paris no fim de setembro, saiu quase imediatamente para outra viagem, e voltou para a primeira sessão na Sociedade de Paris depois da volta do recesso. Quando chegou a Paris, havia uma montanha de cartas para responder, a nova edição de *O Evangelho Segundo o Espiritismo* para preparar, e a edição de novembro da *Revista Espírita*, da qual ele ainda não havia escrito uma palavra. (Manuscrito CDOR Canuto n. 1865_10_31_AKD_01)

Nessa primeira sessão depois do recesso, tinha uma tensão no ar. Os participantes, sócios, médiuns, estrangeiros presentes, estavam na expectativa do que iria ocorrer nesse primeiro encontro entre Allan Kardec, que voltava a presidi-la depois de tão longo recesso, e D'Ambel, o vice-presidente, porque todos os presentes estavam acompanhando o jornal semanal *L'Avenir*, onde as ideias de Kardec eram abertamente negadas e outras perniciosas mereciam destaque.

Duas coisas se destacaram naquela ocasião. O discurso inicial feito por Allan Kardec surpreendeu a todos pela precisão das palavras, pelo incentivo ao trabalho e coerência. Também pelo julgamento preciso dos fatos, mantendo uma superioridade moral em sua apreciação que motivou a todos os presentes, deixando quase todos satisfeitos. O outro fato foi a reação inesperada de D'Ambel, vice-presidente, que, num gesto inadequado, não ocupou o seu lugar costumeiro à mesa, como fazia em todas as sessões. Pela primeira vez, se escondeu entre os presentes, como se fosse possível, pois seu gesto inusitado foi notado por todos. Kardec assim começou:

> Senhores e caros colegas, no momento de retomar o curso de nossos trabalhos, é para nós todos, e para mim em particular, uma grande satisfação nos encontrarmos de novo reunidos. Sem dúvida, iremos reencontrar nossos bons guias habituais; fazemos votos para que, graças ao seu concurso, este ano seja fecundo em resultados. Permiti-me, nesta ocasião, vos dirigir algumas palavras de circunstância. (KARDEC, [RE] 1865, nov., p. 2)

Em seguida, com elegância e altivez, fez referência aos fatos que preocupavam a todos, de tal forma que, como se diz, deixava a cada um enquadrar-se ou não, segundo sua própria avaliação:

> Os acontecimentos caminham com rapidez e como os trabalhos que me restam para terminar são consideráveis, devo me apressar, a fim de estar

pronto em tempo oportuno. Em presença da grandeza e da seriedade dos acontecimentos que tudo faz pressentir, os incidentes secundários são insignificantes; as questões de pessoas passam, mas as coisas capitais permanecem. Não é preciso, pois, dar às coisas senão uma importância relativa, e pelo que me concerne pessoalmente, devo afastar de minhas preocupações o que não é senão secundário, e poderei, ou me retardar ou me desviar do objetivo principal. Este objetivo se desenha cada vez mais nitidamente, e o que aprendi sobretudo nestes últimos tempos, são os meios de chegar mais seguramente e de superar os obstáculos. (*Ibidem*)

Ou seja, Kardec dizia para a Sociedade: vamos nos dedicar às tarefas sérias que nos cabe executar, secundados pelos espíritos superiores, para cumprirmos nossa meta. Quanto aos problemas criados em paralelo, são de responsabilidade de quem os criou, não nos cabe preocupar-nos com eles, mas seguir em frente.

Estabeleceu, em seguida, um posicionamento claro para cada questão equivocada que vinha sendo suscitada pelos desertores.

Para aqueles que se preocupavam com primazias, afirmou: "Deus me guarde de ter a presunção de ser o único capaz, ou mais capaz do que um outro, ou único encarregado de cumprir os desígnios da Providência; não, este pensamento está longe de mim".

Para quem estava preocupado com problemas no caminho, previu:

> Apesar do estado próspero do Espiritismo, seria se enganar estranhamente crer que doravante vai caminhar sem obstáculos. É preciso prever, ao contrário, novas dificuldades, novas lutas. Teremos, pois, ainda, momentos penosos a atravessar, porque nossos adversários não se consideram batidos, e disputam o terreno pé a pé. Mas é nos momentos críticos que se reconhecem os corações sólidos, os devotamentos verdadeiros; é então que as convicções profundas se distinguem das crenças superficiais ou simuladas. Na paz não há mérito em ter coragem. Nossos chefes invisíveis contam neste momento seus soldados, e as dificuldades são para eles um meio de pôr em evidência aqueles sobre os quais podem se apoiar. É também para nós um meio de saber quem está verdadeiramente conosco ou contra nós. (*Ibidem*)

Nesse momento, quem estivesse com a consciência pesada por seus pensamentos equivocados deve ter sentido suas pernas tremerem.

Quanto às tentativas de se provocar divisões no movimento espírita, Kardec também deu o seu recado:

> A tática de nossos adversários, não se saberia muito repeti-lo, é neste momento de procurar dividir os adeptos, lançando entre eles provocadores de discórdia, excitando as fraquezas verdadeiras ou simuladas; e, é preciso dizê-lo bem, têm por auxiliares certos Espíritos que se veem perturbados pelo advento de uma fé que deve ligar os homens num sentimento comum de fraternidade; também esta palavra de um de nossos guias é perfeitamente verdadeira: o Espiritismo põe em revolução o mundo visível e o mundo invisível. (*Ibidem*)

A tarefa não seria pequena nem fácil. E o alcance do que estavam fazendo os espíritas era de âmbito mundial. Trazer a teoria da autonomia como antídoto de todos os falsos ensinamentos do passado. Uma obra tão grande, envolvendo os dois mundos, enfrentaria uma resistência proporcional à sua grandeza.

Mas eles nada precisariam temer, nem recuar por achar o fardo pesado não cabia aos encarnados dirigir a tarefa para a sua meta, pois ela era dos espíritos superiores:

> O movimento é dado, não pelos homens, mas pelos Espíritos predispostos por Deus; ele é irresistível, porque é providencial. Não é, pois, uma revolução humana que se possa deter pela força material; qual é, portanto, aquele que se creria capaz de entravá-lo porque lhe jogasse uma pedrinha sob a roda? pigmeu na mão de Deus, será levado pelo turbilhão. Que todos os Espíritas sinceros se unam, pois, numa santa comunhão de pensamento, para fazer face à tempestade; que todos aqueles que estão penetrados da grandeza do objetivo coloquem de lado as pueris questões incidentes; que façam calar as suscetibilidades do amor-próprio, para não ver senão a importância do resultado para o qual a Providência conduz a Humanidade. (*Ibidem*)

Não havia motivo para temer. Estando os bons espíritos, cumprindo uma lei natural, à frente na tarefa de estabelecer o Espiritismo, quem poderia deter tão grande movimento?

E, por fim, conclama todos ao trabalho, de forma que as questões pessoais fiquem de fora:

> A Sociedade de Paris, colocada mais do que todas as outras em evidência, deve sobretudo dar o exemplo. Estamos todos felizes em dizer que ela jamais faltou aos seus deveres, e por ter podido constatar a boa impressão produzida por seu caráter eminentemente sério, pela gravidade e pelo recolhimento que presidem às suas reuniões. É um motivo a mais para ela evitar escrupulosamente, até nas aparências, o que poderia comprometer a reputação que adquiriu. Incumbe a cada um de nós velar por isto no interesse da própria causa; é preciso que a qualidade de membro ou de médium prestando-lhe seu concurso, seja um título à confiança e à consideração. Conto, pois, com a cooperação de todos os nossos colegas, cada um no limite de seu poder. Não é preciso perder de vista que as questões pessoais devem se apagar diante da questão de interesse geral. As circunstâncias em que iremos entrar são sérias, eu o repito, e cada um de nós terá sua missão, grande ou pequena. É porque devemos nos colocar na medida de cumpri-la, porque disso nos será pedida conta. Que possais me perdoar, eu vos peço, essa linguagem um pouco austera no retorno de nossos trabalhos, mas é pedida pelas circunstâncias. (*Ibidem*)

Esse discurso uniu os presentes, motivou os sócios e médiuns da Sociedade, uniu a todos, revigorou a liderança e condução serena dos trabalhos por Allan Kardec. Publicada na *Revista Espírita*, ecoou nas centenas de centros, para milhares de espíritas. Foi uma ação de estabilidade, e uma pá de cal no interesse daqueles que desejavam a divisão.

Não que fosse uma unanimidade entre todos. Fisicamente, apesar do deslize de D'Ambel, todos se comportaram em silêncio. Mas como saber os pensamentos dos presentes durante a sessão? Também isso seria de conhecimento de Kardec, no trabalho mediúnico privativo que iria ocorrer dois dias depois, em seu escritório ao lado do salão de reuniões, no dia 8 de outubro, que vamos acompanhar pelo manuscrito do registro das falas do sonâmbulo lúcido que foi o instrumento para a compreensão dos fatos espirituais.

Allan Kardec perguntou inicialmente:

– Examine um pouco a impressão geral produzida pela sessão da sexta-feira passada, sobre os sócios e sobre os estrangeiros. Diga-nos também por que o sr. D'Ambel se absteve de tomar seu lugar como médium? (Manuscritos CDOR Kempf n. 1865_10_08)

Depois de um longo silêncio, durante o qual o sonâmbulo, senhor Morin, em transe, por meio da segunda vista examinava as fileiras, vendo, por sua lucidez, o ocorrido dois dias antes naquele salão, fez um longo relato, inspirado pelos bons espíritos presentes:

> A maioria dos membros da Sociedade se reuniram nesta primeira sessão com o pressentimento. Eles sentiram algo que lhes dizia "vá e espere" e essa esperança não foi frustrada. Para muitos, o que se esperava aconteceu. Outros nada disso pressentiram. Eles esperavam um silêncio completo ou um ataque frontal. Esses não são os melhores; os primeiros são sinceros. [...] Essa primeira sessão produziu efeitos diferentes sobre os assistentes. Uns sentiram como se lhes colocassem o dedo na ferida, o que, pelo seu pensamento íntimo, se não foi cicatrizado, pelo menos foi colocado diante do remédio, para o seu fim. Para outros, também se colocou o dedo na ferida, mas eles o sentiram pungente, cheio de perigos e se perguntaram se sairiam sãos e salvos.
>
> Os estrangeiros edificaram-se bastante pela prece e o recolhimento que presidiu todos os atos dessa noite produziu sobre eles uma profunda impressão. Eles viram na prece o meio mais seguro de obter resultados sérios e essa prece (para os médiuns) foi de um exemplo tão salutar que o orgulho, que geralmente não se confessa, se viu substituído pela humildade. Eu vejo uma enorme prova nessas poucas palavras que pareceram insignificantes, às quais não se ligou nenhuma importância e que porém foram o incidente mais notável da noite para mundo invisível.
>
> Em suma, todos os estrangeiros saíram edificados; para os sócios, eles foram afetados diretamente, uns ficaram entusiasmados, fortalecidos, e outros desconcertados.
>
> Quanto ao sr. D'Ambel, eu vejo dois homens nele!, um que é seu livre-arbítrio, seu eu, e outro a influência de seus assistentes. Seu eu interior lhe havia dito: "não, não vá à sessão". Sua assistência espiritual lhe disse: "vá". Ele não

queria, mas a assistência queria. E como afinal o livre-arbítrio nem sempre é o mais forte, ele veio. Queriam que ele viesse se sentar em seu lugar de sempre e gritaram para ele: "é seu dever". Mas ele, que veio, por assim dizer, inconscientemente e certamente de mau grado, dizia a si mesmo: "esconda-se", e ele realmente pensava que se escondia aos olhos de todos. Havia, assim, a luta entre seu eu e seus guias. Estes conseguiram que ele viesse, mas não conseguiram fazer mais nada.

Com o orgulho e a inveja dominando este homem, ele está no mau caminho. Toda esta separação não está completa. Ele está submetido a um turbilhão de sentimentos onde, às vezes, é ele mesmo quem age e às vezes seus guias. Seria melhor para todos e para ele se ele se retirasse de vez! Ah! Ele não consegue mais contar com a admiração simpática de todos os que formavam sua corte. Muitos o admiravam e pensaram bastante em sua abstenção. Perguntaram-se o porquê e esse ato foi interpretado de várias maneiras, mas ninguém o interpretou favoravelmente.

Alguns pensaram que, tendo aceitado antes de todo mundo os fatos que poderiam realmente parecer estranhos, tendo-os protegido e defendido, ele temia receber uma repreensão direta por ter avançado rápido demais.

Outros disseram: "ele tem medo". Outros, enfim, disseram a si mesmos: "hoje um abismo se abriu entre os espíritas puristas e os pequenos sectários que se formam ao nosso redor. Mas por que ele veio? Ele não deveria ter vindo". Por tudo isso, parece que, para alguns, ele se sentiu fraco demais; para outros, ele estava com medo; a partir daí, tentamos examinar sua vida, notamos alguns detalhes que passaram despercebidos; todos fizeram o seu comentário, sem dúvida não em conformidade com a caridade espírita, ampliamos, ampliamos e o que saiu de tudo isso foi indiferença e desprezo. Ele ganhou a perda de seu jornal, que em breve deixará de existir. (*Ibidem*)

Chegou o momento, então, de Kardec perguntar sobre a repercussão de sua nova obra, *O Céu e o Inferno*. Ele assim a formulou:

– Pergunta: Vejamos, agora que já passou algum tempo desde a publicação do meu último livro *O Céu e o Inferno*, conte-me um pouco qual impressão foi produzida no público?

Você não acreditaria que do número total de vendas, há bem um terço e ainda mais nas mãos dos jesuítas. Haverá muitas refutações, eu as vejo, mas não se sabe por onde atacá-lo; eles estão muito embaraçados. São pegos e chicoteados com seu próprio chicote. "É apenas o texto do nosso ensino, não podemos dizer nada". E ainda assim tentam e o que é notável é que todos concordam em iniciar a refutação pelo final, porque não pode atacar o começo, é bem irritante e desagradável. Em todo lugar, há uma disposição para a refutação. Com a pena à mão, atacam a segunda parte, mas quando se trata de falar da primeira, [...] impossível! É muito difícil refutá-la; é tão difícil que roem as unhas e as dos jesuítas estão tão mordidas que suas mãos se tornaram patas de veludo.

Ah!, eles se culpam e estão desesperados por não terem se apropriado dessa ideia desde o início. Mas é tarde demais, tarde demais para tudo, tarde demais para açambarcar, tarde demais para mesclar! Eles estão reduzidos: "empurre, se pararmos, cairemos e, se não desistirmos, iremos até onde pudermos". Mas eles estão progredindo! [...] Há um grande sentimento de medo manifestado pelo silêncio geral e dominado pelo arrependimento por não terem se juntado a nós desde o princípio. Estamos começando a bater de frente e eles não podem refutar as manifestações. Além disso, eles não os tratam mais como um absurdo, como antes, mas os colocam no alto da conta do diabo, enquanto reconhecem sua realidade em voz baixa. Eles temem, mas não saberiam renunciar a um domínio que é sua ruína, a todas essas reverências para todos esses reverendos, a seu orgulho e suas riquezas. E, no entanto, fazem concessões duras e, ainda sem ver todo o perigo, pressentem a catástrofe.

– Pergunta: O que eles gostariam de fazer comigo? Como eles ainda não pensaram em me vencer?

Eles nunca poderiam ter pensado em algo assim. Cada uma das palavras, cada um dos escritos que saem da sua pena são firmes demais e expressam uma convicção profunda demais para se supor! [...] Não, eles não pensaram nisso. Apenas, eles o examinaram bem, o estudaram bem, introduziram pessoas próximas a você que os informaram bem. Mas você sabe à primeira vista se podemos ou não contar com alguém, seus olhos facilmente desmascaram a hipocrisia. Você é um verdadeiro cão de caça jesuíta. Você consegue sentir o cheiro deles, e eles não podem escapar de você. Quanto ao que quiseram fazer com você, se todos os anátemas lançados contra você pudessem formar um projétil muito perigoso e muito afiado, há muito tempo você não estaria mais neste mundo! (*Idem*)

Comunicação do sonâmbulo Morin

Vale destacar da mensagem dos espíritos a passagem sobre a primeira parte de *O Céu e o Inferno*, na qual Kardec desenvolveu a teoria moral espírita: "impossível! É muito difícil refutá-la". Ou seja, os inimigos invisíveis, vendo-se absolutamente derrotados no campo das ideias, sem meios para contrapor a lógica irrepreensível de Kardec, viram na falsificação das obras sua última cartada.

A REAÇÃO DOS DISSIDENTES DIANTE DA ARREBATADORA CHEGADA DE *O CÉU E O INFERNO*

André Pezzani, depois da publicação de *O Céu e o Inferno*, não deu continuidade ao debate racional entre a teoria moral autônoma proposta pela doutrina espírita e a teoria heterônoma do carma, defendida por ele. Adotou uma nova estratégia com a publicação de sua obra *Les Bardes Druidiques: synthèse philosophique au XIXe siècle*. No item "Do estado atual e do estado futuro do Espiritismo", vai propor uma absurda divisão do Espiritismo em três fases: fase material, fase espiritual e fase teológica. (PEZZANI, 1865, p. 87)

Nessa sua concepção pessoal, a fase material estaria representada pela generalização do uso da mediunidade, durante a qual Kardec escreveu *O Livro dos médiuns*. Em seguida, a fase espiritual viria resolver todos os problemas sobre Deus, espíritos e seus destinos. Onde buscar essas respostas? Nos Espíritos? Não, para o autor, "o Espiritismo, a esse respeito, também não tem trazido nada de novo. Desafiamos a quem quer que seja de nos citar um princípio, um fato, uma ideia que já não tenha sido emitida antes dele". (*Ibidem*, p. 88) Mergulhado no orgulho, Pezzani achava *O Livro dos Espíritos* uma obra pobre, banal, com ideias sem importância.

Para Kardec, a elaboração dos princípios fundamentais do Espiritismo se dá pela condução dos espíritos superiores, que graduam seus ensinos progressivamente, cabendo aos encarnados sua elaboração. Mas, para o autor de *Les Bardes Druidiques*, os conceitos devem ser buscados pela síntese lógica das opiniões da humanidade encarnada (é a tese da seita do *Espiritismo sem espíritos*), que para Pezzani eram melhores que os ensinamentos dos espíritos. E qual, segundo ele, era a posição das obras de Allan Kardec nessa fase? Pezzani criou uma escala própria para dividir os espíritos e humanidades do universo. Seriam classificados em: "criaturas inferiores, são os *ínfimos*. Há os que somos em nossos mundos ainda bem distanciados da perfeição; são os *medíocres*. Há os *superiores* ao indefinido". Essa classificação é ilógica, sem qualquer fundamento na realidade, servindo apenas para desconsiderar os ensinamentos dos espíritos superiores.

Essa é a armadilha de seu raciocínio, fugindo da observação dos fatos. Basta olhar à nossa volta e veremos os indivíduos variando grandemente quanto à sua evolução intelecto-moral. Há os mais simples, como também aqueles mais elevados. A humanidade é complexa e heterogênea. Absolutamente impossível igualar todos os que vivem neste mundo, encarnados e desencarnados, como sendo medíocres! Essa denominação não tem sequer um significado claro. Mas, enfim, para compreender o que o autor quer afirmar, precisamos acompanhar seu raciocínio. E fica fácil compreender seu objetivo pelo que escreveu em seguida. Para ele:

> Digo e afirmo que a fase espiritual esboçada por *O Livro dos Espíritos*, menos perfeito que *O Livro dos Médiuns* e que *A Imitação do Evangelho*, que concernem à primeira fase, mas todavia suficiente naquele momento, e que teve uma influência enorme, só se realizou com a mediocridade dos homens como com a dos Espíritos que os assistem. (*Ibidem*, p. 90-1)

Qual é o significado de mediocridade? Como se dá essa generalização? Nenhuma explicação, pois o autor vai direto para sua conclusão: pela avaliação de Pezzani, as obras de Kardec foram elaboradas por *homens medíocres* assistidos por *espíritos medíocres*!

Anteriormente, Pezzani propunha a discussão lógica; agora ele simplesmente menospreza o alcance das obras de Kardec desqualificando quem as elaborou e aqueles que as assistiram, pois seriam, aos seus olhos, todos medíocres. Mas, repito, se neste mundo todos são medíocres, há um problema: como poderá ocorrer uma revelação da moral? Ele explica, a seu modo, ao definir a terceira fase de sua classificação:

> É, unicamente, para a outra fase do Espiritismo, a *fase teológica*, que será necessária a intervenção dos Espíritos superiores, e que essa intervenção será sustentada por esses encarnados cujo nível intelectual se elevará para estar em relação com a *cidade celeste*. [...] Para a fase teológica, em que serão

> necessárias revelações ainda surpreendentes e novas, a fim de operar com segurança a fusão das diversas seitas religiosas, catolicismo, protestantismo, budismo, judaísmo, bramanismo, maometismo, religião dos selvagens e das tribos, será necessário então que Deus envie membros das humanidades estelares. Para informar aos homens atuais os ensinamentos fora do comum e verdadeiramente reveladores desta vez, há a necessidade de alguns encarnados eleitos [...] que já nasceram e foram preparados para esse papel. Então, trabalhemos no sentido de nossa *mediocridade*, desencarnados e homens. (*Ibidem*, p. 91-2)

O autor acredita que pode resolver todas as contradições de sua obra dizendo que, como todos são medíocres tanto no mundo como na espiritualidade, em virtude da incompetência de todos, serão necessários oráculos especiais, membros da humanidade celeste e encarnados eleitos, um só grupo de eleitos, um só médium oráculo, um só grupo de espíritos. Pezzani, em verdade, está somente reeditando o passado da mediunidade, desconsiderando que estamos na fase do pensamento científico, e propondo a volta da fé cega para aceitar uma nova revelação. Por quê? Segundo ele, em seu devaneio, porque somos todos medíocres para desvendar as leis da alma! Dessa forma, em seu raciocínio descabido, para compreender essas leis seríamos submetidos a uma nova fase do Espiritismo, quando este iria se transformar numa religião formal, numa seita, abandonando os espíritos medíocres, aceitando os dogmas que viriam dos oráculos celestiais infalíveis.

Esse pensamento é o oposto da ciência espírita, que se estabelece por meio da universalidade do ensino dos espíritos. Ele é a volta do pensamento messiânico do velho mundo, o retorno aos tempos das pitonisas, da fé cega. E o que pensa Pezzani do critério da universalidade? Um pouco à frente em seu livro, ele afirma: "Allan Kardec, lógico eminente, escritor célebre no Espiritismo, acreditou poder fornecer um critério infalível, o critério universal daqueles que se nomeiam os Espíritos. Por um instante fomos seduzidos, fizemos coro com ele". (*Ibidem*, p. 94)

Em resumo, a nova tática seria desqualificar a obra de Kardec afirmando que foi elaborada e inspirada por homens e espíritos medíocres. Que a universalidade do ensino dos espíritos é falsa. E que a fase filosófica do Espiritismo, que nada de novo dizia, seria substituída por uma fase teológica, por um novo messias, novo oráculo, e uma nova religião seria formada pela revelação de seres celestes. Tudo estava sendo preparado por Pezzani para dizer que Kardec estava ultrapassado e deveria dar lugar a outro messias, muito superior!

No ano seguinte, ao lançar sua obra *Os Quatro Evangelhos*, Roustaing vai assumir publicamente que deveria ser ele mesmo o novo messias anunciado por Pezzani! Em 1866, o próprio Roustaing teria escrito um artigo, que ninguém quis publicar na época, no qual afirmou: "A um outro instrumento que não Allan Kardec estava destinada a missão de formular essa síntese filosófica que prepara e que devia conduzir à abertura da fase teológica; a síntese filosófica devia ser, e foi realizada por André Pezzani". (ROUSTAING, 1882, p. 24-5) E completou com uma crítica direta: "Allan Kardec acreditou-se chamado, e único chamado para abrir a fase teológica".

Mas quem seria o messias enviado para dar início à fase teológica, quando, segundo Pezzani, o Espiritismo se tornaria uma nova religião dogmática? Citando seu colega advogado, foi Roustaing que em seu artigo, afirmou: "Em 1861, J.-B. Roustaing foi espontaneamente escolhido para começar a obra teológica da qual ele inaugura a fase importante [...] pondo em ordem revelações recebidas". (*Ibidem*, p. 23)

Todavia, as ilusórias obras de Roustaing e de Pezzani não convenceram os espíritas. Ocorreu exatamente o inverso: foram desprezadas e esquecidas. *Os Quatro Evangelhos*, que trazia uma repetição dos dogmas do velho mundo, estava fora da época, quando os franceses estavam entusiasmados com o pensamento científico, as ideias liberais, a regeneração da humanidade pela adoção de uma nova moral, a autônoma, baseada na responsabilidade pessoal, no livre-arbítrio, no livre exame pela razão. Não havia lugar para dogmas, fé cega, obediência passiva. Pertencia ao passado dizer que o mundo é uma casa de correção de Deus, castigando opressivamente suas criaturas, fazendo da vida um martírio de sofrimento para subjugar as criaturas pelo terror. O Espiritismo verdadeiro, não esse inventado por falsos profetas, atendia ao novo mundo, trazendo uma sólida mensagem de esperança, secundando com suas ideias libertárias, o espiritualismo racional, o pensamento liberal, que afirma: com o próprio esforço, cada um fazendo de si mesmo o seu projeto evolutivo, conquistaremos a felicidade.

Mas Roustaing, mergulhado em seu processo obsessivo, ferido em sua soberba, não poderia aceitar que as pessoas não estavam interessadas em sua tese retrógrada, e, então, culpou os outros pela pouca atenção que teve. Escreveu:

> Na França, geralmente, lê-se pouco. Os espíritas, em sua maioria acostumados a tudo aceitar, se lhes foi dito: o *chefe*, o *mestre*, certamente aplicou seu controle universal sobre os três volumes da obra de J.-B. Roustaing, nós não podemos nem comprar, nem ler uma obra inútil. (*Ibidem*, p. 128)

Fazendo coro com Pezzani, Roustaing tinha como alvo a completa negação do princípio fundamental da universalidade do ensino dos espíritos. É importante lembrar que, segundo Kardec, esse critério tinha diversas funções, entre elas, permitir aos espíritos superiores estabelecer a estrutura da teoria espírita, também determinar a cadência dos conceitos estabelecidos. Além de servir para denunciar as tentativas dos falsos profetas de impor falsos conceitos, pois eles seriam apresentados em grupos isolados, e cairiam por si sós no esquecimento. Sabendo disso, os desertores combatiam o critério da universalidade, pois era exatamente o que tornava ilegítima sua tentativa de desvio.

Já sabemos sobre os bastidores da Sociedade de Paris, revelados nas mensagens particulares, inclusive naquela recebida por Kardec na volta das atividades. Nessa ocasião, os espíritos relataram a ele os pensamentos íntimos de alguns participantes que estavam se perdendo por seu orgulho, notadamente o vice-presidente, D'Ambel, e o secretário, senhor Canu. Pois bem, foram exatamente esses dois participantes da Sociedade que serviram de testemunha para o advogado Roustaing, em seu artigo de 1866, acusar de falso o critério da universalidade do ensino! Diz ele, carregado de ironia:

> Apesar do sábio e judicioso emprego que Allan Kardec fazia de seu critério infalível, nosso caso o prova, "estamos certos de que esse critério nunca existiu". Foi exatamente o que escreveu o senhor D'Ambel, ele que foi seu secretário e seu médium preferido, e o senhor Canu, secretário das sessões da Sociedade, homem honesto, de natureza franca, que não queria aceitar a responsabilidade do que sabia estar ao contrário da verdade, agiu do mesmo modo, e muitos outros espíritos livres os imitaram. (*Ibidem*)

Como conhecemos os bastidores do pensamento de D'Ambel e de Canu, o uso deles como prova da invalidade do critério da universalidade, em função da posição deles na Sociedade de Paris, cai absolutamente por terra, por falta de isenção dessas testemunhas. Sobre Canu, os espíritos afirmaram: "Uma natureza esvoaçante [...] ele emprega meios desonestos que impedem um olho inexperiente de perceber sua duplicidade". E sobre D'Ambel: "Já ele é mau, bastante mau, cheio de si, de orgulho e de ideias adquiridas. Seu círculo de acompanhantes (espirituais) é bom, mas seu eu vence". (Manuscritos CDOR Kempf n. 1865_10_08)

Para deixar tudo bem esclarecido ao leitor, apresentamos uma carta enviada ao jornal *L'Avenir*, em 11 de dezembro de 1865, pelo capitão belga N. L. Fix, defendendo como adequado o critério da universalidade, em resposta a Pezzani:

> O critério da razão não é suficiente em muitos casos. Um espírito pode, por exemplo, apoiar uma tese muito racional; por esta razão, o Espírito fala a verdade, especialmente quando faltam os meios de verificação? Obviamente não! Mas que cem Espíritos, em cem círculos espiritualistas e em cem médiuns diferentes vieram apoiar a mesma Tese, haverá para mim, nesta concordância, mais do que uma simples probabilidade, mas uma certeza quase completa da verdade dos fatos avançados. (*L'AVENIR*, n.78, p. 2-3, 28 dez. 1865)

O editor D'Ambel inseriu uma nota nesse parágrafo, colocando-se ao lado de Pezzani, ao afirmar: "Permita-me, caro sr. Fix, fazer minhas reservas sobre este ponto. Pretendo demonstrar, peremptoriamente, que esse critério não existe e nunca existiu. Eu tenho provas em mãos. Alis D'Ambel". (*Ibidem*) Essas provas nunca vieram. Ele estava confuso, suas ideias iam e vinham. Seu jornal foi definhando pelo desinteresse dos leitores.

Em 1867, Kardec iria apontar o jornal de D'Ambel como sendo inadequado para que desse sua adesão, mas que, no entanto, "não há, pois, nada a temer das ideias divergentes; se elas são justas, prevalecerão, e serão adotadas; se são falsas, cairão". (KARDEC, [RE] 1867, jun., p. 21)

D'Ambel, um ser humano como todos os outros, tinha suas imperfeições, recebeu a oportunidade de participar da Sociedade de Paris em posição de destaque, médium valoroso, deu sua importante contribuição, que lhe trará uma felicidade merecida, conquistada por seu mérito. Mas, cedendo aos apelos do orgulho, inveja e ciúme, deixou-se levar por essas imperfeições, apesar dos conselhos de seus benfeitores espirituais, que, todavia, respeitaram seu livre-arbítrio. No mundo espiritual, certamente vai refletir sobre os caminhos que escolheu, e, arrependido, terá como escolher suas provas e expiações nas vidas futuras. Nunca perderá a felicidade conquistada, isso vai assegurar sua esperança. Os ensinamentos espíritas que ouviu e escreveu de próprio punho serão uma benéfica herança em sua luta consigo mesmo. Será a mais viva e altiva prova das leis da alma propostas pelo Espiritismo. E esse é o maior valor da doutrina. Pois todos, inclusive seus inimigos, conscientes ou inconscientes, encarnados ou desencarnados, todos vão encontrar o caminho do retorno ao bem, à felicidade conquistada, para viver em paz, servindo à harmonia universal.

Num gesto de arrependimento ainda em vida, que podemos considerar como o início de seu retorno ao bem, em seu último número, de 19 de abril de 1866, transcreveu em sua íntegra o artigo de Allan Kardec denunciando a fracassada seita do "Espiritismo sem espíritos". Escreveu o editor: "Chamamos a atenção séria de nossos leitores regulares e assinantes nos seguintes artigos, que o sr. Allan Kardec publicou na atual edição de abril da *Revista Espírita*. Alis D'Ambel". Nesse artigo, Kardec vai esclarecer:

> Temos que nos ocupar de coisas mais importantes do que saber o que fazem tais ou tais; se fazem bem, não têm a temer nenhuma investigação; se fazem mal, isto os vê. Se é que ambicionam nossa posição, é no interesse do Espiritismo ou no seu? Que a tome, pois, com todas as suas cargas, e, provavelmente, não acharão que isso seja uma sinecura tão agradável quanto o supõem. Se acham que conduzimos mal o barco, quem os impediu de tomar-lhe o governo antes de nós? e quem os impede ainda hoje? – Se lamentam de nossas intrigas para nos fazer partidários? Esperamos que se venha a nós e nós não vamos procurar ninguém; não corremos mesmo atrás daqueles que nos deixam, porque sabemos que podem entravar a marcha das coisas; sua personalidade se apaga diante do conjunto. (KARDEC, [RE] 1866, abr., p. 11-12)

Todas essas tentativas de luta contra o Espiritismo foram sem frutos, porque ele surgiu na hora certa, na época em que uma "reação evidente [...] se opera no sentido das ideias espiritualistas, uma repulsa instintiva se manifesta contra as ideias materialistas". Já explicamos em obras anteriores *(Revolução espírita* e *Autonomia)* que o materialismo da Revolução Francesa, surgido como reação ao dogmatismo fanático dos séculos anteriores, deu lugar ao espiritualismo racional, que superou a moral heterônoma propondo a autonomia moral. E, assim, a incredulidade que antes havia tomado as massas, rejeitando as crenças, ganhou um ambiente mais propício à revolução moral para a qual a humanidade está destinada. Nessa hora veio o Espiritismo. E Allan Kardec explica o papel dessa doutrina no mundo:

> Neste grande movimento regenerador, o Espiritismo tem um papel considerável, não o Espiritismo ridículo inventado por uma crítica zombeteira, mas o Espiritismo filosófico, tal como o compreende quem se dá ao trabalho de procurar a amêndoa sob a casca. Pelas provas que ele traz das verdades fundamentais, ele enche o vazio que a incredulidade faz nas ideias e nas crenças; pela certeza que dá de um futuro conforme a justiça de Deus, e que a mais severa razão pode admitir, tempera as amarguras da vida e previne os funestos efeitos do desespero. Fazendo conhecer novas leis da Natureza, dá a chave de fenômenos incompreendidos e de problemas insolúveis até este dia, e mata ao mesmo tempo a incredulidade e a superstição. Para ele, não há nem sobrenatural nem maravilhoso; tudo se cumpre no mundo em virtude de leis imutáveis. Longe de substituir um exclusivismo por um outro, se coloca como *campeão absoluto da liberdade de consciência*; combate o fanatismo sob todas as formas, e o corta em sua raiz proclamando a salvação para todos os homens de bem, e a possibilidade, para os mais imperfeitos, de chegar, pelos seus esforços, a expiação e a reparação, à perfeição, única que conduz à suprema felicidade. Em lugar de desencorajar o fraco, encoraja-o mostrando-lhe o objetivo que pode alcançar. (KARDEC, [RE] 1866, out., p. 7)

Para fazer valer essa missão, é preciso restabelecer os fatos históricos, substituir as obras adulteradas depois da morte de Rivail pelos textos originais, estudar amplamente nos grupos espíritas esse conhecimento que estava esquecido. Pelo esforço da educação que privilegia a compreensão pelo próprio esforço e o debate de ideias, será preciso desfazer as falsas ideias de carma, pecado, castigo divino, queda, reencarnação como sofrimento imposto, infiltradas no movimento espírita por meio de fraude.

No lugar desses falsos ensinamentos, recuperar didaticamente os ensinos esquecidos dos espíritos, firmando-os pelos textos originais, que são os da moral autônoma, responsabilidade progressiva pelos atos na medida do desenvolvimento da inteligência e do livre-arbítrio, lei das escolhas das provas, e tudo o mais presente na teoria moral espírita original. Depois, como no movimento espírita todos somos estudantes, espalhar as ideias recuperadas pelo Brasil e pelo mundo, fazendo uso das redes sociais, dos grupos de debates, de artigos esclarecedores, de debates, toda mídia ao alcance. Por fim, com a diversidade de grupos, a retomada do diálogo franco e produtivo com os espíritos, com vistas aos estudos e esclarecimentos.

Com o passar do tempo e o restabelecimento definitivo das ideias originais, haverá um cenário adequado para os espíritos retomarem a teoria original, apresentando novos pensamentos e interpretações adequadas para os novos tempos. Nesse dia, naturalmente, pelo comando dos espíritos superiores, fazendo uso de inúmeros grupos e seus diversos médiuns, a universalidade do ensino dos espíritos superiores voltará a se estabelecer como critério fundamental, e a doutrina espírita dará continuidade à sua natureza progressiva. Mas isso sem pressa, exclusivismo, interesse pessoal, idolatria, e todos os equívocos que devem permanecer no passado, pois a regeneração da humanidade já se anuncia.

A autonomia intelectual e moral, fundamento do Espiritismo, é palavra corrente no mundo novo que surge. Os jovens estão percebendo a força de sua voz, as redes sociais estão tornando o mundo pequeno. A humanidade terrena e espiritual se agita. Os novos tempos estão chegados!

SEGUNDA PARTE – AS LEIS DA ALMA SEGUNDO O ESPIRITISMO

2. A VERDADEIRA TEORIA MORAL ESPÍRITA

O processo de aprendizagem envolve a relação de um novo conhecimento com os já presentes na mente do aprendiz, estabelecendo melhores conceitos para se compreender a realidade. Mas isso é impossível de ocorrer de forma mecânica ou por memorização; é necessário raciocinar, exercendo o dedicado esforço de comparação para perceber as diferenças e o quanto a teoria nova tem maior alcance e profundidade para explicar a natureza. Só depois desse processo de conscientização, torna-se possível assimilar as novas ideias.

No campo das ciências, uma revolução ocorreu quando as teorias deixaram de ser dogmáticas ou simples concepções individuais, tornando-se elaborações coletivas por meio de métodos adequados para confrontar as ideias com os fenômenos naturais por meio da experimentação e observação, testando sua eficácia, simplicidade e abrangência para explicá-los. Um exemplo clássico está na Física, na qual, por séculos, aceitava-se a opinião de Aristóteles de um universo estático, com a Terra imóvel no centro e tudo girando à sua volta. Usando o telescópio, Galileu observou que os movimentos dos corpos celestes contrariavam essa ideia, abrindo caminho para o entendimento moderno da estrutura do cosmo.

O conhecimento científico revolucionou o mundo. Mas, no campo da moral, há um obstáculo para tratar essa questão de forma racional, pois não há como observar pelos sentidos humanos três pressupostos fundamentais: a existência de Deus, da lei universal e da sobrevivência da alma após a morte.

Desde a revolução científica, os pensadores buscam uma teoria científica da moral, mas a dúvida sobre a vida após a morte, por exemplo, leva à negação, à hipótese do materialismo. Por outro lado, sem uma clara oposição racional, o dogmatismo encontra espaço para sobreviver, arrastando multidões para a fé cega e a obediência passiva.

O Espiritismo surge de um fato novo, que é a determinação dos espíritos superiores em nos ensinar as leis que regem o mundo moral, pela observação que fazem de seu ambiente. O que é inobservável para os encarnados torna-se conhecimento científico pelo estabelecimento da doutrina espírita. Desse modo, a ação do elemento espiritual não é mais simples opinião, mas uma lei natural, abrindo novos caminhos para a humanidade, como explica Kardec:

> Demonstrando a ação do elemento espiritual sobre o mundo material, alarga o domínio da ciência e abre, por isso mesmo, um novo caminho ao progresso material. O homem terá, então, uma base sólida para o estabelecimento da ordem moral sobre a Terra. (KARDEC, [RE] 1864, nov., p. 4)

Allan Kardec percebeu que a proposta racional da autonomia intelecto-moral, propondo o ato do dever independente de castigos e recompensas, baseado na lei natural, seria um grandioso avanço por tirar a moral do campo tanto dos dogmas quanto das opiniões. O Espiritismo torna científico o conhecimento das leis da alma, auxiliando uma nova revolução da humanidade:

> O Espiritismo conduz inevitavelmente a essa reforma; assim se cumprirá, pela força das coisas, a revolução moral que deve transformar a Humanidade e mudar a face do mundo, e isso tudo simplesmente pelo conhecimento de uma nova lei da Natureza que dá um outro curso às ideias, que dá um resultado a esta vida, um objetivo às aspirações do futuro, e faz encarar as coisas de um outro ponto de vista. (*Ibidem*)

Todavia, o professor Rivail havia estruturado as bases científicas das leis morais, de forma conclusiva, em suas duas últimas obras, demonstrando toda a profundidade dos ensinamentos dos espíritos sobre esse tema. Essa seria a base para transmitir às gerações futuras esses princípios fundamentais. A adulteração de *O Céu e o Inferno* e de *A Gênese*, porém, não só dificultou esse processo, mas também colaborou para o desvio conceitual do movimento espírita, que adotou as ideias dogmáticas, ancestrais e ultrapassadas do pecado, queda, carma, sofrimento físico como castigo divino, entre outras. A grande maioria dos espíritas aprenderam esses dogmas na infância, e, sem conhecer a verdadeira teoria moral espírita, não têm meios de elaborar um novo conhecimento sobre a moral. Dessa forma, apesar de estudarem as obras de Kardec, não fazem a mudança da falsa teoria heterônoma para a libertadora autonomia intelectual e moral.

O restabelecimento da teoria original de Kardec deve ocorrer por um processo de conscientização do maior alcance e profundidade dos ensinamentos verdadeiros dos espíritos superiores para explicar a realidade das leis morais, em relação aos dogmas e opiniões pessoais equivocadas do velho mundo. Isso só pode ocorrer por um esforço de raciocínio para comparar a teoria espírita com o que se aprendeu desde a infância, sejam os dogmas religiosos ou o materialismo da cultura moderna. Faremos agora um estudo comparativo entre o pensamento dogmático, o materialista e a verdadeira teoria moral espírita.

As religiões explicam a vida espiritual por meio de dogmas criados pelos homens no decorrer dos milênios. Como a imaginação propõe inúmeras hipóteses, essa metafísica tem ideias que vão do provável ao mais completo absurdo. O materialismo, guiando-se pela razão e considerando somente hipóteses que possam ser confirmadas por fatos observáveis pelos cinco sentidos, desconsidera as hipóteses da existência de Deus, da alma e de uma lei universal. Para o materialista, a alma não existe.

No século 19, porém, além dessas duas maneiras de considerar o ser humano, diferente de hoje, havia uma terceira proposta. Era o espiritualismo racional, que estabeleceu sua teoria com base numa psicologia espiritualista, o que mudou completamente o rumo das coisas na França após 1830, quando essa psicologia e as demais ciências filosóficas chegaram à universidade como pensamento oficial e foram ensinadas também aos jovens. A ideia inicial estava em definir o ser humano como sendo "uma alma encarnada". E isso muda tudo.

Quem iniciou essa teoria foi Maine de Biran. Ele dizia que as sensações eram do corpo físico, e por meio delas o ser humano participava da vida animal. Mas o espírito humano tinha faculdades especiais, que o diferenciavam dos demais animais. A razão, que permite desenvolver a inteligência racional. A vontade, por meio da qual é possível fazer escolhas livres. A criatividade, capacidade de criar o que não existe, imaginar hipóteses.

Como o ser humano é uma alma com essas capacidades, mas ligada a um corpo de origem animal, ele participa das duas vidas. Ao corpo, pertencem os instintos, as emoções, como raiva, medo, nojo, e dois impulsos da fisiologia: o prazer e a dor. Segundo Maine de Biran, quando a criança é instruída pelos castigos e recompensas, incitada à competição, decora textos, agindo segundo as regras externas, escolhidas pela sociedade e impostas pelos professores, ela age por meio de hábitos condicionados. Condicionada, a criança não raciocina, apenas obedece, repete, faz o que mandam, torna-se equivalente ao animal, um autômato. Ou seja, isso não é moral nem desenvolve a capacidade racional, mas torna o indivíduo um obediente passivo, que aceita cegamente o que lhe impõem.

Para realmente preparar a criança para a vida humana, é necessário dar condições para que ela desenvolva suas faculdades por seu esforço e interesse. Para isso, é preciso acolhê-la com amor, motivá-la, fazer com que ela acredite em seu poder de mudança. Fazer com que a razão se desenvolva por sua investigação da natureza, observação, chegando às conclusões por si mesma. Em relação à moral, a educação deve orientar a criança a tornar-se senhora de si mesma, desenvolvendo os hábitos adquiridos para agir em conformidade com sua consciência, pois nela carrega as leis morais, que a intuem quanto ao certo e o errado.

Essa revolucionária moral do espiritualismo racional demonstra que tanto as religiões ancestrais quanto o materialismo confundem o que é do corpo com o que é da alma. Eles consideram que a moral e a distinção entre o bem e o mal são determinadas pelo prazer e pela dor. Segundo a psicologia espiritualista, como esses dois estímulos são fisiológicos, pertencem à vida animal, portanto esse entendimento é uma contradição.

Para as religiões ancestrais, a alma foi criada perfeita por Deus, que lhe deu todas as suas faculdades e capacidades, sendo sábia, justa e boa. Mas, em virtude do livre-arbítrio que recebeu, ao praticar um ato que infringe a lei moral, a alma comete um pecado. Então, em virtude desse pecado, sofre uma queda no mundo, para ser castigada. A dor física seria, segundo o dogma, um instrumento de Deus para castigar aqueles que caíram, até que se arrependam, tornem-se submissos, sejam perdoados por Deus, e possam voltar ao paraíso celeste. Aqueles que não se arrependem, e cometem novos pecados na vida, segundo as religiões reencarnacionistas, voltam numa outra encarnação para pagar os erros da vida passada pelo sofrimento ainda pior da seguinte. Esse processo é acumulativo. Para as igrejas cristãs, que adotaram o dogma da vida única, os que não se arrependem são julgados após a morte e recebem o castigo das penas eternas, sofrendo dores intermináveis.

Por isso, as escolas das igrejas cristãs consideravam que o mal nascia da carne, que é fraca, carregada do pecado original. As crianças deveriam ser castigadas para afastar o apelo dos maus instintos, despertando a obediência, necessária para sua submissão. Deveriam temer a Deus, sendo ameaçadas pelos terríveis castigos que Ele faria cair sobre os que o enfrentam. Dor e prazer neste mundo seriam os instrumentos de Deus para castigar, e também o são as promessas das penas e recompensas eternas.

Os materialistas, por sua vez, ao considerar que não existe alma, nem Deus, nem vida futura, estabelecem as leis da fisiologia como fundamento do ser humano. Seríamos frutos da sensibilidade, movidos pelas forças do prazer e da dor, regidos pela justiça da lei dos homens. Caberia à sociedade reprimir o egoísmo natural pelo treinamento escolar, leis penais e instrumentos da repressão.

Não era o que pensavam os espiritualistas racionais da França, no século 19, precursores do Espiritismo. Para eles, o fundamento da moral deveria ser compreendido no âmbito da vida humana. E a moral, baseada nas faculdades da alma. Ou seja, nada tem a ver com dor e prazer físicos. Assim, o ato moral é a escolha livre e consciente do indivíduo por meio da vontade, iluminada pela razão, inspirada pelas leis morais presentes na consciência. O ato da moral é o dever e essa condição é alcançada pela educação. A moral espiritualista pretende levar a criança a dominar a si mesma, pelo desenvolvimento de suas virtudes, que são hábitos do dever, adquiridos por seu esforço e dedicação.

Já o mal está no abuso das necessidades fisiológicas, quando se usa a inteligência para exceder os limites do necessário quanto aos prazeres e demais necessidades instintivas. O mal é um abuso das potencialidades por ele mesmo adquiridas.

Todavia, os espiritualistas racionais não tinham como propor uma teoria racional em relação à vida após a morte, objeto de estudo da metafísica. Para eles, só era possível listar as hipóteses propostas pelos filósofos, pensadores, não havendo meio de comprovar qual dessas diversas ideias corresponderia à realidade do mundo espiritual.

A TEORIA MORAL ESPÍRITA ENQUANTO ESTUDO PSICOLÓGICO

Quando surgiu o Espiritismo, Allan Kardec elaborou um estudo sobre a psicologia do espírito tomando como base a psicologia experimental da alma, uma das ciências filosóficas do espiritualismo racional. Esses estudos foram progressivos: centenas de grupos de pesquisa elaboraram hipóteses a partir das comunicações dos espíritos, milhares deles, em todos os níveis da escala evolutiva. Depois, quando os espíritos superiores avaliaram que havia chegado o momento adequado, deram seus ensinamentos nos mais diversos grupos, por espíritos diferentes, oferecendo sempre o mesmo conceito. Por esse método da ciência espírita, a universalidade do ensino dos bons espíritos, Kardec elaborou a doutrina espírita, estabelecendo seus conceitos fundamentais.

O Espiritismo foi estabelecido por Allan Kardec como sendo um estudo psicológico – seu jornal mensal chamava-se: *Revista Espírita – Jornal de Estudos Psicológicos*. A teoria moral espírita considera o ser humano como uma alma encarnada, que após a morte, torna-se espírito, que é a alma desencarnada. Ligado ao corpo, o ser humano vivencia dois conjuntos de sensações. As sensações fisiológicas (emoções, sentidos físicos, dor física e prazer) impressionam o perispírito e são por ele percebidas pela alma encarnada. Já o espírito tem sensações próprias, basicamente a dor ou sofrimento moral e a felicidade.

Para compreender a doutrina espírita, é primordial essa diferença entre dor física e dor moral. Allan Kardec usa, em suas obras, termos equivalentes: dor, sofrimento ou mal. Em *A Gênese*, Capítulo 3, onde trata do bem e do mal, ele afirma: "Entretanto, o mal existe e possui uma causa. Há várias classes de mal. Em primeiro lugar há o mal físico e o mal moral"[67]. Na época de Allan Kardec, a filosofia ensinada na universidade, na escola normal (atual magistério) e nos colégios era o Espiritualismo Racional. Na disciplina de moral teórica (uma das ciências filosóficas), ensinava-se a diferença entre o mal físico e o moral, para demonstrar uma revolucionária teoria fundamentada na liberdade pessoal, contrária ao dogma da queda e do castigo divino das religiões ancestrais, e da coação externa advogada pelo materialismo:

---

67. *A Gênese*, original, 1868, p. 96. Esse trecho original da obra de Kardec foi adulterado na quinta edição.

> O mal físico consiste em dor, doença, morte. São consequências inevitáveis da organização dos seres sencientes, estimulante essencial para sua atividade. O mal moral é a condição fundamental da liberdade. Sem o mal, o bem não é possível no mundo, pois, se o homem não pudesse errar, não estaria livre nem seria capaz de fazer o bem. Essa vida é uma época de provação e, sem o mal físico e moral, não há lugar para coragem, paciência, dedicação e demais virtudes. (LE MANSOIS DUPREY, 1864, p. 235)

Foi a confusão feita entre esses dois conceitos, dor ou sofrimento físico e sofrimento moral, que permitiu à religião das civilizações ancestrais manter o homem submisso pelo medo. Em verdade, a dor física está relacionada com as necessidades instintivas e é uma sensação fisiológica controlada pelo sistema nervoso, útil e necessária para a harmonia da natureza. Todos os seres vivos estão sujeitos aos sofrimentos físicos, pois estes são uma condição natural da vida material. Não são jamais um castigo, como não o são todas as demais vicissitudes da vida; para o espírito que deseja se aprimorar, tornam-se uma oportunidade, um recurso para o seu aprendizado. Já a dor moral é uma sensação do espírito humano, inerente às faltas cometidas e à imperfeição, conforme a lei natural da justiça divina. Desse modo, sendo o mal voluntário e facultativo, quem o faz escolhe de própria vontade e é o único responsável pelo castigo ou consequência natural que dele decorre, que é a dor ou sofrimento moral. A mais ampla liberdade é o fundamento da justiça divina, tanto no mundo físico quanto no espiritual. Kardec assim resume a lei da justiça divina:

> Admitido isto, o que há de mais justo que a liberdade de ação deixada a cada um? A estrada da felicidade está aberta a todos. O fim é o mesmo para todos. As condições para atingi-lo são as mesmas para todos. A lei gravada em todas as consciências é ensinada a todos. Deus fez da felicidade o prêmio do trabalho e não do favor, a fim de que cada um tivesse o mérito. Cada um é livre para trabalhar ou nada fazer por seu adiantamento. Aquele que trabalha muito e depressa, é mais cedo recompensado. Aquele que se desvia no caminho ou perde tempo atrasa sua chegada e só pode culpar a si mesmo. O bem e o mal são voluntários e facultativos. O homem, sendo livre, não é fatalmente impelido nem para um nem para outro. Tal é a lei da justiça divina: a cada um segundo suas obras, no Céu como na terra. (*OCI*, Cap. VIII)

As vicissitudes da vida possuem diferentes valores durante a evolução do princípio espiritual, desde o átomo até o espírito feliz. O corpo físico faz uso dos impulsos da dor física e dos prazeres com a finalidade de cumprir as necessidades do instinto: preservação do ser e da sua espécie, evolução das espécies e a harmonia da natureza. Os animais obedecem cegamente a esses estímulos. *Mas dor física e prazer não refletem a moral (o bem e o mal), mas sim o que é necessário e útil para o ser, a espécie e a natureza (o bom e o ruim).* E o que é bom para uma espécie é ruim para outra, seguindo as estruturas da harmonia natural.

A questão ética está relacionada com o que é o bem e o mal segundo as leis morais presentes na consciência do espírito humano. Já fatos associados com o impulso da dor física e do prazer podem ser classificados em bons e ruins, nada tendo a ver com a moral, mas com o que é útil e necessário para cada espécie. Assim, o que é bom para uma é ruim para outra. Consideremos um exemplo: existem espécies de animais carniceiros, importantes para o equilíbrio dos ecossistemas, que, ao consumirem a carniça das carcaças abandonadas por predadores ou de animais que sofreram morte natural, combatem a proliferação de doenças causadas pelos micro-organismos da carne em putrefação. São as hienas, urubus, abutres, coiotes, dragão-de-komodo, entre outros. Maxilares fortes estilhaçam ossos, e estômagos altamente ácidos desintegram os fragmentos. O cheiro de carniça estimula prazer nessas espécies. Mas a outras espécies, e até mesmo a nós humanos, esse cheiro provoca nojo e repulsa. Ou seja, o que é bom para umas espécies é ruim para outras. O propósito dos instintos está no útil e necessário, nada tendo a ver com as questões morais. Os animais não são bons nem maus, não agem com liberdade de escolha, são absolutamente dominados pelos instintos. No entanto, popularmente se confundem as duas coisas. A hiena é considerada um animal imundo, cruel, nojento, pois é um escavador de túmulos, comedor de podridão. Mas, em verdade, o seu comportamento não é moral, é somente útil e necessário para a natureza.

Dor física e prazer são estímulos que almejam provocar no ser os atos necessários para os instintos. A fome incita o animal para a busca do alimento, e a tristeza da saciedade determina que ele pare de comer e descanse, privilegiando a digestão. O medo faz fugir, a raiva faz atacar. O nojo e o sabor ruim afastam um animal de um alimento impróprio para ele, enquanto atraem e estimulam outra espécie.

O prazer é um instrumento do corpo animal para levar o ser a realizar as suas necessidades pela indução aos atos. Quando faltam nutrientes, há o impulso da fome. Ao achar o alimento, vem a recompensa do prazer, que se estende, culminando quando se está saciado. Então vem o bem-estar, o sono, o afrouxar da musculatura. Em nosso planeta, essas sensações prazerosas motivam animais desde milhões de anos. O ser humano primitivo, porém, desde que ao despertar da razão passou a fazer escolhas, investe na ampliação dos prazeres. Com o tempo, aprendeu a variar, experimentar, prolongar. Todavia, quem está no comando é o instinto. Todo prazer tem começo, meio e fim. Quando se repete muito, ele perde a intensidade. Exagerado, torna-se uma obsessão, condicionamento incontrolável: é o vício. O indivíduo viciado perde sua autoestima, pois sente que o hábito é mais forte que sua vontade, subjugando-o; considera-se escravo e impotente. A cultura materialista e dogmática que impera na sociedade mundial agrava o problema. Universidade, escola, meios de comunicação, todos repetem diariamente, numa lavagem cerebral das crianças aos idosos: o prazer é a felicidade! Essa mentira milenar incentiva a comprar objetos, destinar o tempo e o próprio projeto de vida ao objetivo de conquistar prazeres, fugir da dor. Essa ideia, de que os prazeres trazem felicidade e recompensa, e as dores e sofrimentos são os castigos e o mal, esse maniqueísmo induz as pessoas a dividirem os fatos de suas vidas entre bons e maus, segundo o prazer e a dor que conquistam. Ficam todos infelizes: aqueles que não têm recursos para os prazeres ficam infelizes pelo que não têm; aqueles que possuem tudo, compraram tudo, ficam infelizes porque tudo isso não dá felicidade, só vazio, insegurança, solidão, medo, ansiedade.

Essa é a cultura do velho mundo e sua mentira. A grande mudança de entendimento que vai revolucionar a humanidade está em compreender que dor e prazer são fisiológicos, enquanto sofrimento moral e felicidade são sensações da alma. Os primeiros são inevitáveis entre os encarnados, e buscar o equilíbrio é o ideal. Os últimos dependem do interesse, esforço e dedicação de cada um, pela evolução da alma.

Prazeres e dores físicas não são sensações que ocorrem com a mesma intensidade para todo mundo. O ser humano, de indivíduo para indivíduo, de povo para povo, convive com diferenças de gostos, impulsos, hábitos decorrentes da adaptação ao ambiente, que nada têm com a questão moral, mas referem-se ao que é útil e necessário para cada um, em seu tempo, em seu lugar de origem. O chinês, por exemplo, em virtude da escassez de alimentos e da grande concentração populacional, adotou os insetos como alimento. O ocidental sente repulsa diante deles. Não se trata de certo ou errado, bem ou mal, mas do que é útil e necessário para um povo e para outro não. Individualmente, uma pessoa pode experimentar uma comida e achá-la ruim, enquanto outros à mesa, ao comê-la, gostam dela. Isso ocorre em virtude das diferenças de paladar e de hábitos alimentares aprendidos desde a infância por cada um. Por isso, na verdade, a comida não *está* ruim, mas *parece* ruim para aquele que não gostou. Essas questões tornam-se de cunho moral quando os indivíduos adotam o preconceito contra aqueles que possuem hábitos, gostos, aparência e outras particularidades naturais das diferentes etnias, localidades ou grupos sociais. Separar o que é da fisiologia do que é da alma, acabando com essa confusão, é o único meio de extinguir os preconceitos.

A moral tem início com o espírito humano. Ela depende das faculdades da alma (razão, vontade, imaginação). Mas essas faculdades são conquistas progressivas, desde a nulidade na primeira encarnação humana, progredindo pouco a pouco, vida após vida. Enquanto as religiões ancestrais determinam o dogma de que a alma humana é criada perfeita por Deus e degenera pelo mal, o Espiritismo, a partir da observação de milhares de depoimentos dos espíritos em toda a escala evolutiva, além dos ensinamentos dos espíritos superiores, demonstra o inverso. Ou seja, os espíritos, em sua primeira vida humana, são simples e ignorantes, portanto sem o desenvolvimento da razão e sem domínio da vontade. Todos os valores intelecto-morais e habilidades de sua personalidade futura serão fruto de sua conquista pessoal. Tudo o que somos é por nosso mérito.

O ESPÍRITO É SEMPRE O ÁRBITRO DE SEU PRÓPRIO DESTINO

Em *O Livro dos Espíritos*, há uma resposta surpreendente quanto ao espírito. Diz o seguinte:

> É assim que tudo serve, que tudo se encadeia na Natureza, desde o átomo primitivo até o arcanjo, que também começou pelo átomo. Admirável lei de harmonia, que o vosso acanhado espírito ainda não pode apreender em seu conjunto! (*LE*, q. 540)

Podemos deduzir dessa frase que o princípio espiritual, cuja individualidade está presente no mundo espiritual, vai se ligando às formas, começando pelas partículas da matéria, progride nas formas mais complexas do reino mineral. Depois vive a transição, as células simples, os vegetais. Por fim, vivencia as experiências da vida animal, do mais simples aos animais superiores. Tudo em inúmeros planetas, que estejam nos mais diversos estágios evolutivos. De primitivo a feliz. Em diversos ciclos. Por fim, reencarna no ser humano. Mas aí terá de depurar suas faculdades, despertar sua consciência, desenvolver o livre-arbítrio. Pelas escolhas, vida após vida, adquire suas virtudes, amplia sua capacidade de ser útil. Então, se desprendendo da vida animal, ganha consciência no mundo espiritual. Depura seu perispírito. Ganha experiência. Aprende como servir à harmonia universal. Afasta-se da necessidade de reencarnar nos mundos físicos. E progride como espírito liberto, tornando-se feliz, sábio, bom, e, por fim, a figura do arcanjo, que são os espíritos puros. Não mais reencarnam, mas vivem ativamente trabalhando na vida espiritual.

Toda dedução, porém, é uma opinião. E Kardec precisava aguardar um ensino submetido ao critério da universalidade do ensino dos espíritos superiores para anunciar um novo conceito. E, nos primeiros anos, essa condição ainda não havia se estabelecido.

O ensino dos espíritos superiores é progressivo, e é preciso tratar dos princípios mais básicos e depois passar aos mais complexos. A evolução do espírito é um desses de mais difícil compreensão, pois toca em diversas questões delicadas.

A alma dos animais vai reencarnar num ser humano um dia?

Na época de Kardec, não era fácil dar uma resposta clara. No início da elaboração do Espiritismo, até mesmo Rivail não supunha a reencarnação como hipótese; acreditava, como muitas das pessoas espiritualistas, numa só vida. Foram os espíritos superiores que demonstraram a lógica e a justiça dessa lei natural. No entanto, a maioria dos reencarnacionistas da época também acreditavam na metempsicose, que uma alma humana poderia transmigrar para um corpo animal. Essa é a crença dos hinduístas e budistas, por exemplo. Para os espíritos superiores darem uma resposta clara sobre o assunto, esse e outros conceitos fundamentais precisavam ser estabelecidos.

O principal deles está na não retrogradação dos espíritos. Ou seja, a evolução da alma se dá num só sentido, do mais simples ao mais complexo. Essa é uma questão básica da teoria espírita.

A segunda é: os animais não possuem as faculdades próprias da alma humana, que são a *razão*, que permite desenvolver a inteligência racional, o senso crítico e também adquirir conhecimentos. A *vontade*, que proporciona a capacidade de escolher por si mesmo, adquirindo o livre-arbítrio, proporcionalmente ao desenvolvimento da inteligência. Também pela vontade se conquista o senso moral, distinguindo entre o certo e o errado, tendo as leis morais presentes na consciência como medida. A *imaginação*, que trará a criatividade, o senso estético, a compreensão do belo. É a vida humana.

Já o animal vive apenas submetido às leis da fisiologia. É submisso ao comando dos instintos e das emoções básicas (medo, raiva, nojo, tristeza, prazer, dor). Ainda não age por um domínio da vontade, reage sempre aos estímulos externos e impulsos de seu sistema nervoso. É o cérebro que lhe dá a sensação de fome, de saciedade, impulsiona a fuga, motiva o ataque e a caça. Tudo com o objetivo de aperfeiçoar e manter a espécie, e preservar a vida do indivíduo. É a vida animal.

O ser humano, desde suas primeiras vidas, tem um espírito, mas está ligado a um corpo, que lhe exige também vivenciar a vida animal. Quando morre o corpo, retorna à espiritualidade, onde vive a vida espiritual.

Em abril de 1865, depois de muitos estudos e análises de centenas de mensagens, Kardec publica uma dessas mensagens, assinada por Moki, que aproveita todos os ensinamentos anteriormente compreendidos para afirmar que "a luta é necessária ao desenvolvimento do espírito; é na luta que ele exerce suas faculdades". Na vida do homem primitivo, "aquele que ataca para ter seu alimento, e aquele que se defende para conservar sua vida, se rivalizam em astúcia e em inteligência, e aumentam, por isso mesmo, suas forças intelectuais". São os primeiros passos da futura evolução intelecto-moral. Enquanto isso, entre os animais ou "seres inferiores da criação, naqueles em que o senso moral não existe, em que a inteligência não está ainda senão no estado de instinto, a luta não poderia ter por móvel senão a satisfação de uma necessidade material". (KARDEC, [RE] 1865, abr., p. 2) Há aí também um valor moral de fundamental importância, pois há uma significativa mudança:

> É neste primeiro período que a alma se elabora e ensaia para a vida. Este é o ponto de transição entre o animal e a alma humana: Quando ela alcança o grau de maturidade necessária para sua transformação, recebe de Deus

novas faculdades: o livre-arbítrio e o senso moral, centelha divina em uma palavra, que dão um novo curso às suas ideias, dotam-na de novas aptidões e de novas percepções. (*Ibidem*)

Mas nada é brusco na Natureza e as novas faculdades morais próprias do homem se desenvolvem gradualmente, no decorrer de inúmeras vidas. "Há um período de transição em que o homem se distingue com dificuldade do animal; nessas primeiras idades, o instinto animal domina, e a luta tem ainda por móvel a satisfação das necessidades materiais". (*Ibidem*) À medida que o senso moral domina, o homem foge da violência, sua sensibilidade se desenvolve. Depois vai, por seu esforço e pelas escolhas das provas, desenvolver-se intelectual e moralmente.

Depois dessas reflexões e desenvolvimentos, Allan Kardec conclui:

> Esta explicação, como se vê prende-se à grave questão do futuro dos animais; nós a trataremos proximamente a fundo, porque ela nos parece suficientemente elaborada, e cremos que se pode, desde hoje, considerá-la como resolvida em princípio, pela concordância do ensinamento. (*Ibidem*)

Portanto, segundo o Espiritismo, o princípio espiritual se desenvolve passando pela forma da mais ínfima partícula atômica, à célula simples, ao vegetal, aos animais complexos, progressivamente, dando complexidade à sua forma perispiritual, aprendendo a lidar com os instintos e emoções, até sua vida humana.

Dessa forma, durante a evolução do "átomo ao arcanjo", o princípio espiritual vai lidar com três grupos de leis naturais: as *leis físicas*, as *leis fisiológicas*, as *leis da alma*.

Sob o domínio das leis físicas, as formas respondem de forma passiva e automática, por meio das leis da causalidade, em termos gerais, sem considerar o mundo dos sistemas físicos próximos da escala atômica. Pela física, os movimentos podem ser previstos, calculados, seguindo padrões quantitativos regulares. Houve um tempo em nosso planeta quando somente havia os minerais, nenhuma forma de vida. *As leis da matéria são da previsibilidade e do determinismo.*

Qualquer forma de vida demonstra a existência de um outro conjunto de leis naturais, que regem a vida animal. Os animais estão submetidos ao automatismo e são regidos imperiosamente pelos instintos. Desse modo, a partir dos estímulos exteriores, o organismo reage pelas forças internas do prazer e da dor, controlado pelo sistema nervoso, provocando os estados emocionais adequados para responder à conservação da espécie e do indivíduo.

As dificuldades da vida são estímulos para a evolução das espécies e o progresso dos princípios espirituais, que desenvolvem as habilidades de interagir com o corpo físico. Os animais não têm consciência alguma das questões morais e sociais, agem somente com uma inteligência instintiva, apropriada à espécie e determinada por sua genética.

Um cachorro pode ser condicionado quando seu dono faz uso de petiscos para que ele execute, sob um comando, um movimento desejado. Depois disso, o animal vai sempre responder submisso ao comando, sem conseguir escapar desse mecanismo. *As leis fisiológicas são do automatismo, do condicionamento.*

No mundo espiritual, porém, os espíritos não estão submetidos às mesmas leis da matéria do mundo físico, mas a leis próprias desse ambiente. Também as leis fisiológicas, instintos e emoções básicas não são necessárias na espiritualidade, pois o corpo espiritual não sofre qualquer tipo de degradação ou entropia.

O perispírito, no mundo espiritual, não recebe impressões físicas do ambiente que possam causar dor, frio, calor, ou qualquer outra sensação própria do corpo material:

> Não se confundam, porém, as sensações do perispírito, que se tornou independente, com as do corpo. Estas últimas só por termo de comparação as podemos tomar e não por analogia. Liberto do corpo, o Espírito pode sofrer, mas esse sofrimento não é corporal, embora não seja exclusivamente moral, como o remorso, pois que ele se queixa de frio e calor. Também não sofre mais no inverno do que no verão: temo-los visto atravessar chamas sem experimentarem qualquer dor. Nenhuma impressão lhes causa, conseguintemente, a temperatura. (KARDEC, [1860] 1995, p. 165)

O sofrimento do espírito, quando liberto do corpo, é somente de natureza moral. E essa condição é inerente à sua imperfeição. Quando o indivíduo comete uma falta, o sofrimento moral é uma consequência natural; quando transforma esse ato faltoso, do qual está consciente de ser errado, em hábito, ele se torna uma imperfeição. Esse sofrimento, então, só vai se extinguir quando o espírito se arrepender, escolher as provas das vidas futuras para superar a imperfeição, retornando enfim ao bem, o que é uma reparação.

No mundo espiritual, os espíritos simples, aqueles em processo evolutivo sem grandes defeitos, e os bons espíritos não estão submetidos ao sofrimento moral.

A dor moral difere da dor física, que é regida pelas leis fisiológicas:

> A dor que sentem não é, pois, uma dor física propriamente dita: é um vago sentimento íntimo, que o próprio Espírito nem sempre compreende bem, precisamente porque a dor não se acha localizada e porque não a produzem agentes exteriores; é mais uma reminiscência do que uma realidade, reminiscência, porém, igualmente penosa. Algumas vezes, entretanto, há mais do que isso, como vamos ver. (*Ibidem*)

Essa explicação é fundamental. A dor moral dos espíritos não se acha localizada, portanto não funciona por leis fisiológicas, como a dor física. Também não é causada pelos agentes exteriores, como funcionam as leis materiais no mundo material. É um "sentimento íntimo". Ou seja, a origem da dor moral é interna, um fenômeno próprio do espírito. Mas, por um mecanismo de defesa psicológica, o espírito imperfeito, por ser apegado à matéria, quando sente a dor moral no mundo espiritual, interpreta, sem o saber, como se fosse uma dor física, relembrando o que sentia quando estava encarnado. Mas, como não está submetido às leis da fisiologia, essa sensação é contínua, pois está sendo comandada pelo seu próprio pensamento. Dessa forma, acha que está sofrendo um castigo, e como não acaba, pode parecer para ele um sofrimento eterno.

No entanto, tudo depende de suas escolhas. Basta se arrepender e desejar superar sua imperfeição que uma esperança já lhe toma o coração, e levantará suas forças para retornar ao caminho do bem. Vai então escolher as dificuldades da vida como expiações, instrumentos para lutar contra seus defeitos e conquistar as virtudes equivalentes.

Mas também as sensações advindas da felicidade conquistada ao exercer os atos do dever, desenvolver suas faculdades, evoluir intelecto-moralmente pelo próprio esforço. Adquirir o livre-arbítrio, senso moral, senso estético. Essas são as metas da alma. E, quando sai de uma vida de conquistas de valores, chega ao mundo espiritual tocado pela felicidade conquistada. Seu perispírito fica mais leve, mais etéreo, sua percepção avança no espaço e no tempo. O perispírito forma um campo à sua volta, onde a individualidade é o foco, mas ele se estende ao infinito. Quanto mais evoluído for o espírito, maior é a sua capacidade de ver, ouvir, perceber os pensamentos dos outros espíritos e até mesmo expressar suas ideias ao longe. Também, quanto mais o espírito evolui intelecto-moralmente, menos denso fica o perispírito, e ele pode ganhar as distâncias do espaço, na velocidade do pensamento. Podem ir aonde quiserem, nos mundos espirituais mais densos, para ajudar e consolar os espíritos inferiores, como também percorrer as esferas sublimes das harmonias celestes. Essa condição de liberdade é mérito do esforço em superar os apegos do mundo animal. Desse modo:

> Sendo todos os espíritos perfectíveis, em virtude da lei do progresso, trazem em si os elementos de sua felicidade ou de sua infelicidade futura e os meios de adquirir uma e de evitar a outra trabalhando em seu próprio adiantamento. (*OCI* original, Cap. VIII, item 2º)

Deus não castiga, pois as leis que regem a alma diferem das leis que regulam a vida fisiológica. Pelo corpo material, a dor física e o prazer condicionam o comportamento. Mas a felicidade ou a infelicidade do espírito é uma consequência natural de seu ato consciente e voluntário. É o próprio espírito que é "sempre o árbitro de seu próprio destino; ele pode prolongar seus sofrimentos pelo seu endurecimento no mal, aliviá-los ou abreviá-los por seus esforços para fazer o bem". (*Ibidem*, item 8º)

A evolução do espírito humano tem, assim, segundo Kardec, três períodos principais:

1. O período material, onde a influência da matéria domina a do Espírito; é o estado dos homens dados às paixões brutais e carnais, à sensualidade; cujas aspirações são exclusivamente terrestres, que são apegados aos bens temporais, ou refratários às ideias espiritualistas.
2. O período de equilíbrio; aquele em que as influências da matéria e do Espírito se exercem simultaneamente; onde o homem, embora submetido às necessidades materiais, pressente e compreende o estado espiritual; onde ele trabalha para sair do estado corpóreo. Nesses dois

períodos o Espírito está submetido à reencarnação, que se cumpre nos mundos inferiores e medianos.
3. O período espiritual, aquele em que o Espírito, tendo dominado completamente a matéria, não tem mais necessidade da encarnação nem do trabalho material, seu trabalho é todo espiritual; é o estado dos Espíritos nos mundos superiores. (KARDEC, [RE] 1864, fev., p. 16)

O PROCESSO EVOLUTIVO INTELECTO-MORAL DEVE SER CONSCIENTE E VOLUNTÁRIO

A alma humana, depois de progredir animicamente desde o átomo até o animal superior, de dominar as condições fisiológicas, instintivas e emocionais, as habilidades do viver na natureza, depois dessa primeira fase do desenvolvimento do princípio espiritual, vai vivenciar sua primeira vida humana. Kardec não tinha uma explicação detalhada desse princípio, mas afirmava:

> Ignoramos absolutamente em quais condições são as primeiras encarnações da alma; é um desses princípios das coisas que estão nos segredos de Deus. Sabemos somente que elas são criadas simples e ignorantes, tendo todas assim um mesmo ponto de partida, o que está conforme à justiça; o que sabemos ainda, é que o livre-arbítrio não se desenvolve senão pouco a pouco e depois de numerosas evoluções na vida corpórea. (KARDEC, [RE] 1864, p. 18)

A teoria espírita estabelece o contrário do que afirmam os dogmas religiosos. Enquanto estes afirmam que o espírito foi criado perfeito, justo e bom; a doutrina espírita explica que, em sua primeira vida, ele é completamente nulo quanto às suas faculdades:

> Durante longos períodos, a alma encarnada está submetida à influência exclusiva dos instintos de conservação; pouco a pouco esses instintos se transformam em instintos inteligentes, ou, para melhor dizer, se equilibram com a inteligência; mais tarde, e sempre gradualmente, a inteligência domina os instintos; é então somente que começa a responsabilidade séria. (*Ibidem*)

Trata-se de uma lenta e progressiva evolução que depende do esforço e da dedicação de cada espírito, por suas escolhas e interesses. Só quando conquista o livre-arbítrio é que suas escolhas perdem a neutralidade, e surge a responsabilidade por seus atos, mesmo assim proporcionais à inteligência racional adquirida:

> Não é, pois, nem depois da primeira, nem depois da segunda encarnação que a alma tem uma consciência bastante limpa de si mesma, para ser responsável por seus atos; não é talvez senão depois da centésima, talvez da milésima; ocorre o mesmo com a criança que não goza da plenitude das suas faculdades nem um, nem dois dias depois de seu nascimento, mas depois dos anos. E ainda, então que a alma goza de seu livre-arbítrio, a responsabilidade cresce em razão do desenvolvimento de sua inteligência; assim é, por exemplo, que um selvagem que come seus semelhantes é menos punido do que o homem civilizado, que comete uma simples injustiça. Nossos selvagens, sem dúvida, estão muito atrasados com relação a nós, e, no entanto, estão muito longe de seu ponto de partida. (*Ibidem*)

Desse modo, por centenas de encarnações, o espírito ainda é tão inconsciente como o são os animais; pouco a pouco a inteligência se desenvolve, e a responsabilidade começa quando o espírito age livremente, com conhecimento de causa.

Progressivamente, vida após vida, os espíritos adquirem a consciência de si mesmos, e então desenvolvem a razão, que permite a escolha livre. Só a partir daí tem início a responsabilidade moral pelos atos.

Nesse estágio, o espírito começa a lidar com as sensações da alma, além das do corpo. Quando age mal, sente o sofrimento moral. Quando age em acordo com as leis morais, envolve-se em felicidade. Todas essas são consequências naturais dos atos e pensamentos. As sensações da alma estão relacionadas, em sua causa primária, com o entendimento e não com o ato. Quando o conceito adotado pelo espírito é contrário às leis da alma presentes em sua consciência, ele age mal e a consequência natural dessa escolha é a dor moral. Caso insista nesse entendimento equivocado, o sofrimento moral permanecerá. Ao tornar esse ato um hábito, ele dá a si mesmo uma imperfeição. E o sofrimento moral será inerente a essa condição, permanecendo enquanto o espírito continuar imperfeito.

O que o espírito imperfeito deve fazer para superar o sofrimento moral que o aflige? A única forma está em reconhecer essa relação natural entre sua imperfeição e a dor moral, arrepender-se desse conceito equivocado, e buscar o seu aperfeiçoamento, fazendo valer os conceitos morais indicados por sua consciência. Para tanto, poderá escolher as provas das vidas seguintes com a finalidade de superar o hábito de sua imperfeição substituindo-o pelo hábito do bem, que é a virtude, seguindo, assim, para um retorno sincero ao bem. O espírito é sempre "o árbitro de seu próprio destino, ele pode prolongar seus sofrimentos pelo seu endurecimento no mal, aliviá-los ou abreviá-los por seus esforços para fazer o bem". A chave do progresso moral está na conscientização das leis divinas, e no esforço e dedicação para criar hábitos adquiridos, que são as virtudes.

Por outro lado, todo pensamento ou ato que seja bom, todo movimento da alma nesse sentido, será correspondido pela felicidade, que também é uma sensação da alma. Até mesmo um espírito imperfeito, perverso, quando tem um pensamento ou pratica um ato do bem, sente a felicidade correspondente. E isso é um estímulo muito importante para o seu arrependimento, pois ele compara seus sentimentos, reconforta-se com o sentimento de felicidade, e ganha esperança. Mas, enquanto o sofrimento moral acaba quando a imperfeição é superada, a felicidade nunca se perde, é uma sensação cumulativa do espírito, que o encaminha para a condição de espírito perfeitamente feliz. Desse modo, dentre os espíritos simples e ignorantes, a maioria se desenvolve intelecto-moralmente sem grandes imperfeições, aprendendo com o trabalho, servindo, sendo útil, compreendendo as pequenas felicidades da vida. Essas sensações diminuem o peso das tribulações e o impulsionam para a frente. Essa maioria foi lembrada por Jesus quando disse: "bem-aventurados os simples, porque eles herdarão a terra".

Quando morre, o indivíduo desliga-se do corpo, e não mais recebe os estímulos das sensações físicas, como dor e prazer, fome e sede, frio e calor. Todavia, quando um espírito imperfeito chega ao mundo espiritual, envolvido no sofrimento moral de sua alma, por sua inferioridade, pensa que sua dor é física, e, lembrando do que vivenciou no mundo material, vive a ilusão de estar passando por frio, fome, dor física. Essas sensações são ilusórias, mas elas lhe parecem insuportáveis e, como ele não divisa seu fim, eternas. No entanto, quando ele se arrepender, elas perderão sua força, dando-lhe a esperança de superá-las e alcançar felicidade pelo seu retorno ao bem.

Um espírito explicou numa mensagem a Kardec essa trajetória evolutiva do espírito no mundo:

> Se Deus quis que as suas criaturas espirituais estivessem momentaneamente unidas à matéria, foi, eu o repito, para fazer-lhes sentir e por assim dizer, suportar as necessidades que exige a matéria de seu corpo para a sua conservação e a sua manutenção; dessas necessidades nascem as vicissitudes que vão fazer sentir o sofrimento, e compreender a comiseração que deveis ter para com os vossos irmãos na mesma posição. Esse estado transitório é, pois, necessário para o progresso de vosso Espírito que, sem isso, permaneceria estagnado. As necessidades que vosso corpo vos fazem experimentar estimulam vosso Espírito e o forçam a procurar os meios de provê-las; desse trabalho forçado nasce o desenvolvimento do pensamento; o Espírito constrangido a presidir os movimentos do corpo para dirigi-los em vista de sua conservação, é conduzido ao trabalho material, e ao trabalho intelectual, que se necessitam um ao outro e um para o outro, uma vez que a realização das concepções no Espírito exige o trabalho do corpo, e que este não pode fazer senão sob a direção e o impulso do Espírito. O Espírito tendo assim tomado o hábito de trabalhar, e sendo constrangido ao trabalho pelas necessidades do corpo, o trabalho, ao seu turno, se torna uma necessidade para ele, e, quando desligado de seus laços, não tem mais que pensar na matéria, e pensa em trabalhar em si mesmo para o seu adiantamento. (KARDEC, [RE] 1864, fev., p. 11-2)

Dá para resumir e compreender num esquema simples tudo isso que acontece conosco, nesse processo de evolução do animal ao espírito livre. Quase todos na Terra já se distanciaram da vida animal, mas ainda não dominaram bem os valores espirituais. É um meio do caminho entre uma fase e outra. Por isso, cada um de nós convive com os dois apelos, as necessidades animais, e o desejo de ser feliz, ampliar valores e possibilidades, ser livre. Nessa condição, temos uma meta de vida enquanto espíritos: desprender-nos da matéria, de um lado, e conquistar os potenciais da vida espiritual, do outro. Tudo isso deve ser feito concomitantemente, vivendo no mundo, enfrentando o cotidiano. Mas não agindo de forma desligada, inconsciente, conduzidos pelos hábitos condicionados. É necessário prestar atenção a cada coisa que acontece, observar ao redor, compreender os caminhos, escolher, aprender com a escolha, escolher melhor, tentar de novo, tentar diferente. Aos poucos, fazer o melhor à medida que mais se compreende cada coisa ou situação. A vida é uma escola. Podemos imaginá-la como se o espírito fosse um ator, e as diversas vidas fossem peças. Reencarnar seria entrar novamente no palco onde a personalidade vivenciada seria como um personagem do espírito. O ator pode viver uma diversidade de representações. Fazer o melhor papel em cada apresentação é a nossa meta. Não importam as peças que passaram, mas, quanto mais experiente fica o ator, mais expressivo, melhores decisões ele toma. E isso precisa de tempo e dedicação. O resultado de todo esse trabalho? É a conquista progressiva e definitiva da felicidade.

Pense no seguinte exemplo. No meio artístico, quando um artista experiente, vivido e consciente do valor de sua profissão dá tudo de si numa apresentação, ele busca do fundo de seu ser e experiência as emoções e com elas envolve o público, que chora, ri e sente esperança com ele. Uma eletrizante conexão entre os indivíduos, além de qualquer sentido físico. No final, ao curvar seu corpo diante dos aplausos entusiasmados do público que enxuga as lágrimas renovado, o que ele sente? Se prestar atenção, não é prazer, nem só alegria, que é uma resposta do ato circunstancial: é felicidade! Esse sentimento da alma ultrapassa o momento; em seu íntimo, ele é a maior recompensa que se pode conquistar. Ele faz superar as dores, fomes, privações, preconceitos e desmotivações enfrentados em sua trajetória. Ele o motiva a continuar, faz valer todo o sacrifício, dá força e abre um futuro melhor à frente. Essa é a felicidade ao alcance de todos, onde quer que estejam enfrentando seus próprios desafios, mesmo que se sintam isolados e esquecidos. Pois os olhos da espiritualidade alcançam todos os lugares, e os bons espíritos estarão sempre onde forem chamados. A felicidade está no cuidado da mãe, na atenção do pai, na luta no trabalho pela sobrevivência, no amparo aos animais, nas mais diversas formações familiares, na confiança mútua dos casais que se amam, em toda ação de desprendimento. É a consequência natural do ato do dever, da caridade incondicional. A mais pura autonomia. Essa é a verdadeira moral espírita.

A RESSIGNIFICAÇÃO DOS TERMOS NO CONTEXTO DA TEORIA ESPÍRITA

Allan Kardec vai partir, em seus estudos morais, das definições comumente utilizadas para explicar as condições futuras; no entanto, vai ressignificá-las, dando aos mesmos termos novas definições, apropriadas à teoria moral espírita. Na obra *O que é o Espiritismo*, num debate com um padre, este afirma que o Espiritismo admite pontos combatidos pela Igreja e nega outros, como eternidade das penas, existência de demônios, o Purgatório, o fogo do Inferno. Kardec vai responder que a doutrina não contesta, mas ressignifica, dando outras definições para os termos:

> Anotai bem, senhor, que alguns dos pontos divergentes, dos quais acabais de falar, o Espiritismo não os contesta, em princípio. Se tivésseis lido tudo o que escrevi sobre esse assunto, teríeis visto que ele se limita a lhes dar uma explicação mais lógica e mais racional que aquela que lhes dão vulgarmente. É assim, por exemplo, que ele não nega o Purgatório, mas lhe demonstra, ao contrário, a necessidade e a justiça, indo mais além ao defini-lo. [...] Quanto à eternidade das penas, se fosse possível pôr a questão em votação para conhecer a opinião íntima de todos os homens em estado de raciocinar ou de compreender, mesmo entre os mais religiosos, ver-se-ia de que lado está a maioria, porque a ideia de uma eternidade de suplícios é a negação da infinita misericórdia de Deus. (KARDEC, [1859] 1995, p. 109-10)

A boa nova de Jesus representou o rompimento com os dogmas do velho mundo. Jesus trazia uma ideia revolucionária, afastando a hipótese dos seres intermediários entre Deus e os espíritos. Não estaríamos sujeitos às divindades, sendo subjugados pelo peso da autoridade e ira divina. A vida no mundo não seria regida pelos castigos e recompensas advindos das escolhas inesperadas de um Deus vingador de uns e protetor de outros. Não haveria por detrás dos governos forças sobrenaturais dando a eles uma autoridade divina.

Também não cabia aos indivíduos uma submissão regida pela fé cega e pela obediência passiva.

Mas seus ensinamentos, registrados em dezenas de relatos, foram progressivamente adulterados, em milhares de pontos, quando o cristianismo foi dominado pelos sacerdotes das religiões antepassadas. Pouco a pouco sua mensagem foi sendo modificada, para adaptar-se aos falsos dogmas. Mas ele avisou que enviaria o Espírito da Verdade para recolocar as coisas em seus devidos lugares. Só é necessário recolocar o que foi tirado de seu lugar! Jesus sabia que seus ensinamentos sofreriam um desvio.

O Espiritismo representa a chegada do Espírito da Verdade anunciada por Jesus. No entanto, viria a sofrer um ciclo idêntico de estabelecimento da verdade, mas também o desvio que adulterou sua mensagem, agora por 150 anos.

Está na hora de restabelecer o Espiritismo como o cristianismo primitivo redivivo, colocando as coisas em seus devidos lugares, por meio da moral da liberdade, ensinada pelos espíritos superiores, dos quais o mesmo Jesus da Galileia participa ativamente, orientando Allan Kardec.

Para explicar as leis da alma segundo o Espiritismo, enquanto cristianismo redivivo, restaurando a verdadeira mensagem da autonomia, como o fez Jesus, Allan Kardec vai ressignificar termos como punição, arrependimento, expiação, reparação, eternidade das penas. A diferença entre punição e expiação é o ponto primordial para se compreender a teoria moral do Espiritismo. Pois, enquanto a punição é uma resposta natural a qualquer pensamento ou ato que vai de encontro à lei moral presente na consciência, a expiação se dá por um esforço consciente, voluntário e eficaz para superar a própria imperfeição, por meio da escolha das provas. As religiões ancestrais invertem o significado desses fenômenos, confundindo dogmaticamente castigo com expiação, como se fossem uma só coisa. Além disso, consideram que a punição é uma escolha deliberada de Deus e não uma consequência natural.

GLOSSÁRIO

Estes são alguns dos termos que no Espiritismo receberam novos significados, de acordo com a sua teoria moral:

Anjos: Deus jamais foi inativo, sempre teve puros espíritos, experimentados e esclarecidos, para a transmissão de Suas ordens e para a direção de todas as partes do Universo, desde o governo dos mundos até os menores detalhes. Não há, pois, necessidade de crer em seres privilegiados, isentos de encargos; todos, antigos e novos, conquistaram suas posições na luta e por seu próprio mérito; todos, enfim, são os filhos das suas obras. Assim se realiza igualmente a soberana justiça de Deus. (*OCI*)

Arrependimento: Kardec define o arrependimento como sendo um "fato da livre vontade do homem", ou seja, deve ser uma escolha consciente. Arrepender-se é conscientizar-se do que está acontecendo consigo, pois é preciso abandonar a falsa ideia de que se estaria sendo castigado por Deus. Essa é uma ilusão. Somente superando-a o espírito poderá agir realmente no sentido de seu processo evolutivo. O simples arrependimento, por si só, já alivia o sofrimento moral, pois a intenção de melhorar-se já dá esperança.

Caridade: atualmente o termo "caridade" é mais utilizado no sentido de beneficência, ajuda, esmola dirigida aos pobres e desprotegidos. Mas, na época de Kardec, o significado era outro. Caridade é o ato do dever, ou seja, fazer o bem de forma livre, voluntária e desprendida de qualquer outro interesse senão o de agir de acordo com a consciência. Pergunta-se em *O Livro dos Espíritos*: "Qual é a mais meritória de todas as virtudes? [...] É a que assenta na mais *desinteressada caridade*". Aquele que age de forma desinteressada não espera recompensa nem teme castigo, pois sua moral é autônoma. Todo ato de caridade desinteressada tem como consequência uma felicidade proporcional, que jamais se perde, pois é um mérito próprio, fruto do esforço desprendido. No Espiritismo se diz: *caridade desinteressada*.

Carma: a ideia de que as dificuldades da vida no mundo físico são castigos divinos é um dogma das religiões ancestrais e é falsa. Ela segue a ideia instintiva de que as coisas se dividem entre boas e ruins, seguindo o critério de que causam prazer ou dor; é o conceito do senso comum. Isso vale para as sensações do corpo físico, mas estender esse raciocínio para o mundo moral é um erro. As dificuldades da vida são situações neutras e servem como provas para os espíritos conscientes das leis da alma. Servem para superar imperfeições e conquistar virtudes. "Sendo todos os espíritos perfectíveis, em virtude da lei do progresso, trazem em si os elementos de sua felicidade ou de sua infelicidade futura e os meios de adquirir uma e de evitar a outra trabalhando em seu próprio adiantamento". (*OCI*)

Céu: os dogmas definem o Céu como um lugar físico, no qual as almas recompensadas por Deus viveriam eternamente felizes. O Espiritismo demonstra que essa hipótese é falsa. No mundo espiritual, o ambiente não provoca sensações físicas, nem o perispírito tem funcionamento equivalente à fisiologia do corpo físico; não conferem, então, prazeres nem dores físicas. A felicidade é um estado da alma; todo ato do dever lhe confere um grau dessa sensação íntima, que nunca mais se perde. Desse modo, o espírito feliz está nessa condição não importa onde esteja. "É assim que o espírito, progredindo gradualmente à medida que se desenvolve, chega ao apogeu da felicidade; porém, antes de haver alcançado o ponto culminante da perfeição, ele desfruta de uma felicidade relativa ao seu adiantamento". (*OCI*)

Demônios: entre os maus espíritos, existem os que têm toda a perversidade dos demônios, e a quem se pode aplicar perfeitamente a imagem que se faz desses últimos. Na sua encarnação, eles produzem esses homens perversos e astuciosos que se comprazem no mal, que parecem nascidos para a desgraça de todos aqueles que eles atraem na sua intimidade, e dos quais pode-se dizer, sem lhes fazer injúria, que são demônios encarnados. (*OCI*)

Deus: segundo os espíritos superiores, falta aos homens um sentido adequado para perceber Deus. Portanto, buscamos compreendê-lo pelas deduções filosóficas. O Deus para o Espiritismo, apresentado por Kardec em suas obras, dá continuidade aos estudos das ciências filosóficas, disciplinas do espiritualismo racional. Na ciência filosófica dedicada ao estudo de Deus, teodiceia, os atributos de Deus eram os metafísicos, que excluíam as limitações que encontramos na criação: composição (simplicidade), pluralidade (unidade), mudança (imutabilidade), sucessão (eternidade), localização (imensidade), limitação (perfeição). E também os atributos morais, que transferem a Deus a condição absoluta das criaturas, portanto inteligência, justiça e bondade supremas ou infinitas. A explicação de Paul Janet demonstra o quanto os espiritualistas racionais estavam preparados para compreender o Espiritismo: "Se só existisse um universo físico, os atributos metafísicos seriam suficientes. Mas existe um universo dos Espíritos, um universo moral, com origem na causa primeira. Deus é causa tanto dos espíritos quanto da matéria". (JANET, 1885-1886) Há perfeita continuidade entre a filosofia espiritualista racional e a doutrina dos Espíritos.

Espírito santo: no dogma das igrejas, o espírito santo é interpretado pelo dogma da trindade universal, considerando-se Deus, Jesus e o espírito santo como pessoa trinária. Mas os originais da Bíblia não dizem "*o*" espírito santo, mas "*um*" espírito santo: "O grego tem os artigos definidos 'to' e 'ro' (que representa 'o' em português), mas não possui o indefinido ('um'). Quando, pois, uma palavra tem o artigo definido, ele aparece normalmente diante dela. Mas, quando se trata do indefinido, como ele não existe em grego, fica a palavra sem nenhum artigo. Mas nas traduções para o português e outras línguas, tem que se colocar esse artigo indefinido 'um'". (CHAVES, 2019, p. 7) Portanto, nas diversas passagens, os autores do Novo Testamento fazem referência a "um bom espírito", "um espírito santo". Em Atos 4:8, portanto, a tradução correta deve ser: "Então Pedro, pleno de um espírito santo" (Τότε Πέτρος πλησθεὶς Πνεύματος Ἁγίου – Tóte Pétros plistheís Pnévmatos Agíou), ou seja: "um espírito superior comunicou-se por meio de Pedro" é a tradução correta, livre de dogmas.

Eternidade das penas: a partir de um entendimento equivocado, o espírito pode agir ao contrário do que recomendam as leis morais presentes em sua consciência. Em consequência natural a essa escolha, sentirá uma dor moral. Esse é um alerta para não repetir o ato. Todavia, seja por ambição ou vaidade, pode tornar esse ato equivocado um hábito adquirido, tornando-o uma imperfeição. A partir daí, o sofrimento moral lhe será constante. A duração estará subordinada ao arrependimento. Enquanto isso não ocorre, o espírito pode viver a ilusão de que esse sofrimento que o tortura jamais acabará, como se fosse uma pena eterna. Desse modo, "a eternidade das penas deve então se entender no sentido relativo e não no sentido absoluto". (*OCI*, Cap. VIII, item 9)

Expiação: toda imperfeição é inerente a um sofrimento moral, isso é uma lei natural. É equivalente a dizer que se você soltar um objeto no ar ele cairá, pela lei natural da gravidade. O sofrimento acaba quando o espírito se conscientiza de que deve ser dele a iniciativa de superação, esse é o arrependimento. Em seguida, percebendo que o sofrimento moral que o aflige é inerente à imperfeição que desenvolveu, o Espírito arrependido busca promover um aperfeiçoamento sério e efetivo, por meio da escolha das provas de suas vidas futuras. As vicissitudes, escolhidas como expiação, permitem superar conscientemente os maus hábitos pelo seu descondicionamento. A expiação, portanto, serve como meio de educação moral do espírito. Desse modo, a expiação deve ser sempre um ato consciente, livre, voluntário. Já a situação de uma encarnação imposta somente pode ocorrer quando o espírito ainda é muito ignorante para escolher por si mesmo, ou então muito endurecido. Enfrentar desafios na vida será um meio de despertar para sua realidade espiritual. Nesses casos, porém, o objetivo da encarnação é unicamente o de levá-lo a escolher conscientemente por sua própria vontade, conforme o item 8 do Capítulo V de *O Evangelho Segundo o Espiritismo*: "As tribulações podem ser impostas a Espíritos endurecidos, ou extremamente ignorantes, *para levá-los a fazer uma escolha com conhecimento de causa*. Os Espíritos penitentes, porém, desejosos de reparar o mal que hajam feito e de proceder melhor, *esses as escolhem livremente*". Por fim, podemos definir a expiação como sendo a escolha das provas, de forma consciente, com o objetivo de reparar a imperfeição. Mas como, ao superar a imperfeição nesse mesmo processo, o espírito está conquistando uma virtude correspondente, à expiação segue naturalmente a reparação, como retorno ao bem. Assim, toda expiação, quando bem aproveitada pelo espírito, é também uma prova para o seu adiantamento.

Inferno: "**Pelos exemplos que a revelação coloca sob nossos olhos, ela nos ensina que a alma sofre no mundo invisível por todo o mal que fez, e por todo o bem que poderia ter feito e não fez durante sua vida terrena; que a alma não é condenada a uma penalidade absoluta, uniforme e por um tempo determinado, mas que sofre as consequências naturais de todas as suas ações más, até que tenha melhorado com os esforços de sua vontade. Ela carrega em si mesma seu próprio castigo, e isso em todo lugar onde se encontre; por esse motivo não há necessidade de um lugar circunscrito. O Inferno, portanto, está em toda parte onde existem almas sofredoras, como o Céu está em toda parte onde existem almas felizes, o que não impede que umas e outras se agrupem, por analogia de posição, em volta de certos centros**". (*OCI*, Cap. IV, item 6, trecho retirado e modificado na adulteração)

Livre-arbítrio: "Mas é óbvio que a alma, em sua origem, não desfruta da plenitude de seu livre-arbítrio. Inicialmente, possui somente as faculdades instintivas necessárias para a manutenção do corpo que ela anima. Durante esse longo período, que pode ser chamado de *embrionário*, ela experiencia a vida e aperfeiçoa sua inteligência. A princípio muito primitiva e limitada, aprimora-se gradualmente. E o desenvolvimento do livre-arbítrio segue o da inteligência". (*Ibidem*) As religiões dogmáticas acreditam que Deus criou as almas sábias e justas, com a plenitude da liberdade. Se assim fosse, um erro seria causa de uma queda. Considerando que o livre-arbítrio é uma conquista progressiva da alma, e que esta inicia simples e ignorante, ou seja, com a nulidade intelectual e moral, o Espiritismo demonstra que a queda não existe, e que a reencarnação é uma necessidade natural para a evolução do espírito.

Milagres: comumente o milagre é visto como um acontecimento extraordinário que viola as leis naturais. Segundo o Espiritismo, porém, as leis naturais regem tanto o mundo físico quanto o espiritual. Grande parte dos fatos reais considerados como milagre podem ser explicados pelos fenômenos mediúnicos e sonambúlicos. Os mais extraordinários envolvem efeitos físicos e as curas pelo magnetismo animal e pela ação dos espíritos. O Espiritismo estabelece uma base sólida que permite à ciência estudar o que antes ficava no campo da superstição.

Natureza de Jesus: Jesus era um espírito puro quando reencarnou no mundo, há mais de dois mil anos. Por isso, sua vida é o único modelo recomendado pelos espíritos para a humanidade. Antes disso, porém, em outros mundos, viveu a trajetória evolutiva de todos os espíritos. Teve centenas de vidas desde simples e ignorante. Por seu esforço, aprendeu com os erros, desenvolveu suas faculdades, progrediu intelecto-moralmente. Passou desde o planeta primitivo ao feliz, reencarnando e evoluindo. Agindo com os espíritos superiores como ele, serviu na manutenção da harmonia universal, trabalhando como emissário de Deus. Quanto à sua reencarnação na Terra, nasceu naturalmente, pelos meios naturais, de Maria e José: "Jesus, pois, teve, como todo mundo, um corpo carnal e um corpo fluídico, demonstrados pelos fenômenos materiais e pelos fenômenos psíquicos que marcaram sua vida". (KARDEC, [1868] 2018, p. 350) Jesus nos serve de modelo, e a única maneira de chegar ao seu estágio evolutivo puro é por meio da reencarnação. Quando os homens que criaram os dogmas das religiões cristãs aboliram a reencarnação criando a falsa ideia de uma única vida, tornou-se impossível explicar como poderíamos chegar à condição de Jesus. A saída que encontraram foi divinizar Jesus, colocando-o numa distância inatingível para qualquer alma. Disseram: Jesus é Deus! Por fim, até os bons espíritos que se comunicavam pela mediunidade foram misturados no "espírito santo" e somados às outras duas pessoas da divindade. Disseram: "pai, filho e espírito santo formam um só Deus". A falsa ideia da *santíssima trindade* tira todo o esforço e o mérito do espírito que evolui vida após vida; com a intenção de mantê-lo submisso, na obediência passiva, falsamente ensinando que somente Jesus poderia redimir os homens, dando a eles uma natureza perfeita, no gozo eterno dos céus.

Pecado: Kardec afirma que o pecado "é *uma violação consciente* das leis divinas, ou seja, em virtude do livre-arbítrio. É necessariamente relativo, porque o grau de culpa e, portanto, de responsabilidade, se deve ao desenvolvimento intelectual e moral, e da consciência de se ter cometido uma falha. Trata-se aqui do pecado em seu significado geral, e não no sentido restritivo de religiões e dogmas particulares". Ou seja, um mesmo ato tem graus de responsabilidade moral diferentes conforme a evolução do espírito que o pratica. Um espírito simples e ignorante que motivado pelos instintos de conservação, mata um semelhante ainda não tem consciência nem responsabilidade moral por esse ato. Somente quando desenvolver a inteligência e a capacidade de escolha, sabendo distinguir o certo e o errado pela iluminação de sua consciência, é que terá uma responsabilidade progressiva por seus atos.

Pecado original: "com a preexistência e a reencarnação, o homem traz ao renascer a semente de suas imperfeições passadas e os defeitos dos quais não se corrigiu e se traduzem em seus instintos naturais, em sua disposição para esse ou aquele vício. Eis aí seu verdadeiro pecado original, do qual ele sofre naturalmente as consequências, mas com a diferença capital de que leva consigo a pena das próprias faltas, e não a cometida por um outro". (KARDEC, [1868] 2018, p. 59) Na teoria moral espírita, afasta-se a falsa ideia de castigo e julgamento de exceção quanto à encarnação humana, presente no dogma do pecado original (e também em outras doutrinas religiosas ancestrais), explicando, por sua vez, o progresso do Espírito, desde simples até a perfeição relativa; pelo próprio esforço, dedicação e interesse; em virtude de leis morais universais, portanto equitativas, decorrentes da reencarnação.

Perdão divino: perdão das penas significa absolvição, indulto. Mas, na teoria espírita, a pena é uma consequência natural: o sofrimento moral inerente à imperfeição. Esse sofrimento acaba somente por um ato da vontade do espírito imperfeito por meio das condições de arrependimento, expiação e reparação. Esses gestos devem ser conscientes, voluntários. Então somente o próprio espírito imperfeito pode aliviar e acabar com sua própria pena, pelo esforço em superá-la. Deus não perdoa, pois deixa cada alma escolher o seu caminho livremente, sabendo que todas serão felizes. De sua eternidade, Deus já vê todas as criaturas puras, como todas serão. "*Sendo permitido a todas as almas adquirirem o que lhes falta e se desfazerem daquilo que têm de mau, segundo seus esforços e sua vontade, daí resulta ainda que o futuro não está fechado para nenhuma. Deus não repudia nenhum dos seus filhos; ele os recebe em seu seio à medida que eles atingem a perfeição, deixando assim a cada um o mérito de suas obras*". (*OCI* original, trecho retirado na adulteração) Assim, o perdão de Deus está em renovar infinitamente as oportunidades para o espírito superar suas imperfeições e conquistar sua felicidade. Segundo o Espiritismo, não há perdão como graça divina nem as faltas são apagadas, mas há sim a purificação do espírito como árbitro de seu próprio destino.

Provas: as dificuldades, privações, adversidades ocorrem para todos os seres vivos no mundo, em todos os tempos. As dificuldades são úteis para os animais, no sentido da evolução das espécies e dos seres. Vivenciam toda a diversidade delas, inúmeras vezes, transmigrando de corpo para corpo. Os animais, porém, ainda não lidam com as questões morais. Nas primeiras vidas, a alma humana enfrenta os desafios da vida, agora com outro objetivo, o de despertar a consciência de sua individualidade e desenvolver faculdades como razão, vontade e imaginação. Com esses potenciais, vai conquistar conhecimento, livre-arbítrio, senso moral, criatividade. Surge, então, a progressiva responsabilidade pelos atos. A partir daí, passa a valer a *lei das escolhas das provas* – com a finalidade de empreender sua evolução intelecto-moral, o espírito passa a escolher as dificuldades e adversidades de suas vidas futuras, com a intenção de conquistar virtudes, habilidades, ampliar seus potenciais. Prepara-se para, libertando-se do apego à matéria, ser cada vez mais útil no mundo espiritual. No caso especial do espírito imperfeito, quando estiver consciente de sua própria responsabilidade quanto ao sofrimento moral que sente, vai escolher suas provas como expiação: "Assim, a expiação serve sempre de prova, mas nem sempre a prova é uma expiação". (KARDEC, [1864] 1996, p. 103) Por fim, existem duas condições especiais quanto ao desenvolvimento do espírito: no início, quando ainda está extremamente ignorante, ou quando o espírito imperfeito está endurecido. Nesses dois casos, as vicissitudes podem ser impostas para acordá-lo da inércia, conscientizá-lo da necessidade de fazer as escolhas de suas provas com conhecimento de caso. A partir daí, desperto, vai escolher livremente para o seu aprimoramento.

Purgatório: "Que o castigo, quer se verifique na vida espiritual ou na Terra, e qualquer que seja a sua duração, sempre tem um fim, próximo ou distante. Na realidade, portanto, não há para o espírito mais que duas alternativas: punição temporária graduada segundo a culpabilidade, e recompensa graduada segundo o mérito. O Espiritismo não aceita a terceira alternativa, a da eterna condenação. O Inferno permanece como figura simbólica dos maiores sofrimentos cujo término é desconhecido. O Purgatório é a realidade. A palavra purgatório traduz a ideia de um lugar que tem limites determinados; eis por que é aplicada mais naturalmente à Terra, considerada como lugar de expiação, do que ao Espaço infinito onde erram os espíritos sofredores, e além disso a natureza da expiação terrestre é uma verdadeira purificação". (*OCI* original, Cap. VI, item 9) Segundo o Espiritismo, o Purgatório seria uma representação simbólica de um planeta onde a humanidade luta para superar suas imperfeições e conquistar seus valores e virtudes.

Punição ou castigo: é sempre a consequência natural da falta ou pensamento cometido, representada pela dor ou sofrimento moral. Esse sofrimento moral é uma sensação ou condição imediata, inerente à imperfeição. Só cessa quando o espírito se conscientiza da verdadeira origem de seu sofrimento, a imperfeição, e se esforça por removê-la. Já as tribulações e vicissitudes da vida terrena, que são os sofrimentos físicos, são vivências próprias do mundo físico, decorrentes das leis da fisiologia e da matéria, portanto neutras. Elas são úteis e necessárias para os espíritos que as escolhem como provas e expiações, para seu próprio desenvolvimento. Assim, pelos olhos dos espíritos esclarecidos, as dificuldades da vida são desafios e oportunidades benéficas quando servem como aprendizado, superação ou exemplo para os espíritos em evolução. Muitas das coisas que os indivíduos lamentam durante a vida serão reconhecidas como trunfos de sua vitória após a morte, quando bem aproveitadas. Isso explica o ensinamento de Jesus: "bem aventurados os que choram pois serão consolados. Bem aventurados os famintos e sequiosos de justiça, pois que serão saciados".

Queda: entre os falsos dogmas das religiões formais, está o da queda: a alma teria sido criada por Deus justa, sábia, mas, ao desobedecer a Deus, teria sofrido a *queda* no mundo como castigo divino. Segundo o Espiritismo, não há queda, pois o espírito evolui sempre no sentido do simples e ignorante até o espírito puro e jamais retrograda. E esse caminho é de sua livre escolha, mas o destino será sempre a felicidade. Explica Allan Kardec: "Haveria queda somente na passagem de um estado relativamente bom a um estado pior. Ora, o Espírito sendo criado simples e ignorante está, em sua origem num estado de nulidade moral e intelectual – se não fez o mal, não fez também o bem; não é nem feliz nem infeliz; age sem consciência e sem responsabilidade; nada tendo, nada pode perder; não pode retrogradar. Sua responsabilidade começa apenas no momento que se desenvolve nele o livre-arbítrio. Seu estado primitivo não é, pois, um estado de inocência inteligente e racional. Por consequência, o mal que poderá fazer mais tarde, abusando das faculdades que lhe foram dadas, não é um retorno do bem ao mal, mas a consequência do mau caminho que empreendeu a partir desse momento". (KARDEC, [RE] 1863, jun., 2)

Reparação: como toda expiação também é uma prova, no esforço de superar suas imperfeições, o espírito também está adquirindo qualidades e habilidades que lhe trazem a felicidade correspondente, em virtude de seu mérito. Portanto, a reparação é um retorno sincero ao bem, advindo do que antes era um mal. Todos os espíritos estão destinados à felicidade. Não importa qual caminho tenham escolhido, o destino é o mesmo para todos.

Ressurreição: é uma figura simbólica do fenômeno natural da reencarnação. O trecho do versículo 3:5, Tito, normalmente é traduzido por "nos salvou pelo lavar da *ressurreição* e da renovação do Espírito Santo". Mas a palavra grega utilizada no texto é "palingenesia", que significa reencarnação. O trecho deveria ser traduzido por: nos salvou pelo purificar da reencarnação e da renovação do espírito". Ou seja, a felicidade será alcançada pelo mérito da evolução intelecto-moral conquistada pelas provas da reencarnação.

Revelação: "Até este dia o homem não tinha criado senão hipóteses sobre o seu futuro; eis por que suas crenças sobre este ponto foram divididas em sistemas tão numerosos e tão divergentes, desde o nada até as fantásticas descrições do Inferno e do Paraíso. Hoje são as testemunhas oculares, os próprios autores da vida de além-túmulo, que vêm nos dizer o que ela é, e os únicos que podem fazê-lo. As manifestações nada têm de extra-humanas; é a humanidade espiritual que vem conversar com a humanidade corpórea. A revelação tem, pois, por objeto colocar o homem na posse de certas verdades que não poderia adquirir por si mesmo, e isto tendo em vista ativar o progresso. Essas verdades se limitam, em geral, a princípios fundamentais destinados a colocá-lo no caminho das pesquisas e não a conduzi-lo pela andadeira; são as balizas que lhe mostram o objetivo: cabe a ele a tarefa de estudá-las e de deduzir-lhes as aplicações; longe de livrá-lo do trabalho, são novos elementos fornecidos à sua atividade". (KARDEC, [RE] 1866, abr., p. 5)

Salvação: salvação significa libertar-se de um estado indesejável. A salvação do mundo tem o sentido de livrar-se de todo tipo de sofrimento, seja físico ou moral. Os dogmas das igrejas cristãs dizem: "fora da Igreja não há salvação". Isso porque pregam que será Jesus quem salvará a todos, redimindo os pecados dos arrependidos que aceitarem a Igreja. Todavia, essa foi uma maneira de os sacerdotes dominarem as massas, como se em suas mãos estivesse a chave da vida futura. Mas não foi o que verdadeiramente ensinou Jesus. Segundo ele, para alcançar a condição dos bons espíritos, como era a sua própria condição, seria preciso nascer de novo, tanto da água quanto do espírito. Ou seja, o instrumento da alma é a reencarnação, nascer da água, para a evolução intelectual e moral, pelo próprio esforço, de forma consciente e dedicada, vida após vida, saindo da condição de simples até a perfeição relativa que cabe a nós conquistar pelo mérito. Quando Allan Kardec propôs a sentença: "fora da caridade não há salvação", ele estava fazendo uma inversão em relação à responsabilidade da superação do sofrimento moral. Pois ela é pessoal, depende da conquista das virtudes. Não é Jesus nem a Igreja quem salva, mas o próprio espírito é o árbitro de seu destino. Como a maior das virtudes é a caridade desinteressada, está ao alcance de todos, por seu esforço e mérito, libertar-se do sofrimento moral e conquistar a felicidade. Quanto ao sofrimento físico, será pela evolução coletiva da humanidade que este planeta alcançará a condição de mundo feliz, quando não mais haverá adversidades.

SEGUNDA PARTE – AS LEIS DA ALMA SEGUNDO O ESPIRITISMO

3. A ADULTERAÇÃO DO LEGADO E SEU RESTABELECIMENTO

O debate de ideias é legítimo e necessário. Não importa que alguns defendam ideias pessoais, todos têm liberdade de expressar o que pensam. E o Espiritismo é o campeão da liberdade de pensamento. Com o tempo, o que for equivocado não resiste à força da razão, perde adesão e definha por si mesmo. Isso é claro e certo. Quanto à doutrina espírita, procedente dos ensinamentos dos espíritos superiores, há uma necessária e basilar unidade de princípios. Mas o que ocorreu em 1869 na Sociedade Anônima, exatamente após a partida de Rivail para a espiritualidade, não se trata de liberdade de pensar, mas de uma intervenção transgressora, covarde, perversa contra a sua vontade e violadora de seus direitos.

Quem são esses encarnados e desencarnados que lutam contra a doutrina espírita? Por que temem tanto esses livros e revistas do século 19? Allan Kardec qualifica os indivíduos resistentes às ideias progressistas, humanitárias e libertadoras:

> Há, entretanto, os que são essencialmente refratários a essas ideias, mesmo entre os mais inteligentes, e que certamente não as aceitarão, pelo menos nesta existência; em alguns casos, de boa-fé, por convicção; outros por interesse. São aqueles cujos interesses materiais estão ligados à atual conjuntura e que não estão adiantados o suficiente para deles abrir mão, pois o bem geral importa menos que seu bem pessoal – ficam apreensivos ao menor movimento reformador. A verdade é para eles uma questão secundária, ou,

melhor dizendo, a verdade para certas pessoas está inteiramente naquilo que não lhes causa nenhum transtorno. Todas as ideias progressivas são, de seu ponto de vista, ideias subversivas, e por isso dedicam a elas um ódio implacável e lhe fazem uma guerra obstinada. São inteligentes o suficiente para ver no Espiritismo um auxiliar das ideias progressistas e dos elementos da transformação que temem e, por não se sentirem à sua altura, eles se esforçam por destruí-lo. Caso o julgassem sem valor e sem importância, não se preocupariam com ele. Nós já o dissemos em outro lugar: "Quanto mais uma ideia é grandiosa, mais encontra adversários, e pode-se medir sua importância pela violência dos ataques dos quais seja objeto. (KARDEC, [1868] 2018, p. 407)

Alguns dos adulteradores eram exatamente sócios da Sociedade Anônima, próximos de Allan Kardec, mas escondiam seus pensamentos de orgulho, inveja e soberba, fazendo apenas uma oposição velada até quando o mestre retornou ao mundo espiritual. A partir daí, esses indivíduos, que se tornaram administradores com plenos poderes sobre a *Revista* e as obras, de forma infame e deliberada, nas sombras, fora das vistas dos adeptos fiéis aos princípios originais, adulteraram as duas últimas obras da Codificação: *O Céu e o Inferno* e *A Gênese*. O conteúdo acrescentado na adulteração, que eram as ideias de queda, carma e da reencarnação como castigo divino, como também a divulgação e promoção de obras e seitas divergentes do Espiritismo (como Roustaing e a teosofia) tomaram espaço na *Revista Espírita*. Desse modo, o movimento espírita foi perdendo contato com a proposta original da autonomia moral, sendo contaminado e invadido pelos falsos ensinamentos.

É importante destacar o cenário histórico desse curto período, por volta de três anos (1869-1872), quando ocorreu o golpe da Sociedade Anônima e as manobras de adulteração. Uma comoção social mergulhou Paris no caos, interrompeu as atividades dos grupos e dispersou os adeptos, necessariamente preocupados em cuidar da sobrevivência de suas famílias. Trata-se da guerra franco-prussiana, em julho de 1870, e do cerco de Paris, em setembro de 1870, pelos prussianos. Desde então, a cidade foi intensamente bombardeada (12 mil bombas), matando mais de quatrocentas pessoas. O povo ficou sem suprimentos, muitos desabrigados, os parisienses desesperados chegaram a se alimentar de animais domésticos. Escombros por todos os lados, doenças. Muitas das casas da rua de Lille foram destruídas, e a Livraria Espírita, que lá tinha sua sede, escapou por pouco de um incêndio. Depois do cerco, ocorreu a Comuna de Paris, barricadas e destruição. Os revoltosos, principalmente operários e mulheres, foram tragicamente esmagados pelas tropas francesas, encerrando-se a Comuna em março de 1871. Foi nesse clima que a adulteração de *O Céu e o Inferno* passou despercebida, e, antes que as coisas voltassem ao normal, em meio ao esvaziamento do movimento espírita, *A Gênese* teve sua edição adulterada depositada por Leymarie.

Somente quando uma nova geração de líderes espíritas se somou aos pioneiros fiéis é que o movimento espírita legítimo retomou suas atividades, em torno de Amélie, Berthe Fropo e da família Delanne. Na época de Kardec, Gabriel Delanne era uma criança; Leon Denis, Flammarion e o casal Rosen eram muito jovens. Orientados pelo espírito de Allan Kardec, estabeleceram nova sociedade, a União Espírita Francesa, e um novo jornal, *Le Spiritisme*. Retomaram os princípios de simplicidade, desinteresse material, fidelidade às obras de Kardec. Em 1883, denunciaram a adulteração de *A Gênese*, mas nada puderam fazer, pois a Sociedade de Paris estava completamente tomada pelos desvios. Nenhum deles soube em vida da adulteração de *O Céu e o Inferno*, ocorrida muito anteriormente, em outro contexto do movimento espírita.

Os textos adulterados das obras de Allan Kardec e também algumas brochuras e folhetos publicados em sua Sociedade após a sua morte são evidentemente contrários ao Espiritismo. É o que se depreende dos fatos e documentos, e da análise comparativa dos textos. Essa manobra escusa atendeu aos interesses de algumas poucas pessoas e dos espíritos falsos profetas envolvidos, para criar divisão, seitas e uma confusão tal que impedisse os espíritas compreender os verdadeiros conceitos fundamentais da doutrina, principalmente a teoria moral e a universalidade do ensino dos espíritos superiores.

Pensando quanto à história futura, levando em conta a prevista regeneração da humanidade, certamente se constatará que foi só por um tempo que essa conspiração conseguiu prejudicar em parte uma divulgação mais plena das ideias progressistas do Espiritismo. Mas ela não possuirá força alguma para deter a evolução moral da humanidade. Isso porque, explica Kardec, "o movimento progressivo da humanidade é inevitável, porque está na natureza". Segue a vontade de Deus, que se expressa por suas leis, eternas e imutáveis. "Seu pensamento que penetra tudo é a força inteligente e permanente que mantém tudo em harmonia". (KARDEC, [1868] 2018, p. 396)

Por fim, a estrutura de divulgação do Espiritismo pela *Revista Espírita*, órgão oficial do Espiritismo, criada inicialmente por Kardec, passou, após a fundação da Sociedade Anônima, por dar poderes autocráticos aos administradores, a atender aos interesses contrários por meio da publicação de obras, brochuras e folhetos com conteúdo completamente equivocado. Recapitulando toda a manobra:

- Constituição da Sociedade Anônima em julho de 1869 como empresa que recebeu os direitos sobre a *Revista Espírita* e as outras obras de Kardec, atribuindo amplos poderes aos administradores, que, enfim, puderam editar e publicar as novas edições das obras.
- Após o estabelecimento da Sociedade Anônima e da Librairie Spirite como editora, dentro do mesmo mês de julho de 1869, os administradores lançam seis novas edições das obras de Kardec. Mas, entre as reimpressões legítimas, uma delas foi adulterada, demonstrando que o desvio foi premeditado e teve início nessa ocasião.
- Publicação da quarta edição de *O Céu e o Inferno, ou a justiça divina segundo o Espiritismo*. As três primeiras edições da obra, publicada inicialmente em 1865, foram requeridas por uma só tiragem, ou seja, jamais Kardec alterou o conteúdo em vida.
- Em 1872, uma edição adulterada de *A Gênese* (sem constar ano e indicando quinta edição) teve a impressão requerida e o depósito feito, sob a responsabilidade dos administradores da Sociedade Anônima. Tendo sido depositada após a morte do autor, é legalmente considerada uma contrafação de *A Gênese, os milagres e as predições segundo o Espiritismo*.
- Em 1882, treze anos após a grande traição praticada contra Kardec e o Espiritismo, foi lançado o folheto *Os Quatro Evangelhos de J. B. Roustaing: resposta a seus críticos e adversários*. Esse folheto ataca de forma agressiva Allan Kardec, suas obras e doutrina.
- Em 1884, foi publicada e amplamente divulgada na *Revista Espírita* a brochura *La Chute originelle selon le Spiritisme: synthèse spiritualiste*, de J.-E. Guillet. Uma tentativa de sobrepor os dogmas de Roustaing à doutrina espírita.
- Em janeiro de 1890, a publicação por Leymarie da compilação de alguns manuscritos de Allan Kardec, em *Obras Póstumas*. Comparando a mensagem sobre *A Gênese* e os originais dos manuscritos, foi possível

constatar que o conteúdo foi adulterado por Leymarie, o que coloca em suspeita esse livro, pois o mesmo pode ter ocorrido em outros trechos. Todavia, os milhares de manuscritos atualmente resgatados vão formar as verdadeiras e documentadas obras póstumas de Allan Kardec, completando seu legado.

Como a divulgação da adulteração da obra *A Gênese* ocorreu em 2018, a primeira edição original foi amplamente recuperada, em diversas línguas, por todo o mundo. As primeiras foram em espanhol e francês. As edições em português da FEAL, em São Paulo, e também da CELD, no Rio de Janeiro, já correspondem ao conteúdo da primeira edição. Versões em inglês, chinês estão em preparo. Temos notícias de que editoras brasileiras que publicam tradicionalmente o livro em português estão preparando traduções da primeira edição para restabelecer o texto original de Kardec.

Todavia, ainda há muito a se fazer para uma completa restauração da verdade. As versões adulteradas precisam ter suas edições completamente interrompidas. E o estudo do conteúdo original precisa estar presente nos grupos e centros espíritas. Em relação a *O Céu e o Inferno*, é indispensável que toda essa mobilização se repita para o restabelecimento de sua versão original.

Cabe aos espíritas, a partir desta geração de 2020, diante dos fatos, recuperar, estudar, compreender profundamente, divulgar e debater, esses textos originais, principalmente a teoria moral espírita, fundamentada na autonomia, para fazer cumprir a meta fundamental do Espiritismo, que é secundar a revolução moral da humanidade.

Agora que sabemos de toda a história, o maior agradecimento que a atual geração de espíritas pode fazer a Kardec, Amélie e os demais pioneiros está em restabelecer os verdadeiros ensinamentos. Para compreender a teoria moral espírita, a autonomia, que é o maior de seus fundamentos, é de grande importância um estudo dedicado de seus princípios, como também das obras originais restabelecidas, seja individualmente ou em grupos, podendo ser objeto de palestras, grupos de estudos, artigos e outros meios de divulgação.

Caso a formação de grupos locais não seja possível, pela dificuldade de conseguir um lugar físico, ou pela distância que dificulte um encontro presencial, atualmente, é plenamente possível estabelecer grupos de estudos virtuais. Os recursos das redes sociais e mecanismos de comunicação por internet permitem unir as pessoas a distância, apresentando mutuamente os documentos, lendo juntas os textos, conversando e podendo até mesmo ver umas às outras pelas câmeras. Isso pode ser feito por celulares, *tablets*, *notebooks* ou computadores de mesa. Combinando os horários, não importa o lugar no qual esteja cada participante. Um número pequeno de participantes homogêneos, é sempre mais produtivo. Depois, é adequado manter contato com outros grupos, trocar textos e impressões, podendo, inclusive, gravar áudios e vídeos, trocar mensagens.

Mas alguns se perguntam: será que é correto remexer no passado, mostrar essas divergências de ideias? Não seria trazer perturbação ao meio espírita e dar armas aos inimigos do Espiritismo? Vejamos o que Allan Kardec disse sobre isso, quando estava denunciando a seita do Espiritismo sem espíritos, ao questionar:

> Falar dessas opiniões divergentes que, em definitivo, se reduzem a algumas individualidades, e não fazem corpo em nenhuma parte, não é, talvez dirão algumas pessoas, dar-lhes muita importância, amedrontar os adeptos em lhes fazendo crer em cisões mais profundas do que elas o são? Não é também fornecer armas aos inimigos do Espiritismo?

Kardec então responde:

> É precisamente para prevenir esses inconvenientes que disto falamos. Uma explicação clara e categórica, que reduz a questão ao seu justo valor, é muito mais própria para tranquilizar do que para amedrontar os adeptos; eles sabem a que se prenderem e nisto encontram ocasião dos argumentos para a réplica. Quanto aos adversários, eles muitas vezes exploraram o fato, e é porque lhe exageram a importância, que é útil mostrar o que ele é. (KARDEC, [RE] 1866, abr., p. 12)

Allan Kardec adotava a postura de responder com o silêncio aos ataques pessoais e também às cartas anônimas. Todavia, ante questões relacionadas à doutrina espírita, ele a defendia vigorosamente, com as armas do bom senso e da lógica. O esclarecimento e a educação são os instrumentos para a difusão dos ensinamentos dos espíritos superiores.

PRINCIPAIS MODIFICAÇÕES FEITAS NA ADULTERAÇÃO: UM ESTUDO

Em sua quarta edição, ocorreu a adulteração de *O Céu e o Inferno*. Comparando-se com a primeira edição, a verdadeira, as partes mais prejudicadas da obra foram o Prefácio e o Capítulo VIII original: "As penas futuras segundo o Espiritismo".[68] Esses textos tratam exatamente dos temas considerados mais controversos e combatidos pelos detratores. Sem contar as centenas de pequenas adulterações (troca de palavras, pontuação, supressão de frases, inclusão de trechos, entre outros) por todo o livro, foram estas as principais questões deturpadas (as referências são de *O Céu e o Inferno*):

- (O Prefácio da obra) – RETIRADO – "A universalidade do ensino dos espíritos superiores". (Parte inicial do Capítulo VIII) – RETIRADA – Nesses trechos retirados pelo adulterador, Allan Kardec apresenta a fundamentação das leis da alma em fatos observados e não em sistemas baseados em opiniões, seja de encarnados ou desencarnados.
- (Parte inicial do Capítulo VIII) – ACRESCENTADA – Uma versão mutilada do artigo "A carne é fraca", publicada na *Revista Espírita*, foi acrescentada para substituir o texto de Kardec sem deixar um espaço vazio.
- (Capítulo VIII: itens das lei da justiça divina, 1 ao 25) – PARTES RETIRADAS, ACRESCENTADAS E MANIPULADAS – Como vamos demonstrar a seguir, a adulteração teve como objetivo substituir a teoria moral autônoma (castigo como sendo o sofrimento moral, as vicissitudes são oportunidades e desafios, a expiação é uma escolha consciente para superar a imperfeição) pelas falsas teorias da queda, carma, vicissitudes terrenas e expiação como castigo divino.

Daqui em diante, vamos examinar cada uma dessas questões.

---

68. Estamos usando a numeração de capítulos originalmente estabelecida por Kardec em sua edição primeira. Nela, o Capítulo V tem como título: "Tábua comparativa do Inferno pagão e do Inferno cristão". Na versão adulterada, esse texto foi incorporado no final do Capítulo IV, "O Inferno". A partir daí, a numeração ficou modificada: O Capítulo VI, "O Purgatório", virou o V. O Capítulo VII, "Doutrina das penas eternas", virou o VI. E assim por diante.

O PREFÁCIO DA OBRA (RETIRADO): A UNIVERSALIDADE E A ORDENAÇÃO DO ENSINO DOS ESPÍRITOS SUPERIORES

Na edição adulterada de *O Céu e o Inferno*, o Prefácio foi retirado. Isso foi uma adulteração. Mas vamos pensar algo aqui, apenas para evidenciar um absurdo: quando Allan Kardec anunciou que o livro estava à venda, nas "Notícias bibliográficas", afirmou que não lhe pertencia fazer nenhum elogio nem crítica: "nos limitaremos a dela dar o objetivo, pela reprodução de um extrato do Prefácio". Para ele, esse texto era uma apresentação de grande importância para qualificar a obra, o método utilizado, a estrutura de seu legado, o momento adequado de seu surgimento, também os fundamentos do critério da universalidade, basilar em seu trabalho. Esse critério vinha sendo criticado por dissidentes e opositores naquele ano decisivo de 1865. O Prefácio cumpria diversas funções. Esclarecia os adeptos e afastava qualquer dúvida ventilada pelas críticas. Nesse texto, é como se Kardec estivesse esclarecendo amplamente o leitor, para limpar a mesa e começar a apresentar sua tese, com a teoria na primeira parte e os fatos na segunda. Tirar o Prefácio da obra seria como amordaçar o autor justamente quando ele apresenta as importantes questões prévias necessárias para qualificar o valor e justificar a autoridade da teoria moral espírita que será apresentada em *O Céu e o Inferno*.

Do ponto de vista histórico, é importante destacar que o princípio da universalidade do ensino foi seguido somente até 1869, durante a liderança de Allan Kardec para a elaboração da teoria espírita. Ele teve fim quando a rede de comunicação de mais de mil grupos espíritas em contato com a Sociedade de Paris se extinguiu. Esse método é imprescindível para o estabelecimento de novos princípios doutrinários, pois é um critério de veracidade, e não está mais disponível, pois os grupos mediúnicos que formavam a rede da universalidade em apoio a Kardec no século 19 se desmobilizaram e desde então ela não foi restabelecida.

Foi por meio desse método que *O Livro dos Espíritos* pôde estabelecer as bases fundamentais do Espiritismo. Estão lá todos os princípios. Os seus desenvolvimentos ocorreram nas demais obras de Allan Kardec. Sem o critério universal do ensino, não há mais como termos ideias novas dos espíritos superiores. Pelo menos por enquanto.

Infelizmente, em grande parte do movimento espírita, a atuação dos médiuns regrediu aos tempos dos oráculos. É um princípio fundamental do Espiritismo o fato de que todas as comunicações são consideradas previamente opiniões dos espíritos que se comunicam. Não se pode basear o entendimento da doutrina, muito menos estabelecer novo conceito, a partir das manifestações por meio de um só médium, ou dos médiuns de um só grupo. Isso nada tem a ver com o fato de serem mensagens boas ou ruins, é apenas um princípio básico do método da ciência espírita. Não havendo um cenário para a universalização, os espíritos superiores não podem retomar o processo evolutivo da doutrina espírita, dando ensinamentos novos. É um fato de momento. O futuro, não sabemos. Tudo leva a crer que, com o processo da regeneração da humanidade e uma maior consciência da autonomia intelectual e moral, a rede de comunicação com os espíritos deverá ser restabelecida. O que não se sabe é quando. Enquanto isso não ocorre, resta aos espíritas conscientes estudar as obras originais do Espiritismo. As que vieram depois devem respeitar o critério de coerência com a teoria original, notadamente a autonomia intelecto-moral baseada na evolução da alma por seu próprio mérito e esforço, que é a sua base sólida.

Não há dúvida, assim, de que as novidades mirabolantes que surgem aqui e ali de obras novidadeiras são opiniões bizarras, por vezes ridículas, sem sanção dos fatos.

Já sabemos que os dissidentes responsáveis pela adulteração das obras de Kardec negavam e combatiam a universalidade do ensino dos espíritos. Eram inimigos desse critério porque é o mais poderoso meio para denunciar as ideias falsas e identificar a manifestação de falsos profetas. Pois as ideias equivocadas surgem sempre em grupos isolados, que normalmente se acham os escolhidos. Pois exatamente o Prefácio, que trata da universalidade do ensino, foi um dos trechos retirados de *O Céu e o Inferno* na edição adulterada!

Estas são as características relacionadas por Kardec quanto à universalidade do ensino dos espíritos superiores, em seu precioso Prefácio:

- O básico da universalidade do ensino consiste no seguinte: quando os espíritos superiores decidem que é o momento adequado, tomam a iniciativa de pegar aquele ensino e levar a diversos grupos pelo mundo, por mensagens recebidas por médiuns confiáveis, quase simultaneamente. São diversos espíritos escrevendo o mesmo ensinamento, mas com suas

próprias palavras. Quando essas mensagens são comparadas, fazem sentido e estão coerentes com a teoria fundamental, podemos afirmar que se trata de um novo princípio fundamental.
- Todavia, nunca devem ser os homens a tomar a iniciativa de determinar qual é o ensinamento e quando deve ser proposto. Sempre devemos aguardar uma atitude dos espíritos superiores. Explica Kardec: "Não nos basta dizer: 'Gostaríamos de ter tal coisa' para que ela nos seja dada; e ainda menos nos convém dizer a Deus: 'Julgamos que é chegada a hora para nos dar tal coisa; nós mesmos nos julgamos bastante avançados para recebê-la'; pois seria dizer-lhe: 'Sabemos melhor do que vós o que convém fazer'. Aos impacientes, os Espíritos respondem: 'Começai primeiro por saber bem, compreender bem e, sobretudo, praticar bem o que sabeis, a fim de que Deus vos julgue dignos de ensinar-lhes mais. Depois, quando o momento chegar, saberemos agir e escolheremos nossos instrumentos'". Isso é fundamental!
- Também a sabedoria dos espíritos superiores é demonstrada quando eles vão propondo novos ensinamentos de forma ordenada e gradual. Eles surgiram de forma sucessiva, do mais simples ao mais complexo. Das questões mais simples, que formam a base, às mais específicas, que elevam o edifício. Sempre será assim, pois a doutrina espírita é uma elaboração didática dos espíritos que presidem o movimento de regeneração da humanidade.
- O desenvolvimento da doutrina espírita, porém, tem dois passos. Isso é muito importante! Toda revelação de um princípio novo, além do critério da universalidade, precisa receber a chancela da razão, pela análise dos espíritas quanto à sua lógica, e precisa ser coerente com a teoria fundamental inicialmente estabelecida. É o critério complementar da *racionalidade* e da *compatibilidade da hipótese com a teoria fundamental*. Senão, bastaria que alguns médiuns, fossem centenas deles, repetissem um após o outro uma ideia incoerente, imprópria ou falsa, para que espíritas desavisados fossem levados a acreditar nela. A universalidade não é ingênua assim!
- Da parte dos médiuns, a universalidade exige a condição de desprendimento absoluto, desprendimento de personalidade, anonimato, consciência de ser apenas um instrumento, não sendo responsável pelo

conteúdo que apresenta. Por isso, em *O Céu e o Inferno*, os nomes dos médiuns foram ocultados. Médiuns que fazem uso de um centavo que seja do que produzem, seja por venda de livros, palestras, cursos, ou qualquer outro meio, perdem a confiabilidade e a assistência dos bons espíritos. No Espiritismo, essa condição de desprendimento é uma postura obrigatória.

- Como a revelação dos conceitos espíritas deu-se por meio do critério da universalidade dos espíritos, as mensagens trazendo os princípios básicos foram descentralizadas, sem privilégio de ninguém. O decálogo, por exemplo, foi recebido por um só médium, Moisés. Foi uma outra época, quando o pensamento científico ainda não existia. Esse messianismo nunca mais terá lugar no mundo, a não ser se estiver a serviço dos "falsos cristos e falsos profetas" (veja o Capítulo XXI de *O Evangelho segundo o Espiritismo*).

- Há outro fator, próprio de nosso tempo. A teoria da autonomia moral, proposta por Kardec, está muito esquecida em grande parte do movimento espírita. Isso porque, por desvios e fraudes, as ideias de pecado e carma, contrárias ao Espiritismo, estão espalhadas. Portanto, é preciso que os espíritas estudem, resgatem a base conceitual verdadeira, para que novas ideias frutifiquem num terreno preparado para recebê-las.

- Unicamente quando todos esses critérios estiverem solidamente restabelecidos, só então será possível retomar o desenvolvimento da doutrina espírita, quando os espíritos superiores acharem por bem nos oferecer ideias novas.

Atualmente, é fácil constatar quando diversos grupos mediúnicos ficam deslumbrados com ideias consideradas por eles inovadoras, especiais, reveladoras, que recebem dos espíritos. Os passos dos espíritos obsessores é regularmente o mesmo e Kardec os definiu em *O Livro dos Médiuns*, em resumo: isolar o grupo, chamar os participantes de especiais e únicos, transmitir uma mensagem privada, afirmando que os outros não compreenderiam. Depois preveni-los dos ataques e contraditas que receberiam. Por fim, dominar o grupo pela fascinação. Portanto, não dá para fugir do seguinte raciocínio: sem o critério da universalidade, jamais os espíritos superiores poderão transmitir novos conceitos, pois colocariam em risco a própria segurança da doutrina espírita, e jamais poderiam fazer isso por meio de um grupo único, exclusivo.

Partindo desse preceito, os espíritos mirabolantes que se atrevem a fazer isso, afirmando que estão trazendo novas ideias que Kardec não podia saber, não são superiores, mas falsos profetas. Isso é indiscutível. Além disso, porém, uma análise racional do conteúdo invariavelmente revelará os absurdos dessas ideias malucas tão presentes atualmente no movimento espírita. Todavia, os grupos fascinados ou sem estudo muitas vezes não conseguem notar as contradições, servindo como marionetes dos espíritos inferiores que desejam ridicularizar o Espiritismo.

Voltando à obra *O Céu e o Inferno*, Kardec vai definir que é exatamente a universalidade que dá autoridade à teoria espírita, diante dos desvios e falsas ideias:

> A autoridade destes exemplos baseia-se na diversidade dos tempos e dos lugares em que foram obtidos, porquanto, se emanassem de uma única fonte, poder-se-ia considerá-los como o produto de uma mesma influência. Baseia-se esta autoridade, além disso, na sua concordância com o que se obtém todos os dias, em todos os lugares onde alguém se ocupe das manifestações espíritas sob um ponto de vista sério e filosófico. (*OCI* original, FEAL)

Considerando todas essas vantagens decorrentes do critério utilizado por Allan Kardec para estabelecer a teoria moral espírita, podemos afirmar que aquela presente em sua obra é uma representação das leis da justiça divina melhor do que os sistemas criados pelos homens. A autonomia é o guia das ações neste mundo e a esperança do que nos espera no futuro:

> Os Espíritos que presidem o grande movimento regenerador agem então com mais sabedoria e previdência do que o fariam os homens, porque a visão daqueles engloba a marcha geral dos acontecimentos, enquanto nós outros somente vemos o círculo limitado de nosso horizonte. Tendo chegado os tempos da renovação, conforme os decretos divinos, era necessário que, em meio às ruínas do velho edifício, o homem entrevisse, para não esmorecer, as bases da nova ordem das coisas. Era preciso que o marinheiro pudesse distinguir a estrela polar que deve guiá-lo ao porto. (*Ibidem*)

Por fim, podemos afirmar com absoluta segurança: foi um grande prejuízo a retirada do Prefácio de *O Céu e o Inferno* após a edição adulterada, pois é exatamente ele que demonstra a garantia de veracidade e procedência da teoria revolucionária que Allan Kardec apresenta em seguida. Demonstra, também, as diferenças entre as verdadeiras e as falsas ideias. Esse texto introdutório precisa ser estudado por espíritas, e sobretudo pelos grupos mediúnicos e os médiuns que deles participam, para que se conscientizem da importância vital do critério da universalidade.

PARTE INICIAL DO CAPÍTULO VIII DE *O CÉU E O INFERNO*: A FUNDAMENTAÇÃO CIENTÍFICA DAS LEIS DA ALMA POR MEIO DOS FATOS OBSERVADOS

Outro trecho importante retirado de *O Céu e o Inferno* na adulteração está nos seis parágrafos presentes no início do Capítulo VIII da edição original: "As penas futuras segundo o Espiritismo".

Esse importante texto original da obra foi substituído, na versão adulterada, pelo extrato do artigo "A carne é fraca – estudo fisiológico e moral", publicado na *Revista Espírita* de março de 1869, exato mês da morte do professor Rivail. Porém, a conclusão original foi retirada do artigo, e os parágrafos finais foram alterados, dando outro sentido ao texto! O que Kardec desejava dizer com esse artigo da *Revista Espírita* é a absoluta responsabilidade individual que a liberdade de ação confere. Veja o parágrafo da *Revista Espírita* que não foi reproduzido no livro:

> Com o ser espiritual independente, preexistente e sobrevivente ao corpo, a responsabilidade é absoluta; ora, para o maior homem, o primeiro, o principal móvel da crença no nada é o pavor que causa essa responsabilidade, fora da lei humana, e à qual se crê escapar tapando os olhos. Até hoje esta responsabilidade nada tinha de bem definida; não era senão um temor vago, fundado, é preciso muito reconhecê-lo, sobre crenças que não eram sempre admissíveis pela razão; o Espiritismo a demonstrou como uma realidade patente, efetiva, sem restrição, como uma consequência natural da espiritualidade do ser; é porque certas pessoas têm medo do Espiritismo que lhes perturbaria em sua quietude, levantando diante delas o temível tribunal do futuro. Provar que o homem é responsável por todos os seus atos é provar

a sua liberdade de ação, e provar a sua liberdade, é levantar a sua dignidade. A perspectiva da responsabilidade fora da lei humana é o mais poderoso elemento moralizador: é o objetivo ao qual o Espiritismo conduz pela força das coisas.

Todavia, o lugar correto deste artigo é na *Revista Espírita*, pois está em *O Céu e o Inferno* somente na versão adulterada para ocupar o espaço dos parágrafos escritos por Allan Kardec no início do Capítulo VIII[69] da edição original: "As penas futuras segundo o Espiritismo". É bem fácil compreender o interesse do adulterador em retirar esse trecho inicial do capítulo, pois nele Kardec denuncia como falsas as teorias elaboradas por um só indivíduo (foi o caso de André Pezzani), ou recebidas dos espíritos de um só espírito ou grupo (foi o caso de Roustaing). Também os sistemas dogmáticos das religiões e da filosofia quanto às leis da alma, quando estão em conflito com a teoria moral espírita (por exemplo, as ideias de pecado e de carma como um deliberado castigo divino pela dor física), se enquadram no seguinte critério, que é o primeiro parágrafo dentre os retirados:

> **Estando a sorte das almas nas mãos de Deus, ninguém pode neste mundo, por sua própria autoridade, decretar o código penal divino. Qualquer teoria não é mais que uma hipótese que só tem o valor de uma opinião pessoal e, por isso mesmo, pode ser mais ou menos engenhosa, racional, bizarra ou ridícula. Somente a sanção dos fatos pode conferir-lhe autoridade, fazendo-a passar à condição de princípio.**[70] (*OCI* original)

Do ponto de vista do conhecimento científico, a teoria estabelecida a partir da observação dos espíritos em suas mais diversas situações da escala evolutiva tem a autoridade necessária para se estabelecer como princípio fundamental. Isso foi feito por Allan Kardec na segunda parte da obra, mas pode ser repetido

---

69. Ocorreu uma mudança de numeração na edição adulterada, sendo que o capítulo "As penas futuras segundo o Espiritismo" é o VIII na versão original, mas o VII na adulterada.

70. Destacamos que nas citações de *O Céu e o Inferno* como esta, realçamos em negrito sempre que o texto original de Kardec tenha sido retirado na adulteração.

e confirmado por outros grupos mediúnicos, usando os mesmos critérios, em qualquer lugar, em qualquer tempo. Esse é um fundamento próprio do método científico, que o Espiritismo respeita. Consequentemente, as teorias heterônomas das religiões ancestrais e do materialismo, criadas pelos homens, são teorias falsas: "**Na ausência de fatos apropriados para definir sua concepção acerca da vida futura, os homens deram curso à sua imaginação e criaram essa diversidade de sistemas de que compartilharam e que compartilham ainda as crenças.**". (*Ibidem*)

Antes do pensamento científico, os pensadores elaboravam suas ideias a partir do senso comum, de uma observação ingênua da realidade. Por exemplo, a maioria das pessoas acreditava que o Sol girava em torno da Terra; quando foi proposta a ideia de que a Terra girava sobre si mesma, explicando assim o movimento do Sol de um lado a outro do céu, os opositores negaram essa possibilidade com o seguinte argumento: caso isso fosse verdade, se alguém desse um pulo em seu quarto e a Terra continuasse girando, ele deveria bater-se contra a parede!

O dogmatismo é a atitude de aceitar sem discutir que as coisas acontecem da maneira como se aprendeu desde a infância, sem se questionar se a verdade poderia ser diferente. Nas primeiras civilizações, alguns homens da elite compreendiam parte da verdade, mas ensinavam falsas ideias para dominar os povos, mantendo-os ignorantes e submissos. Na Grécia, os iniciados conheciam a reencarnação. Mas, para assustar as massas, ensinavam que aqueles que cometessem delitos voltariam na forma de animais selvagens ou asquerosos. Foi assim que surgiu o infundado sistema da metempsicose, demonstrado como falso pelo Espiritismo (veja em *O Livro dos Espíritos*, questões 611 a 613).

Kardec explica que a doutrina das penas eternas está entre esses falsos dogmas. Mas os materialistas, para combater ideias irracionais como essa, propõem a hipótese de que a alma não existe, caindo no equívoco oposto:

> **A doutrina das penas eternas está nesse número. Esta doutrina teve sua época; hoje ela é repelida pela razão. Que colocar em seu lugar? Um sistema substituído por outro sistema, ainda que mais racional, sempre terá apenas maior probabilidade, mas não a certeza. É por isso que o homem, chegado a este período intelectual que lhe permite refletir e comparar, não encontrando nada que satisfaça completamente sua razão e**

responda às suas aspirações, vacila indeciso. Uns, apavorados pela responsabilidade do futuro e querendo gozar o presente sem constrangimento, procuram enganar-se e proclamam o nada após a morte, crendo assim manter a consciência tranquila; outros estão na perplexidade da dúvida; o maior número crê em algo, mas não sabe exatamente no que crê. (*Ibidem*)

O Espiritismo surgiu quando o pensamento científico estava propondo uma nova era para o conhecimento humano. Ele se fundamenta na observação dos fatos, por meio dos quais podemos confirmar a veracidade das hipóteses estabelecidas. Mas como podemos estudar as leis dos espíritos se não podemos observá-los, nem o ambiente onde se encontram? Isso só foi possível pela iniciativa dos espíritos superiores ligados ao nosso planeta, que se mobilizaram para explicar as leis naturais do mundo espiritual. "**É a realidade após a ilusão.**" Podemos dizer, então, que a teoria espírita foi criada por uma ciência dos espíritos, a partir dos estudos e observações que fizeram do meio em que vivem. Afirma Kardec:

> A doutrina espírita, no que se refere às penas futuras, não é mais fundada sobre uma teoria preconcebida do que suas outras partes. Em tudo ela se apoia sobre observações, sendo isso o que lhe dá autoridade. Ninguém então imaginou que as almas, após a morte, devessem se encontrar nesta ou naquela situação. São os próprios seres que deixaram a Terra que vêm hoje – **com a permissão de Deus e porque a humanidade entra numa nova fase** – nos iniciar nos mistérios da vida futura, descrever sua posição feliz ou infeliz, suas impressões e sua transformação na morte do corpo. Os espíritos vêm hoje, em suma, completar nesse ponto o ensino do Cristo.

Jesus e, antes dele, Sócrates ensinaram a moral da liberdade, conferindo à livre escolha de cada um os resultados da vida futura. O Espiritismo, pela moral autônoma, confirma e desenvolve essa teoria. Mas sua autoridade não está fundada na palavra de um só espírito, um único médium, mas no critério da universalidade do ensino dos espíritos superiores; repete Kardec:

> Não se trata aqui da relação de apenas um espírito que poderia ver as coisas somente de seu ponto de vista, sob um único aspecto, ou ainda estar dominado pelos preconceitos terrestres, nem de uma revelação feita a um único

indivíduo que poderia se deixar enganar pelas aparências, nem de uma visão extática que se presta às ilusões e é com frequência apenas o reflexo de uma imaginação exaltada, **mas de inúmeros intermediários disseminados sobre todos os pontos do globo, de tal sorte que a revelação não é privilégio de ninguém, que cada um pode ao mesmo tempo ver e observar, e que ninguém é obrigado a crer pela fé de outrem.**

E então conclui: "**As leis que daí decorrem são deduzidas apenas da concordância dessa imensidade de observações; esse é o caráter essencial e especial da doutrina espírita**".

São duas fases de observação dos fatos. Os espíritos observam, por exemplo, a condição dos espíritos desencarnados à sua volta, propondo uma classificação. No momento adequado, oferecem por meio de diversas comunicações, em centros diferentes independentes entre si, essa teoria de classificação. Depois de atestar a racionalidade dessa teoria, os espíritas confirmam essa classificação por meio de milhares de diálogos com os espíritos diversos por meio dos médiuns. A partir daí, podem confirmar a teoria, que então se estabelece como princípio fundamental. Essa confirmação, inclusive, pode ser feita em tempos diferentes, pois são leis eternas e universais.

Caem assim como dogmas ultrapassados as ideias de pecado e carma, segundo as quais Deus estaria castigando todos aqueles que encarnam neste mundo, por meio das dificuldades, privações, doenças, deformidades, e tudo o mais que atormenta a humanidade. Já o Espiritismo explica que os fatos da vida são oportunidades para o aprendizado consciente do espírito, conquistando valores e superando imperfeições: são, respectivamente, as provas e expiações.

Por fim, antes de apresentar as leis da justiça divina, Allan Kardec resumiu em dois parágrafos o que havia afirmado no Prefácio do livro, também retirados na versão adulterada:

> **As leis que daí decorrem são deduzidas apenas da concordância dessa imensidade de observações; esse é o caráter essencial e especial da doutrina espírita.** Jamais um princípio geral é retirado de um fato isolado nem da afirmação de um único Espírito, nem do ensinamento dado a um único indivíduo, nem de uma opinião pessoal. Qual seria o homem que poderia crer-se suficientemente justo para medir a justiça de Deus?

Os numerosos exemplos citados nesta obra para estabelecer a sorte futura da alma poderiam ser multiplicados ao infinito, mas, como cada um pode observar outros análogos, seria suficiente de certa forma dar os tipos das diversas situações. Dessas observações pode-se deduzir as condições de felicidade ou infelicidade na vida futura; eles provam que a penalidade não falta a nenhuma prevaricação e que, conquanto não seja eterno, o castigo não é menos terrível segundo as circunstâncias.

Destacamos que, nas citações de *O Céu e o Inferno*, o que está no texto original de Kardec e foi retirado na adulteração **está realçado em negrito**. Um estudo comparativo entre a edição original e a adulterada pode ser um exercício inicial apropriado para recuperar as ideias originais de Allan Kardec que foram posteriormente modificadas.

OS 25 ITENS DO CAPÍTULO VIII DE *O CÉU E O INFERNO*: PRINCÍPIOS FUNDAMENTAIS DA TEORIA MORAL ESPÍRITA

Allan Kardec organizou o entendimento das leis da justiça divina em 25 itens, presentes no Capítulo VIII de *O Céu e o Inferno*. Como ele explica, essa teoria foi elaborada a partir de duas fontes: os ensinamentos dos espíritos superiores, respeitando o critério da universalidade, e a confirmação das ideias pelo estudo de milhares de comunicações de espíritos, desde simples, imperfeitos, em progresso até os felizes, confirmando, assim, os princípios estabelecidos.

Esse texto, com seus 25 itens, foi o alvo principal dos adulteradores no livro. Infelizmente, a quarta edição em francês, que foi a adulterada em 1869, serviu de base para todas as posteriores, inclusive todas as traduções feitas pelo mundo. Ou seja, depois desse ano, os espíritas ficaram impedidos de conhecer essa apresentação conclusiva da teoria moral do Espiritismo em sua forma autêntica.

É importante destacar que entre a teoria original e a versão adulterada há uma mudança radical. Pois, enquanto a primeira fundamenta a moral autônoma, a segunda a deforma, repetindo os dogmas falsos das religiões ancestrais, criados para manter o povo submisso pela fé cega e obediência passiva. Isso porque a teoria verdadeira coloca as condições de felicidade e infelicidade totalmente na responsabilidade de cada espírito, e assim, por consequência, todas as dificuldades, problemas, infortúnios, barreiras, privações, enfermidades, são oportunidades valiosas para o espírito, trabalhando para a sua própria evolução, superar as imperfeições e conquistar suas virtudes. Desse modo, além de empreender sua própria evolução, conquista o estado de felicidade por seu próprio esforço. E o espírito consciente, desejando trabalhar em seu próprio adiantamento, escolhe criteriosamente as dificuldades que deseja enfrentar nas vidas futuras. Essa é a *lei das escolhas das provas*, princípio fundamental da teoria moral espírita.

A versão adulterada, colocando falsos itens no texto, engana o leitor e leva-o a acreditar na inexata ideia do carma e do pecado punidos pelo sofrimento físico e moral, próprios da moral heterônoma das religiões ancestrais. Veja, este é o ponto fundamental da adulteração em *O Céu e o Inferno*: o adulterador intencionalmente confunde *expiação* com *castigo* (ou *punição*). Essa é uma das mais importantes questões a se levar em conta na recuperação da autonomia moral, teoria original de Kardec. Pois, na doutrina espírita, esses dois termos possuem definições completamente diferentes. Repetimos: a *expiação* é uma escolha livre do espírito das situações que enfrentará em sua reencarnação com a finalidade de superar uma imperfeição; já o *castigo* ou *punição* é o estado de sofrimento moral, que é sempre uma consequência natural de uma falta cometida ou do estado de imperfeição do espírito. Essa diferença representa a superação dos dogmas ultrapassados do velho mundo, colocando a teoria moral espírita na vanguarda do mundo novo.

Qual foi a intenção do adulterador ao confundir *expiação* com *castigo*? Por meio desse artifício, a Terra deixa de ser uma escola de aplicação e se torna uma casa prisional de correção. As atribulações da vida deixam de ser oportunidade para a evolução do espírito e se tornam atos de condenação de um Deus vingador. A expiação deixaria de ser uma escolha livre, intencional, consciente, como a definiu Kardec, e se tornaria um suplício utilizado por Deus para tornar suas criaturas submissas. Ou seja, um retorno às velhas e falsas ideias heterônomas do clero que deseja subjugar as massas pela fé cega e pela obediência passiva. Tudo isso é o que desejam os adulteradores das obras de Allan Kardec. Aprisionar e manter na ignorância aqueles que buscam o Espiritismo justamente por ser a doutrina da liberdade!

A doutrina espírita, inovando ao propor a autonomia intelecto-moral como lei natural, é libertadora pois faz compreender que tanto a superação dos sofrimentos quanto a conquista da felicidade futura estão nas mãos de cada espírito, que somente por suas escolhas e seu esforço poderá alcançá-las. Por isso os espíritos superiores são autônomos, agem pela força de sua própria responsabilidade, conscientes e felizes da condição que alcançaram por seu próprio trabalho em si mesmos. Trabalham na harmonia universal de acordo com o grau evolutivo alcançado. Não precisam submeter-se a ordens, pois sabem o que devem cumprir, e agem em grupo de forma solidária. Não estão submetidos a nenhuma hierarquia senão a natural escala evolutiva. E, por fim, admiram a Deus, reconhecem sua grandiosa sabedoria representada pelas leis naturais que criou. Sentem uma felicidade que representa sua soberana providência e acolhimento em relação às suas criaturas. Jamais o temem, pois essa atitude é primitiva, fruto dos instintos animais, e superada pelo entendimento. E o Espiritismo demonstra que essa condição será conquistada por todos os espíritos, sem exceção, pois essa é a consequência natural de seu processo evolutivo. Essa é a meta, e devemos fazer dessa condição dos espíritos superiores o exemplo a seguir, para construirmos uma sociedade solidária, feliz e em paz.

Em verdade, quando a expiação é bem compreendida como escolha do espírito que deseja superar suas imperfeições, compreende-se que as dificuldades enfrentadas na vida material são sempre neutras; o que difere o bem do mal é como o espírito age e reage diante da situação que enfrenta. E o agir errado somente pode ser considerado uma falta se o espírito estiver consciente de que está agindo mal. A responsabilidade moral, como Kardec explica nesse capítulo, é variável, proporcional ao grau de inteligência e livre-arbítrio que o espírito já conquistou. Quando o espírito comete uma falta sabendo que ela é errada, sentirá, em virtude de uma consequência natural, o sofrimento moral. Esse sofrimento difere da dor física, que é fisiológica, pois é um estado íntimo da alma. Caso o espírito repita essa falta, criando pelo condicionamento um vício ou imperfeição, o estado de sofrimento moral passará a ser constante, esteja o espírito encarnado ou desencarnado. Enquanto este não se arrepender, esse sofrimento moral (que Kardec vai chamar de *castigo* ou *punição*) vai parecer-lhe eterno. O espírito imperfeito acredita ilusoriamente que esse sofrimento é um castigo deliberado de Deus, achando que o Criador o persegue onde vá. Quando morre, acha que está no Inferno, pois, condicionado pela vida material, à qual se apega, imagina que seu sofrimento está sendo causado pelo lugar onde se encontra. Mas está enganado, pois o sofrimento moral é um estado íntimo, mantido por sua insistência em manter sua imperfeição.

Enquanto o espírito resiste a assumir a responsabilidade por suas escolhas, ele continuará sofrendo, criando a ilusão de que suas penas são eternas. No item 8, Kardec vai demonstrar que a duração do castigo (sofrimento moral) está subordinada ao *aperfeiçoamento* do espírito imperfeito. Mas esse aperfeiçoamento só pode ocorrer por escolha, interesse sincero e pelos esforços do próprio espírito. E o instrumento que terá para conseguir superar sua imperfeição será pela lei da escolha das provas. Assim, o primeiro passo é o *arrependimento*, ou a conscientização de sua responsabilidade moral pelo castigo que sofre. Essa teoria demonstra toda a bondade da lei divina, pois "Assim que se manifestam nele as primeiras luzes do arrependimento, Deus o faz entrever a esperança". (*OCI*, edição original, Cap. VIII, item 11) Desde seu arrependimento, o espírito, no mundo espiritual, vai estudar sua condição, receber os ensinamentos dos bons espíritos, e escolher os desafios que deseja enfrentar nas reencarnações seguintes. Essas provas escolhidas pelo espírito que luta para superar suas imperfeições é o que Kardec define como sendo a *expiação*, ou seja, "um aperfeiçoamento sério e efetivo". Por fim, nesse esforço para superar suas imperfeições, o espírito, ao mesmo tempo, está conquistando virtudes e desenvolvendo as suas faculdades (razão, vontade, imaginação). Portanto, os desafios da vida (problemas, infortúnios, barreiras, privações, enfermidades), quando são escolhidos como expiação, servem como meio de superação das imperfeições. Mas, quando o espírito aproveita essa oportunidade de forma séria e efetiva, esse desafio também é uma prova, por meio da qual ele conquista suas virtudes. Desse modo, a *reparação* é uma consequência do bom aproveitamento das expiações, sendo representada pelo "retorno sincero ao bem". (*Ibidem*, item 8)

Considerando essa explicação, fica fácil compreender que o sofrimento moral (castigo, punição ou pena) é uma sensação temporária do espírito cuja cessação está subordinada ao arrependimento, à expiação e à reparação. Desse modo, depende somente da livre-vontade do indivíduo. O espírito que está consciente das leis da justiça divina enxerga a vida de maneira diferente, pois compreende que as dificuldades que vai enfrentar são oportunidades úteis e benéficas quando bem aproveitadas. Mas quando está encarnado, na vida material, se ainda não estiver consciente, lastima as dificuldades como se fossem má sorte. Ou, se acredita nos falsos dogmas, pensa que os desafios da vida são castigos de Deus. E então passa a se achar um renegado pelo Criador, um miserável ou condenado. Abandona sua autoestima e cai na tristeza ou desespero.

Passa então a suplicar pelo perdão divino, achando que cabe a Deus cessar as dificuldades que enfrenta. Alguns, depois de suplicar desesperadamente, vendo que os problemas não acabam, ficam revoltados com Deus e lhe viram as costas, ficam amargurados. Outros até mesmo passam a agredir as demais criaturas, para demonstrar sua indignação. Por outro lado, aqueles que acreditam piamente (ou que estão desesperados porque já tentaram todas as alternativas para resolver sem sucesso seus problemas) podem servir de presa para os falsos profetas e ambiciosos sacerdotes, que, afirmando que são intermediários da misericórdia divina, exigem dinheiro e posses para que Deus alivie as dificuldades e lhes conceda benefícios como recompensa por sua submissão. Esses são os cegos conduzindo cegos da parábola de Jesus.

O que é melhor, viver iludido pelas falsas teorias, esperando que Deus resolva os problemas (o que nunca vai acontecer) ou compreender as leis da justiça divina, aproveitando as dificuldades da vida para seu próprio aperfeiçoamento? É exatamente com a lucidez dessa resposta que o Espiritismo vem oferecer sua consolação aos aflitos deste mundo. Pois, quando um indivíduo enfrenta uma deformidade, uma grande privação, a cegueira, uma paralisia, uma longa enfermidade, quase sempre essa dificuldade extrema é uma escolha do espírito antes de seu nascimento[71]. O indivíduo pode medir o quanto essa sua escolha já representa um aperfeiçoamento de sua alma pelo tanto que aceita esse desafio como meio de progresso e superação. Todo ato bom que praticar nesse esforço lhe trará um sentimento de felicidade. De tal modo que o espírito em evolução, quando está vivendo uma vida dessas de grandes provações, apesar das extremas dificuldades externas, permanece feliz em seu íntimo!

O indivíduo que escolhe esses grandes desafios da vida, tomando um corpo com deficiência física ou mental, ou circunstâncias de grandes privações, aceitando essa condição como oportunidade, mantendo sempre a esperança, é verdadeiramente um bravo lutador. E quando o corpo morre, e ele venceu a si mesmo, chega ao mundo espiritual com uma felicidade indescritível, por ter conquistado um degrau importante de sua evolução espiritual. É preciso ter muita coragem

---

71. Uma encarnação é dada quando é escolhida livremente como prova ou expiação pelo espírito que deseja superar sua imperfeição e reparar o mal que fez. Já a situação de uma encarnação imposta somente ocorre quando o espírito ainda é ignorante para escolher por si mesmo, ou então muito endurecido.

moral para escolher uma vida valorosa como essa. Normalmente, também é um desafio importante para aqueles que escolhem reencarnar junto com essas criaturas corajosas, para ficar ao lado delas como acompanhantes, cuidadores, pais presentes, secundando essa importante tarefa. Esses agem como o atleta que apoia em seu ombro, o outro corredor acidentado, abrindo mão da vitória para ajudá-lo a caminhar até a chegada. Essa vitória é maior simbolicamente do que a daquele que cruzou a linha em primeiro lugar. Não dá para imaginar a felicidade que sentem aqueles que enfrentam juntos as dificuldades da vida e depois se encontram no mundo espiritual, que os recebe em festa. A escolha de, na vida, ajudar aqueles que enfrentam como heróis essas dificuldades extremas, abrindo mão das distrações terrenas, é a mais lúcida explicação das seguintes palavras de Jesus: "mas quando deres algum banquete, convida os pobres, os aleijados, os coxos e os cegos; e serás bem-aventurado, porque esses não têm com que te retribuir, mas ser-te-á isso retribuído na ressurreição dos justos" (Lucas, 14:12-15).

Essa teoria moral, que constitui as verdadeiras leis da alma, resolve qualquer contradição aparente dos ensinos de Jesus, representa o sentido profundo do que Jesus afirmou no sermão do monte, e causa muita estranheza naqueles que enxergam a vida do ponto de vista dos prazeres: "Bem-aventurados os que choram, pois que serão consolados. Bem-aventurados os famintos e os sequiosos de justiça, pois que serão saciados. Bem-aventurados os que sofrem perseguição pela justiça, pois que é deles o reino dos céus" (Mateus, 5:4, 6 e 10).

Mas a prova da riqueza, daqueles que vivem a fartura e não enfrentam grandes dificuldades, não está entre as mais fáceis, do ponto de vista da vida espiritual. Ela deve ser escolhida com muito cuidado e preparo, pois, diante dos apelos materiais, fica muito difícil o indivíduo ficar consciente dos verdadeiros propósitos da vida, e não cair no ócio, no orgulho, nos privilégios. Essa condição, segundo as leis da alma, servem para que o indivíduo use seus recursos de maneira a fazê-los renderem frutos em benefício de todos. Para auxiliar aqueles em dificuldade ao seu redor, como também agir em virtude dos avanços da humanidade.

Por fim, as leis da justiça divina apresentadas nesse capítulo por Allan Kardec definem que o sofrimento moral atormenta o espírito imperfeito indefinidamente, até que ele se arrependa sinceramente, pois essa conscientização é a mudança em sua disposição moral, o ponto de virada a partir do qual iniciará o caminho de volta para o bem. Deus já assinala esse momento como um alívio, para o incentivar, dando-lhe esperança.

Há espíritos que, apenas por se arrepender do endurecimento que até então mantinham, caem num real, profundo e sincero choro convulsivo. Mas esse sentimento não é nem de sofrimento ou desespero, é de alegria e profunda gratidão! As suas sucessivas vidas até então são rememoradas em sua mente em poucos instantes, as emoções retornam, e a bondade divina faz com que ele imaginem a felicidade que está por vir. É um contraste entre o medo intenso de que até então eram tomados e o alívio que o arrependimento sincero oferece. Diante disso, depois de tantos anos ou até mesmo séculos sem enxergar como sair daquele sofrimento interno insuportável, ao verem que há uma luz no fim do túnel e que só depende deles chegar até lá, são tomados por indescritível alegria, subitamente se dão conta da misericórdia e justiça divinas. Reconhecem como o Criador esteve sempre ao lado deles, aguardando essa iniciativa de sua livre vontade. E isso lhes dá grande segurança. Essa esperança consoladora dará forças para que enfrentem de cabeça erguida as mais difíceis escolhas de provas e expiações, pois a esperança que Deus lhes coloca no coração vai se transformar numa inquebrantável força, conquista de seu esforço, no caminho do bem, que lhe trará crescentes e inderrogáveis felicidades! Assim explica Kardec: "**Assim se acha confirmada esta expressão: Eu não quero a morte do pecador, mas que ele viva e eu o acusarei ATÉ QUE ELE SE ARREPENDA**". (*OCI*, edição original, Cap. VIII, item 8):

> Se o ímpio faz penitência de todos os pecados que cometeu, se ele guarda todos meus preceitos e age segundo a equidade e a justiça, ele certamente viverá e não morrerá – Eu não me lembrarei mais das iniquidades que ele tenha cometido; ele viverá nas obras de justiça que terá feito – Quero eu a morte do ímpio, diz o Senhor Deus? E não quero antes que ele se converta, retire-se do mau caminho e viva? (Ezequiel, 18: 21-23; 33: 11).

Somente parte dos espíritos, entre as infinitas trajetórias que podem escolher, desenvolve imperfeições de maior porte, que se tornam longas aflições. É verdade que todos temos defeitos, mas grande parte dos espíritos escolhem caminhos onde cometem erros e aprendem com eles. As grandes massas caracterizam quase sempre espíritos simples, que, num cotidiano de muito trabalho em suas vidas de servidores, vão desenvolvendo progressivamente suas habilidades, virtudes e aos poucos potencializam as faculdades de sua alma: razão, vontade, imaginação; depois conquistam progressivamente o livre-arbítrio e as virtudes, e os sensos: *crítico*, *moral* e *estético*. Por meio desses sensos, conseguirão distinguir, de forma cada vez mais precisa, respectivamente: o verdadeiro do falso, o certo do errado e também o que é a verdadeira beleza, representada pelas harmonias celestes. Os simples estão num processo de educação, construindo por seus esforços a capacidade espiritual que vai lhes permitir serem úteis na espiritualidade. Todo ato bom, seja qual for a condição do espírito, sempre lhe trará felicidade proporcional, que jamais se perderá. Como todo sofrimento moral tem sempre começo e fim, o resultado final de todos os infinitos caminhos pessoais escolhidos pelos espíritos será sempre a plena felicidade, conquistada sempre pelo mérito. Essa é a verdadeira graça divina!

Por outro lado, quando um espírito, em consequência de suas más escolhas e de um entendimento equivocado da vida, a partir do orgulho e do egoísmo, cria para si mesmo o hábito da imperfeição ou vício, terá como resposta da lei natural um sofrimento moral, que chamamos de castigo. Mas ele é uma condição ou estado temporário, e a duração dessa sensação desagradável do espírito depende de ele se arrepender por sua livre vontade. Desse modo, explica Kardec, essas penas temporárias "são ao mesmo tempo os castigos e os *remédios* que devem ajudar a curar as feridas do mal". (*OCI*, ed. original, Cap. VIII, item 23) Assim, podemos interpretar, para ajudar a compreensão dessas leis, que os espíritos simples estão na vida como numa *escola de aplicação*, e os espíritos inferiores, como doentes no hospital. Portanto, quando dizem que este mundo é uma *prisão* ou *casa prisional de correção*, essa ideia é falsa. Explica Kardec:

> Os Espíritos em punição são, portanto, não como condenados perpetuamente, mas como doentes no hospital, que sofrem da doença que quase sempre é culpa sua e dos meios curativos dolorosos de que ela necessita, mas que são a esperança da cura, e que curam tanto mais rápido quanto mais exatamente sigam as prescrições do médico que vela sobre eles com solicitude. Se eles prolongam seus sofrimentos sua própria culpa, o médico nada tem com isso. (*Ibidem*)

Sem compreender esse mecanismo da lei natural, mergulhado na ilusão criada por sua mente, o indivíduo que está condicionado pelos falsos dogmas acha que Deus o está castigando pelos atos de sua vida, e em resposta vai temê-lo ou revoltar-se, sendo que essas duas posturas só vão aumentar e multiplicar seu sofrimento moral, numa espiral que vai se tornando insuportável, até que se encerre pelo voluntário e sincero arrependimento.

Desse modo, nem todos estão em expiação neste mundo, mas os que estão são principalmente aqueles que vieram para este planeta com a meta de ajudar a organizar as civilizações. Pois aqui chegaram com inteligência, mas sem desenvolvimento moral, igualando-se aos simples originários da Terra nesse quesito. Desse modo, vindo para um mundo mais primitivo do que o de sua origem, vivem por aqui as provas para ajudar a formar a civilização, e ao mesmo tempo as provações para superar seu egoísmo e orgulho, como se afirma em *O Evangelho segundo o Espiritismo*, Capítulo III, item 14:

> Nem todos os Espíritos que encarnam na Terra vão para aí em expiação. As raças a que chamais selvagens são formadas de Espíritos que apenas saíram da infância e que na Terra se acham, por assim dizer, em curso de educação, para se desenvolverem pelo contacto com Espíritos mais adiantados. [...] Os Espíritos em expiação, se nos podemos exprimir dessa forma, são exóticos, na Terra; já estiveram noutros mundos, donde foram excluídos em consequência da sua obstinação no mal e por se haverem constituído, em tais mundos, causa de perturbação para os bons. Tiveram de ser degradados, por algum tempo, para o meio de Espíritos mais atrasados, com a missão de fazer que estes últimos avançassem, pois que levam consigo inteligências desenvolvidas e o gérmen dos conhecimentos que adquiriram. Daí vem que os Espíritos em punição se encontram no seio das raças mais inteligentes. Por isso mesmo, para essas raças é que de mais amargor se revestem os infortúnios da vida. E que há nelas mais sensibilidade, sendo, portanto, mais provadas pelas contrariedades e desgostos do que as raças primitivas, cujo senso moral se acha mais embotado.

Podemos chamar de exilados os grupos de espíritos imperfeitos mas inteligentes que reencarnaram em nosso planeta quando ele era primitivo, com a missão de iniciar a civilização. Eles formaram as elites que controlavam os povos, compostos das massas de almas simples e ignorantes, que apenas ensaiavam para a vida. Por seu orgulho e egoísmo, muitos líderes fizeram deles escravos de seus privilégios, dizendo que essa era a vontade de Deus! No interior dos templos, os iniciados, trazendo a intuição das verdades espirituais que já conheciam, criaram as doutrinas secretas. Esses conhecimentos esotéricos ancestrais, ocultos do público, traziam as sementes das verdades que agora o Espiritismo revela. No inconsciente dos exilados que estavam em revolta por terem vindo a um mundo primitivo, enquanto desfrutavam do bem-estar e tecnologia de seus mundos de origem (semelhantes ao nosso atual), mergulhados em ilusão, interpretavam esse fenômeno natural como um castigo impingido a eles pela ira divina, em virtude de seus *pecados originais*! Imaginam que sofreram uma *queda*, interpretam as dificuldades extremas que enfrentam como sendo punição, vingança divina em resposta aos erros e revoltas que estavam cometendo no mundo de onde vieram. Em seu senso comum, imaginavam que Deus estava agindo de forma a coagi-los por condicionamento, fazendo uso de castigos (as desgraças, dores e doenças) e recompensas (os prazeres e privilégios) impostos nas vidas de cada um, conforme o seu julgamento. Compreendendo a reencarnação, essas doutrinas ancestrais creditaram às vidas passadas as causas das grandes aflições da vida presente, como se àquele pecado original se somassem os da vida aqui na Terra, ocasionando novos castigos divinos para a vida seguinte, numa contabilidade implacável, nascendo assim a ideia distorcida do *carma* ou causa e efeito.

Por fim, esses indivíduos revoltados e orgulhosos, olhando para o sofrimento físico das massas, em vez de assumirem a responsabilidade pela verdadeira causa das misérias sociais, que está no egoísmo das elites privilegiadas, interpretavam as dificuldades da vida não como oportunidades de evolução, mas como castigos generalizados impostos por um Deus vingativo a toda a humanidade! Assim nasceram os dogmas no passado, mantidos até hoje por serem ensinados de geração em geração. Allan Kardec ensina:

> A religião era, nesse tempo, um freio poderoso para governar. Os povos se curvavam voluntariamente diante dos poderes invisíveis, em nome dos quais eram subjugados e cujos governantes diziam possuir seu domínio, quando não se faziam passar por equivalentes a esses poderes. Para dar mais força à religião, era necessário apresentá-la como absoluta, infalível e imutável, sem os quais ela teria perdido a ascendência sobre esses seres quase primitivos, apenas iniciados para a racionalidade. Ela não poderia ser discutida, assim como as ordens de um soberano. Disso resultou o princípio da fé cega e da

obediência passiva, que tinha, na origem, sua razão de ser e sua utilidade. A veneração aos livros sagrados, quase sempre considerados como tendo descido do céu, ou inspirados pela divindade, proibiam qualquer exame. (KARDEC, [1868] 2018, p. 113, trecho suprimido na versão adulterada)

Nos tempos passados, a verdadeira compreensão das leis da alma era reservada aos mais avançados iniciados, guardada como o mais alto segredo dos templos. No Egito antigo, por exemplo, caso um iniciado as revelasse ao vulgo, a pena era a de morte para os dois. O que vem fazer o Espiritismo, nesse momento em que os bons espíritos operam a regeneração da humanidade? Levar a todos essa boa nova, o entendimento consolador das leis da justiça divina. Trazer esperança ao mundo, a certeza de que seremos livres, vivendo em paz, fruto de nossa própria conquista. Esse objetivo será alcançado por meio da mais ampla educação moral, cuja revolução a doutrina espírita inspira.

O Espiritismo denuncia como falsos os dogmas criados pelos homens para seus anseios de dominação e privilégios. Também demonstra o equívoco das doutrinas do nada, do materialismo sensualista e orgulhoso. Dá à humanidade uma compreensão acessível da autonomia moral, da liberdade de pensamento e de consciência. Incentiva o uso da imaginação, que inspira a humanidade a antever as harmonias celestes, que dá aos espíritos as mais altas condições de felicidade. Essa imaginação se transforma em criatividade e arte. São as mais belas representações do que é bom, belo e verdadeiro: representações da unidade divina na diversidade absoluta, que é a sua criação. Teatro, poesia, pintura, música, filmes, toda expressão inspirada pela doutrina espírita trará esperança ao mundo.

ESTUDO DA ADULTERAÇÃO DO CAPÍTULO VIII DE *O CÉU E O INFERNO*: LEIS DA JUSTIÇA DIVINA

Os 25 itens da *Lei da justiça divina* viraram 33 itens na edição adulterada, tendo sido acrescentado, como vimos anteriormente, o equivocado título de "Código penal da vida futura", que deve ser desconsiderado. Não faz o menor sentido essa legenda, pois o significado de código penal é um conjunto de normas sistemáticas destinadas a regulamentar o comportamento, impondo punições determinadas, uniformes e com tempo fixado. Isso é próprio da moral heterônoma. Quando Kardec estudou milhares de comunicações de espíritos em todos os níveis da escala evolutiva, encontrou exatamente o oposto da definição de um código penal: "ela não está condenada a uma penalidade **absoluta, uniforme e por um tempo determinado**". Ou seja, não havendo uma regularidade no fenômeno do sofrimento moral, fica impossível estabelecer um código penal. Todo castigo é relativo, dependendo de inúmeras variáveis, tão variadas quanto a infinita pluralidade do princípio espiritual. Todavia, o mundo moral é regido por leis que regem as escolhas, atos, pensamentos, intenções, são princípios fundamentais que foram o objeto dos estudos de Kardec. E então ele define que a alma **"sofre as consequências naturais de todas as suas ações más até que tenha melhorado com os esforços de sua vontade"**. Enquanto a lei que rege a matéria é determinista, a que regula as ações dos espíritos está subordinada à vontade, que é um atributo da alma. A vontade permite as escolhas livres, independentes, sem qualquer determinismo do ambiente externo. E a punição, em verdade, é um sentimento íntimo: o sofrimento moral. Como explica Kardec: **"Ela carrega em si mesma seu próprio castigo, e isso onde quer se encontre, para o que não há necessidade de um lugar circunscrito"**. Vejamos esse importante parágrafo, que foi suprimido na versão adulterada da obra, na íntegra:

> **Pelos exemplos que o Espiritismo coloca diante de nossos olhos, ensina-nos que a alma no mundo invisível sofre por todo o mal que fez, assim como por todo o bem que poderia ter feito e não fez durante sua vida terrestre. Que a alma não é condenada a uma penalidade absoluta, uniforme e por um tempo determinado, mas que sofre as consequências naturais de todas as suas más ações, até que se tenha melhorado pelos esforços da sua própria vontade. Ela carrega em si mesma seu próprio castigo, e isso onde quer se encontre, para o que não há necessidade de um lugar circunscrito. O inferno, então, está onde quer que existam almas sofredoras, como o céu está em toda parte onde existam almas felizes, o que não impede que umas e outras se agrupem, por afinidade de posição, ao redor de certos pontos.** (*O Céu e o Inferno* original, Cap. 4, item 6, parágrafo suprimido na adulteração)

Portanto, os 25 itens do capítulo "As penas futuras segundo o Espiritismo" devem ser chamados, conforme Allan Kardec, de *lei da justiça divina* ou *leis na-*

turais da alma. Todo o universo é regido por leis naturais em três categorias: as leis que regem a matéria, como a gravidade. As que regem o fenômeno da vida, como os instintos, dor, prazer. Nesse conjunto de itens, Kardec apresenta de forma organizada, uma completa teoria das leis naturais que regem a alma. Todo o conjunto forma uma tese composta por uma estrutura lógica perfeita.

A teoria moral proposta por Allan Kardec permaneceu desconhecida desde 1869. Está no Apêndice I a tradução do texto original do Capítulo VIII: "As penas futuras segundo o Espiritismo", de *O Céu e o Inferno*, com notas explicativas. É um texto primordial, que precisa ser estudado de forma dedicada e minuciosa.

Todavia, para quem deseje fazer um estudo comparativo das duas edições, entre a original e a adulterada, vamos empreender uma análise pormenorizada a seguir.

Dentre os 25 itens originais, oito foram adulterados por uma *supressão integral ou parcial* que lhes alterou o sentido – *conforme a numeração da 1ª edição*:
- Itens: 2º, 4º, 6º, 13º, 14º, 16º, 21º.

Outros cinco itens foram adulterados por *troca de palavras ou frases*, tendo assim seu significado modificado – *conforme a numeração da 1ª edição*:
- Itens: 5º, 8º, 9º, 22º, 24º.

Dois itens foram adulterados por *acréscimo de trechos* que não foram escritos por Allan Kardec na edição original – *conforme a numeração da 1ª edição*:
- Itens: 19º, 30º.

Por fim, na edição adulterada de *O Céu e o Inferno* (com 33 itens), foram *acrescentados* onze itens que não estavam presentes na edição original – *conforme a numeração da 4ª edição adulterada*:
- Itens: 3º, 4º, 5º, 6º, 9º, 10º, 16º, 17º e nota de rodapé, 18º, 31º, 33º.

RELAÇÃO COMENTADA DOS ITENS ADULTERADOS

Diversos itens das leis da justiça divina tiveram palavras e frases suprimidas, acrescentadas ou trocadas. Enquanto o texto original de Allan Kardec está representado por uma extraordinária estrutura lógica, o que está na edição adulterada é confuso e cheio de contradições. Toda essa infame adulteração acaba por esconder a verdadeira teoria moral, implantando falsos conceitos dogmáticos como o do carma e do sofrimento físico como castigo divino, que são heterônomos e não pertencem ao Espiritismo, que é uma proposta de autonomia moral. Vamos comparar as duas versões, a original (primeira edição *OCI*) e a adulterada (quarta edição *OCI*), em cada uma das modificações, seguidas de um comentário objetivando demonstrar o equívoco das adulterações. Recomendamos, porém, que o leitor, antes de acompanhar estas comparações, estude o Capítulo VIII original, que oferecemos no Apêndice I, para se familiarizar com o texto verdadeiro.

Os trechos originais de Kardec suprimidos estão apenas em **negrito**, e os textos que não foram escritos pelo autor, mas acrescentados pelo adulterador estão sempre <u>grifados</u>.

- Item 2º da 1ª edição original foi suprimido integralmente na edição adulterada:

Versão original (1ª edição *OCI*):

> **Sendo todos os espíritos perfectíveis, em virtude da lei do progresso, trazem em si os elementos de sua felicidade ou de sua infelicidade futura e os meios de adquirir uma e de evitar a outra trabalhando em seu próprio adiantamento.**

Comentário: nesse item, que foi retirado completamente na edição adulterada, a felicidade e a infelicidade, que nos dogmas estão representadas por atos e locais que proporcionam prazer e dor, são aqui definidas por Kardec como sentimentos íntimos do espírito, dependentes de suas escolhas e esforço, no sentido de sua evolução. É a definição da mais ampla liberdade como definição da justiça divina.

- Item 4º da 1ª edição original teve frase suprimida na edição adulterada:

Versão original (1ª edição *OCI*):

> 4º **A punição é sempre a consequência natural da falta cometida.** O Espírito sofre pelo próprio mal que fez, de maneira que, *estando sua atenção concentrada incessantemente sobre as consequências desse mal*, compreende-lhe melhor os inconvenientes e é motivado a corrigir-se.

Comentário: a primeira frase foi retirada na adulteração. Ela representa a condição natural do castigo, regido por lei natural e não por uma determinação divina deliberada. A punição (que será definida entre os itens 4º a 9º da edição original) é uma condição ou sentimento do espírito que comete a falta conscientemente, por compreender a diferença entre o bem e o mal no que tange à escolha que fez. Por isso, sabendo que agiu de uma forma que sua consciência o acusa, mantém sua atenção concentrada no mal. Caso não estivesse consciente do mal, não haveria motivo para se arrepender. O espírito ignorante, que ainda não tem a compreensão racional dos seus atos, não tem responsabilidade moral, nem tem do que se arrepender daquilo que não alcança o seu entendimento.

Observação: a ordem dos itens como Allan Kardec os elaborou foi muito modificada pelos adulteradores. Vamos indicar a correspondência entre eles para quem desejar comparar os textos. Esse item 4º da edição original teve sua posição modificada na edição adulterada para o item 7º.

- Item 5º da 1ª edição original teve palavras trocadas na edição adulterada:

Versão original (1ª edição *OCI*)	Versão adulterada (4ª edição *OCI*)
5º A **punição** varia segundo a natureza e a gravidade da falta; a mesma falta pode assim dar lugar a **punições** diferentes, segundo as circunstâncias atenuantes ou agravantes nas quais ela foi cometida.	11º A <u>expiação</u> varia segundo a natureza e a gravidade da falta; a mesma falta pode assim dar lugar a <u>expiações</u> diferentes, segundo as circunstâncias atenuantes ou agravantes nas quais ela foi cometida.

Comentário: essa adulteração tem uma consequência crucial; a intenção do adulterador está em confundir os dois termos: expiação com punição, que para Kardec possuem significados completamente diferentes um do outro. Depois de afirmar que a punição é consequência natural, no item anterior (4º), Kardec explica que as variáveis que regulam a *punição* são complexas, pois dependem das particularidades de cada espírito que a vivencia, não existem normas sistemáticas.

Observação: esse item 5º da edição original teve sua posição modificada na edição adulterada (4ª edição *OCI*) para o item 11º.

- Item 6º da 1ª edição original teve palavra retirada na edição adulterada: Versão original (1ª edição *OCI*):

> 6º Não há, em relação à natureza, à **intensidade** e à duração do castigo nenhuma regra absoluta e uniforme; a única lei geral é que toda falta recebe sua punição e toda boa ação sua recompensa segundo seu valor.

Comentário: os dogmas do pecado e do carma foram historicamente definidos pelas religiões ancestrais como seguindo códigos proporcionais, por exemplo a expressão bíblica "olho por olho, dente por dente". Também a ideia de carma propõe um castigo equivalente, em sua natureza e intensidade, à falta cometida. A definição espírita revoluciona esse pensamento, pois, segundo a lei da justiça divina, não há regra quanto à natureza, à intensidade e à duração do castigo. A única lei absoluta está na diferença entre o bem e o mal. O sofrimento moral é uma consequência da consciência do espírito, está nele próprio a medida das consequências, o quanto está consciente do ato cometido e tantos outros fatores que não se pode definir regra. Por outro lado, a expiação não é um castigo, mas uma escolha do espírito que se arrependeu e quer emendar-se, portanto não se pode confundir castigo com expiação. A teoria espírita exige um completo repensar das estruturas lógicas da moral. É preciso raciocinar e estabelecer novos entendimentos que fujam das falsas hipóteses heterônomas.

Observação: este item 6º da edição original teve sua posição modificada na edição adulterada (4ª edição *OCI*) para o item 12º.

- Item 8º da 1ª edição original teve frase retirada na edição adulterada:
Versão original (1ª edição *OCI*):
    8º A duração do castigo está subordinada ao aperfeiçoamento do Espírito culpado. Nenhuma condenação por um tempo determinado é pronunciada contra ele. O que Deus exige para pôr fim aos sofrimentos *é o arrependimento, a expiação e a reparação*, **em resumo:** um aperfeiçoamento sério, efetivo e um retorno sincero ao bem. O espírito é, assim, sempre o árbitro de seu próprio destino [...]. **Assim se acha confirmada esta expressão:** *Eu não quero a morte do pecador, mas que ele viva e eu o acusarei ATÉ QUE ELE SE ARREPENDA.*

Comentário: nesse item, Kardec associa o fim do castigo, enquanto consequência natural, com o aperfeiçoamento voluntário e consciente do espírito. Depende, assim, somente da escolha do próprio ser e de nada externo a ele. Nem mesmo de um perdão divino. Segundo Kardec, didaticamente, podemos interpretar *expiação* como sendo *o aperfeiçoamento sério e efetivo*, e *reparação* como um *retorno sincero ao bem*. No item 23, Kardec vai definir *arrependimento* como "fato da livre vontade do homem". Ou seja, o espírito imperfeito primeiro conscientiza-se e escolhe superar sua condição de imperfeição, faz então a escolha das provas como expiação, objetivando seu aperfeiçoamento, retornando assim ao bem pela reparação, conquistando progressivamente a felicidade ao desenvolver as faculdades de sua alma. Por isso, o espírito "é assim sempre o árbitro de seu próprio destino", completa Kardec. Por fim, essa definição explica melhor a passagem bíblica: "Eu não quero a morte do pecador, mas que ele viva e eu o acusarei ATÉ QUE ELE SE ARREPENDA". Pois, com o arrependimento enquanto escolha livre, o castigo começa a se extinguir.

Observação: esse item 8º da edição original teve sua posição modificada na edição adulterada (4ª edição *OCI*) para o item 13º.

- Item 9º da 1ª edição original teve partes trocadas e retiradas na edição adulterada:

Versão original (1ª edição *OCI*)	Versão adulterada (4ª edição *OCI*)
9º Estando a duração do castigo subordinada **ao arrependimento**, resulta daí que o espírito culpado que **não se arrependesse e** não se aperfeiçoasse jamais, sofreria sempre, e que, para ele, a pena seria eterna. **A eternidade das penas deve então se entender no sentido relativo e não no sentido absoluto**"	14º Estando a duração do castigo subordinada ao <u>melhoramento</u>, resulta daí que o Espírito culpado que não se aperfeiçoasse jamais, sofreria sempre, e que, para ele, a pena seria eterna"

Comentário: o adulterador pretende deformar a teoria espírita segundo os dogmas do velho mundo. Portanto, na heteronomia acredita-se que o fim do castigo estaria subordinado à sanção de um deus vingativo, para o qual o indivíduo deveria, temendo-o, suplicar submisso o seu perdão. Já no texto original de Kardec, o castigo é o sofrimento moral, resposta concomitante da lei natural à condição de imperfeição. Portanto, a duração do castigo está condicionada à vontade daquele que sofre (pelo arrependimento); é a autonomia moral. Deus não castiga, nem precisa perdoar, Ele espera o inevitável arrependimento, pois todos os espíritos, sem exceção, serão felizes por seu esforço e escolha. Essa é a mais perfeita definição da justiça divina. Por fim, Kardec completa que a *eternidade das penas*, em sendo uma ilusão do espírito imperfeito, que, atordoado pelo sofrimento, pensa que este jamais vai cessar, é relativa, pois deixa de existir pelo entendimento do espírito. Para as religiões dogmáticas, as penas são aceitas no sentido absoluto, como se fossem uma imposição deliberada de um deus vingativo.

Observação: esse item 9º da edição original teve sua posição modificada na edição adulterada (4ª edição *OCI*) para o item 14º.

- Item 13º da 1ª edição original teve partes trocadas e retiradas na edição adulterada:

Versão original (1ª edição *OCI*):

> 13º Seria um erro crer que, em virtude da lei do progresso, a certeza de chegar cedo ou tarde à perfeição e à felicidade pode ser, **para o espírito mau**, um encorajamento a perseverar no mal, para se arrepender mais tarde; primeiro porque o espírito inferior não vê o fim de sua situação; em segundo lugar, porque sendo o espírito o artífice de sua própria infelicidade, termina por compreender que dele depende fazê-la cessar e que quanto mais tempo persistir no mal, por mais tempo ele será infeliz; que seu sofrimento durará para sempre se ele próprio não lhe puser fim. Será então de sua parte um cálculo errado pelo qual ele seria o primeiro enganado. Se, ao contrário, segundo o dogma das penas irremissíveis, toda esperança lhe está para sempre interditada, **ele persevera no mal** porque não tem nenhum interesse em volver ao bem que proveito algum lhe traz. **A razão diz de que lado está a verdadeira justiça providencial e onde melhor se mostra o amor de Deus por suas criaturas.**

Comentário: aqui, a ordem do texto original é fundamental para seu estudo, pois, do item 11º ao 13º, Allan Kardec vai tratar dos espíritos maus ou imperfeitos, que são apenas uma parte dos espíritos em nosso planeta. Como o adulterador deseja impor o falso dogma religioso, segundo o qual todos os espíritos de nosso planeta seriam pecadores sendo castigados, ele retira a referência ao **espírito mau**, para levar o leitor ao erro, generalizando o item para todos os espíritos. Também a ordem foi mudada na versão adulterada, reforçando essa intenção de causar confusão.

Observação: este item 13º da edição original teve sua posição modificada na edição adulterada (4ª edição *OCI*) para o primeiro parágrafo da *observação* do item 20º.

- Item 14º da 1ª edição original teve frase retirada na edição adulterada:

Versão original (1ª edição *OCI*):

14º Diante dessa lei cai igualmente a objeção tirada da presciência divina. Deus, criando uma alma, sabe efetivamente se, em virtude de seu livre-arbítrio, ela tomará o bom ou o mau caminho; sabe que ela será punida se agir mal; mas sabe também que esse castigo temporário é um meio de lhe fazer compreender seu erro e de fazê-la entrar no bom caminho, a que chegará cedo ou tarde. Segundo a doutrina das penas eternas, Deus sabe que a alma falhará e está de antemão condenada a torturas sem fim. **A razão diz também de qual lado está a verdadeira justiça de Deus.**

Comentário: Allan Kardec ressignifica as expressões do cristianismo com base na lei do progresso do espírito desde simples e ignorante até se tornar bom. A tradição das religiões afirmava que Deus já sabia previamente quais seriam as almas escolhidas para a salvação e aquelas que seriam condenadas para as penas eternas. Demonstrando que o destino de todos os espíritos será a felicidade como conquista de seus esforços, o Espiritismo altera a compreensão da presciência divina. O uso da razão é fundamental para compreender a doutrina espírita, que difere dos sistemas dogmáticos que exigem a fé cega e a obediência passiva.

Observação: esse item 14º da edição original teve sua posição modificada na edição adulterada (4ª edição *OCI*) para o segundo parágrafo da *observação* do item 20º.

- Item 16º da 1ª edição original foi suprimido integralmente na edição adulterada:

Versão original (1ª edição *OCI*):

> **16º Não ocorre o mesmo segundo a doutrina vulgar do Inferno. O Inferno é o mesmo para todos. Nele, o culpado de uma única falta sujeita-se ao mesmo suplício eterno de quem cometeu milhares. Se não fosse assim, o Inferno não seria mais o Inferno, pois haveria almas menos infelizes do que outras.**

Comentário: esse ensinamento que foi retirado pelo adulterador é de grande importância para se compreender a diferença entre a moral espírita e o pensamento das religiões ancestrais dogmáticas. Segundo a teoria heterônoma do castigo divino pelos sofrimentos físicos, tanto no mundo quanto no Inferno, todos estariam sofrendo igualmente, independente da intensidade das faltas cometidas. Para a doutrina espírita, sendo o castigo um sofrimento moral, ele é relativo, depende da responsabilidade, do grau de entendimento do espírito, portanto não é uniforme, não tem regra fixa.

- Item 21º da 1ª edição original teve trecho retirado na edição adulterada:
Versão original (1ª edição *OCI*):

> 21º A situação do espírito, a partir de sua entrada na vida espiritual, é a que ele preparou para si durante a vida no corpo. Mais tarde, outra encarnação lhe é dada **e por vezes imposta** para a expiação e reparação por meio de novas provas, mas ele as aproveita em maior ou menor proporção em virtude de seu livre-arbítrio.

Comentário: o adulterador retirou esse trecho pois, no falso dogma religioso, aceita-se que todos os encarnados estariam sofrendo no mundo um castigo divino, sem exceção. O verdadeiro Espiritismo demonstra, porém, que as reencarnações são oportunidades necessárias, naturais do processo evolutivo do espírito que se liberta das leis fisiológicas à medida que desperta as faculdades de sua alma (razão, vontade, imaginação). Quando um espírito comete faltas ou transforma um ato equivocado em hábito, terá inerente a eles um sofrimento moral, que é seu castigo. Mas, enquanto não se arrepender, esse penoso sentimento vai se manter. Desse modo, o espírito imperfeito continua a sofrer após a morte. Porém, quando se conscientizar da verdadeira causa de sua condição indesejável, ele se arrepende e poderá escolher para a reencarnação seguinte as provas que deseja enfrentar como expiação e reparação. Mas o tempo certo depende de suas escolhas. Caso não se arrependa, em sendo a reencarnação uma lei natural, ele vai voltar ao mundo, mesmo que não queira. Ou seja: uma encarnação é *dada* quando é escolhida livremente como prova ou expiação pelo espírito que deseja superar sua imperfeição e reparar o mal que fez; já a situação de uma encarnação *imposta* somente ocorre quando o espírito ainda é ignorante para escolher por si mesmo, ou então muito endurecido. Nesses casos, porém, o objetivo da encarnação é o de levá-lo a escolher conscientemente, por seu próprio despertar, conforme o item 8 do Capítulo V de *O Evangelho segundo o Espiritismo*: "As tribulações podem ser impostas a Espíritos endurecidos, ou extremamente ignorantes, para levá-los a fazer uma escolha com conhecimento de causa. Os Espíritos penitentes, porém, desejosos de reparar o mal que hajam feito e de proceder melhor, esses as escolhem livremente".

Observação: este item 21º da edição original teve sua posição modificada na edição adulterada (4ª edição *OCI*) para o segundo parágrafo da *observação* do item 28º.

- Item 22º da 1ª edição original teve trechos retirados e trocados na edição adulterada:

Versão original (1ª edição *OCI*)	Versão adulterada (4ª edição *OCI*)
22º A misericórdia de Deus é infinita, sem dúvida, mas não é cega; **ela coloca como condição o arrependimento, a expiação e a reparação**. O culpado que ela perdoa não é exonerado e, enquanto não **cumprir essas condições**, ele sujeita-se às consequências de suas faltas. Por misericórdia infinita, deve-se entender que Deus não é implacável e deixa sempre aberta a porta para o retorno ao bem.	29º A misericórdia de Deus é infinita, sem dúvida, mas não é cega. O culpado que ela perdoa não é exonerado e, enquanto não tenha satisfeito a justiça, ele sujeita-se às consequências de suas faltas. Por misericórdia infinita, deve-se entender que Deus não é implacável e deixa sempre aberta a porta para o retorno ao bem.

Comentário: nesse item, trata-se da questão da misericórdia ou perdão de Deus. Segundo os dogmas religiosos, a iniciativa pertenceria a Deus quanto ao perdão dos pecados, mas aquele que rejeitasse a salvação oferecida por meio da Igreja seria condenado às penas eternas. Caberia ao fiel somente rogar e demonstrar sua submissão. Essa é uma definição moral heterônoma[72]. Allan Kardec ressignificou o termo *misericórdia* qualificando-o não como exoneração, mas sim como uma sempre renovada oportunidade para que o espírito imperfeito faça a escolha do *arrependimento*, depois trabalhe pelo seu sério e efetivo aperfeiçoamento pela *expiação* e pelo retorno ao bem, que é a *reparação*. Ou seja, a oportunidade é dada por Deus, que deixa sempre a porta aberta, mas a iniciativa da escolha e o esforço da recuperação devem ser feitos pelo próprio espírito, que é o árbitro de seu próprio destino. Essa é a definição da moral autônoma espírita. Nesse item, a intenção do adulterador fica absolutamente explícita, em seu ato indigno de corromper a escrita original da doutrina espírita, pois substitui a responsabilidade individual pela expressão teológica

---

72. Na heteronomia, o indivíduo está sujeito à vontade de outro, a quem deve submeter-se sob pena de ser castigado, enquanto na autonomia ele pode agir livremente por meio de sua vontade, respeitando as leis naturais por livre escolha, pois reconhece seu valor por sua razão e sua consciência. Etimologicamente, a palavra "autonomia" (*auto*: si mesmo; *nomos*: lei) seria "dar a lei a si mesmo". E "heteronomia" (*heteros*: outros; *nomos*: lei) significa "submeter-se à lei dada por outros".

e heterônoma: *satisfazer a justiça divina*, que significa: "fora da Igreja não há salvação". Enquanto o Espiritismo, por sua vez, afirma: "fora da caridade não há salvação". E caridade é agir pelo dever, fundamento da autonomia moral.

Observação: este item 22º da edição original teve sua posição modificada na edição adulterada (4ª edição *OCI*) para o item 29º.

- Item 24º da 1ª edição original teve trechos retirados e trocados na edição adulterada:

Versão original (1ª edição *OCI*)	Versão adulterada (4ª edição *OCI*)
24º Deus, questiona-se, não demonstra um amor maior por suas criaturas se as tivesse criado infalíveis e por consequinte isentas das vicissitudes ligadas à imperfeição? Para isso, teria sido necessário que Ele criasse seres perfeitos, sem nada a adquirir nem em conhecimentos nem em moralidade. Sem nenhuma dúvida, poderia tê-lo feito. Se não o fez, **deve ter tido motivos que ainda escapam à nossa razão e cuja sabedoria compreenderemos mais tarde.**	32º Deus, diz-se, não provaria um amor maior por suas criaturas se as tivesse criado infalíveis e por consequência isentas das vicissitudes ligadas à imperfeição? Para isso, teria sido necessário que ele criasse seres perfeitos, sem nada a adquirir nem em conhecimentos nem em moralidade. Sem nenhuma dúvida, poderia tê-lo feito. Se não o fez, <u>é que em sua sabedoria quis que o progresso constituísse lei geral</u> [...].

Comentário: segundo o princípio fundamental da doutrina espírita, o espírito é simples e ignorante em sua primeira vida humana. Ou seja, inicia por uma nulidade intelecto-moral e não tem ainda responsabilidade pelos atos. À medida que desenvolve sua razão, passa a fazer escolhas conscientes, elabora seu livre-arbítrio e passa a ser responsável moralmente, de forma progressiva e proporcional ao seu grau evolutivo. Como tudo na natureza, evolui do simples ao complexo. Essa teoria espírita é inovadora, pois todas as religiões ancestrais adotam o dogma falso de que o espírito teria sido criado perfeito por Deus, com toda a sabedoria e justiça, e pelo pecado seria castigado pela sua degeneração, encarnando num mundo de sofrimentos condenatórios. Todavia, Allan Kardec sabe que a doutrina espírita é de iniciativa dos espíritos superiores, e cabe aos homens a sua elaboração. Portanto, não é possível definir princípios sem que os bons espíritos definam o momento certo. O Espiritismo é progressivo, mas qualquer princípio precisa passar pelo duplo controle: uma lógica rigorosa e o ensinamento universal dos espíritos superiores. No caso desse item, sabemos, pelos ensinamentos da doutrina espírita, que Deus não criou os espíritos perfeitos. Mas não sabemos qual foi a intenção do Criador! Qualquer coisa que se disser, mesmo que seja lógica e possível, não passa de uma opinião pessoal. Desse modo, Allan Kardec preferiu afirmar somente que Deus "deve ter tido motivos que ainda escapam à nossa razão e cuja sabedoria compreenderemos mais tarde". Kardec aqui demonstra a sua lucidez, a clareza de sua lógica, não se atrevendo a determinar as motivações divinas, por estar fora de nosso alcance a compreensão delas. Mas isso não significa que não venham a ser conhecidas no futuro, pois, segundo Kardec, diante de questões ainda sem solução,

> Se os Espíritos ainda não resolveram a questão pela unanimidade de seus ensinamentos, é que, sem dúvida, o momento da resolução ainda não chegou, ou que ainda faltam conhecimentos, com ajuda dos quais possamos resolvê-la por si própria. (KARDEC, 2018, p. 351)

Já o adulterador da obra foi completamente imprudente e temerário ao substituir o lúcido esclarecimento do autor por uma opinião pessoal: "Se não o fez, *é que em sua sabedoria quis que o progresso constituísse lei geral*". Alterar postumamente uma obra original, ferindo o direito moral do autor, é uma covardia, mesmo que fosse uma só palavra adulterada, e não há qualquer argumento que possa justificar um ato desses, e existem leis para proteger esse direito. A liberdade de pensamento é um princípio fundamental da relação humana. Quem discorda do outro tem todo o direito de afirmar isso e declarar como pensa, mas deve fazê-lo por seus próprios meios, em obra própria, jamais adulterando a expressão alheia.

Vale lembrar que o professor Rivail, com a ajuda de sua esposa, Amélie, dedicou sua vida e sacrificou sua saúde trabalhando diuturnamente para concretizar sua obra. Examinou milhares de comunicações, fez uso da clareza de seu bom senso, recebeu o auxílio dos espíritos superiores, principalmente do Espírito da Verdade, revisando seus escritos. O *Céu e o Inferno* demonstra as consequências morais do Espiritismo no sentido da mais completa autonomia intelecto-moral das criaturas, estabelecida por leis naturais criadas por Deus. O texto da edição original será uma importante contribuição para a humanidade, que inicia sua revolução moral. Enfim, é um dever dos verdadeiros espíritas restabelecer, estudar e divulgar tanto *O Céu e o Inferno* quanto *A Gênese* em suas edições primeiras.

Observação: esse item 24º da edição original teve sua posição modificada na edição adulterada (4ª edição *OCI*) para o item 32º.

OS ITENS FALSOS MANIPULADOS E ACRESCENTADOS

Além das adulterações em frases e palavras ocorridas em toda a obra *O Céu e o Inferno*, como acabamos de ver, uma ardilosa artimanha foi empreendida pelo falsificador. Ele suprimiu grandes trechos de outros capítulos do livro, fazendo uso de partes deles para elaborar itens manipulados que foram acrescentados na versão adulterada do Capítulo VIII. Essa manobra visava semear o joio em meio ao trigo, que é a maneira de agir dos falsos profetas. Está entre os deveres dos verdadeiros espíritas esclarecer essa distinção, para que a doutrina espírita possa cumprir sua tarefa no mundo, como explica Santo Agostinho, no Capítulo 31 de *O Evangelho Segundo o Espiritismo*:

> Formai, portanto, um feixe e sereis fortes e os maus Espíritos não prevalecerão contra vós. Deus ama os simples de espírito, o que não quer dizer os tolos, mas os que se renunciam a si mesmos e que, sem orgulho, para ele se encaminham. Podeis tornar-vos um foco de luz para a humanidade. Sabei, logo, distinguir o joio do trigo; semeai unicamente o bom grão e preservai-vos de espalhar o joio, por isso que este impedirá que aquele germine e sereis responsáveis por todo o mal que daí resulte; de igual modo, sereis responsáveis pelas doutrinas más que porventura propagueis. Lembrai-vos de que um dia pode vir em que o mundo tenha postos sobre vós os olhos. Fazei, conseguintemente, que nada oculte o brilho das boas coisas que saírem do vosso seio.

Alguns trechos suprimidos foram introduzidos em outros lugares pelo adulterador. Vamos reproduzir esses trechos para que o leitor possa compreender o sentido original proposto na redação verdadeira de Allan Kardec.

- Itens 3º e 4º da edição adulterada, que não existem na edição original, são textos de outro capítulo de *O Céu e o Inferno* cuja posição foi alterada pelo adulterador:

No Capítulo IV, "O Inferno", um trecho da edição original foi suprimido na versão adulterada. No entanto, o adulterador retirou partes dele para formar os itens 3º e 4º, que não existiam na versão original de Allan Kardec. Vejamos:

Versão adulterada (4ª edição *OCI*)

> 3º) **Não há uma única imperfeição da alma que não acarrete consequências funestas e inevitáveis, como não há uma só qualidade boa que não seja fonte de um gozo. A soma das penas é assim proporcional à soma das imperfeições, como a dos gozos é proporcional à soma das qualidades.**
>
> **A alma que tem dez imperfeições, por exemplo, sofre mais do que a que só tem três ou quatro; quando dessas dez imperfeições não lhe restar mais que metade ou um quarto, sofrerá menos; e quando extintas por completo, não sofrerá mais e será perfeitamente feliz. O mesmo se dá na Terra: quem tem muitas moléstias sofre mais do que quem tem apenas uma ou nenhuma. Pela mesma razão, a alma que possui dez qualidades tem mais gozos do que outra menos rica de boas qualidades.** (*OCI*, 1869)
>
> 4º) <u>Em virtude da lei do progresso que dá a toda alma a possibilidade de adquirir o bem que lhe falta</u>, **como de despojar-se do que tem de mau, conforme sua vontade e seus esforços, resulta que o futuro é aberto a todas as criaturas. Deus não repudia nenhum de seus filhos. Ele os recebe em seu seio à medida que alcançam a perfeição, deixando assim a cada um o mérito das suas obras.** (*OCI*, 1869)

O trecho a seguir consta da parte final do Capítulo IV, "O Inferno", da edição original, suprimido na edição adulterada (4ª edição *OCI*) e transferido, modificado, para os itens 3º e 4º do Capítulo VIII: "As penas futuras segundo o Espiritismo". Destacamos as partes que correspondem aos itens:

> A Doutrina Espírita nos ensina isto: [3º] **não há uma só imperfeição da alma que não traga consigo suas consequências lamentáveis e inevitáveis, tampouco uma só boa qualidade que não seja a fonte de alegria: a soma das**

penas é assim proporcional à soma das imperfeições, da mesma forma que a soma da felicidade é proporcional à soma das qualidades.

Donde resulta que **a alma que possui dez imperfeições, por exemplo, sofre mais que aquela que só tem três ou quatro; mas quando, dessas dez imperfeições, restar-lhe um quarto ou a metade, ela sofrerá menos, e no momento em que não lhe restar nenhuma, ela não sofrerá de modo algum, e será perfeitamente feliz. Tal qual, na Terra, aquele que tem inúmeras doenças sofre mais do que o que tem apenas uma, ou que não tem nenhuma. Pela mesma razão, a alma que possui dez qualidades tem maior alegria que a que tem menos.** A consequência dessa concepção é que há tantos graus de felicidade ou infelicidade das almas após a morte quantas forem as qualidades boas ou más que elas possuam. Sendo permitido a todas as almas adquirir o que lhes falta [4º] **e desfazer-se daquilo que têm de mau, conforme seus esforços e sua vontade, resulta ainda daí que o futuro não está selado para ninguém. Deus não repudia nenhum dos seus filhos; Recebe-os em seu seio à medida que eles atingem a perfeição, deixando assim a cada um o mérito das próprias obras.**

A natureza das penas é objeto de um capítulo especial e resulta, ademais, dos numerosos exemplos citados na segunda parte deste livro. (*OCI*, 1865, Cap. IV)

Comentário: os trechos, quando retirados pelo adulterador de sua localização original, ficam prejudicados em seu entendimento, além de alterar e confundir a organização original dos itens do Capítulo VIII como concebidos por Allan Kardec. Vale a pena estudar o trecho citado para se compreender o verdadeiro sentido proposto pelo autor.

- Itens 5º, 6º e 18º da edição adulterada, que não existem na edição original, são textos retirados e manipulados de outro capítulo de *O Céu e o Inferno*, de um trecho da versão original suprimido pelo adulterador:
Versão adulterada (4ª edição *OCI*)
    5º) <u>Sendo o sofrimento inerente à imperfeição, como o gozo à perfeição, a alma</u> carrega em si mesma seu próprio castigo, e isso em todo lugar onde se encontre; por esse motivo não há necessidade de um lugar circunscrito. O inferno, portanto, está em toda parte onde existem almas sofredoras, como o céu está em toda parte onde existem almas felizes.

6º) <u>O bem e o mal que fazemos resultam das qualidades que possuímos. Não fazer o bem quando podemos é, portanto, o resultado de uma imperfeição. Se toda imperfeição é fonte de sofrimento, o Espírito deve sofrer</u> **todo o mal que fez, e por todo o bem que poderia ter feito e não fez durante sua vida terrestre.**

18º) Os Espíritos **imperfeitos são excluídos dos mundos felizes, dos quais perturbavam a harmonia.** Ficam nos mundos inferiores **onde expiam suas faltas pelas tribulações da vida, e se purificam de suas imperfeições, até que mereçam encarnar em mundos** mais adiantados moral e fisicamente. Se se pode conceber um <u>lugar circunscrito de castigo</u>, **será nos mundos de expiação, porque é em torno desses mundos que pululam igualmente espíritos imperfeitos desencarnados, esperando uma nova existência que, permitindo-lhes reparar o mal que fizeram, ajudará no seu adiantamento.**

Trecho constante do Capítulo IV, "O Inferno", da edição original, suprimido na edição adulterada (4ª edição *OCI*) e transferido, modificado, para os itens 3º e 4º do Capítulo VIII: "As penas futuras segundo o Espiritismo":

As descobertas científicas desalojaram o inferno do centro da Terra, da mesma forma como baniram o céu do Empíreo, mas não destruíram a lei das penas e recompensas, porque esse princípio assenta-se na justiça de Deus. Com o progresso das ideias, a crença apenas se modificou, tomando um sentido mais racional acerca da natureza de tais penas e dessas recompensas. Perguntou-se então onde está o inferno, como também onde está o céu. Por um tempo a crença oscilou, incerta, sobre um e outro ponto. A revelação moderna vem hoje firmar a opinião, mostrando-nos o estado daqueles que sofrem, assim como nos mostra o estado daqueles que são felizes. Pelos exemplos que o Espiritismo coloca diante de nossos olhos, ensina-nos que a alma no mundo invisível sofre por [6º] **todo o mal que fez, assim como por todo o bem que poderia ter feito e não fez durante sua vida terrestre.** Que a alma não é condenada a uma penalidade absoluta, uniforme e por um tempo determinado, mas que sofre as consequências naturais de todas as suas más ações, até que se tenha melhorado pelos esforços da sua própria vontade. Ela [5º] **carrega em si mesma seu próprio castigo, e isso onde quer se encontre, para o que não há necessidade de um lugar circunscrito. O inferno, então, está onde quer que existam almas sofredoras, como o céu está em toda parte onde existam almas felizes**, o que não

está em toda parte onde existem almas felizes, o que não impede que umas e outras se agrupem, por analogia de posição, em volta de certos centros.

A alma sofre a pena das suas imperfeições no estado de espírito e no estado de encarnação; mas aquelas que são [18º] **imperfeitas, sendo excluídas dos mundos felizes dos quais perturbavam a harmonia**, são relegadas em mundos menos avançados psíquica e moralmente, **onde expiam suas faltas pelas tribulações da vida, e se purificam de suas imperfeições, até que mereçam encarnar em mundos** superiores. **Se podemos conceber** um Inferno localizado, **será nos mundos de expiação, porque é em torno desses mundos que pululam igualmente espíritos imperfeitos desencarnados, esperando uma nova existência que, permitindo-lhes reparar o mal que fizeram, ajudará no seu adiantamento.**

Comentário: da mesma forma que o anterior, esse trecho, por ter sido retirado pelo adulterador de sua localização original, fica prejudicado em seu entendimento, além de se alterar e confundir a organização original dos itens do Capítulo VIII como concebida por Allan Kardec. Vale a pena estudar o trecho para se compreender o verdadeiro sentido proposto pelo autor.

- Item 9º da 4ª edição adulterada é falso e não existia na versão original:
Versão adulterada (4ª edição *OCI*)
    9º) Toda falta cometida, todo mal realizado é uma dívida contraída que deverá ser paga; se não o for em uma existência, sê-lo-á na seguinte ou seguintes, porque todas as existências são solidárias entre si. Aquele que se quita numa existência não terá necessidade de pagar uma segunda vez.

Comentário: todo esse item foi inserido pelo adulterador e não pertence à edição original de *O Céu e o Inferno*. Da forma como foi redigido, dá margem a uma dupla interpretação. Como as religiões dogmáticas reencarnacionistas defendem a interpretação equivocada do carma, esse costuma ser o pensamento de senso comum. Como a adulteração misturou intencionalmente os conceitos de castigo e expiação, esse item pertence à trama para ocultar o pensamento original de Allan Kardec de que a expiação é voluntária, de livre escolha, e que o castigo é o sofrimento moral. Por outro lado, as atribulações da vida são oportunidades para fazer o bem, adquirir virtudes e superar as imperfeições. Depois que o espírito imperfeito se arrepende, é preciso reabilitar-se, pois:

Deus não se contenta com promessas; é preciso provar, por atos, a solidez do retorno ao bem. É por isso que o espírito é submetido a novas provas que o fortalecem, ao mesmo tempo em que o fazem adquirir um mérito maior quando sai delas vitorioso. (OCI, 1865, 2ª parte, Cap. V, "Suicidas")

Ou seja, toda expiação é voluntária e está representada pela escolha das provas a serem enfrentadas na reencarnação seguinte, mas que se renova, caso o objetivo não seja atingido. Não se paga a dívida simplesmente sofrendo, mas por um forte e sincero retorno ao bem, o que pode levar o tempo que for necessário para essa conquista do espírito por seu esforço e dedicação. Essa é a verdadeira solidariedade das existências segundo o Espiritismo:

> a mesma prova repetindo-se em sucessivas encarnações, e pelo tempo em que se persiste a ela sucumbir. [...] Vemos por aí que se conectam todas as existências umas às outras. A justiça e a bondade de Deus ficam evidentes ao permitir ao homem melhorar-se gradualmente, sem jamais fechar-lhe a porta para o resgate de suas faltas. O culpado é punido por sua própria falta, e a punição, em vez de ser uma vingança de Deus, é o meio empregado para fazê-lo progredir. (*Ibidem*)

Quanto a esse tema, diferente do item acrescentado, Allan Kardec é bem preciso neste parágrafo do Capítulo VI da versão original, "O Purgatório":

> Aquele que sofre nesta vida deve então dar-se conta de que isso acontece porque ele não se depurou suficientemente em sua existência anterior, e que, se não o fizer na atual, sofrerá na próxima existência ainda, o que é, a um só tempo, justo e lógico. Sendo o sofrimento inerente à imperfeição, sofre-se tanto tempo quanto se é imperfeito, assim como sofremos de uma doença enquanto não estejamos curados.

Bem compreendido, o Espiritismo é a doutrina da liberdade de escolhas, da responsabilidade pessoal, da atitude autônoma diante da vida. As dificuldades, tribulações, dores enfrentadas na existência fazem parte da fase de superação do espírito que busca ganhar o domínio sobre si mesmo. Não se trata, pois, de castigo e recompensa, mas de vivências neutras e úteis para o espírito. O que importa é o quanto se aprende com elas, o quão forte o espírito se torna, até mesmo a felicidade que conquistará por tirar da prova enfrentada o melhor para o seu próprio desenvolvimento. E Deus aguarda sempre esse momento, renovando infinitamente as oportunidades para todas as criaturas.

- Item 10º da 4ª edição adulterada é falso e não existia na versão original: Versão adulterada (4ª edição *OCI*)

> 10º) <u>O Espírito sofre, quer no mundo corpóreo, quer no espiritual, a consequência das suas imperfeições. Todas as misérias, todas as vicissitudes sofridas na vida corpórea, são oriundas das nossas imperfeições, são expiações de faltas cometidas na presente ou em anteriores existências. Pela natureza dos sofrimentos e vicissitudes da vida corpórea, pode-se julgar a natureza das faltas cometidas em anterior existência, bem como das imperfeições que lhes deram causa.</u>

Comentário: como o anterior, esse item foi inserido pelo adulterador e seu texto inteiro não pertence à edição original de *O Céu e o Inferno*. Todavia, ele impõe afirmativas do adulterador que são ideias completamente opostas às da doutrina espírita! Esse falso item reforça a ideia de pecado, carma, castigo divino pelo sofrimento físico, e todos os demais dogmas criados pelo homem para submeter as massas ao medo de Deus, fé cega e submissão passiva. Analisemos o trecho frase a frase:

"*<u>O Espírito sofre, quer no mundo corpóreo, quer no espiritual, a consequência das suas imperfeições.</u>*" Correto, porém esse sofrimento, que é consequência natural da imperfeição, deve ser compreendido como um estado ou sentimento de sofrimento moral do espírito imperfeito, que acaba quando ele supera sua condição de imperfeição.

"*<u>Todas as misérias, todas as vicissitudes sofridas na vida corpórea, são oriundas das nossas imperfeições, são expiações de faltas cometidas na presente ou em anteriores existências.</u>*" Errado. Essa generalização é falsa. As misérias e vicissitudes da vida corpórea são naturais nos mundos menos evoluídos como o nosso; até os animais as vivenciam. Mas, para os espíritos conscientes de sua tarefa de desenvolver suas faculdades e conquistar seu livre-arbítrio, elas são as oportunidades dadas por Deus para a sua voluntária evolução espiritual. Quanto ao espírito imperfeito, quando ele está arrependido e as escolhe, as vicissitudes se tornam as expiações necessárias para o seu aperfeiçoamento.

"<u>Pela natureza dos sofrimentos e vicissitudes da vida corpórea, pode-se julgar a natureza das faltas cometidas em anterior existência, bem como das imperfeições que lhes deram causa</u>". Errado. Essa generalização leva à falsa ideia de que todos os encarnados no mundo são espíritos imperfeitos. O adulterador, que defende o dogmatismo religioso, induz o leitor à equivocada ideia da queda do espírito num mundo de castigos divinos. Esse é o pensamento retrógrado do velho mundo. O verdadeiro Espiritismo está longe disso, revolucionando com sua teoria moral libertadora. Veja o que se afirma em *O Evangelho segundo o Espiritismo*, Capítulo III, item 14:

> Nem todos os Espíritos que encarnam na Terra vão para aí em expiação. As raças a que chamais selvagens são formadas de Espíritos que apenas saíram da infância e que na Terra se acham, por assim dizer, em curso de educação, para se desenvolverem pelo contacto com Espíritos mais adiantados.

De forma geral, os espíritos que iniciaram sua fase humana na Terra trabalham para sua evolução enfrentando as vicissitudes como desafios para o despertar de seus valores. São propensos ao trabalho dedicado e à solidariedade. Nesse caso, as misérias e vicissitudes são um meio de progresso. Para os imperfeitos, é uma forma voluntária de purificação. Por outro lado, as misérias e vicissitudes podem também constituir uma missão. Allan Kardec, na segunda parte de *O Céu e o Inferno*, pergunta a um espírito feliz que havia morrido por acidente:

> — Poderia dar notícias de sua filha [falecida quatro ou cinco anos antes do pai]?
> — Ela está em missão na Terra – Respondeu o espírito.
> — Ela está feliz enquanto criatura encarnada?
> — Não; como criatura ela não é feliz, pelo contrário. Há de sofrer as misérias de vosso mundo, para que pregue pelo exemplo as grandes virtudes que alardeais com belas palavras. Terá minha ajuda, porquanto devo por ela velar. Mas não terá grandes dificuldades para superar os obstáculos, pois ela não se encontra em expiação, mas em missão. Tranquilizai-vos, portanto, com relação a ela, e fico agradecido pela lembrança.

A filha desse bom espírito enfrenta misérias e vicissitudes em sua existência física, mas não como expiação, mas sim como missão, com o objetivo de servir de exemplo ao seu próximo. Enquanto criatura, ou seja, do ponto de vista humano, não é feliz, pois sofre fisicamente. Mas, enquanto espírito, tem a felicidade interior que já conquistou.

Assim, *nunca* se pode julgar tratar-se de um espírito imperfeito pela natureza das misérias e vicissitudes de sua vida corpórea! Qualquer julgamento nesse sentido é uma falta de entendimento e precisa ser superado. O espírito que enfrenta as misérias do mundo pode estar em evolução, ou ser um espírito imperfeito que não se arrependeu, ou um espírito que escolheu essa condição como expiação, ou até mesmo um espírito bom em missão. Diante dessa incerteza, devemos ajudar de forma incondicional todo aquele que padece no mundo, pois essa solidariedade será o alimento benéfico de seu despertar, ao ver o exemplo do bem que busca aprender[73].

O movimento espírita precisa, pelo estudo dedicado, libertar-se desses falsos conceitos implantados pela adulteração das obras de Allan Kardec, que apenas mantêm os equívocos das religiões ancestrais dogmáticas. O infame objetivo da adulteração está em impedir o surgimento do mundo novo e a difusão da moral autônoma. Não conseguirão, pois está entre as leis da natureza a inevitável evolução moral da humanidade.

- Item 16º da 4ª edição adulterada é falso e não existia na versão original:
Versão adulterada (4ª edição *OCI*)
16º) O *arrependimento* é o primeiro passo para a regeneração, mas não é suficiente, sendo necessárias ainda a *expiação* e a *reparação*.
Arrependimento, expiação e reparação são as três condições necessárias para apagar os traços de uma falta e suas consequências. O arrependimento

---

73. Entre os crentes das religiões ancestrais reencarnacionistas que adotam a falsa ideia do carma, há um hábito pernicioso de observar os miseráveis e passar de largo, dizendo: "É preciso deixá-lo sofrer sozinho, pois está sendo castigado por Deus e deve padecer por sua culpa". Segundo a teoria moral espírita, esse é um completo equívoco. Pois estamos juntos no mundo para despertar a solidariedade. As misérias do mundo, em sua maioria, têm como causa o egoísmo e o orgulho dos indivíduos. Elas devem ser enfrentadas e superadas pelo esforço individual e coletivo. Será pelo empenho na caridade desinteressada que a humanidade alcançará sua regeneração, em busca de tornar-se futuramente um mundo feliz.

suaviza as dores da expiação, abrindo pela esperança o caminho da reabilitação; só a reparação, contudo, pode anular o efeito destruindo-lhe a causa. Do contrário, *o perdão seria uma graça, e não uma anulação das faltas cometidas*.

Comentário: esse item, acrescentado pelo adulterador, tem uma redação, uso de termos e estrutura lógica completamente fora da maneira de Allan Kardec tratar o tema. Um texto confuso, dúbio, oferecendo conclusões equivocadas.

Primeiramente, Kardec definiu o arrependimento, expiação e reparação em seu item 8º original, que foi adulterado: "O que Deus exige para pôr fim aos sofrimentos é o **arrependimento**, a **expiação** e a **reparação**, numa palavra: *um aperfeiçoamento sério, efetivo e um retorno sincero ao bem*". Portanto, esses termos se referem a um processo completo de aperfeiçoamento do espírito culpado, representado pela conscientização do espírito, descondicionamento dos hábitos condicionados pelas expiações (enfrentando as misérias e tribulações como provas), e o retorno ao bem pela conquista das virtudes que obtém nesse exercício de superação. No entanto, o item adulterado afirma que essas condições são necessárias para "apagar os traços de uma falta e suas consequências". Kardec jamais se expressaria assim. Pois o processo de aperfeiçoamento pela expiação muda a predisposição moral do espírito pelo seu esforço de superação, após o arrependimento. Mas não apaga os fatos ocorridos no passado.

No item 22º da edição original, Allan Kardec afirma:

> A misericórdia de Deus é infinita, sem dúvida, mas não é cega; ela coloca como condição o arrependimento, a expiação e a reparação. O culpado que ela perdoa não é exonerado e, enquanto não cumprir essas condições, ele sujeita-se às consequências de suas faltas.

Ou seja, a doutrina espírita ressignifica o termo *perdão*, pois ele não é nem graça, nem exoneração, mas sim condição de superação pela escolha e esforço do indivíduo. O perdão, assim, não depende de Deus, mas da iniciativa do próprio espírito culpado. Já o texto falso do adulterador, confuso e equivocado, afirma o seguinte: "só a reparação, contudo, pode anular o efeito destruindo-lhe a causa. Do contrário, o perdão seria uma graça, e não uma anulação das faltas cometidas". Primeiramente, não há causa a destruir, pois o sofrimento moral é uma condição inerente do estado de imperfeição, e deve ser superado, não anulado. Por fim, o perdão, entendido simbolicamente, segundo o Espiritismo, não é nem "graça", nem uma "*anulação das faltas cometidas*". É uma superação do sofrimento e da imperfeição pelo aperfeiçoamento sério, efetivo, com um retorno sincero ao bem.

Esse item falso tem a gravidade de impingir falsamente pela adulteração ideias que não pertencem ao Espiritismo. O estudo da versão original de *O Céu e o Inferno*, com o devido esclarecimento das falsidades superadas, será necessário para afastar ideias equivocadas que costumam se espalhar pelo movimento espírita desde o século 20. Esse item falso, como também alguns outros, tem servido como citação para justificar a ideia de carma, causa e efeito ou ação e reação, própria das religiões ancestrais reencarnacionistas, que pregam uma teoria moral heterônoma, ao afirmar que a reparação "pode anular o efeito destruindo-lhe a causa". Será necessário divulgar essa infame adulteração das obras de Kardec para esclarecer os espíritas, por todos os meios de divulgação, nas casas espíritas e nos grupos de estudos, que a ideia de carma ou causa e efeito não pertence ao Espiritismo, substituindo-a pela teoria da expiação como escolha consciente das provas, e de que as misérias e tribulações da vida no mundo não são castigos, mas sim oportunidades necessárias e úteis como meio de aperfeiçoamento do espírito. Essa será uma grandiosa contribuição para a regeneração da humanidade, com a superação da moral heterônoma pela mais ampla autonomia intelecto-moral.

- Item 17º da 4ª edição adulterada não existia na versão original e contém falsas afirmações:

Versão adulterada (4ª edição *OCI*)

17º) O arrependimento pode dar-se por toda parte e em qualquer tempo; se for tardio, o culpado sofrerá por muito mais tempo.
A expiação consiste nos sofrimentos físicos e morais que são a consequência da falta cometida, seja na vida atual, seja na vida espiritual após a morte, ou ainda em nova existência corpórea, até que os últimos vestígios da falta tenham desaparecido [...].

Comentário: nesse item falso, que possui um texto que não foi escrito por Allan Kardec, mas inserido pelo adulterador, evidencia-se uma compreensão equivocada, mesmo contrária, da teoria moral espírita. É o próprio pensamento dogmático presente nas religiões ancestrais, expressando a heteronomia moral, ao afirmar que a "expiação consiste nos sofrimentos físicos e morais que são a consequência da falta cometida". Essa é a própria definição da ideia de pecado ou de carma, que não pertence ao Espiritismo.

Esse item confunde e deturpa a nova mensagem que a doutrina espírita oferece, levando a que o leitor da versão adulterada de *O Céu e o Inferno*, leitor formado anteriormente no pensamento heterônomo, tenha dificuldade de perceber as nuances da autonomia moral.

Ao afirmar falsamente que "a expiação consiste nos sofrimentos físicos e morais que são a consequência da falta cometida", o adulterador cai em várias confusões conceituais: confunde sofrimento físico com moral, que são coisas diferentes segundo a teoria moral espírita. Confunde expiação, que é um ato da vontade, com o castigo, que é o sofrimento moral como consequência natural. Cria uma relação de causa e efeito, que é o pecado ou carma, como se as tribulações da vida fossem castigos divinos, enquanto, para a doutrina espírita, essas vicissitudes são oportunidades para a evolução do espírito. O paradigma moral do adulterador e o do verdadeiro Espiritismo são diferentes e opostos.

Segundo o Espiritismo verdadeiro, as tribulações e misérias do mundo são circunstâncias neutras, a expiação não consiste nelas, mas sim num fato de sua própria vontade, escolhendo aperfeiçoar-se depois do arrependimento.

Para o espírito ainda simples, as tribulações são motivações para que ele desenvolva sua razão e livre-arbítrio. Somente quando conquista a inteligência e a capacidade de decidir, é que tem início a *lei das escolhas das provas*, e o espírito, antes de nascer, começa então a escolher os desafios que enfrentará nas vidas seguintes, em proveito de sua evolução espiritual. Todavia, ele "age bem ou mal em virtude de seu livre-arbítrio, mas sem ser fatalmente impelido em um sentido ou outro. Se ele faz o mal, sujeita-se às consequências enquanto persista no mau caminho". (OCI, original, Cap. VIII, item 12º) Caso o espírito escolha agir mal, ele sente um sofrimento moral inerente a essa falta cometida. E se insiste nesse caminho, transformando em hábito essa falta, criará, por sua responsabilidade, uma imperfeição; desde então, o sofrimento moral lhe será constante, sendo assim um castigo. Assim: "a punição é sempre a consequência natural da falta cometida". (Ibidem, item 4º) A partir daí, está nas mãos do espírito imperfeito o quanto esse castigo vai durar, pois "a duração do castigo está subordinada ao aperfeiçoamento do espírito culpado". Para que o sofrimento moral tenha um fim, há somente um meio possível, é o arrependimento, a expiação e a reparação. Quando o espírito imperfeito se arrepende, por um ato livre de sua vontade, é porque compreendeu essa lei natural da punição. Agora, estando consciente, pode fazer a escolha de suas provas com o objetivo de descondicionar-se do mau hábito que representa sua imperfeição.

A expiação, portanto, não consiste nas tribulações da vida, que são neutras, mas sim no ato da vontade do espírito imperfeito no sentido de fazer uso das dificuldades da vida para um "aperfeiçoamento sério, efetivo e um retorno sincero ao bem". (*Ibidem*, item 8º) Desse modo, não basta ao espírito que expia vivenciar as tribulações da vida, mas sim alcançar o seu aperfeiçoamento efetivo. Dessa forma, caso não alcance esse objetivo numa vida, voltará a enfrentá-las em vidas seguintes. Portanto:

> O espírito é assim sempre o árbitro de seu próprio destino; ele pode prolongar seus sofrimentos pelo seu endurecimento no mal, aliviá-los ou abreviá-los por seus esforços para fazer o bem. (*Ibidem*)

O desvio que o movimento espírita sofreu desde a morte do professor Rivail, em virtude das adulterações e demais ataques dos inimigos encarnados e desencarnados, fez com que falsas ideias fossem divulgadas nas tribunas, cursos, aulas e debates dos centros espíritas e nos grupos de estudos. Elas são no sentido dos dogmas religiosos, como a de queda, pecado, carma ou causa e efeito, entre outras. Não há outro meio para superar esse estado de coisas senão pela educação moral, segundo a teoria espírita da autonomia. Está no estudo dedicado e minucioso das obras de Allan Kardec, que servirá como farol seguro iluminando o caminho do entendimento. Essa educação terá duplo efeito, pois o Espiritismo não é uma ciência abstrata, mas trata das leis naturais da alma. Aquele que estuda, exercendo a fé racional, ganha recursos para empreender seu próprio aperfeiçoamento. Por isso, entre os espíritas encarnados, não há professores, todos são estudantes, com a meta de aprender, servir e aperfeiçoar-se pelo exercício de sua vontade.

- Item 31º da 4ª edição adulterada é falso e não existia na versão original: Versão adulterada (4ª edição *OCI*)

31º) Às penas que o Espírito sofre na vida espiritual vêm somar-se às da vida corpórea, que são consequentes às imperfeições do homem, às suas paixões, ao mau uso das suas faculdades e à expiação de faltas presentes e passadas [...].

Comentário: como também ocorreu com o item 17º, esse item falso possui um texto que não foi escrito por Allan Kardec, no qual o adulterador inseriu um conceito heterônomo equivocado e incompatível com a teoria moral espírita. As manobras do adulterador no uso da linguagem misturam frases coerentes e retiradas dos ensinamentos presentes em *O Céu e o Inferno* com inversões que levam ao pensamento dogmático heterônomo. Quando o adulterador afirma que as "penas [...] da vida corpórea [...] são consequentes [...] à expiação de faltas presentes e passadas", está dizendo o mesmo que: as tribulações e misérias da vida são castigos divinos causados pela expiação! Ou seja, a própria ideia equivocada do carma, que é oposta à teoria moral espírita, como vimos antes. É preciso ter cuidado e fazer uso da razão para analisar tudo o que lemos, para separar o joio do trigo. Pois é habitual dos falsos profetas misturar as falsas ideias em meio a um discurso que imita as palavras dos bons espíritos. Não há mais entre os defensores da boa nova o sacrifício de enfrentar os leões na arena, como ocorreu no cristianismo primitivo; agora o desafio está em enfrentar os leões da ignorância, pelo esforço da fé raciocinada.

- Item 33º da 4ª edição adulterada não existia na versão original:
Versão adulterada (4ª edição OCI)
33º) Apesar da diversidade de gêneros e graus de sofrimentos dos Espíritos, o código penal da vida futura pode resumir-se nestes três princípios:
1. O sofrimento está unido à imperfeição.
2. Toda imperfeição, assim como toda falta que dela resulta, traz consigo o próprio castigo em suas consequências naturais e inevitáveis. Assim a doença decorre dos excessos e o tédio da ociosidade, sem que haja necessidade de uma condenação especial para cada falta ou indivíduo.
3. Como todo homem pode libertar-se das imperfeições, desde que o queira, pode igualmente anular os males consequentes e assegurar a sua felicidade futura.

Comentário: novamente, o adulterador incluiu nesse item um texto que não foi escrito na edição original, fazendo uso da sutileza das palavras para inserir um falso ensinamento em meio à clareza e ao bom senso com os quais

Allan Kardec elaborou seus trabalhos. Mesmo que apenas uma palavra tenha sido inserida numa obra após a morte de seu autor, ela deve ser eliminada, pois fere o direito moral inalienável.

Em francês, esse item da versão adulterada afirma: "<u>La souffrance est **attachée** à l'imperfection</u>" ("o sofrimento está unido à imperfeição").

Na edição original de Kardec, porém, no Capítulo VI, "O Purgatório", vamos encontrar: "La souffrance étant **inhérente** à l'imperfection" ("o sofrimento sendo inerente à imperfeição").

Há uma fundamental diferença entre os dois termos empregados.

Attachée (do verbo *attacher*: unir) significa unir uma coisa a outra, amarrá-las.

Já a condição de *inhérente* (adjetivo *inhérent-ente*: inerente) significa a relação entre uma coisa e uma qualidade que lhe é intrínseca, existindo apenas em relação a ela.

As duas frases, a falsa e a original, possuem significados diferentes.

Como o adulterador acredita que o sofrimento é um castigo divino tendo como causa a imperfeição, para ele são duas coisas diferentes que estão unidas: "<u>o sofrimento está unido à imperfeição</u>", que se relacionam como causa (imperfeição) e efeito (sofrimento como castigo físico e moral). Essa é a ideia heterônoma do pecado e do carma, que não pertence ao Espiritismo.

Já em Kardec, o sofrimento moral é inerente à imperfeição. A relação de inerência não é entre duas coisas, mas entre algo e sua condição ou qualidade. Podemos compreender pelo exemplo de uma vela acesa. O calor que se pode sentir aproximando a mão é inerente à chama. Desse modo, o calor vai cessar quando a chama chegar ao fim. Do mesmo modo, na teoria moral espírita, o sofrimento moral é inerente à condição de imperfeição do espírito. Quando o espírito superar a imperfeição pelo seu esforço de aperfeiçoamento, o sofrimento moral, inerente a ele, vai acabar.

Quanto a esse tema, diferente do item acrescentado, Allan Kardec é bem preciso neste parágrafo do Capítulo VI da versão original, "O Purgatório":

> Sendo o sofrimento inerente à imperfeição, sofre-se tanto tempo quanto se é imperfeito, assim como sofremos de uma doença enquanto não estejamos curados. Assim é que, enquanto for o homem orgulhoso, sofrerá as consequências do orgulho; enquanto for egoísta, sofrerá as consequências do egoísmo.

A adulteração das obras *O Céu e o Inferno* e *A Gênese*, de Allan Kardec, foi um ato equivocado dos adulteradores, que um dia vão reconhecer e se arrepender do mal que cometeram, e certamente vão retornar ao bem. Mas, com o tempo, a verdade sempre prevalece, e esses fatos estão hoje denunciados e conhecidos. No momento atual, a atitude ideal dos verdadeiros espíritas está em aprender com tudo isso que ocorreu. Primeiramente, restabelecendo as obras originais de Kardec. Depois, aproveitando os equívocos inseridos na quarta edição pelo adulterador para, por comparação, aprender a distinguir o verdadeiro do falso, evidenciando as sutilezas utilizadas pelos falsos profetas para alterar o sentido original da teoria moral espírita. Assim, o espírita poderá fazer do mal um bem. Do equívoco, o entendimento. Da adversidade, um instrumento de reparação.

CONCLUSÃO: O PORVIR

A grande maioria dos espíritas recebeu em sua infância uma educação moral baseada nos dogmas das religiões ancestrais, sendo levada a ver em Deus uma figura que inspira temor. Uma ideia falsa da vida, na qual as coisas boas seriam uma graça divina e as coisas ruins, um castigo implacável do Criador. A humanidade ficaria erroneamente dividida entre pretensos escolhidos e renegados. É claro que todos querem estar entre os predestinados e uma disputa se instaura, na qual o orgulho prevalece e massas são desprezadas, relegadas à servidão e falta de cultura, em virtude dessa grande ilusão do velho mundo.

Vendo pessoas egoístas tendo tudo que a matéria pode proporcionar para seu deleite e prazer, e outras simples sofrendo as misérias e tribulações, diante de seus próprios problemas, aquele que crê pensa:

– Mas eu não faço nada errado tão grave para ser tão penalizado! – E clama desesperado em suas preces para Deus.

Também a cultura do pecado deixa os indivíduos acuados diante de novos caminhos, pelo medo de tomar uma decisão e errar. Pensando:

– Melhor não fazer nada do que agir por si mesmo, correndo o risco de errar e ser castigado.

Quanto ao futuro, está aí a maior das incertezas! Pois, como todos vivem entre erros e acertos durante a vida, qual seria o destino de cada um após a morte? Qual será o merecimento diante do julgamento final? Um sofrimento eterno ou o jardim das delícias? Mas e quanto aos amigos e familiares, será que o destino deles será diferente do nosso? Há quem fique em dúvida se a separação não seria ainda pior que sofrer eternamente no Inferno!

Os dogmas do velho mundo causam insegurança, dúvida, levando as multidões a obedecer passivamente, aceitando o que lhes é imposto pelos dominadores. E é para manter essa ordem injusta das coisas que há uma luta travada por alguns cegos da verdade para impedir que a educação e a liberdade tornem-se os instrumentos de um mundo novo, onde a esperança e a paz serão as bandeiras da humanidade.

A tarefa do Espiritismo consiste nisso mesmo, retomar o estandarte da liberdade, antevista por Sócrates, Platão, Moisés e outros precursores, mas plantada no solo da Terra pela mensagem renovadora de Jesus. Ele demonstrou como a sociedade instituída estava podre por dentro e caiada por fora. Não há justificativa para manter uma elite da humanidade usufruindo de todos os privilégios enquanto as massas trabalham como autômatos, tratadas como animais, sem poder fazer uso das faculdades de sua alma – pois só com a liberdade é que vão receber a oportunidade de agir por suas próprias escolhas. A natureza do espírito humano é solidária e, tendo uma oportunidade, os simples vão demonstrar todo o seu potencial de elevar a humanidade ao padrão excelente de convívio, numa relação humana vívida e salutar. Não passa de um mito equivocado a opinião de que o ser humano é egoísta por natureza. Pois essa imperfeição é fruto dos maus hábitos do espírito que sabe do erro que está cometendo. Estão mesmo entre os mais inteligentes deste mundo em elaboração aqueles que penam pelos apegos nos quais se emaranharam no passado e hoje sofrem em virtude da lei universal.

Jesus trouxe nova luz aos que sofrem, demonstrando que, ao fazer uso das dificuldades da vida para seu próprio aprendizado, o espírito está acumulando conquistas no mundo espiritual, onde a lei é a de Deus e o bem é a medida de real valor. Lá não se medem posses, títulos, conquistas materiais nem a nobreza dos nomes. No mundo espiritual, a felicidade é o resultado do esforço na conquista das virtudes. E servir é a meta de todos.

Jesus fez cair as máscaras dos falsos profetas, que tomam os textos sagrados para si, deturpando o sentido original para justificar suas iniquidades. São os cavaleiros do apocalipse, pois carregam em suas mãos o açoite com o qual julgam o próximo sem enxergar seus próprios delitos. Esse açoite será voltado para eles mesmos quando o inevitável arrependimento os trouxer para a luz, onde verão o caminho iníquo que tomaram. Então darão novos passos, de volta ao seio de Deus, de onde nunca saíram.

A mensagem de Jesus representa o cavaleiro da esperança, que afasta as falsas interpretações mostrando a boa-nova onde realmente ela está: o reino de Deus se estabelece pela caridade desinteressada, quando a atitude do bem é consciente, voluntária e independente de castigos e recompensas. A boa-nova de Jesus é a da responsabilidade pessoal e do julgamento do mundo velho, que teve sua função no começo da civilização, mas que agoniza e deve morrer nos tempos que são chegados.

Representa o cavaleiro da esperança a chegada do Espírito da Verdade, ombreando com os espíritos superiores na elaboração da doutrina espírita organizada por Allan Kardec em suas magistrais obras. Esse missionário, auxiliado por sua dedicada esposa, Amélie, e pelos pioneiros fiéis que abraçaram a tarefa, deu sua vida e sua saúde para cumprir a sua meta. E foi feliz e bem-sucedido, trazendo a luz em seus escritos.

Maktub! Já estava escrito. Grandes transformações enfrentam enormes resistências. E o Espiritismo, como ponto fundamental da revolução moral da humanidade, teve o maior dos escolhos: um golpe nos planos de perpetuação do Espiritismo com uma infame e terrível adulteração de suas obras conclusivas. Mas, como a própria teoria moral espírita ensina, sendo fundamentada na mais absoluta autonomia intelecto-moral, toda adversidade é uma oportunidade, um meio de progresso. As leis naturais da alma diferem das leis da matéria inerte. Pois a matéria tende sempre à dispersão, ao desfazimento, como um copo que se quebra e se faz em pedaços. A alma, por sua vez, tende ao progresso como conquista, à complexidade de suas faculdades, à busca incessante pela lucidez e completude. A alma se refaz, se supera, contorna obstáculos, enfrenta sempre qualquer impedimento com altivez, pois sabe que se sairá sempre melhor na próxima tentativa. A alma foi criada para ser feliz, como dona de seu destino. Assim, sendo obra dos espíritos, o Espiritismo contornará todos os obstáculos, colherá os frutos do progresso, empreenderá sua completude dia a dia, trazendo aos homens um farol indicativo da meta para o futuro feliz da humanidade.

Cada geração tem sua tarefa, a sua missão. Esta fase atual, dos espíritas verdadeiros, é a de restabelecer o Espiritismo, recuperar os ensinamentos grafados por Kardec em suas obras a partir dos ensinamentos dos espíritos superiores.

É a retomada da boa nova, que surge como um sol resplandecente em meio às nuvens escuras que se dissipam pela ação dos raios luminosos. A tarefa é a de mergulhar nos estudos, comparando, denunciando as falsas ideias como quem separa o joio do trigo. Plantar as sementes no terreno sólido da liberdade, pois a humanidade está sedenta, clama amplamente pela água que sacia o espírito, o entendimento que liberta.

A maior garantia de que o futuro melhor será estabelecido está no fato de que os ensinamentos espíritas são reflexos das leis naturais da alma. As leis divinas regem os universos por toda a eternidade. Os espíritos superiores, que podem olhar as imensidões com um alcance impossível para os homens, possuem um claro entendimento da harmonia que a tudo rege. A harmonia universal faz da diversidade absoluta dos seres e dos mundos o equivalente à bondade e inteligência de Deus. Somente aqueles de visão estreita que habitam um planeta ainda em construção é que ficam temerosos por não poder enxergar além dos limites de seus sofrimentos temporários. Mas dá para imaginar o que os espera no porvir; é só idealizar, a partir dos ensinamentos libertadores espíritas, o que os espera, o destino fatal de todos, que é a plena felicidade. Faça o seguinte exercício: imagine-se no mundo, vendo um solo frio e úmido abaixo de si, e nuvens espessas e negras por todo o firmamento. Olhando para os lados, só desolação e falta de fé. Por esse olhar, não há esperança e um futuro melhor parece uma ilusão. Mas então faça a ação que os bons espíritos inspiram. Feche os olhos. Imagine-se portador de uma força que toma todo o seu ser, dando-lhe o poder de levitar. Sinta-se subindo às alturas, ultrapassando as nuvens e tempestades. E então olhe para baixo, veja que as nuvens são localizadas, móveis, mudam de lugar, se extinguem, formam-se outras, mas não são absolutas. Há focos de luz, terras férteis, trabalho incessante, esperanças espalhadas por todo o orbe. Perceba a diferença enorme entre as conclusões tiradas de um ponto de vista limitado e as tiradas de um mirante de onde se pode observar o todo das coisas. Dando continuidade ao exercício, vá transferindo seu olhar da Terra para o espaço. Toda a arrebatadora luz do Sol vai fazê-lo cobrir os olhos. Mesmo assim, com os olhos cerrados, ainda será aquecido ternamente e a claridade se revelará sempre presente. Ou seja, nessas alturas, a presença do astro é plena, constante.

Dando prosseguimento, depois de sentir como o calor e a luz do Sol cumprem a função de manter a vida na Terra, mesmo que os olhos não possam percebê-los, impulsione seu corpo em direção ao infinito. Os orbes às centenas, aos milhares, aos trilhões incontáveis passarão à sua volta, nessa caminhada sem fim. Cada um desses planetas já é, foi ou será povoado pelas humanidades. A vida é a finalidade da natureza. Tudo caminha do simples ao complexo, desde a partícula ao espírito superior. E, inevitavelmente, todos os seres vão percorrer essa linha evolutiva interminável. Veja, em seu exercício, como as humanidades estão representadas por todas as faixas da evolução. As que iniciam primitivas abrigam as almas simples e ignorantes, em suas primeiras vidas humanas. Ainda se submetem aos instintos, sem responsabilidade pelos atos, mas aos poucos despertam suas faculdades. Outros planetas estão como a Terra, onde o mal ainda predomina, em virtude do egoísmo e do orgulho de parte de seus habitantes. Mas todos vão conquistar progressivamente a superação de suas imperfeições pelo seu esforço.

Continuando essa viagem esclarecedora, pouse num dos planetas felizes e então verá a paz e a felicidade estabelecida pelos valores de seus habitantes. Como todos respeitam as leis morais, agindo por dever, não é necessária a lei humana, todos se libertaram do ilusório conceito de castigo e recompensa. A vida é simples e harmônica, pois todos os problemas são resolvidos de modo a respeitar a solução mais conveniente para todos, não havendo assim injustiças. Tudo está em pleno acordo com a natureza, não há exploração nem abuso. Vive-se apenas pelos frutos dos próprios méritos e conquistas, ninguém faz do outro um instrumento de seus próprios objetivos, pois a autonomia é o maior bem de todos.

Depois dessa viagem imensa, volte para o solo úmido e frio, debaixo das nuvens espessas que cobrem o céu. O que resta dessa promissora viagem? Resta a certeza, pela própria experiência, de que essa condição é temporária, um dos passos que levará ao mundo feliz que visitou. E isso não se dará por um gesto de graça divina, mas segundo os esforços dos próprios habitantes deste mundo, que trabalharão para conhecer a si mesmos, identificando assim as tarefas que empreenderão nas próximas vidas, pelas próprias escolhas de seus desafios.

O que resta, diante desses transformadores esclarecimentos espíritas, é a fé raciocinada. A certeza de que a compreensão das leis naturais oferece tanto para a Física, Química e Biologia como dará para a educação, na revolução moral que está preparada e já se iniciou. O futuro segundo o Espiritismo é lógico e confirmado pelos fatos. Condizente com a grandeza, bondade e justiça de Deus. Acolhe aqueles em dúvida ou que foram iludidos pelos falsos dogmas e desejam mais. Será inutilmente combatido. Os tempos estão chegados, o porvir é de esperança; portanto, mãos à obra e olhar no infinito!

Um Espírito.

REFERÊNCIAS BIBLIOGRÁFICAS

AMADO, Jorge. *Bahia de todos os Santos:* guia de ruas e mistérios de Salvador. São Paulo: Companhia das Letras, 2012.

CAILLIÉ, René. *Les Évangiles expliqués en esprit et en vérité par Moïse, les évangélistes et les apôtres*: œuvre de Roustaing, Spiritisme chrétien, révélation de la révélation analyse et résumé par René Caillié. Nantes: Imp. de Roncot Péault, 1884.

CHAVES, Antônio. O Direito Moral após a Morte do autor. *Revista Forense*. Rio de Janeiro, v. 298, n. 83, p. 428-429, 1987.

CHAVES, José Reis. *Bíblia, novo testamento*. Santa Luzia: Cristo Consolador, 2019.

COLLIGNON, Émilie. *Entretiens familiers sur le Spiritisme*. Paris; Bordeaux: Chez Ledoyen Livraire; Feret et Barbet, 1865.

DOUGNAG, Marie-Thérèse; GUILBAUD, M. Le Dépôt légal : son sens et son évolution. *Bulletin des bibliothèques de France (BBF)*, n. 8, p. 283-291, 1960. Disponível em: http://bbf.enssib.fr/consulter/bbf-1960-08-0283-002. Acesso em 30 de janeiro de 2020.

EBY, Frederick. *História da educação moderna*: teoria, organização e práticas educacionais. 2ª ed. Porto Alegre; Brasília: Globo: INL, 1976.

FEDERAÇÃO ESPÍRITA BRASILEIRA (FEB). *Esboço histórico da Federação Espírita Brasileira*. Rio de Janeiro: Livraria da FEB, 1924. p. 16-8.

FIGUEIREDO, Paulo Henrique de D. *Revolução Espírita, a teoria esquecida de Allan Kardec*. 2ª ed. São Paulo: FEAL; MAAT, 2016.

_____. *Mesmer*: a ciência negada do magnetismo animal. 4ª ed. São Paulo: FEAL; MAAT, 2017.

_____. *Autonomia:* a história jamais contada do Espiritismo. 2.ª ed. São Paulo: FEAL, 2019.

FROPO, Berthe. *Muita luz*. 2ª ed. revista e ampliada. Trad. Ery Lopes e Rogério Miguez. São Paulo: Fraternidade Luz Espírita, 2018. Disponível em: http://luzespirita.org.br/leitura/pdf/L158.pdf. Acesso em: ago. 2020.

GATTAI, Zélia. *Um chapéu para viagem*. São Paulo: Companhia das Letras, 2019.

GOIDANICH, Simoni Privato. *El Legado de Allan Kardec*. Buenos Aires: Confederación Espiritista Argentina, 2017. [Ed. bras.: *O Legado de Allan Kardec*. São Paulo: Edição USE; CCDPE, 2018.]

GOMEZ, David Sacristan. "Los inicios de la expansión de las ideas de Pestalozzi en Francia". *Revista Española de Pedagogía*, ano XI, n. 157, jun.--set. 1982.

GUIZOT, F. *Méditations et études morales*. 5ª ed. Paris: Didier et Cie, 1861.

JANET, Paul. *Tratado elementar de filosofia*. Rio de Janeiro: B. L. Garnier, 1885-1886.

JOUFFROY, Théodore. *Mélanges philosophiques*. Paris: Paulin, 1833.

_____. *Cours de droit naturel*. 4ª ed. Paris: Hachette, 1866.

KARDEC, A. *O Livro dos Espíritos*. 76ª ed. Brasília: FEB, [1860] 1995.

_____. *O que é o Espiritismo? Introdução ao conhecimento do mundo invisível*. 37ª ed. Brasília: FEB, [1859] 1995.

_____. *O Livro dos Médiuns*. 62ª ed. Brasília: FEB, [1861] 1996.

_____. *O Evangelho Segundo o Espiritismo*. 112ª ed. Brasília: FEB, [1864] 1996.

_____. *O Céu e o Inferno, ou a justiça divina segundo o Espiritismo*. 40ª ed. Brasília: FEB, [1865] 1995.

_____. *A Gênese*. Obra aprovada, traduzida e publicada sob os auspícios da Sociedade Acadêmica Deus, Cristo e Caridade. Rio de Janeiro: Garnier, [1868] 1882.

_____. *A Gênese, os milagres e as predições segundo o Espiritismo*. 2ª ed. São Paulo: Fundação Espírita André Luiz (FEAL), [1868] 2018. [Conf. 1ª edição original.]

_____. *Obras Póstumas*. 26ª ed. Brasília: FEB, [1890] 1996.

_____. *Catálogo racional de obras para se fundar uma biblioteca espírita*. 2ª ed. Ed. fac-similar bilíngue histórica. Introd. Florentino Barrera. Ilustr. e notas. Eduardo Carvalho Monteiro. Trad. Júlia Vidili. São Paulo: Madras; USE [1869] 2004.

_____. *Revista Espírita*: Jornal de Estudos Psicológicos. Primeiro ano – 1858. Araras: Instituto de Difusão Espírita, [RE] 1858. [versão digital.]

_____. *Revista Espírita*: Jornal de Estudos Psicológicos. Segundo ano – 1859. Araras: Instituto de Difusão Espírita, [RE] 1859. [versão digital.]

_____. *Revista Espírita*: Jornal de Estudos Psicológicos. Terceiro ano – 1860. Araras: Instituto de Difusão Espírita, [RE] 1860. [versão digital.]

_____. *Revista Espírita*: Jornal de Estudos Psicológicos. Quarto ano – 1861. Araras (SP): Instituto de Difusão Espírita, [RE] 1861. [versão digital.]

_____. *Revista Espírita*: Jornal de Estudos Psicológicos. Quinto ano – 1862. Araras: Instituto de Difusão Espírita, [RE] 1862. [versão digital.]

_____. *Revista Espírita*: Jornal de Estudos Psicológicos. Sexto ano – 1863. Araras: Instituto de Difusão Espírita, [RE] 1863. [versão digital.]

_____. *Revista Espírita*: Jornal de Estudos Psicológicos. Sétimo ano – 1864. Araras: Instituto de Difusão Espírita, [RE] 1864. [versão digital.]

_____. *Revista Espírita*: Jornal de Estudos Psicológicos. Oitavo ano – 1865. Araras: Instituto de Difusão Espírita, [RE] 1865. [versão digital.]

_____. *Revista Espírita*: Jornal de Estudos Psicológicos. Nono ano – 1866. Araras: Instituto de Difusão Espírita, [RE] 1866. [versão digital.]

_____. *Revista Espírita*: Jornal de Estudos Psicológicos. Décimo ano – 1867. Araras: Instituto de Difusão Espírita, [RE] 1867. [versão digital.]

_____. *Revista Espírita*: Jornal de Estudos Psicológicos. Décimo primeiro ano – 1868. Araras: Instituto de Difusão Espírita, [RE] 1868. [versão digital.]

_____. *Revista Espírita*: Jornal de Estudos Psicológicos. Décimo segundo ano – 1869. Araras: Instituto de Difusão Espírita, [RE] 1869. [versão digital.]

_____. *Revue Spirite*: Journal d'Études Psychologiques. Anne 1869. Paris: Union Spirite Française et Francophone, [RE] 1869b.

L'AVENIR: moniteur du Spiritisme. Edições de 11/5/1865, 25/5/1865, 11/12/1865, 28/12/1865 e 15/3/1866. Paris.

LE MANSOIS DUPREY. Théophile-Gustave-Alphonse. *Cours de philosophie élementaire em L'École Normale*: Journal de l'Enseignement Pratique. v. 13. Paris: Larousse et Boyer, 1864.

LOUREIRO, Carlos Bernardo. *Outras Dimensões*: o enigma das aparições. Salvador: Pool & Art, 1994.

_____. *Espiritismo e Magnetismo, de Paracelso à psicotrônic*a. São Paulo: Mnêmio Túlio, 1997.

_____. O ideal enxerga-se por clareiras que dão para o infinito. Telma.org.br, 8 dez. 2018. Disponível em: <http://www.telma.org.br/artigos/o-ideal-enxerga-se-por-clareiras-que-dao-para-o-infinito>. Acesso em: 28 dez. 2019. [Publ. original *Jornal Suplemento Literário*, ago. 1996.]

MENEZES, Joyceane Bezerra de; OLIVEIRA JÚNIOR, Vicente de Paulo Augusto de, "Limites ao direito autoral *post mortem*", in *Revista de Direitos Fundamentais e Democracia*, Curitiba, v. 11, n. 11, 2012.

NOGUEIRA, J. "Alterações realizadas em *A Gênese* após a sucessão hereditária de Allan Kardec. Depósito legal e a alteração de conteúdo. Direito moral e a garantia da integridade da obra". Telma.org.br, 1º jun. 2020. Disponível em: <http://www.telma.org.br/artigos/alteracoes-realizadas-em-a-genese-apos-a-sucessao-hereditaria-de-allan-kardec-deposito-legal-e-a-alteracao-de-conteudo-direito-moral-e-a-garantia-da-integridade-da-obra>. Acesso em: 28 dez. 2019.

PAILLIET, Jean-Baptiste. *Manuel de droit français*. Paris: Desoer, 1824.

PEZZANI, A. *Les Bardes Druidiques*: synthèse philosophique au XIXe siècle. Paris: Librairie Académique Didier; Cie. Libraires-Éditeurs, 1865.

RIVIÈRE, H-F. *Commentaires de la loi du 24 juillet 1867 sur les sociétés*. Paris: A. Marescq, Ainé, Libraire-Éditeur, 1868.

ROUSSET, G. *Nouveau code annoté de la presse pour la France, l'Algérie et les colonies ou Concordance synoptique et annotée de toutes les lois sur l'imprimerie, la librairie, la proprieté littéraire, la presse périodique, le colportage, l'affichage,* le criage, les théatres et tous autres moyens de publication depuis 1789 jusqu'a 1856. Paris: Cosse, Imprimeur-Éditeur, 1856.

ROUSTAING, J.-B. *Os Quatro Evangelhos*. Brasília: FEB, 1996.

_____. *Les quatre Évangiles de J.-B. Roustaing*: réponse a ses critiques et a ses adversaires. Bordeaux: J. Durand, 1882. [Ed. bras.: *Os Quatro Evangelhos de J.-B. Roustaing*: resposta a seus críticos e a seus adversários, editado pelos discípulos de J.-B. Roustaing. Rio de Janeiro: Folha Carioca Editora, 2007.]

SAUSSE, Henri. *Biografia de Allan Kardec*, Rio de Janeiro: FEB, 2012.

UNION SPIRITE FRANÇAISE. *J.-B. Roustaing devant le Spiritisme*: réponse à ses élèves. Paris: Bureaux du Journal Le Spiritisme, 1883.

WANTUIL, Zeus; THIESEN, Francisco. *Allan Kardec*: o educador e o codificador. Rio de Janeiro: FEB, 2019.

WEISS, Brian. *A Divina Sabedoria dos Mestres*. 3ª ed. Rio de Janeiro: Sextante, 1999.

APÊNDICES

Apêndice 1

• • •

O PREFÁCIO E O CAPÍTULO VIII DA EDIÇÃO ORIGINAL DE O CÉU E O INFERNO

APRESENTAÇÃO

O restabelecimento dos textos legítimos de *O Céu e o Inferno*, como propostos originalmente por Kardec em sua primeira edição, revela a revolucionária moral espírita, baseada no conceito da autonomia e na responsabilidade pessoal pelo domínio de si mesmo, absolutamente independente de castigo ou recompensa. A adulteração da obra havia inserido falsos conceitos, refletindo dogmas heterônomos opostos à doutrina espírita.

Trazemos ao leitor o Prefácio e o Capítulo VIII da primeira edição de *O Céu e o Inferno* (1865), as duas partes da obra que sofreram as intervenções mais relevantes na adulteração realizada na quarta edição, em 1869, cerca de quatro meses após a desencarnação de Allan Kardec.

Quanto ao Prefácio, Kardec deu-lhe grande importância, utilizando-o de forma resumida no anúncio de lançamento da obra, na *Revista Espírita* de setembro de 1865. Trata-se de um texto essencial porque explica a forma de construção da obra no contexto da codificação espírita, observando com rigor os princípios e critérios que lhe conferem força, especialmente no que toca ao controle universal dos ensinos dos espíritos.

Kardec apresenta sua nova obra e as outras posteriores a *O Livro dos Espíritos* como desdobramentos ou revelações complementares sucessivas dos ensinos dos Espíritos, que são transmitidos no momento oportuno. Depois, destaca que nada foi inserido "que seja o produto de um sistema preconcebido ou de uma concepção pessoal", sendo conveniente omitir os nomes dos médiuns, já que a revelação espírita não é privilégio de ninguém.

Com relação ao Capítulo VIII original, trata-se do coroamento da questão moral no Espiritismo, pois, a partir da observação e do critério da universalidade, Allan Kardec expõe de forma objetiva as leis relativas ao futuro da alma, de onde emerge a autonomia intelecto-moral do Espírito. O estudo minucioso e atento desses textos resgatados em sua originalidade trará ao leitor toda a esperança e motivação que a teoria moral espírita da autonomia tem a finalidade de trazer à humanidade.

Por meio dessas leis e dos conceitos ressignificados por Kardec, compreende-se a trajetória da alma, que, de acordo com as escolhas, que são de sua inteira responsabilidade, pode passar pelos processos de sofrimento, arrependimento, expiação e reparação, ao mesmo tempo que experimenta aumento gradual de felicidade, em razão de seu aperfeiçoamento.

Os textos a seguir encontram-se na edição original de *O Céu e o Inferno*, da editora FEAL, com tradução de Emanuel Dutra e notas de rodapé explicativas por Paulo Henrique de Figueiredo.

O CÉU E O INFERNO, PRIMEIRA EDIÇÃO ORIGINAL
PREFÁCIO[74]

O título desta obra indica claramente seu objeto. Nela reunimos todos os elementos pertinentes para o esclarecimento do homem acerca de seu destino. Como em nossos outros escritos sobre a doutrina espírita, nada inserimos que seja o produto de um sistema preconcebido ou de uma concepção pessoal, o que não teria nenhuma autoridade: tudo na obra é deduzido da observação e da concordância dos fatos.

O Livro dos Espíritos contém as bases fundamentais do espiritismo; é a pedra angular do edifício. Todos os princípios da doutrina estão ali expostos, até os que devem constituir seu coroamento. Era preciso, no entanto, mostrar-lhe os desdobramentos, deduzir-lhes todas as consequências e todas as aplicações, à medida que tais bases emergissem do ensino complementar dos Espíritos e de novas observações. Foi o que fizemos em *O Livro dos Médiuns* e em *O Evangelho segundo o Espiritismo* a partir de pontos de vista específicos. É o que fazemos nesta obra, desde um outro ponto de vista, e é o que faremos sucessivamente nas que nos restam publicar e que virão a seu tempo.

As ideias novas só frutificam quando a terra está preparada para recebê-las. Ora, por *terra preparada* não se devem entender algumas inteligências precoces — que só dariam frutos isolados — mas um certo conjunto na predisposição

---

74. Este Prefácio da edição original de *O Céu e o Inferno*, de 1865, foi integralmente suprimido na edição adulterada de 1869.

geral, a fim de que não somente dê frutos mais abundantes, mas que a ideia, achando um maior número de pontos de apoio, encontre menos oposição e esteja mais forte para resistir a seus antagonistas. *O Evangelho segundo o Espiritismo* já foi um passo adiante; *O Céu e o Inferno* é um passo a mais, cujo alcance será facilmente compreendido, pois ele toca no ponto nevrálgico de certas questões, conquanto não devesse vir mais cedo[75].

Se considerarmos a época em que surgiu o espiritismo, reconheceremos sem dificuldade que ele veio no momento oportuno, nem muito cedo, nem muito tarde. Mais cedo, teria malogrado, uma vez que — não sendo tão numerosas as simpatias — ele teria sucumbido aos ataques de seus adversários. Mais tarde, teria perdido a ocasião favorável para desabrochar; as ideias poderiam tomar outro rumo, do qual seria difícil desviá-las. Era preciso deixar às velhas ideias o tempo de desgastarem-se, provando sua insuficiência, antes de se apresentarem as novas.

As ideias prematuras fracassam porque não se tem maturidade para compreendê-las e porque não se faz sentir ainda a necessidade de uma mudança de posição. Hoje é evidente para todo o mundo que um imenso movimento se manifesta na opinião pública; uma reação formidável se opera progressivamente contra o espírito estacionário ou retrógrado da rotina[76]; os satisfeitos da véspera são os impacientes do amanhã. A humanidade testemunha um processo de gestação; existe algo no ar, um poder irresistível que a impele para a frente. Ela é como um jovem saído da adolescência que entrevê novos horizontes, sem conseguir defini-los, e que se desfaz dos traços da infância.

---

75. Posteriormente, em 1868, Allan Kardec iria publicar sua última obra, *A Gênese: os milagres e as predições segundo o Espiritismo*, completando assim, com a coleção da *Revista Espírita*, o seu legado. [N. T.]

76. Depois da Revolução Francesa, instaurou-se na França, de forma predominante, o materialismo nas ciências e organizações sociais, como resposta cética ao fanatismo religioso dos séculos anteriores. Todavia, a doutrina do nada causava repúdio em pensadores e nas massas. Surgiu então uma reação espiritualista, não em meio às religiões, mas na academia e nas universidades, propondo o estudo racional e experimental do ser humano, considerado como "alma encarnada". Foi o Espiritualismo Racional, que rompeu com a moral heterônoma das religiões ancestrais e do materialismo, propondo a liberdade como fundamento da moral. Essa reação abriu caminho para o Espiritismo, que dela foi o desenvolvimento. Por isso, a doutrina espírita surgiu no momento certo, nem mais cedo, nem mais tarde. Veja mais no artigo "Reação das ideias espiritualistas", de Allan Kardec, na *Revista Espírita*, p. 1, out. 1863.

Desejamos algo melhor, alimentos mais sólidos para a razão, mas esse melhor ainda é indefinido: procuramo-lo. Todos trabalham por ele, desde o crente até o incrédulo, desde o operário até o sábio. O universo é um vasto canteiro de obras; uns demolem, outros reconstroem; cada um lapida uma pedra para o novo edifício cujo plano definitivo somente o Grande Arquiteto possui, e cuja estrutura somente será compreendida quando suas formas começarem a se delinear sobre a superfície do solo. É o momento que a soberana sabedoria escolheu para a chegada do Espiritismo.

Os Espíritos que presidem o grande movimento regenerador agem então com mais sabedoria e previdência do que o fariam os homens, porque a visão daqueles engloba a marcha geral dos acontecimentos, enquanto nós outros somente vemos o círculo limitado de nosso horizonte. Tendo chegado os tempos da renovação, conforme os decretos divinos, era necessário que, em meio às ruínas do velho edifício, o homem entrevisse, para não esmorecer, as bases da nova ordem das coisas. Era preciso que o marinheiro pudesse distinguir a estrela polar que deve guiá-lo ao porto.

A sabedoria dos Espíritos — demonstrada pelo aparecimento do espiritismo e revelada quase que instantaneamente por toda a Terra na época mais propícia — não é menos evidente na ordem e na gradação lógica das revelações complementares sucessivas. Não é preciso que ninguém constranja a vontade dos Espíritos neste sentido, pois eles não regulam seus ensinamentos de acordo com a impaciência dos homens. Não nos basta dizer: "Gostaríamos de ter tal coisa" para que ela nos seja dada; e menos ainda nos convém dizer a Deus: "Julgamos que é chegada a hora de nos dardes tal coisa; nós mesmos nos julgamos muito avançados para recebê-la", pois equivaleria a dizer-Lhe: "Sabemos melhor que Vós o que convém fazer." Aos impacientes, os Espíritos respondem: "Começai primeiro por saber bem, compreender bem e, sobretudo, praticar bem o que sabeis, a fim de que Deus vos julgue dignos de aprender mais. Depois, quando o momento chegar, saberemos agir e escolheremos nossos instrumentos."[77].

---

77. O Espiritismo se diferencia das outras manifestações com base no intercâmbio com o mundo espiritual porque a doutrina espírita é de iniciativa dos espíritos superiores, e cabe aos homens a sua elaboração. Portanto, não é possível definir princípios sem que os bons espíritos definam o momento certo. O Espiritismo é progressivo, mas qualquer princípio precisa passar pelo duplo controle: uma lógica rigorosa e o ensinamento universal dos espíritos superiores. Essa é a sua garantia de legitimidade.

A primeira parte desta obra, intitulada *Doutrina*, contém o exame comparado das diversas crenças sobre o céu e o inferno, os anjos e os demônios, as penas e as recompensas futuras. Os dogmas das penas eternas é tratado aí de uma maneira especial, sendo refutado por argumentos colhidos das próprias leis da Natureza e que demonstram não somente o lado ilógico centenas de vezes já assinalado, como sua impossibilidade material. Com as penas eternas, caem naturalmente as consequências que se acreditava delas poder tirar.

A segunda parte encerra numerosos exemplos que apoiam a teoria, ou melhor, que serviram para estabelecer a teoria. A autoridade destes exemplos baseia-se na diversidade dos tempos e dos lugares em que foram obtidos, porquanto, se emanassem de uma única fonte, poder-se-ia considerá-los como o produto de uma mesma influência. Baseia-se esta autoridade, além disso, na sua concordância com o que se obtém todos os dias, em todos os lugares onde alguém se ocupe das manifestações espíritas sob um ponto de vista sério e filosófico. Tais exemplos poderiam ser multiplicados ao infinito, pois não há centro espírita que deles não possa fornecer uma notável quantidade; para evitar repetições cansativas, tivemos que escolher entre os mais instrutivos. Cada um desses exemplos é um estudo onde todas as palavras têm seu valor para quem quer que reflita com atenção sobre estas, visto que de cada ponto jorra uma luz sobre a situação da alma após a morte, assim como sobre a passagem — até agora tão obscura e tão temida — da vida corpórea à vida espiritual. É o guia do viajante antes de entrar num país novo. A vida de além-túmulo aí se desdobra em todos os seus aspectos, como um vasto panorama. Todos poderão nele haurir novos motivos de esperança e de consolação, assim como novas bases para fortalecer sua fé no futuro e na justiça de Deus.

Nesses exemplos, escolhidos em sua maioria entre casos contemporâneos, ocultamos os nomes próprios todas as vezes que julgamos útil fazê-lo, por motivos de conveniência facilmente apreciáveis. Quem por eles se interessar há de reconhecê-los prontamente. Para o público, nomes mais ou menos conhecidos, e algumas vezes totalmente desconhecidos, nada teriam acrescentado à instrução que se pode tirar desses exemplos.

As mesmas razões que nos levaram a omitir os nomes dos médiuns em *O Evangelho segundo o Espiritismo* fizeram com que os omitíssemos também nesta obra, feita mais para o futuro do que para o presente. Os médiuns têm ainda menos interesse nisso, porque não poderiam atribuir a si o mérito de algo em que seu próprio espírito não teve qualquer participação. Além disso, a mediunidade não é prerrogativa de tal ou qual indivíduo, mas uma faculdade fugidia, subordinada à vontade dos Espíritos que querem se comunicar; faculdade que possuímos hoje e pode amanhã faltar, e que nunca é aplicável a todos os Espíritos indistintamente, não constituindo, por isso mesmo, um mérito pessoal como o seria um talento adquirido pelo trabalho e pelos esforços da inteligência. Os médiuns sinceros, aqueles que compreendem a importância de sua missão, consideram-se instrumentos que a vontade de Deus pode incapacitar quando Lhe aprouver, caso não atuem segundo seus desígnios. Eles são felizes por possuírem uma faculdade que lhes permite ser úteis, porém disso não se envaidecessem de modo algum. De resto, cingimo-nos nesse ponto aos conselhos dos nossos guias espirituais[78].

Quis a Providência que a nova revelação não fosse o privilégio de ninguém, mas que tivesse seus mensageiros por toda a Terra, em todas as famílias, entre os grandes como entre os pequenos, conforme estas palavras de que os médiuns de nossos dias são o cumprimento: "Nos últimos tempos, diz o Senhor, derramarei o meu Espírito sobre toda a carne. Vossos filhos e vossas filhas profetizarão, vossos jovens terão visões e vossos velhos terão sonhos. Nesses dias, derramarei do meu Espírito sobre os meus servos e servas, e eles profetizarão". (At, 2:17–18.)

Mas também foi dito: "Haverá falsos Cristos e falsos profetas."[79] (V. *O Evangelho segundo o Espiritismo*, cap. XXI.)

Ora, esses últimos tempos são chegados. Não é o fim do mundo material, como se acreditou, mas o fim do mundo moral, em outras palavras, a era da regeneração.

---

78. O Espiritismo exige dos médiuns uma total independência financeira em relação ao exercício da atividade espírita, além do desprendimento das mensagens das quais é apenas portador, pertencendo aos espíritos que as transmitem. Na verdadeira proposta espírita, a idolatria, que é fruto da vaidade, é extinta pela atuação de médiuns sinceros, que se reconhecem como simples instrumentos.

79. Entre os escolhos do Espiritismo, que secunda a revolução moral da humanidade, estão os desvios causados pelos inimigos invisíveis, que encontram no egoísmo e no orgulho dos encarnados a base para elaborar falsas obras, deturpar ensinamentos, tentando atrasar a marcha do progresso. Mas este é inevitável, pois é regido pelas leis naturais da alma. Tudo vai se cumprir como previsto pelos espíritos superiores, pois os tempos estão chegados.

O CÉU E O INFERNO, PRIMEIRA EDIÇÃO ORIGINAL

CAPÍTULO VIII[80]
AS PENAS FUTURAS
SEGUNDO O ESPIRITISMO

Estando a sorte das almas nas mãos de Deus, ninguém pode neste mundo, por sua própria autoridade, decretar o código penal divino. Qualquer teoria não é mais que uma hipótese que só tem o valor de uma opinião pessoal e, por isso mesmo, pode ser mais ou menos engenhosa, racional, bizarra ou ridícula. Somente a sanção dos fatos pode conferir-lhe autoridade, fazendo-a passar à condição de princípio.[81].

Na ausência de fatos apropriados para definir sua concepção acerca da vida futura, os homens deram curso à sua imaginação e criaram essa diversidade de sistemas de que compartilharam e que compartilham ainda as crenças. Se alguns homens de elite, em diversas épocas, entreviram um lado da verdade, a massa ignorante permaneceu sob o império dos preconceitos que geralmente

---

80. Obs: este Capítulo VIII da edição original foi renumerado na edição adulterada como Capítulo VII. Os trechos negritados são os que foram suprimidos na adulteração e que agora restabelecemos, inclusive considerando a relocação de diversos textos, mas sem referência neste apêndice aos trechos inseridos ou manipulados. [N. E.]

81. Allan Kardec define os pressupostos da ciência espírita. Toda teoria, seja proposta por um homem ou um espírito, é uma opinião pessoal. As hipóteses vão do engenhoso ao ridículo. Por isso o Espiritismo se fundamenta na observação dos fatos, em milhares de depoimentos para extrair deles os princípios gerais, confirmando o ensinamento dos bons espíritos. É a universalidade do ensino dos espíritos. [N. E.]

lhe eram impostos[82]. A doutrina das penas eternas está nesse número. Esta doutrina teve sua época; hoje ela é repelida pela razão. Que colocar em seu lugar? Um sistema substituído por outro sistema, ainda que mais racional, sempre terá apenas maior probabilidade, mas não a certeza. É por isso que o homem, chegado a este período intelectual que lhe permite refletir e comparar, não encontrando nada que satisfaça completamente sua razão e responda às suas aspirações, vacila indeciso. Uns, apavorados pela responsabilidade do futuro e querendo gozar o presente sem constrangimento, procuram enganar-se e proclamam o nada após a morte, crendo assim manter a consciência tranquila; outros estão na perplexidade da dúvida; o maior número crê em algo, mas não sabe exatamente no que crê.

Um dos resultados do desenvolvimento das ideias e dos conhecimentos adquiridos é o método científico[83]. O homem quer crer, mas quer saber por que crê. Ele não se deixa mais levar por palavras. Sua razão vigorosa quer algo mais substancial que teorias. Em uma palavra, ele necessita dos fatos.

Deus, então, julgando que a humanidade saiu da infância, e que o homem está hoje maduro para compreender verdades de uma ordem mais elevada, permite que a vida espiritual lhe seja revelada por fatos que põem um termo às suas incertezas, fazendo cair os andaimes das hipóteses[84]. É a realidade após a ilusão.

A doutrina espírita, no que se refere às penas futuras, não é mais fundada sobre uma teoria preconcebida do que suas outras partes. Em tudo ela se apoia

---

82. Alguns pensadores, desde o surgimento das ciências, entreviram a verdade, misturada a falsas ideias, em seus sistemas. Entretanto, as massas foram mantidas sob os dogmas das religiões ancestrais, pela fé cega. Essa foi a situação quando do surgimento do Espiritismo. Veja mais sobre esse cenário cultural no artigo "Reação das ideias espiritualistas", *Revista Espírita*, p. 1, out. 1863. [N. E.]

83. O termo "positivismo" usado aqui por Allan Kardec faz referência ao pensamento científico, progressivo, baseado na observação dos fatos, e não ao sistema criado por Auguste Comte (1798-1857). [N. E.]

84. Quando a humanidade estava preparada, as ciências romperam com a autoridade imposta pela fé cega e pelo fanatismo, conquistando o conhecimento progressivo baseado nos métodos. O mesmo ocorre com o mundo espiritual por meio do Espiritismo, que faz da mediunidade o instrumento de observação para colher depoimentos de milhares de espíritos. Como afirma Kardec, é uma nova fase da humanidade. [N. E.]

sobre observações, sendo isso o que lhe dá autoridade. Ninguém então imaginou que as almas, após a morte, devessem se encontrar nesta ou naquela situação. São os próprios seres que deixaram a Terra que vêm hoje – **com a permissão de Deus e porque a humanidade entra numa nova fase** – nos iniciar nos mistérios da vida futura, descrever sua posição feliz ou infeliz, suas impressões e sua transformação na morte do corpo. Os espíritos vêm hoje, em suma, completar nesse ponto o ensino do Cristo.

Não se trata aqui da relação de apenas um espírito que poderia ver as coisas somente de seu ponto de vista, sob um único aspecto, ou ainda estar dominado pelos preconceitos terrestres, nem de uma revelação feita a um único indivíduo que poderia se deixar enganar pelas aparências, nem de uma visão extática que se presta às ilusões e é com frequência apenas o reflexo de uma imaginação exaltada[85], **mas de inúmeros intermediários disseminados sobre todos os pontos do globo, de tal sorte que a revelação não é privilégio de ninguém, que cada um pode ao mesmo tempo ver e observar, e que ninguém é obrigado a crer pela fé de outrem.**

As leis que daí decorrem são deduzidas apenas da concordância dessa imensidade de observações; esse é o caráter essencial e especial da doutrina espírita[86]. Jamais um princípio geral é retirado de um fato isolado nem da afirmação de um único Espírito, nem do ensinamento dado a um único indivíduo, nem de uma opinião pessoal. Qual seria o homem que poderia crer-se suficientemente justo para medir a justiça de Deus?

Os numerosos exemplos citados nesta obra para estabelecer a sorte futura da alma poderiam ser multiplicados ao infinito, mas, como cada um pode ob-

---

85. Ver abaixo, Capítulo VI, p. 61, e *O Livro dos Espíritos*, números 443, 444. [N. de Allan Kardec] Kardec referia-se na verdade ao último parágrafo do Capítulo V da edição original ("Inferno pagão e Inferno cristão"), no qual explica que o êxtase é o meio mais inseguro para obter revelações, o que também se vê nos referidos itens de *O Livro dos Espíritos*. [N. E.]

86. Os dogmas foram criados pelos homens, que criaram hipóteses e sistemas segundo seus interesses. Pitonisas, videntes, profetas, magos, eram todos eles médiuns, transmitindo as opiniões pessoais dos espíritos que por eles se comunicaram no decorrer dos séculos. A ciência espírita caracteriza-se pela diversidade de origem das comunicações, que podem ser confirmadas em qualquer parte do mundo, em qualquer tempo, caracterizando-se pela impessoalidade do conhecimento científico, caráter essencial e próprio da doutrina espírita. [N. E.]

servar outros análogos, seria suficiente de certa forma dar os tipos das diversas situações. Dessas observações pode-se deduzir as condições de felicidade ou infelicidade na vida futura; eles provam que a penalidade não falta a nenhuma prevaricação e que, conquanto não seja eterno, o castigo não é menos terrível segundo as circunstâncias.

O espiritismo não vem, portanto, por sua autoridade privada, formular um código de fantasia; sua lei[87], no que se refere ao futuro da alma, deduzida de observações feitas sobre o fato, pode ser resumida nos pontos seguintes:

1º A alma ou espírito, sujeita-se, na vida espiritual, às consequências de todas as imperfeições das quais ela não se despojou durante a vida corporal. Seu estado feliz ou infeliz é inerente ao grau de sua depuração ou de suas imperfeições.

2º Sendo todos os espíritos perfectíveis, em virtude da lei do progresso, trazem em si os elementos de sua felicidade ou de sua infelicidade futura e os meios de adquirir uma e de evitar a outra trabalhando em seu próprio adiantamento[88].

3º A felicidade perfeita está ligada à perfeição, ou seja, à depuração completa do Espírito. Toda imperfeição é uma causa de sofrimento, da mesma forma que toda qualidade adquirida é uma causa de prazer e de atenuação dos sofrimentos; donde resulta que a soma da felicidade e da infelicidade está na razão da soma das qualidades boas ou más que possui o Espírito.

4º A punição é sempre a consequência natural da falta cometida[89]. O espírito sofre pelo próprio mal que fez, de maneira que, *estando sua atenção*

---

87. Após os pontos, Kardec define-os como *Lei da justiça divina*. [N. E.]

88. Neste item 2º, fundamental, somente presente na versão legítima de 1865, Kardec, antes de tudo, demonstra a mais completa responsabilidade moral do espírito, proporcional ao seu desenvolvimento intelectual. Submetido às leis naturais que regem a alma, sua felicidade ou infelicidade resulta unicamente de sua livre vontade, qualquer mudança depende de seu esforço e conscientização. Essa teoria é oposta à intervenção divina, castigos e recompensas impostos por uma deliberação da vontade divina, queda, pecado e carma, como propõem as religiões ancestrais. [N. E.]

89. Enquanto consequência natural, a punição, na doutrina espírita, é o sofrimento moral do espírito, que é inerente à imperfeição. Só é imperfeito aquele que tem conhecimento de que seu ato infringe as leis morais presentes em sua consciência em virtude de sua inteligência, praticando assim o mal ou as faltas. Quando repetidos, transformam-se em hábitos adquiridos ou imperfeições, condição de total responsabilidade do espírito que escolheu esse caminho em virtude do livre-arbítrio, e deve sair desse caminho, retornando ao bem pelo arrependimento, expiação e reparação. [N. E.]

concentrada incessantemente sobre as consequências desse mal[90], compreende-lhe melhor os inconvenientes e é motivado a corrigir-se.

5º **A punição** varia segundo a natureza e a gravidade da falta; a mesma falta pode assim dar lugar a **punições** diferentes, segundo as circunstâncias atenuantes ou agravantes nas quais ela foi cometida.

6º Não há, em relação à natureza, **a intensidade** e a duração do castigo nenhuma regra absoluta e uniforme; a única lei geral é que toda falta recebe sua punição e toda boa ação, sua recompensa segundo o seu valor[91].

7º Sendo a justiça de Deus infinita, é mantida uma conta rigorosa do bem e do mal; se não há uma única má ação, um único mau pensamento que não tenha suas consequências fatais, não há uma única boa ação, nem um único bom movimento da alma — em suma, o mais singelo mérito — que seja perdido, *mesmo nos mais perversos, porque é um começo de progresso.*

8º A duração do castigo está subordinada ao aperfeiçoamento do Espírito culpado. Nenhuma condenação por um tempo determinado é pronunciada contra ele. O que Deus exige para pôr fim aos sofrimentos *é o arrependimento, a expiação e a reparação* — em resumo: um aperfeiçoamento sério, efetivo, assim como um retorno sincero ao bem[92].

O espírito é assim sempre o árbitro de seu próprio destino; ele pode prolongar seus sofrimentos pelo seu endurecimento no mal, aliviá-los ou abreviá-los por seus esforços para fazer o bem.

---

90. A consequência do mal convertido em hábito adquirido está na sua inerência ao sofrimento moral, permanecendo o segundo enquanto durar o primeiro. Por isso o espírito imperfeito tem uma "atenção concentrada incessantemente", pois seu sofrimento é a sua aflição. [N. E.]

91. Há uma semelhança entre as leis divinas materiais e morais. Todo objeto, por sua massa, está sob ação constante da gravidade. Se você estiver segurando uma caneta, se soltá-la, ela cairá. Quando o espírito consciente comete uma falta, terá um sofrimento moral inerente a ela, e quando realiza uma boa ação, sentirá felicidade proporcional, segundo a lei natural da justiça divina. [N. E.]

92. Didaticamente, podemos interpretar *expiação* como o *aperfeiçoamento sério e efetivo*, e *reparação*, um *retorno sincero ao bem*. No item 23, Kardec define *arrependimento* como "fato da livre vontade do homem". Ou seja, o espírito imperfeito primeiro conscientiza-se e escolhe superar sua condição, faz então a escolha das provas como expiação, objetivando seu aperfeiçoamento, retornando assim ao bem, conquistando a felicidade ao desenvolver as faculdades de sua alma. [N. E.]

Uma condenação por um tempo determinado qualquer teria o duplo inconveniente, ou de continuar a atingir o Espírito que se houvesse aperfeiçoado, ou de cessar quando ele ainda estivesse no mal. Deus, que é justo, pune o mal *enquanto este existe*; e encerra a punição *quando o mal não existe mais*.

Assim se acha confirmada esta expressão: *Eu não quero a morte do pecador, mas que ele viva e eu o acusarei ATÉ QUE ELE SE ARREPENDA*[93].

9º Estando a duração do castigo subordinada **ao arrependimento**[94], resulta daí que o espírito culpado que **não se arrependesse e não se aperfeiçoasse** jamais, sofreria sempre, e que, para ele, a pena seria eterna. **A eternidade das penas deve então ser entendida no sentido relativo e não no sentido absoluto**[95].

10º Uma condição inerente à inferioridade dos espíritos é de não ver o fim de sua situação e de acreditar que sofrerão sempre. É para eles um castigo que lhes parece ser eterno[96].

---

93. **Se o ímpio faz penitência de todos os pecados que cometeu, se ele guarda todos meus preceitos e age segundo a equidade e a justiça, ele certamente viverá e não morrerá – Eu não me lembrarei mais das iniquidades que ele tenha cometido; ele viverá nas obras de justiça que terá feito – Quero eu a morte do ímpio, diz o Senhor Deus? E não quero antes que ele se converta, retire-se do mau caminho e viva? (Ezequiel, 18: 21-23; 33: 11).** [N. de Allan Kardec]

94. Kardec está, nesta obra, ressignificando o termo "castigo". Na moral heterônoma, ele é o ato do deus vingativo, que exige a submissão do ser que pecou, e deve ser submetido à punição. Aqui, o castigo é o sofrimento moral, resposta concomitante da lei natural à condição de imperfeição. Portanto, a duração do castigo está condicionada à vontade daquele que sofre, é a autonomia moral. Deus não castiga, nem precisa perdoar, Ele espera o inevitável arrependimento, pois todos os espíritos, sem exceção, serão felizes por seu esforço e escolha. Essa é a mais perfeita definição da justiça divina. [N. E.]

95. Essa definição de Allan Kardec, presente na obra original, é de importância primordial. A expressão "penas eternas", dogma da vingança divina, ganha no Espiritismo seu real sentido: a relatividade. Pois se refere a uma ilusão do espírito imperfeito que sofre por sua própria escolha. É a fuga da responsabilidade, pela insistência no mau comportamento, que lhe dá a ilusão de um sofrimento eterno que acabará também por um ato de sua vontade livre. [N. E.]

96. Perpétuo é sinônimo de eterno. Diz-se: o limite das neves perpétuas; o gelo eterno dos polos; diz-se também o secretário perpétuo da Academia, o que não quer dizer que ele o será perpetuamente, mas somente por um tempo ilimitado. Eterno e perpétuo empregam-se, portanto, no sentido de indeterminado. Nessa acepção, pode-se dizer

11º É possível que um Espírito não se aperfeiçoe jamais? Não, de outro modo ele seria fatalmente votado a uma inferioridade eterna e escaparia à lei do progresso que rege providencialmente todas as criaturas.

Tendo sempre o espírito seu livre-arbítrio, seu aperfeiçoamento é por vezes muito lento e sua obstinação no mal muito tenaz. Ele pode persistir anos e séculos, mas chega sempre um momento no qual sua teimosia em enfrentar a justiça de Deus se dobra diante do sofrimento e em que, apesar de sua soberba, ele reconhece o poder superior que o domina. Assim que se manifestam nele as primeiras luzes do arrependimento[97], Deus lhe faz entrever a esperança.

12º Quaisquer que sejam a inferioridade e a perversidade dos espíritos, *Deus nunca os abandona*. Todos têm seu anjo guardião que vela por eles, observa-lhes os movimentos da alma e se esforça para neles suscitar bons pensamentos, o desejo de progredir e de reparar numa nova existência o mal que fizeram. Porém, o guia protetor age quase sempre de maneira oculta, sem exercer nenhuma pressão. O espírito deve se aperfeiçoar *por conta da sua própria vontade* e não em decorrência de qualquer coerção. Ele age bem ou mal em virtude de seu livre arbítrio, mas sem ser fatalmente impelido em um sentido ou outro. Se ele faz o mal, sujeita-se às consequências enquanto persista no mau caminho. Desde que dá um passo em direção ao bem, ele sente imediatamente os efeitos.

13º Seria um erro crer que, em virtude da lei do progresso, a certeza de chegar cedo ou tarde à perfeição e à felicidade pode ser, **para o espírito mau**, um encorajamento a perseverar no mal, para se arrepender mais tarde; primeiramente porque o espírito inferior não vê o fim de sua situação; em segundo lugar, porque sendo o espírito o artífice de sua própria infelicidade, termina por compreender que dele depende fazê-la cessar e que quanto mais tempo persistir no mal, por mais tempo ele será infeliz; que seu sofrimento durará para sempre se ele próprio não lhe puser fim. Será então de sua parte um cálculo

---

que as penas são eternas, se se compreender que não têm uma duração limitada; elas são eternas para o espírito que não vê seu fim. [N. de Allan Kardec]

97. O espírito errante, que sofre moralmente, em virtude de sua imperfeição, vive a ilusão de que essa condição lhe será eterna. O seu arrependimento, como ato consciente da vontade livre, por si só lhe dá nova perspectiva, ele vê agora a oportunidade de mudar, e esse bem estar o consola. Dessa forma, escolher uma encarnação penosa está na perspectiva do remédio amargo que cura, e ele escolhe livremente tomá-lo, pois o resultado definitivo importa-lhe mais que o transitório fel. [N. E.]

errado pelo qual ele seria o primeiro enganado. Se, ao contrário, segundo o dogma das penas irremissíveis, toda esperança lhe está para sempre interditada, **ele persevera no mal** porque não tem nenhum interesse em volver ao bem que proveito algum lhe traz. **A razão diz de que lado está a verdadeira justiça providencial, e onde melhor se mostra o amor de Deus por suas criaturas.**

14º Diante dessa lei cai igualmente a objeção tirada da presciência divina. Deus, criando uma alma, sabe efetivamente se, em virtude de seu livre arbítrio, ela tomará o bom ou o mau caminho; sabe que ela será punida se agir mal; mas sabe também que esse castigo temporário é um meio de lhe fazer compreender seu erro e de fazê-la adentrar no bom caminho, a que chegará cedo ou tarde. Segundo a doutrina das penas eternas, Deus sabe que a alma falhará e está de antemão condenada a torturas sem fim. **A razão diz também de qual lado está a verdadeira justiça de Deus.**

15º Cada um é responsável apenas por suas faltas pessoais; ninguém carrega a pena das faltas de outrem[98], a menos que tenha dado lugar a tal, seja provocando-as por seu exemplo, seja não as impedindo quando tinha esse poder.

Responde-se não somente pelo mal que se fez, mas também pelo bem que se poderia fazer e não se fez.

É assim, por exemplo, que o suicida é sempre punido; mas aquele que, por sua dureza, impele um indivíduo ao desespero e daí a destruir-se, sujeita-se a uma pena ainda maior.

16º Não ocorre o mesmo segundo a doutrina vulgar do Inferno. O Inferno é o mesmo para todos. Nele, o culpado de uma única falta sujeita-se ao mesmo suplício eterno de quem cometeu milhares. Se não fosse assim, o Inferno não seria mais o Inferno, pois haveria almas menos infelizes do que outras.

17º Embora a diversidade das punições seja infinita, há aquelas que são inerentes à inferioridade dos espíritos e cujas consequências, exceto as nuances, são quase idênticas.

A punição mais imediata, sobretudo para os que se apegaram à vida material negligenciando o progresso espiritual, consiste na lentidão da separação da

---

98. **A alma que pecou morreu ela mesma; o filho não levará nada de iniquidade do pai e o pai nada levará de iniquidade do filho; a justiça do justo será sobre ele, e a impiedade do ímpio será sobre ele. (Ezequiel, 18: 20).** [N. de Allan Kardec]

alma e do corpo, nas angústias que acompanham a morte e o despertar na outra vida, na duração da perturbação que pode **durar** meses e anos. Para aqueles, ao contrário, cuja consciência é pura, que durante a vida se identificaram com a vida espiritual e se desapegaram das coisas materiais, a separação é rápida, sem abalos, o despertar pacífico e a perturbação quase inexistente.

18º Um fenômeno, muito frequente nos espíritos de certa inferioridade moral, consiste em acreditar que ainda estão vivos, e essa ilusão pode prolongar-se durante anos ao longo dos quais experimentam todas as necessidades, todos os tormentos e todas as perplexidades da vida.

19º Para o criminoso, a visão incessante de suas vítimas e das circunstâncias do crime é um cruel suplício.

Certos Espíritos estão mergulhados em espessas trevas; outros estão num isolamento absoluto no meio do espaço, atormentados pela ignorância de sua posição e de seu destino. Os mais culpados sofrem torturas indescritíveis, tanto mais pungentes quanto não lhes veem o fim. Muitos são privados da visão dos seres que lhe são caros. Todos, geralmente, suportam com intensidade relativa os males, as dores e as necessidades que fizeram os outros suportar.

É um suplício para o orgulhoso ver-se relegado às últimas posições, enquanto acima dele, cobertos de glória e de festas, estão aqueles que ele desprezou na Terra. Para o hipócrita, ver-se penetrado pela luz que põe a nu seus mais secretos pensamentos que todos podem ler, sem nenhum meio para se esconder e dissimular. Para o sensual, ter todas as tentações, todos os desejos, sem poder satisfazê-los. Para o avaro, ver seu ouro dilapidado e não poder retê-lo. Para o egoísta, ser abandonado por todos e sofrer tudo o que outros sofreram por ele: terá sede e ninguém lhe dará de beber, terá fome e ninguém lhe dará de comer. Nenhuma mão amiga vem apertar a sua, nenhuma voz compassiva o vem consolar. Ele só pensou em si mesmo durante a vida, ninguém pensa nele nem o lamenta após a morte.

20º O meio de evitar ou atenuar as consequências de seus defeitos na vida futura é desfazer-se deles o máximo possível durante a vida presente, reparar o mal para não ter que fazê-lo mais tarde de forma mais terrível. Quanto mais demora a se desvencilhar de seus defeitos, mais penosas são as consequências e mais rigorosa será a reparação.

21º A situação do espírito, a partir de sua entrada na vida espiritual, é a que ele preparou para si durante a vida no corpo. Mais tarde, outra encarnação lhe é dada, **e por vezes imposta**[99], para a expiação e reparação por meio de novas provas, mas ele as aproveita em maior ou menor proporção em virtude de seu livre-arbítrio. Se ele não aproveitar, será uma tarefa para recomeçar cada vez em condições mais penosas, de modo que se pode dizer que aquele que sofre muito sobre a terra tinha muito a expiar[100]. Os que gozam de uma felicidade aparente, apesar de seus vícios e sua inutilidade, certamente pagarão caro numa próxima existência. É nesse sentido que Jesus disse: "Bem-aventurados os aflitos, porque serão consolados." (*O Evangelho Segundo O Espiritismo*, cap. V)

22º A misericórdia de Deus é infinita, sem dúvida, mas não é cega; **ela coloca como condição o arrependimento, a expiação e a reparação**. O culpado que ela perdoa não é exonerado e, enquanto não **cumprir essas condições**, ele sujeita-se às consequências de suas faltas. Por misericórdia infinita, deve-se entender que Deus não é implacável e deixa sempre aberta a porta para o retorno ao bem.

23º Sendo as penas temporárias e subordinadas ao arrependimento, que é o fato da livre vontade do homem, são ao mesmo tempo os castigos e os *remédios* que devem ajudar a curar as feridas do mal. Os Espíritos em punição são, portanto, não como condenados perpetuamente, mas como doentes no hospital, que sofrem da doença que quase sempre é culpa sua e dos meios curativos

---

99. Uma encarnação é *dada* quando é escolhida livremente como prova ou expiação pelo espírito que deseja superar sua imperfeição e reparar o mal que fez. Já a situação de uma encarnação *imposta* somente ocorre quando o espírito ainda é ignorante para escolher por si mesmo, ou então muito endurecido. Nesses casos, porém, o objetivo da encarnação é o de levá-lo a escolher conscientemente, por seu próprio despertar, conforme o item 8 do Capítulo V de *O Evangelho segundo o Espiritismo*: "As tribulações podem ser impostas a Espíritos endurecidos, ou extremamente ignorantes, para levá-los a fazer uma escolha com conhecimento de causa. Os Espíritos penitentes, porém, desejosos de reparar o mal que hajam feito e de proceder melhor, esses as escolhem livremente". [N. do E.]

100. O sofrimento sobre a Terra, ou as vicissitudes e atribulações, no sentido aqui proposto, trata-se de um ato da vontade livre ou expiação. O espírito escolhe as provas quando está consciente, faz uso do livre-arbítrio para superar suas imperfeições. O exemplo seguinte, daquele que "goza da felicidade aparente, apesar de seus vícios e sua inutilidade", refere-se àquele que vive despreocupado das suas necessidades espirituais até se arrepender, trabalhando para seu aperfeiçoamento, conforme descrito no item 8º. [N. do E.]

dolorosos de que ela necessita, mas que são a esperança da cura, e que curam tanto mais rápido quanto mais exatamente sigam as prescrições do médico que vela sobre eles com solicitude. Se prolongam seus sofrimentos por sua própria culpa, o médico nada tem com isso.

24º Deus – questiona-se – não demonstraria um amor maior por suas criaturas se as tivesse criado infalíveis e, por conseguinte, isentas das vicissitudes ligadas à imperfeição?

Para isso teria sido necessário que Ele criasse seres perfeitos, sem nada a adquirir nem em conhecimentos, nem em moralidade. Sem nenhuma dúvida, poderia tê-lo feito. Se não o fez, **deve ter tido motivos que ainda escapam à nossa razão e cuja sabedoria compreenderemos mais tarde**.

Os homens são imperfeitos e, como tais, sujeitos a vicissitudes mais ou menos penosas. É preciso aceitar o fato, já que existe. Inferir que Deus não seja bom nem justo seria revoltar-se contra Ele.

25º Seria injustiça se Deus tivesse criado privilegiados, mais favorecidos que outros, gozando sem trabalho da felicidade que outros somente alcançam com dificuldade ou jamais podem alcançar. Mas onde sua justiça brilha é na igualdade absoluta que preside à criação de todos os espíritos. Todos têm um mesmo ponto de partida. Nenhum espírito, em sua formação, é mais bem dotado que outro. Nenhum que tenha sua marcha ascensional facilitada por exceção. Aqueles que chegaram ao fim passaram, como os outros, pela fieira das provas e da inferioridade.

Admitido isto, o que há de mais justo que a liberdade de ação deixada a cada um? A estrada da felicidade está aberta a todos. O fim é o mesmo para todos. As condições para atingi-lo são as mesmas para todos. A lei gravada em todas as consciências é ensinada a todos. Deus fez da felicidade *o prêmio do trabalho e não o do favor*, a fim de que cada um pudesse dela ter o mérito. Cada um é livre para trabalhar ou nada fazer por seu próprio adiantamento. Aquele que trabalha muito e depressa é mais cedo recompensado. Aquele que se desvia no caminho ou perde tempo atrasa sua chegada e só pode culpar a si mesmo. O bem e o mal são voluntários e facultativos. O homem, sendo livre, não é fatalmente impelido nem a um nem a outro.

Tal é a lei da justiça divina: a cada um segundo suas obras, no Céu como na terra.

Apêndice 2

• • •

MANUSCRITOS DO PROGRAMA DA CONSTITUIÇÃO DO ESPIRITISMO

APRESENTAÇÃO

Depois de divulgar a Constituição transitória na *Revista Espírita* de 1868, Allan Kardec preparava-se para colocar em prática a organização e o método do Espiritismo pela fase da direção coletiva, com o objetivo de perpetuar o estabelecimento e progresso da doutrina espírita, segundo a orientação dos espíritos superiores. Com a morte de Rivail, porém, dias antes da apresentação pública de seu projeto, seu conteúdo havia permanecido inédito, em seus manuscritos, até hoje. O vice-presidente da Sociedade, Levent, revelou em seu discurso:

> É seu grande desejo, que também partilhareis, esperamos, o de nos aproximarmos cada vez mais do plano de organização concebido pelo Sr. Allan Kardec, e que ele vos deveria propor este ano, no momento de renovação da diretoria. (SOCIEDADE ANÔNIMA, [RE] 1869, maio, p. 15)

Os seguintes manuscritos são a transcrição e a tradução de 27 fragmentos de rascunhos de Allan Kardec que se encontravam em posse do proprietário da livraria Éditions Leymarie, e que foram digitalizados em 2019, primeiramente por Charles Kempf, depois por Lucas Sampaio, em sua pesquisa em Paris.

Eles trazem importantes planejamentos que Rivail esboçava para o programa da organização do Espiritismo. Este plano, quando concluído, serviria para constituir o Comitê Central, a Sociedade Espírita Central de Paris, a assembleia geral e diversas outras instituições ligadas a organização que Kardec propunha para o Espiritismo, detalhando a estrutura conforme ele já delineava desde 1861. Além de uma hierarquia invertida, que seria estabelecida por meio de uma assembleia de delegados das instituições espíritas comandando o comitê central, sendo que este trabalharia de forma colegiada, sem qualquer poder personalizado em indivíduos. O método da universalidade do ensino dos espíritos superiores garantiria o progresso da doutrina espírita. Entre outras inovações para organizar o movimento espírita.

Diversos trechos estão incompletos ou rasurados, sendo de difícil leitura. Para sua melhor interpretação, procuramos dispor os textos na ordem que pareceu mais lógica. Foram desconsiderados os textos rasurados por Kardec e cujo conteúdo não acrescentariam na compreensão da proposta. Os arquivos das digitalizações dos manuscritos encontram-se acessíveis por meio do código QR abaixo.

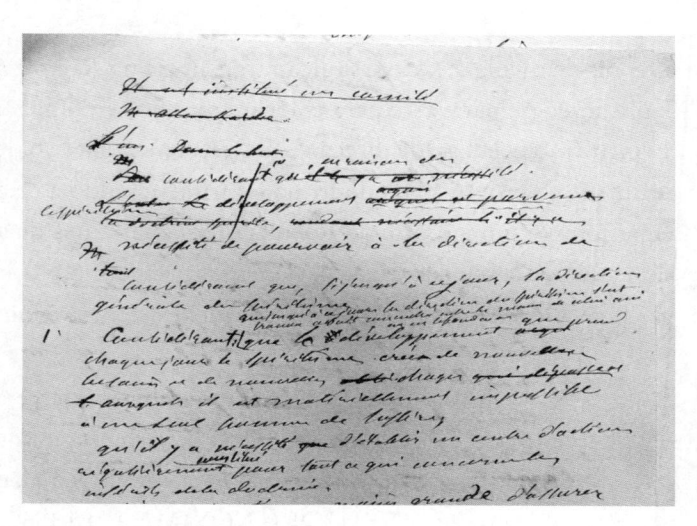

1) Manuscrito sem título
Manuscrito CDOR Lucas 080_01

La constitution du Spiritisme a donc pour complément indispensable un programme destiné à préciser les qualités	A constituição do Espiritismo tem, então, como complemento indispensável um programa destinado a especificar as qualidades

2) Manuscrito sem título tratando da instituição do Comitê Central
Manuscrito CDOR Lucas 085_01

~~Il est institué un comité~~
~~M. Allan Kardec~~
Considérant qu'en raison des développements le Spiritisme a nécessité de pourvoir à la direction de

Considérant que, si jusqu'à ce jour, la direction générale du Spiritisme s'est trouvé a fait concentré entre les mains de celui qui est le fondateur (?)

Considérant que le développement que prend chaque jour le Spiritisme créa de nouvelles besoins et de nouvelles charges auxquels il est matériellement impossible à un seul homme de suffire ;

qu'il y a nécessité d'établir un centre d'action régulièrement constitué pour tout ce qui concerne les intérêts de la doctrine.

qu'il y a nécessité non moins grande d'assurer la direction pour l'action en vue de toutes les éventualités

qu'il importe d'opposer une barrière aux ambitions personnelles auxquelles il ne faut laisser aucune porte ouverte

que les divergences qui existent dans la manière d'interpréter certains partes de la doctrine rendent indispensable l'établissement d'un programme résumant d'une manière claire et précise et sans équivoque les principes développés dans les ouvrages fondamentaux de manière à ce qu'il ne puisse résister aucune incertitude

que le programme librement et volontairement accepté sera lien que unira tous les spirites professant les mêmes croyances et le ligue de reconnaissance entre eux.

~~Fica instituído um comitê~~
~~Sr. Allan Kardec~~
Considerando que:

em razão dos desenvolvimentos o Espiritismo precisou prover a direção de;

se até hoje a direção geral do Espiritismo esteve concentrada nas mãos daquele que é seu fundador;

o desenvolvimento diário do Espiritismo cria novas necessidades e novos encargos que é materialmente impossível a um único homem atender;

existe necessidade de estabelecer um centro de ação regularmente constituído para tudo que se refere aos interesses da doutrina;

Também existe uma necessidade não menos importante de liderar as ações diante de todas as eventualidades;

é importante impor uma barreira às ambições pessoais para as quais não se deve deixar nenhuma porta aberta;

as divergências existentes na maneira de interpretar certas partes da doutrina tornam indispensável o estabelecimento de um programa que resuma de forma clara, precisa e inequívoca os princípios desenvolvidos nas obras fundamentais, de forma que possa impedir qualquer incerteza;

o programa livre e voluntariamente aceito será um elo que unirá todos os espíritas que professam as mesmas crenças e o vínculo de reconhecimento entre eles.

3) Reuniões do Comitê e conselheiros honorários
Manuscrito CDOR Lucas 090_01

Réunion du comité
Les membres actifs du comité se rendent tous les jours à leur bureau pour l'expédition des affaires qui leur incombent

~~Ils~~ se réunissent en conseil 2 fois par semaine en ~~conseil savoir~~

L'une des ces séances est consacrée à l'examen des affaires administratives, a lieu le mardi à 2 heures.

Chaque membre est tenu de présenter un rapport sur la portée dont il est chargé.

Les membres du comité y sont seuls admis ~~ainsi~~ que les conseillers honoraires français et étrangers de paris dépassera

les derniers n'y ont pas voix délibérative

En cas d'urgence le Président convoque tous les membres du comité en conseil extraordinaire

L'autre séance est consacrée à l'examen et à la discussions des points de doctrine. Elle a lieu le jeudi à 2 heures.

Les membres de la société ~~du comité~~ centrale, les spirites profès des départements et de l'étranger de Paris, peuvent y assister à titre d'auditeurs.

Des auxiliaires du comité
~~Les auxiliaires sont des membres de la société~~

Conseiller honoraires
• Le comité confère le titre de conseiller honoraire sans distinction de nationalité aux résident en France ou à l'étranger, qui rendent des services signalés à la doctrine, dont les lumières et les travaux peuvent avoir au progrès de la famille(?) spirite,

Reunião do comitê
Os membros ativos do comitê vão ao seu escritório diariamente para a expedição das questões que lhe cabem

~~Eles~~ se reúnem em conselho duas vezes por semana~~, a saber~~.

Uma dessas sessões é dedicada ao exame das questões administrativas, que ocorre na terça-feira, às 8 horas.

Cada membro deve apresentar um relatório sobre o âmbito do qual é responsável.

Os membros do comitê somente são admitidos quando os conselheiros honorários franceses e de fora de Paris ultrapassar

os últimos não têm voto deliberativo

Em caso de urgência, o presidente convoca todos os membros em conselho extraordinário.

Outra sessão é dedicada ao exame à discussão dos pontos de doutrina. Ela ocorre sábado às 2 horas.

Os membros da sociedade ~~do comitê~~ central, os espíritas professos dos departamentos e de fora de Paris, podem assisti-la a título de ouvintes.

Dos auxiliares do comitê
~~Os auxiliares são membros do comitê~~

Conselheiros honorários
• O comitê confere o título de conselheiro honorário sem distinção de nacionalidade aos residentes na França ou no exterior, que prestarem serviços relevantes à doutrina, cujas luzes e trabalhos podem levar ao progresso da família espírita,

qui concourent d'une manière efficace à la propagation de la doctrine par leur zèle éclairé, leur dévouement et leur désintéressement moral et matériel, et qui, un courage de l'opinion _____ celui de l'action en payant de leur personne.

Un titre spécial leur sera adressé par le comité.

Ils ont droit d'être reçus(?) dans toutes les séances du comité central, et de prendre part à toutes les délibérations avec voix consultative.

Toutes les réunions et sociétés particulières sont invités à les accueillir par la présentation de leur titre.

Livre d'or
Le livre d'or est un registre sur lequel seront inscrits les noms des adeptes qui auront bien mérité du(?) Spiritisme par leur conduite exemplaire , leur courage, leur dévouement, leur courage à braver les persécutions à subir les épreuves, et ceux qui on pourrait appeler les martyrs de leur croyance.

Une notice relatant(?) leur titres à la mémoire de la postérité sera inscrite à la suite de leur nom.

Si l'un d'eux venait à démériter après avoir été inscrit le comité prononcerait sa radiation; une barre sur l'article qui le concerne avec mention rayé par décision du comité central en date du et signé du Président.

• que concorrem de uma maneira eficaz à propagação por seu zelo esclarecido, seu devotamento e seu desinteresse moral e material, e que uma coragem de opinião _____ a da ação, pagando pessoalmente.

Um título especial lhe será enviado pelo comitê.

Eles têm o direito de serem recebidos em todas as sessões do comitê central e de tomar parte em todas as deliberações com voz consultiva.

Todas as reuniões e sociedades particulares são convidadas a acolhê-los mediante a apresentação de seu título.

Livro de ouro
O livro de ouro é um registro sobre o qual serão inscritos os nomes dos adeptos que os tenham merecido do Espiritismo por sua conduta exemplar, seu devotamento, sua coragem em enfrentar as perseguições, a sofrer as provas e os que se puder chamar de mártires de sua crença.

Um aviso relacionando seus títulos à memória da posteridade será inscrito após seu nome.

Se um deles vier a desmerecer, após ter sido inscrito, o comitê pronunciará sua _____ com um traço sobre o artigo que lhe concerne, com menção "exclusão por decisão do comitê central" na data tal e assinada pelo Presidente.

4) Formação do Comitê Central
Manuscrito CDOR Lucas 095_01

<table>
<tr><td>Chapitre II
comité central
§ I <u>Formation du comité</u></td><td>Capítulo II
Comitê central
§ I <u>Formação do comitê</u></td></tr>
</table>

La direction supérieure des affaires concernant le Spiritisme est est dévolue à une assemblée permanent désignée sous le nom de <u>comité central</u>, lequel agira dans la limite des pouvoirs qui lui sont attribuées par les présents statuts. Le siège du comité central et de l'administration est à Paris, avenue et Villa Ségur, n. 39.

Le comité central est composé de 12 membres actifs et d'un nombre égal de conseillers titulaires ayant voix délibérative dans toutes les questions administratives et autres, de telle sorte que le comité est formé de 24 membres prenant part aux délibérations.

Temporairement, et au début, le comité pourra être composé de 6 membres, dont 3 actifs et 3 conseillers titulaires ; ce nombre sera successivement augmenté par l'adjonction de nouveaux membres selon que les circonstances le permettront ou l'exigeront, jusqu'au chiffre normal de 24 que ne pourra être dépassé.

La nomination des membres du comité central aura lieu de la manière suivante :

M. Allan Kardec, comme fondateur, et de fait, premier membre actif du comité, choisit, parmi les personnes dont il a pu apprécier le dévouement et les capacités et qu'il y sait être dans les conditions voulus

un second membre comme conseiller titulaire ; les deux en nomment un 3ᵉ comme membre actif ; les trois un 4ᵉ comme conseiller; les quatre un 5ᵉ comme membre actif ; les cinq un 6ᵉ conseiller.

Les six membres désignent l'un d'eux pour remplir la fonction de Président, et ainsi le se trouve constitué le premier comité,

A direção superior dos assuntos relativos ao Espiritismo é transferida para uma assembleias permanente nomeada Comitê Central, que atuará dentro dos limites dos poderes que lhe são atribuídos pelos presentes estatutos. A sede do Comitê Central e da administração fica em Paris, Avenida e Vila Ségur, número 39.

O Comitê Central é composto por doze membros ativos e um número igual de conselheiros titulares com direito a voto em todos os assuntos administrativos e outros, de tal modo que o Comitê é formado por 24 membros que participam das deliberações.

Temporariamente, e em seu início, o Comitê pode ser composto por seis membros, incluindo três membros ativos e três conselheiros titulares; esse número será sucessivamente aumentado pela adição de novos membros conforme as circunstâncias permitirem ou exigirem, até que se atinja a quantidade normal de 24 membros, que não pode ser excedida.

A nomeação dos membros do Comitê Central ocorrerá da seguinte forma:

O senhor Allan Kardec, como fundador, e, de fato, primeiro membro ativo do Comitê, escolhe, entre as pessoas que ele pôde avaliar a dedicação e capacidades, e que sabe corresponder às condições desejadas, um segundo membro como conselheiro titular; ambos apontam um terceiro como membro ativo; os três escolhem um quarto como conselheiro; os quatro determinam o quinto como membro ativo; e os cinco um sexto, conselheiro.

Os seis membros designam um deles para desempenhar a função de Presidente, e assim é constituído o primeiro Comitê.

5) Manuscrito sem título. Provável continuação do texto anterior
Manuscrito CDOR Lucas 100_01

Ultérieurement, et ampleur à mesure des besoins, le comité nomme un 7ᵉ membre actif ; les 7 un 8ᵉ comme conseiller ; les huit un 9e membre actif ; les neuf ___ un 10ᵉ comme conseiller et ainsi de suite, et de manière que les membres actifs et les conseillers soient toujours en nombre égal.	Posteriormente, e ampliando na medida do necessário, o Comitê nomeia um sétimo membro ativo; os sete um oitavo como consultor; os oito, um nono membro ativo; os nove ___ o décimo como conselheiro e assim por diante, de tal maneira que os membros ativos e os conselheiros estejam sempre em igual número.
Cette disposition a pour effet de faire intervenir dans toutes les délibérations, des membres désintéressés matériellement dans les questions et dont l'opinion entièrement indépendante sert de contrepoids à celles des autres membres s'ils se laissaient influencer par des considérations personnelles. C'est pour entrer d'une manière absolue dans cette voie que le nombre du comité nommé par M. AK est un conseiller et non un membre actif.	O objetivo desta distribuição está em envolver, em todas as deliberações, integrantes que estejam materialmente desinteressados diante das questões e cuja opinião totalmente independente sirva de contrapeso à de outros membros que se deixem influenciar por considerações pessoais. É para entrar de maneira absoluta por esse caminho que o integrante do Comitê nomeado pelo senhor Allan Kardec é um conselheiro e não um membro ativo.
Les membres du comité étant appelés à remplir des fonctions déterminées, doivent prendre aux qualités morales des aptitudes spéciales dont ceux qui sont à l'oeuvre peuvent seuls connaître la nécessité. Le comité étant nommé par assemblées générales, celles-ci pourraient se composer d'hommes très honorables, mais impropres aux fonctions qu'ils auraient à remplir, et le travail en souffrirait les assemblées générales ayant le contrôle des actes du comité, et décidant toutes les questions de principe, nul ne peut imposer sa volonté ni ses opinions personnels.	Os membros do Comitê são chamados a executar funções específicas, e devem ter qualidades morais e habilidades especiais para esse fim das quais somente aqueles que estão envolvidos no trabalho podem conhecer a necessidade. Em sendo o Comitê nomeado pelas assembleias gerais, estes poderiam ser compostos de indivíduos muito honrados, porém inadequados para as funções que teriam que cumprir, e o trabalho sofreria com isso. As assembleias gerais tendo controle dos atos do Comitê, e decidindo todas as questões relativas aos princípios, ninguém pode impor suas vontades ou opiniões pessoais.
Les membres du comité ne peuvent être choisis que parmi les spirites-profès ; ils doivent en outre, avant d'être élus définitivement, faire devant le comité assemblée, la déclaration suivant, dont la mention sera inscrite au procès verbal:	Os membros do Comitê só podem ser escolhidos dentre os espíritas-professos; e devem, além disso, antes de serem definitivamente eleitos, fazer diante da comissão e da assembleia, a seguinte declaração, que será inscrita na ata:

Je promets devant Dieu:
- "De me conformer de tous points aux dispositions des statuts constitutifs de la famille spirite universelle ;
- "De veiller à l'exécution des dits statuts, et d'y rappeler le comité dans le cas où 'il s'en écarterait.
- "De prendre en toutes circonstances la défenses des intérêts de la doctrine, et de concourir de tout mon pouvoir, à sa prospérité.
- "D'aider à la réforme et à la répression des abus qui pourraient y être préjudiciable.
- "De m'efforcer de conformer ma conduite aux préceptes de la morale spirite, à fin de prêcher d'exemple autant que de paroles"

Eu prometo diante de Deus:
- Cumprir em todos os aspectos as disposições dos estatutos constitutivos da família espírita universal;
- Garantir a execução dos referidos estatutos, e de lembrar ao Comitê caso se afastem deles.
- Assumir em todas as circunstâncias a defesa dos interesses da Doutrina, e de contribuir com todas as minhas forças para a sua prosperidade.
- Concorrer para corrigir e reprimir dos abusos que possam ser prejudiciais à Doutrina.
- Esforçar-me para adaptar minha conduta aos preceitos da moral espírita, a fim de difundi-la tanto pelo exemplo quanto pelas palavras.

6) Manuscrito sem título. Sobre o Comitê e as atribuições do presidente
Manuscrito CDOR Lucas 105_01

Le président nommé pour un an, et peuvent parmi les nombres actifs ou parmi les conseillers titulaires.

L'autorité du président est purement administrative ; il dirige les délibérations du comité , surveille l'exécutions des travaux et l'expédition des affaires; en dehors des attributions qui lui sont conférées par les statuts la _____ , il ne peut prendre aucune décision sans le concours du comité.
- Il veille à l'exécution des statuts et des règlements particuliers de toutes les parties de l'administration ;
- Il dirige la correspondance
- Il inspecte tous les services sans exception ;
- S'assure de leur régularité et de leur bonne exécution

O presidente é nomeado pelo período de um ano, e pode estar entre os integrantes ativos ou entre os conselheiros titulares.

A autoridade do presidente é estritamente administrativa; ele dirige as deliberações do Comitê, supervisiona a execução dos trabalhos e a resolução dos assuntos; além dos poderes que lhe são conferidos pelos estatutos _____, não pode tomar decisão alguma sem a participação do comitê.
- Ele supervisiona a execução dos estatutos e dos regulamentos específicos de todas as partes da administração;
- Ele dirige a correspondência
- Ele inspeciona todos os serviços, sem exceção;
- Assegura-se de sua regularidade e de sua correta execução

- Des feuilles imprimées contiennent l'énumération de toutes les parties du service administratif. Le Président y consigne les observations à chaque article , et en donne lecture au comité dans la séance hebdomadaire.
- Il reçoit les visiteurs étrangers aux jours et heures consacrés à cet effet.

Les autres fonctions du bureau correspondant aux attributions des divers nombres actifs du comité et n'y a pas lieu d'y pourvoir par des nommés _____ spéciales.

Les membres actifs du comité se rendant tous les jours à leur bureau pour l'expédition des affaires qui leur incombent.

Ils ne réunissent une fois par semaine en conseil avec les conseillers titulaires pour les délibérations à prendre dans ces séances chaque membre est tenu de présenter un rapport par la partie dont il est spécialement chargé. *

En cas d'urgence le président convoque tous les membres du comité en conseil extraordinaire.

- Le comité fait son règlement particulier et ceux des différents parties de l'administration, en complétant pour les défauts, les principes posés dans les présents statuts.

- Folhas impressas contêm o protocolo de todo o serviço administrativo. O presidente insere as observações em cada artigo dele e as lê ao comitê na sessão semanal.
- Ele recebe os visitantes estrangeiros nos dias e horas estabelecidas para esse fim.

As outras funções do corpo administrativo correspondem às funções dos diversos integrantes ativos do Comitê e não há necessidade de provê-las por meio de nomeados _____ especiais.

Os membros ativos do Comitê encontram-se diariamente do corpo administrativo para a resolução dos assuntos que lhes cabem.

Eles se reúnem uma vez por semana em conselho com os conselheiros titulares para as deliberações a serem resolvidas. Nessas sessões cada membro deve apresentar um relatório relacionado à parte da qual é o responsável.

Num caso de urgência, o presidente convoca todos os membros do Comitê em conselho extraordinário.

O Comitê elabora seus regulamentos específicos e os das diferentes partes da administração, completando o que estiver ausente nos princípios estabelecidos pelos presentes estatutos.

7) Atribuições do Comitê Central
Manuscrito CDOR Lucas 110_01

§ II Attributions du comité

Les attributions du comité central sont:

1er La concentration de tous les documents et renseignements qui peuvent intéresser le Spiritisme

2e - La correspondance

3 - La réception des adhésions des nouveaux spirites profès.

4 - La nomination des conseillers honoraires

5e - Le soin des intérêts de la doctrine et la propagation, ; le maintien de son unité par la conservation des principes reconnus , le développement de ses conséquences

6 Le maintien, la consolidation et l'extension des liens de fraternité entre les adeptes et les sociétés particulières des différents Pays ;

7 L'étude des principes nouveaux susceptibles d'entrer dans le corps de la doctrine.

8 L'étude de toutes les doctrines nouvelles, de tous les systèmes philosophiques, religieux, sociaux, scientifiques etc. Il résume ce qu'ils sont d'analogues ou de contraires au Spiritisme ; s'ils ont ou non de l'avenir(?) que le spiritisme pourrait s'assimiler.

9 L'examen et l'appréciation des ouvrages, articles de journaux, et tous écrits intéressant la doctrine. La réfutation des attaques s'il y a lieu.

Il donne une approbation officielle aux ouvrages entièrement conforme(?) aux principes de la doctrine et qui peuvent être recommandés.

Les auteurs des livres approuvés peuvent en faire mention _____ leurs ouvrages.

§ II Atribuições do comitê

A atribuições do Comitê Central são:

1º - A concentração de todos os documentos e informações que possam interessar ao Espiritismo.

2º - A correspondência.

3º - A admissão das adesões dos novos espíritas professos.

4º - A nomeação dos conselheiros honorários.

5º - O cuidado dos interesses da doutrina e da divulgação; a preservação de sua unidade pela concentração dos princípios reconhecidos, a promoção de suas consequências.

6º - Preservação, consolidação e ampliação dos laços de fraternidade entre os adeptos e as sociedades particulares dos diferentes países.

7º - O estudo de novos princípios suscetíveis de entrar para o corpo da doutrina.

8º - O estudo de todas as novas doutrinas, de todos os sistemas filosóficos, religiosos, sociais, científicos, etc. Ele resume os que são semelhantes ou contrários ao Espiritismo, se o Espiritismo poderia ou não assimilá-los no futuro(?).

9º - O exame e a apreciação das obras, artigos de jornal e qualquer escrito que interesse à doutrina. A refutação dos ataques, se ocorrerem.

Ele confere aprovação oficial às obras inteiramente conforme os princípios da doutrina e que podem ser recomendadas.

Os autores dos livros aprovados podem fazer menção a eles _____ em suas obras.

Par la même raison, le comité peut, s'il le juge à propos, déclarer dans son journal, qu'il n'approuve pas les doctrines contenues dans un ouvrage. Mais il ne prononce aucune mise à l'index.

La direction de la Revue spirite ou le journal officiel du Spiritisme.

La publication d'un annuaire résumant ce qui s'est passé d'intéressant pour le Spiritisme dans le courant de l'année. Le compte rendu des congrès et les documents qui peuvent en augmenter l'utilité pratique , comme un almanac et ses accessoires.

*la bibliographie raisonnée des ouvrages publiés dans l'année et approuvé par le comité

Pela mesma razão, o comitê pode, se julgar conveniente, declarar em seu jornal, que não aprova as doutrinas contidas numa obra. Mas ele não pronuncia nenhuma inserção ao índice.

A direção da Revista espírita ou o jornal oficial do Espiritismo.

A publicação de um anuário resumindo o que aconteceu de interessante para o Espiritismo ao longo do ano. Os relatórios dos congressos e os documentos que podem aumentar sua utilidade prática, como um almanaque e seus acessórios.

*a bibliografia racional das obras publicadas no ano e aprovadas pelo comitê

8) Manuscrito sem título. Provável continuação das atribuições do Comitê Central

Manuscrito CDOR Lucas 115_01

11 La publication des ouvrages fondamentaux de la doctrine, dans les conditions les plus progres à leur vulgarisation, soit en français, soit dans les langues étrangères.

12 Les encouragements donnés aux publications, périodiques ou autres qui pourront être utiles à la cause

13 La formation et la conservation de la Bibliothèque, des archives du musée

14 L'administration des affaires matérielles, de la caisse générale du Spiritisme, de la caisse de secours, du dispensaire de la maison de retraite.

15 Le membre de comité chargé de sa partie administrative et de la comptabilité, fait un rapport annuel sur la situation financière et le Budget de la caisse générale du spiritisme. Ce rapport est fournit au prochain congrès.

16 La direction de la société spirite, dite du comité central.

11º - A publicação das obras fundamentais da doutrina, nas condições mais avançadas para a sua popularização, em francês e nas línguas estrangeiras.

12º - Incentivar publicações de obras, periódicos ou outros que possam ser úteis para a causa.

13º - A criação e a conservação da biblioteca, dos arquivos e do museu.

14º - A administração dos assuntos materiais, da caixa geral do Espiritismo, da caixa de seguro, do dispensário e do lar dos idosos.

15º - O membro do comitê responsável da parte administrativa e contábil faz um relatório anual sobre a situação financeira e do orçamento do caixa geral do Espiritismo. Esse relatório será apresentado no congresso seguinte.

16º - A direção da Sociedade Espírita, conhecida como comitê.

17 Les rapports avec les congrès, auxquels il présente une compte rendu annuel.

18 L'enseignement oral ; les visites et instructions aux réunions et sociétés particulières qui se placeront sous son patronage , par lui-même ou par les délégués.

Ces attributions seront réparties entre les différents membres du comité, selon la spécialité de chacun, lesquels, au besoin, seront assistés par un nombre suffisant de membres auxiliaires ou de simples employés qui devient, de condition expresse, être spirites profès.

En conséquence, parmi les membres actifs du comité il y aura...

17º - As relações com os congressos, para os quais apresenta um relatório completo anual.

18º - O ensino oral; visitas e instruções para as reuniões e sociedades particulares que se colocarem sob seu patrocínio, por eles mesmos ou pelos representantes.

Essas atribuições serão distribuídas entre os diferentes membros do comitê, de acordo com a especialidade de cada um, que, se necessário, serão assistidos por um número adequado de membros auxiliares ou de simples empregados que se tornarem, por condição expressa, espíritas professos.

Em consequência, entre os membros ativos do comitê haverá...

9) Secretário geral do Comitê Central
Manuscrito CDOR Lucas 120_01

Comité central
règlement
<u>Secrétaire général</u>

Le courrier de chaque jour est remis du Président qui ouvre la correspondance à l'exception des lettres nominatives qui sont ouvertes par le destinataire. Celui-ci les remet au Président si elles concernent n'ont pas un objet personnel.

Le Président remet ensuite toutes les lettres au secrétaire, et lui indique s'il y a bien(?) le sens(?) dans lequel doit être fait la réponse.

Aucun réponse ne doit partir sans avoir été soumise au Président, à moins que son objet soit sans importance. Selon la gravité du sujet, la lettre de la réponse seront soumis au comité.

Une copie de toute réponse sera jointe à la lettre qui y aura donné lieu..

Comitê central
regras
<u>Secretário geral</u>

A correspondência diária é entregue ao presidente que abre as cartas, com exceção das endereçadas nominalmente, que serão abertas pelo destinatário. Este último as entrega para o presidente caso não sejam de caráter pessoal.

O presidente encaminha todas as cartas ao secretário informando-o quanto à resposta que deve ser feita.

Nenhuma resposta deve ser enviada sem ter sido submetida ao presidente, ao menos que seu conteúdo seja irrelevante. Dependendo da importância do assunto da carta, a resposta deve ser submetida ao comitê.

Uma cópia de qualquer resposta deverá ser anexada à carta que a originou.

Il sera inscrit en tête de toute lettre reçue, et d'une manière très lisible, le nom de l'auteur, et en marge la mention : <u>Répondre le</u> .... ou <u>Sans(?) réponse</u> - Il y fera également mention sommaire de l'objet principal de la lettre.

Il ne sera tenu aucun compte des lettres non signés, ou dont l'auteur se cacherait sans sous un voile mystérieux quelconque. Il n'y sera jamais répondu, et elle seront détruites.

Le secrétaire conserve dans son bureau toutes les lettres cet année courante ; elles seront classés par ordre alphabétique de manière à y recourir facilement au besoin. A la fin de l'année il est fait un triage de celles qui n'ont plus aucun intérêt et qui sont détruites. Les autres sont portées aux archives

O nome do autor será escrito no cabeçalho de qualquer carta recebida, de maneira legível, como também as seguintes marcações: "Responder em..." ou "sem resposta", constando também uma breve descrição do assunto principal da carta.

Não serão consideradas as cartas não assinadas, ou aquelas nas quais o autor se esconde sob o véu do mistério. Essas, além de não receberem resposta, serão destruídas.

O secretário mantém todas as cartas em seu escritório durante o ano corrente. Elas serão classificadas em ordem alfabética para que possam ser encontradas facilmente quando necessário. No final do ano, é feita uma seleção daquelas que não têm interesse e serão destruídas. As outras serão anexadas aos arquivos.

10) Secretário geral do Comitê Central
Manuscrito CDOR Lucas 125_01

Comité central
<u>règlement</u>
<u>secrétaire général</u>

Le secrétaire ouvre chaque jour la correspondance à l'exception des lettres nominatives qui sont ouvertes par le destinataire. Celui les remet au secrétaire si elle ne sont personnelles

Le secrétaire répond s'il y a lieu immédiatement mais aucune réponse ne doit porter sans avoir été soumise au Président, à moins que ce ne soit pour une cause banale et

Le Secrétaire
L
Le secrétaire présente le résumé de la correspondance ; mentionne simplement l'objet des lettres sans importance ; donne lecture de celles qui ont un inscrit particulier et des réponses qui y ont été faites.

Comitê central
<u>regras</u>
<u>secretário geral</u>

O secretário abre diariamente a correspondência, à exceção das cartas nominais que são abertas pelo destinatário. Ele as remete ao secretário se não forem pessoais.

O secretário responde se ocorrer imediatamente, mas nenhuma resposta deve ser dada sem ter sido submetida ao Presidente, a menos que não seja por uma causa banal e

O Secretário

O secretário apresenta o resumo da correspondência ; menciona simplesmente o objeto das cartas sem importância; faz a leitura das que tenham uma inscrição particular e respostas que forem dadas.

11) Instituições acessórias do Comitê Central
Manuscrito CDOR Kempf 05_01

Chapitre III Institutions accessoires du comité Bibliothèque	Capítulo III Instituições acessórias ao Comitê Biblioteca
journal archives musée caisse de secours dispensaires maison de retraite.	jornal arquivos museu caixa de socorro dispensários casa de repouso

12) A Revista Espírita
Manuscrito CDOR Kempf 10_01

Comité central Règlement La Revue	Comitê Central Regras A Revista
La Revue prendra le titre de <u>Revue Spirite Journal officiel du Spiritisme, publié sous la direction et par les soins du comité central.</u> Elle sera rédigée selon l'esprit de la doctrine Elle admettra des articles de personnes étrangères, mais qui devront préalablement être acceptés par le comité - Elle rendra compte des faits qui intéressent la doctrine au point de vue de l'étude Elle paraîtra le 1ᵉʳ de chaque mois dans le même format que par le passé, et ne se transformera pas en journal en feuille - Elle relacione(?) les décisions du comité qu'il serait utile de parler à la connaissance du public --	A Revista terá o título de <u>Revista Espírita Jornal oficial do Espiritismo, publicado sob a direção e sob os cuidados do Comitê Central.</u> Ela será redigida segundo o espírito da doutrina Ela permitirá artigos de estrangeiros, mas que devem ser previamente aceitos pelo Comitê - Ela trará relatos dos fatos que interessam à doutrina do ponto de vista do estudo Ela será publicada no dia 1º de cada mês, no mesmo formato que o anterior, e não se transformará em jornal de folha - Ela relaciona as decisões do comitê que seriam úteis dar conhecimento ao público --

13) Biblioteca, arquivos e museu
Manuscrito CDOR Kempf 15_01

Comité
(?)
Bibliothèque archives et musée

Règlement
Les ouvrages de la bibliothèque devront être reliés à la manière des ouvrages des cabinets de lecture c'est-à-dire dans les meilleurs conditions de solidité(?) et de bon marché.

Ils porteront tous l'estampille de la bibliothèque sur le dos et dans l'intérieur sur le titre.

Ils porteront également sur le dos un 2e matricule pour en faciliter les recherches.

Ceux qui seront donnés, mention en sera faite par une note, relatant le nom du donateur et la date.

Pour que cette note soit toujours uniforme et régulière, elle sera écrite sur une étiquette imprimée d'avance et collé à l'intérieur du livre sur la couverture.

La classification des ouvrages devra être faite méthodiquement de manière à faciliter les recherches. Ils seront répartis en compartiments spéciaux selon leur nature, savoir:

1e. ouvrages fondamentaux de la doctrine par AK. - Il y aura au moins dix exemplaires de chacun de ces ouvrages à fin de pouvoir les donner en lecture.

2e ouvrages par divers spécialement composés à propos du Spiritisme depuis son établissement.

3e ouvrages faits en dehors du Spiritisme à diverses époques, mais utiles à consulter, comprenant la pl

4e les romans
5e les ouvrages en langues étrangères
6 Magnétisme
7 Sciences

Comitê
(?)
Biblioteca, arquivos e museu

Regras
As obras da biblioteca deverão ser vinculadas da mesma maneira que as obras dos gabinetes de leitura, ou seja, nas melhores condições de solidez(?) e com baixo custo.

Todas terão o carimbo da biblioteca sobre a lombada e no interior, sobre o título.

Elas também terão sobre a lombada uma segunda matrícula para facilitar as pesquisas.

Os que forem doados, receberão uma menção numa nota indicando o nome do doador e a data.

Para que essa nota seja sempre padronizada e regular, ela será escrita sobre uma etiqueta impressa antecipadamente e colada no interior do livro, sobre a capa.

A classificação das obras deverá ser feita metodicamente, de maneira a facilitar as pesquisas. Elas serão divididas em compartimentos especiais de acordo com seu tipo, a saber:

1º. obras fundamentais da doutrina por AK. - Haverá ao menos dez exemplares de cada uma dessas obras, a fim de permitir entregá-las para leitura.

2º. obras diversas especialmente escritas sobre o Espiritismo após seu estabelecimento

3º obras realizadas fora do Espiritismo, em diversas épocas, mas úteis para serem consultadas, compreendendo a

4º os romances
5º as obras em idiomas estrangeiros
6º Magnetismo
7º Ciências

8 ouvrages contre
On aura autant que possible en double ou au triple , les ouvrages les plus importants et qui seront le plus fréquemment accessibles.

Les ouvrages rares, précieux, et introuvables seront sous clef et ne seront donnés à consulter que sur place.

Les ouvrages en plusieurs exemplaires porteront le même n° matricule

Un registre spécial sera établi pour l'inscription des ouvrages à mesure de leur introduction dans la bibliothèque avec son n° matricule et de telle sorte que par le n° du dernier ouvrage inscrit indique le nombre des ouvrages de la bibliothèque.

8 obras contrárias
Ter-se-á, tanto quanto possível, em dobro ou em triplo, as obras mais importantes e que estarão acessíveis mais frequentemente.

As obras raras, preciosas e não encontráveis estarão trancadas e somente serão entregues para consulta no local.

As obras com vários exemplares terão o mesmo n°. de matrícula

Um registro especial será criado para o cadastramento das obras à medida que forem introduzidas na biblioteca com seu número de matrícula e de tal forma que o número da última obra cadastrada indique o número das obras da biblioteca.

14) Manuscrito sem título. Provável continuação do texto anterior
Manuscrito CDOR Kempf 20_01

Sa registre d'inscription les ouvrages seront portés sur le catalogue

Le catalogue sera établi de manière à rendre les recherches faciles. Il sera établi sur la double base de l'ordre alphabétique par nom d'auteur et titres d'ouvrages , avec rappel du n° matricule , et du n° du compartiment où ils seront déposés.

Tout ouvrage donné en lecture ou dehors sera inscrit sur un registre spécial avec le nom et l'adresse du lecteur et la date de la sortie.

Le lecteur devra en outre donner un reçu qui lui sera rendu quand il rapportera le livre.

Le bibliothécaire veillera à la rentré des livres donné en lecture.

La bibliothèque sera ouverte aux travailleurs de midi à 14(?) heures.

Seu registro de inscrição, as obras serão listadas no catálogo

O catálogo será criado de maneira a tornar fáceis as pesquisas. Ele será criado sobre a base dupla de ordem alfabética, por nome do autor e títulos das obras, com referência ao n° da matrícula e ao n° da seção onde estarão localizados.

Qualquer obra entregue para leitura ou emprestada será inscrita num registro especial com o nome e o endereço do leitor e a data da saída.

O leitor deverá também dar um recibo que lhe será devolvido quando ele trouxer de volta o livro.

O bibliotecário observará o retorno dos livros entregues para leitura.

A biblioteca estará aberta para os trabalhadores do meio-dia às 14(?) horas.

<u>Archives</u> Les archives se composent 1ᵉ. de la correspondance. Les lettres seront classés par ordre alphabétique de leurs auteurs ; toutes celles d'une même personne seront réunis dans une même liasse par ordre de date. Il sera pris copie de toute lettre écrite par le comité , et cette copie sera jointe à la lettre qui y aura donné lieu - 2ᵉ Les procès-verbaux des séances du conseil , ceux de la société , des congrès et assemblées générales 3ᵉ Les documents relatifs aux sociétés étrangères 4ᵉ Les pièces administratives.	<u>Arquivos</u> Os arquivos são compostos 1º da correspondência. As cartas serão classificadas por ordem alfabética de seus autores. Todas as de uma mesma pessoa serão reunidas em uma mesma pasta por ordem de data. Serão tomadas cópias de todas as cartas escritas pelo Comitê e a cópia será anexada à carta que a originou 2º As atas das sessões do conselho, as da sociedade, dos congressos e assembleias gerais 3º Os documentos relativos às sociedades estrangeiras 4º Os documentos administrativos.

15) Caixa de socorro
Manuscrito CDOR Lucas 130_01

<u>Caisse de secours</u> L'établissement d'une caisse générale de secours est une chose impraticable et qui présenterait de sérieux inconvénients, ainsi que nous l'avons démontré dans un article spécial. (Revue de juillet 1866, page 193) Le comité central ne peut donc l'engager dans une voie qu'il serait bientôt forcé d'abandonner, ni rien entreprendre qu'il ne sait certains de pouvoir réaliser. Il doit être positif et ne point se bercer d'illusions chimériques ; c'est le moyen de marcher longtemps et sûrement ; pour cela, il doit rester dans les limites du possible. La caisse de secours qui le comité central annexera à ses attributions , ne peut donc et ne doit être qu'une institution locale, d'une action circonscrite, dont la prudente organisation pourra servir de modèle à toutes celles du même genre que pourraient créer les sociétés particulières. C'est par leur multiplicité qu'elles pourront rendre des services efficaces, et non en concentrant les moyens d'action.	<u>Caixa de socorro</u> O estabelecimento de um fundo geral de emergência é impraticável e teria sérias desvantagens, como mostramos em um artigo especial. (Revista de julho de 1866, página 193) O comitê central não pode, portanto, colocá-lo no caminho que seria forçado a abandonar em breve, nem realizar algo que não sabe que certamente será capaz de alcançar. Ele deve basear-se em fatos e não ser embalado por ilusões quiméricas. É o meio para caminhar longamente e de forma segura. Para isso, deve permanecer nos limites do possível. A caixa de socorro que o comitê central anexará às suas atribuições pode, portanto, e deve ser apenas uma instituição local, de ação circunscrita, cuja organização prudente pode servir de modelo para todas do mesmo tipo que poderiam criar as sociedades particulares. É por sua multiplicidade que elas poderão prestar serviços eficazes e não concentrando os meios de ação.

Cette caisse sera alimenté, 1° par la portion affectée à cette destination sans le revenu de la caisse générale du Spiritisme; 2° par les dons spéciaux qui y seront fait.

Elle capitalisera les sommes reçus de manière à se constituer en revenu ; c'est sur ce revenu qu'elle donnera des secours temporaires au viagers, et remplira les obligations de son mandat, lesquels seront stipulées dans son règlement constitutif.

Elle aura sa comptabilité particulière, et sera administré par un membre du comité central, assisté d'un comité spécial de bienfaisance pris parmi les adeptes de bonne volonté. Ce comité devra s'enquérir avec soin de la nature des besoins, afin de donner aux secours l'emploi le plus utile et le plus profitable selon les circonstances, et d'éviter, autant que possible, d'être dupe de l'exploitation, ce qui sera au préjudice des véritables nécessiteux.

Essa caixa será alimentada, 1° pela parcela destinada a este destino sem a receita do fundo geral do Espiritismo; 2° pelas doações especiais feitas a ela.

Ela capitalizará as quantias recebidas para constituir renda. É sobre essa renda que prestará assistência temporária aos beneficiários e cumprirá as obrigações de seu mandato, que serão estipuladas em seus regulamentos constitutivos.

Ela terá sua contabilidade específica e será administrada por um membro do comitê central, assistido por um comitê especial de beneficência formado por adeptos da boa vontade. Esse comitê deverá investigar cuidadosamente a natureza das necessidades, a fim de proporcionar aos socorristas o trabalho mais útil e lucrativo de acordo com as circunstâncias, e evitar, tanto quanto possível, ser enganado pela exploração, que será em detrimento dos reais necessitados.

16) Casa de repouso
Manuscrito CDOR Lucas 135_01

Maison de retraite

Le projet d'une maison de retraite dans l'acception complète du mot ne peut être réalisé au début, en raison des capitaux qu'exigerait une semblable fondation, (en outre par ce) et qu'il faut laisser à l'administration le temps de s'asseoir et de marcher avec régularité, avant de songer à compliquer ses attributions par des entreprises où elle pourrait échouer. Il y aurait imprudence à vouloir, au début, embrasser trop de choses, et avant d'être assuré des moyens d'exécution, on le comprendra facilement si l'on réfléchit à tous les défaits que comportent des établissements de ce genre. Il est bon sans doute d'avoir de bonnes intentions, mais ce qui vaut encore mieux sont les moyens de les réaliser.

Casa de repouso

O projeto de uma casa de repouso, na acepção completa da palavra, não pode ser realizado no início, por causa do capital que exigiria uma fundação semelhante, (além disso) e que é necessário deixar para a administração o tempo de sentar-se e trabalhar regularmente, antes de pensar em complicar suas atribuições com projetos onde ela poderia fracassar. Haveria imprudência em querer abraçar muitas coisas no início, e antes de ter certeza dos meios de execução. Isso será facilmente compreendido se pensarmos em todas as derrotas que os estabelecimentos desse tipo acarretam. Sem dúvida, é bom ter boas intenções, mas o que é ainda melhor são os meios para alcançá-las.

En mettant une maison de retraite dans les fondations accessoires du comité nous ne pouvons songer a lui donner une attribution qui serait au début plutôt entrave qu'une chose utile. Nons avons entendu seulement une où le logement serait donné gratuitement.	Ao incluir uma casa de repouso entre as fundações auxiliares do comitê, não podemos pensar em dar-lhe uma atribuição que no começo seria mais um obstáculo do que uma coisa útil. Só ouvimos falar de um onde a acomodação seria oferecida gratuitamente.

17) Manuscrito sem título com nota sobre os congressos
Manuscrito CDOR Lucas 140_01

Note sur les congrès Les congrès seront ainsi une enquête perpétuelle sur les faits et les théories spirites pour les confirmer ou les contredire	Nota sobre os congressos Os congressos serão, assim, uma investigação perpétua sobre os fatos e as teorias espíritas para confirmá-las ou contradizê-las.

18) Dos congressos
Manuscrito CDOR Lucas 145_01

Chapitre IV <u>Des congrès</u> <u>Dispositions générales</u> Les congrès sont des assemblées générales périodiques constituées en vue de discuter les intérêts généraux du Spiritisme et de resserrer les liens de fraternité entre les adeptes. Ils sont composés des délégués des différentes sociétés particulières de la France et de l'étranger, réunissant les conditions stipulés dans l'article et des spirites assermentés qui auront annoncé l'intention d'en faire partie. La liste des membres de chaque congrès sera arrêté par le comité central, et close 15 jours avant celui de l'ouverture. Le comité central y est représenté par au moins trois de ses membres. La durée de chaque session sera de huit jours ou plus. L'assemblée nomme son bureau.	Capítulo VI <u>Dos congressos</u> <u>Disposições gerais</u> Os congressos serão assembleias gerais periódicas constituídas com o objetivo de discutir os interesses gerais do Espiritismo e de manter os laços de fraternidade entre os adeptos. Eles serão compostos dos delegados das diferentes sociedades particulares da França e do exterior, reunindo as condições estabelecidas nos artigos e os espíritas juramentados que tenham anunciado a intenção de fazer parte deles. A lista dos membros de cada congresso será decidida pelo comitê central e encerrada 15 dias antes da abertura. O comitê central é nela representado por ao menos três de seus membros. A duração de cada sessão será de oito dias ou mais. A assembleia nomeia sua mesa.

Le bureau se comprend de:
1 Président
2 Vice-présidents
1 Secrétaire chargé des procès-verbaux
2 Secrétaires adjoint
3 commissaires ordonnateurs, chargés de toutes les dispositions d'ordre.

Le bureau de concert avec les délégués du comité central, arrête, dès la première séance, les sujets qui seront mis à l'ordre du jour pour la durée de la session. Cet ordre du jour sera immédiatement imprimé et distribué aux membres du congrès.

Aucune question étrangère à l'ordre du jour ne pourra discutée.

Les délibérations auront exclusivement pour objet les questions relatives au spiritisme. Les questions politiques ou toute autre y faisant allusion y sont formellement interdites.

Les membres du congrès ont seule le droit de prendre part aux discussions.

Les orateurs qui se proposeront de traiter ces sujets à l'ordre du jour devront se faire inscrire d'avance au bureau.

Nul ne peut prendre la parole sans l'avoir obtenu du Président.

Les congrès spirites doivent donner l'exemple de l'ordre, de l'urbanité et de la modération. Il est enjoint aux orateurs de s'abstenir de toute parole ou allusion blessante pour qui que ce soit.

a l'ouverture de chaque session, le Président donne lecture du chapitre des statuts concernant la tenue des congrès.

En ce qui concerne la spécialité de leur objet, les congrès sont de deux natures: Les congrès ordinaires, et les congrès organiques.

A mesa é compreendida por:
1 Presidente
2 Vice-presidentes
1 Secretário encarregado das atas
2 Secretários adjuntos
3 comissários organizadores, encarregados de todas as questões de ordem.

A mesa, de acordo com os delegados do comitê central, decide, desde a primeira sessão, os assuntos que serão inseridos na ordem do dia para o tempo da sessão. Essa ordem do dia será imediatamente impressa e distribuída aos membros do congresso.

Nenhuma questão estranha à ordem do dia poderá ser discutida.

As deliberações terão por objeto exclusivamente as questões relativas ao espiritismo. As questões políticas ou quaisquer outras que façam alusão a elas serão formalmente proibidas.

Apenas os membros do congresso têm o direito de tomar parte nas discussões.

Os oradores que se propuserem a tratar desses assuntos da ordem do dia deverão antecipadamente solicitar inscrição à mesa.

Ninguém pode tomar a palavra sem que a tenha obtido do Presidente.

Os congressos espíritas devem dar o exemplo da ordem, da urbanidade e da moderação. É obrigatório aos oradores absterem-se de qualquer palavra ou alusão ofensiva para quem quer que seja.

Na abertura de cada sessão, o Presidente faz a leitura do capítulo dos estatutos relativo à realização dos congressos.

No que concerne à especialidade de seu objeto, os congressos são de duas naturezas: Os congressos ordinários e os congressos orgânicos.

19) Congressos ordinários
Manuscrito CDOR Lucas 150_01

Congrès ordinaires	Congressos ordinários
Statuts	Estatutos
articles	artigos

Les congrès ordinaires ont lieu tous les ans dans le moi de septembre.

Ils se tiennent alternativement dans un des villes du centre, du nord, du midi, de l'Est et de l'ouest de la France, et tous les cinq ans à Paris.

Chaque congrès désigne la ville où se réunira le congrès suivant.

ou Les opérations des congrès ordinaires comprennent tout ce qui concerne les intérêts du Spiritisme, savoir:

Rapport du comité central sur les travaux et la situation générale;

Rapport sur les sociétés locales, leur situation, leur organisation et leurs travaux;

Rapport sur l'état du Spiritisme selon les localités;

Discussion des principes de doctrine susceptibles de controverse, des points de théorie non encore complètement élucidés.

Examen des faits et des questions d'actualité touchant le Spiritisme;

Rechercher des abus et des causes nuisibles au crédit, à la considération et à la propagation du Spiritisme, et des moyens de les réprimer;

Éloges et encouragements à donner à tout ce qui peut servir utilement la cause.

Compte rendu des actes qui honorent le Spiritisme des exemples qui prouvent sa puissance moralisatrice et consolante;

Remerciements nominatifs votés à tous les dévouements sincères, aux courageux soutiens et défenseurs de la cause.

Os congressos ordinários acontecem todos os anos no mês de setembro.

São realizados alternadamente em uma das cidades do centro, norte, sul, leste e oeste da França e a cada cinco anos em Paris.

Cada congresso designa a cidade onde o próximo congresso se reunirá.

ou As operações de congressos comuns compreendem tudo relacionado aos interesses do espiritismo, a saber:

Relatório do comitê central sobre os trabalhos e a situação geral;

Relatório sobre sociedades locais, sua situação, organização e trabalho;

Relatório sobre o estado do Espiritismo por localidade;

Discussão de princípios doutrinários suscetíveis de controvérsia, pontos de teoria ainda não totalmente esclarecidos.

Exame dos fatos e questões atuais relacionados ao Espiritismo;

Pesquisar abusos e causas prejudiciais ao crédito, consideração e propagação do Espiritismo e meios de reprimi-los;

Elogios e encorajamento a dar a tudo o que possa ser útil à causa.

Relato dos atos que honram o Espiritismo pelos exemplos que provam seu poder moralizador e consolador;

Agradecimentos nominais dedicados a toda devoção sincera, aos corajosos apoios e defensores da causa.

ou A assembleia designa os nomes que serão inseridos no Livro de ouro para se assinalar o reconhecimento de positividade.

ou L'assemblée désigne les noms qui seront inscrits au <u>Livre d'or</u> afin d'être signalés la reconnaissance de la positivité.

Le cas échéant où l'une des personnes inscrites au <u>Livre d'or</u>, auront notoirement démérité, l'assemblée prononceront sa radiation.

ou Les congrès ont droit d'examen et de critique sur les actes du comité central, qui peut être interpellé sur telle ou telle partie de sa gestion. Si par la négligence ou de fausses mesures, il compromettait les intérêts de la cause, un vote de blâme peut être prononcé contre lui.

Caso uma das pessoas registradas no Livro de ouro venha notoriamente a desmerecê-lo, a assembleia pronunciará sua exclusão.

ou os Congressos têm o direito de revisão e crítica sobre os atos do comitê central, que podem ser interpelados sobre qualquer parte de sua gestão. Se por negligência ou medidas equivocadas, ele comprometeu os interesses da causa, um voto de repreensão pode ser pronunciado contra ele.

20) Congressos orgânicos
Manuscrito CDOR Lucas 155_01

<u>Congrès organiques</u>

ou Les congrès annuels ordinaires prennent le nom de <u>congrès organiques</u> lorsqu'ils ont pour objet spécial la révision des statuts constitutifs et du formulaire de la profession de foi. Cette révision a lieu à des époques déterminées en vue de maintenir la constitution et le programme des croyances constamment au niveau du progrès des idées et les besoins des temps.

ou Les congrès organiques se tiennent toujours à Paris

Le premier sera celui qui suivra la promulgation de la constitution ; le second aura lieu en 1875. Le troisième en 1900; le quatrième en 1925 et aussi de suite tous les 25 ans.

Ils remplacent les congrès ordinaires pour les années où ils ont lieu.

ou Les proposition de modification aux statuts constitutifs devront être adressées au Président du comité central dans l'intervalle de deux congrès organiques, à toute époque, mais, dans tous les cas, elles devront être au moins être discutées.

<u>Congressos orgânicos</u>

ou Congressos anuais ordinários tomam o nome de congressos orgânicos quando seu objetivo especial é a revisão dos estatutos constitutivos e do formulário da profissão de fé. Essa revisão ocorre em momentos determinados, a fim de manter a constituição e o programa de crenças constantemente no nível do progresso das ideias e das necessidades dos tempos.

ou Os congressos orgânicos são realizados sempre em Paris

O primeiro será o seguinte à promulgação da constituição; o segundo ocorrerá em 1875. O terceiro em 1900; o quarto em 1925 e também a cada 25 anos.

Eles substituem os congressos ordinários nos anos em que eles ocorrerem.

ou As propostas de alteração dos estatutos devem ser endereçadas ao Presidente do comitê central no intervalo de dois congressos orgânicos, a qualquer tempo, mas, em qualquer caso, devem ser ao menos discutidas.

Afin de n'être privée des lumières de personne, l'initiative des propositions appartient à tout spirite assermenté, alors même qu'il ne devront pas faire partie du congrès.

Selon l'importance des propositions, le comité central décidera s'il y a lieu de les publier dans le journal officiel du Spiritisme, à fin de donner aux membres du futur congrès le temps de les méditer.

ou Les modifications proposées ne seront mises en délibération que si la demande en est faite par cinq membres.

La majorité des trois quarts des membres présents est nécessaire pour l'adoption.

ou alors même qu'aucune proposition de modification ne serait faite, les statuts constitutifs seront lus intégralement, et soumis au vote de l'assemblée par assis et levé. Le Président déclare alors les statuts maintenus dans leur intégralité.

Para não ser privado da luz de ninguém, a iniciativa de propostas pertence a todos os espíritas juramentados, mesmo que não devam fazer parte do congresso.

Dependendo da importância das propostas, o comitê central decidirá se as publicará no jornal oficial do Espiritismo, a fim de dar aos membros do próximo congresso o tempo para pensar sobre elas.

ou As modificações propostas só serão postas sob deliberação se a solicitação for feita por cinco membros.

A maioria de três quartos dos membros presentes é necessária para a aprovação.

ou mesmo quando nenhuma proposta de emenda for feita, os estatutos serão lidos na íntegra e submetidos à votação da assembleia, por pessoas sentadas e em pé. O Presidente, então, declara os estatutos mantidos na íntegra.

21) Revisão dos estatutos pela assembleia nos congressos
Manuscrito CDOR Lucas 160_01

Révision des statuts par
l'assemblée aux congrès

ou Après le vote des statuts, l'assemblée procédé dans la même forme à la révision du formulaire de profession de foi, lequel sera complété, soit par l'addition d'articles nouveaux s'il y a lieu soit par un changement dans la rédaction des articles anciens.

ou Si le travail de révision n'absorbe pas tout le temps de la session du congrès, il pourra s'occuper des travaux des congrès ordinaires.

On examinera si dans les principes de la doctrine formulés dans le catéchisme, il y a des articles qui ; pour le fond ou par la forme de la rédaction, peuvent donner prise à une critique fondée; Le cas échéant, lesdits articles seront modifiés.

Revisão dos estatutos
pela assembleia nos congressos

ou Após a votação dos estatutos, a assembleia procedeu da mesma forma à revisão do modelo de profissão de fé, que será concluído, seja pelo acréscimo de novos artigos, se necessário, seja por uma alteração na redação do itens antigos.

ou Se o trabalho de revisão não absorver todo o tempo da sessão do congresso, ele poderá cuidar do trabalho dos congressos ordinários.

Será examinado se, nos princípios da doutrina formulada no catecismo, existem artigos que; por sua substância ou pela forma da redação, possam dar origem a uma crítica fundada; Se necessário, os referidos artigos serão modificados.

22) Formação e emprego do capital e das receitas
Manuscrito CDOR Lucas 165_01

<table>
<tr><td>

chapitre V
Formation et emploi du
capital et des revenus

M. AK apporte

1ᵉʳ. La nue-propriété de la Villa-Ségur, dont il se réserve le revenu actuel, pour lui et sa femme, leur vie durant.

2ᵉ. La propriété et le produit immédiat de ses ouvrages et de la Revue Spirite.

Les fonds provenant de donation par des tiers seront dans le plus bref délai possible, convertis en valeurs les plus sûres, et principalement en immeubles. En attendant qu'il en soit fait emploi, ils seront déposés à la Banque de France.

La propriété de la Villa Ségur devant être, dès à présent, le siège de l'administration central, les premiers fonds disponibles seront employés, jusqu'à dûe concurrence, à l'approprier à sa destination, par la construction de ladite propriété.

1ᵉʳ Les dépendances nécessaires aux divers services de l'administration;

2ᵉ De bâtiments de produits, comme placement, au projet de la société.

En conséquence, la société jouira du revenu produit par les constructions qui pourront être faits sur ladite propriété, sans préjudice du revenu actuel qui demeure, comme il a été dit, la jouissance de M. AK, sans que les transformations opérées dans la propriété, puissent y porter atteinte.

Un revenu suffisant étant assuré pour les dépenses fixes courantes, il sera pris sur les fonds disponibles, la somme nécessaire pour les publications faites par les succès du comité, notamment celles des ouvrages fondamentaux de la doctrine en éditions populaires, et en langues étrangères.

</td><td>

Capítulo V
Formação e emprego do
capital e das receitas

Sr. AK aporta

1º. A propriedade da Villa-Ségur, da qual ele reserva a renda atual para ele e sua esposa, enquanto estiverem vivos.

2º. A propriedade e o produto imediato de seus livros e da Revista Espírita.

Os recursos provenientes de doações de terceiros serão, no menor prazo possível, convertidos em valores mais seguros e principalmente em imóveis. Até serem usados, serão depositados no Banco da França.

Devendo a propriedade Villa Ségur desde agora ser a sede da administração central, os primeiros recursos disponíveis serão utilizados, até a devida concorrência que definirá seu destino, pela construção da referida propriedade.

1º As dependências necessárias para os diversos serviços da administração;

2º A construção de produtos, como investimento, ao projeto da sociedade.

Consequentemente, a sociedade usufruirá da receita produzida pelas edificações que poderão ser feitas sobre a referida propriedade, sem prejuízo da receita atual que permanece, como já foi dito, como usufruto do Sr. AK, sem que as transformações efetuadas na propriedade possam prejudicá-lo.

Sendo garantida uma renda suficiente para as despesas fixas correntes, será retirado dos fundos disponíveis o valor necessário para as publicações feitas para o sucesso do comitê, em particular as obras fundamentais da doutrina em edições populares e em idiomas estrangeiros.

</td></tr>
</table>

Les fonds employés à ces publications n'étant que des avances qui rentreront par la vente, ils seront à mesure de leur rentrée, placés, comme les autres, pour augmenter le revenu.

Les émoluments fixes des divers fonctionnaires seront proportionnées aux ressources de revenu, sans toutefois pouvoir être au dessous d'un minimum, ni au dessus d'un maximum, fixés par les statuts organiques.

Como os recursos utilizados nessas publicações são apenas adiantamentos que retornarão com a venda, eles serão, à medida que retornarem, alocados como os demais, para aumentar a renda.

Os emolumentos fixos dos vários funcionários serão proporcionais aos recursos de renda, sem, no entanto, poder ser inferiores a um mínimo, nem acima de um máximo, fixados pelos estatutos orgânicos.

23) Manuscrito sem título. Provável continuação do último arquivo
Manuscrito CDOR Lucas 170_01

Sur le produit net de la vente des ouvrages, une part sera affecter(?) à former un fond de retraite pour les membres du comité et employés des diverses catégories. Cette retraite sera réversible sur les veuves et les enfants mineurs.

Le rédacteur de la Revue aura, outre de les appointements fixes, une part sur le produit net des abonnements.

Ceux qui auront travaillé à la rédaction d'ouvrages spéciaux, auront une part sur le produit des dits ouvrages.

Les voyages faits dans l'intérêt de la doctrine, et par ordre du comité, seront payés à part.

Un comtabilité très régulière sera tenue, de manière à établir la situation tous les ans, et à pouvoir en justifier à qui de droit.

Do produto líquido da venda das obras, uma parcela será alocada(?) para formar um fundo de aposentadoria para membros do comitê e funcionários das diversas categorias. Esta aposentadoria será reversível para viúvas e filhos menores.

O redator da Revista terá, além de seus salários fixos, uma participação no produto líquido das assinaturas.

Quem tiver trabalhado na redação de trabalhos especiais, terá uma participação no produto desses trabalhos.

As viagens feitas no interesse da doutrina e por ordem do comitê serão pagas separadamente.

Serão mantidas contas muito regulares, a fim de estabelecer a situação todos os anos e ser capaz de justificá-la a quem possa interessar.

24) Funções remuneradas
Manuscrito CDOR Lucas 175_01

<u>Fonctions rétribuées</u>
- Les membres actifs du comité central ayant des fonctions laborieuses assidues et qui réclament tout leur temps recevront un traitement proportionnés aux ressources de la caisse générale du Spiritisme, mais sans pouvoir dépasser une chiffre maximum.

Les conseillers titulaires ne recevront aucun traitement, mais auront seulement droit à un jeton de présence, dont la valeur sera fixée par le comité
- Les conseillers titulaires seuls fixeront les traitement des membres actifs, en séance particulière, sans le concours et hors de la présence de ces derniers.
- Le comité entier fixe les traitements des divers employés

les indemnités pour service exceptionnel ainsi les dépenses de diverses natures.

<u>Auxiliaires</u>
Les auxiliaires sont des membres de la société centrale, ou tous autres spirites profès qui donnent volontairement leur concours au comité, pour recherches productions ou travaux de tous genres, analyse et comptes rendu d'ouvrages.

<u>Funções remuneradas</u>
- Os membros ativos do comitê central com funções laborais assíduas e que exigem todo o seu tempo receberão um salário proporcional aos recursos da caixa geral do Espiritismo, mas sem poder exceder um valor máximo.

Os conselheiros regulares não receberão salário, mas somente terão direito a uma taxa de participação, cujo valor será determinado pelo comitê.
- Somente os conselheiros titulares fixarão o salário dos membros ativos, em particular a sessão, sem a assistência e fora da presença deles.
- Todo o comitê fixa os salários dos diversos funcionários

os subsídios para serviços excepcionais e despesas de várias naturezas.

<u>Auxiliares</u>
Os auxiliares são membros da sociedade central ou quaisquer outros espíritas professos que prestam voluntariamente seu concurso ao comitê para pesquisas, produções ou trabalhos de todos os tipos, análise e resenhas de obras.

25) Sociedade Espírita Central de Paris
Manuscrito CDOR Lucas 180_01

<u>Chap VI</u>
<u>Société spirite centrale de Paris</u>

(sem texto além do título)

<u>Cap VI</u>
<u>Sociedade espírita central de Paris</u>

(sem texto além do título)

26) Manuscrito sem título. Prováveis artigos do regulamento da Sociedade Espírita Central de Paris

Manuscrito CDOR Lucas 185_01

À cet effet le candidat qu'il ait été ou non associé libre devra répondre aux questions qui lui seront adressées.

La société règlera, selon les circonstances, la nature et le mode des questions.

Le procès-verbal des demandes et des réponses sera signé par le postulant et conservé dans son dossier.

Son admission sera ensuite prononcée, s'il y a lieu, en séance particulière et sur le rapport du comité administratif.

Art. 6. La Société limitera, si elle le juge utile, le nombre des associés libres et des membres titulaires.

Art. 7. Les membres correspondants sont ceux qui, ne résidant point à Paris, sont en rapport avec la Société, et lui fournissent des documents utiles pour ses études.

chapitre II
Administration
~~Art. 8. La Société est dirigée par un comité composé des membres du bureau qui l'adjoindront cinq autres membres titulaires choisis de préférence parmi ceux qui auront apporté un concours actif dans les travaux de la société, ou rendu des services notoires à la cause du Spiritisme.~~

Para esse fim, o candidato que tenha ou não sido associado livre terá que responder às perguntas que serão endereçadas a ele.

A sociedade determinará, dependendo das circunstâncias, a natureza e o modo das perguntas.

As atas das solicitações e respostas serão assinadas pelo solicitante e mantidas em seu arquivo.

Sua admissão será declarada, se for o caso, em uma sessão particular e no relatório do comitê administrativo.

Art. 6. A Sociedade limitará, se julgar útil, o número de associados livres e dos membros titulares.

Art. 7. Os membros correspondentes são aqueles que, não residentes em Paris, estão em contato com a Sociedade e lhe fornecem documentos úteis para seus estudos.

capítulo II
Administração
~~Art. 8. A Sociedade é dirigida por um comitê composto pelos membros do cargo, que se juntará a outros cinco membros regulares escolhidos preferencialmente entre aqueles que participaram ativamente nos trabalhos da sociedade ou prestado serviços notórios à causa do Espiritismo.~~

Art. 8. Le bureau se compose de
Président directeur
Vice-président
Secrétaire principal
Sécretaire adjoint
percepteur-trésorier

Il pourra en outre être nommé un ou plusieurs présidents honoraires.

À défaut du Président et du Vice-Président les séances pourront être présidés par l'un des membres du comité.

Art. 9. Le Président-directeur doit son temps et ses soins aux intérêts de la société et de la science spirite. Il a la direction générale et la haute surveillance de l'administration aussi que la conservation des archives. Il est nommé pour un temps qui sera fixé par la société, il qui, dans tous les cas, ne sera pas moindre de trois ans.

Les autres membres du bureau sont nommés pour un an, et indéfiniment rééligibles.

Art. 10. -----------------

Art. 8. A diretoria é composta por
Presidente diretor
Vice-Presidente
Secretário principal
Secretário adjunto
cobrador-tesoureiro

Além disso, um ou mais presidentes honorários podem ser nomeados.

Na ausência do Presidente e do Vice-Presidente, as reuniões podem ser presididas por um dos membros do comitê.

Art. 9. O Presidente-diretor deve seu tempo e suas atenções aos interesses da sociedade e da ciência espírita. Ele tem a gerência geral e a alta vigilância da administração, bem como a preservação dos arquivos. Ele é indicado por um tempo a ser fixado pela sociedade, e que, em qualquer caso, não será inferior a três anos.

Os outros membros da diretoria são nomeados por um ano e podem ser reeleitos indefinidamente.

Art. 10. -----------------

27) Manuscrito sem título. Prováveis artigos do regulamento da Sociedade Espírita Central de Paris

Manuscrito CDOR Lucas 190_01

chapitre III
Des séances

Art. 15. Les séances de la société ont lieu tous les vendredis à 8 heures du soir.

Elles sont particulières ou générales, mais elles ne sont jamais publiques.

Art. 16. Les séances particulières sont réservés aux membres de la société ; elles ont lieu le 1ᵉʳ et le 3ᵉ vendredis de chaque mois.

Toute personne faisant partie de la Société à un titre quelconque, doit, à chaque séance, apposer son nom sur une liste de présence.

Dans les séances particulières sont admis, outre les membres titulaires et les associés libres ; les dames des membres titulaires, les membres honoraires, les membres correspondants temporairement à Paris et les médiums qui prêtent leur concours à la société.

Aucun autre personne étrangère à la société n'est admise aux séances particulières, sauf des cas exceptionnels et avec l'assentiment préalable du Président.

Art. 17. Art. 10 - La société réserve pour les séances particulières toutes les questions concernant ses affaires administratives, ainsi que les sujets d'étude qui réclament le plus de tranquillité et de concentration, ou qu'elle juge à propos d'approfondir avant de les produire devant des personnes étrangères.

Art. 18 Les séances générales consacrées aux travaux d'études.

Elles ont lieu les 2ᵉ, 4ᵉ et, s'il y a lieu, les 5ᵉ vendredis de chaque mois.

Dans les séances générales, la Société autorise l'admission d'auditeurs étrangers qui peuvent y assister temporairement sans en faire partie.

Capítulo III
Das sessões

Art. 15. As sessões da sociedade acontecem todas as sextas-feiras às 8 horas da noite.

Elas são particulares ou gerais, mas nunca públicas.

Art. 16. As sessões particulares são reservadas aos membros da Sociedade; elas acontecem na 1ª e na 3ª sextas-feiras de cada mês.

Qualquer pessoa que faça parte da Sociedade, com qualquer título, deve, em cada reunião, registrar seu nome em uma lista de presença.

Nas sessões particulares são admitidos, além dos membros titulares e associados livres; as senhoras dos membros titulares, os membros honorários, os membros correspondentes que estejam temporariamente em Paris e os médiuns que prestam seu concurso à sociedade.

Nenhuma outra pessoa estranha à sociedade é admitida nas reuniões particulares, exceto em casos excepcionais e com o consentimento prévio do Presidente.

Art. 17. art. 10 - A sociedade reserva para sessões particulares todas as questões relativas aos assuntos administrativos, bem como os assuntos de estudo que exigem maior tranquilidade e concentração, ou que julgue aconselhável aprofundar antes de produzi-los diante de outras pessoas.

Art. 18 As sessões gerais dedicadas aos trabalhos de estudo.

Realizam-se na 2ª, 4ª e, se aplicável, 5ª sextas-feiras de cada mês.

Nas sessões gerais, a Sociedade autoriza a admissão de ouvintes estranhos que podem assisti-las temporariamente sem fazer parte dela.

Elle n'admet, comme auditeurs, que les personnes aspirant à devenir membres, ou qui sont sympathiques à ses travaux, et déjà suffisamment initiées à la science spirite pour les comprendre. L'introduction doit être refusée d'une manière absolue à quiconque n'y serait attiré que par un motif de curiosité.

La parole est interdite aux auditeurs, sauf les cas exceptionnels appréciés par le Président.

Les auditeurs ne sont point admis passé 8h ¼.

Les auditeurs ne sont admis que par la présentation d'une lettre d'introduction délivrée par le Président ou l'un des membres du comité d'administration, relatant le nom et l'adresse de l'auditeur présenté.

Le nombre des auditeurs peut être limité.

Les lettres d'introduction ne sont données qu'aux personnes connues du signataire spécialement recommandées. Elles ne peuvent servir que pour le jour indiqué et pour les personnes désignées.

Le même membre ne peut présenter plus de deux auditeurs dans la même séance, et les mêmes auditeur ne peut assister à plus de deux séances sans l'autorisation du Président.

Le signataire de la lettre d'introduction se rend garant de l'attention des personnes présentes à ne causer ni trouble ni interruption.

La liste nominative des auditeurs ayant assisté à chaque séance est lue à la séance suivante, et les inconvénients auxquels leurs présence aurait pu donner lieu seront signalés.

La société prendra, à l'égard du mode d'admission les auditeurs toute mesure administrative qu'elle jugera utile, sans qu'elle soit tenue, pour cela, de modifier son règlement.

Ela admite, como ouvintes, apenas as pessoas que aspiram a tornar-se membros ou que simpatizam com seu trabalho, e que já são suficientemente iniciadas na ciência espírita para entendê-las. A introdução deve ser sumariamente recusada a quem for atraído apenas por curiosidade.

Os ouvintes são proibidos de falar, exceto em casos excepcionais avaliados pelo Presidente.

Os ouvintes não são admitidos após às 8h.

Os ouvintes só são admitidos mediante a apresentação de uma carta de apresentação emitida pelo Presidente ou por um dos membros do comitê administrativo, indicando o nome e o endereço do ouvinte apresentado.

O número de ouvintes pode ser limitado.

Cartas de apresentação são dadas apenas a pessoas conhecidas pelo signatário que são especialmente recomendadas. Só podem ser utilizados no dia indicado e nas pessoas designadas.

O mesmo membro não pode apresentar mais de dois ouvintes na mesma reunião e o mesmo ouvinte não pode comparecer a mais de duas reuniões sem a permissão do Presidente.

O signatário da carta de apresentação garante a atenção dos presentes para não causar perturbações ou interrupções.

A lista de nomes dos ouvintes que participaram de cada sessão é lida na sessão seguinte e serão indicados os inconvenientes que sua presença poderia ter causado.

A sociedade tomará todas as medidas administrativas que considerar úteis em relação à admissão dos ouvintes, sem que seja necessário, para isso, modificar seus regulamentos.

Apêndice 3

• • •

ESTATUTOS DA SOCIEDADE ANÔNIMA DA CAIXA GERAL E CENTRAL DO ESPIRITISMO

APRESENTAÇÃO

Allan Kardec planejava estabelecer uma nova fase para o Espiritismo, depois da primeira, de elaboração, quando, como fundador, estabeleceu os princípios fundamentais da doutrina espírita. Mas era preciso perpetuar essa ciência. Planejou participar como conselheiro do Comitê Central, quando da constituição definitiva, em seu plano. Após sua morte, em 1869, sua esposa, Amélie Boudet, consciente da necessidade de dar continuidade às suas obras, recebeu conselhos de indivíduos próximos, para constituir uma Sociedade para dar continuidade.

Todavia, os estatutos elaborados por eles constituíram um terrível golpe no Espiritismo tal como planejado por Rivail. O contrato da Sociedade Anônima é, em verdade, a instituição de uma empresa comercial administrada por uma comissão de três sócios, com direito a salário, juros e participação nos lucros. A livraria, a *Revista Espírita*, as obras de Kardec e os manuscritos póstumos tornaram-se bens da Sociedade, e os administradores tinham plenos poderes para geri-los, como também os valores doados pelo meio espírita, para seus proventos e demais despesas que achassem necessárias. A Sociedade Parisiense de Estudos Espíritas sequer foi mencionada nos estatutos, e as sociedades espíritas foram alijadas da estrutura originalmente criada por Kardec. Por fim, como constatamos por meio de documentos oficiais, as obras *O Céu e o Inferno* e *A Gênese* foram adulteradas, a *Revista Espírita* foi desviada de seus propósitos, e, por fim, a Sociedade foi levada à falência.

Os textos abaixo correspondem à transcrição e tradução dos documentos originais, assinados pelos sócios, depositados nos Arquivos Nacionais da França. As cópias, obtidas pela pesquisadora Simoni Privato em sua pesquisa para a obra *O Legado de Allan Kardec*, foram por ela gentilmente cedidas.

Fotos obtidas por Simoni Privato nos Arquivos Nacionais da França

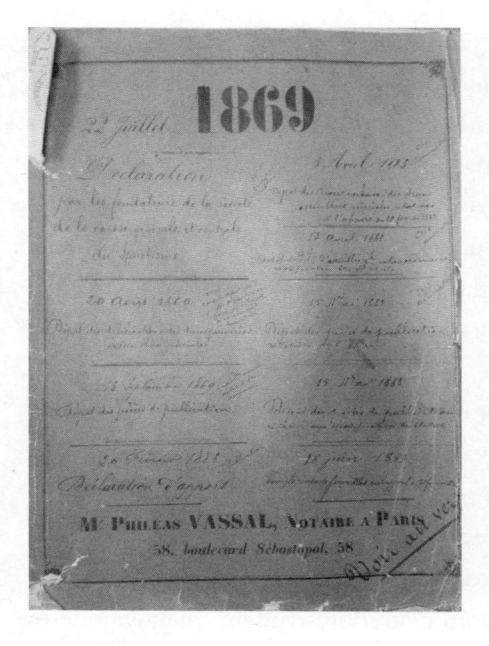

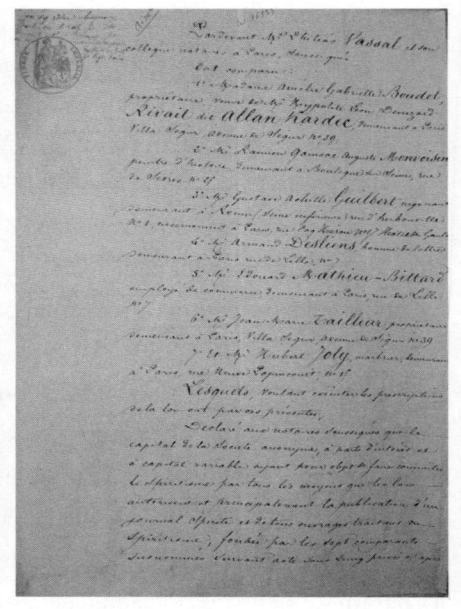

Par devant Mr Philéas Vassal et son collègue notaires à Paris, soussignés ont comparu:

1ᵉ. Madame Amélie gabrielle Boudet, propriétaire, veuve de Mr Hyppolite León Denizard Rivail, dit Allan kardec, demeurant à Paris, Villa Ségur, avenue de Ségur, no 39.

2ᵉ. Mr Raimon Gainsac Auguste Monvoisin, peintre d'histoire, demeurant à Boulogne Sur Seine, rue de Sèvres no 4.

3ᵉ. Mr Gustave Achille Guilbert, négociant demeurant à Rouen (Seine inférieure) rue d'Herbouville no 1, en ce moment à Paris, rue Coq Héron no 17, Hôtel des Gaules.

4ᵉ. Mr Armand Desliens, homme de lettres demeurant à Paris, rue de Lille, n° 7.

5ᵉ. Mr Edouard Mathieu-Bittard employé de commerce, demeurant à Paris, rue de Lille no 7.

6ᵉ. Mr Jean Marie Tailleur, propriétaire demeurant à Paris, Villa Ségur, avenue de Ségur, no 39.

7ᵉ. Et Mr Hubert Joly, marbrier, demeurant à Paris, rue Neuve Popincourt, no 15.

Lesquels, voulant exécuter les prescriptions de la loi ont par ces présentes, déclaré aux notaires soussignés que le capital de la Société Anonyme, à parts d'intérêt et à capital variable ayant pour objet de faire connaître le Spiritisme par tous les moyens que les lois autorisent et principalement la publication d'un journal Spirite et de tous ouvrages traitant du Spiritisme, fondée par les sept comparants surnommés suivant acte sous seing privé à après énoncé est souscrit en totalité et qu'il a été versé le montant intégral de toutes les parts d'intérêts.

Et déposé à Mr Vassal l'un des notaires soussignés, pour être mis au rang de ses minutes à la date de ce jour:

Diante do Sr. Philéas Vassal e seus colegas notários em Paris, compareceram os abaixo-assinados:

1°. Madame Amélie Gabrielle Boudet, proprietária, viúva do Sr. Hyppolite León Denizard Rivail, conhecido como Allan Kardec, residente em Paris, Villa Ségur, avenida de Ségur, n° 39.

2°. Raimon Gainsac Auguste Monvoisin, pintor de obras históricas, residente em Boulogne Sur Seine, rua de Sèvres n° 4.

3°. Gustave Achille Guilbert, comerciante residente em Rouen (baixo Sena), rua d'Herbouville n° 1, atualmente em Paris, rua Coq Héron no 17, Hôtel des Gaules.

4°. Armand Desliens, homem de letras que mora em Paris, rue de Lille, n° 7.

5° Edouard Mathieu-Bittard, funcionário de comércio, residente em Paris, rua de Lille n° 7.

6° Jean Marie Tailleur, proprietário, residente em Paris, Villa Ségur, avenue de Ségur, n° 39.

7° E o Sr. Hubert Joly, marmoreiro, morando em Paris, rue Neuve Popincourt, n° 15.

Os quais, pretendendo executar as prescrições da lei por meio desta, declararam aos notários abaixo assinados que o capital da *Sociedade Anônima por partes de proveito e de capital variável*, com o objetivo de divulgar o Espiritismo por todos os meios que as leis autorizam, e principalmente a publicação de um jornal espírita e de todas as obras que tratam do Espiritismo, fundado pelos sete comparecentes mencionados acima após a escritura privada e da declaração ter sido por todos assinada como também o recebimento total das quantias de todas as partes de proveito.

Foi depositado com o Sr. Vassal e com os notários abaixo assinados, para ser juntado de imediato nesta data:

1ᵉ. Une pièce écrite sur une feuille de papier timbré à un franc, document certifié et signée par tous les comparants et contenant:

La liste nominative des souscripteurs indignant leur noms, prénoms, qualités et demeures, le nombre de part d'intérêt de chacun d'eux. Et l'état de versement opérés par les souscripteurs.

Cette pièce non encore enregistrée le sera avec ces présents.

2ᵉ. Et un des originaux écrit sur quatre feuilles de papier timbrées à un franc cinquant centeures et portant la mention suivante:

"Enregistré à Paris le dix neuf juillet unit huit cent soixante neuf, folio cent soixante quatre, verso case deux reçu deux francs trente centimes décimes compris; signé illisiblement". D'un acte sous seing privé fait en deux originaux à Paris le trois juillet mil huit cent soixante neuf, contenant les statuts de la Société anonyme, à part d'intérêt et à capital variable ajouts les moyen que les lois autorisent et principalement la publication d'un journal Spirite et de tous ouvrages traitant du Spiritisme fondée par les sept comparants susnommés sous la dénomination:

1ᵉ. Madame Amélie Gabrielle Boudet, veuve, de Mr Hypolite Léon Denizard Rivail dit Allan Kardec, propriétaire, demeurant à Paris, Villa Ségur, avenue de Ségur no 39;

2ᵉ. Mr Raimon Gainsac Auguste Monvoisin, peintre d'histoire, demeurant à Boulogne Sur-Seine, 25, rue de Sèvres.

3ᵉ. Mr Gustave Achille Guilbert, négociant, demeurant à Rouen (Seine inférieure) rue d'Herbouville no. 1, en ce moment à Paris, Hôtel des Gaules, 17, rue Coq Héron.

1º. Uma peça escrita em uma folha de papel timbrada, por um franco, documento certificado e assinado por todas as partes presentes, contendo:

A lista nominal de assinantes indicando seus nomes, prenomes, qualificações e residências, e o número de partes de proveito de cada um deles. Além da condição do pagamento efetuado por eles. Esta peça, ainda não registrada, será entregue a todos os presentes.

2º. E um dos originais deste documento, escrito em quatro folhas de papel timbrado, por cento e cinquenta francos, contendo o que segue:

"Registrado em Paris em 19 de julho de mil oitocentos e sessenta e nove, folha cento e sessenta e quatro, [...] contra recibo de dois francos e trinta centavos; firmado ilegivelmente". De uma escritura particular feita em dois originais em Paris em três de julho de mil oitocentos e sessenta e nove, contendo os estatutos da *Sociedade Anônima por partes de proveito e de capital variável*, por todos os meios que as leis autorizam e principalmente pela publicação de uma revista espírita e de todas as obras que tratam do espiritismo, fundada pelos sete participantes acima mencionados, assim designados:

1º. Madame Amélie Gabrielle Boudet, viúva, do Sr. Hypolite Léon Denizard Rivail de Allan Kardec, proprietário, residente em Paris, Villa Ségur, avenida de Ségur nº 39;

2º. Raimon Gainsac Auguste Monvoisin, pintor histórico, morando em Boulogne Sur-Seine, 25, rue de Sèvres;

3º. Gustave Achille Guilbert, comerciante, residente em Rouen (baixo Sena) rue d'Herbouville nº. 1, atualmente em Paris, Hôtel des Gaules, 17, rue Coq Héron;

4ᵉ. Mr Armand Desliens, homme de lettres, demeurant à Paris, rue de Lille, no. 7.

5ᵉ. Mr Edouard Mathieu-Bittard, employé de commerce, demeurant à Paris, rue de Lille, no. 7.

6ᵉ. Mr Jean Marie Cailleur, propriétaire, demeurant à Paris, Villa Ségur, avenue de Ségur, no. 39.

7ᵉ. Mr Hubert Joly, marbrier, demeurant à Paris, rue neuve Popincourt no. 15.

Ont établi de la manière suivante les statuts de la Société Anonyme qu'ils se proposent de fonder.

Titre I
Objet, dénominations, Durée, Siège de la Société

Article 1. Il est formé entre les soussignés, une Société anonyme, à parts d'intérêts, et à capital variable, ayant pour objet de faire connaître le Spiritisme par tous les moyens que les lois autorisent, et principalement, la publication d'un journal spirite et de tous ouvrages traitant du spiritisme.

Article 2. La société prend la dénomination de *Société Anonyme de la Caisse Générale et Centrale du Spiritisme*.

Article 3. La durée de la société est fixée à quatre vingt dix neuf ans à compter du jour de sa constitution définitive qui aura lieu ainsi qu'il sera dit au Titre XI ci-après.

Article 4. Le siège de la société est actuellement fixé à Paris, rue de Lille nº. 7.

4º. Sr. Armand Desliens, homem de cartas, residente em Paris, rue de Lille, nº. 7;

5º. Edouard Mathieu-Bittard, funcionário comercial, residente em Paris, rue de Lille, nº. 7;

6º. Jean Marie Cailleur, proprietário, residente em Paris, Villa Ségur, avenue de Ségur, nº. 39;

7º. Hubert Joly, trabalhador de mármore, residente em Paris, rue neuve Popincourt nº. 15.

Estabeleceram da seguinte maneira os estatutos da Sociedade Anônima que propõem fundar.

Título I
Objetivo, denominação, duração, sede da sociedade

Artigo 1. Fica constituída, entre os abaixo assinados, uma sociedade anônima com partes de proveito e capital variável, tendo por objeto tornar conhecido o Espiritismo por todos os meios que as leis autorizam e, principalmente, pela publicação de um jornal espírita e de todas as obras que tratam do espiritismo.

Artigo 2. A entidade é denominada como *Sociedade Anônima da Caixa Geral e Central do Espiritismo*.

Artigo 3. A duração da Sociedade é fixada em noventa e nove anos a partir da data de sua constituição final, a qual ocorrerá de acordo com o que está determinado no **Título XI** abaixo.

Artigo 4. A sede social da sociedade está atualmente localizada em Paris, na rua de Lille nº. 7.

TItre II
Apports, fonds social, parts d'intérêts

Article 5. Madame veuve Rivail (Allan Kardec soussigné, apporte à la société, avec la garantie de droit:

Un fond de commerce établi par elle depuis peu à Paris, rue de Lille n°. 7.

Comprenant la propriété avec droit de publier:

1ᵉ. du Journal fondé à Paris le premier janvier 1858 par feu Mr Rivail dit Allan Kardec, son mari, sous le titre de Revue Spirite, journal d'études psychologiques.

2ᵉ. De tous les ouvrages de Mr Allan Kardec sur le Spiritisme, y compris ses oeuvres posthumes.

3ᵉ. De la librairie et toutes les marchandises fabriquées, clichés, matériel et agencement de toute nature servant actuellement au dit fonds de commerce.

Le présent apport estimé par Madame veuve Rivail à la somme de Vingt cinq mille francs.

Monsieur Monvoisin, l'un des soussignés, apporte également à la société avec la garantie de droit;

La propriété avec droit exclusif de reproduction, de onze tableaux peints par lui-même, spécialement exécutés en vue du Spiritisme et pour le musée que la société anonyme se propose de fonder;

Ces oeuvres comprennent:

1ᵉ. Le portrait allégorique de Mr Allan Kardec;

2ᵉ. Le portrait de l'auteur;

3ᵉ. Jeanne D'Arc, à la fontaine;

4ᵉ. Jeanne D'Arc blessée;

5ᵉ. Jeanne D'Arc sur le bûcher;

6ᵉ. L'auto da fé de Jean Huss;

7ᵉ. Un tableau Symbolique des trois révélations;

Título II
Aportes, fundo social, partes de proveito

Artigo 5. A madame viúva Rivail (Allan Kardec), abaixo assinada, aporta à sociedade, com a garantia de direito:

Um fundo de comércio estabelecido por ela recentemente em Paris, na rua de Lille n°. 7.

Incluindo a propriedade com o direito de publicação:

1°. do Jornal, fundado em Paris em 1° de janeiro de 1858 pelo falecido Sr. Rivail chamado Allan Kardec, seu marido, sob o título de *Revista Espírita, jornal de estudos psicológicos*.

2°. De todas as obras do Sr. Allan Kardec sobre o Espiritismo, inclusive suas obras póstumas.

3°. Da livraria e de todos os produtos manufaturados, clichês, equipamentos e estrutura de todos os tipos atualmente usados no fundo de comércio.

O presente aporte está estimado pela Madame viúva Rivail no valor de vinte e cinco mil francos.

O Sr. Monvoisin, um dos abaixo-assinados, também aporta à sociedade, com garantia de direito;

A propriedade, com direito exclusivo de reprodução, de onze quadros pintados por ele, executados especialmente para o Espiritismo e para o museu que a sociedade anônima se propõe a fundar; esses trabalhos incluem:

1°. Um retrato alegórico de Allan Kardec;

2°. O retrato do autor;

3°. Joana D'Arc na fonte;

4°. Joana d'Arc ferida;

5°. Joana d'Arc na fogueira;

6°. O auto de fé de Jean Huss;

7°. Um quadro simbólico das três revelações;

8ᵉ. L'apparition de Jésus au milieu de ses apótres, après la mort corporelle;

9ᵉ. Et les trois portraits en Grisailles de 1°. Swedenborg, 2°. de l'Abbé Vianney, 3°. du Docteur Demeure.

Le présent apport est estimé par Monsieur Monvoisin à la somme de Cinq mille francs.

La société prendra possession des deux apports qui précèdent le jour de sa constitution définitive.

Les cinq autres personnes ci-dessus dénommées et soussignées apportent à la société en espèces chacune la somme de Deux mille francs, qui a été immédiatement versée dans la caisse sociale.

Ce qui poste le fonds social de fondation à la somme de Quarante mille francs.

Lequel fonds social sera susceptible d'être augmenté dans les formes et proportions autorisées par les articles 48 et 49 de la loi du 24 Juillet 1867 et aissi qui'il sera dit aux présents statuts.

Article 6. En aucun cas de capital social quel qu'il soit par la suite ne pourra être diminué par la reprise partielle ou totale des apports effectués.

Article 7. Le fonds social tel qu'il en constitue aujourd'hui est divisé en quarante parts de mille francs chaque, qui sont attribuées, savoir:

1ᵉ. 25 à Mme Rivail (vingt cinq) 25.000.

2ᵉ. 5 Cinq à M Monvoisin 5.000.

3ᵉ. 10 Et à chacun des autres fondateurs Deux parts comme équivalent de leurs versements en espèces, soit parts, ensemble 10.000.

<u>40 Soit 40.000.</u>

La propriété de ces parts est constatée par une inscription nominative sur un registre ad'hoc à souche et par numéros d'ordre lequel registre reste déposé au siège de la société et est signé ainsi que le récépissé à détacher, par les administrateurs.

8°. A aparição de Jesus entre seus apóstolos, após sua morte física;

9°. E os três retratos monocromáticos do 1°. Swedenborg, 2°. do padre Vianney, 3°. do doutor Demeure.

A presente contribuição é estimada pelo Sr. Monvoisin no total de cinco mil francos.

A sociedade tomará posse dos dois aportes acima no dia de sua constituição final.

As cinco outras pessoas acima mencionadas e abaixo-assinadas aportam à sociedade em dinheiro a quantia de dois mil francos, que foi imediatamente depositada na caixa social.

Fica a posição do fundo social de fundação no valor de quarenta mil francos.

Tal fundo social poderá ser aumentado nas formas e proporções autorizadas pelos artigos 48 e 49 da lei de 24 de julho de 1867, como será determinado nos presentes estatutos.

Artigo 6. Em qualquer caso, o capital social, qualquer que seja o valor abaixo, não poderá ser reduzido pela retomada parcial ou total das contribuições efetuadas.

Artigo 7. O fundo social neste momento constituído divide-se em quarenta partes de mil francos cada, alocados, a saber:

1°. 25 (vinte e cinco), para a Sra. Rivail 25.000.

2°. 5 (cinco), ao Sr. Monvoisin 5.000.

3°. 10 Para cada um dos demais fundadores, 2 (duas) partes como equivalente a suas integralizações em dinheiro, somadas 10.000.

<u>40 total 40.000.</u>

A propriedade dessas partes está estabelecida por meio de uma inscrição nominativa, um registro específico, em livro e numerado em série, que permanecerá depositado na sede da sociedade, assinado, contra recibo a ser destacado pelos administradores.

Article 8. Chacune de ces parts, ainsi que celles qui seront fondées plus tard par suite de l'augmentation prévue du capital social, pourront être cédées, mais à la condition que les cessionnaires seront agréés à l'unanimité des associés présents à l'assemblée générale annuelle.

La cession s'opère par une déclaration de transfert inscrite sur le registre et signée du cédant.

Chaque part est indivisible; la société ne reconnaît qu'un propriétaire pour chacune d'elles.

Article 9. Les représentants ou créanciers d'un associé ne peuvent sous aucun prétexte provoquer l'apposition des scellés sur les biens et valeurs de la société, ni en demander le partage ou la licitation; ils sont tenus de s'en rapporter aux inventaires sociaux et aux délibérations de l'assemblée générale.

TItre III
De l'administration de la société

Article 10. La société est administrée par un comité de trois membres au moins nommés par l'assemblée générale des associés, choisis parmi eux et occupant chacun un emploi salarié.

Ce nombre pourra être augmenté au fur et à mesure des besoins et de l'augmentation prévue du capital par l'admission d'associés nouveaux il ne pourra être porté à plus de douze;

Article 11. Les administrateurs doivent être propriétaires pendant toute la durée de leur mandat de chacun deux parts d'intérêts au moins.

Ces parts sont affectées à la garantie de leur gestion, elles sont inaliénables et insaisissables ainsi que les intérêts y attachés jusqu'à l'apurement final de leurs comptes;

Artigo 8. Cada uma dessas partes, bem como aquelas que serão instituídas posteriormente em decorrência do aumento previsto do capital social, poderão ser transferidas, mas com a condição de que os cessionários sejam aprovados por unanimidade pelos sócios presentes na assembleia geral anual.

A transferência ocorre mediante uma declaração de transferência inserida no livro de registro e assinada pelo cedente.

Cada parte é indivisível; a empresa reconhece apenas um proprietário para cada uma delas.

Artigo 9. Os representantes ou credores de um sócio não podem, sob nenhum pretexto, causar a interdição e lacração dos bens e valores da empresa, nem solicitar a partição ou levá-los a leilão; eles devem se reportar à demonstração de resultados e às deliberações da assembleia geral.

Título III
Da administração da sociedade

Artigo 10. A Sociedade é administrada por um comitê de, no mínimo, três membros, nomeados pela assembleia geral dos sócios, escolhidos dentre eles e cada um ocupando um cargo remunerado.

Esse número pode ser aumentado conforme necessário, e o aumento planejado de capital pela admissão de membros não pode ser ampliado para mais de doze;

Artigo 11. Os administradores devem possuir, no mínimo, duas partes de proveito ao longo de seu mandato.

Essas ações, em sendo uma garantia da gestão, são inalienáveis e impenhoráveis, bem como os juros a ela associados até a liquidação final de suas contas;

Article 12. Ce comité est nommé pour six ans il est révocable, et peut être réélu indéfiniment;

Article 13. Il a les pouvoirs les plus étendus pour l'administration et la gestion des biens et affaires de la société; il peut même transiger, compromettre, donner tous désistements et mainlevées avec ou sans paiement;

Il représente la société en justice, tant en demandant qu'en défendant; en conséquence c'est à sa requête et contre lui qui doivent être intentées toutes actions judiciaires.

Il peut déléguer ses pouvoirs à un de ses membres que agit comme son mandataire et sous sa responsabilité.

Chaque administrateur a droit à un traitement fixe de deux mille quatre cents francs par an, à prélever mensuellement et par douzièmes, et en outre à une part de bénéfices, ci-après fixée.

TItre IV
Des commissaires de Surveillance

Article 14. Il sera nommé chaque année en assemblée générale un comité de deux membres au moins pris parmi ou en dehors des associés, chargé de remplir la mission de surveillance prescrite par la loi;

Article 15. Les commissaires se rendent au siège social, toutes les fois qu'ils le jugent convenable, pour prendre communication des livres et examiner les opérations de la société;

Ils vérifient l'état sommaire qui doit être dressé chaque semestre de la situation active et passive de la société;

En cas d'urgence ils convoquent l'assemblée générale; y assistent et quoique pris en dehors de associés ils ont voix délibérative.

Artigo 12. Esta comissão é nomeada por seis anos, é revogável e pode ser reeleita indefinidamente;

Artigo 13. O comitê de administração possui os mais amplos poderes para administrar e gerir os bens e negócios da sociedade; inclusive transigir, firmar compromisso, desistir e renunciar a garantias, com ou sem pagamento;

Ela representa a sociedade no tribunal, requerendo e defendendo-a; portanto, é a seu pedido e contra ela que todas as ações legais devem ser movidas;

Pode delegar seus poderes a um de seus membros, que atuará como seu representante e sob sua responsabilidade.

Cada administrador tem direito a um salário fixo de dois mil e quatrocentos francos por ano, a ser retirado em doze parcelas mensais, além de uma parte dos lucros, doravante fixados.

Título IV
Dos comissários de fiscalização

Artigo 14. A cada ano será nomeada pela assembleia geral uma comissão constituída de pelo menos dois membros, escolhidos entre os sócios ou fora deles, responsável por cumprir a tarefa de fiscalização prevista em lei;

Artigo 15. Os comissários de fiscalização podem ir à sede social, quando julgarem conveniente, tomar notas dos livros e examinar as operações da sociedade;

Verificam a declaração sumária que deve ser elaborada semestralmente da situação ativa e passiva da sociedade;

Em caso de emergência, podem convocar a assembleia geral; participam dela e, mesmo que não sejam escolhidos entre os sócios, possuem voz deliberativa.

Article 16. À la fin de leur exercice annuel les commissaires font un rapport à l'assemblée générale sur la situation de la société sur le bilan et sur les comptes présentés par le administrateurs.

Ils doivent remettre ce rapport au comité d'administration de manière á que celui-ci puisse, quinze jours avant la réunion, adresser à chacun des associés une copie de ce rapport et du bilan résumant l'inventaire.

Titre V
Des assemblées générales

Article 17. L'assemblée générale, régulièrement constituée, représente tous les associés.

Article 18. Il est tenu une assemblée générale ordinaire chaque année dans le courant de Juillet.

Cette assemblée se tient au siège social.

L'assemblée peut être convoquée extraordinairement soit par les administrateurs, soit par les commissaires de surveillance;

Article 19. L'assemblée générale se compose de toutes membres de la société sans distinction de parts, et des commissaires de surveillance non associés;

Elle est régulièrement constituée lorsque les membres présents représentent le quart du capital social, sauf ce qui sera dit sous les articles 31 et 42 ci-après.

Si l'assemblée générale ne réunit pas ce nombre une nouvelle assemblée est convoquée dans le mois et elle délibère valablement quelque soit le capital représenté par les associés présents;

Article 20. Les convocations ont lieu par lettres, ces lettres peuvent être chargées au besoin.

Artigo 16. Ao término de seu exercício anual, os comissários de fiscalização fazem um relatório para a assembleia geral sobre a situação da sociedade, a partir do balanço e da prestação de contas apresentados pelos administradores.

Eles devem enviar esse relatório ao comitê de administração para que, quinze dias antes da reunião, estes possam enviar a cada sócio uma cópia deste relatório e do balanço resumido e demonstração de resultados.

Título V
Das assembleias gerais

Artigo 17. A assembleia geral, regularmente constituída, representa todos os sócios.

Artigo 18. Uma assembleia geral ordinária será realizada todos os anos em julho.

Esta reunião se realizará na sede social.

A reunião pode ser convocada extraordinariamente pelos administradores ou pelos comissários de fiscalização;

Artigo 19. A assembleia geral é composta por todos os membros da sociedade, sem distinção de quantidade de partes, e dos comissários de fiscalização não associados;

É constituída regularmente quando os membros presentes representam um quarto do capital social, exceto na condição que será mencionada nos artigos 31 e 42 abaixo.

Se a assembleia geral não reunir esse número, uma nova assembleia será convocada dentro de um mês e esta deliberará validamente qualquer que seja o capital representado pelos sócios presentes;

Artigo 20. As convocações são realizadas pelo envio de cartas, e podem ser cartas registradas, se necessário.

Nul ne peut se faire représenter aux assemblées générales que par un de ses co-associés muni d'un pouvoir régulier.

Un membre ne peut représenter plus de trois personnes.

Article 21. L'assemblée générale choisit son Président séance tenante.

Un secrétaire est désigné dans chaque séance par l'assemblée.

Article 22. Les délibérations sont prises à la majorité des membres présents, sauf cas prévus par l'article 31 ci-après.

Les votes sont comptés par personne, sans avoir égard au nombre des parts; les mandataires seuls ont droit à autant de voix en dehors de la leur qu'ils représentent d'associés, sans jamais avoir plus de quatre voix y compris la leur.

Article 23. L'assemblée générale annuelle entend le rapport des commissáires sur la situation de la société, sur le bilan et sur les comptes présentés par les administrateurs.

Elle discute et, s'il y a lieu, approuve les comptes; elle nomme les administrateurs à remplacer et ceux à adjoindre s'il y a lieu, et les commissaires de surveillance pour l'exercice suivants.

Elle statue sur l'acceptation ou le rejet des demandes de cession de parts et l'admission d'associés nouveaux.

Sur les modifications à apporter aux statuts.

Elle délibère et statue souverainement sur tous les intérêts de la société et confère aux administrateurs tous les pouvoirs supplémentaires qui seraient reconnus utiles.

Elle prononce la révocation d'un ou plusieurs administrateurs.

Ninguém pode ser representado nas assembleias gerais senão por outro sócio com poder regular. Um membro não pode representar mais de três pessoas.

Artigo 21. Inicialmente, a assembleia geral escolhe seu presidente. Um secretário é nomeado em cada reunião pela assembleia.

Artigo 22. As deliberações são tomadas pela maioria dos membros presentes, exceto nos casos previstos no artigo 31 abaixo.

Os votos são contados por pessoa, independentemente do número de partes de proveito que possuam; os munidos de procurações têm direito a tantos votos além dos seus, quantos forem os que representem, até o limite de quatro votos, incluindo os seus.

Artigo 23. A assembleia geral anual ouve o relatório dos comissários de fiscalização sobre a situação da sociedade, sobre o balanço patrimonial e sobre as contas apresentadas pelos administradores;

Ela debate e, se estiver de acordo, aprova as contas; se necessário, indica os administradores a serem substituídos e os que devem ser adicionados, como também os comissários de fiscalização para o exercício seguinte;

Ela determina a aceitação ou rejeição de pedidos de cessão de partes e a admissão de novos parceiros;

Delibera sobre as modificações a serem feitas nos estatutos;

Delibera e decide soberanamente sobre todos os ganhos da empresa e confere aos administradores todos os poderes adicionais que seriam considerados úteis.

Ela ordena a demissão de um ou mais administradores.

Article 24. Les délibérations de l'assemblée générale sont constatées par des procès verbaux inscrits sur registre spécial et signés du Président u secrétáire.

Une feuille de présence contenant les noms et domiciles des membres de l'assemblée et le nombre des parts d'intérêts appartenant à chacun d'eux, est certifié par le Bureau et annexée au procès verbal pour être communiquée à tout requérant.

Les copies ou extraits à produire en justice ou ailleurs des délibérations de l'assemblée sont signées par les administrateurs ou l'un deux seul.

Titre VI
États de Situation, Inventaires, bénéfices

Article 25. L'année sociale commence le premier avril et finit le trente-un mars.

Par exception, le premier exercice ne comprendra que le temps écoulé depuis aujourd'hui jusqu'au trente un mars prochain.

Article 26. Le comité de Direction dresse chaque semestre un état sommaire de la situation active et passive de la société cet état est mis à la disposition des commissaires;

Il est en outre établi à la fin de chaque année sociale ; un inventaire contenant l'indication des valeurs mobilières et immobilières et de toutes les dettes actives et passives de la société.

Cet inventaire est présenté à l'assemblée générale et tout associé peut en prendre, à l'avance communication au siège social ainsi que de la liste des associés.

Article 27. Sur les bénéfices nets annuels, il est prélevé:

1e. un vingtième pour le fonds de réserve qui va être établi ci-après

Artigo 24. As deliberações da assembleia geral constam de atas registradas no livro especial e assinadas pelo Presidente e pelo secretário.

Uma folha de presença contendo os nomes e domicílios dos membros da reunião e o número de partes de proveito a cada um deles, sendo certificada pelo escritório e anexada à ata a ser comunicada para quem a requeira.

Cópias ou extratos a serem produzidos em juízo ou em qualquer outro local das deliberações da assembleia são assinados pelos administradores ou por um deles.

Título VI
Relatórios de situação, inventários, proveitos

Artigo 25. O ano social começa em 1º de abril e termina em 31 de março.

Como exceção, o primeiro exercício incluirá apenas o tempo decorrido de hoje até 30 de março.

Artigo 26. O Comitê de Gestão elabora, semestralmente, uma síntese da situação ativa e passiva da sociedade, sendo disponibilizada aos comissários de fiscalização;

Também será organizado, no final de cada exercício financeiro, um inventário contendo uma relação dos valores mobiliários e imóveis e de todas as dívidas ativas e passivas da société.

Esse inventário é apresentado à assembleia geral e qualquer associado pode ter uma cópia, mediante comunicação prévia à matriz, assim como a lista dos sócios.

Artigo 27. Dos lucros líquidos anuais são deduzidos:

1º. Um vigésimo para o fundo de reserva que será estabelecido abaixo;

2ᵉ. trois pour cent du fonds social pour être payés à titre d'intérêts à chaque part sans exception.

3ᵉ. Dix pour cent à chacun des administrateurs salariés, sans que ces dix pour cent réunis au traitement fixe alloué par l'article 13, puissent jamais former une somme supérieure à quatre mille francs, maximum que doit atteindre le salaire de chaque administrateur salarié.

4ᵉ. Et le surplus disponible sur les bénéfices net après ces divers prélèvements faits, au fonds de réserve.

Article 28. Le paiement des intérêts aux associés et des bénéfices aux administrateurs salariés a lieu dans l'année qui suit la clôture de l'exercice pendant lequel ils ont été réalisés et aux époques fixés par le comité d'administration.

Titre VII
Fonds de Réserve

Article 29. Le fonds de réserve se compose
1º. de l'accumulation des sommes prélevées sur les bénéfices nets annuels en conformité de l'article 27.

2º. de tous les dons légalement faits à la société à quel titre que ce soit par les associés ou toute autre personne.

Ce fonds de réserve est destiné à faire face à l'éventualité de remboursement du capital dans les cas prévus par l'article 35 ci-après.

Lorsque le fonds de réserve aura atteint le dixième du fonds social, le prélèvement, du surplus des bénéfices nets, affecté à sa création, pourra cesser de lui profiter et être appliqué de convention expresse, soit au paiement des trois pour cent d'intérêts en cas d'insuffisance de produits d'une année, soit à l'augmentation du capital, soit aux dépenses extraordinaires et imprévues ou autres à faire dans l'intérêt du spiritisme.

2º. Três por cento do fundo social a serem pagos como juros sobre cada parte, sem exceção;

3º. Dez por cento para cada um dos administradores assalariados, sem esses dez por cento combinado com o salário fixo alocado pelo artigo 13, não podendo superar a quatro mil francos, o máximo que o salário de cada administrador assalariado deve atingir.

4º. E o excedente disponível no lucro líquido, após essas várias retiradas realizadas, vai ao fundo de reserva.

Artigo 28. O pagamento de juros aos sócios e de lucros aos administradores assalariados ocorre no ano seguinte ao final do exercício social em que foram realizados e nos dias fixados pelo comitê de administração.

Título VII
Fundo de Reserva

Artigo 29. O fundo de reserva consiste em:
1º. da acumulação de montantes deduzidos do lucro líquido do exercício, nos termos do artigo 27.

2º. de todas as doações feitas legalmente à empresa em qualquer capacidade, pelos parceiros ou por qualquer outra pessoa.

Este fundo de reserva destina-se a cumprir a eventual necessidade de reembolso do capital nos casos previstos no artigo 35 abaixo.

Quando o fundo de reserva atingir o valor de um décimo do fundo social, a dedução do excedente do lucro líquido destinada para a criação do fundo de reserva pode deixar de ser feita e ser aplicada, por acordo expresso, seja para o pagamento dos três por cento de juros em caso de insuficiência de recursos de um ano, seja para o aumento de capital, seja para pagar despesas extraordinárias e imprevistas, ou para outras a serem feitas no interesse do Espiritismo.

L'emploi des capitaux appartenant au fonds de réserve est réglé par l'assemblée générale soit annuelle, soit extraordinaire convoquée pour cause d'urgence et à la majorité des membres présents.

O uso do capital pertencente ao fundo de reserva é regulado pela assembleia geral anual ou extraordinária convocada por motivos de urgência e pela maioria dos membros presentes.

Titre VII
modifications aux Statuts

Título VII
modificações dos estatutos

Article 30. L'assemblée générale peut, sur l'initiative d'un de ses membres, apporter aux présents statuts, les modifications dont l'utilité sera reconnue.

Elle peut décider notamment, l'augmentation du capital social, soit par des versements successifs faits par les associés, soit par l'admission de membres nouveaux, soit autrement;

La prolongation de la société.

Article 31. Dans ces divers cas l'assemblée générale n'est régulièrement constitué que lorsque les membres présents représentent la moitié du fonds social

Les résolutions pour être valables doivent être votées à la majorité des deux tiers des membres présents votants par tête, dans ce cas les mandataires n'ont que leur voix.

Artigo 30. A assembleia geral poderá, por iniciativa de um de seus membros, inserir nos presentes estatutos modificações cuja utilidade será reconhecida.

Em especial, pode decidir aumentar o capital social, seja por aportes sucessivos feitos pelos sócios, pela admissão de novos membros, ou de outra forma;

Prolongar a existência da empresa.

Artigo 31. Nesses vários casos, a assembleia geral é constituída regularmente somente quando os membros presentes representam a metade do fundo social.

As resoluções, para serem válidas, devem ser votadas por maioria de dois terços dos membros presentes por cabeça, neste caso os que estiverem munidos de procuração de outros membros têm somente seu próprio voto.

Titre IX
Dissolution, Liquidation

Título IX
Dissolução, Liquidação

Article 32. En cas de perte des trois quarts du fonds social, les administrateurs convoquent l'assemblée générale de tous les associés à l'effet de statuer sur la question de savoir s'il y a lieu de prononcer la dissolution de la société;

La résolution de l'assemblée est, dans tous les cas, rendue publique, au moyen du dépôt et de l'insertion prescrits par les articles 55 et 56 de la loi du 24 juillet 1867.

Artigo 32. Na hipótese da perda de três quartos do fundo social, os administradores convocam a assembleia geral de todos os sócios para deliberar sobre a questão da possibilidade de dissolução da sociedade;

A resolução da assembleia é, em todos os casos, tornada pública, por meio do depósito e da inserção previstos nos artigos 55 e 56 da lei de 24 de julho de 1867.

Article 33. L'assemblée est régulièrement constituée et les résolutions valablement prises comme en l'article 31 ci-dessus.

Article 34. La société ne sera point dissoute par la mort, la retraite, l'interdiction, la faillite ou la déconfiture de l'un des associés elle continuera de plein droit entre les autres associés.

Article 35. Si par suite de l'avènement d'une de ces causes l'associé cesse de faire partie de la société, lui ou ses représentants à quel titre que ce soit, n'ont droit qu'au remboursement du capital des parts qu'ils représentent en taux d'émission, c'est à dire, mille francs pour chaque part, avec l'intérêt annuel au taux de cinq pour cent jusqu'au remboursement intégral ; ce remboursement sera effectué dans le cours de cinq ans à partir du jour de la perte de la qualité d'associé pour le capital ; et pour les intérêts aux mêmes époques que les sociétaires ; et le tout au siège social; il pourra avoir lieu par anticipation et par fraction de mille francs au moins.

Aucun sociétaire ne pourra de son vivant se retirer volontairement de la société, à moins qu'il ne fasse agréer par l'assemblée générale annuelle un cessionnaire de ses parts;

Article 36. À défaut par les administrateurs de réunir l'assemblée générale en cas de perte des trois quarts du fonds social, la convocation est faite par les commissaires.

Dans le même cas, tout sociétaire, sans attendre la convocation de l'assemblée, peut demander la dissolution de la société devant les tribunaux.

Article 37. À l'expiration de la société, ou en cas de dissolution, l'assemblée générale, règle le mode de liquidation et nomme un ou plusieurs liquidateurs.

Artigo 33. A assembleia é regularmente constituída e as deliberações validamente tomadas como no artigo 31 acima.

Artigo 34. A sociedade não se dissolverá por morte, aposentadoria, interdição, falência ou insolvência de um dos sócios, continuando de pleno direito entre os demais.

Artigo 35. Se, em decorrência do advento de uma dessas causas, o sócio deixar de fazer parte da sociedade, ele ou seus representantes, independentemente da titularidade, só terão direito ao reembolso do capital das partes de proveito que representam a taxa de sua emissão, ou seja, mil francos por ação, com juros anuais de 5% até o reembolso total; esse reembolso será efetuado no prazo de cinco anos a contar da data da perda da qualificação do sócio quanto ao capital investido; e, para os juros, nas mesmas datas dos demais sócios; e tudo na sede; poderá ocorrer uma antecipação e por uma fração de mil francos, pelo menos.

Nenhum membro poderá se retirar voluntariamente da empresa em vida, a menos que tenha sido aprovado pela Assembleia Geral Ordinária um cessionário para assumir suas partes;

Artigo 36. Se os administradores não convocarem a assembleia geral em caso de perda de três quartos do fundo social, a convocação será feita pelos comissários de fiscalização.

No mesmo caso, qualquer membro, sem aguardar a convocação da reunião, poderá solicitar a dissolução da empresa perante os tribunais.

Artigo 37. Ao término da sociedade, ou em caso de dissolução, a assembleia geral regula o método de liquidação e designa um ou mais liquidatários.

Pendant la liquidation les pouvoirs de l'assemblée générale se continuent comme pendant l'existence de la société.

Toutes les valeurs sociales sont réalisées par les liquidateurs qui ont, à cet effet, les pouvoirs les plus étendus ; et le produit après le prélèvement des frais de liquidation en est reparti aux intéressés.

Les liquidateurs, peuvent, avec l'autorisation de l'assemblée générale, faire le transport à une autre société, de l'ensemble des biens, droits et obligations tant actives que passives de la société dissoute.

Titre X
Contestations

Article 38. Toutes les contestations qui pourront s'élever pendant le cours de la société ou lors de sa liquidation, soit entre les associés, la société, les administrateurs ou les commissaires, soit entre les sociétaires eux-mêmes relativement aux affaires sociales, seront soumises à la juridiction des tribunaux compétents du département de la Seine, séant à Paris.

Tout sociétaire qui voudra provoquer une contestation de cette nature devra faire élection de domicile à Paris.

Titre XI
Dispositions transitoires

Article 39. La souscription de la totalité du capital social et le versement du capital en numéraire sont constatés par une déclaration des fondateurs en personne ou par fondés de pouvoirs faite par acte notarié.

Durante a liquidação, os poderes da assembleia geral continuam como durante a existência normal da empresa.

Todos os valores sociais são realizados pelos liquidatários que possuem, para esse fim, os mais amplos poderes; e o resultado após a dedução dos custos de liquidação será repartido entre as partes interessadas.

Os liquidatários podem, com a autorização da assembleia geral, transportar todos os bens, direitos e obrigações, ativos e passivos, da empresa dissolvida para outra empresa.

Título X
Controvérsias

Artigo 38. Todas as controvérsias que possam surgir durante o curso da sociedade ou durante sua liquidação, seja entre os sócios, a sociedade, os administradores ou os comissários de fiscalização, ou mesmo entre os próprios sócios em questões sociais, ficarão sujeitas à jurisdição dos tribunais competentes do departamento de Seine, sediado em Paris.

Qualquer membro que deseje provocar uma disputa dessa natureza deve eleger Paris como seu domicílio.

Título XI
Disposições transitórias

Artigo 39. A subscrição da totalidade do capital social e a integralização do capital em dinheiro são confirmadas por uma declaração presencial dos fundadores ou por procuradores estabelecidos por ato notarial.

Article 40. Cette déclaration avec les pièces à l'appui est soumise à la première assemblée générale qui en vérifie la sincérité.

La même assemblée fait apprécier la valeur des apports constatés plus haut sous l'article 5 et la cause des avantages qui ont pu être stipulés.

Article 41. Une deuxième assemblée est convoquée pour approuver, s'il y a lieu, les apports et les avantages dont il s'agit.

La même assemblée nomme les premiers administrateurs et pour la premier exercice, les commissaires institués par l'article 14 et dessus.

Le procès verbal de la séance constate l'acceptation des administrateurs et des commissaires, s'ils sont présents à la réunion.

La société est constituée à partir de cette acceptation.

Article 42. Les assemblées générales réunies pour la constitution de la société se composent de tous les associés.

L'assemblée est régulièrement constituée lorsque les membres présents représentent la moitié du fonds social.

Lorsque l'assemblée délibère sur l'appréciation et l'approbation des apports et des avantages particuliers, les membres présents doivent représenter la moitié du capital social en numéraire et les associés qui ont fait l'apport n'ont pas voix délibérative.

Les délibérations sont prises à la majorité des membres présents.

Artigo 40. Esta declaração com os documentos justificativos será submetida à primeira assembleia geral que verificará sua autenticidade.

A mesma reunião avaliará o valor dos aportes mencionados acima no artigo 5 e a questão dos proveitos que foram estabelecidos.

Artigo 41. Convoca-se uma segunda assembleia para aprovar, se estiver de acordo, os aportes e os proveitos em questão.

A mesma assembleia nomeia os primeiros administradores e, para o primeiro exercício financeiro, os comissários de fiscalização estabelecidos no artigo 14 acima.

A ata da reunião confirma a aceitação dos administradores e dos comissários de fiscalização, estando presentes na reunião.

A sociedade estará constituída a partir dessa aceitação.

Artigo 42. As assembleias gerais reunidas especialmente para a constituição da companhia são compostas pela totalidade dos sócios.

A assembleia estará regularmente constituída quando os membros presentes representam a metade do fundo social.

Quando a assembleia deliberar sobre a avaliação e aprovação dos aportes e dos proveitos especiais, os membros presentes deverão representar metade do capital social em dinheiro e os parceiros que fizeram aportes não terão direito a voto.

As deliberações são tomadas pela maioria dos membros presentes.

Titre XII
Publications

Article 43. Dans le mois de la constitution de la société, les administrateurs déposeront aux greffes du tribunal de commerce de la Seine et de la Justice de paix du septième arrondissement de Paris:

1ᵉ. une copie certifiée de l'acte de société;

2ᵉ. une copie certifiée de la délibération prise par l'assemblée générale en vertu des articles 40 et 41 ci dessus.

3ᵉ. une copie certifiée de la liste nominative des associés, contenant: les noms, prénoms, qualités et demeures et le nombre des parts de chacun d'eux.

Les mêmes documents sont affichés d'une manière apparent dans les bureaux de la société.

Article 44. Dans le même délai, un extrait des actes et délibérations énoncés dans l'article précédent sera inséré dans le journal d'annonces légales.

Cet extrait doit contenir les indications prescrites par les articles 57 et 58 de la loi du 24 juillet 1867.

Article 45. Tous pouvoirs sont donnés au porteur des pièces pour le dépôt et les publications dont il s'agit.

Article 46. Les frais de toute nature auxquels pourront donner lieu les présentes seront passés comme frais généraux de constitution de société.

Fait en deux originaux
à Paris, avenue de Ségur n. 39 Villa Ségur, au domicile de Mme. veuve Rivail

Le trois juillet mil huitcent soixante neuf

Lu et approuvé A G Boudet Vve Rivail (assinado)

Lu et approuvé R G A Monvoisin (assinado)

Lu et approuvé A Guilbert (assinado)

Título XII
Publicações

Artigo 43. No mês da constituição da sociedade, os administradores depositarão na secretaria do Tribunal Comercial do Sena e da Justiça da Paz do sétimo distrito de Paris:

1º. uma cópia autenticada da escritura da empresa;

2º. uma cópia autenticada da deliberação tomada pela assembleia geral nos termos dos artigos 40 e 41 acima.

3º. uma cópia autenticada da lista nominativa dos sócios, contendo: os sobrenomes, nomes, qualificações, residências e o número de partes de cada um deles.

Os mesmos documentos são exibidos de maneira aparente nos escritórios da sociedade.

Artigo 44. No mesmo prazo, será inserido no jornal de notícias judiciárias um extrato dos atos e deliberações previstos no artigo anterior.

Este extrato deve conter as informações prescritas pelos artigos 57 e 58 da lei de 24 de julho de 1867.

Artigo 45. Todos os poderes são conferidos ao portador dos documentos para o depósito e para as publicações em questão.

Artigo 46. Os custos de qualquer natureza a que esses presentes possam dar origem serão repassados como custos gerais de constituição da sociedade.

Feito em dois originais
em Paris, avenida de Ségur n. 39, Villa Ségur, na casa da Sra. viúva Rivail

Três de julho de mil oitocentos e sessenta e nove.

Lido e aprovado A G Boudet vva Rivail (assinado)

Lido e aprovado R. G. A. Monvoisin (assinado)

Lido e aprovado A. Guilbert (assinado)

Lu et approuvé A. Desliens (assinado) Lu et approuvé Tailleur (assinado) Lu et approuvé E. Matthieu-Bittard (assinado) Lu et approuvé H Joly (assinado) Certifié véritable la présente pièce Reconnue exacts ces signatures, paraphes mentions qui y sont apposés et amené à la minute d'un acte de déclaration de souscription et de versement reçu par M. Vassal et son collègue notaire à Paris soussignés aujourd'hui vingt-deux juillet mil huit-cent soixante neuf. (signatures)	Lido e aprovado A. Deslien (assinado) Lido e aprovado Tailleur (assinado) Lido e aprovado E. Matthieu-Bittard (assinado) Lido e aprovado H. Joly (assinado) Certifico a veracidade do presente documento, reconheço como exatas as suas assinaturas, rubricados os acréscimos à margem, acompanhado no mesmo ato de uma declaração das subscrições e integralizações; recebidos pelo Sr. Vassal e seu colega notário em Paris, assinados hoje, vinte e dois de Julho de mil oitocentos e sessenta e nove. (assinaturas)

Apêndice 4

• • •

ARTIGO JURÍDICO – BREVE EXAME DOS MANUSCRITOS DO PROJETO DE ORGANIZAÇÃO DO ESPIRITISMO ELABORADO POR ALLAN KARDEC EM CONFRONTO COM O ESTATUTO DA SOCIEDADE ANÔNIMA CRIADA PARA ADMINISTRAR AS OBRAS DE ALLAN KARDEC APÓS A SUA MORTE

ARTIGO JURÍDICO. BREVE EXAME DOS MANUSCRITOS DO PROJETO DE ORGANIZAÇÃO DO ESPIRITISMO ELABORADO POR ALLAN KARDEC EM CONFRONTO COM O ESTATUTO/CONTRATO SOCIAL DA SOCIEDADE ANÔNIMA CRIADA PARA ADMINISTRAR AS OBRAS DE ALLAN KARDEC APÓS A SUA MORTE

Júlio Nogueira[101]

Muito já se escreveu a respeito do chamado "Testamento Moral de Allan Kardec" como sendo uma espécie de prestação de contas do passado e uma carta de princípios para o futuro.

No entanto, até então, eu e milhões de espíritas desconhecíamos a existência de manuscritos de Allan Kardec revelando que, em período próximo à sua desencarnação, ele estava elaborando um Projeto de Organização do Espiritismo, para logo ser colocado em prática, antecipando a sua sucessão, mas com o objetivo principal de garantir a integridade e perenidade da doutrina espírita após a sua desencarnação[102].

---

101. Júlio Nogueira é Presidente do TELMA – Teatro Espírita Leopoldo Machado, Salvador-BA; advogado; membro da Associação Brasileira de Direito Financeiro (ABDF), da International Fiscal Association (IFA), da Associação Brasileira de Propriedade Intelectual (ABPI) e da Ligue Internationale du Droit de la Concurrence (LIDC)

102. São 28 fragmentos de manuscritos elaborados por Allan Kardec inéditos que se encontravam inicialmente em posse do proprietário da livraria Éditions Leymarie, em Paris, e lá foram digitalizados em 2019, mas depois, também, eles foram recebidos e destinados para compor o acervo do CDOR/FEAL.

Em linhas gerais, a análise dos manuscritos revela a elaboração de um inovador modelo cooperativo e solidário de gestão, com grande divisão e contenção de poder a ser exercido por uma organização gerida por um "Comitê Central" com composição final de 24 integrantes. Para garantir o sucesso na divulgação, havia a necessidade da popularização das obras espíritas, com o seu barateamento e venda por preços populares. Todos os membros deveriam ser espíritas, inclusive assinando uma declaração nesse sentido. A metade deles seria de membros ativos e outra metade seria composta de espíritas conselheiros. Kardec seria apenas um deles, sem qualquer remuneração, tendo elaborado ainda um sistema de repartição de tarefas entre os membros, com a divisão desta organização em duas equipes lideradas por esse Comitê Central:

i) uma voltada para a parte doutrinária/científica, tendo por base a ciência (com estrutura muito semelhante à da Sociedade Parisiense de Estudos Espíritas), e

ii) outra para a administração e funcionamento da estrutura, bem como os negócios dela decorrentes.

Estabeleceu quórum e votações para matérias específicas, quando envolvessem valores monetários, em que os integrantes remunerados nunca deveriam participar das votações, ou mesmo estar presentes no momento da deliberação. O Comitê Central deveria traçar as diretrizes, inclusive sobre as questões ligadas à administração dos negócios e funcionamento da organização. Todavia, o Comitê seria comandado por uma assembleia de delegados das sociedades espíritas concordantes (incluindo representantes do próprio comitê), que daria a última palavra, especialmente sobre as questões doutrinárias e aperfeiçoamento dos estatutos.

Nesse modelo de organização, ainda seriam realizados em periodicidade já fixada no próprio projeto dois tipos de congressos (assembleias):

a) os congressos científicos (doutrinários/científicos) e

b) os congressos orgânicos (administração/funcionamento da estrutura).

Tudo isso sempre submetido a três princípios basilares para garantir a integridade e longevidade do Espiritismo: i) unidade de princípios; ii) unidade de organização; e iii) unidade de método[103].

Essa organização idealizada por Kardec estava à frente de seu tempo e era de

---

103. Manuscritos inéditos em poder do CEDOC/FEAL, identificados pelo Projeto Cartas de Kardec. Aqui reproduzidos.

certa forma *sui generis*, pois não se enquadrava em nenhum dos modelos jurídicos e institucionais disponíveis na França naquela época, muito embora se aproximasse do que nos dias atuais chamamos de *fundação*. Todavia, naquela época, as fundações na França – ao contrário do que ocorria na Alemanha, Inglaterra e EUA[104] – não poderiam ter patrimônio autônomo e independente destinado a um fim social, pois desde o século XVIII as fundações francesas eram impedidas de acumular patrimônio em detrimento dos herdeiros legais dos doadores[105].

Ocorre que, após a desencarnação de Allan Kardec, o que se viu foi outra realidade. Os destinos do Espiritismo foram dissociados da última vontade do seu fundador, por desconhecimento da maioria dos espíritas, inexperiência de outros ou até mesmo má-fé de alguns. O projeto da constituição transitória do Espiritismo foi substituído por outro. O que antes era um inovador modelo solidário e participativo de gestão, com divisão e contenção de poder, foi substituído por um modelo restritivo, eminentemente empresarial/mercantil e sem qualquer finalidade social.

Não faço aqui qualquer juízo de valor ou críticas do ponto de vista jurídico relativamente às atitudes tomadas pela viúva de Allan Kardec, Sra. Amélie Gabrielle Boudet Rivail, por não ter adotado, de logo, o projeto da constituição transitória do Espiritismo preconizado por Kardec, já que não me é possível fazer uma avaliação completa sobre todas as circunstâncias que cercaram o seu ato de manifestação de vontade para permitir avaliar se o que de fato ela desejava foi, na prática, o que ocorreu. Todavia, independente da manifestação de vontade registrada através da constituição da empresa, a leitura atenta do estatuto da sociedade anônima que foi criada para administrar o legado de Allan Kardec evidencia que a Sra. Amélie Gabrielle ou foi muito mal orientada do ponto de vista jurídico naquele momento, ou foi vítima de um golpe em razão da sua absoluta falta de experiência com assuntos jurídicos, direitos autorais e gestão empresarial.

Dizemos isso porque, se de fato ela desejasse utilizar o legado de Allan Kardec por um período de tempo determinado, para garantir a sua subsistência após a morte do seu marido, certamente ela deveria garantir, no mínimo, os meios de dispor e administrar o mencionado legado enquanto viva estivesse.

---

104. PAES, José Eduardo Sabo. Fundações: origem e evolução histórica. *Revista de Informação Legislativa* n. 140, p. 44, 1998.

105. Édito Repressivo Francês de 1749.

Todavia não é isso que vimos da leitura dos dispositivos contidos no estatuto da mencionada Sociedade, pois ela, de fato, doou os direitos autorais que recebera como herdeira do seu falecido esposo em favor da Sociedade Anônima, que foi criada junto com outras seis pessoas, embora sem assumir poderes na empresa para fazer valer a sua vontade, de modo que o referido legado passou a ser administrado por terceiros, como verificaremos.

Feitas essas considerações iniciais, objetivamente, o que temos são documentos, e, portanto, devemos examiná-los. De um lado, teremos os manuscritos do projeto de organização do Espiritismo, elaborado por Allan Kardec próximo à sua morte, e, de outro lado, o estatuto ou contrato social da Sociedade Anônima da Caixa Geral e Central do Espiritismo, que foi constituída após a morte do codificador do Espiritismo para gerir a reprodução das obras dele, a Livraria Espírita e a produção do conteúdo da *Revista Espírita*.

Como visto, os manuscritos encontrados em Paris, e cuja digitalização compõe hoje o acervo do CDOR/FEAL, evidenciam que o projeto da constituição do Espiritismo teria uma organização por ele chamada de "Comitê Central"[106], composto de duas classes de membros:

i) membros ativos (remunerados);

ii) membros conselheiros (voluntários).

Inicialmente o Comitê seria composto por três membros ativos e três membros conselheiros[107], que, reunidos, escolheriam um presidente[108]. Kardec faria parte dos membros ativos e escolheria o segundo membro ativo. Ambos então escolheriam em comum acordo um terceiro membro ativo. Por sua vez, os três

---

106. Capítulo II – Do Comitê Central e de sua formação. A direção superior dos assuntos relativos ao Espiritismo é transferida para uma assembleia permanente nomeada Comitê Central, que atuará dentro dos limites dos poderes que lhe são atribuídos pelos presentes estatutos. A sede do Comitê Central e da administração fica em Paris, Avenida e Vila Ségur, número 39.

107. Temporariamente, e em seu início, o Comitê pode ser composto por seis membros, incluindo três membros ativos e três conselheiros titulares; esse número será sucessivamente aumentado pela adição de novos membros conforme as circunstâncias permitirem ou exigirem, até que se atinja a quantidade normal de vinte e quatro membros, que não pode ser excedida.

108. Os seis membros designam um deles para desempenhar a função de Presidente, e assim é constituído o primeiro Comitê.

membros ativos escolheriam o primeiro membro conselheiro. Então os quatro escolheriam em comum acordo o segundo membro conselheiro, e todos juntos escolheriam o terceiro membro conselheiro[109].

Após esse período inicial, o Comitê Central passaria a ser composto por 12 membros ativos e 12 membros conselheiros, que, reunidos, escolheriam um presidente[110]. O presidente seria escolhido entre os integrantes ativos ou conselheiros e possuiria autoridade meramente administrativa de dirigir as deliberações do Comitê Central e não poderia tomar decisão alguma, individualmente, sem a participação deste[111].

A atribuição do Comitê Central seria a de substituir o papel até então desempenhado por Allan Kardec em todas as suas vertentes, inclusive o de gerir, administrar o Espiritismo quanto à produção de conteúdo, concentrar informações, interesses, receber adesão de novos espíritas, divulgação, estudo, exame e aprovação de novas obras, dentre outras[112].

---

109. O senhor Allan Kardec, como fundador, e, de fato, primeiro membro ativo do Comitê, escolhe, entre as pessoas que ele pôde avaliar a dedicação e capacidades, e que sabe corresponder às condições desejadas, um segundo membro como conselheiro titular; ambos apontam um terceiro como membro ativo; os três escolhem um quarto como conselheiro; os quatro determinam o quinto como membro ativo; e os cinco um sexto, conselheiro. [...] e assim por diante, de tal maneira que os membros ativos e os conselheiros estejam sempre em igual número.

110. O Comitê Central é composto por doze membros ativos e um número igual de conselheiros titulares com direito a voto em todos os assuntos administrativos e outros, de tal modo que o Comitê é formado por vinte e quatro membros que participam das deliberações.

111. O presidente é nomeado pelo período de um ano, e pode estar entre os integrantes ativos ou entre os conselheiros titulares.
A autoridade do presidente é estritamente administrativa; ele dirige as deliberações do Comitê, supervisiona a execução dos trabalhos e a resolução dos assuntos; além dos poderes que lhe são conferidos pelos estatutos, não pode tomar decisão alguma sem a participação do comitê.

112. As atribuições do Comitê Central são:
1º - A concentração de todos os documentos e informações que possam interessar ao Espiritismo.
2º - A correspondência.
3º - A admissão das adesões dos novos espíritas professos.
4º - A nomeação dos conselheiros honorários.
5º - O cuidado dos interesses da doutrina e da divulgação; a preservação de sua unidade

Os membros do Comitê Central dariam individualmente expediente diário em sua sede e se reuniriam em colegiado uma vez por semana para apresentar

---

pela concentração dos princípios reconhecidos, a promoção de suas consequências.
6º - Preservação, consolidação e ampliação dos laços de fraternidade entre os adeptos e as sociedades particulares dos diferentes países.
7º - O estudo de novos princípios suscetíveis de entrar para o corpo da doutrina.
8º - O estudo de todas as novas doutrinas, de todos os sistemas filosóficos, religiosos, sociais, científicos, etc. Ele resume os que são semelhantes ou contrários ao Espiritismo, se eles têm ou não futuro(?) que o Espiritismo poderia assimilar.
9º - O exame e a apreciação das obras, artigos de jornal e qualquer escrito que interesse à doutrina. A refutação dos ataques, se ocorrerem.
Ele confere aprovação oficial às obras inteiramente conforme os princípios da doutrina e que podem ser recomendadas.
Os autores dos livros aprovados podem fazer menção a eles ____ em suas obras.
Pela mesma razão, o comitê, pode se julgar conveniente, declarar em seu jornal, que não aprova as doutrinas contidas numa obra. Mas ele não pronuncia nenhuma inserção ao índice.
A direção da Revista espírita ou o jornal oficial do Espiritismo.
A publicação de um anuário resumindo o que aconteceu de interessante para o Espiritismo ao longo do ano. Os relatórios dos congressos e os documentos que podem aumentar a ___ práticas, __ em almanaque e seus acessórios.
*a bibliografia racional das obras publicadas no ano e aprovadas pelo comitê
11º - A publicação das obras fundamentais da doutrina, nas condições mais avançadas para a sua popularização, em francês e nas línguas estrangeiras.
12º - Incentivar publicações de obras, periódicos ou outros que possam ser úteis para a causa.
13º - A criação e a conservação da biblioteca, dos arquivos e do museu.
14º - A administração dos assuntos materiais, da caixa geral do Espiritismo, da caixa de seguro, do dispensário e do lar dos idosos.
15º - O membro do comitê responsável da parte administrativa e contábil faz um relatório anual sobre a situação financeira e do orçamento do caixa geral do Espiritismo. Esse relatório será apresentado no congresso seguinte.
16º - A direção da Sociedade Espírita, conhecida como comitê.
17º - As relações com os congressos, para os quais apresenta um relatório completo anual.
18º - O ensino oral; visitas e instruções para as reuniões e sociedades particulares que se colocarem sob seu patrocínio, por eles mesmos ou pelos representantes.
Essas atribuições serão distribuídas entre os diferentes membros do comitê, de acordo com a especialidade de cada um, que, se necessário, serão assistidos por um número adequado de membros auxiliares ou de simples empregados que se tornarem, por condição expressa, espíritas professos.

relatórios e deliberar sobre as questões apresentadas. Poderiam, no entanto, se reunir extraordinariamente em colegiado a qualquer momento para decidir questões urgentes[113]. Como, também, deveriam prover e gerir as outras instituições acessórias ao Comitê Central[114].

Quanto à remuneração dos membros do Comitê Central, fica claro que os membros ativos com funções laborais, que exigissem todo o tempo à disposição daquele órgão, poderiam ser remunerados e teriam um salário variável e proporcional aos recursos disponíveis, limitados a um valor máximo, ou seja, era uma espécie de Participação nos Lucros e Resultados (PLR)[115]. A finalidade da remuneração seria permitir a participação de pobres, que teriam direito a moradia e salário para trabalhar em tempo integral, evitando assim uma "aristocracia da fortuna", nas palavras de Kardec. Os membros conselheiros não receberiam salário, mas seriam os responsáveis por estabelecer o salário dos membros ativos em reunião privada sem a participação destes, ou seja, a ninguém era dado estabelecer o próprio salário, evitando assim inconvenientes e eventuais desvios de objetivos[116]. Os outros funcionários e auxiliares teriam seu salário fixado pelo Comitê Central[117].

---

113. Os membros ativos do Comitê encontram-se diariamente do corpo administrativo para a resolução dos assuntos que lhes cabem. Eles se reúnem uma vez por semana em conselho com os conselheiros titulares para as deliberações a serem resolvidas. Nessas sessões cada membro deve apresentar um relatório relacionada à parte da qual é o responsável.
Num caso de urgência, o presidente convoca todos os membros do Comitê em conselho extraordinário.
O Comitê elabora seus regulamentos específicos e os das diferentes partes da administração, completando o que estiver ausente nos princípios estabelecidos pelos presentes estatutos.

114. Instituições acessórias ao Comitê Central: Revista (Jornal); arquivos; museu; caixa de socorro; dispensários; casa de repouso, [...] e a Sociedade Espírita Central de Paris.

115. Os membros ativos do comitê central com funções laborais assíduas e que exigem todo o seu tempo receberão um salário proporcional aos recursos da caixa geral do Espiritismo, mas sem poder exceder um valor máximo.

116. Somente os conselheiros titulares fixarão o salário dos membros ativos, em particular a sessão, sem a assistência e fora da presença deles.

117. Todo o comitê fixa os salários dos diversos funcionários [...] os subsídios para serviços excepcionais e despesas de várias naturezas.

Não temos interesse, por ora, em fazer comentários sobre todos os artigos e dispositivos da minuta inicial do projeto de Kardec para a nova organização do Espiritismo, tampouco da Sociedade Anônima, pois não faz parte dos objetivos desta análise. Mas, sim, uma breve apresentação e comparativo dos principais pontos da estrutura administrativa, órgãos de deliberação, quórum, membros e finalidade entre ambas as organizações.

Cabe esclarecer que existem inúmeras outras regras previstas na concepção original da constituição transitória do Espiritismo, o que por si só já demonstra ter sido ultrapassada por Kardec qualquer fase de cogitação e justificativa, e já havia sido iniciada a fase mais pragmática da estrutura e detalhamento com a elaboração de um documento já contendo princípios e regras dispostas sob o formato de estatuto, com a indicação de títulos, capítulos, artigos e parágrafos de forma sequenciada.

No caso, muito embora esse projeto de organização do Espiritismo não tenha chegado a ser registrado em cartório – e, por isso ele não era juridicamente obrigatório –, do ponto de vista moral ele poderia ter sido respeitado.

Por outro lado, como já visto, a análise dos membros, administração e finalidade da "Sociedade Anônima da Caixa Geral e Central do Espiritismo" passou a ser possível após a localização de seu estatuto e atos constitutivos junto aos registros contidos nos Arquivos Nacionais da França[118].

Esses documentos revelam que se tratava de uma empresa registrada em 19/07/1869 e constituída em 22/07/1869 sob a forma de uma empresa sociedade anônima, ou seja, com sete acionistas (rentistas), sendo que desses três seriam, também, seus administradores (diretoria executiva). Ou seja, esses, além de receberem remuneração para trabalhar como administradores, recebiam dividendos como acionistas desta empresa.

A *Revista Espírita*, naquela oportunidade, anunciou a constituição da Sociedade Anônima com partes de proveito e de capital variável da caixa geral e central do Espiritismo:

> Após madura e séria deliberação, foi decidido que era mais urgente formar uma base de associação comercial, como o único meio legal possível para se

---

118. GOIDANICH, Simoni Privato. *O Legado de Allan Kardec*. São Paulo: USE/CCDPE, 2018, p. 134-5.

conseguir fundar qualquer coisa durável. Em consequência, ela estabeleceu, com o concurso de seis outros espíritas, uma sociedade anônima de capital variável, com duração de 99 anos, em conformidade com as previsões do Sr. Allan Kardec, que há pouco se exprimia a respeito.

A análise dos estatutos identifica um modelo eminentemente empresarial ou mercantil, sem qualquer finalidade social, tendo por objetivo reeditar e gerir todo o conteúdo espírita produzido por Allan Kardec no passado, e, através da divulgação, informar e formar as lideranças espíritas do futuro.

Do ponto de vista da solução e administração das questões doutrinárias, os administradores não eram supervisionados e não havia qualquer sistema cooperativo ou compartilhamento de informação ou na tomada de decisão dos destinos do Espiritismo[119].

A análise do estatuto também revela que toda a propriedade das obras básicas do Espiritismo e sua reedição após a morte de Kardec foi totalmente integralizada e passou a fazer parte do patrimônio de uma empresa[120] chamada

---

119. Artigo 13. O comitê de administração **possui os mais amplos poderes para administrar e gerir os bens e negócios da sociedade;** inclusive transigir, firmar compromisso, desistir e renunciar a garantias, com ou sem pagamento;
Ela representa a sociedade no tribunal, requerendo e defendendo-a; portanto, é a seu pedido e contra ela que todas as ações legais devem ser movidas;
Pode delegar seus poderes a um de seus membros, que atuará como seu representante e sob sua responsabilidade.

120. Artigo 5. A madame viúva Rivail (Allan Kardec), abaixo assinada, aporta à sociedade, com a garantia de direito:
Um fundo de comércio estabelecido por ela recentemente em Paris, na rua de Lille nº 7. Incluindo a propriedade com também o direito de publicação:
1º. do Jornal, fundado em Paris em 1º de janeiro de 1858 pelo falecido Sr. Rivail chamado Allan Kardec, seu marido, sob o título de Revista Espírita, jornal de estudos psicológicos.
2º. De todas as obras do Sr. Allan Kardec sobre o Espiritismo, inclusive suas obras póstumas.
3º. Da livraria e de todos os produtos manufaturados, clichés, equipamentos e acessórios de todos os tipos atualmente usados para esse negócio.
O presente aporte está estimado pela Madame viúva Rivail no valor de vinte e cinco mil francos.

de "Sociedade Anônima da Caixa Geral e Central do Espiritismo"[121], que foi criada para essa finalidade específica por sete pessoas. Esta empresa passou a ser gerida exclusivamente por três administradores remunerados: i) Armand Desliens; ii) Jean Marie Tailleur; iii) Édouard Mathieu-Bittard[122]. Esses administradores foram eleitos pelos outros membros com mandato de seis anos, podendo, inclusive, ser reeleitos indefinidamente[123]. Ressalte-se que dois deles eram médiuns e um era funcionário da editora, que posteriormente participaria da adulteração do livro *A Gênese*, em nada constando que fosse sido espírita[124].

No entanto, examinando o estatuto, verificamos que ele estabeleceu para as deliberações em qualquer matéria que estas seriam realizadas sempre por maioria simples – em que o voto de cada membro fundador passaria a ter o mesmo peso dos outros, independentemente da quantidade de ações de que fosse detentor. Essa diretriz estatutária na prática tornava sem efeito a vontade e opiniões da viúva de Allan Kardec sobre o legado de seu marido que antes lhe pertencia por herança[125], pois, embora ela tivesse sido responsável por integralizar 62,5% do patrimônio daquela empresa, o seu voto passou a ter o mesmo peso nas deliberações que o de Bittard, que detinha apenas 5% das ações.

A Sociedade Anônima ainda recebeu como integralização do seu patrimônio pela viúva de Kardec a *Revista Espírita*, que era meio de produção

---

121. Artigo 2. A entidade é denominada como Sociedade Anônima da Caixa Geral e Central do Espiritismo.

122. Artigo 10. A Sociedade é administrada por um comitê de, no mínimo, três membros, nomeados pela assembleia geral dos sócios, escolhidos dentre eles e cada um ocupando um cargo remunerado.

123. Artigo 12. Esta comissão é nomeada por seis anos, é revogável e pode ser reeleita indefinidamente.

124. NOGUEIRA, Júlio. "Alterações realizadas em 'A Gênese' após a sucessão hereditária de Allan Kardec. Depósito legal e a alteração de conteúdo. Direito moral e a garantia da integridade da obra". *A Gênese os Milagres e as Predições Segundo o Espiritismo*. São Paulo: FEAL, 2018.

125. Artigo 22. As deliberações são tomadas pela maioria dos membros presentes, exceto nos casos previstos no artigo 31 abaixo.
Os votos são contados por pessoa, independentemente do número de partes de proveito que possuam; os munidos de procurações têm direito a tantos votos além dos seus, quantos forem os que representem, até o limite de quatro votos, incluindo os seus.

de conteúdo espírita para os assinantes, formadores de opinião e lideranças espíritas[126], assim como a Livraria Espírita, passando a administrá-la. Foi concretizada a ideia de transformar a livraria, também, em editora. Neste caso, além de editar as obras básicas da codificação, ela passou ainda a vender tais livros, eliminando assim um intermediário (editora), o que alavancou os lucros obtidos.

Cabe ainda esclarecer que a Livraria Espírita e a *Revista Espírita* foram referidas no estatuto como parte formadora de um fundo de comércio[127], e, por via de consequência, os espíritas e os assinantes da *Revista*[128] terminaram sendo reduzidos ao conceito de clientela de uma empresa como parte integrante do seu fundo de comércio, segundo o Estatuto.

Neste particular, é importante notar que foi precisamente na França que se desenvolveu, sob os auspícios do *fonds de commerce*, a noção empresarial do estabelecimento, que desde aquela época traduzia os elementos materiais utilizados pelo comerciante em sua atividade. Yves Guyon assinala que:

> A noção de fundo de comércio aclarou-se ao longo do século XIX sob a influência de uma dupla necessidade. De uma parte os comerciantes esperavam poder proteger sua clientela contra o ataque dos concorrentes e dar-lhe a mais ampla estabilidade possível. [...] De outra parte o reconhecimento do fundo de comércio foi também reclamado pelos credores dos

---

126. Artigo 1. Fica constituída, entre os abaixo assinados, uma sociedade anônima com partes de proveito e capital variável, tendo por objeto tornar conhecido o Espiritismo por todos os meios que as leis autorizam e, principalmente, pela publicação de um jornal espírita e de todas as obras que tratam do espiritismo.

127. Artigo 5. A madame viúva Rivail (Allan Kardec), abaixo assinada, aporta à sociedade, com a garantia de direito:
Um fundo de comércio estabelecido por ela recentemente em Paris, na rua de Lille nº. 7. Incluindo a propriedade com também o direito de publicação: [...].

128. Foi depositado com o Sr. Vassal e com os notários abaixo assinados, para ser juntado de imediato nesta data:
1º. Uma peça escrita em uma folha de papel timbrada, por um franco, documento certificado e assinado por todas as partes presentes, contendo:
A lista nominal de assinantes indicando seus nomes, prenomes, qualificações e residências, e o número de partes de proveito de cada um deles. Além da condição do pagamento efetuado por eles. Esta peça, ainda não registrada, será entregue a todos os presentes.

comerciantes. Com efeito, os bens afetados ao exercício do comércio constituem frequentemente os principais elementos do ativo do patrimônio do comerciante[129].

Portanto, o uso de expressões "fundo de comércio" e "clientela" no estatuto da Sociedade Anônima torna evidente que, após a morte de Kardec, foi dada à Livraria Espírita e à *Revista Espírita* uma conotação mercantil e empresarial, como partes integrantes de um negócio destinado exclusivamente à obtenção do lucro.

O exame do estatuto demonstra que esta Sociedade Anônima estava completamente afastada de uma finalidade social, tendo como traços marcantes a busca pelo lucro e a gestão centralista, sem a preocupação doutrinária referida no estatuto.

Neste particular, cumpre ressaltar que Kardec já estava convicto, no projeto de organização do Espiritismo, da necessidade de reverter boa parte dos lucros da venda dos livros para a finalidade social de popularização das obras espíritas que se daria através da diminuição do preço dos livros, tornando-os acessíveis ao maior número de pessoas[130]. A ideia de fundar uma Livraria Espírita e fazer com que ela viesse a editar os próprios livros espíritas era o meio de potencializar os lucros para permitir sua popularização.

Segundo a médium Berthe Fropo, amiga do casal Rivail, no seu livro *Muita Luz*, de 1884, que a motivação para a viúva de Kardec aceitar assinar o contrato de constituição da Sociedade Anônima foi exatamente a possibilidade de colocar em prática a publicação das obras de Allan Kardec a preços populares.

Ocorre que, mesmo após a constituição da Sociedade Anônima, o projeto de popularização das obras nunca foi posto em prática. Os preços dos livros principais foram mantidos em 3 francos e 50 centavos, mesmo com os custos tornando-se mais baixos pela eliminação de intermediários (editoras), aumentando a economia, mas não houve o respectivo repasse desse benefício

---

129. Droit des affaires, p. 675-6.

130. 11º – A publicação das obras fundamentais da doutrina, nas condições mais avançadas para a sua popularização, em francês e nas línguas estrangeiras.
12º – Incentivar publicações de obras, periódicos ou outros que possam ser úteis para a causa.

financeiro para o preço final dos livros, o que resultou em desvio de finalidade na constituição da Sociedade Anônima.

Cabe ainda ressaltar que a Sociedade Anônima, como já foi visto anteriormente, apresenta um sistema de poder centralizador que é próprio das sociedades mercantis e empresariais, que assim agem, sobretudo, para potencializar os lucros. Deste modo, esse sistema não nasceu do consenso das instituições espíritas da época nem da orientação de Kardec – já que este, no projeto de constituição do Espiritismo, apresenta um sistema de poder com contenção, solidário e cooperativo, sendo exercido de forma descentralizada por algumas instâncias da organização.

Fica, portanto, evidente que essa questão, embora antiga, produz repercussões até os dias atuais, já que há reprodução deste modelo equivocado então adotado pela Sociedade Anônima nas diversas instituições espíritas e associações da atualidade. É necessário, portanto, buscar a verdade sobre a questão, inclusive para permitir a avaliação de suas repercussões e uma análise crítica.

Desse modo, a situação vivenciada pelo Espiritismo com os fatos aqui revelados pelos manuscritos de Allan Kardec e pelas pesquisas apresentadas nesta e em recentes obras de revisão histórica e restabelecimento do legado original de Allan Kardec nos faz relembrar o conhecido Mito ou Alegoria da Caverna, de Platão, apresentado há cerca de 2.500 anos, no livro *A República*. No texto clássico, é narrada a história de pessoas que passaram toda a vida no fundo escuro de uma caverna, acorrentadas, e voltadas para uma parede. Atrás dessas pessoas, havia uma grande fogueira, e, entre elas e a fogueira, uma pequena mureta. Escondido por trás da mureta, um grupo pequeno de indivíduos se divertia produzindo sons e manipulando estatuetas de animais, homens e objetos, de forma a projetar as imagens na parede do fundo da caverna. Aquelas pessoas que estavam acorrentadas nunca tiveram a oportunidade de enxergar nada além das imagens distorcidas que eram projetadas à sua frente e acreditavam que aquela era a única realidade existente.

Em algum momento, um dos prisioneiros consegue se desvencilhar dos demais, olha para trás, e começa a caminhar no sentido da luz. De início, ele descobre aquele pequeno grupo de indivíduos que fazia a projeção das imagens e, achando divertido, passa a fazer o mesmo, manipulando os sons e as estatuetas para transmitir a falsa ideia da realidade ao grupo de acorrentados. No entanto, percebe que a caverna tem uma saída, com um brilho maior vindo de fora, e direciona-se à porta, onde, olhando para o alto, percebe a luz do sol. Naquele momento, a força e imponência solar ofuscam os olhos do prisioneiro liberto, e ele, desacostumado com a luz, curva a cabeça e só consegue olhar para baixo. Passa então a enxergar apenas sombras e o reflexo no leito do rio, até que, com o passar do tempo, acostuma-se com o brilho da luz e finalmente consegue perceber a grandeza do mundo, apreciando as montanhas, as árvores, os animais e a natureza à sua volta.

Tomado pelo sentimento de felicidade, serenidade e paz, o antigo prisioneiro depara-se com um dilema: passar o resto da vida usufruindo sozinho da beleza que descobrira ou retornar para a caverna e contar aos companheiros todas as maravilhas do mundo?

Resolve então retornar à caverna e, lá chegando, explica que aquelas sombras na parede não refletem a realidade, mas apenas projeções distorcidas criadas por outras pessoas, e que o mundo verdadeiro encontra-se lá fora da caverna, iluminado pelo sol, onde é possível ter a sua própria percepção sobre as coisas. Entretanto, os prisioneiros acorrentados, desconfiados, começam a contestar aquela versão e a duvidar da possibilidade de existir uma realidade diferente das imagens projetadas no fundo da caverna. Insistindo na explicação, o prisioneiro liberto acaba humilhado, apedrejado e, ao final, assassinado pelos demais.

Nesse mito, portanto, Platão nos conduz à reflexão de que a verdade nem sempre é aquilo que está à nossa frente, aquilo que pensamos, com tanta segurança e autoridade, ser a correta representação das coisas.

No caso examinado, os pesquisadores e autores da recente revisão historiográfica e de recuperação da teoria, organização e método originais de Allan Kardec, apresentando novos fatos históricos tomando como base os reveladores manuscritos de Kardec, outras fontes primárias e as pesquisas recentemente realizadas, são, para mim, os verdadeiros prisioneiros libertos de que trata o Mito da Caverna de Platão. Eles fogem da caverna em busca do conhecimento, e, no caminho, se dão conta de que há um pequeno grupo manipulando o Espiritismo e, também, os seus adeptos acorrentados que continuam a acreditar nas falsas histórias que nos foram contadas a partir de fragmentos de uma realidade manipulada e falsamente projetada. Os prisioneiros libertos da nossa alegoria, então, após enfrentarem o dilema do retorno, passam a explicar ao grupo de adeptos acorrentados sobre a existência de uma realidade diferente a partir de novos fatos históricos e manuscritos reveladores.

Se o mito de Platão se tornar realidade neste aspecto, após a dúvida virá a indignação por parte dos adeptos acorrentados do Espiritismo, que tentarão humilhar e até mesmo realizar o assassinato da reputação desses prisioneiros libertos, que nos revelaram aqui verdades libertadoras, mas inconvenientes para muitos.

Qualquer semelhança aqui não poderá ser mera coincidência, até mesmo porque é sempre melhor estar na companhia de Kardec e Jesus, inclusive, no que se refere à parábola do Festim de Núpcias, apresentada pelo Mestre da Galileia, segundo a qual todo aquele que for humilhado será exaltado, e muitos serão chamados, mas poucos escolhidos.

Apêndice 5

• • •

As obras da codificação espírita foram alteradas após a morte de Kardec?

AS OBRAS DA CODIFICAÇÃO ESPÍRITA FORAM ALTERADAS APÓS A MORTE DE KARDEC?

Júlio Nogueira

INTRODUÇÃO

Denunciada pela primeira vez por Henri Sausse em 1884, a adulteração de *A Gênese, os milagres e as predições segundo o Espiritismo* foi comprovada documentalmente pela pesquisadora Simoni Privato Goidanich, que, em 2018, elevou a outro patamar a pesquisa espírita, articulando dados históricos, doutrinários e jurídicos, para chegar à conclusão do fato.

De minha parte, em todas as manifestações anteriores sobre questões ligadas às adulterações realizadas na obra de Allan Kardec ou sobre a análise que fiz sobre os estatutos da FEB[131], dediquei-me com amplos recursos a uma análise estritamente jurídica, em razão da minha formação como advogado e porque a questão jurídica é decisiva e suficiente ao produzir seus efeitos práticos, legitimando a edição original de Kardec e determinando a adulteração da versão posterior.

Porém, perdoe-me o leitor por ampliar a questão, uma vez que agora deparamos com uma situação-limite que envolve fraude, contrafação e trama, pelos

---

131. Este artigo teve trechos publicados na obra *Autonomia: a história jamais contada do Espiritismo* (FIGUEIREDO, 2019, p. 639-642), demonstrando a inserção ilegítima da obra de Roustaing, detrator de Kardec, nos estatutos da Federação Espírita Brasileira, desde a primeira metade do século 20.

documentos que denunciam o golpe representado pela instituição da Sociedade Anônima, em 1869, como empresa com fins lucrativos dando a seus três administradores amplos poderes para decidir o futuro da estrutura do Espiritismo por seus desejos e interesses pessoais. Esse fato ocasionou um profundo e prejudicial desvio dos princípios fundamentais, método e organização do movimento espírita como estabelecido por seu fundador, Allan Kardec. Neste caso, não se pode fazer apenas uma avaliação técnica, mas uma séria denúncia.

No caso aqui examinado, a questão jurídica é somente a ponta do *iceberg*. Digo isso porque nos chegaram às mãos muitos documentos originais e informações obtidas em fontes primárias, a que o leitor também teve acesso ao longo deste livro, e que evidenciam um modo de agir totalmente desrespeitoso com a obra de Kardec, muitas vezes até com má-fé, e tudo isso praticado com abuso de confiança, porque os coautores ou cúmplices eram justamente aqueles que tinham o dever moral de zelar pela memória e pela obra de Allan Kardec.

O ATAQUE DOS REFRATÁRIOS

Do ponto de vista histórico, os fatos demonstram não só que o professor Rivail, em diálogo com os espíritos superiores, conhecia as tramas para prejudicar e desviar a proposta espírita de seus legítimos trilhos, como também previa que as ideias libertárias às quais se associava enfrentariam uma guerra provocada pelos indivíduos refratários.

Como a História registra, praticamente todos os criadores ou líderes das grandes ideias e movimentos revolucionários do pensamento sofreram perseguições em razão da ameaça que representavam para os privilegiados que se beneficiavam das injustas estruturas de poder. Isso em detrimento das massas por eles controladas. Já dizia Kardec: "Quanto mais uma ideia é grandiosa, mais encontra adversários, e pode-se medir sua importância pela violência dos ataques dos quais seja objeto".

Pois a força do Espiritismo que incomoda seus adversários, presos aos dogmas e aos interesses do poder, reside justamente na moral da liberdade, pela qual o Homem deve prestar contas à sua consciência, não dependendo de sistemas, normas e instituições, quando estas não respeitam as leis morais.

Era natural que o Espiritismo, como campeão absoluto da liberdade de consciência, sofresse diversas campanhas contrárias. Inicialmente, atacaram-no abertamente, o que permitiu sua maior difusão. Mais tarde, os inimigos perceberam que era necessário mudar a estratégia para atuar na sombra. Não foram poucos os alertas dos espíritos e de Kardec na *Revista Espírita* acerca dessas ameaças, como ele afirmou, justamente num trecho suprimido de *A Gênese* original, sobre as ideias novas e progressistas apoiadas pelo Espiritismo:

> Há, entretanto, os que são essencialmente refratários a essas ideias, mesmo entre os mais inteligentes, e que certamente não as aceitarão, pelo menos nesta existência; em alguns casos, de boa-fé, por convicção; outros por interesse. São aqueles cujos interesses materiais estão ligados à atual conjuntura e que não estão adiantados o suficiente para deles abrir mão, pois o bem geral importa menos que seu bem pessoal – ficam apreensivos ao menor movimento reformador. A verdade é para eles uma questão secundária, ou, melhor dizendo, a verdade para certas pessoas está inteiramente naquilo que não lhes causa nenhum transtorno. Todas as ideias progressivas são, de seu ponto de vista, ideias subversivas, e por isso dedicam a elas um ódio implacável e lhe fazem uma guerra obstinada. São inteligentes o suficiente para ver no Espiritismo um auxiliar das ideias progressistas e dos elementos da transformação que temem e, por não se sentirem à sua altura, eles se esforçam por destruí-lo. Caso o julgassem sem valor e sem importância, não se preocupariam com ele. (KARDEC, [1868] 2018, p. 407)

Portanto, a questão jurídica envolvida na análise da adulteração está contextualizada pelos fatos históricos que demonstram a prevista guerra dos refratários das ideias progressistas. O estudo dos trechos suprimidos e dos acrescentados demonstra o viés ideológico dos adulteradores, quando suprimem as ideias reformadoras da autonomia intelecto-moral, implantando os velhos e superados dogmas das religiões ancestrais.

NOVOS FATOS

Já se viu, por seus manuscritos, que Kardec estava elaborando alterações em suas duas obras conclusivas: *A Gênese, os milagres e as predições segundo o Espiri-*

tismo e *O Céu e o Inferno ou a justiça divina segundo o Espiritismo*. No que toca a *A Gênese*, a recomendação dos espíritos era no sentido de não alterar partes essenciais dos textos, e sim questões pontuais, como demonstram as comunicações recentemente apresentadas. Por especulação, seria possível imaginar que algumas pequenas alterações, que não mudam o sentido do trecho, ou a supressão de exemplos repetidos, poderiam ter origem no trabalho de Kardec. Por outro lado, certamente os trechos que mudam o contexto original ou suprimem ideias novas, são prejudiciais às obras. Na prática, todavia, somente uma manifestação de vontade do autor em vida poderia resolver a questão, o que não ocorreu neste caso, e depois de sua morte deixou de ser possível. As discussões baseadas em conjecturas seriam infinitas, contraditórias e inconclusivas. Tal a razão pela qual, seguindo a lógica e o direito, prevalece em todo o mundo o depósito legal com o autor em vida como o instituto jurídico determinante e a única prova indiscutível e conclusiva da autoria e legitimidade do conteúdo de uma obra.

Mas existem ainda outros indícios que corroboram o nexo causal dos prejuízos das adulterações. Como vimos, ocorreu uma grande mudança de rumos quando da criação de uma empresa denominada "Sociedade Anônima" – em 03/07/1869 – para atuar como editora das obras de Kardec, e que passou também a ser dona da Livraria Espírita, dos direitos sobre os livros, da lista de assinantes da *Revista Espírita* e tudo que estava relacionado à produção cultural espírita até então realizada por Kardec na fase de elaboração do Espiritismo. Esse cenário configura claramente um ambiente propício e determinante para os prejuízos verificados.

Os próprios manuscritos recentemente descobertos de Allan Kardec e outros documentos dos cartórios revelam-nos que a criação dessa Sociedade Anônima, sua gestão e seu estatuto contrariam radicalmente os planos que estavam sendo elaborados pelo próprio Kardec para a sua sucessão e principalmente para gerir as obras e os rumos do Espiritismo após sua morte.

A Sociedade foi declaradamente criada, afirmam artigos publicados na *Revista Espírita* de 1869, porque se desejava dispensar as antigas editoras das obras de Kardec e publicá-las por uma empresa própria. E, de fato, foi a partir de julho, meses após a morte de Rivail, que essa nova editora "Librairie Spirite" passou a publicar diversos títulos de Kardec, dentre eles as edições depositadas e adulteradas de *O Céu e o Inferno* (em julho de 1869) e *A Gênese* (em dezembro de 1872). Vale antecipar que o direito autoral não permite que pessoas jurídicas, como essa Sociedade Anônima, alterem criações humanas.

Enfim, como nunca houve confissão alguma relacionada à autoria e motivação das adulterações, o que há são o direito e as provas oficiais que determinam juridicamente os ilícitos.

DA AUTENTICIDADE DOS EXEMPLARES DE *O CÉU E O INFERNO* E *A GÊNESE* À LUZ DO DIREITO

Já tivemos oportunidade de escrever sobre a questão levada muito a sério por parte das autoridades francesas, no regime ditatorial do Segundo Império, quanto à exigência do depósito que deveria ser realizado junto à Biblioteca Nacional da França de exemplar do novo livro que se pretendia publicar ou até mesmo de livro já publicado em que ocorresse alteração de conteúdo em nova edição (veja sobre isso no texto introdutório de *A Gênese* original publicada pela FEAL). Isso se chama depósito legal e tem relevantes repercussões no direito autoral e até mesmo no direito penal.

Diz-se que há relevância para o direito autoral porque foi criado na própria França um sistema de proteção ao autor e à sua obra para que este, como produtor de cultura, pudesse fazer valer a sua vontade como criador e usufruir dos benefícios financeiros decorrentes da criação. Por isso, dentro do direito autoral foi estabelecido o critério segundo o qual eventuais alterações somente são válidas quando realizadas e depositadas pelo próprio criador da obra, em vida.

Nesse sentido, vigorava à época de Kardec o Decreto de 19 de julho de 1793, cujo artigo sexto determinava que

> Qualquer cidadão que for publicar uma obra, seja de literatura ou de gravura, de qualquer tipo que seja, será obrigado a depositar dois exemplares na Biblioteca nacional ou no gabinete dos selos da República, onde ele receberá um recibo assinado: na sua falta ele não será autorizado a processar os contrafatores.

Vigorava também o Decreto Imperial de 5 de fevereiro de 1810, com alterações promovidas pela Lei de 14 de outubro de 1814, da qual podemos destacar em tradução livre o texto do artigo 14:

Nenhum impressor poderá imprimir um escrito antes de declarar que ele se propõe a imprimir, nem de colocar à venda ou publicar de alguma maneira que seja, antes de ter depositado o número prescrito de exemplares.

As punições pela violação a esse direito estavam previstas nessa mesma lei e no Código Penal: multa de até dois mil francos, confisco da edição falsificada, das placas, moldes ou matrizes, podendo ocorrer até a perda do brevê ou licença do impressor.

Havendo a lei previsto a obrigatoriedade desse registro público como meio para se comprovar a autoria e a integridade das publicações, a ausência do depósito legal ou a realização deste após a morte do autor, mas sem sua autorização expressa em sucessão hereditária, acarreta a presunção de que eventual obra modificada e atribuída a esse autor é inautêntica.

Com base nessas premissas e em todos os documentos expostos no decorrer deste livro, é de fácil constatação, quanto à obra *O Céu e o Inferno*, que o único conteúdo válido é o da sua primeira edição, cujo pedido de impressão permitia imprimir três edições com o mesmo conteúdo. A quarta edição do livro, juridicamente falando, contém alterações não autorizadas pelo autor e, por isso, é considerada uma contrafação.

Já o livro *A Gênese* tem como único conteúdo válido o da primeira edição, reimpresso três vezes. Há um exemplar avulso e único encontrado numa biblioteca universitária da Suíça, constando na capa o ano de 1869, a indicação de quinta edição, da editora como sendo a Livraria Espírita da rua de Lille (elevada à condição de editora somente três meses após a morte de Rivail). Para que ele pudesse ser considerado como integrante de uma edição legítima, em razão de seu conteúdo alterado, deveria forçosamente possuir um depósito legal com o autor em vida. Como não houve esse depósito nem ao menos uma autorização expressa para depositar, esse exemplar é considerado inválido, e, se houve sua distribuição, pode-se dizer, sem medo de errar, que se tratava de uma edição clandestina.

Enfim, a edição de *A Gênese* depositada por Leymarie em 1872 é uma reprodução do referido exemplar ilegal de 1869 (com acréscimos de nova capa, página de rosto e finais). Portanto, em se tratando de exemplares sem depósito legal ou depositados após a morte do autor, segundo o direito aplicável, são contrafações, adulteradas e inválidas para reproduzir o autêntico pensamento de Kardec, ocorrendo o mesmo com todas as edições posteriores de conteúdo semelhante.

CONCLUSÃO

Não há dúvidas de que as obras de Allan Kardec foram adulteradas. As digitais da fraude estão totalmente expostas e as violações à integridade das obras por si sós indicam quais eram os objetivos a alcançar. São fatos graves na história do Espiritismo que merecem de todos aqueles dotados de boa-fé a análise, a identificação e o restabelecimento da doutrina original. É dever do verdadeiro espírita que se faça isso antes tarde do que nunca.

Depois de tudo isso, o desfecho é definitivo. Mas podem até existir alguns que ainda se mantenham em dúvida, no âmbito da convicção pessoal, a respeito das fraudes realizadas na obra de Kardec após a sua morte. Para esses, recomendo a grave advertência feita pelo espírito Erasto: "é melhor rejeitar nove verdades do que aceitar uma só mentira". Respeite-se sempre o direito do autor, não só por dever, mas também por prudência.

RELAÇÃO DE IMAGENS E DOCUMENTOS UTILIZADOS NA OBRA

1ª PARTE

Arquivo(s)	Conteúdo
Imagem CDOR Lucas 005_01	Fachada da livraria Éditions Leymarie
Manuscrito CDOR Lucas 010_01 Manuscrito CDOR Lucas 010_02 Manuscrito CDOR Lucas 010_03 Manuscrito CDOR Lucas 010_04 Manuscrito CDOR Lucas 010_05 Manuscrito CDOR Lucas 010_06 Manuscrito CDOR Lucas 010_07 Manuscrito CDOR Lucas 010_08 Manuscrito CDOR Lucas 010_09 Manuscrito CDOR Lucas 010_10 Manuscrito CDOR Lucas 010_11 Manuscrito CDOR Lucas 010_12 Manuscrito CDOR Lucas 010_13 Manuscrito CDOR Lucas 010_14 Manuscrito CDOR Lucas 010_15 Manuscrito CDOR Lucas 010_16 Manuscrito CDOR Lucas 010_17 Manuscrito CDOR Lucas 010_18 Manuscrito CDOR Lucas 010_19 Manuscrito CDOR Lucas 010_20 Manuscrito CDOR Lucas 010_21	Caderno Voyage en 1862
Imagem CDOR Lucas 020_01 Imagem CDOR Lucas 025_01	Depósito legal e declaração de impressor da quarta edição de O Céu e o Inferno
Imagem CDOR Lucas 030_01 Imagem CDOR Lucas 035_01	Depósito legal e declaração de impressor da primeira edição de O Céu e o Inferno
Imagem CDOR Lucas 045_01 Imagem CDOR Lucas 045_02 Imagem CDOR Lucas 045_03 Imagem CDOR Lucas 045_04 Imagem CDOR Lucas 045_05	Fotos do exemplar da quarta edição de O Céu e o Inferno depositado na Biblioteca Nacional da França

Imagem CDOR Lucas 050_01 Imagem CDOR Lucas 050_02 Imagem CDOR Lucas 050_03 Imagem CDOR Lucas 050_04 Imagem CDOR Lucas 050_05 Imagem CDOR Lucas 050_06 Imagem CDOR Lucas 050_07 Imagem CDOR Lucas 050_08 Imagem CDOR Lucas 050_09	Fotos do exemplar da primeira edição de O Céu e o Inferno depositado na Biblioteca Nacional da França
Imagem CDOR Lucas 055_01 Imagem CDOR Lucas 055_02 Imagem CDOR Lucas 055_03 Imagem CDOR Lucas 055_04	Declarações de impressor e depósitos legais da 16ª edição de O Livro dos Espíritos
Imagem CDOR Lucas 060_01 Imagem CDOR Lucas 060_02	Declaração de impressor e depósito legal da oitava edição de O que é o Espiritismo
Imagem CDOR Lucas 065_01 Imagem CDOR Lucas 065_02	Declaração de impressor e depósito legal da décima edição de O Livro dos Médiuns
Imagem CDOR Lucas 070_01 Imagem CDOR Lucas 070_02	Declaração de impressor e depósito legal da quarta edição de O Evangelho segundo o Espiritismo
Imagem CDOR Lucas 075_01	Declaração de impressor da quarta edição de A Gênese, os milagres e as predições segundo o Espiritismo
Manuscrito CDOR Kempf 1868_12_15	Comunicação do espírito São Luís
Manuscrito CDOR Kempf AAAA-MM-DD	Projeto concernente ao Espiritismo. Aos bons espíritos - meu projeto
Manuscrito CDOR Canuto 1868-MM-DD-AKD-02	Modelo de declaração de impressor grafado por Kardec
Manuscritos CDOR Kempf 1868_02_22	Comunicação mediúnica com o título "Conselhos sobre A Gênese"
Manuscrito CDOR Canuto 1868_09_25_AKD_01	Carta de Kardec para intermediário da tradução de A Gênese para o alemão.
Manuscrito CDOR Canuto 1868_10_13_AKD_01	Carta de Kardec para Bonnamy
Manuscrito CDOR Canuto 1868_04_26_AKD_01	Carta de Kardec à Madame Bourdin Granpré
Manuscritos CDOR Kempf 1868_05_23	Comunicação do espírito Dr. Vignal
Manuscritos CDOR Kempf 1868_11_21	Comunicação do espírito Didier

2ª PARTE

Manuscrito CDOR Kempf 1931_08_13	Carta de Rivail para Amélie
Manuscrito CDOR Kempf 1834_08_20	Carta de Rivail para Amélie
Manuscrito CDOR Kempf 1841_08_23	Carta de Rivail para Amélie
Manuscrito CDOR Kempf 1842_08_15	Carta de Rivail para Amélie
Manuscrito CDOR Kempf 1845_09_29	Carta de Rivail para Amélie
Manuscrito CDOR Kempf 1845_12_06	Carta dos pais de Amélie para Amélie
Manuscrito CDOR Canuto 1861_10_12-AKD_01	Carta de Kardec para Roustaing
Manuscrito CDOR Canuto 1861_10_29_AKD_01	Carta de Kardec para Roustaing
Manuscrito CDOR Canuto 1862-02-11 - AKD_01	Carta de Kardec para Roustaing
Manuscrito CDOR Canuto 1866_01_06_AKD_01	Carta de Kardec para Percheron
Manuscrito CDOR Canuto 1863_12_31	Carta de Kardec para Collignon
Manuscrito CDOR Canuto 1865_04_06_AKD_01	Carta de Kardec ao Dr Tinella
Manuscrito CDOR Canuto 1865_02_10_AKD_01	Carta de Kardec ao Sr. Malibran
Manuscritos CDOR Kempf 1865_09_04	Comunicação do espírito Sanson
Manuscritos CDOR Kempf 1865_10_08	Comunicação do sonâmbulo Morin
Manuscrito CDOR Canuto 1865_12_25_AKD_04	Carta de Kardec a Charles Grillo
Manuscrito CDOR Canuto n. 1866_02_02_AKD_01	Carta de Kardec ao Sr. Villon
Manuscrito CDOR Canuto 1865_10_31_AKD_01	Carta de Kardec à Sra. Villon

APÊNDICE 2 – MANUSCRITOS DO PROGRAMA DA CONSTITUIÇÃO DO ESPIRITISMO

Manuscrito CDOR Lucas 080_01	Manuscrito sem título
Manuscrito CDOR Lucas 085_01	Manuscrito sem título tratando da instituição do Comitê Central
Manuscrito CDOR Lucas 090_01	Reuniões do Comitê e conselheiros honorários
Manuscrito CDOR Lucas 095_01	Formação do Comitê Central

Manuscrito CDOR Lucas 100_01	Manuscrito sem título. Provável continuação do texto anterior
Manuscrito CDOR Lucas 105_01	Manuscrito sem título. Sobre o Comitê e as atribuições do presidente
Manuscrito CDOR Lucas 110_01	Atribuições do Comitê Central
Manuscrito CDOR Lucas 115_01	Manuscrito sem título. Provável continuação das atribuições do Comitê Central
Manuscrito CDOR Lucas 120_01	Secretário geral do Comitê Central
Manuscrito CDOR Lucas 125_01	Secretário geral do Comitê Central
Manuscrito CDOR Kempf 05_01	Instituições acessórias do Comitê Central
Manuscrito CDOR Kempf 10_01	A Revista Espírita
Manuscrito CDOR Kempf 15_01	Biblioteca, arquivos e museu
Manuscrito CDOR Kempf 20_01	Manuscrito sem título. Provável continuação do texto anterior
Manuscrito CDOR Lucas 130_01	Caixa de socorro
Manuscrito CDOR Lucas 135_01	Casa de repouso
Manuscrito CDOR Lucas 140_01	Manuscrito sem título com nota sobre os congressos
Manuscrito CDOR Lucas 145_01	Dos congressos
Manuscrito CDOR Lucas 150_01	Congressos ordinários
Manuscrito CDOR Lucas 155_01	Congressos orgânicos
Manuscrito CDOR Lucas 160_01	Revisão dos estatutos pela assembleia nos congressos
Manuscrito CDOR Lucas 165_01	Formação e emprego do capital e das receitas
Manuscrito CDOR Lucas 170_01	Manuscrito sem título. Provável continuação do último arquivo
Manuscrito CDOR Lucas 175_01	Funções remuneradas
Manuscrito CDOR Lucas 180_01	Sociedade Espírita Central de Paris
Manuscrito CDOR Lucas 185_01	Manuscrito sem título. Prováveis artigos do regulamento da Sociedade Espírita Central de Paris
Manuscrito CDOR Lucas 190_01	Manuscrito sem título. Prováveis artigos do regulamento da Sociedade Espírita Central de Paris

APÊNDICE 3 – ESTATUTO DA SOCIEDADE ANÔNIMA DA CAIXA GERAL E CENTRAL DO ESPIRITISMO

Manuscrito CDOR Privato 05_01	Estatuto da Sociedade Anônima da Caixa Geral e Central do Espiritismo
Manuscrito CDOR Privato 05_02	
Manuscrito CDOR Privato 05_03	
Manuscrito CDOR Privato 05_04	
Manuscrito CDOR Privato 05_05	
Manuscrito CDOR Privato 05_06	
Manuscrito CDOR Privato 05_07	
Manuscrito CDOR Privato 05_08	
Manuscrito CDOR Privato 05_09	
Manuscrito CDOR Privato 05_10	
Manuscrito CDOR Privato 05_11	
Manuscrito CDOR Privato 05_12	
Manuscrito CDOR Privato 05_13	
Manuscrito CDOR Privato 05_14	
Manuscrito CDOR Privato 05_15	
Manuscrito CDOR Privato 05_16	
Manuscrito CDOR Privato 05_17	
Manuscrito CDOR Privato 05_18	
Manuscrito CDOR Privato 05_19	
Manuscrito CDOR Privato 05_20	
Manuscrito CDOR Privato 05_21	

Autonomia
A história jamais contada do espiritismo

O livro resgata, pela primeira vez e com as pesquisas e documentos que Silvino Canuto Abreu guardou, as vivências pessoais de Allan Kardec e a essência de seus pensamentos que formam a base do Espiritismo. Os documentos encontrados por Canuto Abreu demonstram que a doutrina espírita de Kardec foi modificada por influência de inimigos invisíveis. O leitor conhecerá a sucessão de fatos que desviaram parte do Movimento Espírita e apagaram o nome dos pioneiros da história e a sua importância.

Mesmer
A ciência negada do magnetismo animal

Agora em coedição com a Fundação Espírita André Luiz esta obra chega a sua 5ª edição justificando a sua relevância cultural, não só no meio espírita.

O autor inicia o livro com uma biografia fiel e renovada de Franz Anton Mesmer, contextualiza a medicina em sua histórica tradição espiritualista e oferece ao leitor a tradução (algumas inéditas) das principais obras de Mesmer, na íntegra.

A descoberta de Mesmer, o magnetismo animal, foi estudada ao longo de 35 anos por Allan Kardec o que influenciou o Espiritismo sob o aspecto científico.

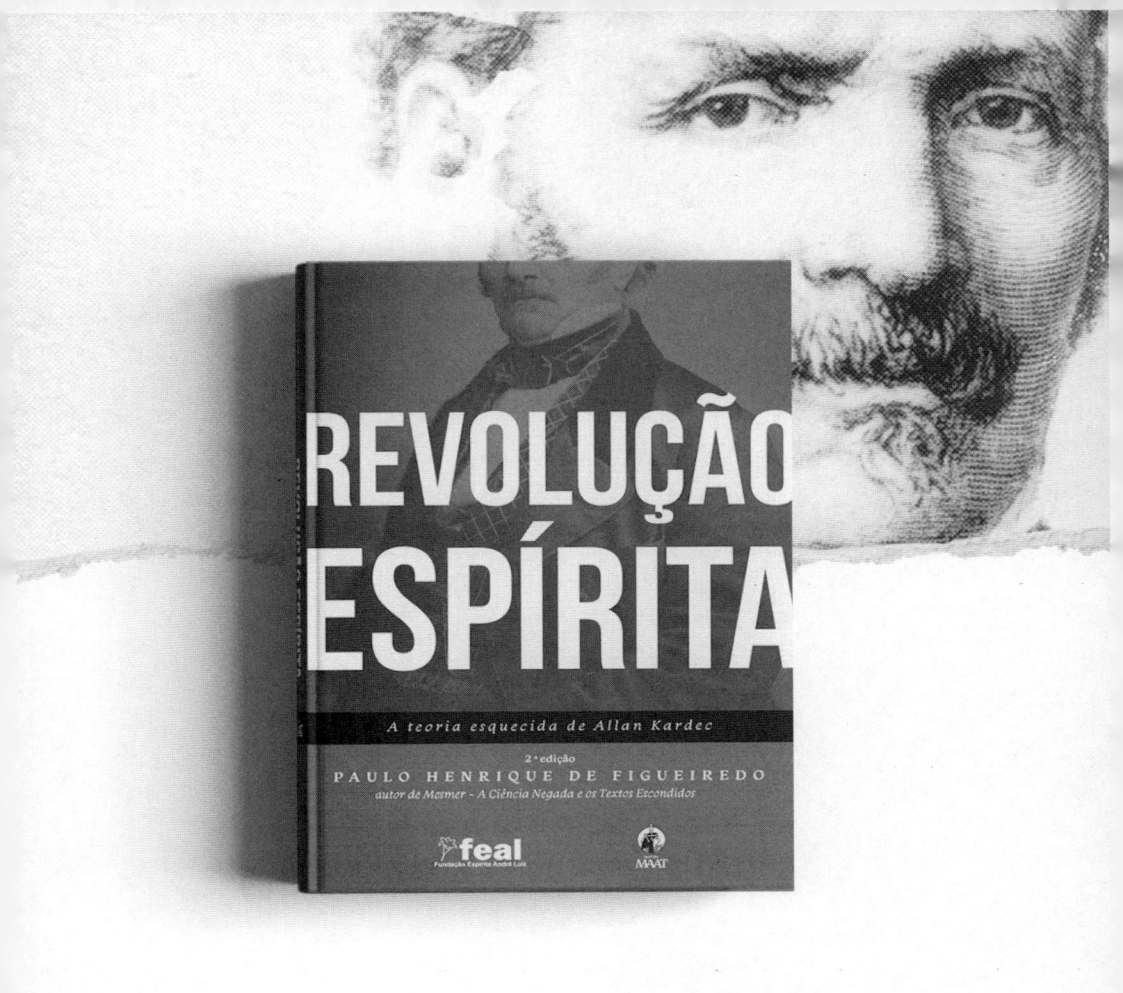

Revolução Espírita
A teoria esquecida de Allan Kardec

Que teria motivado um intelectual francês do século 19 a reconhecer, na teoria espírita, o potencial de transformar o mundo? No entanto, esse entusiasmo não corresponde ao que hoje se divulga. Sejam opositores ou simpatizantes, adeptos ou divulgadores, todos desconhecem o verdadeiro espiritismo. Após décadas de pesquisa em fontes primárias e documentos inéditos, acessando obras, jornais, revistas e folhetos do século 19, além das bases digitais de bibliotecas de todo o mundo, chegou a hora de resgatar a doutrina espírita original. O espiritismo tal como foi proposto por Allan Kardec é a solução definitiva para a crise moral da humanidade.

feal®
Fundação Espírita André Luiz

Há décadas a Fundação Espírita André Luiz – FEAL se dedica à missão de levar a mensagem consoladora do Cristo sob a visão abrangente do Espiritismo.

Com o compromisso da divulgação de conteúdos edificantes, a FEAL tem trabalhado pela expansão do conhecimento por intermédio de seus canais de comunicação do bem: Rede Boa Nova de Rádio, TV Mundo Maior, Editora FEAL, Loja Virtual Mundo Maior, Mundo Maior Filmes, Mercalivros, Portal do Espírito e o Centro de Documentação e Obras Raras (CDOR), criado com o propósito de recuperar a história do Espiritismo.

E não há como falar da Fundação Espírita André Luiz sem atribuir sua existência ao trabalho iniciado pelo Centro Espírita Nosso Lar Casas André Luiz, que desde 1949 se dedica ao atendimento gratuito à pessoas com deficiência intelectual e física.

Aliada ao ideal de amor e comprometimento com esses pacientes e suas famílias realizado pelas Casas André Luiz, a Fundação Espírita André Luiz atua como coadjuvante no processo de educação moral para o progresso da humanidade e a transformação do Planeta.

Caridade, reencarnação, evolução da alma, Deus e o Universo. As tríades são os ensinamentos dos druidas, e os símbolos grafados nesta obra possuem essa origem. Afirmou Allan Kardec: "Essa coincidência entre o que nos dizem hoje e as crenças dos mais recuados tempos, é um fato significativo da mais alta importância". Mas em nenhuma parte a vemos completa, pois "parece ter sido reservada à nossa época a tarefa de coordenar esses fragmentos esparsos entre todos os povos, a fim de chegarmos à unidade de princípios" (RE 1858).

Esta edição foi impressa pela Gráfica Eskenazi, São Paulo, sendo impressos 5.000 exemplares em formato fechado 16x23 cm, em papel Pólen Soft 70 g/m² para o miolo e papel cartão 300 g/m² para a capa. O texto principal foi composto em Adobe Caslon Pro 11/16 e os títulos em DINPro.
Outubro de 2020